DAMA-DMBOK

GUÍA DEL CONOCIMIENTO PARA LA GESTIÓN DE DATOS
SEGUNDA EDICIÓN

DAMA International

Technics Publications
BASKING RIDGE, NEW JERSEY

Dedicado a la memoria de
Patricia Cupoli, MLS, MBA, CCP, CDMP
(25 de mayo, 1948 – 28 de julio, 2015)
por su compromiso de por vida a la profesión de Gestión de Datos
y por sus contribuciones para esta publicación.

Publicado por:

Technics ⚙️ Publications

2 Lindsley Road
Basking Ridge, NJ 07920 USA

https://www.TechnicsPub.com

Editor en Jefe:	Deborah Henderson, CDMP
Editor:	Susan Earley, CDMP
Editor de Producción:	Laura Sebastian-Coleman, CDMP, IQCP
Investigador Bibliográfico:	Elena Sykora, DGSP
Gerente de Herramientas de Colaboración:	Eva Smith, CDMP

Diseño de Portada por Lorena Molinari

Segunda Edición

Primera Impresión 2017
Copyright © 2017 DAMA International

ISBN, Print ed.	9781634628839
ISBN, PDF ed.	9781634628860
ISBN, Kindle ed.	9781634628846
ISBN, ePub ed.	9781634628853

Número de Control de Biblioteca del Congreso: 2017941854

Contenido

Figuras

Tablas

Prefacio

DAMA International se complace en publicar la segunda edición de la Guía del Conocimiento para la Gestión de Datos (DAMA-DMBOK2). Desde la publicación de la primera edición en 2009, se han producido importantes avances en el campo de la gestión de datos. La gestión de datos se ha convertido en una estructura estándar en muchas organizaciones, las nuevas tecnologías han permitido la recopilación y el uso de "*Big Data*" (datos semiestructurados y no estructurados en una amplia gama de formatos), y la importancia de la ética de los datos ha crecido junto con nuestra habilidad de explorar y explotar la gran cantidad de datos e información producidos como parte de nuestra vida cotidiana. Estos cambios son emocionantes. También ponen nuevas y crecientes demandas en nuestra profesión. DAMA ha respondido a estos cambios reformulando el Marco de Referencia de Gestión de Datos DAMA (Rueda DAMA), agregando detalles y aclaraciones, y ampliando el alcance del DMBOK:

- • Se han mejorado y actualizado los diagramas de contexto de todas las Áreas de Conocimiento.
- • Integración de Datos e Interoperabilidad se ha agregado como una nueva Área de Conocimiento para destacar su importancia (Capítulo 8).
- • La Ética de los Datos se ha incluido como un capítulo aparte debido a la creciente necesidad de un enfoque ético a todos los aspectos de la gestión de datos (Capítulo 2).
- • El papel del gobierno ha sido descrito tanto como una función (Capítulo 3) como en relación con cada Área de Conocimiento.
- • Se ha adoptado un enfoque similar con la gestión del cambio organizacional, que se describe en el capítulo 17 y se incorpora a los capítulos del Área de Conocimiento.
- • Nuevos capítulos sobre *Big Data* y Ciencia de Datos (Capítulo 14) y Evaluación de Madurez de Gestión de Datos (Capítulo 15) ayudan a las organizaciones a entender a dónde quieren ir y les dan las herramientas para llegar allí.
- • La segunda edición también incluye un nuevo conjunto de principios de gestión de datos para apoyar la capacidad de las organizaciones para gestionar sus datos de manera efectiva y obtener valor de sus activos de datos (Capítulo 1).

Esperamos que el DMBOK2 sirva a los profesionales de gestión de datos en todo el mundo como un valioso recurso y guía. Sin embargo, también reconocemos que es sólo un punto de partida. El verdadero avance vendrá mientras aplicamos y aprendemos de estas ideas. DAMA existe para permitir a los miembros aprender continuamente, compartiendo ideas, tendencias, problemas y soluciones.

Sue Geuens
Presidente
DAMA International   DAMA International

Laura Sebastian-Coleman
Oficial de Publicaciones

Reconocimiento a la edición en español

DAMA Región América Latina, compuesta por cuatro Capítulos Activos: Brasil, Chile, Colombia y México, y cinco Capítulos en Formación: Argentina, Bolivia, Ecuador, Perú y Uruguay, se enorgullece de presentar este trabajo, resultado de un largo viaje que comenzó incluso antes de que se creara el concepto de Regiones dentro de DAMA International. Con esta traducción se desarrolló un gran sentido de comunidad entre los voluntarios de los Capítulos mencionados que tienen el español como principal idioma, terminando en esta edición que nos permitirá promover mejor las fortalezas y beneficios de las mejores prácticas de Gestión de Datos compiladas en DMBoK2 en nuestro propio idioma, evitando cualquier barrera lingüística.

Este trabajo tuvo en cuenta algunos criterios de traducción acordados por el equipo:

1. Los términos que son muy conocidos y comprendidos por los lectores objetivo no se tradujeron (por ejemplo, *big data*, *data steward*, *software*, *hardware*, *Data Warehouse*, etc.).
2. Los acrónimos no fueron traducidos. En su primera aparición en un capítulo el significado en inglés y en español se indica entre paréntesis.

Queremos enviar un agradecimiento especial por su gran trabajo a los miembros de la Comunidad DAMA Cecilia Izquierdo, Cecilia Poittevin, Daniel Díaz, David Rivera, Diego Palacios, Diego Poppe, Eduardo Jallath, Francisco Guiñez, Germán Cortés, Germán Morante, José G. Guevara, José Luis León, Miguel Ángel Oros y Pablo Cigliuti quienes, con sus esfuerzos voluntarios, han ayudado de manera efectiva a llevar a cabo esta traducción.

Personalmente, el coordinar todo este esfuerzo y trabajar en los últimos kilómetros con la integración y edición de consistencia, ha sido una experiencia muy difícil, pero al mismo tiempo gratificante, que no sólo ha conducido a una gran relación con los Capítulos de la Región, sino también a conocer nuevos amigos, que estoy segura, serán duraderos.

Marilú López
Expresidenta DAMA Capítulo México
Coordinadora DAMA América Latina

CAPÍTULO 1

Gestión de Datos

1. Introducción

Muchas organizaciones reconocen que sus datos son un activo vital de la empresa. Los datos y la información pueden darles una visión clara sobre sus clientes, productos y servicios. Pueden ayudarles a innovar y cumplir objetivos estratégicos. A pesar de ese reconocimiento, pocas organizaciones gestionan activamente los datos como un activo del que pueden obtener valor continuamente (Evans y Price, 2012). Obtener valor de los datos no ocurre de la nada o por accidente. Requiere intención, planificación, coordinación y compromiso. Requiere administración y liderazgo.

La Gestión de Datos es el desarrollo, ejecución y supervisión de planes, políticas, programas y prácticas que entregan, controlan, protegen e incrementan el valor de los datos y activos de información a lo largo de su ciclo de vida. Un *Profesional de Gestión de Datos* es cualquier persona que trabaja en cualquier faceta de la Gestión de Datos (desde la gestión técnica de los datos a lo largo de su ciclo de vida hasta el garantizar que los datos son utilizados y aprovechados correctamente) para cumplir objetivos estratégicos. Los profesionales de la Gestión de Datos cumplen con numerosos roles, desde los altamente técnicos (por ejemplo, administradores de bases de datos, administradores de redes, programadores) hasta estrategia de negocio (por ejemplo, *Data Stewards*, estrategas de datos y CDOs (Chief Data Officer – Oficial en Jefe de Datos)).

Las actividades de Gestión de Datos tienen amplio alcance. Incluyen desde la capacidad de tomar decisiones consistentes sobre cómo obtener valor estratégico de los datos hasta el despliegue y el rendimiento técnico de las bases de datos. Por lo tanto, la gestión de los datos requiere habilidades tanto técnicas como no técnicas (por ejemplo, "conocimiento del negocio"). La responsabilidad de gestionar los datos debe ser compartida entre roles del negocio y de tecnología de la información, y las personas en ambas áreas deben ser capaces de colaborar para asegurar que una organización tenga datos de alta calidad que satisfagan sus necesidades estratégicas. Los datos y la información no son sólo activos en el sentido de que las organizaciones invierten en ellos para obtener valor en el futuro. Los datos y la información son también vitales para la operación diaria de la mayoría de las organizaciones. Se les ha llamado la "moneda", la "sangre vital", e incluso el "nuevo petróleo" de la economía de la información[1]. Independientemente de si una organización obtiene o no valor de su analítica, no puede ni siquiera realizar transacciones de negocio sin datos. Para apoyar a los profesionales de la Gestión de Datos que llevan a cabo el trabajo, DAMA International (*Data Management Association* por sus siglas en inglés) ha producido este libro, la segunda edición de la Guía DAMA del Cuerpo de Conocimiento de Gestión de Datos (DMBOK2). Esta edición se basa en la primera, publicada en 2009, que proporcionó conocimientos fundamentales sobre qué construir a medida que la profesión avanza y madura. Este capítulo describe un conjunto de principios para la Gestión de Datos. Discute desafíos relacionados con el seguimiento de esos principios y se sugieren enfoques para hacer frente a estos desafíos. El capítulo también describe el Marco de Referencia de Gestión de Datos DAMA, que proporciona el contexto del trabajo realizado por los profesionales de Gestión de Datos dentro de diversas Áreas de Conocimiento de Gestión de Datos.

1.1 Motivadores de Negocio

La información y el conocimiento representan la clave para obtener una ventaja competitiva. Las organizaciones que tienen datos confiables y de alta calidad sobre sus clientes, productos, servicios y operación pueden tomar mejores decisiones que aquellas que carecen de datos o con datos no confiables. La falta de Gestión de Datos es similar a la falta de gestión del capital. Resulta en desperdicio y oportunidades perdidas. El principal motivador de la Gestión de Datos es permitir a las organizaciones obtener valor de sus activos de datos, así como la gestión eficaz de los activos financieros y físicos permite a las organizaciones obtener valor de éstos.

1.2 Metas

Dentro de una organización, las metas de la Gestión de Datos incluyen:
- Comprender y apoyar las necesidades de información de la empresa y de sus partes interesadas, incluyendo clientes, empleados y socios comerciales
- Capturar, almacenar, proteger y garantizar la integridad de los activos de datos
- Garantizar la calidad de los datos e información
- Asegurar la privacidad y confidencialidad de los datos de las partes interesadas
- Impedir el acceso, manipulación o uso no autorizados o inapropiados de datos e información
- Asegurar que los datos puedan ser utilizados de manera efectiva para añadir valor a la empresa

2. Conceptos Esenciales

2.1 Datos

Las definiciones de datos, que se han mantenido en el tiempo, hacen hincapié en su papel en la representación de hechos sobre el mundo[2]. En relación con las tecnologías de la información, también

---

[1] Googlea 'datos como tipo de moneda', 'datos como sangre vital', y 'el nuevo petróleo', para varias referencias.

[2] El New Oxford American Dictionary define a los datos como "hechos y estadísticas recolectadas conjuntamente para análisis". La Sociedad Americana para la Calidad (ASQ por sus siglas en inglés) define a los datos como "un conjunto de hechos recolectados" y describe dos tipos de datos numéricos: medidos o variables y contados o atribuídos. La

se entiende por datos a la información almacenada digitalmente (aunque los datos no se limitan a información que ha sido digitalizada y los principios de Gestión de Datos se aplican a los datos recogidos tanto en papel como en bases de datos). Incluso, debido a que hoy podemos capturar tanta información electrónicamente, llamamos "datos" a muchas cosas que no se habrían denominado "datos" en épocas anteriores- cosas como nombres, direcciones, fechas de nacimiento, lo que cenamos el sábado, el libro que hemos comprado más recientemente.

Tales hechos sobre personas individuales pueden ser agregados, analizados y utilizados para obtener ganancias, mejorar la salud, o influir en las políticas públicas. Además, nuestra capacidad tecnológica para medir una amplia gama de eventos y actividades (desde las repercusiones del *Big Bang* hasta nuestros latidos del corazón) y recoger, almacenar y analizar versiones electrónicas de cosas que antes no se consideraban datos (videos, imágenes, grabaciones de sonido, documentos) está cerca de superar nuestra capacidad de sintetizar estos datos en información utilizable[3]. Aprovechar la variedad de datos sin ser abrumado por su volumen y velocidad requiere prácticas de Gestión de Datos confiables y extensibles.

La mayoría de las personas asumen que, dado que los datos representan hechos, es una forma de verdad sobre el mundo y que los hechos encajarán entre sí. Pero los "hechos" no siempre son simples o claros. Los datos son una forma de representación. Representan otras cosas aparte de sí mismos (Chisholm, 2010). Los datos son a la vez una interpretación de los objetos que representan y un objeto que debe interpretarse (Sebastian-Coleman, 2013). Esta es otra manera de decir que necesitamos de un contexto para que los datos tengan significado. El contexto puede considerarse como el sistema de representación de los datos; dicho sistema incluye un vocabulario común y un conjunto de relaciones entre componentes. Si conocemos las convenciones de tal sistema, entonces podemos interpretar los datos dentro del mismo[4]. Estas convenciones se documentan a menudo en un tipo específico de dato denominado Metadato.

Sin embargo, debido a que las personas a menudo toman diferentes decisiones sobre cómo representar conceptos, crean diferentes maneras de representar los mismos conceptos. A partir de estas opciones, los datos toman formas diferentes. Piense en la variedad de formas en que tenemos que representar las fechas del calendario, un concepto sobre el cual existe una definición acordada. Ahora consideremos conceptos más complejos (como cliente o producto), donde la granularidad y el nivel de detalle de lo que necesita ser representado no siempre es evidente por sí solo, y el proceso de representación se hace más complejo, al igual que el proceso de gestión de esa información a través del tiempo. (Véase el capítulo 10).

Incluso dentro de una sola organización, a menudo hay múltiples formas de representar la misma idea. De ahí la necesidad de la Arquitectura de Datos, modelado, gobierno y custodia, y Gestión de Metadatos y Calidad de Datos, todo lo cual ayuda a las personas a entender y usar los datos. A través de las organizaciones, el problema de la multiplicidad se multiplica. De ahí la necesidad de estándares de datos a nivel de industria que puedan traer más consistencia a los datos.

Organización Internacional de Estándares (ISO por sus siglas en inglés) define a los datos como la "reinterpretable representación de información en una manera formalizada adecuada para la comunicación, interpretación o procesamiento" (ISO 11179). Esta definición enfatiza en la naturaleza electrónica de los datos y asume, correctamente, que los datos requieren estándares debido a que son gestionados a través de sistemas tecnológicos de información. Dicho esto, no hace referencia a los desfíos de formalizar los datos de forma consistente entre varios sistemas. Tampoco define apropiadamente el concepto de datos no estructurados.

[3] http://ubm.io/2c4yPOJ (Accesado 2019-12-04). http://bit.ly/1rOQkt1 (Accesado 2016-12-04).

[4] Para más información acerca del constructivismo de los datos buscar: Kent, *Data and Reality* (2012) y Devlin, *No-Inteligencia de Negocios* (2013).

Las organizaciones siempre han necesitado gestionar sus datos, pero los cambios en la tecnología han ampliado el alcance de esta necesidad de gestión, así como han cambiado la comprensión de las personas de lo que son los datos. Estos cambios han permitido a las organizaciones utilizar los datos de nuevas formas para crear productos, compartir información, crear conocimiento y mejorar el éxito de la organización. Sin embargo, el rápido crecimiento de la tecnología, y con ella, la capacidad humana para producir, capturar y extraer datos que generen significado ha intensificado la necesidad de gestionar los datos de manera efectiva.

2.2 Datos e Información

Mucho se ha escrito sobre la relación entre los datos y la información. Los datos han sido llamados "materia prima de la información" y la información ha sido llamada "datos en contexto"[5]. A menudo una pirámide dividida en capas se utiliza para describir la relación entre los datos (en la base), la información, el conocimiento y la sabiduría (en la cúspide). Si bien la pirámide puede ser útil para describir por qué los datos necesitan ser bien gestionados, esta representación presenta varios desafíos para la Gestión de Datos.

• Se basa en la suposición de que los datos simplemente existen. Pero los datos no existen simplemente. Los datos hay que crearlos.

• Al describir una secuencia lineal desde los datos hasta la sabiduría, se omite reconocer que se necesita conocimiento para crear datos en primer lugar.

• Implica que los datos y la información son cosas separadas, cuando en realidad, los dos conceptos están entrelazados y son dependientes entre sí. Los datos son una forma de información y la información es una forma de datos.

Dentro de una organización, puede ser útil trazar una línea entre la información y los datos con el propósito de generar una comunicación clara sobre los requisitos y las expectativas de los diferentes usos por las diferentes partes interesadas. ("Aquí hay un informe de ventas para el último trimestre [información]. El mismo se basa en datos de nuestro DW (Data Warehouse – Almacén de Datos) [datos]. El próximo trimestre se utilizarán estos datos [datos] para generar nuestras medidas de desempeño por trimestre [información]"). El reconocer que los datos y la información deben prepararse para diferentes propósitos permite capitalizar un principio central de la Gestión de Datos: Es necesario gestionar tanto los datos como la información. Ambos serán de mayor calidad si se gestionan juntos manteniendo en mente los usos y requerimientos del cliente. A lo largo del DMBOK, los términos datos e información se utilizarán de forma intercambiable.

2.3 Datos como un Activo Organizacional

Un activo es un recurso económico, que puede tener un dueño o puede ser controlado, y que tiene o produce valor. Los activos pueden ser convertidos en dinero. Los datos se reconocen ampliamente como un activo empresarial, aunque la comprensión de lo que significa gestionar los datos como un activo aún está evolucionando. A principios de los años noventa, algunas organizaciones consideraron cuestionable si el valor de intangibles debía tener un valor monetario. Ahora bien, el "valor de intangibles (como el sobreprecio pagado de por una empresa)" aparece comúnmente como un elemento en el estado de pérdidas y ganancias (P&L). Del mismo modo, aunque no universalmente

---

[5] Buscar English, 1999 y DAMA,2009.

adoptada, la monetización de datos es cada vez más común. No pasará mucho tiempo antes de que veamos esto como una característica de P&Ls. (Véase el Capítulo 3.)

Las organizaciones de hoy en día confían en sus activos de datos para tomar decisiones más efectivas y operar de manera más eficiente. Las empresas utilizan los datos para comprender a sus clientes, crear nuevos productos y servicios y mejorar la eficiencia operativa reduciendo los costos y controlando los riesgos. Las agencias gubernamentales, las instituciones educativas y las organizaciones sin fines de lucro también necesitan datos de alta calidad para guiar sus actividades operacionales, tácticas y estratégicas. A medida que las organizaciones dependen cada vez más de los datos, el valor de los activos de datos puede establecerse con mayor claridad.

Muchas organizaciones se identifican como "basadas en datos" (*data-driven*). Las empresas que buscan mantenerse competitivas deben dejar de tomar decisiones basadas en corazonadas o instintos y, en su lugar, utilizar disparadores de eventos y aplicar analítica para obtener un punto de vista sobre el cual accionar. Ser basado en datos incluye el reconocimiento de que los datos deben ser gestionados eficientemente y con disciplina profesional, a través de una asociación entre el liderazgo empresarial y la experiencia técnica. Además, el ritmo de los negocios de hoy implica que el cambio ya no es opcional; la disrupción digital es la norma. Para reaccionar ante esto, los negocios deben crear soluciones de información con profesionales técnicos de los datos que trabajen en conjunto con sus contrapartes del negocio. Deben planear cómo obtener y gestionar aquellos datos que saben que necesitan para apoyar la estrategia empresarial. También deben posicionarse para tomar ventaja de las oportunidades de aprovechar los datos de nuevas formas.

2.4 Principios de Gestión de Datos

- La Gestión de Datos comparte características con otras formas de gestión de activos, como se muestra en la Figura 1. Implica saber qué datos tiene una organización y qué puede lograrse con ellos, para luego determinar la mejor manera de utilizar los activos de datos para alcanzar las metas de la organización.
- Al igual que otros procesos de gestión, debe equilibrar las necesidades estratégicas y operacionales. Este equilibrio puede conseguirse siguiendo un conjunto de principios que reconozcan las características principales de la Gestión de Datos y guíen la práctica de Gestión de Datos.
- **Los datos son un activo con propiedades únicas:** los datos son un activo, pero difieren de otros activos de maneras importantes que influyen en cómo se gestionan. La más obvia de estas propiedades es que los datos no se consumen cuando se utilizan, como es el caso de los activos financieros y físicos.
- **El valor de los datos puede y debería expresarse en términos económicos:** llamar activo a los datos implica que tienen valor. Si bien existen técnicas para medir el valor cualitativo y cuantitativo de los datos, todavía no existen estándares para hacerlo. Las organizaciones que quieren tomar mejores decisiones sobre sus datos deben desarrollar maneras consistentes de cuantificar ese valor. También deben medir el costo de tener datos de baja calidad y los beneficios de tener datos de alta calidad.
- **Gestionar datos significa gestionar la calidad de los datos:** El objetivo principal de la gestión de los datos es garantizar que los datos sean adecuados para su fin. Para manejar la calidad, las organizaciones deben asegurarse de que entienden los requerimientos de las partes interesadas en cuanto a la calidad de los datos y, de que se miden que los datos cumplan con estos requerimientos.

- **Se necesitan Metadatos para gestionar los datos:** la gestión de cualquier activo requiere tener datos sobre ese activo (número de empleados, códigos de contabilidad, etc.). Los datos utilizados para gestionar y utilizar los datos se denominan Metadatos. Debido a que los datos no son tangibles, entender lo que son y cómo usarlos requiere definición y conocimiento en forma de Metadatos. Los Metadatos se originan en una serie de procesos relacionados con la creación, procesamiento y uso de datos, incluyendo arquitectura, modelado, custodia, gobierno, gestión de la calidad de datos, desarrollo de sistemas, operaciones de TI y de negocios y analítica.

- **Se necesita planificación para gestionar los datos:** Incluso pequeñas organizaciones pueden tener complejos conjuntos de procesos técnicos y de negocios. Los datos se crean en muchos lugares y se mueven entre lugares para su uso. Para coordinar el trabajo y mantener los resultados finales alineados se requiere planificación desde una perspectiva arquitectónica y de procesos.

- **La Gestión de Datos es multifuncional; requiere una variedad de habilidades y experiencia:** Un solo equipo no puede gestionar todos los datos de una organización. La Gestión de Datos requiere habilidades tanto técnicas como no técnicas y la capacidad de colaboración.

- **La Gestión de Datos requiere una perspectiva empresarial:** La Gestión de Datos tiene aplicaciones locales, pero debe aplicarse en toda la empresa para ser lo más eficaz posible. Esta es una razón por la cual la Gestión de Datos y el gobierno de datos están entrelazados.

- **La Gestión de Datos debe tomar en cuenta varias perspectivas:** Los datos son un fluido. La Gestión de Datos debe evolucionar constantemente para mantenerse al día con las formas en que se crean y utilizan los datos y con los consumidores de datos que los utilizan.

- **La Gestión de Datos es la gestión del ciclo de vida:** los datos tienen un ciclo de vida y la Gestión de Datos requiere la gestión de su ciclo de vida. Dado que los datos generan más datos, el propio ciclo de vida de los datos puede ser muy complejo. Las prácticas de Gestión de Datos deben tomar en cuenta el ciclo de vida de los datos.

- **Diferentes tipos de datos tienen diferentes características de ciclo de vida:** Y por esta razón, tienen diferentes requerimientos para su gestión. Las prácticas de Gestión de Datos tienen que reconocer estas diferencias y ser lo suficientemente flexibles para cumplir con diferentes tipos de requerimientos del ciclo de vida de los datos.

- **La Gestión de los Datos incluye la gestión de los riesgos asociados con los datos:** Además de ser un activo, los datos también representan un riesgo para una organización. Los datos pueden perderse, robarse o mal utilizarse. Las organizaciones deben considerar las implicaciones éticas del uso de los datos. Los riesgos relacionados con los datos deben gestionarse como parte de su ciclo de vida.

- **Los requisitos de Gestión de Datos deben guiar las decisiones de Tecnologías de la Información:** Los datos y la Gestión de Datos están profundamente entrelazados con las tecnologías de la información y la gestión de las tecnologías de la información. La gestión de datos requiere un enfoque que asegure que la tecnología sirve, en lugar de dirigir, a las necesidades estratégicas de datos de una organización.

- **La gestión eficaz de los datos requiere compromiso de los líderes:** La Gestión de Datos implica un conjunto complejo de procesos que, para ser eficaces, requieren coordinación, colaboración y compromiso. Llegar allí requiere no sólo habilidades de gestión, sino también la visión y el propósito que provienen del compromiso del grupo de liderazgo.

PRINCIPIOS DE GESTIÓN DE DATOS

La Gestión de Datos efectiva requiere compromiso de los líderes

Los datos son valiosos

- **Los datos son activos con propiedades únicas**
- **El valor de los datos puede y debería ser expresado en términos económicos**

Los Requerimientos de Gestión de Datos son Requerimientos del Negocio

- **Gestionar datos significa gestionar su calidad**
- **Se requieren Metadatos para gestionar datos**
- **Se requiere planificación para gestionar los datos**
- **Los requerimientos de datos deben guiar las decisiones de Tecnologías de la Información**

La Gestión de Datos depende de diversas habilidades

- **La Gestión de Datos es multifuncional**
- **La Gestión de Datos requiere una perspectiva empresarial**
- **La Gestión de Datos debe tomar en cuenta varias perspecivas**

La Gestión de Datos es la gestion del ciclo de vida

- **Diferentes tipos de datos tienen diferentes características de ciclo de vida**
- **La Gestión de los Datos incluye la gestion de los riesgos asociados con los datos**

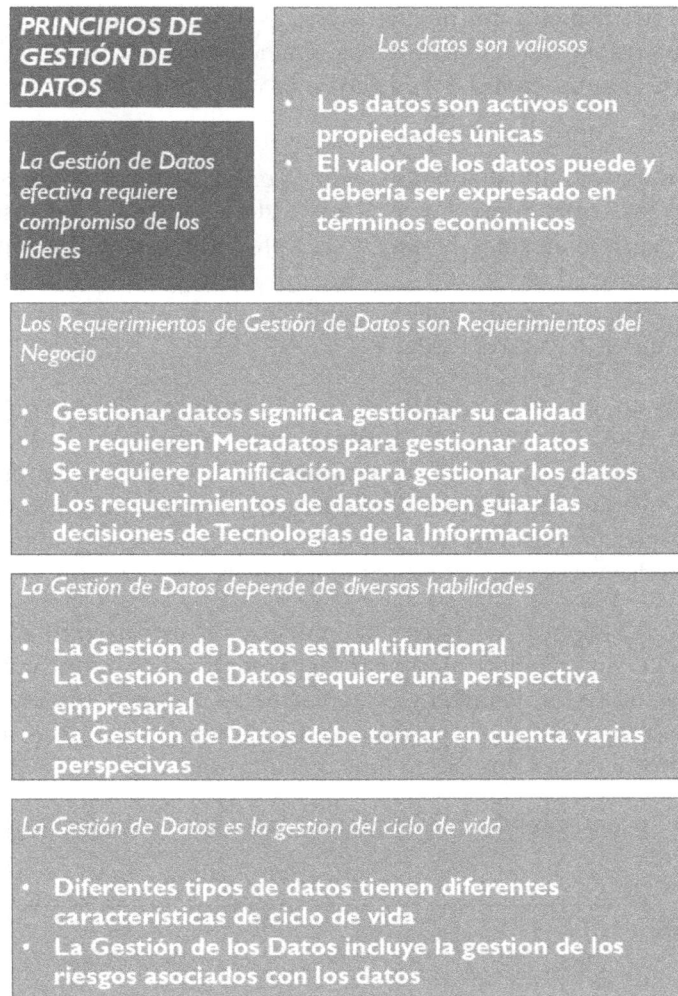

Figura 1 Principios de la Gestión de Datos

2.5 Desafíos de la Gestión de Datos

Debido a que la Gestión de Datos tiene características distintivas derivadas de las propiedades de los datos en sí, también presenta retos al seguir estos principios. Los detalles de estos desafíos se tratan en las Secciones 2.5.1 a 2.5.13. Muchos de estos desafíos se refieren a más de un principio.

2.5.1 Los Datos Difieren de Otros Activos [6]

Los activos físicos se pueden señalar, tocar y moverse. Solo pueden estar en un lugar a la vez. Los activos financieros deben contabilizarse en un balance. Sin embargo, los datos son diferentes. Los datos no son tangibles. Sin embargo, son duraderos; No se desgastan, aunque el valor de los datos a menudo cambia a medida que envejecen. Los datos son fáciles de copiar y transportar. Pero no son fáciles de reproducir si se pierden o destruyen. Debido a que no se desgastan cuando se utilizan, incluso pueden ser robados sin desaparecer. Los datos son dinámicos y pueden utilizarse para

---

[6] Esta sección deriva de Redman, Thomas. *Calidad de los datos para la era de la información* (1996) pp. 41-42, 232-36; Y *Data Driven* (2008), Capítulo Uno, "The Wondrous and Perilous Properties of Data and Information".

múltiples propósitos. Los mismos datos pueden incluso ser utilizados por múltiples personas al mismo tiempo - algo que es imposible con activos físicos o financieros. Muchos usos de los datos generan más datos. La mayoría de las organizaciones deben gestionar volúmenes crecientes de datos y las relaciones entre conjuntos de datos.

Estas diferencias hacen que sea difícil poner un valor monetario en los datos. Sin este valor monetario, es difícil medir cómo los datos contribuyen al éxito de la organización. Estas diferencias también plantean otros problemas que afectan la Gestión de Datos, como la definición de la propiedad de los datos, el inventariar la cantidad de datos de una organización, la protección contra el uso indebido de datos, la gestión del riesgo asociado con la redundancia de datos y la definición y control del cumplimiento de estándares de calidad de datos.

A pesar de los desafíos de medir el valor de los datos, la mayoría de las personas reconocen que los datos en efecto tienen valor. Los datos de una organización son únicos. Si se perdieran o destruyeran datos organizacionales únicos (como listas de clientes, inventarios de productos o historial de reclamos), su remplazo sería imposible o extremadamente costoso. Los datos son también los medios por los cuales una organización se conoce a sí misma - son un meta-activo que describe otros activos. Como tal, proporcionan las bases para el entendimiento de la organización.

Dentro y entre las organizaciones, los datos y la información son esenciales para dirigir negocios. La mayoría de las transacciones comerciales operativas implican el intercambio de información. La mayoría de la información se intercambia electrónicamente, creando una ruta de datos. Esta ruta de datos puede servir para distintos fines además de marcar los intercambios que hayan tenido lugar. Puede proporcionar información sobre cómo funciona una organización.

Debido al importante papel que desempeñan los datos en cualquier organización, es necesario gestionarlos con cuidado.

2.5.2 Valoración de Datos

Valor es la diferencia entre el costo de una cosa y el beneficio obtenido de esa cosa. Para algunos activos, como acciones, el cálculo del valor es fácil. Es la diferencia entre en el costo de las acciones cuando fueron compradas y cuando fueron vendidas. Pero para los datos, estos cálculos son más complicados, porque ni los costos ni los beneficios de los datos están estandarizados.

Dado que los datos de cada organización son únicos para sí mismos, un enfoque para la valoración de datos necesita comenzar articulando categorías generales de costos y beneficios que se pueden aplicar de manera consistente dentro de una organización. Las categorías de muestra incluyen[7]:

- Costo de obtener y almacenar datos
- Costo de reemplazar los datos si se pierden
- Impacto en la organización si faltaran datos
- Costo de la mitigación del riesgo y costo potencial de los riesgos asociados con los datos
- Costo de mejorar los datos
- Beneficios de datos de mayor calidad

---

[7] Mientras se preparaba el DMBOK2 para ir a la imprenta, otros medios de valoración de los datos aparecieron en los medios: el ataque Wannacry ransomware (Mayo 17 2017) impactó a más de 100K organizaciones en 150 países. Los responsables utilizaron *software* para mantener datos como rehenes hasta que las víctimas paguen para que sus datos sean liberados. http://bit.ly/2tNoyQ7.

- Qué competidores pagarían por los datos
- Qué se podría obtener de la venta de datos
- Ingresos esperados de usos innovadores de los datos

Un reto primordial para la valoración de los activos de datos es que el valor de los datos es contextual (lo que es de valor para una organización puede no ser de valor para otra) y a menudo temporal (lo que era valioso ayer puede no ser valioso hoy en día). Dicho esto, dentro de una organización, es probable que ciertos tipos de datos sean valiosos a lo largo del tiempo. Tome, por ejemplo, información fiable del cliente. La información del cliente puede incluso volverse más valiosa con el tiempo, a medida que se acumulan más datos relacionados con la actividad del cliente.

En relación con la Gestión de Datos, es fundamental establecer maneras de asociar el valor financiero con los datos, ya que las organizaciones requieren entender los activos en términos financieros para tomar decisiones consistentes. Poner valor a los datos se convierte en la base para poner valor a las actividades de Gestión de Datos[8]. El proceso de valoración de datos también puede usarse como un medio de gestión del cambio. Pedir a los profesionales de la Gestión de Datos y a las partes interesadas que apoyen para entender el significado financiero de su trabajo puede ayudar a una organización a transformar el entendimiento de sus propios datos y, a través de eso, su enfoque hacia la Gestión de Datos.

2.5.3 Calidad de Datos

Garantizar que los datos sean de alta calidad es fundamental para la gestión de los datos. Las organizaciones administra sus datos porque desean usarlos. Si no pueden confiar en ellos para satisfacer las necesidades del negocio, entonces el esfuerzo para recopilar, almacenar, proteger y permitir el acceso a ellos se desperdicia. Para garantizar que los datos satisfacen las necesidades de la empresa, deben trabajar con los consumidores de datos para definir estas necesidades, incluyendo las características que producen datos de alta calidad.

En gran medida debido a que los datos se han asociado tan estrechamente con la tecnología de la información, la Gestión de la Calidad de los datos ha sido históricamente tratada como una reflexión posterior. Los equipos de TI suelen despreciar los datos que los sistemas que ellos crean deben almacenar. Probablemente fue un programador el primero en realizar la observación "basura entra, basura sale" - y que sin duda quería dejarlo así. Pero las personas que quieren utilizar los datos no pueden darse el lujo de despreciar su calidad. Generalmente asumen que los datos son confiables, hasta que tengan una razón para dudar de ello. Una vez que ellos pierden la confianza, es muy difícil recuperarla.

La mayoría de los usos de los datos implica aprender de ellos para aplicar ese aprendizaje y crear valor. Ejemplos incluyen la comprensión de los hábitos de los clientes con el fin de mejorar un producto o servicio y evaluar el rendimiento de la organización o las tendencias del mercado con el fin de desarrollar una mejor estrategia de negocio, etc. Datos de mala calidad tendrán un impacto negativo en estas decisiones.

De igual importancia, los datos de mala calidad son simplemente costosos para cualquier organización. Las estimaciones difieren, pero los expertos piensan que las organizaciones gastan entre 10% y 30% de sus ingresos en gestionar los problemas de calidad de los datos. IBM estimó que el costo de la baja

---

[8] Para casos de estudio y ejemplos, ver Aiken and Billings, *Monetizing Data Management* (2014).

calidad de los datos en los EE. UU. durante el 2016 fue de $3.1 billones[9]. Muchos de los costos de los datos de baja calidad están ocultos, son indirectos y, por tanto, difíciles de medir. Otros, como las multas, son directos y fáciles de calcular. Los costos provienen de:

- Correcciones y re trabajos
- Parches a problemas y procesos de corrección ocultos
- Ineficiencias organizacionales o baja productividad
- Conflictos organizacionales
- Baja satisfacción en el trabajo
- Insatisfacción del cliente
- Costos de oportunidad, incluyendo incapacidad para innovar
- Costos de cumplimiento o multas
- Costos de reputación

Los beneficios correspondientes a datos de alta calidad incluyen:

- Mejora de la experiencia del cliente
- Mayor productividad
- Reducción del riesgo
- Capacidad para actuar sobre las oportunidades
- Aumento de los ingresos
- Ventaja competitiva obtenida de la visión de clientes, productos, procesos y oportunidades

Como lo implican estos costos y beneficios, la Gestión de la Calidad de los Datos no es un trabajo de una sola vez. Producir datos de alta calidad requiere planificación, compromiso y una mentalidad que construya calidad en procesos y sistemas. Todas las funciones de Gestión de Datos pueden influir en la calidad de los datos, para bien o para mal, por lo que todos deben rendir cuentas por ello a medida que ejecutan su trabajo. (Véase el capítulo 13).

2.5.4 Planificación para Mejores Datos

Como se indica en la introducción del capítulo, obtener valor de los datos no ocurre por accidente. Requiere planificación en muchas formas. Comienza con el reconocimiento de que las organizaciones pueden controlar cómo obtienen y crean datos. Si ven los datos como un producto que ellos crean, tomarán mejores decisiones al respecto a lo largo de su ciclo de vida. Estas decisiones requieren un pensamiento sistémico porque implican:

- Las formas en que los datos conectan los procesos de negocio que de otro modo podrían ser vistos como separados
- La relación entre los procesos de negocio y la tecnología que los soporta
- El diseño y la arquitectura de los sistemas y los datos que producen y almacenan
- Las formas en que los datos pueden utilizarse para avanzar en la estrategia de la organización

---

[9] Reportado en Redman, Thomas. "Bad Data Costs U.S. $3 Trillion per Year." Harvard Business Review. 22 de Septiembre 2016. https://hbr.org/2016/09/bad-data-costs-the-u-s-3-trillion-per-year.

La planificación de mejores datos requiere un enfoque estratégico para la arquitectura, el modelado y otras funciones de diseño. También depende de la colaboración estratégica entre los líderes del negocio y de TI. Y, por supuesto, depende de la capacidad del ejecutar con eficacia en proyectos individuales.

El desafío reside en que normalmente hay presiones organizacionales, así como las presiones perennes de tiempo y dinero, que obstaculizan la planificación adecuada. Las organizaciones deben equilibrar los objetivos a largo y corto plazo a medida que ejecutan sus estrategias. Tener claridad sobre las ventajas y desventajas lleva a mejores decisiones.

2.5.5 Metadatos y Gestión de Datos

Las organizaciones requieren Metadatos confiables para gestionar los datos como un activo. Los Metadatos en este sentido deben entenderse de manera exhaustiva. Incluye no sólo los Metadatos empresariales, técnicos y operativos descritos en el Capítulo 12, sino también los Metadatos incorporados en la Arquitectura de Datos, modelos de datos, requerimientos de seguridad de datos, estándares de integración de datos y procesos operativos de datos. (Véanse los capítulos 4 a 11.)

Los Metadatos describen qué datos tiene una organización, qué representan, cómo se clasifican, de dónde proceden, cómo se mueven dentro de la organización, cómo evolucionan a través del uso, quién puede y quién no puede usarlos y si son de alta calidad. Los datos son abstractos. Las definiciones y otras descripciones del contexto permiten entenderlos. Hacen que los datos, el ciclo de vida de los datos y los sistemas complejos que contienen datos sean comprensibles.

El reto es que los Metadatos son una forma de datos y necesitan ser gestionados como tales. Las organizaciones que no manejan bien sus datos generalmente no gestionan sus Metadatos en absoluto. La gestión de Metadatos a menudo ofrece un punto de partida para mejoras en la Gestión de Datos en general.

2.5.6 La Gestión de Datos es Multifuncional

La Gestión de Datos es un proceso complejo. Los datos son gestionados en diferentes lugares dentro de una organización por equipos que tienen la responsabilidad de las diferentes fases del ciclo de vida de los datos. La Gestión de Datos requiere habilidades de diseño para planificar sistemas, habilidades altamente técnicas para gestionar *hardware* y construir software, habilidades de análisis de datos para entender problemas, habilidades analíticas para interpretar datos, habilidades de lenguaje para traer consenso a definiciones y modelos, así como pensamiento estratégico para identificar oportunidades de servir a los clientes y cumplir objetivos.

El desafío es conseguir que las personas con esta gama de habilidades y perspectivas para reconocer cómo las piezas encajan, colaboren bien a medida que trabajan hacia objetivos comunes.

2.5.7 Establecimiento de una Perspectiva Empresarial

La Gestión de Datos requiere entender el alcance y el rango de datos dentro de una organización. Los datos son una de las "horizontales" de una organización. Se mueven a través de verticales, como ventas, mercadotecnia y operaciones ... O al menos deberían. Los datos no sólo son exclusivos de una organización; a veces son únicos para un departamento u otra *subparte* de una organización. Debido a que los datos a menudo se ven simplemente como un subproducto de los procesos operativos (por ejemplo, los registros de transacciones de ventas son el subproducto del proceso de venta), no siempre se planea más allá de la necesidad inmediata.

Incluso dentro de una organización, los datos pueden ser dispares. Los datos se originan en múltiples lugares dentro de una organización. Los diferentes departamentos pueden tener maneras diferentes de representar el mismo concepto (por ejemplo, cliente, producto, proveedor). Como cualquier persona involucrada en un proyecto de integración de datos o de Gestión de Datos Maestros puede testificar, las diferencias sutiles (o flagrantes) que las elecciones representacionales plantean retos en la Gestión de Datos en toda la organización. Al mismo tiempo, las partes interesadas asumen que los datos de una organización deben ser coherentes, y una meta de la Gestión de Datos es hacer que encajen con sentido común de manera que sean utilizables por una amplia gama de consumidores de datos.

Una razón por la que el gobierno de los datos se ha vuelto cada vez más importante es porque ayuda a las organizaciones a tomar decisiones sobre los datos a través de las verticales. (Véase el Capítulo 3.)

2.5.8 Teniendo en Cuenta Otras Perspectivas

Las organizaciones actuales utilizan los datos que crean internamente, así como los datos que adquieren de fuentes externas. Deben tener en cuenta diferentes requisitos legales y de cumplimiento a través de líneas nacionales y de la industria. Las personas que crean datos a menudo olvidan que alguien más usará esos datos más adelante. Conocer los usos potenciales de los datos permite una mejor planificación del ciclo de vida de los datos y, con ello, una mejor calidad de los datos. Los datos también pueden ser mal utilizados. El tomar en cuenta este riesgo reduce la probabilidad de uso indebido de datos.

2.5.9 El Ciclo De Vida De Los Datos

Al igual que otros activos, los datos tienen un ciclo de vida. Para gestionar eficazmente los activos de datos, las organizaciones necesitan comprender y planificar el ciclo de vida de los datos. Los datos bien gestionados se gestionan estratégicamente, con una visión de cómo la organización utilizará sus datos. Una organización estratégica definirá no sólo requerimientos de contenido de datos, sino también requerimientos de Gestión de Datos. Estos incluyen políticas y expectativas de uso, calidad, controles y seguridad; un enfoque empresarial hacia arquitectura y diseño; y un enfoque sostenible tanto hacia infraestructura como hacia el desarrollo de software.

El ciclo de vida de los datos se basa en el ciclo de vida del producto. No debe confundirse con el ciclo de vida de desarrollo de sistemas. Conceptualmente, el ciclo de vida de los datos es fácil de describir (ver Figura 2). Incluye los procesos que crean u obtienen datos, los que los mueven, transforman y almacenan, y permiten que se mantengan y compartan, y los que los usan o aplican, así como los que los desechan[10]. A lo largo de su ciclo de vida, los datos pueden ser limpiados, transformados, fusionados, mejorados o agregados. A medida que se utilizan o mejoran los datos, a menudo se crean nuevos datos, por lo que el ciclo de vida tiene iteraciones internas que no se muestran en el diagrama. Los datos raramente son estáticos. La Gestión de Datos implica un conjunto de procesos interconectados alineados con el ciclo de vida de los datos. Los detalles del ciclo de vida de los datos dentro de una organización dada pueden ser bastante complicados, porque los datos no sólo tienen un ciclo de vida, sino que también tienen linaje (por ejemplo, un camino a lo largo del cual se mueve desde su punto de origen hasta su punto de uso, algunas veces llamado cadena de datos). La

---

[10] Ver McGilvray (2008) y English (1999) para información sobre el ciclo de vida del producto y datos.

comprensión del linaje de datos requiere documentar el origen de los conjuntos de datos, así como su movimiento y transformación a través de los sistemas desde donde se pueden acceder y ser usados. El ciclo de vida y el linaje se intersectan y pueden entenderse mediante la relación entre sí. Cuanto mejor una organización entienda el ciclo de vida y el linaje de sus datos, mejor será su gestión.

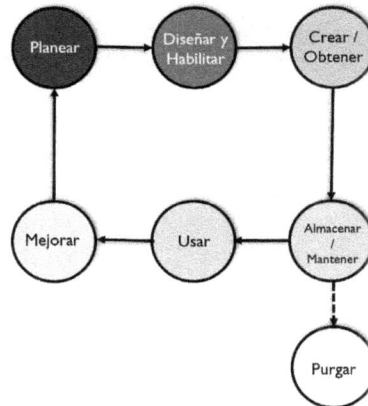

Figura 2 Actividades Principales del Ciclo de Vida de los Datos

El enfoque de la Gestión de Datos en el ciclo de vida de los datos tiene varias implicaciones importantes:

- **La creación y el uso son los puntos más críticos en el ciclo de vida de los datos:** La Gestión de Datos debe ejecutarse con una comprensión de cómo se producen u obtienen los datos, así como cómo se utilizan los datos. Cuesta dinero producir datos. Los datos son valiosos solamente cuando se consumen o se aplican. (Véanse los capítulos 5, 6, 8, 11 y 14.)
- **La Calidad de los Datos debe gestionarse a lo largo del ciclo de vida de los datos:** La Gestión de la Calidad de los Datos es fundamental para la gestión de los datos. Los datos de baja calidad representan costos y riesgos, en lugar de valor. A menudo, las organizaciones encuentran difícil gestionar la calidad de los datos porque, como se ha descrito anteriormente, los datos a menudo se crean como subproductos o procesos operativos y, a menudo, las organizaciones no establecen normas o estándares explícitos de calidad. Debido a que la calidad de los datos puede verse impactada por una serie de eventos del ciclo de vida, la calidad debe planificarse como parte del ciclo de vida de los datos (véase el Capítulo 13).
- **La calidad de los Metadatos se debe gestionar a través del ciclo de vida de los datos:** Debido a que los Metadatos son una forma de datos, y debido a que las organizaciones dependen de ellos para gestionar otros datos, la calidad de los Metadatos debe gestionarse de la misma manera que la calidad de otros datos (véase el capítulo 12).
- **La seguridad de los datos debe gestionarse a lo largo del ciclo de vida de los datos:** La Gestión de Datos también incluye garantizar que los datos estén seguros y que los riesgos asociados con los datos sean mitigados. Los datos que requieren protección deben estar protegidos a lo largo de todo su ciclo de vida, desde la creación hasta su eliminación (ver Capítulo 7 Seguridad de los datos).
- **Los esfuerzos de Gestión de Datos deben centrarse en los datos más críticos:** las organizaciones producen una gran cantidad de datos, una gran parte de los cuales nunca se utiliza realmente. No es posible tratar de gestionar todos los datos. La gestión del ciclo de vida requiere concentrarse en los datos más críticos de una organización y minimizar los datos ROT (datos redundantes, obsoletos, triviales) (Aiken, 2014).

2.5.10 Diferentes Tipos de Datos

La Gestión de Datos se complica por el hecho de que existen diferentes tipos de datos que tienen diferentes requisitos de gestión en su ciclo de vida. Cualquier sistema de gestión necesita clasificar los objetos que son gestionados. Los datos pueden clasificarse por tipo de datos (por ejemplo, datos transaccionales, datos de referencia, datos maestros, Metadatos, datos de categorías, datos de recursos, datos de eventos, datos transaccionales detallados) o por contenido (por ejemplo, dominios de datos o áreas temáticas) o por formato o por el nivel de protección que los datos requieren. Los datos también se pueden clasificar por cómo y dónde se almacenan o son accedidos. (Véanse los capítulos 5 y 10.)

Debido a que los diferentes tipos de datos tienen requisitos diferentes, están asociados con diferentes riesgos y desempeñan diferentes funciones dentro de una organización, muchas de las herramientas de Gestión de Datos se enfocan en aspectos de clasificación y control (Bryce, 2005). Por ejemplo, los datos maestros tienen diferentes usos y por lo tanto diferentes requisitos de gestión que los datos transaccionales. (Ver Capítulos 9, 10, 12 y 14.)

2.5.11 Datos y Riesgos

Los datos no sólo representan el valor, sino que también representan riesgo. Los datos de baja calidad (inexactos, incompletos u obsoletos) representan obviamente riesgo porque su información no es correcta. Pero los datos también son riesgosos porque pueden ser malinterpretados y mal utilizados. Las organizaciones obtienen el máximo valor de los datos de mayor calidad - disponibles, relevantes, completos, precisos, consistentes, oportunos, utilizables, significativos y comprendidos. Sin embargo, para muchas decisiones importantes, tenemos vacíos de información - la diferencia entre lo que sabemos y lo que necesitamos saber para tomar una decisión efectiva. Las brechas de información representan debilidades empresariales con impactos potencialmente profundos sobre la efectividad operativa y la rentabilidad de la empresa. Las organizaciones que reconocen el valor de los datos de alta calidad pueden adoptar medidas concretas y proactivas para mejorar la calidad y la usabilidad de los datos y de la información dentro de los marcos normativos y ético culturales.

El papel creciente de la información como un activo organizacional en todos los sectores ha llevado a un mayor enfoque por parte de los reguladores y legisladores sobre los posibles usos y abusos de la información. Desde Sarbanes-Oxley (centrado en los controles sobre la exactitud y validez de los datos de las transacciones financieras desde la transacción al balance) hasta Solvencia II (centrándose en el linaje de datos y la calidad de los datos que sustentan los modelos de riesgo y la adecuación de capital en el sector de las aseguradoras), el rápido crecimiento durante la última década de las regulaciones de privacidad de datos (que abarcan el procesamiento de datos sobre personas en una amplia gama de industrias y jurisdicciones), está claro que, mientras esperamos que Contabilidad incluya a la Información en el balance como un activo, el entorno normativo espera cada vez más verlo en el registro de riesgos, aplicando los mitigantes y controles apropiados. Del mismo modo, a medida que los consumidores se vuelven más conscientes de cómo se utilizan sus datos, esperan no solo un funcionamiento más fluido y eficiente de los procesos, sino también la protección de su información y el respeto de su privacidad. Esto significa que el alcance de quiénes son nuestros interesados estratégicos como profesionales de la Gestión de Datos, a menudo puede ser más amplio de lo que podría haber sido tradicionalmente. (Vea los Capítulos 2 sobre Ética de la Manejo de Datos y 7 Seguridad de Datos). Crecientemente, el impacto en el balance de la gestión de la información surge con demasiada frecuencia cuando estos riesgos no se gestionan y los accionistas votan con sus carteras de acciones, los reguladores imponen multas o restricciones a las operaciones y los clientes votan con sus billeteras.

2.5.12 Gestión de Datos y Tecnología

Como se señaló en la introducción del capítulo y demás lugares, las actividades de Gestión de Datos son amplias y requieren habilidades tanto técnicas como de negocio. Debido a que casi todos los datos actuales se almacenan electrónicamente, las tácticas de Gestión de Datos están fuertemente influenciadas por la tecnología. Desde su creación, el concepto de Gestión de Datos ha estado profundamente entrelazado con la gestión de la tecnología. Ese legado continúa. En muchas organizaciones, existe una tensión constante entre el impulso para construir nueva tecnología y el deseo de tener datos más confiables - como si los dos fueran opuestos en lugar de ser necesarios entre sí. El manejo exitoso de los datos requiere decisiones sólidas sobre la tecnología, pero gestionar la tecnología no es lo mismo que gestionar los datos. Las organizaciones necesitan comprender el impacto de la tecnología en los datos, a fin de evitar que la tentación tecnológica conduzca sus decisiones sobre los datos. En cambio, los requerimientos de datos alineados con la estrategia de negocio deben impulsar las decisiones sobre tecnología.

2.5.13 La Gestión Eficaz de los Datos Requiere Liderazgo y Compromiso

El Manifiesto de Datos del Líder (2017) reconoció que las "mejores oportunidades para el crecimiento orgánico de la organización residen en los datos". Aunque la mayoría de las organizaciones reconocen sus datos como un activo, están lejos de ser basadas en datos. Muchos no saben qué datos tienen o qué datos son más críticos para su negocio. Confunden los datos y la tecnología de la información y mal gestionan ambos. No abordan los datos estratégicamente. Y subestiman el trabajo relacionado con la Gestión de Datos. Estas condiciones se suman a los retos de la Gestión de Datos y apuntan a un factor crítico para el éxito de una organización: liderazgo comprometido y la participación de todos en todos los niveles de la organización[11].

Los desafíos esbozados aquí deben llevar este punto a consolidarse: La Gestión de Datos no es ni fácil ni simple. Pero debido a que pocas organizaciones lo hacen bien, es una fuente de oportunidades en gran parte inexploradas. Para llegar a ser mejor se requiere visión, planificación y voluntad de cambio. (Vea los Capítulos 15-17.)

La defensa de la función de Oficial en Jefe de Datos (CDO) se deriva de un reconocimiento de que la Gestión de Datos presenta desafíos únicos y que el manejo exitoso de los datos debe ser impulsado por el Negocio y no por Tecnología de la Información. Un CDO puede liderar iniciativas de Gestión de Datos y permitir a una organización aprovechar sus activos de datos y obtener ventaja competitiva de ellos. Sin embargo, un CDO no sólo lidera iniciativas. Él o ella debe también conducir el cambio cultural que permite que una organización tenga un acercamiento más estratégico a sus datos.

2.6 Estrategia de Gestión de Datos

Una estrategia es un conjunto de opciones y decisiones que, en conjunto, marcan un curso de acción de alto nivel para cumplir objetivos de alto nivel. En el juego de ajedrez, una estrategia es un conjunto secuenciado de movimientos para ganar por jaque mate o para sobrevivir por estancamiento. Un plan estratégico es un plan de acción de alto nivel para cumplir objetivos de alto nivel.

---

[11] El texto completo del *Manifiesto de Datos del Líder* puede encontrarse en: http://bit.ly/2sQhcy7 (ver traducción en español)

Una estrategia de datos debe incluir planes de negocio para utilizar la información para obtener ventaja competitiva y apoyar las consecuciones de objetivos empresariales. La estrategia de datos debe provenir del entendimiento de las necesidades de datos inherentes a la estrategia de negocio: qué datos necesita la organización, cómo obtendrán los datos, cómo los gestionarán y asegurarán su fiabilidad en el tiempo y cómo se utilizarán. Normalmente, una estrategia de datos requiere un programa estratégico de Gestión de Datos de apoyo: un plan para mantener y mejorar la calidad de los datos, la integridad de los datos, el acceso y la seguridad mientras se mitigan los riesgos conocidos e implícitos. La estrategia también debe abordar los desafíos conocidos relacionados con la Gestión de Datos. En muchas organizaciones, la estrategia de Gestión de Datos es propiedad del CDO, quien la mantiene y promulga a través de un equipo de apoyo de Gestión de Datos, con el apoyo de un Consejo de Gobierno de Datos. A menudo, el CDO elaborará una estrategia inicial de datos y una estrategia de Gestión de Datos incluso antes de que se forme un Consejo de Gobierno de Datos, con el fin de obtener el compromiso de la alta dirección para establecer custodia de datos y gobierno.

Los componentes de una estrategia de Gestión de Datos deben incluir:

- Una visión convincente para la Gestión de Datos
- Un caso de negocio resumido para la Gestión de Datos, con ejemplos seleccionados
- Principios rectores, valores y perspectivas de gestión
- La misión y los objetivos direccionales a largo plazo de la Gestión de Datos
- Medidas propuestas para el éxito de la Gestión de Datos
- Objetivos del programa de Gestión de Datos a corto plazo (12-24 meses) que son SMART (específicos, mensurables, realizables, realistas, temporales)
- Descripciones de las funciones y organizaciones de Gestión de Datos, junto con un resumen de sus responsabilidades y derechos de decisión
- Descripciones de los componentes e iniciativas del programa de Gestión de Datos
- Un programa de trabajo prioritario con límites de alcance
- Un borrador de hoja de ruta de implementación con proyectos y acciones

Los productos de la planificación estratégica para la Gestión de Datos incluyen:

- **Una Carta de Gestión de Datos:** visión general, casos de negocio, metas, principios rectores, medidas de éxito, factores críticos de éxito, riesgos reconocidos, modelo operativo, etc.
- Una Declaración del Alcance de la Gestión de Datos: Metas y objetivos para algún horizonte de planificación (generalmente 3 años) y los roles, organizaciones y líderes individuales responsables de alcanzar estos objetivos.
- Una Hoja de Ruta de Implementación de Gestión de Datos: identificando programas específicos, proyectos, asignaciones de tareas e hitos de entrega (consulte el capítulo 15).

La estrategia de Gestión de Datos debe abordar todas las Áreas de Conocimiento del Marco de Referencia de Gestión de Datos de DAMA relevantes para la organización. (Ver Figura 5 Marco de Referencia de Gestión de Datos DAMA-DMBOK2 Secciones 3.3 y 4.)

3. Marcos de Referencia de Gestión de Datos

La Gestión de Datos implica un conjunto de funciones interdependientes, cada una con sus propias metas, actividades y responsabilidades. Los profesionales de la Gestión de Datos deben tener en cuenta los desafíos inherentes al intento de extraer valor de un activo empresarial abstracto, al tiempo que equilibran las metas estratégicas y operativas, los requisitos específicos comerciales y técnicos, las demandas de riesgo y cumplimiento y los conflictos de entendimiento de lo que los datos representan y de si son de alta calidad. Hay mucho que tomar en consideración y controlar, por lo que ayuda el tener un marco de referencia para entender la Gestión de Datos de manera exhaustiva y ver las relaciones entre sus componentes. Debido a que las funciones dependen unas de otras y necesitan ser alineadas, en cualquier organización, las personas responsables de los diferentes aspectos de la Gestión de Datos necesitan colaborar para que la organización obtenga valor de sus datos. Los marcos de referencia desarrollados en diferentes niveles de abstracción proporcionan una gama de perspectivas sobre cómo abordar la Gestión de Datos. Estas perspectivas proporcionan una visión que puede usarse para aclarar la estrategia, desarrollar hojas de ruta, organizar equipos y alinear las funciones. Las ideas y conceptos presentados en el DMBOK2 se aplicarán de manera diferente entre las organizaciones. El enfoque de una organización para la Gestión de Datos depende de factores clave tales como su industria, la variedad de datos que utiliza, su cultura, nivel de madurez, estrategia, visión y los desafíos específicos que está abordando. Los marcos descritos en esta sección proporcionan algunas perspectivas a través de las cuales ver la Gestión de Datos y aplicar los conceptos presentados en el DMBOK.

- Los dos primeros, el Modelo de Alineación Estratégica y el Modelo de Información de Amsterdam muestran relaciones de alto nivel que influyen en cómo una organización gestiona los datos.
- El marco de referencia DAMA DMBOK (Diagrama de Rueda - DAMA Wheel, Hexágono y Diagrama de Contexto) describe las Áreas de Conocimiento de la Gestión de Datos, según lo define DAMA, y explica su representación visual dentro del DMBOK.
- Los dos últimos toman la Rueda DAMA como punto de partida y reordenan las piezas para comprender mejor y describir las relaciones entre ellas.

3.1 Modelo de Alineación Estratégica

El Modelo de Alineación Estratégica (Henderson y Venkatraman, 1999) abstrae los motivadores fundamentales para cualquier enfoque de la Gestión de Datos. En su centro está la relación entre datos e información. La información se asocia más a menudo con la estrategia empresarial y el uso operacional de los datos. Los datos están asociados con la tecnología de la información y los procesos que soportan la gestión física de los sistemas que hacen que los datos sean accesibles para su uso. En torno a este concepto están los cuatro dominios fundamentales de la elección estratégica: estrategia empresarial, estrategia de tecnologías de la información, infraestructura y procesos organizacionales, infraestructura y procesos de tecnologías de la información. El Modelo de Alineación Estratégica (SAM por sus siglas en inglés) totalmente articulado es más complejo de lo que se ilustra en la Figura 3. Cada uno de los hexágonos de cada esquina tiene sus propias dimensiones subyacentes. Por ejemplo, dentro de la estrategia de negocio y de TI, es necesario tener en cuenta el alcance, las competencias y la gobernanza. Las operaciones deben tener en cuenta la infraestructura, los procesos y las habilidades. Las relaciones entre las piezas ayudan a una organización a entender tanto el ajuste estratégico de los diferentes componentes como la integración funcional de las piezas. Incluso la representación de alto nivel del modelo es útil para comprender los factores organizacionales que influyen en las decisiones sobre los datos y la gestión de datos.

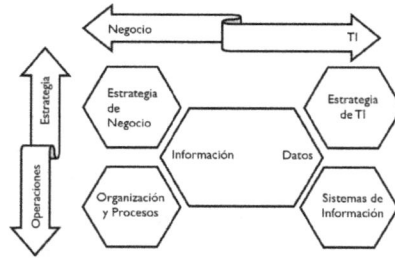

Figura 3 Modelo de Alineación Estratégica[12]

3.2 El Modelo de Información Amsterdam

El Modelo de Información de Ámsterdam (AIM por sus siglas en inglés), al igual que el Modelo de Alineación Estratégica, adopta una perspectiva estratégica sobre el negocio y la alineación de las Tecnologías de la Información (Abcouwer, Maes y Truijens, 1997)[13]. Conocido como el 9-celdas, reconoce una capa intermedia que se enfoca en estructura y tácticas, incluyendo planificación y arquitectura. Además, reconoce la necesidad de la comunicación de información (expresada como el pilar del gobierno de la información y la calidad de los datos en la Figura 4). Los creadores de los marcos de referencia SAM y AIM describen en detalle la relación entre los componentes, tanto desde una perspectiva horizontal (Negocio / Estrategia de TI) como vertical (Estrategia de Negocio / Operación del Negocio).

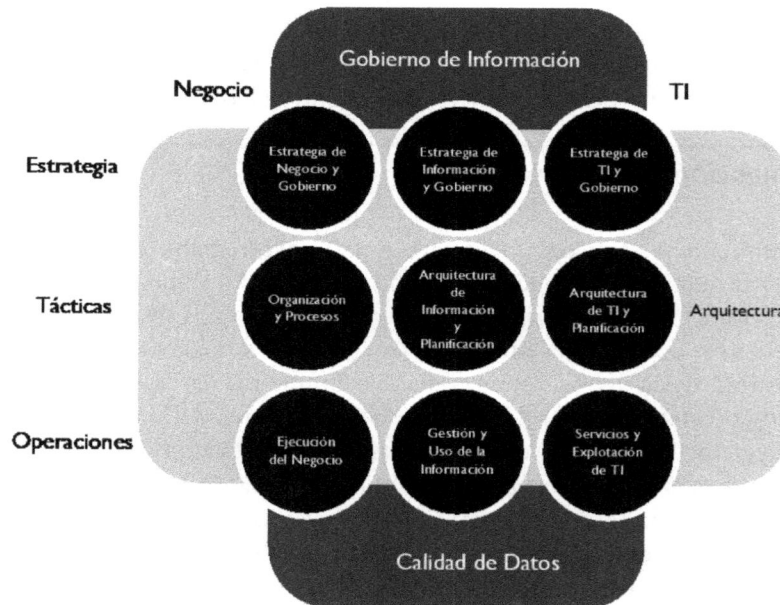

Figura 4 Modelo de Información Amsterdam[14]

---

[12] Adaptado por Henderson y Venkatraman.

[13] Ver también: Business IT Alignment Blog, *The Amsterdarm Information Model (AIM) 9-Cells* (publicado 2010-12-08). https://businessitalignment.wordpress.com/tag/amsterdam-information-model/ *Frameworks for IT Management,* Chapter 13. Van Haren Publishing, 2006. http://bit.ly/2sq2Ow1.

[14] Adaptado desde Maas.

3.3 La Estructura DAMA-DMBOK

El Marco de Referencia DAMA-DMBOK profundiza en las Áreas de Conocimiento que conforman el alcance general de la Gestión de Datos. Tres imágenes representan el Marco de Referencia de Gestión de Datos de DAMA:

- La Rueda DAMA (Figura 5)
- El Hexágono de Factores Ambientales (Figura 6)
- El Diagrama de Contexto del Área de Conocimiento (Figura 7)

La Rueda DAMA define las Áreas de Conocimiento de la Gestión de Datos. Coloca el gobierno de datos en el centro de las actividades de Gestión de Datos, ya que se requiere gobierno para lograr consistencia interna y equilibrio entre las funciones. Las otras áreas de conocimiento (Arquitectura de Datos, Modelado de Datos, etc.) se equilibran alrededor de la Rueda. Son todas partes necesarias de una función madura de Gestión de Datos, pero pueden implementarse en diferentes momentos, dependiendo de los requisitos de la organización. Estas Áreas de Conocimiento son el foco de los Capítulos 3 - 13 del DMBOK2. (Ver Figura 5.)

El Hexágono de Factores Ambientales muestra la relación entre las personas, el proceso y la tecnología, y proporciona la clave para leer los diagramas de contexto DMBOK. Pone metas y principios en el centro, ya que éstos proporcionan orientación sobre cómo las personas deben ejecutar actividades y utilizar eficazmente las herramientas necesarias para una Gestión de Datos exitosa. (Ver Figura 6.)

Figura 5 El Marco de Referencia de Gestión de Datos DAMA DMBOK2 (La Rueda DAMA)

Los Diagramas de Contexto del Área de Conocimiento (ver Figura 7) describen el detalle de las Áreas de Conocimiento, incluyendo detalles relacionados con personas, procesos y tecnología. Se basan en el concepto de un diagrama SIPOC utilizado para la gestión de productos (Proveedores, Entradas, Procesos, Productos y Consumidores). Los Diagramas de Contexto ponen las actividades en el centro, ya que producen los entregables que cumplen con los requerimientos de las partes interesadas. Cada diagrama de contexto comienza con la definición y las metas del Área de Conocimiento. Las actividades que impulsan las metas (centro) se clasifican en cuatro fases: Planificación (P), Desarrollo (D), Operación (O) y Control (C). En el lado izquierdo (que fluye hacia las actividades) están los insumos y proveedores. En el lado derecho (que fluye desde las actividades) están Entregables y Consumidores. Los participantes se enumeran debajo de las Actividades. En la parte inferior están Herramientas, Técnicas y Métricas que influyen en aspectos del Área de Conocimiento. Las listas en el diagrama de contexto son ilustrativas, no exhaustivas.

Figura 6 El Hexágono de Factores Ambientales DAMA

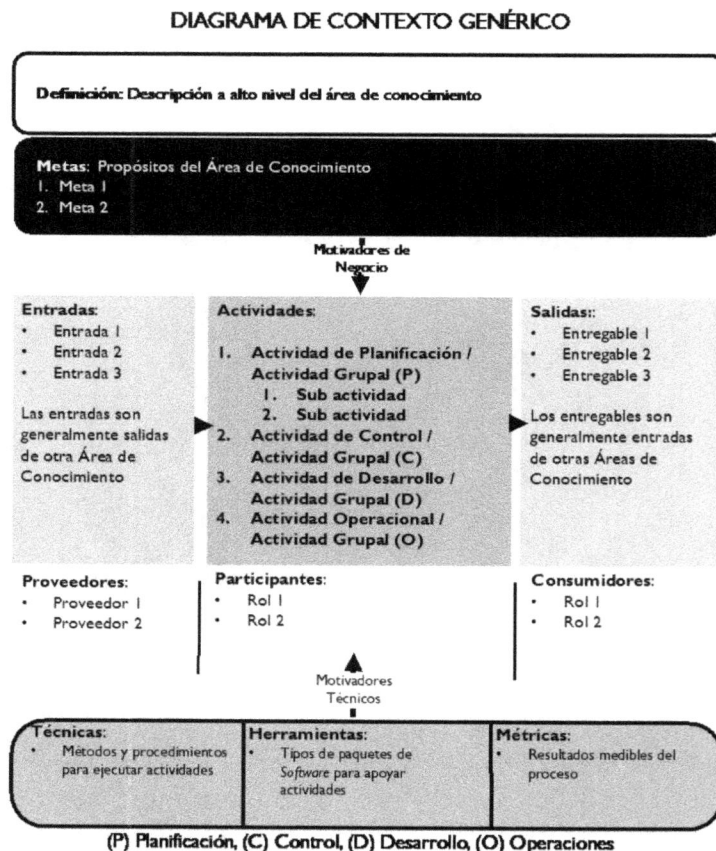

Figura 7 Diagrama de Contexto de Áreas de Conocimiento

Cada elemento del diagrama se aplicará de manera distinta en diferentes organizaciones. Las listas de roles de alto nivel incluyen sólo las funciones más importantes. Cada organización puede adaptar este patrón para satisfacer sus propias necesidades. Las piezas componentes del diagrama de contexto incluyen:

1. **Definición**: Esta sección define concisamente el área de conocimiento.
2. **Las Metas** describen el propósito del Área de Conocimiento y los principios fundamentales que guían el desempeño de las actividades dentro de cada Área de Conocimiento.
3. **Las Actividades** son las acciones y tareas requeridas para alcanzar los objetivos del Área de Conocimiento. Algunas actividades se describen en términos de subactividades, tareas y pasos. Las actividades se clasifican en cuatro categorías: Planificación, Desarrollo, Operación y Control.
   a. **(P) Las Actividades de Planificación** establecen el curso estratégico y táctico para cumplir los objetivos de Gestión de Datos. Las actividades de planificación ocurren de manera recurrente.
   b. **(D) Las Actividades de Desarrollo** se organizan en torno al ciclo de vida de desarrollo de *software* (SDLC) (análisis, diseño, construcción, prueba, preparación y despliegue).
   c. **(C) Las Actividades de Control** garantizan la continuidad de la calidad de los datos y la integridad, fiabilidad y seguridad de los sistemas a través de los cuales se accesan y se utilizan los datos.
   d. **(O) Las Actividades de Operación** apoyan el uso, mantenimiento y mejora de sistemas y procesos a través de los cuales los datos son accesados y utilizados.
4. **Las Entradas** son las cosas tangibles que cada Área de Conocimiento requiere para iniciar sus actividades. Muchas actividades requieren los mismos insumos. Por ejemplo, muchos requieren el conocimiento de la Estrategia de Negocio como entrada.
5. **Las Salidas** son los productos de las actividades dentro del área del conocimiento, las cosas tangibles que cada función es responsable de producir. Los productos pueden ser finales en sí mismos o insumos de otras actividades. Varios productos primarios son creados por múltiples funciones.
6. **Roles y Responsabilidades** describen cómo los individuos y los equipos contribuyen a las actividades dentro del área del conocimiento. Los roles se describen conceptualmente, con un enfoque en los grupos de roles requeridos por la mayoría de las organizaciones. Los roles para las personas se definen en términos de habilidades y requisitos de calificación. El Marco de Habilidades para la Era de la Información (SFIA) se utilizó para ayudar a alinear títulos de roles. Muchos roles serán interfuncionales[15]. (Véase el capítulo 16).
7. **Los Proveedores** son las personas responsables de proporcionar o permitir el acceso a los insumos para las actividades.
8. **Los Consumidores** son aquellos que se benefician directamente de los productos primarios generados por las actividades de Gestión de Datos.
9. **Los Participantes** son las personas que realizan, administran el desempeño o aprueban las actividades en el Área de Conocimiento.
10. **Las Herramientas** son las aplicaciones y otras tecnologías que permiten las metas del Área de Conocimiento[16].
11. **Las Técnicas** son los métodos y procedimientos utilizados para realizar actividades y producir entregables dentro de un área de conocimiento. Las técnicas incluyen

---

[15] http://bit.lu/2sTusD0.

[16] DAMA International no refiere ni patrocina ninguna herramienta o proveedor en particular.

convenciones comunes, recomendaciones de mejores prácticas, estándares y protocolos y, cuando proceda, enfoques alternativos emergentes.

12. **Las Métricas** son normas para medir o evaluar el desempeño, el progreso, la calidad, la eficiencia u otro efecto. Las secciones de métricas identifican facetas medibles del trabajo que se realiza dentro de cada área de conocimiento. Las métricas también pueden medir características más abstractas, como la mejora o el valor.

Mientras que la Rueda DAMA presenta el conjunto de las Áreas de Conocimiento a un nivel alto, el Hexágono reconoce componentes de la estructura de las Áreas de Conocimiento, y los Diagramas de Contexto presentan los detalles dentro de cada Área de Conocimiento. Ninguna de las partes del Marco de Referencia de Gestión de Datos DAMA existente describe la relación entre las diferentes Áreas de Conocimiento. Los esfuerzos para abordar esta cuestión han dado lugar a reformulaciones del Marco de Referencia DAMA, que se describen en las dos secciones siguientes.

3.4 Pirámide DMBOK (Aiken)

Si se les pregunta, muchas organizaciones dirán que quieren sacar el máximo provecho de sus datos - están luchando por esa pirámide dorada de prácticas avanzadas (minería de datos, análisis, etc.). Pero esa pirámide es sólo la parte superior de una estructura más grande, un pináculo sobre un cimiento. La mayoría de las organizaciones no tienen el lujo de definir una estrategia de Gestión de Datos antes de empezar a tener que gestionar los datos. En su lugar, construyen hacia esa capacidad, la mayoría de las veces bajo condiciones menos que óptimas. El Marco de Referencia de Peter Aiken utiliza las áreas funcionales del DMBOK para describir la situación en la que se encuentran muchas organizaciones. Una organización puede utilizarla para definir un camino hacia un estado donde tengan datos y procesos confiables para apoyar los objetivos estratégicos del negocio. Al tratar de alcanzar este objetivo, muchas organizaciones pasan por una progresión lógica de pasos similar (ver Figura 8):

- **Fase 1:** La organización compra una aplicación que incluye capacidades de base de datos. Esto significa que la organización tiene un punto de partida para el modelado / diseño de datos, el almacenamiento de datos y la seguridad de los datos (por ejemplo, mantener a algunas personas dentro y dejar otras afuera). Para mantener el sistema funcionando dentro de su entorno y con sus datos se requiere trabajar en integración e interoperabilidad.
- **Fase 2:** Una vez que empiecen a usar la aplicación, encontrarán desafíos con la calidad de sus datos. Pero obtener datos de mayor calidad depende de Metadatos confiables y una Arquitectura de Datos consistente. Éstos proporcionan claridad acerca de cómo los datos de diversos sistemas trabajan juntos.
- **Fase 3:** las prácticas disciplinadas para la gestión de la Calidad de los Datos, los Metadatos y la arquitectura requieren un Gobierno de Datos que provea apoyo estructural para las actividades de Gestión de Datos. El Gobierno de Datos también permite la ejecución de iniciativas estratégicas, tales como Gestión de Documentos y Contenidos, Gestión de Datos de Referencia, MDM (Master Data Management - Gestión de Datos Maestros), DW (Data Warehouse- Almacén de Datos) y BI (Business Intelligence - Inteligencia de Negocios), que habiliten enteramente las prácticas avanzadas dentro de la pirámide dorada.
- **Fase 4:** La organización aprovecha los beneficios de los datos bien gestionados y avanza en sus capacidades analíticas.

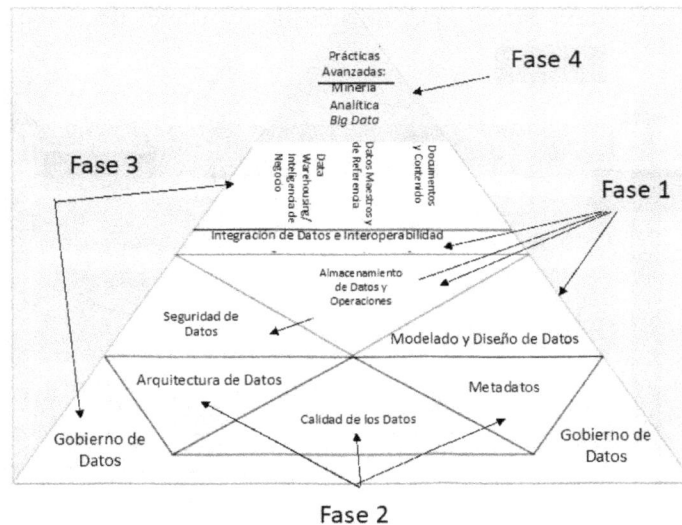

Figura 8 Capacidades Adquiridas o Desarrolladas de Bases de Datos[17]

La pirámide de Aiken se basa en la Rueda DAMA, pero también le provee información al mostrar la relación entre las Áreas de Conocimiento. No son todas intercambiables; tienen varios tipos de interdependencias. El marco de referencia de la pirámide tiene dos motivadores. En primer lugar, la idea de construir sobre una base, utilizando componentes que necesitan estar en los lugares adecuados para apoyarse mutuamente. En segundo lugar, la idea algo contradictoria de que éstas pueden ser puestas en práctica en un orden arbitrario.

3.5 Marco de Referencia DAMA para la Gestión de Datos Evolucionado

La pirámide de Aiken describe cómo las organizaciones evolucionan hacia mejores prácticas de Gestión de Datos. Otra manera de mirar las Áreas de Conocimiento de DAMA es explorar las dependencias entre ellas. Desarrollada por Sue Geuens, el marco de referencia de la Figura 9 reconoce que las funciones de BI y Analítica tienen dependencias de todas las demás funciones de Gestión de Datos. Dependen directamente de los datos maestros y de las soluciones de DW. Pero éstos, a su vez, dependen de los sistemas y aplicaciones que los alimentan de datos. La fiabilidad de la calidad de los datos, el diseño de los datos y las prácticas de interoperabilidad de los datos son fundamentales para tener sistemas y aplicaciones confiables. Además, el gobierno de datos, que dentro de este modelo incluye la gestión de Metadatos, la seguridad de datos, la Arquitectura de Datos y la Gestión de Datos de Referencia, proporciona una base en la que todas las demás funciones son dependientes.

Una tercera alternativa a la Rueda DAMA se ilustra en la Figura 10. Esto también se basa en conceptos arquitectónicos para proponer un conjunto de relaciones entre las Áreas de Conocimiento DAMA. Proporciona detalles adicionales sobre el contenido de algunas áreas de conocimiento con el fin de aclarar estas relaciones. El marco de referencia comienza con el propósito guía de la Gestión de Datos: Permitir a las organizaciones obtener valor de sus activos de datos como lo hacen con otros activos. La derivación del valor requiere una gestión del ciclo de vida, por lo que las funciones de Gestión de Datos relacionadas con el ciclo de vida de los datos se representan en el centro del diagrama. Estos incluyen planificación y diseño de datos confiables y de alta calidad; establecer procesos y funciones a través de los cuales los datos pueden ser habilitados para su uso y también puedan ser mantenidos; y,

---

[17] Figura de la Pirámide Dorada copyright Data BluePrint, usada con permiso.

finalmente, utilizar los datos en varios tipos de análisis y a través de esos procesos, incrementar su valor.

Figura 9 Dependencias Funcionales de las Áreas de DAMA

La sección de gestión del ciclo de vida describe el diseño de la Gestión de Datos y las funciones operativas (modelado, arquitectura, almacenamiento y operaciones, etc.) necesarias para soportar los usos tradicionales de los datos (BI, gestión de documentos y contenido). También reconoce las funciones emergentes de Gestión de Datos (almacenamiento de *Big Data*) que soportan usos emergentes de datos (Ciencia de Datos, análisis predictivo, etc.). En los casos en que los datos se gestionan realmente como un activo, las organizaciones pueden obtener un valor directo de sus datos vendiéndolos a otras organizaciones (monetización de datos).

Las organizaciones que se centran sólo en funciones directas del ciclo de vida no obtendrán tanto valor de sus datos como aquellos que apoyan el ciclo de vida de los datos a través de actividades fundamentales y de supervisión. Las actividades fundamentales, como la gestión del riesgo de datos, Metadatos y gestión de la Calidad de los Datos abarcan el ciclo de vida de los datos. Permiten tomar mejores decisiones de diseño y facilitan el uso de los datos. Si son bien ejecutadas, el mantenimiento de los datos se vuelve menos costoso, los consumidores de datos tienen más confianza en ellos, y las oportunidades para utilizarlos se expanden.

Para apoyar exitosamente a la producción y el uso de datos y para asegurar que las actividades fundamentales se ejecuten con disciplina, muchas organizaciones establecen la supervisión bajo la forma de gobierno de datos. Un programa de gobierno de datos permite que una organización sea impulsada por datos, estableciendo la estrategia y apoyando principios, políticas y prácticas de custodia que aseguren que la organización reconozca y actúe sobre las oportunidades para obtener valor de sus datos. Un programa de gobierno de datos también debe participar en actividades de gestión del cambio organizativo para educar a la organización y fomentar comportamientos que permitan el uso estratégico de los datos. Por lo tanto, la necesidad del cambio en la cultura abarca la amplitud de las responsabilidades de gobierno de datos, especialmente a medida que las prácticas de Gestión de Datos de una organización maduran.

FUNCIONES DE LA GESTIÓN DE DATOS

SUPERVISIÓN : Gobierno de Datos

| Estrategia | Valoración de Datos | Principios y Ética | Política | Custodia |

Cambio Cultural

GESTIÓN DEL CICLO DE VIDA

PLANEACIÓN Y DISEÑO

Arquitectura

Modelado y Diseño de Datos

HABILITAR Y MANTENER

Almacenamiento de Datos y Operaciones	Data Warehousing
Integración de Datos e Interoperabilidad	Almacenamiento de *Big Data*
Gestión de Datos Maestros	Gestión de Datos de Referencia

USO Y MEJORA

Inteligencia de Negocio	Ciencia de Datos
Uso de Datos Maestros	Monetización de Datos
Gestión de Documentos y Contenido	Análisis Predictivo

ACTIVIDADES FUNDAMENTALES

Gestión de Riesgos de Datos : Seguridad, Privacidad, Cumplimiento

Gestión de Metadatos

Gestión de Calidad de Datos

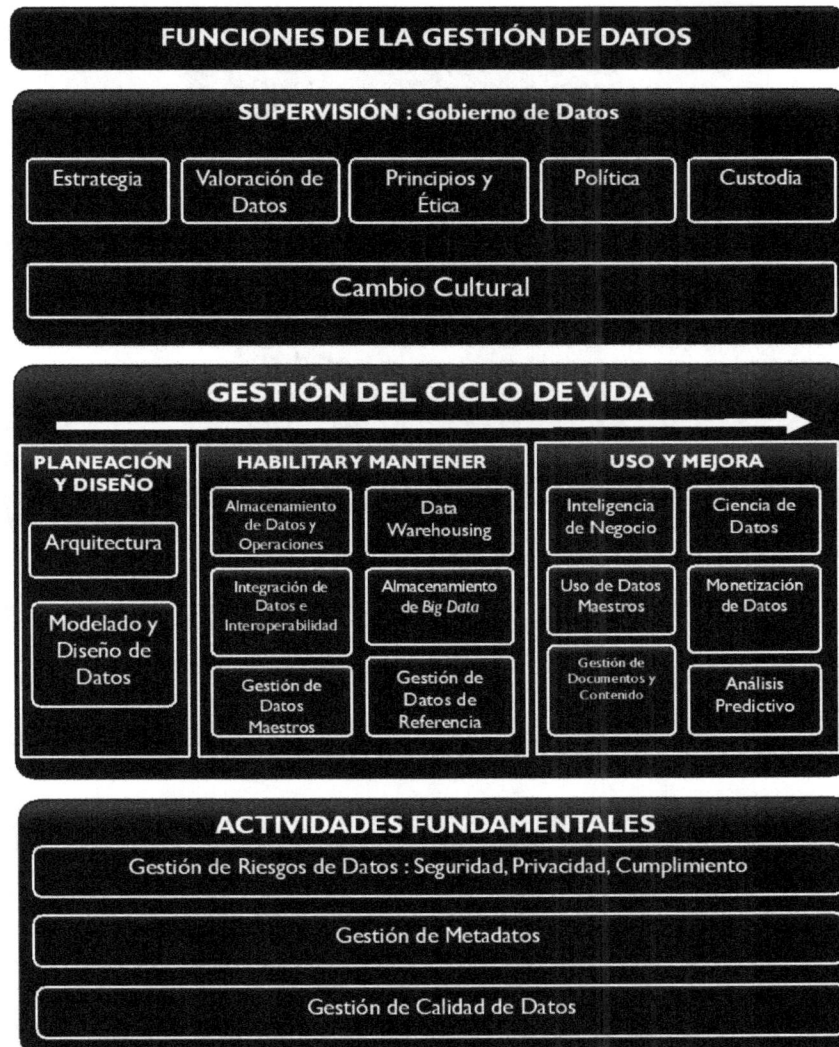

Figura 10 Marco de Referencia DAMA para Funciones de Gestión de Datos

El Marco de Referencia de Gestión de Datos de DAMA también puede representarse como una evolución de la Rueda DAMA, con actividades centrales rodeadas de actividades de ciclo de vida y uso de datos, contenidas dentro de las constricciones de gobierno. (Ver Figura 11.) Las actividades principales, como la gestión de Metadatos, la gestión de la Calidad de los Datos y la definición estructural de los datos (arquitectura), están en el centro del marco. Las actividades de gestión del ciclo de vida pueden definirse desde una perspectiva de planificación (gestión de riesgos, modelado, diseño de datos, Gestión de Datos de Referencia) y una perspectiva de habilitación (MDM, desarrollo de tecnologías de datos, integración e interoperabilidad de datos, DW, y almacenamiento y operaciones de datos).

Los usos emergen de las actividades de gestión del ciclo de vida: uso de datos maestros, gestión de documentos y contenidos, BI, ciencia de datos, análisis predictivo, visualización de datos. Muchos de ellos crean más datos mejorando o desarrollando conocimientos sobre los datos existentes. Las oportunidades de monetización de datos pueden ser identificadas como usos de datos. Las actividades de Gestión de Datos proporcionan supervisión y contención, a través de estrategias, principios, políticas y custodia. Generan consistencia mediante la clasificación y valoración de los datos.

Figura 11 Rueda DAMA Evolucionada

La intención de presentar diferentes representaciones visuales del Marco de Referencia de Gestión de Datos DAMA es proveer una perspectiva adicional y abrir discusiones sobre cómo aplicar los conceptos presentados en el DMBOK. A medida que crece la importancia de la Gestión de Datos, estos marcos se convierten en útiles herramientas de comunicación tanto dentro de la comunidad de Gestión de Datos como entre la comunidad de Gestión de Datos y nuestros interesados.

4. DAMA y el DMBOK

Si bien la Gestión de Datos presenta muchos desafíos, pocos de ellos son nuevos. Desde al menos la década de los ochenta, las organizaciones han reconocido que la Gestión de Datos es fundamental para su éxito. A medida que nuestra capacidad y deseo de crear y explotar datos han aumentado, también ha aumentado la necesidad de contar con prácticas confiables para la Gestión de Datos.

DAMA fue fundada para enfrentar estos desafíos. El DMBOK, un libro de referencia accesible y autorizado para profesionales de la Gestión de Datos apoya la misión de DAMA con:

- **Proporcionar un marco de referencia funcional** para la implementación de prácticas empresariales de Gestión de Datos; incluyendo principios rectores, prácticas ampliamente adoptadas, métodos y técnicas, funciones, roles, entregables y métricas.
- **Establecer un vocabulario común** para los conceptos de Gestión de Datos y servir de base para las mejores prácticas para los profesionales de la Gestión de Datos.

- **Servir de guía de referencia fundamental** para el CDMP (Certified Data Management Professional – Profesional Certificado de Gestión de Datos) y otros exámenes de certificación.

El DMBOK está estructurado alrededor de las once Áreas de Conocimiento del Marco de Referencia de Gestión de Datos DAMA-DMBOK (también conocido como Rueda DAMA, ver Figura 5). Los capítulos 3 a 13 se centran en las áreas de conocimiento. Cada capítulo de un Área de conocimiento sigue una estructura común:

1. Introducción
   - Motivadores del Negocio
   - Metas y Principios
   - Conceptos Esenciales
2. Actividades
3. Herramientas
4. Técnicas
5. Directrices de Implementación
6. Relación con el Gobierno de Datos
7. Métricas

Las áreas de conocimiento describen el alcance y el contexto de los conjuntos de actividades de Gestión de Datos. Incrustados en las áreas de conocimiento están las metas y principios fundamentales de la Gestión de Datos. Debido a que los datos se mueven horizontalmente dentro de las organizaciones, las actividades del Área de conocimiento se cruzan entre sí y con otras funciones organizacionales.

1. **El Gobierno de Datos** proporciona dirección y supervisión para la Gestión de Datos mediante el establecimiento de un sistema de derechos de decisión sobre los datos que responden a las necesidades de la empresa. (Capítulo 3)

2. **La Arquitectura de Datos** define el plan para gestionar los activos de datos al alinearse con la estrategia de la organización para establecer requisitos y diseños de datos estratégicos para satisfacer estos requerimientos. (Capítulo 4)

3. **Modelado y Diseño de Datos** es el proceso de descubrir, analizar, representar y comunicar los requisitos de datos en una forma precisa llamada modelo de datos. (Capítulo 5)

4. **Almacenamiento de Datos y Operaciones** incluye el diseño, implementación y soporte de datos almacenados para maximizar su valor. Las operaciones brindan soporte durante todo el ciclo de vida de los datos desde la planificación hasta la eliminación de éstos. (Capítulo 6)

5. **La Seguridad de los Datos** garantiza que la privacidad y la confidencialidad de los datos se mantengan, que no existan fugas de datos y que se acceda a los datos adecuadamente. (Capítulo 7)

6. **La Integración e Interoperabilidad de Datos** incluye procesos relacionados con el movimiento y consolidación de datos dentro y entre almacenes de datos, aplicaciones y organizaciones. (Capítulo 8)

7. **La Gestión de Documentos y Contenidos** incluye actividades de planificación, implementación y control utilizadas para gestionar el ciclo de vida de datos e información que se encuentran en una amplia gama de medios no estructurados, especialmente documentos necesarios para soportar los requerimientos de cumplimiento legal y regulatorio. (Capítulo 9)

8. **Datos Maestros y de Referencia** incluye la conciliación y el mantenimiento continuos de los datos fundamentales críticos compartidos para permitir un uso consistente a través de los sistemas de la versión de la verdad más precisa, oportuna y relevante sobre las entidades esenciales de negocio. (Capítulo 10)

9. **Data Warehousing e Inteligencia de Negocio** incluye los procesos de planificación, implementación y control para gestionar los datos de soporte a toma de decisiones y permitir que los trabajadores del conocimiento obtengan valor de los datos a través de análisis y reportes. (Capítulo 11)

10. **Los Metadatos** incluyen actividades de planificación, implementación y control para permitir el acceso a Metadatos integrados de alta calidad, incluyendo definiciones, modelos, flujos de datos y otra información crítica para entender los datos y los sistemas a través de los cuales se crea, mantiene y accede a los mismos. (Capítulo 12)

11. **La Calidad de los Datos** incluye la planificación e implementación de técnicas de gestión de la calidad para medir, evaluar y mejorar la aptitud de los datos para su uso dentro de una organización. (Capítulo 13)

Además de los capítulos sobre las Áreas de Conocimiento, el DAMA-DMBOK contiene capítulos sobre los siguientes temas:

- **La Ética en el Manejo de Datos** describe el papel central que desempeña la ética de los datos en la toma de decisiones informadas y socialmente responsables sobre los datos y sus usos. El conocimiento de la ética de la recolección, análisis y uso de datos debe guiar a todos los profesionales de la Gestión de Datos. (Capitulo 2)
- **Ciencia de Datos y *Big Data*** describe las tecnologías y los procesos de negocio que surgen a medida que aumenta nuestra capacidad de recopilar y analizar conjuntos de datos grandes y diversos. (Capítulo 14).
- **La Evaluación del Desarrollo de la Gestión de Datos** describe un enfoque para evaluar y mejorar las capacidades de Gestión de Datos de una organización. (Capítulo 15)
- **La Organización de Gestión de Datos y las Expectativas de sus Roles** proporcionan mejores prácticas y consideraciones para organizar equipos de Gestión de Datos y determinar la factibilidad de prácticas de Gestión de Datos exitosas. (Capítulo 16)
- **Gestión de Datos y Gestión del Cambio Organizacional** describe cómo planificar y pasar con éxito a través de los cambios culturales que son necesarios para integrar prácticas de Gestión de Datos eficaces dentro de una organización. (Capítulo 17)

El modo en que una organización en particular maneja sus datos depende de sus objetivos, tamaño, recursos y complejidad, así como de su percepción de cómo los datos apoyan a la estrategia global. La mayoría de las empresas no realizan todas las actividades descritas en cada área de conocimiento. Sin embargo, la comprensión del contexto más amplio de la Gestión de Datos permitirá a las organizaciones tomar mejores decisiones sobre dónde concentrarse mientras trabajan para mejorar las prácticas dentro y entre estas funciones relacionadas.

---

5. Trabajos Citados / Recomendados

Abcouwer, A. W., Maes, R., Truijens, J.: "Contouren van een generiek Model voor Informatienmanagement." Primavera Working Paper 97-07, 1997. http://bit.ly/2rV5dLx.

Adelman, Sid, Larissa Moss, and Majid Abai. *Data Strategy*. Addison-Wesley Professional, 2005. Print.

Aiken, Peter and Billings, Juanita. *Monetizing Data Management*. Technics Publishing, LLC, 2014. Print.

Aiken, Peter and Harbour, Todd. *Data Strategy and the Enterprise Data Executive*. Technics Publishing, LLC. 2017. Print.

APRA (Australian Prudential Regulation Authority). *Prudential Practice Guide CPG 234, Management of Security Risk in Information and Information Technology*. May 2013. http://bit.ly/2sAKe2y.

APRA (Australian Prudential Regulation Authority). *Prudential Practice Guide CPG 235, Managing Data Risk*. September 2013. http://bit.ly/2sVIFil.

Borek, Alexander et al. *Total Information Risk Management: Maximizing the Value of Data and Information Assets*. Morgan Kaufmann, 2013. Print.

Brackett, Michael. *Data Resource Design: Reality Beyond Illusion*. Technics Publishing, LLC. 2014. Print.

Bryce, Tim. *Benefits of a Data Taxonomy*. Blog 2005-07-11. http://bit.ly/2sTeU1U.

Chisholm, Malcolm and Roblyn-Lee, Diane. *Definitions in Data Management: A Guide to Fundamental Semantic Metadata*. Design Media, 2008. Print.

Devlin, Barry. *Business Unintelligence*. Technics Publishing, LLC. 2013. Print.

English, Larry. *Improving Data Warehouse and Business Information Quality: Methods For Reducing Costs And Increasing Profits*. John Wiley and Sons, 1999. Print.

Evans, Nina and Price, James. "Barriers to the Effective Deployment of Information Assets: An Executive Management Perspective." *Interdisciplinary Journal of Information, Knowledge, and Management* Volume 7, 2012. Accessed from http://bit.ly/2sVwvG4.

Fisher, Tony. *The Data Asset: How Smart Companies Govern Their Data for Business Success*. Wiley, 2009. Print. Wiley and SAS Business Ser.

Henderson, J.C., H Venkatraman, H. "Leveraging information technology for transforming Organizations." *IBM System Journal*. Volume 38, Issue 2.3, 1999. [1993 Reprint] http://bit.ly/2sV86Ay and http://bit.ly/1uW8jMQ.

Kent, William. *Data and Reality: A Timeless Perspective on Perceiving and Managing Information in Our Imprecise World*. 3d ed. Technics Publications, LLC, 2012. Print.

Kring, Kenneth L. *Business Strategy Mapping - The Power of Knowing How it All Fits Together*. Langdon Street Press (a division of Hillcrest Publishing Group, Inc.), 2009. Print.

Loh, Steve. *Data-ism: The Revolution Transforming Decision Making, Consumer Behavior, and Almost Everything Else*. HarperBusiness, 2015. Print.

Loshin, David. *Enterprise Knowledge Management: The Data Quality Approach*. Morgan Kaufmann, 2001. Print.

Maes, R.: "A Generic Framework for Information Management." PrimaVera Working Paper 99-02, 1999.

McGilvray, Danette. *Executing Data Quality Projects: Ten Steps to Quality Data and Trusted Information*. Morgan Kaufmann, 2008. Print.

McKnight, William. *Information Management: Strategies for Gaining a Competitive Advantage with Data*. Morgan Kaufmann, 2013. Print. The Savvy Manager's Guides.

Moody, Daniel and Walsh, Peter. "Measuring The Value Of Information: An Asset Valuation Approach." *European Conference on Information Systems (ECIS)*, 1999. http://bit.ly/29JucLO.

Olson, Jack E. *Data Quality: The Accuracy Dimension*. Morgan Kaufmann, 2003. Print.

Redman, Thomas. "Bad Data Costs U.S. $3 Trillion per Year." *Harvard Business Review*. 22 September 2016. Web.

Redman, Thomas. Data Driven: Profiting from Your Most Important Business Asset. *Harvard Business Review Press*. 2008. Print.

Redman, Thomas. *Data Quality: The Field Guide*. Digital Press, 2001. Print.

Reid, Roger, Gareth Fraser-King, and W. David Schwaderer. *Data Lifecycles: Managing Data for Strategic Advantage*. Wiley, 2007. Print.

Rockley, Ann and Charles Cooper. *Managing Enterprise Content: A Unified Content Strategy*. 2nd ed. New Riders, 2012. Print. Voices That Matter.

Sebastian-Coleman, Laura. *Measuring Data Quality for Ongoing Improvement: A Data Quality Assessment Framework*. Morgan Kaufmann, 2013. Print. The Morgan Kaufmann Series on Business Intelligence.

Simsion, Graeme. *Data Modeling: Theory and Practice*. Technics Publications, LLC, 2007. Print.

Surdak, Christopher. *Data Crush: How the Information Tidal Wave is Driving New Business Opportunities*. AMACOM, 2014. Print.

Waclawski, Janine. *Organization Development: A Data-Driven Approach to Organizational Change.* Pfeiffer, 2001. Print.

White, Stephen. *Show Me the Proof: Tools and Strategies to Make Data Work for the Common Core State Standards.* 2nd ed. Advanced

CAPÍTULO 2

Manejo Ético de Datos

1. Introducción

Definida de forma simple, la *ética* es un conjunto de principios de conducta basados en ideas de lo correcto y lo incorrecto. Los principios éticos a menudo se centran en ideas como la justicia, el respeto, la responsabilidad, la integridad, la calidad, la confiabilidad, la transparencia y la confianza. La ética del manejo de datos se refiere a cómo adquirir, almacenar, gestionar, utilizar y eliminar los datos de una manera que esté alineada con principios éticos. El manejo ético de los datos es necesario para el éxito a largo plazo de cualquier organización que quiera obtener valor a partir de sus datos. El manejo no ético de datos puede resultar en la pérdida de reputación y clientes, ya que pone en riesgo a las personas cuyos datos han sido expuestos. En algunos casos, las prácticas poco éticas también son ilegales[18]. En última instancia, para los profesionales de la gestión de datos y las organizaciones para las que trabajan, la ética de los datos es una cuestión de responsabilidad social. La ética del manejo de datos es compleja, pero se centra en varios conceptos básicos:

- **Impacto en las personas:** Debido a que los datos representan las características de los individuos y se utilizan para tomar decisiones que afectan la vida de las personas, es imperativo gestionar su calidad y confiabilidad.

- **Potencial uso indebido:** El mal uso de los datos puede afectar negativamente a las personas y a las organizaciones, por lo que es imperativo prevenir el uso indebido de los datos.
- **Valor económico de los datos:** Los datos tienen valor económico. La ética de la propiedad de los datos debe determinar cómo se puede acceder a ese valor y quién puede hacerlo.

Las organizaciones protegen los datos basados principalmente en las leyes y los requisitos regulatorios. No obstante, dado que los datos representan a las personas (clientes, empleados, pacientes, vendedores, etc.), los profesionales de la gestión de datos deben reconocer que existen razones éticas

---

[18] HIPAA (Health Insurance Portability and Accountability Act) en EEUU, PIPEDA (Personal Information Protection and Electronic Documents Act) en Canadá, la GDPR (European Union General Data Protection Regularion - Regulación General de Protección de Datos de la Unión Europea) y otras leyes de protección de datos y privacidad de información describen obligaciones relacionadas con el manejo de datos de identificación personal (por ejemplo, nombres, direcciones, afiliaciones religiosas, u orientación sexual) y privacidad (acceso o restricción a esta información).

(y legales) para proteger los datos y asegurar que no sean mal utilizados. Incluso los datos que no representan directamente a los individuos todavía pueden utilizarse para tomar decisiones que afecten a la vida de las personas. Hay un imperativo ético no sólo de proteger los datos, sino también de gestionar su calidad. Las personas que toman decisiones, así como aquellas afectadas por decisiones, esperan que los datos estén completos y sean precisos. Desde una perspectiva comercial y técnica, los profesionales de la gestión de datos tienen la responsabilidad ética de gestionar los datos de manera que se reduzca el riesgo de que sean falsificados, mal utilizados o malinterpretados. Esta responsabilidad se extiende a lo largo del ciclo de vida de los datos, desde la creación hasta la destrucción de éstos.

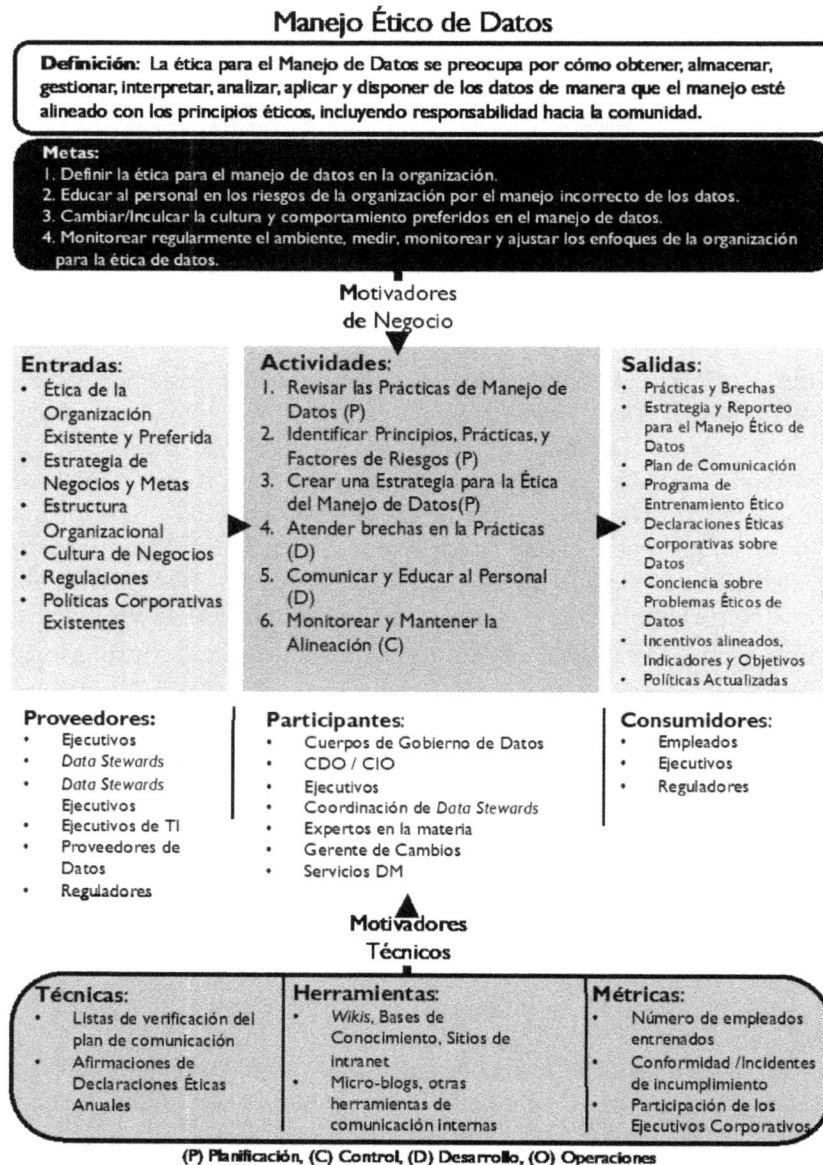

Manejo Ético de Datos

Definición: La ética para el Manejo de Datos se preocupa por cómo obtener, almacenar, gestionar, interpretar, analizar, aplicar y disponer de los datos de manera que el manejo esté alineado con los principios éticos, incluyendo responsabilidad hacia la comunidad.

Metas:
1. Definir la ética para el manejo de datos en la organización.
2. Educar al personal en los riesgos de la organización por el manejo incorrecto de los datos.
3. Cambiar/Inculcar la cultura y comportamiento preferidos en el manejo de datos.
4. Monitorear regularmente el ambiente, medir, monitorear y ajustar los enfoques de la organización para la ética de datos.

Motivadores de Negocio

Entradas:
- Ética de la Organización Existente y Preferida
- Estrategia de Negocios y Metas
- Estructura Organizacional
- Cultura de Negocios
- Regulaciones
- Políticas Corporativas Existentes

Actividades:
1. Revisar las Prácticas de Manejo de Datos (P)
2. Identificar Principios, Prácticas, y Factores de Riesgos (P)
3. Crear una Estrategia para la Ética del Manejo de Datos(P)
4. Atender brechas en la Prácticas (D)
5. Comunicar y Educar al Personal (D)
6. Monitorear y Mantener la Alineación (C)

Salidas:
- Prácticas y Brechas
- Estrategia y Reporteo para el Manejo Ético de Datos
- Plan de Comunicación
- Programa de Entrenamiento Ético
- Declaraciones Éticas Corporativas sobre Datos
- Conciencia sobre Problemas Éticos de Datos
- Incentivos alineados, Indicadores y Objetivos
- Políticas Actualizadas

Proveedores:
- Ejecutivos
- *Data Stewards*
- *Data Stewards* Ejecutivos
- Ejecutivos de TI
- Proveedores de Datos
- Reguladores

Participantes:
- Cuerpos de Gobierno de Datos
- CDO / CIO
- Ejecutivos
- Coordinación de *Data Stewards*
- Expertos en la materia
- Gerente de Cambios
- Servicios DM

Consumidores:
- Empleados
- Ejecutivos
- Reguladores

Motivadores Técnicos

Técnicas:
- Listas de verificación del plan de comunicación
- Afirmaciones de Declaraciones Éticas Anuales

Herramientas:
- Wikis, Bases de Conocimiento, Sitios de Intranet
- Micro-blogs, otras herramientas de comunicación internas

Métricas:
- Número de empleados entrenados
- Conformidad /Incidentes de incumplimiento
- Participación de los Ejecutivos Corporativos

(P) Planificación, (C) Control, (D) Desarrollo, (O) Operaciones

Figura 12 Diagrama Contextual: Manejo Ético de Datos

Desafortunadamente, muchas organizaciones no reconocen ni responden a las obligaciones éticas inherentes al manejo de datos. Pueden incluso adoptar una perspectiva técnica tradicional y pretender no entender los datos; o asumir que, si cumplen con la la ley, no tienen ningún riesgo relacionado con el manejo de datos. Esta es una suposición peligrosa. El entorno de datos está evolucionando rápidamente. Las organizaciones están utilizando los datos en formas que no habrían imaginado ni siquiera hace unos pocos años. Aunque las leyes codifican algunos principios éticos, la legislación no puede mantenerse al día con los riesgos asociados con la evolución del entorno de datos. Las organizaciones deben reconocer y responder a su obligación ética de proteger los datos que les son confiados, fomentando y manteniendo una cultura que valore el manejo ético de la información.

2. Motivadores de Negocio

Al igual que las declaraciones de W. Edward Deming sobre la calidad, la ética significa "hacerlo bien cuando nadie está mirando". Un enfoque ético del uso de datos es cada vez más reconocido como una ventaja comercial competitiva (Hasselbalch y Tranberg, 2016). El manejo ético de datos puede aumentar la confiabilidad de una organización, sus datos y salidas de sus procesos. Esto puede crear mejores relaciones entre la organización y los interesados. La creación de una cultura ética implica la introducción de un gobierno adecuado, incluyendo el establecimiento de controles para asegurar que tanto los resultados previstos como los resultados del procesamiento de datos sean éticos y no violen la confianza ni atenten contra la dignidad humana. El manejo de datos no ocurre de la nada, los clientes y los interesados esperan comportamiento y resultados éticos de las empresas y de su procesamiento de datos. Una de las principales razones para que una organización cultive principios éticos para el manejo de datos es la reducción del riesgo de que los datos de los que la organización es responsable sean mal utilizados por sus empleados, clientes o socios. También existe la responsabilidad ética de proteger los datos contra delincuentes (es decir, de protegerlos contra la piratería informática y posibles filtraciones de datos) (véase el Capítulo 7.)

Diferentes modelos de propiedad de datos influyen en la ética del manejo de datos. Por ejemplo, la tecnología ha mejorado la capacidad de las organizaciones para compartir datos entre sí. Esta capacidad significa que las organizaciones necesitan tomar decisiones éticas sobre la responsabilidad de compartir datos que no les pertenecen.

Las funciones emergentes de CDO (Chief Data Officer – Oficial en Jefe de Datos), CRO (Chief Risk Officer – Oficial en Jefe de Riesgos), CPO (Chief Privacy Officer – Oficial en Jefe de Privacidad) y CAO (Chief Analytics Officer – Oficial en Jefe de Analítica) se centran en el control del riesgo mediante el establecimiento de prácticas aceptables para el manejo de datos. Pero la responsabilidad se extiende más allá de las personas en estas funciones. El manejo ético de los datos requiere un reconocimiento a nivel de toda la organización de los riesgos asociados con el uso indebido de datos y el compromiso organizacional de manejar los datos basados en principios que protegen a las personas y respetan los imperativos relacionados con la propiedad de los datos.

3. Conceptos Esenciales

3.1 Principios Éticos para Datos

Los principios aceptados de la bioética, que se centran en la preservación de la dignidad humana, proporcionan un buen punto de partida general para los principios de la ética de los datos. Por ejemplo, los Principios Belmont para la investigación médica pueden ser adaptados en disciplinas de Manejo de la Información (US-HSS, 1979).

- **Respeto a las Personas**: Este principio refleja el requisito ético fundamental de que las personas sean tratadas de manera que se respete su dignidad y autonomía como individuos. También exige que en los casos en que las personas tengan una "autonomía disminuida", se tenga especial cuidado en proteger su dignidad y derechos.

Cuando consideramos los datos como un activo, ¿tenemos en mente que los datos también afectan, representan o tocan a las personas? Los datos personales son diferentes de otros "activos" crudos, como el petróleo o el carbón. El uso no ético de los datos personales puede influir directamente en las interacciones de las personas, las oportunidades de empleo y su lugar en la comunidad. ¿Diseñamos sistemas de información de una manera que limita la autonomía o la libertad de elección? ¿Hemos considerado cómo el procesamiento de datos puede afectar a personas con discapacidades mentales o físicas? ¿Hemos tenido en cuenta cómo las personas accederán y utilizarán los datos? ¿El procesamiento de datos tiene lugar sobre la base de un consentimiento informado y válido?

- **Beneficencia**: Este principio tiene dos elementos: primero, no dañar; segundo, maximizar los posibles beneficios y minimizar los posibles daños.

El principio ético de "no dañar" tiene una larga historia en la ética médica, pero también tiene una aplicación clara en el contexto del manejo de datos e información. Los profesionales de datos e información éticos deben identificar a los interesados y considerar los resultados del procesamiento de datos y trabajar para maximizar los beneficios y minimizar el riesgo de daño causado por los procesos diseñados. ¿Está un proceso diseñado de manera que asuma un resultado de cero ganancias en lugar de una situación de ganar-ganar? ¿Es el procesamiento de datos innecesariamente invasivo y hay una manera menos arriesgada de satisfacer los requisitos de la necesidad del negocio? ¿La manipulación de datos en cuestión carece de transparencia de una manera que podría esconder posibles daños a las personas?

- **Justicia**: Este principio considera el trato justo y equitativo de las personas.

Algunas preguntas que podrían hacerse respecto a este principio: ¿Se trata a las personas o grupos de personas de manera desigual bajo circunstancias similares? ¿El resultado de un proceso o algoritmo produce efectos que benefician o perjudican desproporcionadamente a un cierto grupo de personas? ¿Se está entrenando al aprendizaje de máquina (*machine learning*) usando conjuntos de datos que contienen datos que refuerzan de manera inadvertida los prejuicios culturales?

El Informe Menlo del Departamento de Seguridad Nacional de los Estados Unidos adapta los Principios Belmont a la Investigación sobre Tecnologías de la Información y Comunicación, agregando un cuarto principio: Respeto por el Derecho y el Interés Público (US-DHS, 2012).

En 2015, el Supervisor Europeo de Protección de Datos publicó un dictamen sobre la ética digital en el que se destacan las "implicaciones ingenieriles, filosóficas, jurídicas y morales" de los desarrollos en el procesamiento de datos y Datos Masivos (*Big Data*). El dictamen hizo un llamado a un enfoque en el procesamiento de datos que respete la dignidad humana y estableció cuatro pilares necesarios para un ecosistema de información que garantice el tratamiento ético de los datos (EDPS, 2015):

- Regulación orientada al futuro del procesamiento de datos, el respeto por los derechos a la privacidad y a la protección de datos.
- Controladores responsables quienes determinen el procesamiento de información personal.

- Ingeniería y diseño de productos y servicios de procesamiento de datos, que sean conscientes de la privacidad.
- Individuos empoderados.

Estos principios corresponden ampliamente con el principio establecido en el Informe Belmont, centrado en promover la dignidad humana y la autonomía. El EDPS afirma que la privacidad es un derecho humano fundamental. Desafía a los innovadores para que vean la dignidad, la privacidad y la autonomía como una plataforma sobre la que se configura un entorno digital sostenible y no un obstáculo para el desarrollo, y llama a la transparencia y a la comunicación con los interesados.

El gobierno de datos es una herramienta vital para asegurar que estos principios se consideren para decidir quién puede hacer qué con cuáles datos y bajo qué circunstancias el procesamiento es apropiado o necesario. Los impactos y riesgos éticos del procesamiento de datos en todas las partes interesadas deben ser considerados por los profesionales y gestionados de manera similar a la calidad de los datos.

3.2 Principios detrás de la Ley de Privacidad de Datos

Las políticas públicas y la ley tratan de codificar lo correcto y lo incorrecto sobre la base de principios éticos. Pero no pueden codificar cada circunstancia. Por ejemplo, las leyes de privacidad en la Unión Europea, Canadá y los Estados Unidos muestran diferentes enfoques para codificar la ética de los datos. Estos principios también pueden proporcionar un marco para la política de las organizaciones.

La ley de privacidad no es nueva. Privacidad y la privacidad de la información como conceptos están firmemente vinculados a la obligación ética de respetar los derechos humanos. En 1890, los académicos jurídicos estadounidenses Samuel Warren y Louis Brandeis describieron la privacidad y la privacidad de la información como derechos humanos con protección en el derecho común que apuntala varios derechos en la constitución estadounidense. En 1973 se propuso un Código de Práctica Justa de Información y el concepto de privacidad de la información como un derecho fundamental fue reafirmado en la Ley de Privacidad de 1974 de los Estados Unidos, que establece que "el derecho a la privacidad es un derecho personal y fundamental protegido por la Constitución de los Estados Unidos".

A raíz de las violaciones de derechos humanos durante la Segunda Guerra Mundial, la Convención Europea de Derechos Humanos (1950) estableció tanto el derecho general a la privacidad como el derecho específico a la privacidad de la información (o el derecho a la protección de sus datos personales) como derechos humanos que son fundamentales para defender el derecho a la dignidad humana. En 1980, la Organización de Cooperación y Desarrollo Económico (OCDE) estableció Directrices y Principios para el Proceso Justo de Información que se convirtieron en la base de las leyes de protección de datos de la Unión Europea.

Los ocho principios fundamentales de la OCDE, las Normas Justas de Procesamiento de la Información, tienen por objeto garantizar que los datos personales se procesen de manera que respeten el derecho de las personas a la privacidad. Incluyen: limitaciones en la recopilación de datos; una expectativa de que los datos serán de alta calidad; el requisito de que cuando se recopilen datos se hace para un propósito específico; limitaciones en el uso de datos; salvaguardas de seguridad; una expectativa de apertura y transparencia; el derecho de un individuo a impugnar la exactitud de los datos relacionados con sí mismo; y la responsabilidad de las organizaciones de seguir las directrices. Desde entonces, los principios de la OCDE han sido sustituidos por los principios que subyacen al GDPR (2016). Véase la Tabla 1.

Tabla 1 Principios de la GDPR

Principio GDPR	Descripción del Principio
Justicia, Legalidad, Transparencia	Los datos personales deberán ser procesados de forma lícita, justa y en transparencia con la persona afectada.
Limitación del Propósito	Los datos personales deben ser recolectados para fines específicos, explícitos y legítimos, y no procesados de una manera que sea incompatible con esos propósitos.
Minimización de Datos	Los datos personales deben ser adecuados, pertinentes y limitados a lo que sea necesario en relación con los fines para los cuales se procesan.
Exactitud	Los datos personales deben ser exactos y cuando sea necesario, mantenerse actualizados. Se deben tomar todas las medidas razonables para garantizar que los datos personales inexactos, teniendo en cuenta el propósito para el que se procesan, sean borrados o rectificados sin demora.
Limitación de Almacenamiento	Los datos deberán conservarse en un formato que permita identificar a los sujetos [individuos] durante un período no mayor al necesario para los fines para los que se procesaron los datos personales.
Integridad y Confidencialidad	Los datos deben ser tratados de manera que garantice la seguridad adecuada de los datos personales, incluida la protección contra el procesamiento no autorizado o ilícito y contra la pérdida accidental, destrucción o daño, utilizando medidas técnicas u organizacionales apropiadas.
Responsabilidad (*Accountability*)	Los Controladores de Datos serán responsables y capaces de demostrar el cumplimiento de estos principios.

Estos principios están equilibrados y respaldan ciertos derechos calificados que los individuos tienen sobre sus datos, incluidos los derechos de acceso, rectificación de datos inexactos, portabilidad, derecho a oponerse al tratamiento de datos personales que puedan causar daño o angustia y borrado. Cuando el procesamiento de datos personales se hace con consentimiento, ese consentimiento debe ser libre, específico, informado y sin ambigüedades. El GDPR requiere un gobierno y documentación eficaces para permitir y demostrar el cumplimiento y los mandatos de privacidad por diseño. La ley canadiense de privacidad combina un régimen integral de protección de la privacidad con la autorregulación de la industria. PIPEDA (*Personal Information Protection and Electronic Documents Act* -Ley de Protección de Información Personal y Documentos Electrónicos) se aplica a toda organización que recopila, usa y difunde información personal en el curso de sus actividades comerciales. Establece reglas, con excepciones, que las organizaciones deben seguir en el uso de la información personal de los consumidores. La Tabla 2 describe las obligaciones legales basadas en PIPEDA[19]. En Canadá, el Comisionado Federal de Privacidad tiene como única responsabilidad gestionar las quejas de privacidad contra organizaciones. Sin embargo, desempeña un papel de defensor del pueblo; sus decisiones son sólo recomendaciones (no vinculantes legalmente y sin valor precedente, incluso dentro de la oficina del comisionado).

En marzo de 2012, la FTC (Federal Trade Commission - Comisión Federal de Comercio) emitió un informe recomendando a las organizaciones que diseñen e implementen sus propios programas de privacidad basados en las mejores prácticas descritas en el informe (por ejemplo, Privacidad por

---

[19] http://bit.ly/2tNM53c.

Diseño) (FTC 2012). El informe reafirma el enfoque de la FTC en los Principios Justos de Procesamiento de Información (ver Tabla 3).

Tabla 2 Obligaciones Estatutarias de Privacidad Canadiense

Principio PIPEDA	Descripción de Principio
Responsabilidad (*Accountability*)	Una organización es responsable de la información personal bajo su control y debe designar a un individuo responsable del cumplimiento de este principio por parte de la organización.
Propósito de Identificación	Una organización debe identificar los propósitos por los cuáles se recopila información personal durante o antes del momento en que ésta se recopila.
Consentimiento	Una organización debe obtener el conocimiento y consentimiento del individuo para la colección, uso o divulgación de información personal, excepto cuando sea inapropiado.
Limitación de Colección, Uso, Divulgación y Retención	La colección de información personal debe limitarse a lo que sea necesario para los fines identificados por la organización. La información deberá ser recogida por medios justos y legales. La información personal no será usada o divulgada para propósitos diferentes de aquéllos para los cuáles fue recolectada, excepto con el consentimiento del individuo o como lo requiera la ley. La información personal sólo se conservará durante el tiempo que sea necesario para el cumplimiento de esos fines.
Exactitud	La información personal debe ser tan precisa, completa y actualizada como sea necesario para los propósitos para los cuales se va a usar.
Salvaguardas	La información personal debe estar protegida por salvaguardias de seguridad apropiadas a la sensibilidad de la información.
Apertura	Una organización debe proporcionar información específica y fácilmente accesible a las personas sobre sus políticas y prácticas relativas al manejo de información personal.
Acceso Individual	Cuando sea requerido, se informará a un individuo de la existencia, uso y divulgación de su información personal, y se le dará acceso a esta información. Una persona podrá impugnar la exactitud e integridad de la información y hacerla modificar según corresponda.
Desafíos de Cumplimiento	Un persona debe poder dirigir una queja relacionada con el cumplimiento de los principios indicados anteriormente hacia el individuo(s) responsable(s) por el cumplimiento en la organización.

Tabla 3 Criterios del Programa de Privacidad de Estados Unidos

Principio	Descripción del Principio
Aviso / Conciencia	Los recopiladores de datos deben revelar sus prácticas de información antes de recopilar información personal de los consumidores.
Elección / Consentimiento	Se debe dar a los consumidores opciones con respecto a cómo y a si la información personal recolectada puede ser usada para propósitos más allá de aquéllos para los cuales la información fue proporcionada.
Acceso / Participación	Los consumidores deben poder ver y cuestionar la exactitud e integridad sus datos recopilados.
Integridad / Seguridad	Los recolectores de datos deben tomar medidas razonables para asegurar que la información recolectada de los consumidores sea precisa y segura contra el uso no autorizado.
Cumplimiento / Compensación	El uso de un mecanismo confiable para imponer sanciones por el incumplimiento de estas prácticas de información justas.

Estos principios se desarrollaron para incorporar los conceptos en las Directrices Justas de Procesamiento de Información de la OCDE, poniendo énfasis en la minimización de datos (limitación razonable de la colección) y de almacenamiento (retención razonable), la exactitud y el requisito de que las compañías proporcionen seguridad razonable para los datos del consumidor. Otros enfoques para prácticas de información justas incluyen:

- Opción simplificada del consumidor para reducir la carga que pesa sobre los consumidores

- La recomendación de mantener un procedimiento integral de manejo de datos durante todo el ciclo de vida de la información
- Opción de No Dejar Huella
- Requisitos para el consentimiento expreso afirmativo
- Preocupaciones con respecto a las capacidades de recopilación de datos de los proveedores de grandes plataformas; transparencia y avisos y políticas de privacidad claros
- Acceso de los individuos a los datos
- Educar a los consumidores sobre las prácticas de privacidad de datos
- Privacidad por diseño

Existe una tendencia mundial de aumentar la protección legislativa de la privacidad de la información de las personas, siguiendo las normas establecidas por la legislación de la Unión Europea. Las leyes de todo el mundo imponen diferentes tipos de restricciones sobre el movimiento de datos a través de las fronteras internacionales. Incluso dentro de una organización multinacional, habrá límites legales para compartir información a nivel mundial. Por lo tanto, es importante que las organizaciones tengan políticas y directrices que permitan al personal cumplir con los requisitos legales, así como utilizar los datos dentro del nivel de riesgo permisible de la organización.

3.3 Datos En Línea en un Contexto Ético

En la actualidad hay docenas de iniciativas y programas diseñados para crear un conjunto codificado de principios para informar en línea los comportamientos éticos en los Estados Unidos (Davis, 2012). Los temas incluyen:

- **Propiedad de los datos:** Los derechos de controlar los datos personales propios en relación con los sitios de redes sociales y los intermediarios de datos. Los *agregadores* de descarga de datos personales pueden integrar datos para elaborar perfiles profundos de los cuales las personas no tienen conocimiento.
- **El derecho a ser olvidado:** Para que la información sobre un individuo se borre de la *web*, en particular para ajustar la reputación en línea. Este tema es parte de las prácticas de retención de datos en general.
- **Identidad:** Derecho a tener identidad y que ésta sea correcta, y a optar por una identidad privada.
- **Libertad de expresión en línea:** Expresar sus opiniones en contra de la intimidación, la incitación al terror, el "troleo" o el insulto.

3.4 Riesgos de las Prácticas poco Éticas de Manejo de Datos

La mayoría de las personas que trabajan con datos saben que es posible utilizar datos para representar hechos de forma errónea. El libro clásico "Cómo mentir con estadísticas" (*How to Lie with Statistics*) de Darrell Huff (1954) describe una serie de formas en que los datos pueden usarse para representar falsamente los hechos al tiempo que crean un barnizado de facticidad. Estos métodos incluyen la selección sesgada de datos, la manipulación de escala y la omisión de algunos puntos de datos. Actualmente, estos enfoques siguen funcionando. Una manera de entender las implicaciones del manejo ético de los datos es examinar las prácticas que la mayoría de las personas acepta como no éticas. El manejo ético de datos conlleva un deber positivo de manejar datos de acuerdo con principios éticos como la confiabilidad. Garantizar que los datos sean dignos de confianza debe incluir medición en función de dimensiones de calidad de datos, tales como la precisión y prontitud. También incluye un nivel base de veracidad y transparencia - no usar datos para mentir o engañar, y ser transparente con respecto a las fuentes, usos e intenciones detrás del manejo de datos de una organización. Los siguientes escenarios describen prácticas de datos no éticos que violan estos principios entre otros.

3.4.1 Sincronización

Es posible mentir a través de la omisión o la inclusión de ciertos puntos de datos en un informe o actividad basada en el tiempo. La manipulación del mercado de renta variable a través de las operaciones bursátiles de "fin de día" puede aumentar artificialmente el precio de las acciones al cierre del mercado dando una visión artificial del valor de la acción. Esto se llama sincronización del mercado y es ilegal. El personal de BI puede ser el primero en notar anomalías. De hecho, ahora son vistos como jugadores valiosos en los centros de comercio de valores del mundo recreando los patrones comerciales que buscan esos problemas, así como analizando informes, revisando y supervisando las reglas y alertas. El personal de ética de BI puede necesitar alertar a las funciones apropiadas de gobierno o administración sobre tales anomalías.

3.4.2 Visualizaciones Engañosas

Cuadros y gráficos se pueden utilizar para presentar los datos de una manera engañosa. Por ejemplo, cambiar la escala puede hacer que una línea de tendencia se vea mejor o peor. Obviar datos, comparar dos hechos sin aclarar su relación, o ignorar las convenciones visuales aceptadas (como que los números en un gráfico circular que representa porcentajes deben agregar hasta 100 y solamente 100), también pueden ser utilizadas para engañar a las personas para que interpreten visualizaciones en formas que no son soportadas por los propios datos.[20]

3.4.3 Definiciones poco claras o Comparaciones no válidas

Según un informe del 2011 de la Oficina del Censo de los Estados Unidos, 108.6 millones de personas en los Estados Unidos estaban en programas de asistencia social, pero solamente 101.7 millones de personas tenían puestos de trabajo a tiempo completo, lo que hace parecer que un porcentaje desproporcionado de la población general estaba en programas de asistencia social[21]. Media Matters explicó la discrepancia: La cifra de 108.6 millones de "personas en programas asistencia social" proviene de una cuenta de la Oficina de Censo, que incluye "cualquier persona que resida en un hogar en el que una o más personas hayan recibido beneficios" en el cuarto trimestre de 2011, incluyendo así a individuos que no recibieron beneficio alguno del gobierno. Por otro lado, el número de "personas con empleos de tiempo completo" incluía solamente a individuos que trabajaban, no individuos que residían en un hogar donde al menos una persona trabajaba[22].

---

[20] How To Statistics (Website). *Gráficos engañosos: ejemplos de la vida real.* 24 de enero de 2014. http://bit.ly/1jRLgRH Ver también io9 (Sitio web). http://bit.ly/1jRLgRH See also io9 (Website). *La infografía más inútil y engañosa en Internet.* http://bit.ly/1YDgURl See http://bit.ly/2tNktve Google "visualización de datos engañosa" para ejemplos adicionales. Para ejemplos contrarios, es decir, visuales con una base ética, véase Tufte (2001).

[21] Así como en 2015, la población general de los Estados Unidos estaba estimada en 321.4 millones de personas. http://bit.ly/2iM1P58

[22] http://mm4a.org/2spKToU El ejemplo también demuestra visualizaciones engañosas, como en el gráfico de barras, la barra de los 108.6 millones se mostró aproximadamente 5 veces más larga que la columna de 101.7 millones.

Lo ético que hay que hacer, al presentar la información, es proporcionar un contexto que informe su significado, como una definición clara y sin ambigüedades de la población que se mide y de lo que significa estar en "programas de asistencia social". Cuando el contexto requerido es obviado, la presentación superficial puede implicar un significado no soportado por los datos. Cuando este efecto se obtiene a través de la intención de engañar o simplemente por torpeza, es un uso poco ético de los datos. También es simplemente necesario, desde una perspectiva ética, no usar erróneamente las estadísticas. El "suavizado" estadístico de los números durante un período podría cambiar completamente la percepción del número. 'Data mining snooping' es un término recientemente acuñado para un fenómeno en las investigaciones estadísticas de minería de datos donde se realizan correlaciones exhaustivas en un conjunto de datos, esencialmente sobreentrenando un modelo estadístico. Debido al comportamiento del "significado estadístico", es razonable esperar algunos resultados estadísticamente significativos que realmente son resultados aleatorios. Los inexpertos pueden verse engañados. Esto es común en los sectores financieros y médicos (Jensen, 2000, ma.utexas.edu, 2012).[23]

3.4.4 Sesgo

Sesgo se refiere a una inclinación de la perspectiva. A nivel personal, el término se asocia con juicios no razonables o prejuicios. En las estadísticas, el sesgo se refiere a desviaciones de los valores esperados. A menudo son introducidas a través errores sistemáticos en el muestreo o en la selección de datos[24]. El sesgo puede introducirse en diferentes puntos del ciclo de vida de los datos: cuando se recopilan o se crean datos, cuando se seleccionan los datos para su inclusión en el análisis, a través de los métodos por los que se analizan, y cómo son presentados los resultados del análisis.

El principio ético de la justicia crea un deber positivo de estar consciente de los posibles sesgos que podrían influir en la colección de datos, procesamiento, análisis o interpretación. Esto es particularmente importante en el caso del procesamiento de datos a gran escala que podría afectar desproporcionadamente a grupos de personas que históricamente han sufrido prejuicios o trato injusto. El uso de datos sin considerar las posibles formas en que el sesgo pudo ser introducido puede agravar los prejuicios al mismo tiempo que reduce la transparencia en el proceso, dando a los resultados la apariencia de imparcialidad o neutralidad sin ser realmente neutrales. Hay varios tipos de sesgo:

- **Colección de datos para un resultado predefinido:** El analista es presionado para que recopile datos y produzca resultados para llegar a una conclusión predefinida, en lugar de realizar un esfuerzo para llegar a una conclusión objetiva.
- **Uso sesgado de los datos colectados:** Los datos pueden ser colectados con un sesgo limitado, pero un analista puede ser presionado a utilizar el sesgo para confirmar un enfoque predeterminado. Los datos pueden incluso ser manipulados con este fin (es decir, algunos datos pueden ser descartados si no confirman el enfoque).
- **Sospecha y búsqueda:** El analista tiene una sospecha y quiere satisfacerla, pero utiliza sólo los datos que la confirman y no considera otras posibilidades que pudieran emerger de los datos.
- **Metodología de muestreo sesgada:** El muestreo suele ser una parte necesaria de la colección de datos. Pero el sesgo puede ser introducido por el método utilizado para

---

[23] Véase también numerosos artículos de W. Edwards Deming en: http://bit.ly/2tNnlZh

[24] http://bit.ly/21OzJqU

seleccionar el conjunto de muestras. Es prácticamente imposible para los seres humanos generar una muestra libre de sesgo de algún tipo. Para limitar los sesgos, se deben utilizar herramientas estadísticas para seleccionar muestras y establecer tamaños adecuados de las mismas. Tomar conciencia del sesgo en los conjuntos de datos utilizados para capacitaciones es particularmente importante.

- **Contexto y cultura:** Los sesgos a menudo están generados cultural o contextualmente, por lo que es necesario salir de esa cultura o contexto para tener una visión neutral de la situación.

Las cuestiones de sesgo dependen de muchos factores, como el tipo de procesamiento de datos en cuestión, los interesados, la forma en que se llenan los conjuntos de datos, la satisfacción de las necesidades empresariales y los resultados esperados del proceso. Sin embargo, no siempre es posible o incluso deseable eliminar todos los sesgos. El sesgo del negocio contra clientes pobres (clientes con los que no se busca tener más negocios) es una pieza fundamental para muchos escenarios construidos por analistas de negocios; se remueven de las muestras o se ignoran en el análisis. En ese caso, los analistas deben documentar los criterios que utilizaron para definir la población que están estudiando. En contraste, los algoritmos predictivos que determinan el "riesgo criminal" de los individuos o los servicios policiales predictivos que envían recursos a vecindarios específicos tienen un riesgo mucho mayor de violar principios éticos de justicia o equidad, y deberían tener mayor precaución respecto a garantizar la transparencia algorítmica, rendir cuentas y combatir el sesgo en conjuntos de datos utilizados para preparar cualquier algoritmo predictivo.[25]

3.4.5 Transformación e Integración de Datos

La integración de datos presenta desafíos éticos porque los datos son cambiados a medida que se mueven de un sistema a otro. Si los datos no están integrados con cuidado, presentan riesgo de manipulación no ética o incluso ilegal. Estos riesgos éticos se intersectan con problemas fundamentales del manejo de datos, incluyendo:

- **Conocimiento limitado del origen y linaje de los datos:** Si una organización no sabe de dónde provienen los datos y cómo han cambiado a medida que se han movido entre sistemas, la organización no puede demostrar que los datos representan lo que afirman representar.
- **Datos de mala calidad:** Las organizaciones deben tener estándares claros y medibles de calidad de los datos, y deben medir sus datos para confirmar que cumplen con dichos estándares. Sin esta confirmación, una organización no puede garantizar sus datos y los consumidores de datos pueden estar en riesgo o poner en riesgo a otros cuando utilicen esos datos.
- **Metadatos no confiables:** Los consumidores de datos dependen de Metadatos confiables, incluyendo definiciones consistentes de elementos de datos individuales, documentación del origen de los datos y documentación del linaje (por ejemplo, reglas por las que se integran los datos). Sin Metadatos confiables, los datos pueden ser malinterpretados y potencialmente mal utilizados. En los casos en que los datos puedan moverse entre las organizaciones y especialmente cuando pueden moverse a través de las fronteras, los

---

[25] Para ver ejemplos de sesgo de aprendizaje automático, véase Brennan (2015) y los sitios web de la Fundación Ford y ProPublica. Agregado a *bias*, existe el problema de la opacidad. A medida que los algoritmos predictivos de las máquinas de aprendizaje se vuelven más complejos, es difícil seguir la lógica y el linaje de sus decisiones. Véase Lewis y Monett (2017). http://bit.ly/1Om41ap; http://bit.ly/2oYmNRu.

Metadatos deben incluir etiquetas que indiquen su procedencia, quién es el propietario y si requiere una protección específica.

- **No hay documentación de la historia de remediación de datos:** Las organizaciones también deben tener información auditable relacionada con las formas en que se han cambiado los datos. Incluso si la intención de corregir los datos fue mejorar la calidad de los datos, hacerlo puede ser ilegal. La corrección de datos siempre debe seguir un proceso de control de cambios auditable.

3.4.6 Ofuscación / Redacción de Datos

Ofuscación o Redacción de Datos es la práctica de hacer la información anónima, o eliminar la información sensible. Pero la ofuscación por sí sola puede no ser suficiente para proteger los datos si una actividad analítica (análisis o combinación con otros conjuntos de datos) puede exponer los datos. Este riesgo está presente en los siguientes casos:

- **Agregación de datos:** Cuando se agregan datos a través de un conjunto de dimensiones y se eliminan los datos de identificación, un conjunto de datos puede todavía servir a un propósito analítico sin preocuparse por revelar información personal de identificación (PII). Las agregaciones en áreas geográficas son una práctica común (ver Capítulos 7 y 14).
- **Marcado de datos:** El marcado de datos se utiliza para clasificar la sensibilidad de los datos (secreto, confidencial, personal, etc.) y para controlar la liberación a las comunidades apropiadas, como el público o los vendedores, o incluso proveedores de ciertos países u otras consideraciones comunitarias.
- **Enmascaramiento de datos:** El enmascaramiento de datos es una práctica en la que sólo el envío de datos apropiados desbloqueará los procesos. Los operadores no pueden ver cuáles podrían ser los datos apropiados; simplemente escriben las respuestas que se les dan, y si esas respuestas son correctas, se permiten más actividades. Los procesos de negocio que usan el enmascaramiento de datos incluyen centros de llamadas *tercerizados* o subcontratistas que sólo tienen acceso parcial a la información.

El uso de conjuntos de datos extremadamente grandes en análisis de Ciencia de Datos plantea preocupaciones prácticas en lugar de plantear preocupaciones meramente teóricas acerca de la efectividad del anonimato. Dentro de grandes conjuntos de datos, es posible combinar datos de manera que los individuos puedan ser identificados específicamente, incluso si los conjuntos de datos de entrada han sido anónimos. La primera preocupación cuando los datos caen en un Data Lake debe ser el analizarlo para identificar datos sensibles y aplicar métodos de protección apropiados. Sin embargo, éstos por sí solos no ofrecen salvaguardas suficientes; esta es la razón por la cual es vital que las organizaciones tengan un gobierno fuerte y compromiso con el manejo ético de los datos. (Véase el capítulo 14.)

3.5 Establecimiento de una Cultura Ética de Datos

Establecer una cultura de manejo ético de datos requiere entender prácticas existentes, definir los comportamientos esperados, codificarlos en políticas y en un código de ética y proporcionar capacitación y supervisión para hacer cumplir los comportamientos esperados. Al igual que con otras iniciativas relacionadas con el gobierno de datos y el cambio de cultura, este proceso requiere de un liderazgo fuerte.

El manejo ético de datos obviamente incluye seguir la ley, pero también influye en cómo se analizan e interpretan los datos y en cómo se aprovechan interna y externamente. Una cultura organizacional que claramente valora el comportamiento ético no sólo contará con códigos de conducta, sino que garantizará que se establezcan controles claros de comunicación y gobierno para apoyar a los empleados con preguntas y rutas de escalamiento apropiadas de tal manera que, si los empleados toman conciencia de prácticas no éticas o riesgos éticos, sean capaces de resaltar el problema o detener el proceso sin temor a represalias. Mejorar el comportamiento ético de una organización con respecto a los datos requiere un proceso formal de Gestión del Cambio Organizacional. (Véase el capítulo 17.)

3.5.1 Revisar el Estado de las Prácticas Actuales del Manejo de Datos

El primer paso hacia la mejora es entender el estado actual. El propósito de revisar las prácticas existentes de manejo de datos es el entender el grado en que están directa y explícitamente conectadas con los motivadores éticos y de cumplimiento. Esta revisión también debe identificar la forma en que los empleados entienden las implicaciones éticas de las prácticas existentes en la creación y preservación de la confianza de los clientes, socios y otros interesados. El entregable de la revisión debe incluir los principios éticos que soportan la recopilación, uso y supervisión de datos de la organización a lo largo del ciclo de vida de los datos, incluyendo las actividades de intercambio de datos.

3.5.2 Identificar Principios, Prácticas y Factores de Riesgo

El propósito de formalizar las prácticas éticas, entorno al manejo de datos, es reducir el riesgo de que los datos puedan ser mal utilizados y causar daño a clientes, empleados, vendedores, interesados o a la organización como un todo. Una organización que intenta mejorar sus prácticas debe ser consciente de los principios generales, como la necesidad de proteger la privacidad de las personas, así como las preocupaciones específicas de la industria como la necesidad de proteger la información financiera o relacionada con la salud.

El enfoque de la organización en términos de ética de los datos debe alinearse con los requerimientos de cumplimiento legal y regulatorio. Por ejemplo, las organizaciones que operan a nivel mundial deben tener un amplio conocimiento de los principios éticos con base en las leyes de los países en los que operan, así como un conocimiento específico de los acuerdos entre países. Además, la mayoría de las organizaciones tienen riesgos específicos, que pueden estar relacionados con su huella tecnológica, su tasa de rotación de empleados, los medios por los que colectan datos de clientes u otros factores.

Los principios deben estar alineados con los riesgos (cosas malas que pueden suceder si no se respetan los principios) y las prácticas (la forma correcta de hacer las cosas para evitar los riesgos). Las prácticas deben ser apoyadas por controles, como se ilustra en el siguiente ejemplo:

- **Principio guía:** Las personas tienen derecho a la privacidad de su historial médio. Por lo tanto, los datos de salud de los pacientes no deben ser accesados, excepto por personas autorizadas que proporcionan el cuidado a los pacientes.
- **Riesgo:** Si existe un amplio acceso a los datos de salud de los pacientes, la información sobre las personas podría convertirse en conocimiento público, poniendo así en peligro su derecho a la privacidad.
- **Práctica:** Sólo las enfermeras y los médicos podrán acceder a los datos de salud de los pacientes y sólo con fines de atención.

- **Control:** Se llevará a cabo una revisión anual de todos los usuarios de los sistemas que contienen información de salud de los pacientes para asegurarse de que sólo tengan acceso quienes deban tenerlo.

3.5.3 Crear una Estrategia de Manejo Ético de Datos y una Hoja de Ruta

Después de una revisión del estado actual y el desarrollo de un conjunto de principios, una organización puede formalizar una estrategia para mejorar sus prácticas de manejo de datos. Esta estrategia debe expresar tanto los principios éticos como el comportamiento esperado relacionados con los datos, expresados en declaraciones de valores y en un código de comportamiento ético. Los componentes de esta estrategia incluyen:

- **Declaraciones de valores:** Las declaraciones de valores describen lo que la organización cree. Los ejemplos pueden incluir la verdad, la imparcialidad o la justicia. Estas declaraciones proporcionan un marco para el manejo ético de los datos y la toma de decisiones.
- **Principios éticos de manejo de datos:** Los principios éticos de manejo de datos describen como una organización aborda desafíos presentados por los datos, por ejemplo, cómo respetar el derecho de los individuos a la privacidad. Los principios y comportamientos esperados pueden ser resumidos en un código de ética y apoyados a través de una política de ética. La socialización del código y de la política debe incluirse en el plan de capacitación y comunicación.
- **Marco de cumplimiento:** Un marco de cumplimiento incluye factores que promueven las obligaciones organizacionales. Los comportamientos éticos deben permitir a la organización asegurar los requerimientos de complimiento, mismos que están influenciados por preocupaciones geográficas y sectoriales.
- **Evaluaciones de riesgo:** Las evaluaciones de riesgo identifican la probabilidad e implicaciones de problemas específicos que surgen dentro de la organización. Éstas deben ser utilizadas para priorizar las acciones relacionadas con la mitigación, incluyendo el cumplimiento de los principios éticos por parte de los empleados.
- **Capacitación y comunicaciones:** La capacitación debe incluir la revisión del código de ética. El empleado debe firmar que está familiarizado con el código y las implicaciones del manejo no ético de los datos. La capacitación debe ser continua, por ejemplo, con la obligación de atestar anualmente el código de ética. Las comunicaciones deben llegar a todos los empleados.
- **Hoja de ruta:** La hoja de ruta debe incluir un cronograma con actividades que puedan ser aprobadas por la dirección. Las actividades incluirán la ejecución del plan de capacitación y comunicaciones, la identificación y remediación de las brechas en las prácticas existentes, la mitigación del riesgo y los planes de monitoreo. Se deben desarrollar declaraciones detalladas que reflejen la posición de la organización respecto a su objetivo de manejo apropiado de los datos, que incluyan roles, responsabilidades y procesos, y referencien a expertos para obtener más información. La hoja de ruta debería abarcar todas las leyes aplicables y factores culturales.
- **Enfoque hacia la auditoría y monitoreo:** Las ideas éticas y el código de ética pueden ser reforzados a través de la capacitación. También es aconsejable monitorear actividades específicas para asegurar que se están realizando en cumplimiento con los principios éticos.

3.5.4 Adoptar Un Modelo Ético De Riesgo Socialmente Responsable

Los profesionales de datos que participan en BI, Analítica y Ciencia de los Datos son a menudo responsables de los datos que describen:

- Quiénes son las personas, incluyendo sus países de origen y sus características raciales, étnicas y religiosas.
- Lo que las personas hacen, incluyendo actividades políticas, sociales y potencialmente criminales.
- Dónde viven las personas, cuánto dinero tienen, qué compran, con quién hablan, escriben o envían correos electrónicos.
- Cómo se tratan a las personas, incluidos resultados de análisis, como la puntuación y el seguimiento de preferencias que las etiquetarán como privilegiadas o no apropiadas para futuros negocios.

Estos datos pueden ser mal utilizados y contrarrestar los principios subyacentes a la ética de los datos: respeto por las personas, beneficencia y justicia.

La ejecución de las actividades de BI, analítica y ciencias de los datos requiere en gran medida de una perspectiva ética que vaya más allá de los límites de la organización para la cual las personas trabajan y que rinda cuentas por las implicaciones sobre la comunidad en general. Una perspectiva ética es necesaria no sólo porque los datos pueden ser mal utilizados fácilmente, sino también porque las organizaciones tienen la responsabilidad social de no hacer daño con sus datos.

Por ejemplo, una organización puede establecer criterios para lo que considera clientes "malos" con el fin de dejar de hacer negocios con esas personas. Pero si esa organización tiene el monopolio de un servicio esencial en un área geográfica particular, entonces algunas de esas personas pueden encontrarse sin ese servicio y estarán en peligro debido a la decisión de la organización.

Los proyectos que utilizan datos personales deben tener un enfoque disciplinado del uso de esos datos. Vea la Figura 13. Deben rendir cuentas por:

- Cómo seleccionan sus poblaciones para el estudio (flecha 1)
- Cómo se capturarán los datos (flecha 2)
- En qué actividades se centrará la analítica (flecha 3)
- Cómo se harán accesibles los resultados (flecha 4)

Dentro de cada área de consideración, deben abordar los posibles riesgos éticos, con un enfoque particular en las posibles afectaciones sobre los clientes o ciudadanos.

Se puede usar un modelo de riesgo para determinar si se debe ejecutar el proyecto, mismo que influirá en cómo ejecutar el proyecto. Por ejemplo, los datos se harán anónimos, la información privada será removida del archivo, la seguridad en los archivos será ajustada o confirmada, y una revisión de leyes de privacidad locales o cualquier otra aplicable será ejecutada con el departamento legal. Eliminar clientes puede no ser permitido por la ley si la organización es un monopolio en esa jurisdicción y los ciudadanos no tienen otras opciones de proveedor, en casos tales como energía o agua.

Debido a que los proyectos de análisis de datos son complejos, es posible que las personas no vean los desafíos éticos implicados. Las organizaciones necesitan identificar activamente riesgos potenciales. También necesitan proteger a los denunciantes que identifican riesgos y comunican sus preocupaciones. El monitoreo automatizado no es una protección suficiente contra las actividades poco éticas. Las personas — los propios analistas — necesitan reflexionar sobre posibles sesgos. Las normas culturales y la ética en el lugar de trabajo influyen en el comportamiento corporativo — aprender y utilizar el modelo ético de riesgo. DAMA International anima a los profesionales de los datos a tomar una posición profesional y presentar las situaciones de riesgo a los líderes empresariales que pudieran no haber previsto las implicaciones de los usos particulares de los datos y estas implicaciones en su trabajo.

Identificación
- Demografía Requerida
- Método de Selección

Resultados
- Privilegios Garantizados o Negados
- Compromisos adicionales o lo contrario
- Eliminación de la relación
- Beneficio o Sanción
- Confianza o falta de ella
- Tratamiento sesgado

Captura de Comportamiento
- Contenido requerido
- Método de captura
- Actividades
- Sentimiento
- Ubicación
- Fecha/Hora
- Combinación de conjunto de datos
- Revisión Legal y Ética

1 / 4 / Riesgos éticos en un proyecto de muestra / 2 / 3

BI/Análisis/Ciencia de Datos
- Prospectos Perfilados
- Actividades Actuales y de Pronóstico

Figura 13 Modelo Ético de Riesgos para Proyectos de Muestreo

3.6 Ética y Gobierno de Datos

La supervisión del manejo apropiada de los datos recae tanto en el Gobierno de Datos como en el asesor jurídico. Juntos están obligados a mantenerse al día sobre los cambios legales y reducir el riesgo de inconveniencia ética asegurando que los empleados sean conscientes de sus obligaciones. El Gobierno de Datos debe establecer normas y políticas y supervisar las prácticas de manejo de datos. Los empleados deben esperar un manejo justo, protección al reportar posibles violaciones y no interferencia en sus vidas personales. El Gobierno de Datos tiene un requisito particular de supervisión para revisar planes y decisiones propuestas por BI, Analítica y estudios de Ciencia de Datos.

La certificación de DAMA International CDMP (*Certified Data Management Professional* – Profesional Certificado en Gestión de Datos) requiere que los profesionales de gestión de datos suscriban un código de ética formal, incluyendo la obligación de gestionar los datos éticamente por el bien de la sociedad más allá de la organización que los emplea.

4. Trabajos Citados / Recomendados

Blann, Andrew. *Data Handling and Analysis*. Oxford University Press, 2015. Print. Fundamentals of Biomedical Science.

Council for Big Data, Ethics, and Society (website) http://bit.ly/2sYAGAq.

Davis, Kord. *Ethics of Big Data: Balancing Risk and Innovation*. O'Reilly Media, 2012. Print.

European Data Protection Supervisor (EDPS). Opinion 4/2015 "Towards a new digital ethics: Data, dignity and technology." http://bit.ly/2sTFVlI.

Federal Trade Commission, US (FTC). *Federal Trade Commission Report Protecting Consumer Privacy in an Era of Rapid Change*. March 2012. http://bit.ly/2rVgTxQ and http://bit.ly/1SHOpRB.

GDPR REGULATION (EU) 2016/679 OF THE EUROPEAN PARLIAMENT AND OF THE COUNCIL of 27 April 2016 on the protection of natural persons with regard to the processing of personal data and on the free movement of such data, and repealing Directive 95/46/EC (General Data Protection Regulation).

Hasselbalch, Gry and Pernille Tranberg. *Data Ethics: The New Competitive Advantage*. Publishare. 2016.

Huff, Darrell. *How to Lie with Statistics*. Norton, 1954. Print.

Jensen, David. "Data Snooping, Dredging and Fishing: The Dark Side of Data Mining A SIGKDD99 Panel Report." *SIGKDD Explorations*. ACM SIGKDD, Vol. 1, Issue 2. January 2000. http://bit.ly/2tNThMK.

Johnson, Deborah G. *Computer Ethics*. 4th ed. Pearson, 2009. Print.

Kaunert, C. and S. Leonard, eds. *European Security, Terrorism and Intelligence: Tackling New Security Challenges in Europe*. Palgrave Macmillan, 2013. Print. Palgrave Studies in European Union Politics.

Kim, Jae Kwan and Jun Shao. *Statistical Methods for Handling Incomplete Data*. Chapman and Hall/CRC, 2013. Chapman and Hall/CRC Texts in Statistical Science.

Lake, Peter. *A Guide to Handling Data Using Hadoop: An exploration of Hadoop, Hive, Pig, Sqoop and Flume*. Peter Lake, 2015.

Lewis, Colin and Dagmar Monett. *AI and Machine Learning Black Boxes: The Need for Transparency and Accountability*. KD Nuggets (website), April 2017. http://bit.ly/2q3jXLr.

Lipschultz, Jeremy Harris. *Social Media Communication: Concepts, Practices, Data, Law and Ethics*. Routledge, 2014. Print.

Mayfield, M.I. *On Handling the Data*. CreateSpace Independent Publishing Platform, 2015. Print.

Mazurczyk, Wojciech et al. *Information Hiding in Communication Networks: Fundamentals, Mechanisms, and Applications*. Wiley-IEEE Press, 2016. Print. IEEE Press Series on Information and Communication Networks Security.

Naes, T. and E. Risvik eds. *Multivariate Analysis of Data in Sensory Science*. Volume 16. Elsevier Science, 1996. Print. Data Handling in Science and Technology (Book 16).

Olivieri, Alejandro C. et al, eds. *Fundamentals and Analytical Applications of Multi-way Calibration*. Volume 29. Elsevier, 2015. Print. Data Handling in Science and Technology (Book 29).

ProPublica (website). "Machine Bias: Algorithmic injustice and the formulas that increasingly influence our lives." May 2016 http://bit.ly/2oYmNRu.

Provost, Foster and Tom Fawcett. *Data Science for Business: What you need to know about data mining and data-analytic thinking*. O'Reilly Media, 2013. Print.

Quinn, Michael J. *Ethics for the Information Age*. 6th ed. Pearson, 2014. Print.

Richards, Lyn. *Handling Qualitative Data: A Practical Guide*. 3 Pap/Psc ed. SAGE Publications Ltd, 2014. Print.

Thomas, Liisa M. *Thomas on Data Breach: A Practical Guide to Handling Data Breach Notifications Worldwide*. LegalWorks, 2015. Print.

Tufte, Edward R. *The Visual Display of Quantitative Information*. 2nd ed. Graphics Pr., 2001. Print.

University of Texas at Austin, Department of Mathematics (website). *Common Misteaks Mistakes in Using Statistics*. http://bit.ly/2tsWthM. Web.

US Department of Health and Human Services. *The Belmont Report*. 1979. http://bit.ly/2tNjb3u (US-HSS, 2012).

US Department of Homeland Security. "Applying Principles to Information and Communication Technology Research: A Companion to the Department of Homeland Security Menlo Report". January 3, 2012. http://bit.ly/2rV2mSR (US-DHS, 1979).

Witten, Ian H., Eibe Frank and Mark A. Hall. Data Mining: Practical Machine Learning Tools and Techniques. 3rd ed. Morgan Kaufmann, 2011. Print. Morgan Kaufmann Series in Data Management

CAPÍTULO 3

Gobierno de Datos

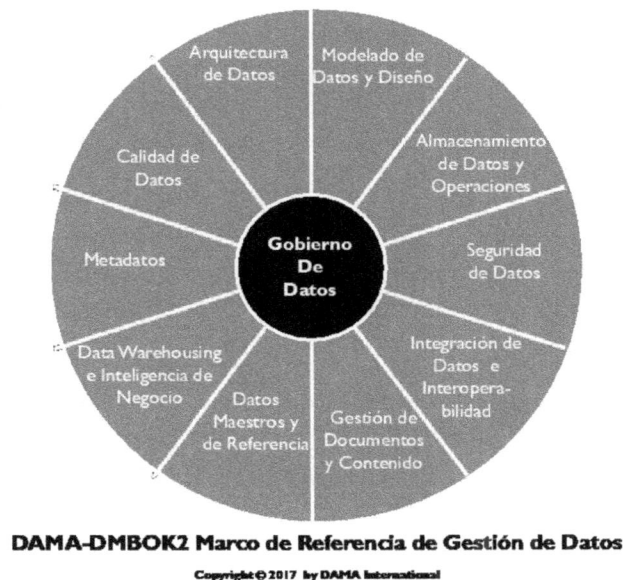

DAMA-DMBOK2 Marco de Referencia de Gestión de Datos

Copyright © 2017 by DAMA International

1. Introducción

E l Gobierno de Datos se define como el ejercicio de autoridad y control (planificación, seguimiento y ejecución) sobre la gestión de los activos de datos. Todas las organizaciones toman decisiones sobre los datos, independientemente de si tienen una función formal de Gobierno de Datos. Aquellos que establecen un programa formal de Gobierno de Datos ejercen autoridad y control con mayor intencionalidad (Seiner, 2014). Estas organizaciones están en mejores condiciones de aumentar el valor que obtienen de sus activos de datos.

La función de Gobierno de Datos guía todas las demás funciones de la gestión de datos. El propósito del Gobierno de Datos es asegurar que los datos se gestionen correctamente, de acuerdo con las políticas y las mejores prácticas (Ladley, 2012). Mientras que el propósito de la Gestión de Datos en general es asegurar que una organización obtenga valor de sus datos, el Gobierno de Datos se centra en cómo se toman las decisiones sobre los datos y cómo se espera que se comporten las personas y los procesos en relación con los datos. El alcance y el enfoque de un programa particular de Gobierno de Datos dependerá de las necesidades de la organización. La mayoría de los programas incluyen:

- **Estrategia**: Definir, comunicar e impulsar la ejecución de la Estrategia de Datos y la Estrategia de Gobierno de Datos.
- **Política**: Establecimiento y aplicación de políticas relacionadas con la gestión de datos y Metadatos, acceso, uso, seguridad y calidad.
- **Normas y calidad**: Establecimiento y aplicación de estándares de calidad de datos y Arquitectura de Datos.
- **Supervisión**: Proporcionar observación práctica, auditoría y corrección en áreas clave de calidad, políticas y gestión de datos (a menudo conocidas como custodia).
- **Cumplimiento**: Garantizar que la organización pueda cumplir con los requerimientos regulatorios relacionados con los datos.
- **Gestión de problemas**: Identificar, definir, escalar y resolver problemas relacionados con la seguridad de los datos, el acceso a los datos, la calidad de los datos, el cumplimiento de la regulación, la propiedad de los datos, las políticas, los estándares, la terminología o los procedimientos de gobierno de los datos.
- **Proyectos de gestión de datos**: Patrocinar esfuerzos para mejorar las prácticas de gestión de datos.
- **Valoración de activos de datos**: Establecimiento de estándares y procesos para definir consistentemente el valor comercial de los activos de datos.

Para lograr estos objetivos, un programa de Gobierno de Datos desarrollará políticas y procedimientos, cultivará prácticas de custodia de datos en múltiples niveles dentro de la organización y participará en esfuerzos de gestión del cambio organizacional que comuniquen activamente a la organización los beneficios de un mejor Gobierno de Datos y las conductas necesarias para gestionar los datos como un activo de manera exitosa. Para la mayoría de las organizaciones, la adopción formal del Gobierno de Datos requiere del apoyo de la gestión del cambio organizacional (véase el Capítulo 17), así como el patrocinio de un ejecutivo de alto nivel como son el Oficial en Jefe de Riesgos, Oficial en Jefe de Finanzas, Oficial en Jefe de Datos.

La capacidad de crear y compartir datos e información ha transformado nuestras interacciones personales y económicas. Las condiciones dinámicas del mercado y un mayor conocimiento de los datos como diferenciador competitivo están provocando que las organizaciones reajusten sus responsabilidades de gestión de datos. Este tipo de cambio es evidente en los sectores financiero, de comercio electrónico, gubernamental y minorista. Las organizaciones se esfuerzan cada vez más por ser más proactivas al considerar los requerimientos de datos como parte del desarrollo de estrategias, la planificación de programas y la implementación de tecnología. Sin embargo, hacerlo a menudo implica importantes retos culturales. Además, dado que la cultura puede hacer descarrilar cualquier estrategia, los esfuerzos de Gobierno de Datos deben incluir un componente de cambio cultural, una vez más, con el apoyo de un fuerte liderazgo. Para beneficiarse de los datos como un activo corporativo, la cultura organizacional debe aprender a valorar los datos y las actividades de gestión de datos. Incluso con la mejor estrategia de datos, los planes de gobierno y gestión de datos no tendrán éxito a menos que la organización acepte y gestione el cambio. Para muchas organizaciones, el cambio cultural es un reto importante. Uno de los principios fundamentales de la gestión del cambio es que el cambio organizacional requiere un cambio individual (Hiatt y Creasey, 2012). Cuando el gobierno y la gestión de datos exigen cambios de comportamiento significativos, se requiere una gestión formal del cambio para lograr el éxito.

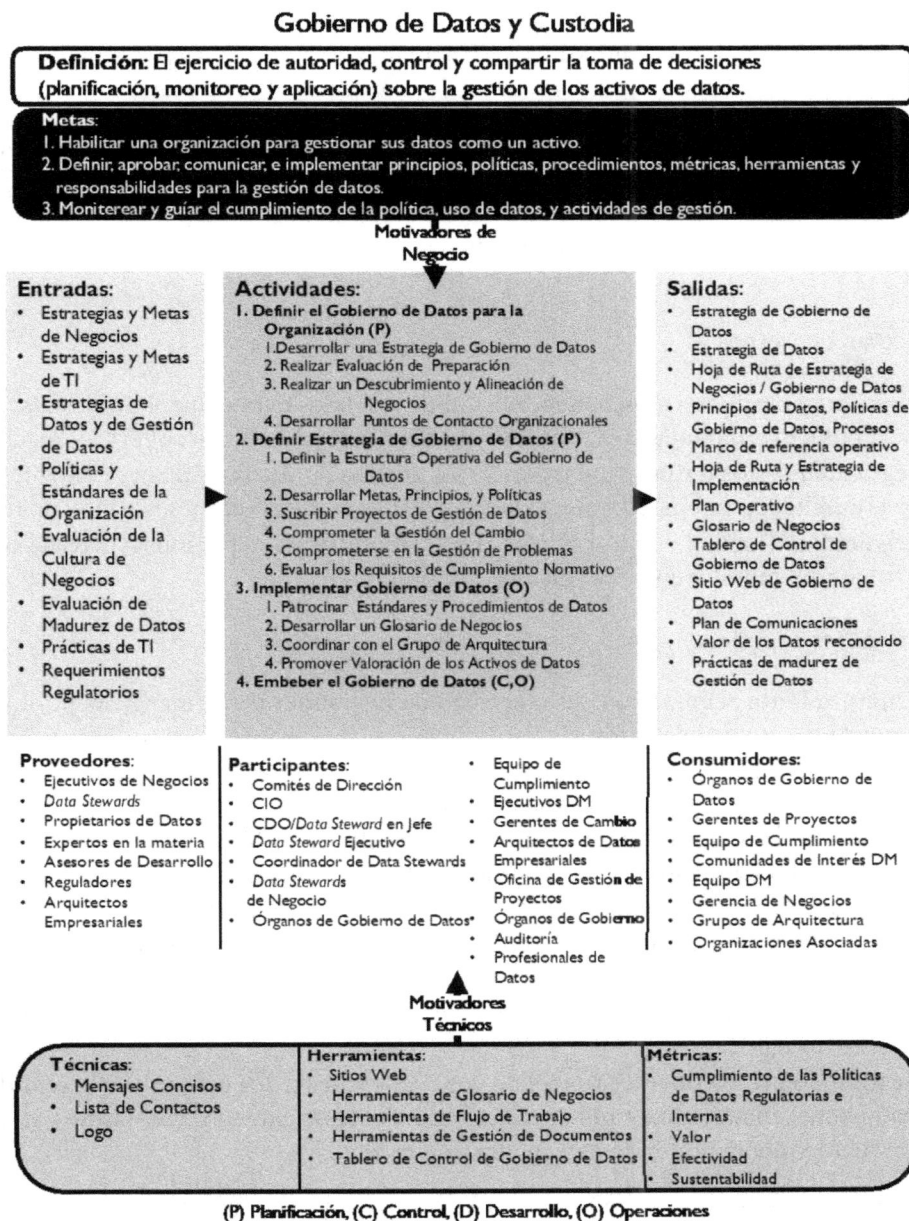

Gobierno de Datos y Custodia

Definición: El ejercicio de autoridad, control y compartir la toma de decisiones (planificación, monitoreo y aplicación) sobre la gestión de los activos de datos.

Metas:
1. Habilitar una organización para gestionar sus datos como un activo.
2. Definir, aprobar, comunicar, e implementar principios, políticas, procedimientos, métricas, herramientas y responsabilidades para la gestión de datos.
3. Monitorear y guiar el cumplimiento de la política, uso de datos, y actividades de gestión.

Motivadores de Negocio

Entradas:
- Estrategias y Metas de Negocios
- Estrategias y Metas de TI
- Estrategias de Datos y de Gestión de Datos
- Políticas y Estándares de la Organización
- Evaluación de la Cultura de Negocios
- Evaluación de Madurez de Datos
- Prácticas de TI
- Requerimientos Regulatorios

Actividades:
1. Definir el Gobierno de Datos para la Organización (P)
   1. Desarrollar una Estrategia de Gobierno de Datos
   2. Realizar Evaluación de Preparación
   3. Realizar un Descubrimiento y Alineación de Negocios
   4. Desarrollar Puntos de Contacto Organizacionales
2. Definir Estrategia de Gobierno de Datos (P)
   1. Definir la Estructura Operativa del Gobierno de Datos
   2. Desarrollar Metas, Principios, y Políticas
   3. Suscribir Proyectos de Gestión de Datos
   4. Comprometer la Gestión del Cambio
   5. Comprometerse en la Gestión de Problemas
   6. Evaluar los Requisitos de Cumplimiento Normativo
3. Implementar Gobierno de Datos (O)
   1. Patrocinar Estándares y Procedimientos de Datos
   2. Desarrollar un Glosario de Negocios
   3. Coordinar con el Grupo de Arquitectura
   4. Promover Valoración de los Activos de Datos
4. Embeber el Gobierno de Datos (C,O)

Salidas:
- Estrategia de Gobierno de Datos
- Estrategia de Datos
- Hoja de Ruta de Estrategia de Negocios / Gobierno de Datos
- Principios de Datos, Políticas de Gobierno de Datos, Procesos
- Marco de referencia operativo
- Hoja de Ruta y Estrategia de Implementación
- Plan Operativo
- Glosario de Negocios
- Tablero de Control de Gobierno de Datos
- Sitio Web de Gobierno de Datos
- Plan de Comunicaciones
- Valor de los Datos reconocido
- Prácticas de madurez de Gestión de Datos

Proveedores:
- Ejecutivos de Negocios
- *Data Stewards*
- Propietarios de Datos
- Expertos en la materia
- Asesores de Desarrollo
- Reguladores
- Arquitectos Empresariales

Participantes:
- Comités de Dirección
- CIO
- CDO/*Data Steward* en Jefe
- *Data Steward* Ejecutivo
- Coordinador de Data Stewards
- *Data Stewards* de Negocio
- Órganos de Gobierno de Datos
- Equipo de Cumplimiento
- Ejecutivos DM
- Gerentes de Cambio
- Arquitectos de Datos Empresariales
- Oficina de Gestión de Proyectos
- Órganos de Gobierno
- Auditoría
- Profesionales de Datos

Consumidores:
- Órganos de Gobierno de Datos
- Gerentes de Proyectos
- Equipo de Cumplimiento
- Comunidades de interés DM
- Equipo DM
- Gerencia de Negocios
- Grupos de Arquitectura
- Organizaciones Asociadas

Motivadores Técnicos

Técnicas:
- Mensajes Concisos
- Lista de Contactos
- Logo

Herramientas:
- Sitios Web
- Herramientas de Glosario de Negocios
- Herramientas de Flujo de Trabajo
- Herramientas de Gestión de Documentos
- Tablero de Control de Gobierno de Datos

Métricas:
- Cumplimiento de las Políticas de Datos Regulatorias e Internas
- Valor
- Efectividad
- Sustentabilidad

(P) Planificación. (C) Control. (D) Desarrollo. (O) Operaciones

Figura 14 Diagrama de Contexto: Gobierno de Datos y Custodia

1.1 Motivadores de Negocio

El motivador más común para el Gobierno de Datos es a menudo el cumplimiento de la regulación, especialmente en sectores muy regulados, como es el caso de los servicios financieros y los servicios de salud. Responder a la legislación vigente requiere procesos estrictos de gestión de datos. La explosión de tecnologías de la información avanzadas ha creado una fuerza impulsora adicional.

Mientras el cumplimiento o la analítica pueden motivar el gobierno, muchas organizaciones se vuelcan al Gobierno de Datos a través de un programa de gestión de la información impulsado por otras necesidades empresariales, como la gestión de datos maestros (MDM, por sus siglas en inglés), por problemas importantes de datos, o por ambos. Un escenario típico: una empresa necesita mejores datos de clientes, elige desarrollar un MDM de Clientes, y luego se da cuenta de que el éxito de MDM requiere un Gobierno de Datos.

El Gobierno de Datos no es un fin en sí mismo. Necesita alinearse directamente con la estrategia de la organización. Cuanto más claramente ayude a resolver problemas organizacionales, más probable será que las personas cambien sus comportamientos y adopten prácticas de gobierno. Los motivadores del Gobierno de Datos se centran con mayor frecuencia en la reducción de riesgos o en la mejora de los procesos.

- Reducción de riesgos

  - **Gestión general de riesgos**: Supervisión de los datos para control de riesgos financieros o de reputación, incluida la respuesta a cuestiones legales (E-Discovery) y reglamentarias.
  - **Seguridad de los datos**: Protección de los activos de datos mediante controles de disponibilidad, usabilidad, integridad, consistencia, auditoria y seguridad de los datos.
  - **Privacidad**: Control de información para la identificación personal (privada o confidencial) a través del monitoreo de políticas y cumplimiento.

- Mejora de los procesos

  - **Cumplimiento regulatorio**: La capacidad de responder de forma eficaz y coherente a los requerimientos regulatorios.
  - **Mejora de la calidad de los datos**: la capacidad de contribuir a mejorar el rendimiento del negocio haciendo que los datos sean más confiables.
  - **Gestión de Metadatos**: Establecimiento de un diccionario de datos empresarial para definirlos y localizarlos en la organización; hay que asegurar que una amplia gama de otros Metadatos se gestiona y se ponen a disposición de la organización.
  - **Eficiencia en proyectos de desarrollo**: Las mejoras en el ciclo de vida del desarrollo de *software* para abordar los problemas y las oportunidades en la gestión de datos en toda la organización, incluida la especificación técnica de los datos mediante la gestión del ciclo de vida de los datos.
  - **Gestión de proveedores**: Control de contratos y acuerdos con respecto a los datos, tales como almacenamiento en nube, adquisición de datos externos, ventas de datos como producto y operaciones de externalización de datos.

Es esencial aclarar los motivadores de negocio particulares para el Gobierno de Datos dentro de una organización y alinearlos con la estrategia general del negocio. Enfocar la "organización en el Gobierno de Datos" a menudo enajena a los líderes quienes perciben un sobre esfuerzo adicional sin beneficios aparentes. Sensibilizar la cultura organizacional es necesario para determinar el lenguaje correcto, el modelo operativo y los roles para el programa. Al momento de escribir el DMBOK2, el término organización está siendo reemplazado por términos como modelo o marco operativo. Si bien las personas a veces afirman que es difícil entender lo que es el Gobierno de los Datos, el gobierno en sí mismo es un concepto común. En lugar de inventar nuevos enfoques, los profesionales de la gestión de datos pueden aplicar los conceptos y principios de otros tipos de gobierno al Gobierno de los Datos. Una analogía común es equiparar el Gobierno de Datos con la auditoría y la contabilidad. Los auditores y contadores establecen las normas para la gestión de los activos financieros. Los profesionales del

Gobierno de Datos establecen reglas para la gestión de los activos de datos. Otras áreas llevan a cabo estas reglas. El Gobierno de Datos no es algo que se hace una sola vez. La gobernabilidad de los datos requiere un programa continuo enfocado en asegurar que una organización obtenga valor de sus datos y reduzca el riesgo relacionado con los datos. Un equipo de Gobierno de Datos puede ser una organización virtual o una organización estructurada con responsabilidades específicas. Para que sean eficaces, es necesario que se comprendan bien las funciones y actividades de la gestión de datos. Deben construirse en torno a un marco operativo que funcione bien en la organización. Un programa de Gobierno de Datos debe tener en cuenta los problemas organizacionales y culturales, los desafíos y oportunidades específicas de la gestión de datos dentro de la organización. (Ver Capítulos 1 y 6)

El Gobierno de Datos es independiente del gobierno de TI (Tecnologías de la Información). El gobierno de TI toma decisiones sobre las inversiones en TI, el portafolio de aplicaciones de TI y el portafolio de proyectos de TI, es decir, sobre el *hardware*, el *software* y la arquitectura técnica general. El gobierno de TI alinea las estrategias e inversiones de TI con los objetivos y estrategias de la empresa. El marco COBIT (Control Objectives for Information and Related Technologies - Objetivos de Control para la Información y Tecnología Relacionada) proporciona estándares para el gobierno de TI, pero sólo una pequeña porción del marco COBIT se ocupa de la gestión de datos e información. Algunos temas críticos, como el cumplimiento de Sarbanes-Oxley (EE. UU.), abarcan la preocupación por el gobierno corporativo, el gobierno de TI y el Gobierno de Datos. Por el contrario, el Gobierno de Datos se centra exclusivamente en la gestión de los activos de datos y de los datos como activos.

1.2 Metas y Principios

La meta del Gobierno de Datos es permitir que una organización gestione los datos como un activo. El Gobierno de Datos proporciona los principios, las políticas, los procesos, el marco, las métricas y la supervisión para gestionar los datos como un activo y para orientar las actividades de gestión de datos en todos los niveles. Para lograr este objetivo general, un programa de Gobierno de Datos debe ser:

* **Sustentable:** El programa de Gobierno de Datos debe ser "pegajoso". El Gobierno de Datos no es un proyecto con un fin definido; es un proceso continuo que requiere un compromiso organizacional. El Gobierno de Datos necesita cambios en la forma en que se gestionan y utilizan los datos. Esto no siempre significa nuevos cambios organizacionales ni trastornos. Significa gestionar el cambio de una manera que sea sostenible más allá de la implementación inicial de cualquier componente de Gobierno de Datos. El Gobierno de Datos sostenible depende del liderazgo, el patrocinio y del sentido de propiedad.
* **Embebido:** El Gobierno de Datos no es un proceso adicional. Las actividades del Gobierno de Datos deben incorporarse a los métodos de desarrollo de programas informáticos, al uso de datos para análisis, la gestión de Datos Maestros y a la gestión de riesgos.
* **Medido:** Un Gobierno de Datos bien hecho tiene un impacto financiero positivo, pero para demostrar este impacto es necesario comprender el punto de partida y planificar una mejora medible.

La implementación de un programa de Gobierno de Datos requiere un compromiso con el cambio. Los siguientes principios, desarrollados desde principios de la década de 2000, pueden ayudar a establecer una base sólida para el Gobierno de Datos.[26]

---

[26] Instituto de Gobierno de Datos (The Data Governance Institute) http://datagovernance.com

- **Liderazgo y estrategia**: El éxito del Gobierno de Datos inicia con un liderazgo visionario y comprometido. Las actividades de gestión de datos están guiadas por una estrategia de datos que es impulsada por la estrategia de negocio de la empresa.
- **Impulsado por el negocio**: El Gobierno de Datos es un programa empresarial y, como tal, debe controlar las decisiones de TI relacionadas con los datos tanto como gobierna la interacción del negocio con los datos.
- **Responsabilidad compartida**: En todas las Áreas de Conocimiento de la Gestión de Datos, Gobierno de Datos es una responsabilidad empresarial compartida entre los *Data Stewards* y los profesionales técnicos de Gestión de Datos.
- **Multi-capas**: El Gobierno de Datos se produce tanto a nivel empresarial como local y, a menudo, en niveles intermedios.
- **Basado en un marco de referencia**: Debido a que las actividades de Gobierno de Datos requieren coordinación entre áreas funcionales, el programa de Gobierno de Datos debe establecer un marco operativo que defina responsabilidades e interacciones.
- **Basado en principios**: Los principios rectores son la base de las actividades de Gobierno de Datos, y especialmente de la política de Gobierno de Datos. Con frecuencia, las organizaciones desarrollan políticas sin principios formales – están intentando resolver problemas particulares. Los principios pueden ser a veces una ingeniería en reversa desde una política. Sin embargo, es mejor articular un conjunto básico de principios y mejores prácticas como parte del trabajo de políticas. La referencia a los principios puede mitigar la resistencia potencial. Con el tiempo, en una organización surgirán otros principios rectores. Publíquelos en un entorno interno compartido junto con otros artefactos de Gobierno de los Datos.

1.3 Conceptos Esenciales

Del mismo modo que un auditor verifica los procesos financieros, pero en realidad no ejecuta la gestión financiera, el Gobierno de Datos garantiza que los datos se gestionen correctamente sin ejecutar directamente la gestión de datos (ver Figura 15). El Gobierno de Datos representa una *inherente separación de funciones entre supervisión y ejecución.*

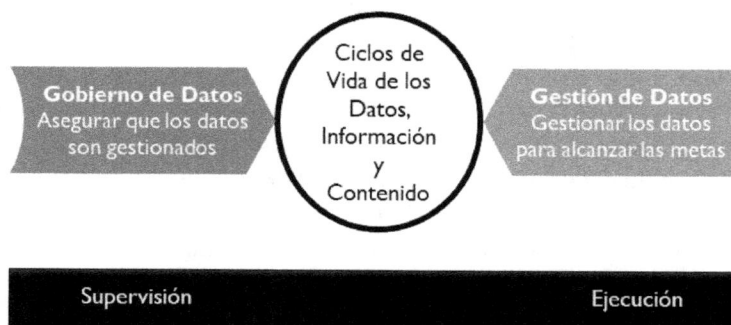

Figura 15 Gobierno de Datos y Gestión de Datos

1.3.1 Organización Centrada en Datos

Una organización centrada en los datos los valora y administra como un activo a través de todas las fases de su ciclo de vida, incluyendo el desarrollo de proyectos y las operaciones en curso. Para centrarse en los datos, una organización debe cambiar la forma en que traduce la estrategia en acción. Los datos ya no se tratan como un subproducto del proceso y las aplicaciones. Garantizar que los datos sean de alta calidad es un objetivo de los procesos de negocio. A medida que las organizaciones se esfuerzan por tomar decisiones basadas en la información obtenida a partir de la analítica, la gestión eficaz de datos se convierte en una prioridad muy alta.

Las personas tienden a confundir datos y tecnología de la información. Para centrarse en los datos, las organizaciones necesitan pensar de manera diferente y reconocer que la Gestión de Datos es diferente de la Gestión de TI. Este cambio no es fácil. La cultura existente, con su política interna, la ambigüedad sobre la propiedad, la competencia presupuestaria, y los sistemas legados, pueden ser un gran obstáculo para establecer una visión empresarial de Gobierno de Datos y Gestión de Datos.

Si bien cada organización necesita evolucionar sus propios principios, aquellos que buscan obtener más valor de sus datos probablemente compartan lo siguiente:

- Los datos deben gestionarse como un activo corporativo.
- Las mejores prácticas de Gestión de Datos deben incentivarse en toda la organización.
- La estrategia de datos empresarial debe estar directamente alineada con la estrategia general de negocio.
- Los procesos de Gestión de Datos deben mejorarse continuamente.

1.3.2 Organización de Gobierno de Datos

La palabra clave en gobierno es gobernar. Gobierno de Datos puede entenderse en términos de gobernanza política. Incluye funciones legislativas (definición de políticas, estándares y arquitectura de datos empresarial), funciones de tipo judicial (gestión de problemas y escalamiento), y funciones ejecutivas (protección y servicio, responsabilidades administrativas). Para gestionar mejor el riesgo, la mayoría de las organizaciones adoptan una forma representativa de Gobierno de Datos, para que todas las partes interesadas puedan ser escuchadas.

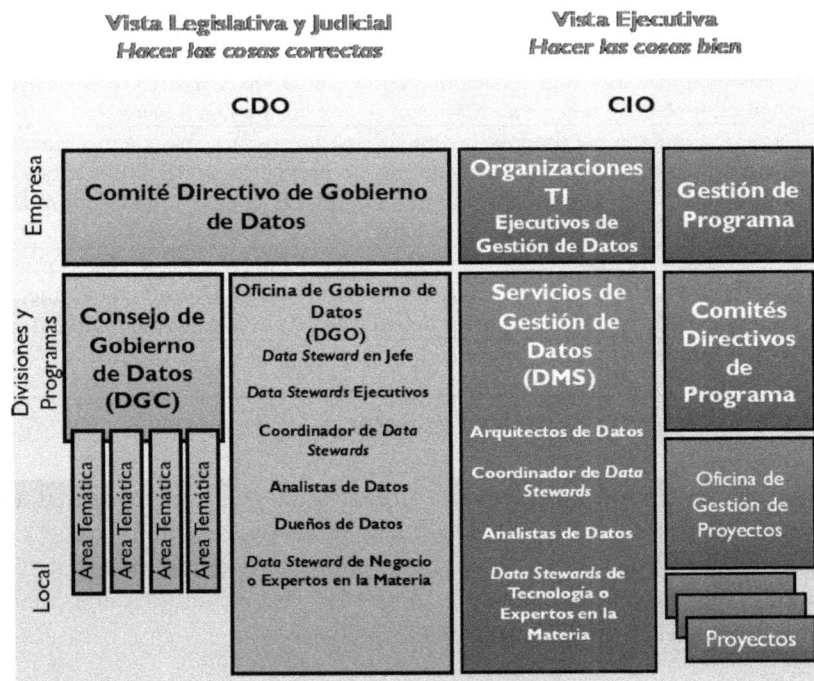

Figura 16 Partes de la Organización de Gobierno de Datos

Cada organización debe adoptar un modelo de gobierno que respalde su estrategia de negocio y es probable que tenga éxito dentro de su propio contexto cultural. Las organizaciones también deben estar preparadas para evolucionar ese modelo para enfrentar nuevos desafíos. Los modelos difieren con respecto a su estructura organizativa, nivel de formalidad y enfoque para la toma de decisiones. Algunos modelos están organizados de forma centralizada, mientras que otros son distribuidos. Las organizaciones de Gobierno de Datos también pueden tener múltiples capas para abordar las inquietudes en diferentes niveles dentro de una empresa – local, divisional y empresarial. El trabajo de Gobierno a menudo se divide entre múltiples comités, cada uno con un propósito y un nivel de supervisión diferentes de los demás. La Figura 16 representa un modelo genérico de Gobierno de Datos, con actividades en diferentes niveles dentro de la organización (eje vertical), así como la separación de las responsabilidades de gobierno dentro de las funciones de la organización y entre las áreas técnicas (TI) y negocio. La tabla 4 describe los comités típicos que se podrían establecer dentro de un marco operativo de Gobierno de Datos. Tenga en cuenta que este no es un organigrama. El diagrama explica cómo varias áreas trabajan juntas para llevar a cabo el Gobierno de Datos, en línea con la tendencia antes mencionada de quitar énfasis al término organización.

Tabla 4 Comités / Órganos Típicos de Gobierno de Datos

Órganos de Gobierno de Datos	Certificación
Comité Directivo de Gobierno de Datos	Es el organismo principal y de mayor autoridad para Gobierno de Datos en una organización, responsable de la supervisión, el apoyo y la financiación de las actividades de Gobierno de Datos. Consiste en un grupo multifuncional de altos ejecutivos. Por lo general, libera fondos para Gobierno de Datos y las actividades patrocinadas por Gobierno de Datos, de acuerdo con lo recomendado por el Consejo de Gobierno de Datos y el CDO (Chief Data Officer – Oficial en Jefe de Datos). Este comité puede, a su vez, supervisar fondos de alto nivel o comités directivos basados en iniciativas.
Consejo de Gobierno de Datos	Gestiona las iniciativas de Gobierno de Datos (por ejemplo, el desarrollo de políticas o métricas), problemas y escalamientos. Está conformado por ejecutivos según el modelo operativo utilizado. Ver Figura 17.
Oficina de Gobierno de Datos	Enfoque continuo en las definiciones de datos a nivel empresarial y los estándares de Gestión de Datos en todas las Áreas de Conocimiento del DAMA- DMBOK. Consiste en coordinar roles que están etiquetados como *Data Stewards o custodios y Dueños de Datos.*
Equipo de Custodia (*stewardhip*) de Datos	Las comunidades de interés centradas en una o más áreas temáticas o proyectos específicos, colaborando o consultando con equipos de proyectos sobre definiciones de datos y estándares de Gestión de Datos relacionados con el enfoque. Está conformado por *data Stewards* técnicos y de negocio, así como por analistas de datos.
Comité Local de Gobierno de Datos	Las grandes organizaciones pueden tener Consejos de Gobierno de Datos divisionales o departamentales que trabajan bajo los auspicios de un Consejo de Gobierno de Datos empresarial. Las organizaciones más pequeñas deben tratar de evitar esa complejidad.

1.3.3 Tipos de Modelos Operativos de Gobierno de Datos

En un modelo centralizado, una organización de Gobierno de Datos supervisa las actividades en todas las áreas temáticas. En un modelo replicado, cada unidad de negocio adopta el mismo modelo operativo y estándares del Gobierno de Datos. En un modelo federado, una organización de Gobierno de Datos coordina con varias unidades de negocio para mantener definiciones y estándares coherentes. (Véase la Figura 17 y el Capítulo 16.)

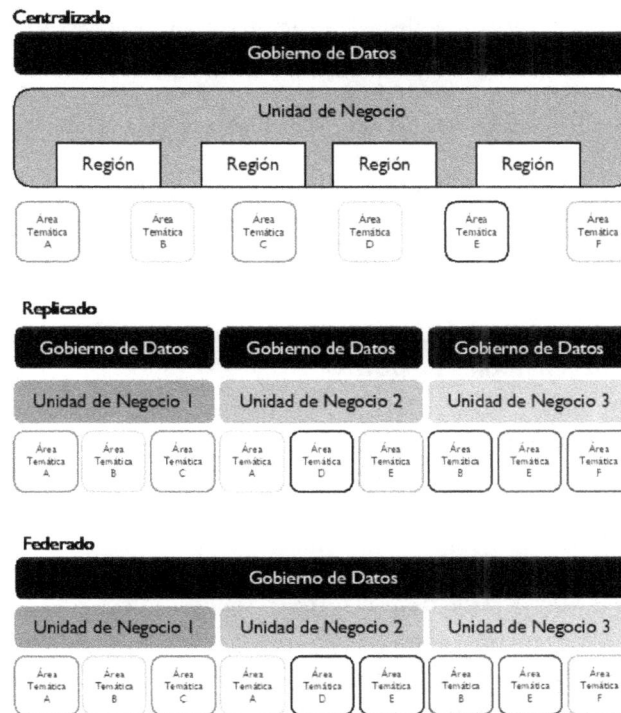

Figura 17 Ejemplo del Marco Operativo de Gobierno de Datos Empresarial[27]

1.3.4 Custodia de Datos

La Custodia de Datos (*Data Stewardship*) es la etiqueta más común para describir la rendición de cuentas y la responsabilidad acerca de los datos y procesos que garantizan un control y uso efectivo de los activos de datos. La administración se puede formalizar a través de puestos de trabajo y descripciones, o puede ser una función menos formal impulsada por personas que intentan ayudar a una organización a obtener valor de sus datos. A menudo términos como custodio o fideicomisario son sinónimos de aquellos que llevan a cabo funciones similares a la de un administrador (*Data Steward*).

El enfoque de las actividades de custodia variará de una organización a otra, dependiendo de la estrategia organizacional, la cultura, los problemas que una organización está tratando de resolver, su nivel de madurez de Gestión de Datos y la formalidad de su programa de custodia. Sin embargo, en la mayoría de los casos, las actividades de custodia de datos se centrarán en algunas, si no todas, de las siguientes:

- **Creación y gestión de Metadatos básicos:** Definición y gestión de terminología empresarial, valores de datos válidos y otros Metadatos críticos. Los *Data Stewards* a menudo son responsables del Glosario de Negocio de una organización, que se convierte en el sistema de registro de términos comerciales relacionados con los datos.
- **Documentación de reglas y estándares:** Definición/Documentación de las reglas de negocio, estándares de datos y reglas de calidad de datos, Las expectativas utilizadas para definir datos de alta calidad a menudo se formulan en términos de reglas arraigadas en los procesos de negocio que crean o consumen datos. Los administradores ayudan a exponer

---

[27] Adaptado de Ladley (2012).

estas reglas para asegurar que hay un consenso sobre ellas dentro de la organización y que se usan de manera consistente.

- **Gestión de problemas de calidad de datos:** Los *Data Stewards* a menudo participan en la identificación y resolución de problemas relacionados con los datos o en facilitar el proceso de resolución.
- **Ejecución de actividades operativas de Gobierno de Datos:** Los custodios (*Stewards*) son responsables de garantizar que, día a día y proyecto por proyecto, se cumplan las políticas e iniciativas de Gobierno de Datos. Deben influir en las decisiones para garantizar que los datos se gestionen de manera que respalden los objetivos generales de la organización.

1.3.5 Tipos de Data Steward (Custodios de Datos)

Un *steward* es una persona cuyo trabajo es gestionar la propiedad de otra persona. Los custodios de datos (*Data Stewards*) gestionan los activos de datos en nombre de otros y en el mejor interés de la organización (McGilvray, 2008). Los *Data Stewards* representan los intereses de todas las partes interesadas y deben adoptar una perspectiva empresarial para garantizar que los datos empresariales sean de alta calidad y puedan utilizarse de manera efectiva. Los *Data Stewards* efectivos son responsables y rinden cuentas de las actividades de Gobierno de Datos y que una parte de su tiempo se dedique a estas actividades. Dependiendo de la complejidad de la organización y de los objetivos de su programa de Gobierno de Datos, los *Data Stewards* designados formalmente pueden ser diferenciados por su lugar dentro de una organización, por el foco de su trabajo, o por ambos. Por ejemplo:

- Los **Data Steward** en **Jefe** pueden presidir los organismos de Gobierno de Datos en lugar del CDO o pueden actuar como un CDO en una organización virtual (basada en comités) o de Gobierno de Datos distribuidos. También pueden ser patrocinadores ejecutivos.
- Los **Data Steward** **Ejecutivos** son altos directivos que forman parte de un Consejo de Gobierno de Datos.
- Los **Data Steward** **Empresariales** tienen supervisión de un dominio de datos a través de las funciones empresariales.
- Los **Data Steward** **del Negocio** son profesionales de negocios, expertos reconocidos en la materia, responsable de un subconjunto de datos. Trabajan con las partes interesadas para definir y controlar los datos.
- Los **Dueños de Datos** son un *Data Steward* del Negocio, que tiene autoridad de aprobación para las decisiones sobre datos dentro de su dominio.
- Los **Data Stewards** **Técnicos** son profesionales de TI que operan dentro de una de las Áreas de Conocimiento, como: especialistas de integración de datos, administradores de base de datos, especialistas en inteligencia de negocio, analistas de calidad de datos o administradores de Metadatos.
- **El Coordinador de** *Data Stewards* lidera y representa a los equipos de *Data Stewards* técnicos y de negocio en discusiones entre equipos con ejecutivos *Data Stewards*. El coordinador de *Data Stewards* es particularmente importante en las grandes organizaciones.

La primera edición de DAMA – DMBOK declaró que "los mejores *Data Steward* a menudo se encuentran, no se hacen" (DAMA, 2009). Esta afirmación reconoce que, en la mayoría de las organizaciones, hay personas que administran datos incluso en ausencia de un programa formal de Gobierno de Datos. Estas personas ya están involucradas en ayudar a la organización a reducir los riesgos relacionados con los datos y obtener más valor de sus datos. Formalizar sus responsabilidades de custodia reconoce el trabajo que están haciendo y les permite tener más éxito y contribuir más. Dicho esto, los *Data Stewards* se pueden "hacer"; las personas pueden ser capacitadas para ser *Data*

Stewards. Y las personas que ya están custodiando datos pueden desarrollar sus habilidades y conocimientos para mejorar en el trabajo de custodia (Plotkin, 2014).

1.3.6 Políticas de Datos

Las políticas de datos son directivas que codifican los principios y la intención de gestión en reglas fundamentales que rigen la creación, adquisición, integridad, seguridad, calidad y uso de datos e información. Las políticas de datos son globales. Admiten estándares de datos, así como comportamientos esperados relacionados con aspectos clave del manejo y uso de datos. Las políticas de datos varían ampliamente entre las organizaciones. Las políticas de datos describen el "qué" de Gobierno de Datos (qué hacer y qué no hacer), mientras que los estándares y procedimientos describen "cómo" hacer Gobierno de Datos. Debería haber relativamente pocas políticas de datos, y deberían establecerse breve y directamente.

1.3.7 Valoración de Activos de Datos

La valoración de activos de datos es el proceso de comprender y calcular el valor económico de los datos para una organización. Debido a que los datos, la información e incluso la inteligencia de negocio son conceptos abstractos, las personas tienen dificultades para alinearlos con el impacto económico. La clave para comprender el valor de un elemento no fungible (como los datos) es comprender cómo se usa y el valor que aporta su uso (Redman, 1996). A diferencia de muchos otros activos (por ejemplo, dinero, equipo físico), los conjuntos de datos no son intercambiables (fungibles). Los datos de los clientes de una organización difieren de los de otra organización en formas importantes; no solo los propios clientes, sino también los datos asociados con ellos (historial de compras, preferencias, etc.) Cómo puede una organización obtener valor de los datos del cliente (es decir, lo que aprende sobre sus clientes a partir de estos datos y cómo aplica lo que aprende) puede ser un diferenciador competitivo. La mayoría de las fases del ciclo de vida de los datos implican costos (incluida la adquisición, almacenamiento, administración y eliminación de datos). Los datos solo aportan valor cuando se utilizan. Cuando se utilizan, los datos también crean costos relacionados con la gestión de riesgos. Así que el valor llega cuando el beneficio económico de usar datos supera los costos de adquirirlos y almacenarlos, así como gestionar el riesgo relacionado con el uso. Algunas otras formas de medir el valor incluyen:

- **Costo de sustitución**: El costo de sustitución o recuperación de los datos perdidos en un desastre o violación de datos, incluidas las transacciones, dominios, catálogos, documentos y métricas dentro de una organización.
- **Valor de negocio**: El valor como activo de negocio en el momento de una fusión o adquisición.
- **Oportunidades identificadas**: El valor de los ingresos que se pueden obtener de las oportunidades identificadas en los datos (en Inteligencia de Negocio), al usar los datos para transacciones o al vender los datos.
- **Venta de datos**: Algunas organizaciones empaquetan datos como un producto o venden información obtenida de sus datos.
- **Costo de riesgo**: Una valoración basada en posibles sanciones, costos de remediación y gastos de pleitos, derivado del riesgo legal o regulatorio de:
- La ausencia de datos que se requieren presentes.
- La presencia de datos que no deberían estar presentes (por ejemplo, datos inesperados encontrados durante el descubrimiento legal; datos que deben sanear pero que no se han saneado).

- Datos incorrectos, que causan daños a los clientes, las finanzas de la empresa y la reputación, además de los costos anteriores.
- La reducción en el riesgo y el costo del riesgo se compensa con los costos de intervención operativa para mejorar y certificar los datos.

Para describir el concepto de valor de los activos de información, se pueden traducir los Principio de contabilidad generalmente aceptados en principios de información generalmente aceptados[28] (ver Tabla 5).

Tabla 5 Principios para contabilizar activos de datos

Principio	Descripción
Principio de Responsabilidad (*accountability*)	Una organización debe identificar a las personas que finalmente son responsables (*accountables*)de los datos y el contenido de todo tipo.
Principio de Activo	Los datos y los tipos de contenido son activos y tienen características de otros activos. Deben ser gestionados, asegurados y contabilizados como otros activos materiales o financieros.
Principio de Auditoría	La precisión de los datos y el contenido está sujeta a auditorías periódicas por parte de un organismo independiente.
Principio de Debida Diligencia	Si se conoce un riesgo, se debe informar. Si es posible un riesgo, debe confirmarse. Los riesgos de los datos incluyen los riesgos relacionados con las malas prácticas de gestión de datos.
Principio de Operación Continua	Los datos y el contenido son críticos para la gestión y las operaciones comerciales exitosas y continuas (es decir, no se consideran como un medio temporal para lograr resultados o simplemente como un subproducto comercial).
Principio de Nivel de Valoración	Valorar los datos como activos a un nivel que tenga más sentido, o que sea el más fácil de medir.
Principio de Responsabilidad Financiera	Existe una responsabilidad financiera relacionada con los datos y con el contenido, basada en el mal uso o la mala gestión desde lo reglamentario y ético.
Principio de Calidad	El significado, la exactitud y el ciclo de vida de los datos y del contenido pueden afectar al estado financiero de la organización
Principio de Riesgo	Existe un riesgo asociado con los datos y el contenido. Este riesgo debe ser reconocido formalmente, ya sea como un pasivo o a través de los costos incurridos para gestionar y reducir el riesgo inherente.
Principio de Valor	Hay valor en los datos y el contenido, en base a las maneras en que se utilizan para cumplir los objetivos de la organización, su comercialización intrínseca, y/o su contribución a la valoración comercial de la organización. El valor de la información refleja su contribución a la organización compensada por el costo de mantenimiento y movimiento.

2. Actividades

2.1 Definir el Gobierno de Datos para la Organización

Los esfuerzos de Gobierno de Datos deben apoyar la estrategia y los objetivos empresariales. La estrategia y los objetivos empresariales de una organización direccionan tanto la estrategia de datos de la empresa como la manera en que las actividades de gobierno y gestión de datos deben ser operadas en la organización.

---

[28] Adaptado de Ladley (2010). Ver págs. 108-09, Principios de Información Generalmente Aceptados.

El Gobierno de Datos habilita la responsabilidad compartida de las decisiones relacionadas con los datos. Las actividades de Gobierno de Datos cruzan los límites organizacionales y de sistemas para apoyar una visión integrada de los datos. El éxito del Gobierno de Datos requiere una comprensión clara de lo que se gobierna y de quién está siendo gobernado, así como de quién gobierna.

El Gobierno de Datos es más efectivo cuando se trata de un esfuerzo empresarial, en lugar de algo aislado de un área funcional en particular. Definir el alcance del Gobierno de Datos en una organización generalmente implica definir lo que significa la empresa. El Gobierno de Datos, a su vez, gobierna esa empresa definida.

2.2 Realizar el Diagnóstico de Preparación

El diagnóstico que describe el estado actual de las capacidades de gestión de la información de una organización, la madurez y la eficacia, son cruciales para planificar un programa de Gobierno de Datos. Debido a que pueden ser usadas para medir la efectividad de un programa, los diagnósticos son también valiosos para gestionar y sostener un programa de Gobierno de Datos. Los diagnósticos típicos incluyen:

- **Madurez de la gestión de datos:** Comprender lo que la organización hace con los datos; medir sus capacidades actuales de gestión de datos. Se enfoca en la percepción que tiene el personal de la empresa sobre cómo la compañía maneja los datos y los utiliza para su beneficio, así como criterios objetivos tales como: el uso de herramientas, los niveles de reporteo, etc. (Ver Capítulo 15).
- **Capacidad de cambio:** Dado que el Gobierno de Datos cambia el comportamiento, es importante medir la capacidad de la organización para cambiar el comportamiento requerido para adaptar el Gobierno de Datos. Esta actividad ayudará a identificar los puntos de resistencia potenciales. A menudo el Gobierno de Datos requiere una gestión formal del cambio organizacional. Al evaluar la capacidad de cambio, el proceso de gestión de cambio evaluará la estructura organizacional existente, las percepciones de la cultura y el proceso de gestión de cambio en sí (Hiatt y Creasey, 2012). (Véase el capítulo 17).
- **Disponibilidad de colaboración:** Este diagnóstico caracteriza la capacidad de la organización para colaborar en la gestión y el uso de los datos. Dado que la custodia, por definición, es transversal a las áreas funcionales, es colaborativa por naturaleza. Si una organización no sabe cómo colaborar, esta cultura será un obstáculo para la custodia. Nunca se debe asumir que una organización sabe cómo colaborar. Cuando el diagnóstico se hace en conjunto con la capacidad de cambio, ofrece una visión de la capacidad estructural para implementar el Gobierno de Datos.
- **Alineación con el negocio:** A veces incluida con la capacidad de cambio, un diagnóstico de la alineación con el negocio examina qué tan bien la organización alinea los usos de los datos con la estrategia de negocios. A menudo es sorprendente descubrir cómo las actividades relacionadas con los datos pueden ser *ad hoc*.

2.3 Realizar Descubrimiento y Alineación con el Negocio

Un programa de Gobierno de Datos debe contribuir a la organización identificando y entregando beneficios específicos (por ejemplo, reducir las multas pagadas a los reguladores). La actividad de descubrimiento identificará y evaluará la eficacia de las políticas y directrices existentes - qué riesgos abordan, qué comportamientos fomentan y qué tan bien se han implementado. El descubrimiento también puede identificar oportunidades para que el Gobierno de Datos mejore la utilidad de los datos y el contenido. La alineación con el negocio adiciona beneficios a los elementos del programa de Gobierno de Datos.

El análisis de la calidad de los datos es parte del descubrimiento. La evaluación de la calidad de los datos proporcionará una visión de los problemas y obstáculos existentes, así como el impacto y el riesgo asociado con los datos de baja calidad. La evaluación de la calidad de los datos puede identificar los procesos de negocio que están en riesgo si utilizan datos de baja calidad, así como los beneficios financieros y otros beneficios de crear un programa de calidad de datos como parte de los esfuerzos de Gobierno de Datos. (Ver el capítulo 13). La evaluación de las prácticas de administración de datos es otro aspecto clave del proceso de descubrimiento del Gobierno de Datos. Por ejemplo, esto podría significar la identificación de los usuarios con poder para crear una lista inicial de interesados potenciales para la actividad de Gobierno de Datos en curso. Consolide una lista de requerimientos de Gobierno de Datos desde las actividades de descubrimiento y alineación. Por ejemplo, si el riesgo regulatorio genera una preocupación financiera para el negocio, entonces especifique las actividades de Gobierno de Datos que apoyan la gestión de riesgos. Estos requerimientos impulsarán la estrategia y tácticas de Gobierno de Datos.

2.4 Desarrollar Puntos de Contacto Organizacionales

Parte de la alineación incluye el desarrollo de puntos de contacto organizacionales para el trabajo de Gobierno de Datos. La Figura 18 ilustra ejemplos de todos los puntos que apoyan la alineación y la cohesión para fomentar el enfoque de gobierno y gestión de datos de la empresa en áreas que están fuera de la autoridad directa del Oficial en Jefe de Datos (Chief Data Officer - CDO).

Figura 18 CDO Puntos de Contacto de la Organización

- **Adquisiciones y Contratos:** El CDO trabaja con la Gestión de Proveedores y Socios o Adquisiciones, para desarrollar y hacer cumplir el lenguaje estándar de los contratos con respecto a administración de datos. Estos podrían incluir Datos como servicio (DaaS), adquisiciones relacionadas con servicios en la nube, otros acuerdos de subcontratación, esfuerzos de desarrollo de terceros, o adquisiciones de contenido/acuerdos de licenciamiento, así como adquisiciones y actualizaciones de herramientas de TI posiblemente centradas en los datos.

- **Presupuesto y Financiación:** Si el CDO no controla directamente todo el presupuesto relacionado con la adquisición de datos, entonces su oficina puede ser un punto focal para evitar la duplicidad de esfuerzos y asegurar la optimización de los activos de datos adquiridos.
- **Cumplimiento Regulatorio:** El CDO entiende y trabaja dentro de los entornos regulatorios locales, nacionales e internacionales requeridos, y cómo éstos afectan a la organización y a sus actividades de gestión de datos. Se realiza un seguimiento continuo para identificar y rastrear los nuevos y potenciales impactos y requerimientos.
- **Ciclo de Vida del Desarrollo de Sistemas / Marco de Trabajo de Desarrollo:** El programa de Gobierno de Datos identifica los puntos de control donde las políticas, los procesos y los estándares de la empresa pueden desarrollarse en los ciclos de vida de desarrollo de sistemas o de las aplicaciones.

Los puntos de contacto en los que influye el CDO apoyan la cohesión de la organización en la gestión de sus datos, por lo tanto, aumentan su agilidad para utilizar sus datos. En esencia, esta es una visión de cómo el Gobierno de Datos será percibido por la organización.

2.5 Desarrollar una Estrategia de Gobierno de Datos

Una estrategia de Gobierno de Datos define el alcance y el enfoque para los esfuerzos de gobierno. La estrategia de Gobierno de Datos debe ser definida de manera integral y articulada en relación con la estrategia general del negocio, así como con las estrategias de gestión de datos y de TI. Se debe implementar de manera iterativa a medida que todas sus fases se desarrollan y aprueban. El contenido específico de la estrategia se adaptará a cada organización, pero los productos incluyen:

- **Carta o acta de constitución:** Identifica los motivadores del negocio, la visión, la misión y los principios para el Gobierno de Datos, incluyendo el diagnóstico sobre la preparación organizacional, la recuperación de los procesos internos, los problemas actuales y los criterios de éxito.
- **Marco operativo y responsabilidades:** Define la estructura y responsabilidades sobre las actividades de Gobierno de Datos.
- **Hoja de ruta de implementación:** Plazos para la implementación de políticas y directivas, glosario de negocios, arquitectura, valoración de activos, estándares y procedimientos, cambios esperados en los procesos de negocios y la tecnología, y entregables para apoyar las actividades de auditoría y el cumplimiento regulatorio.
- **Plan para el éxito operativo:** Describir un estado esperado para actividades de Gobierno de Datos sostenibles.

2.6 Definir el Marco Operativo de Gobierno de Datos

Si bien es fácil desarrollar una definición básica del Gobierno de Datos, la creación de un modelo operativo para que una organización lo adopte puede ser difícil. Considere estas áreas cuando construya el modelo operativo en una organización:

- **Valor de los datos para la organización:** Si una organización vende datos, obviamente el Gobierno de Datos tiene un gran impacto en el negocio. Las organizaciones que utilizan datos como un producto básico crucial (por ejemplo, Facebook, Amazon) necesitarán un modelo operativo que refleje el papel de los datos. Para las organizaciones en las que los datos son su combustible operativo, la forma de Gobierno de Datos será menos intensa.

- **Modelo de negocio:** Los negocios descentralizados frente a los centralizados, los locales frente a los internacionales, etc., son factores que influyen en la forma en que se producen los negocios y, por lo tanto, en la definición del modelo operativo de Gobierno de Datos. Los vínculos con la estrategia específica de TI, la arquitectura de datos y las funciones de integración de aplicaciones deben reflejarse en el diseño del marco operativo objetivo (Figura 16).

- **Factores culturales:** Como la aceptación de la disciplina y la adaptabilidad al cambio. Algunas organizaciones se resistirán a la imposición de la gobernabilidad por política y principio. La estrategia de gobierno tendrá que abogar por un modelo operativo que se ajuste a la cultura de la organización, sin dejar de avanzar en el cambio.

- **Impacto de la regulación:** Las organizaciones altamente reguladas tendrán una mentalidad y un modelo operativo de Gobierno de Datos diferente a las menos reguladas. Puede haber vínculos con el grupo de Gestión de Riesgos o también con el grupo Legal.

Los niveles del Gobierno de Datos son a menudo parte de la solución. Esto significa poder determinar dónde debe recaer la responsabilidad de las actividades de administración, quién es el propietario de los datos, etc. El modelo operativo también define la interacción entre la organización de gobierno y las personas responsables de los proyectos o iniciativas de manejo de datos, el compromiso de las actividades de gestión del cambio para introducir este nuevo programa, y el modelo para las vías de resolución de problemas mediante el manejo a través del gobierno. La figura 19 muestra un ejemplo de marco operativo. El ejemplo es ilustrativo. Este tipo de artefacto debe ser personalizado para satisfacer las necesidades de cada organización específica.

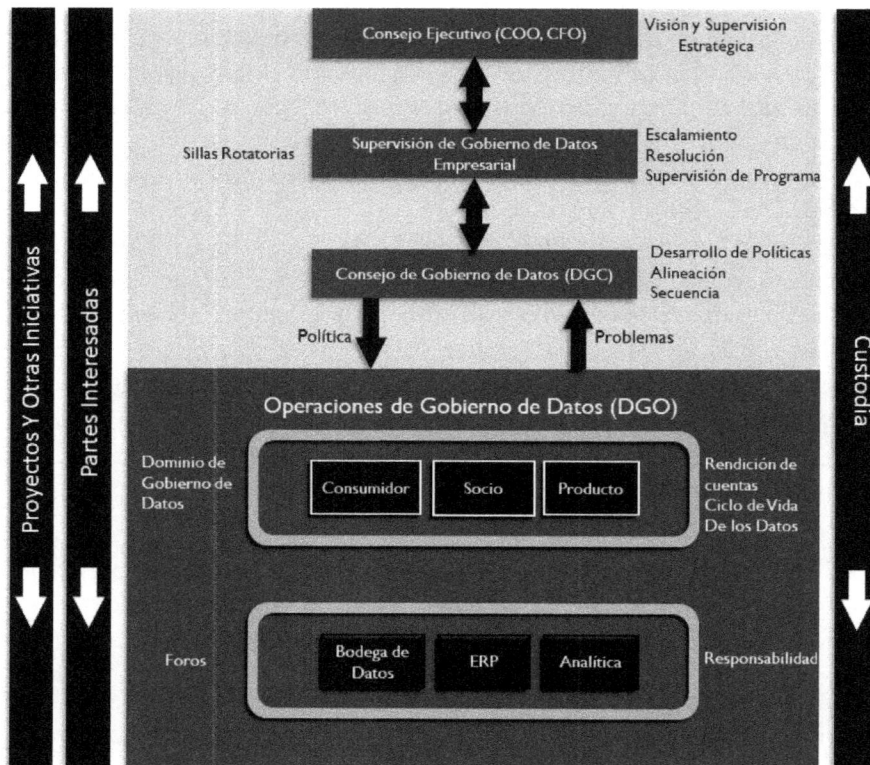

Figura 19 Un ejemplo de un Marco de Trabajo Operativo

2.7 Desarrollar Metas, Principios y Políticas

El desarrollo de metas, principios y políticas derivadas de la Estrategia de Gobierno de Datos guiará a la organización hacia el estado futuro deseado.

Las metas, principios y políticas son típicamente redactados ya sea por profesionales de gestión de datos, personal de políticas de negocios o una combinación de estos, bajo el patrocinio del Gobierno de Datos. Luego, los *Data Stewards* y la gerencia los revisan y refinan. Posteriormente, el Consejo de Gobierno de Datos (o un cuerpo similar) conduce la verificación final, la revisión y la adopción.

Las políticas pueden adoptar diferentes formas, como en los siguientes ejemplos:

- La Oficina de Gobierno de Datos (Data Governance Office) certificará los datos para uso de la organización.
- La Oficina de Gobierno de Datos (Data Governance Office) aprobará a los dueños de negocio.
- Los dueños de negocio designarán Custodios de Datos (*Data Stewards*) de las áreas de capacidad de negocio. Los Custodios de Datos (*Data Stewards*) tendrán la responsabilidad de coordinar las actividades de Gobierno de Datos diariamente.
- Siempre que sea posible, los informes estandarizados y/o tableros de control y/o cuadros de mando se pondrán a disposición de las necesidades del negocio.
- A los Usuarios Certificados se les concederá acceso a los Datos Certificados para los informes *ad hoc* / no estándar.
- Todos los datos certificados serán evaluados regularmente para evaluar su exactitud, completitud, consistencia, accesibilidad, unicidad, cumplimiento y eficiencia.

Las políticas de datos deben ser efectivamente comunicadas, monitoreadas, aplicadas y reevaluadas periódicamente. El Consejo de Gobierno de Datos puede delegar esta autoridad en el Comité Directivo de Custodia de Datos.

2.8 Suscribir Proyectos de Gestión de Datos

Las iniciativas para mejorar las capacidades de gestión de datos proveen beneficios para toda la empresa. Usualmente estas requieren patrocinio multifuncional o visibilidad desde el Consejo de Gobierno de Datos. Pueden ser difíciles de vender porque pueden ser percibidas como obstáculos para "simplemente hacer las cosas". La clave para promoverlas es articular las formas en las que mejoran la eficiencia y se reduce el riesgo. Las organizaciones que quieren obtener mayor valor de sus datos necesitan priorizar el desarrollo o mejora de las capacidades de la gestión de datos.

El Consejo de Gobierno de Datos ayuda en la definición del caso de negocio y supervisa el estado y el progreso de los proyectos de mejora de gestión de datos. El Consejo de Gobierno de Datos coordina sus esfuerzos junto con la Oficina de Gestión de Proyectos (PMO), donde ésta existe. Los proyectos de gestión de datos pueden ser considerados parte del portafolio general de proyectos de TI.

El Consejo de Gobierno de Datos también puede coordinar los esfuerzos de mejora de la gestión de datos con importantes programas con amplio alcance empresarial. Proyectos de Gestión de Datos Maestros (MDM), tal como Planificación de recursos empresariales (ERP), Gestión de Relacionamiento de Clientes (CRM), listas de piezas globales, son buenos candidatos para esta clase de coordinación.

La actividad de gestión de datos en otros proyectos debe ser acomodada por el Ciclo de Vida interno de Desarrollo de Sistemas (SDLC), la gestión de prestación de servicios, otros componentes de ITIL (Biblioteca de Infraestructura de Tecnología de la Información) y los procesos de PMO[29] (Oficina de Gestión de Proyectos). Todos los proyectos con un componente significativo de datos (y casi todos los proyectos lo tienen) deben capturar los requerimientos de gestión de datos de forma temprana en el Ciclo de vida de desarrollo de sistemas (fases de planeación y diseño). Estos requerimientos incluyen arquitectura, cumplimientos regulatorios, identificación y análisis del sistema de registro, e inspección de y remediación de calidad de datos. También deben existir actividades de soporte de gestión de datos, incluyendo pruebas de verificación de requerimientos usando casos de prueba estándar.

2.9 Compromiso con la Gestión del Cambio

La Gestión del Cambio Organizacional (OCM) es el vehículo para lograr cambios en los procesos y sistemas de una organización. El instituto de Gestión del Cambio sostiene que la gestión del cambio organizacional es más que "el lado de las personas en los proyectos". Debe ser visto como el enfoque que utiliza toda la organización para gestionar bien el cambio. Frecuentemente las organizaciones gestionan las transiciones de los proyectos más que la evolución de la organización (Anderson y Ackerson, 2012). Una organización que es madura en su gestión de cambio construye una visión organizacional clara, lidera activamente y monitorea el cambio desde arriba, y diseña y administra los pequeños esfuerzos de cambio. Adapta las iniciativas de cambio basadas en la retroalimentación y la colaboración de toda la organización (Change Management Institute, 2012). (Ver Capitulo 17).

Para muchas organizaciones, la formalidad y la disciplina inherente en Gobierno de Datos difieren de las prácticas existentes. Adoptarlas requiere que las personas cambien sus comportamientos e interacciones. Un programa formal de OCM, con un patrocinio ejecutivo adecuado, es crítico para conducir los cambios de comportamiento requeridos para mantener el Gobierno de Datos. Las organizaciones deberían crear un equipo que sea responsable de:

- **Planeación:** Planear la gestión del cambio, incluido el análisis del desempeño de las partes interesadas, adquirir del patrocinio y el establecer un enfoque de comunicaciones para superar la resistencia al cambio.
- **Capacitación:** Crear y ejecutar planes de capacitación para programas de Gobierno de Datos.
- **Influir en el desarrollo de sistemas:** Involucrar a la Oficina de Proyectos PMO para agregar pasos de Gobierno de Datos al SDLC.
- **Implementación de políticas:** Comunicar las políticas de datos y el compromiso de la organización con las actividades de gestión de datos.
- **Comunicaciones:** Aumentar la conciencia sobre el papel y las responsabilidades de los administradores de datos y otros profesionales de la gestión de datos, así como los objetivos y expectativas de los proyectos de gestión de datos.

Las comunicaciones son vitales para el proceso de gestión del cambio. Un programa de gestión del cambio que apoye formalmente el Gobierno de Datos debe centrar las comunicaciones en:

---

[29] http://bit.ly/2spRr7e

- **Promover el valor de los activos de datos:** Educar e informar a los empleados acerca del papel que juegan los datos en el logro de los objetivos de la organización.
- **Monitorear y actuar sobre la retroalimentación de las actividades de Gobierno de Datos:** Además de compartir información, los planes de comunicación deben obtener retroalimentación que guíe tanto el programa de Gobierno de Datos como el proceso de gestión del cambio. Buscar activamente y usar los aportes de las partes interesadas pueden fomentar el compromiso con las metas del programa, mientras que se identifican los logros y las oportunidades de mejora.
- **Implementación de capacitaciones en gestión de datos:** El entrenamiento a todos los niveles de la organización aumenta el conocimiento de las mejores prácticas y procesos de gestión de datos.
- Medir los efectos de la gestión de cambio en cinco áreas clave:[30]
  - Conciencia de la necesidad de cambio
  - Deseo de participar y apoyar el cambio
  - Conocimiento acerca de cómo cambiar
  - Habilidad para implementar nuevas capacidades y comportamientos
  - Reforzar para mantener los cambios
- **Implementación de nuevas métricas y KPIs:** Los incentivos de los empleados deben ser realineados para soportar comportamientos relacionados con las mejores prácticas de gestión de datos. Dado que Gobierno de Datos requiere cooperación multifuncional, los incentivos deben fomentar las actividades entre unidades y la colaboración.

2.10 Compromiso con la Gestión de Problemas

La gestión de problemas es el proceso para identificar, cuantificar, priorizar y resolver problemas relacionados con el Gobierno de Datos, incluyendo:

- **Autoridad:** Preguntas sobre los derechos y procedimientos para toma de decisiones.
- **Escalamiento en la gestión del cambio:** problemas derivados del proceso de gestión del cambio.
- **Cumplimiento:** Problemas relacionadas con el cumplimiento de la regulación
- **Conflictos:** Políticas de conflictos, procedimientos, reglas de negocio, nombres, definiciones, estándares, arquitectura, propiedad de datos e intereses en conflicto de los interesados en datos e información.
- **Conformidad:** Problemas relacionados con la conformidad de políticas, estándares, arquitectura y procedimientos.
- **Contratos:** Negociación y revisión de acuerdos de intercambio de datos, compra y venta de datos y almacenamiento en la nube.
- **Seguridad e identidad de datos:** Problemas de privacidad y confidencialidad, incluyendo investigaciones de violación.
- **Calidad de los datos:** Detección y resolución de problemas de calidad de datos, incluyendo desastres o violaciones de seguridad.

Muchos problemas pueden resolverse localmente en los equipos de Custodia de Datos. Los problemas que requieren comunicación y / o escalamiento deben ser registrados y pueden ser escalados a los

---

[30] http://bit.ly/1qKvLyJ. Ver también Hiatt y Creansey (2012)

equipos de Custodios de Datos, o más arriba en el Consejo de Gobierno de Datos, como se muestra en la Figura 20. Un Tablero de Control de Gobierno de Datos puede usarse para identificar tendencias relacionadas con los problemas, tal como los que ocurren dentro de la organización, cuáles son las causas raíz, etc. Las cuestiones que no pueden ser resueltas por el Consejo de Gobierno de Datos deben ser escaladas al gobierno o gestión corporativo.

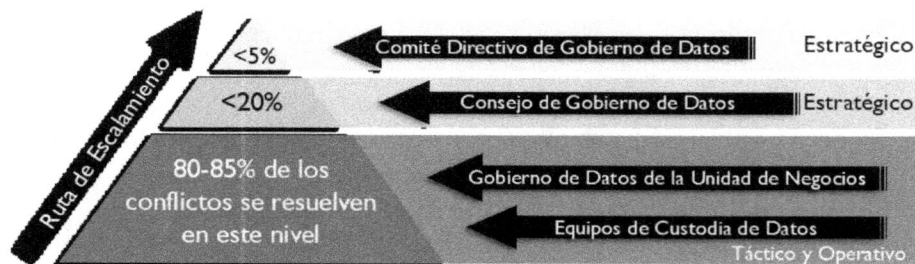

Figura 20 Ruta de Escalamiento de Problemas de Datos

El Gobierno de Datos requiere mecanismos y procedimientos de control para:

- Identificación, captura, registro, seguimiento y actualización de problemas
- Asignación y seguimiento de acciones
- Documentar los puntos de vista de las partes interesadas y las alternativas de solución
- Determinar, documentar y comunicar la solución de problemas
- Facilitar debates objetivos y neutrales donde todos los puntos de vista sean escuchados
- Escalar los problemas a niveles más altos de autoridad

La gestión de los problemas de datos es muy importante. Crea credibilidad en el equipo del Gobierno de Datos, tiene efectos directos y positivos sobre los consumidores de datos y alivia la carga de los equipos de apoyo a la producción. Resolver problemas también demuestra que los datos pueden ser gestionados y su calidad optimizada. La gestión exitosa de problemas requiere mecanismos de control que demuestren los esfuerzos y el impacto de las soluciones.

2. 11 Evaluar los Requerimientos de Cumplimiento Regulatorio

Cada empresa está afectada por las regulaciones gubernamentales y de la industria, incluyendo las regulaciones que dictan cómo se manejan los datos y la información. Parte de la función de Gobierno de Datos es monitorear y asegurar el cumplimiento regulatorio. El cumplimiento regulatorio es a menudo la razón inicial para implementar el Gobierno de Datos. El Gobierno de Datos guía la implementación de controles adecuados para monitorear y documentar el cumplimiento de la regulación relacionada con los datos.

Varias regulaciones globales tienen implicaciones significativas en las prácticas de gestión de datos. Por ejemplo:

- **Normas de Contabilidad:** Las normas contables de la Junta de Normas de Contabilidad del Gobierno (GASB) y de la Junta de Normas de Contabilidad Financiera (FASB) también tienen implicaciones significativas en el manejo de los activos de información (en los Estados Unidos).
- **BCBS 239** (Comité de Supervisión Bancaria de Basilea) y Basilea II se refieren a los Principios para la Agregación de Datos de Riesgo y la presentación de informes sobre riesgos, con un amplio conjunto de regulaciones para los bancos. Desde 2006, las

instituciones financieras que hacen negocios en los países de la Unión Europea están obligados a reportar la información estándar que demuestre liquidez.

- **CPG 235:** La Autoridad Australiana de Regulación Prudencial (APRA) proporciona supervisión de entidades bancarias y aseguradoras. Ésta publica estándares y guías para ayudar a cumplir estos estándares. Entre ellos está el CGP 235, un estándar para la gestión del riesgo de datos. Se centra en abordar las fuentes de datos de riesgo y en la gestión de datos a lo largo de su ciclo de vida.
- **PCI-DSS:** Estándares de seguridad de datos de la industria de tarjetas de pago (PCI-DSS).
- **Solvencia II:** Regulaciones de la Unión Europea, similares a Basilea II, para la industria aseguradora.
- **Leyes de privacidad:** todas las leyes locales, soberanas e internacionales aplicables.

Las organizaciones de Gobierno de Datos trabajan con otros líderes de negocio y técnicos para evaluar las implicaciones de las regulaciones. La organización debe determinar, por ejemplo:

- ¿De qué maneras es relevante la regulación para la organización?
- ¿Qué constituye el cumplimiento? ¿Qué políticas y procedimientos serán requeridos para lograr el cumplimiento?
- ¿Cuándo el cumplimiento es requerido? ¿Cómo y cuándo se monitorea el cumplimiento?
- ¿Puede la organización adoptar estándares de la industria para alcanzar el cumplimiento?
- ¿Cómo se demuestra el cumplimiento?
- ¿Cuál es el riesgo y la sanción por incumplimiento?
- ¿Cómo se identifica y reporta el incumplimiento? ¿Cómo se gestiona y rectifica el incumplimiento?

El Gobierno de Datos supervisa la respuesta de la organización a los requerimientos regulatorios o a las auditorías que implican prácticas de datos y datos (por ejemplo, certificar la calidad de los datos en los reportes regulatorios). (Ver capítulo 6)

2.12 Implementar el Gobierno de Datos

El Gobierno de Datos no puede ser implementado de la noche a la mañana. Requiere planeación - no sólo para explicar el cambio organizacional, sino también porque incluye muchas actividades complejas que necesitan ser coordinadas. Es mejor crear una hoja de ruta de implementación que muestre los tiempos y la relación entre diferentes actividades. Por ejemplo, si el programa de gobierno se focaliza en mejorar el cumplimiento, las prioridades pueden obedecer a requerimientos regulatorios específicos. En una organización de gobierno de datos federada, la implementación en varias líneas de negocio puede ocurrir en diferentes momentos, basada en el nivel de compromiso y madurez, así como de la financiación.

Algunas tareas de Gobierno de Datos son fundamentales. Otras tareas dependen de ello. Este trabajo tiene unas actividades iniciales y otras en curso. Las actividades priorizadas en las primeras etapas incluyen:

- Definir los procedimientos de Gobierno de Datos necesarios para alcanzar los objetivos de alta prioridad
- Establecer un glosario de negocios y documentar la terminología y los estándares

- Coordinación con Arquitectura Empresarial y Arquitectura de Datos para apoyar una mejor comprensión de los datos y los sistemas
- Asignación de valor financiero a los activos de datos para habilitar una mejor toma de decisiones e incrementar la comprensión del papel que desempeñan los datos en el éxito de la organización

2.13 Patrocinar Procedimientos y Estándares de Datos

Un estándar es definido como "algo que es muy bueno y que es utilizado para hacer juicios sobre la calidad de otras cosas" o como "algo configurado y establecido por la autoridad como una regla para la medición de la cantidad, peso, extensión, valor o calidad".[31] Los estándares ayudan a definir la calidad porque proveen un medio de comparación. También proveen un potencial para simplificar los procesos. Al adoptar un estándar, una organización toma una decisión una vez y la codifica en un conjunto de afirmaciones (el estándar). No necesita tomar la misma decisión de nuevo para cada proyecto. La aplicación de los estándares debe promover resultados consistentes de los procesos que los usan.

Desafortunadamente, crear o adoptar estándares es a menudo un proceso politizado y estos objetivos se pierden. La mayoría de las organizaciones no tienen buenas prácticas en el desarrollo o aseguramiento de los datos o el Gobierno de Datos. En algunos casos, no reconocen el valor de hacerlo y por lo tanto no se toman el tiempo para hacerlo. Otras veces simplemente no saben cómo hacerlo. En consecuencia, los "estándares" varían ampliamente dentro y a través de las organizaciones, al igual que las expectativas de conformidad. Los estándares de Gobierno de Datos deben ser obligatorios.

Los estándares de datos pueden tomar diferentes formas dependiendo de lo que describen: aserciones sobre cómo un campo debe ser poblado, reglas que gobiernan las relaciones entre campos, documentación detallada de valores aceptables e inaceptables, formato, etc. Generalmente, éstos son construidos por los profesionales de gestión de datos. Los estándares de datos deben ser revisados, aprobados y adoptados por el Consejo de Gobierno de Datos, o un grupo de trabajo delegado, tal como un Comité Directivo de Estándares de Datos. El nivel de detalle en la documentación de los estándares de datos depende, en parte, de la cultura organizacional. Tenga en cuenta que la documentación de los estándares de datos ofrece una oportunidad para capturar detalles y conocimientos que de otro modo pueden perderse. Recrear o realizar ingeniería inversa para acceder a este conocimiento es muy costoso, en comparación con realizar la documentación previamente.

Los estándares de datos deben ser comunicados, monitoreados, revisados y actualizados periódicamente de forma efectiva. Más importante aún, debe haber un medio para hacerlos cumplir. Los datos pueden medirse contra los estándares. Las actividades de gestión de datos pueden ser auditadas para el cumplimiento de los estándares por el Consejo de Gobierno de Datos o el Comité Directivo de Estándares de Datos sobre un programa definido o como parte de los procesos de aprobación de SDLC.

Los procedimientos de gestión de datos son los métodos, técnicas y pasos documentados que se siguen para cumplir con actividades específicas que producen ciertos resultados y artefactos de apoyo. Al igual que las políticas y las normas, los procedimientos varían ampliamente a través de las organizaciones. Como en el caso de los estándares de datos, los documentos procedimentales capturan

---

[31] http://bit.ly/2sTfugb

el conocimiento organizacional de forma explícita. La documentación de procedimiento suele ser redactada por profesionales de la gestión de datos.

Ejemplos de conceptos que pueden ser estandarizados dentro de las Áreas de Conocimiento de la Gestión de Datos son:

- **Arquitectura de Datos**: Modelos de datos empresariales, estándares de herramientas y convenciones de nomenclatura de sistemas.
- **Modelado y Diseño de Datos**: procedimientos de gestión de modelos de datos, convenciones de nomenclatura de modelado de datos, estándares de definición, dominios y abreviaturas estándar.
- **Almacenamiento y Operaciones de Datos**: Estándares de herramientas, estándares para recuperación de bases de datos y continuidad de negocio, rendimiento de bases de datos, retención de datos y adquisición de datos externos.
- **Seguridad de Datos**: Estándares de seguridad de acceso a datos, procedimientos de monitoreo y auditoría, estándares de seguridad de almacenamiento y requerimientos de capacitación.
- **Integración de Datos**: métodos y herramientas estándar utilizados para la integración y la interoperabilidad de los datos.
- **Documentos y Contenidos**: Estándares y procedimientos de gestión de contenidos, incluyendo el uso de taxonomías empresariales, soporte para descubrimientos legales, periodos de retención de documentos y correo electrónico, firmas electrónicas y enfoques de distribución de reportes.
- **Datos de Referencia y Datos Maestros**: Procedimientos de control de gestión de datos de referencia, sistemas de registro de datos, establecimiento de sentencias y uso obligatorio, normas para la resolución de entidades.
- *Data Warehousing y BI*: Estándares de herramientas, estándares y procedimientos de procesamiento, estándares de formato de visualización y estándares para el manejo de datos *Big Data*.
- **Metadatos**: Estándares para Metadatos de negocios y técnicos a ser capturados, procedimientos de integración y uso de Metadatos.
- **Calidad de los Datos**: Normas de calidad de los datos, metodologías de medición estándar, normas y procedimientos de remediación de datos
- **Big Data y Ciencia de Datos**: Identificación de fuentes de datos, autoridad, adquisición, sistema de registro, intercambio y actualización

2.14 Desarrollar un Glosario de Negocios

Los *Data Stewards* o custodios de datos son generalmente responsables del contenido del glosario de negocios. Un glosario es necesario porque las personas utilizan las palabras de manera diferente. Es particularmente importante tener definiciones claras para los datos, porque los datos representan cosas que pueden ser distintas (Chisholm,2010). Además, muchas organizaciones desarrollan su propio vocabulario interno. Un glosario es un medio para compartir este vocabulario dentro de la organización. Desarrollar y documentar definiciones de datos estándar reduce la ambigüedad y mejora la comunicación. Las definiciones deben ser claras, rigurosas en su redacción y explicar cualquier excepción, sinónimo o variante. Los que aprueban la terminología deben incluir representantes de los grupos de usuarios principales. La Arquitectura de Datos a menudo puede proporcionar borradores de definiciones y tipos de desgloses para las áreas temáticas.

Los glosarios de negocios tienen los siguientes objetivos:

- Permitir la comprensión común de los conceptos claves del negocio y terminología
- Reducir el riesgo de que los datos sean mal utilizados debido a una comprensión inconsistente de los conceptos de negocio
- Mejorar la alineación entre los activos de tecnología (con sus convenciones de nomenclatura técnica) y la organización empresarial
- Maximizar la capacidad de búsqueda y permitir el acceso al conocimiento institucional documentado

Un glosario de negocios no es simplemente una lista de términos y definiciones. Cada término también se asociará con otros Metadatos valiosos: sinónimos, métricas, linaje, reglas de negocio, el responsable del término, etc.

2.15 Coordinar con los Grupos de Arquitectura

El consejo de Gobierno de Datos patrocina y aprueba artefactos de arquitectura de datos, como un modelo de datos empresariales orientado al negocio. El Consejo de Gobierno de Datos puede designar o interactuar con un comité directivo de la arquitectura de datos empresarial o con un consejo de revisión de la arquitectura, para supervisar el programa y sus proyectos iterativos. El modelo de datos empresarial debe ser desarrollado y mantenido en forma conjunta por los arquitectos y administradores de datos que trabajan en conjunto en equipos de áreas temáticas. Dependiendo de la organización, este trabajo puede ser coordinado por el arquitecto de datos de la empresa o por el responsable correspondiente. A medida que los requerimientos del negocio evolucionan, los equipos de administración de datos deben proponer cambios y desarrollar extensiones al modelo de datos empresarial.

El modelo de datos empresarial debe ser revisado, aprobado y adoptado formalmente por el consejo de Gobierno de Datos. Este modelo debe alinearse con las estrategias, procesos, organizaciones y sistemas empresariales clave. La estrategia y la arquitectura de datos son fundamentales para la coordinación entre "Hacer las cosas bien" y "Hacer lo correcto" al gestionar los activos de datos.

2.16 Patrocinar la Valoración de Activos de Datos

Los datos y la información son activos porque tienen o pueden crear valor. Las prácticas contables actuales consideran los datos como un activo intangible, al igual que el *software*, la documentación, el conocimiento experto, los secretos comerciales y otra propiedad intelectual. Dicho esto, las organizaciones encuentran difícil poner valor monetario a los datos. El Consejo de Gobierno de Datos debería organizar el esfuerzo y las normas para hacerlo.

Algunas organizaciones empiezan por estimar el valor de las pérdidas de negocio debido a la información inadecuada. Las lagunas de información - la diferencia entre la información que se necesita y la que está disponible - representan pasivos del negocio. El costo de cerrar o prevenir las brechas se puede utilizar para estimar el valor comercial de los datos que faltan. A partir de ahí, la organización puede desarrollar modelos para estimar el valor de la información que existe.

Las estimaciones de valor pueden incorporarse a la hoja de ruta de la estrategia de datos que justificará los casos de negocio para las soluciones de causa raíz a los problemas de calidad, así como para otras iniciativas de gobernabilidad.

2.17 Incorporar el Gobierno de Datos

Un objetivo de la organización del Gobierno de Datos es incorporar procesos relacionados con la gestión de datos como un activo. La operación continua del Gobierno de Datos requiere planificación. El plan de operaciones contiene la lista de eventos requeridos para implementar y operar las actividades de Gobierno de Datos. Describe las actividades, el tiempo y las técnicas necesarias para sostener el éxito.

La sustentabilidad significa actuar para asegurar que los procesos y el financiamiento estén en su lugar para permitir el desempeño continuo de la gestión de datos; que la función sea administrada, que sus resultados sean monitoreados y medidos, y se superen los obstáculos que tan a menudo causan que los programas de Gobierno de Datos fallen.

Para profundizar el entendimiento de la organización sobre el Gobierno de Datos en general, su aplicación a nivel local y para aprender unos de otros, se debe crear una comunidad de interés sobre el Gobierno de Datos. Esto es particularmente útil en los primeros años de gobierno, y probablemente disminuirá a medida que las operaciones de Gobierno de Datos maduren.

El Gobierno de Datos tiene que ver fundamentalmente con el comportamiento de la organización. No es un problema que pueda ser resuelto a través de la tecnología. Sin embargo, hay herramientas que apoyan el proceso en general. Por ejemplo, el Gobierno de Datos requiere una comunicación continua. Un programa de Gobierno de Datos debe aprovechar los canales de comunicación existentes para comunicar mensajes clave de manera consistente y para mantener a los interesados informados sobre las políticas, estándares y requerimientos.

Adicionalmente, un programa de Gobierno de Datos debe manejar su propio trabajo y sus propios datos de manera efectiva. Las herramientas no sólo ayudan con estas tareas, sino también con las métricas que las respaldan. Antes de elegir una herramienta para una función específica, como una solución de glosario empresarial, una organización debe definir sus objetivos y requerimientos generales de gobierno con el fin de construir un conjunto de herramientas. Por ejemplo, algunas soluciones de glosario incluyen componentes adicionales para la gestión de políticas y del flujo de trabajo. Si se desea esta funcionalidad adicional, se deben aclarar y probar los requerimientos antes de adoptar una herramienta. De lo contrario, la organización tendrá múltiples herramientas, ninguna de las cuales puede satisfacer sus necesidades.

3. Herramientas y Técnicas

3.1 Presencia en Línea / Sitios *web*

El programa de Gobierno de Datos debe tener presencia en línea. Se debe procurar que los documentos centrales estén disponibles a través de un sitio *web* central o un portal de colaboración. Los sitios *web* pueden albergar bibliotecas documentales, dar acceso a capacidades de búsqueda y ayudar a gestionar un flujo de trabajo sencillo. Un sitio *web* también puede ayudar a establecer marca o imagen para el programa a través de logotipos y una representación visual consistente. Un sitio web del programa de Gobierno de Datos debe incluir:

- La estrategia de Gobierno de Datos y constitución del programa, que incluyen la visión, los beneficios, las metas, los principios y el plan de implementación.
- Políticas y estándares de datos
- Descripción de las funciones y responsabilidades de la gestión de datos
- Anuncios de noticias del programa
- Enlaces a foros de interés para la comunidad de Gobierno de Datos
- Enlaces a mensajes ejecutivos sobre temas de Gobierno de Datos
- Informes sobre las mediciones de la calidad de los datos
- Procedimientos para la identificación y el escalamiento de problemas
- Enlaces para solicitar servicios o capturar problemas
- Documentos, presentaciones y programas de formación con enlaces a recursos en línea relacionados
- Información de contacto del programa de Gobierno de Datos

3.2 Glosario del Negocio

Un glosario del negocio es una herramienta básica de Gobierno de Datos. Alberga definiciones acordadas de términos empresariales y las relaciona con los datos. Existen muchas herramientas de glosario empresarial disponibles, algunas como parte de sistemas ERP más grandes, herramientas de integración de datos o herramientas de gestión de Metadatos, y algunas herramientas independientes.

3.3 Herramientas de Flujo de Trabajo

Las organizaciones más grandes pueden considerar una herramienta de flujo de trabajo sólida para gestionar los procesos, para apoyar la implementación de nuevas políticas de Gobierno de Datos. Estas herramientas conectan los procesos con los documentos y pueden ser útiles en la administración de políticas y en la resolución de problemas.

3.4. Herramientas de Gestión Documental

Muy a menudo, una herramienta de gestión de documentos es utilizada por los equipos de gobierno para ayudar en la gestión de las políticas y procedimientos.

3.5 Tableros de Control del Gobierno de Datos

La recolección de métricas para el seguimiento las actividades de Gobierno de Datos y el cumplimiento de las políticas pueden reportarse al Consejo de Gobierno de Datos y a los comités directivos de Gobierno de Datos mediante un tablero de control automatizado.

4. Guías de Implementación

Una vez que el programa de Gobierno de Datos haya sido definido, se desarrolle el plan operativo y se prepare la hoja de ruta de implementación con el apoyo de la información recopilada en la evaluación de madurez del Gobierno de Datos (véase el capítulo 15), la organización puede comenzar a implementar procesos y políticas. La mayoría de las estrategias de implementación son incrementales, ya sea aplicando el Gobierno de Datos primero a un esfuerzo amplio, como la gestión de datos maestros, o segmentándolo por región o división. En raras ocasiones el Gobierno de Datos se implementa en toda la empresa como un primer esfuerzo.

4.1 Organización y Cultura

Como se indicó en la sección 2.9, la formalidad y la disciplina inherentes al Gobierno de Datos serán nuevos y diferentes para muchas organizaciones. El Gobierno de Datos agrega valor al generar cambios en el comportamiento. Puede haber resistencia al cambio y una curva de aprendizaje o de adopción de nuevos métodos para tomar decisiones y gobernar proyectos.

Los programas efectivos y duraderos de Gobierno de Datos requieren un cambio cultural en el pensamiento y comportamiento organizacional acerca de los datos, así como un programa continuo de manejo de cambio para apoyar el nuevo pensamiento, comportamientos, políticas, y procesos para alcanzar el estado futuro deseado de comportamiento alrededor de los datos. No importa cuán precisa o exótica sea la estrategia de Gobierno de Datos, ignorar la cultura disminuirá las posibilidades de éxito. El enfoque en el manejo del cambio debe ser parte de la estrategia de implementación. La meta del cambio de la organización es la sostenibilidad. La sostenibilidad es una cualidad de un proceso que mide qué tan fácil es que el proceso siga añadiendo valor. El mantenimiento de un programa de Gobierno de Datos requiere la planificación del cambio. (ver capítulo 17).

4.2. Ajuste y Comunicación

Los programas de Gobierno de Datos se implementan de manera incremental dentro del contexto de una estrategia más amplia de negocios y de gestión de datos. El éxito requiere tener en mente los objetivos generales mientras se colocan las piezas en su lugar. El equipo de Gobierno de Datos necesitará ser flexible y ajustar su enfoque a medida que las condiciones cambien. Las herramientas necesarias para gestionar y comunicar los cambios incluyen:

- **Mapa de Negocio / estrategia de Gobierno de Datos**: Este mapa conecta la actividad de Gobierno de Datos con las necesidades del negocio. La medición y la comunicación periódica de cómo el Gobierno de Datos está ayudando a la empresa es vital para obtener un apoyo continuo para el programa.
- **Mapa de la estrategia de Gobierno de Datos**: El mapa de ruta para el Gobierno de Datos no debe ser rígido. Debe adaptarse a los cambios en el entorno o las prioridades de la empresa.
- **Caso de negocio en curso para el Gobierno de Datos**: El caso de negocio debe ser ajustado periódicamente para reflejar las prioridades cambiantes y las realidades financieras de la organización.
- **Métricas de Gobierno de Datos**: Las métricas deberán crecer y cambiar a medida que el programa de Gobierno de Datos madure.

5. Métricas

Para contrarrestar la resistencia o el desafío de una larga curva de aprendizaje, un programa de Gobierno de Datos debe ser capaz de medir el progreso y el éxito a través de métricas que demuestren cómo los participantes en el Gobierno de Datos han añadido valor al negocio y han alcanzado los objetivos.

Con el fin de gestionar los cambios de comportamiento requeridos, es importante medir el progreso del despliegue del Gobierno de Datos, el cumplimiento de los requerimientos de Gobierno de Datos y el valor que el Gobierno de Datos está aportando a la organización. Las métricas que refuerzan el valor del Gobierno de Datos y aquellas que verifican que la organización cuenta con los recursos necesarios para apoyar el Gobierno de Datos después de su implementación también son importantes para sostener un programa de Gobierno de Datos. Algunas métricas de ejemplo incluyen:

- Valor
  - Contribución a los objetivos de la empresa
  - Reducción del riesgo
  - Mejora de la eficiencia de las operaciones
- Eficacia
  - Logro de metas y objetivos
  - Los administradores de extensión están utilizando las herramientas pertinentes
  - Eficacia de la comunicación
  - Eficacia de la educación/formación
  - Rapidez en la adopción de cambios
- Sostenibilidad
  - Desempeño de las políticas y procesos (es decir, ¿están funcionando adecuadamente?)
  - Conformidad con las normas y procedimientos (es decir, ¿el personal está siguiendo la guía y cambiando su comportamiento según sea necesario?)

6. Trabajos Citados / Recomendados

Adelman, Sid, Larissa Moss and Majid Abai. *Data Strategy*. Addison-Wesley Professional, 2005. Print.

Anderson, Dean and Anderson, Linda Ackerson. *Beyond Change Management*. Pfeiffer, 2012.

Avramov, Lucien and Maurizio Portolani. *The Policy Driven Data Center with ACI: Architecture, Concepts, and Methodology*. Cisco Press, 2014. Print. Networking Technology.

Axelos Global Best Practice (ITIL website). http://bit.ly/1H6SwxC.

Brzezinski, Robert. *HIPAA Privacy and Security Compliance - Simplified: Practical Guide for Healthcare Providers and Practice Managers*. CreateSpace Independent Publishing Platform, 2014. Print.

Calder, Alan. *IT Governance: Implementing Frameworks and Standards for the Corporate Governance of IT*. IT Governance Publishing, 2009. Print.

Change Management Institute and Carbon Group. *Organizational Change Maturity Model*, 2012. http://bit.ly/1Q62tR1.

Change Management Institute (website). http://bit.ly/1Q62tR1.

Chisholm, Malcolm and Roblyn-Lee, Diane. *Definitions in Data Management: A Guide to Fundamental Semantic Metadata*. Design Media, 2008. Print.

Cokins, Gary et al. *CIO Best Practices: Enabling Strategic Value with Information Technology*, 2nd ed. Wiley, 2010. Print.

De Haes, Steven and Wim Van Grembergen. *Enterprise Governance of Information Technology: Achieving Alignment and Value, Featuring COBIT 5*. 2nd ed. Springer, 2015. Print. Management for Professionals.

DiStefano, Robert S. *Asset Data Integrity Is Serious Business*. Industrial Press, Inc., 2010. Print.

Doan, AnHai, Alon Halevy and Zachary Ives. *Principles of Data Integration*. Morgan Kaufmann, 2012. Print.

Fisher, Tony. *The Data Asset: How Smart Companies Govern Their Data for Business Success*. Wiley, 2009. Print.

Giordano, Anthony David. *Performing Information Governance: A Step-by-step Guide to Making Information Governance Work*. IBM Press, 2014. Print. IBM Press.

Hiatt, Jeff and Creasey, Timothy. *Change Management: The People Side of Change*. Prosci, 2012.

Huwe, Ruth A. *Metrics 2.0: Creating Scorecards for High-Performance Work Teams and Organizations*. Praeger, 2010. Print.

Ladley, John. *Data Governance: How to Design, Deploy and Sustain an Effective Data Governance Program*. Morgan Kaufmann, 2012. Print. The Morgan Kaufmann Series on Business Intelligence.

Ladley, John. *Making Enterprise Information Management (EIM) Work for Business: A Guide to Understanding Information as an Asset*. Morgan Kaufmann, 2010. Print.

Marz, Nathan and James Warren. *Big Data: Principles and best practices of scalable realtime data systems*. Manning Publications, 2015. Print.

McGilvray, Danette. *Executing Data Quality Projects: Ten Steps to Quality Data and Trusted Information*. Morgan Kaufmann, 2008. Print.

Osborne, Jason W. *Best Practices in Data Cleaning: A Complete Guide to Everything You Need to Do Before and After Collecting Your Data*. SAGE Publications, Inc, 2013. Print.

Plotkin, David. *Data Stewardship: An Actionable Guide to Effective Data Management and Data Governance*. Morgan Kaufmann, 2013. Print.

PROSCI (website). http://bit.ly/2tt1bf9.

Razavi, Behzad. *Principles of Data Conversion System Design*. Wiley-IEEE Press, 1994. Print.

Redman, Thomas C. *Data Driven: Profiting from Your Most Important Business Asset*. Harvard Business Review Press, 2008. Print.

Reinke, Guido. *The Regulatory Compliance Matrix: Regulation of Financial Services, Information and Communication Technology, and Generally Related Matters*. GOLD RUSH Publishing, 2015. Print. Regulatory Compliance.

Seiner, Robert S. *Non-Invasive Data Governance*. Technics Publications, LLC, 2014. Print.

Selig, Gad. *Implementing IT Governance: A Practical Guide to Global Best Practices in IT Management*. Van Haren Publishing, 2008. Print. Best Practice.

Smallwood, Robert F. *Information Governance: Concepts, Strategies, and Best Practices*. Wiley, 2014. Print. Wiley CIO.

Soares, Sunil. *Selling Information Governance to the Business: Best Practices by Industry and Job Function*. Mc Press, 2011. Print.

Tarantino, Anthony. *The Governance, Risk, and Compliance Handbook: Technology, Finance, Environmental, and International Guidance and Best Practices*. Wiley, 2008. Print.

The Data Governance Institute (website). http://bit.ly/1ef0tnb.

The KPI Institute and Aurel Brudan, ed. *The Governance, Compliance and Risk KPI Dictionary: 130+ Key Performance Indicator Definitions*. CreateSpace Independent Publishing Platform, 2015. Print

CAPÍTULO 4

Arquitectura de Datos

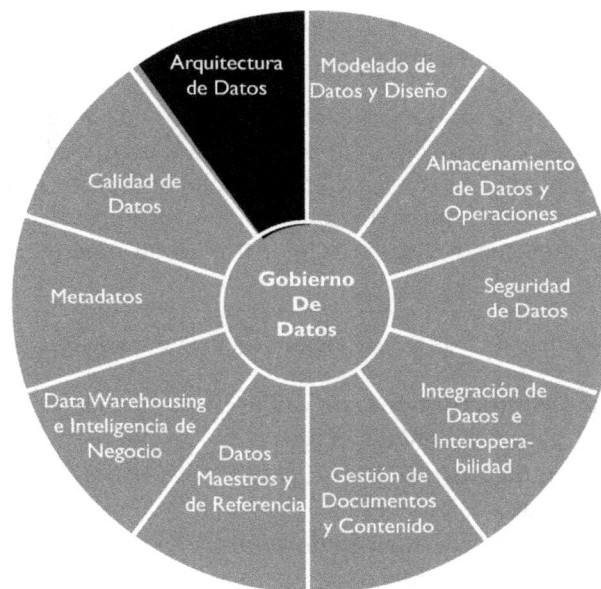

DAMA-DMBOK2 Marco de Referencia de Gestión de Datos

Copyright © 2017 by DAMA International

1. Introducción

La arquitectura se refiere al arte y la ciencia de construir cosas (especialmente estructuras habitables) y a los resultados del proceso de construcción - los edificios. En un sentido más general, la arquitectura se refiere a una disposición organizada de elementos o componentes destinados a optimizar el funcionamiento, el rendimiento, la viabilidad, el costo y la estética de una estructura o sistema general.

El término arquitectura ha sido adoptado para describir varias facetas del diseño de sistemas de información. En *ISO / IEC 42010: 2007 Ingeniería de sistemas y software - Descripción de la Arquitectura* (2011), se define la arquitectura como "la organización fundamental de un sistema, incorporada en sus componentes, sus relaciones entre sí y con el ambiente, y los principios que rigen su diseño y evolución." Sin embargo, dependiendo del contexto, la palabra arquitectura puede referirse a una descripción del estado actual de los sistemas, los componentes de un conjunto de sistemas, la disciplina del diseño de sistemas (la práctica de la arquitectura), el diseño intencional de un sistema o un conjunto de sistemas (estado futuro o arquitectura propuesta), los artefactos que describen un sistema (documentación de arquitectura), o el equipo que realiza el trabajo de diseño (los arquitectos o el equipo de arquitectura).

La práctica de la Arquitectura se lleva a cabo en diferentes niveles dentro de una organización (empresa, dominio, proyecto, etc.) y con diferentes áreas de enfoque (infraestructura, aplicación y datos). Lo que hacen exactamente los arquitectos puede ser confuso para las personas que no están relacionadas con el tema, y que no reconocen las distinciones implícitas en estos niveles y áreas de enfoque. Una razón por la cual los marcos arquitectónicos son valiosos es que permiten a los que no son arquitectos comprender estas relaciones.

La disciplina de la Arquitectura Empresarial abarca dominios de la arquitectura, incluyendo: negocios, datos, aplicaciones y tecnología. Las prácticas de arquitectura empresarial bien administradas ayudan a las organizaciones a comprender el estado actual de sus sistemas, promover cambios deseables hacia el futuro, permitir el cumplimiento normativo y mejorar la efectividad. La gestión eficaz de los datos y los sistemas en los que se almacenan y utilizan los datos es un objetivo común de las disciplinas de arquitectura.

En este capítulo, la Arquitectura de Datos se considerará desde las siguientes perspectivas:

- **Productos de la Arquitectura de Datos**, tales como modelos, definiciones y flujos de datos en varios niveles, generalmente conocidos como artefactos de Arquitectura de Datos.
- **Actividades de Arquitectura de Datos**, para formar, desplegar y cumplir los propósitos de la Arquitectura de Datos.
- **Comportamiento de la Arquitectura de Datos**, tales como colaboraciones, formas de pensar y habilidades entre los diversos roles que afectan la Arquitectura de Datos de la empresa.

Juntos, estos tres aspectos forman los componentes esenciales de la Arquitectura de Datos.

La Arquitectura de Datos es fundamental para la gestión de datos. Debido a que la mayoría de las organizaciones tienen más datos de los que las personas pueden comprender, es necesario representar los datos de la organización en diferentes niveles de abstracción para que puedan entenderse y la gerencia pueda tomar decisiones al respecto.

Los artefactos de la Arquitectura de Datos incluyen especificaciones utilizadas para describir el estado actual, definir requerimientos de datos, guiar la integración de datos y controlar los activos de datos tal como se describe en una estrategia de datos. La Arquitectura de Datos de una organización se describe mediante una colección integrada de documentos maestros de diseño en diferentes niveles de abstracción, incluyendo estándares que rigen cómo se recopilan, almacenan, organizan, usan y eliminan los datos. También se clasifica por descripciones de todos los contenedores y rutas que toman los datos a través de los sistemas de una organización.

El documento de diseño de Arquitectura de Datos más detallado es un modelo formal de datos empresarial, que contiene nombres de datos, definiciones completas de datos y Metadatos, entidades y relaciones conceptuales y lógicas, y reglas del negocio. Se incluyen modelos de datos físicos, pero como producto del diseño y modelado de datos, más que de la Arquitectura de Datos.

La Arquitectura de Datos es más valiosa cuando impulsa completamente las necesidades de toda la empresa. La Arquitectura de Datos Empresarial permite la estandarización e integración consistente de datos en toda la empresa. Los artefactos que crean los arquitectos constituyen Metadatos valiosos. Idealmente, los artefactos arquitectónicos deben almacenarse y gestionarse en un repositorio empresarial de artefactos de arquitectura.

Estamos en medio de la tercera ola de digitalización del cliente final. Los bancos y las transacciones financieras fueron lo primero; diversas interacciones de servicios digitales estaban en la segunda ola; internet de las cosas y la telemática conducen a la tercera. Las industrias tradicionales, como la automotriz, los equipos de atención médica y las de herramientas, se están volviendo digitales en esta tercera ola.

Esto sucede en casi todas las industrias. Los nuevos automóviles Volvo ahora tienen un servicio de guardia las 24 horas, los 7 días de la semana, no solo para vehículos y asuntos relacionados, sino que también para localizar restaurantes y tiendas. Las grúas aéreas, los cargadores de palés y los equipos de anestesia están recopilando y enviando continuamente datos operativos que permiten servicios de alta disponibilidad. Las ofertas han pasado de equipos de suministro a contratos de pago por uso o disponibilidad. Muchas de estas compañías tienen poca o ninguna experiencia en estas áreas, ya que anteriormente fueron atendidas por minoristas o proveedores de servicios posventa.

Las organizaciones con visión de futuro deben incluir profesionales de gestión de datos (por ejemplo, los Arquitectos de Datos empresariales o un *Data Steward* estratégico) cuando diseñan nuevas ofertas de mercado, porque hoy en día generalmente incluyen *hardware*, *software* y servicios que capturan datos, dependen del acceso a los datos; o ambos.

1.1 Motivadores de Negocio

El objetivo de la Arquitectura de Datos es ser un puente entre la estrategia empresarial y la ejecución de tecnología. Como parte de Arquitectura Empresarial, los Arquitectos de Datos deben:

- Preparar estratégicamente a las organizaciones para evolucionar rápidamente sus productos, servicios y datos para aprovechar las oportunidades comerciales inherentes a las tecnologías emergentes.
- Traducir las necesidades del negocio en requerimientos de datos y de sistemas para que los procesos tengan de manera consistente los datos que requieren.
- Gestionar la entrega de datos complejos e información en toda la empresa.
- Facilitar la alineación entre el negocio y TI
- Actuar como agentes de cambio, transformación y agilidad.

Estos motivadores de negocio deberían influir en la medición del valor de la Arquitectura de Datos.

Los arquitectos de datos crean y mantienen el conocimiento organizacional sobre los datos y los sistemas a través de los cuales se mueven. Este conocimiento permite a una organización gestionar sus datos como un activo y aumentar el valor que obtiene de sus datos mediante la identificación de oportunidades para el uso de datos, reducción de costos y mitigación de riesgos.

1.2 Productos y Prácticas de la Arquitectura de Datos

Los productos primarios de la Arquitectura de Datos incluyen:

- Requerimientos de almacenamiento y procesamiento de datos.
- Diseños de estructuras y planes que cumplan con los requerimientos de datos actuales y a largo plazo de la empresa.

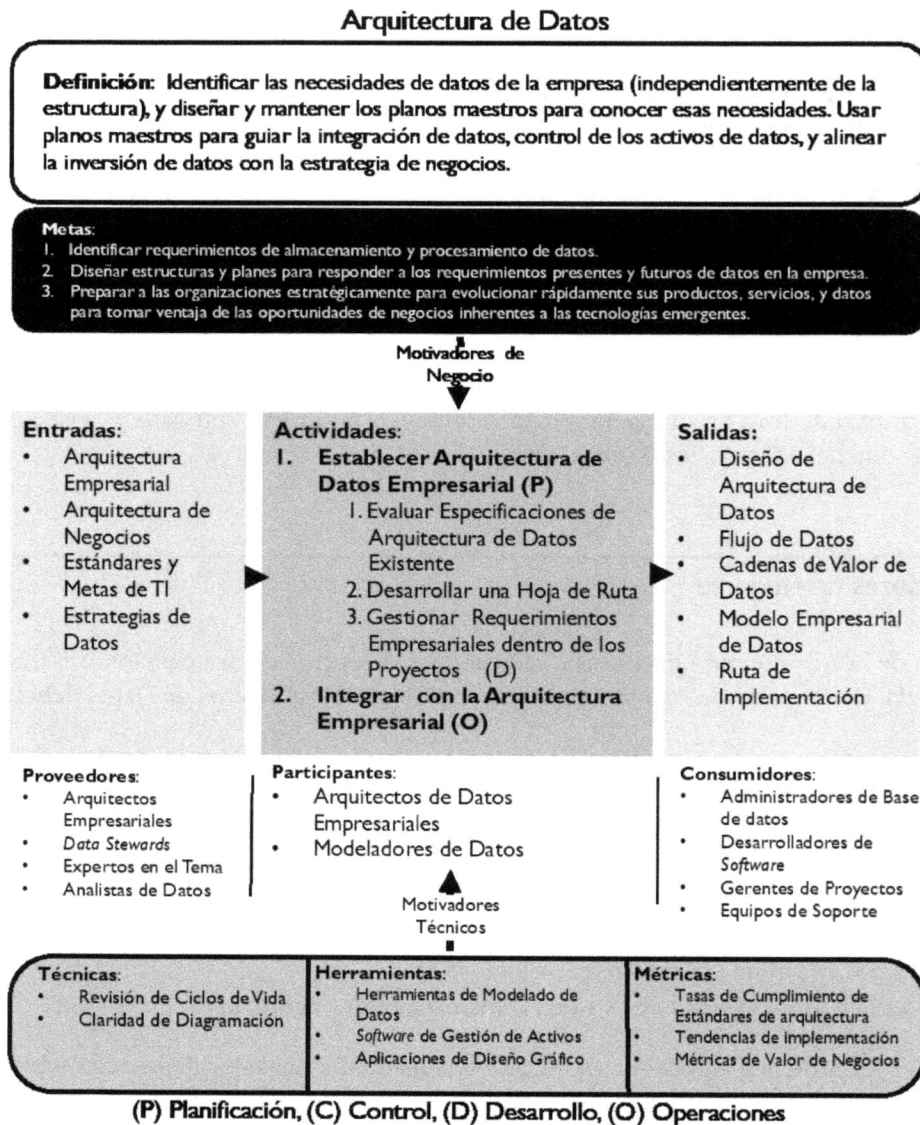

Arquitectura de Datos

Definición: Identificar las necesidades de datos de la empresa (independientemente de la estructura), y diseñar y mantener los planos maestros para conocer esas necesidades. Usar planos maestros para guiar la integración de datos, control de los activos de datos, y alinear la inversión de datos con la estrategia de negocios.

Metas:
1. Identificar requerimientos de almacenamiento y procesamiento de datos.
2. Diseñar estructuras y planes para responder a los requerimientos presentes y futuros de datos en la empresa.
3. Preparar a las organizaciones estratégicamente para evolucionar rápidamente sus productos, servicios, y datos para tomar ventaja de las oportunidades de negocios inherentes a las tecnologías emergentes.

Motivadores de Negocio

Entradas:
- Arquitectura Empresarial
- Arquitectura de Negocios
- Estándares y Metas de TI
- Estrategias de Datos

Actividades:
1. **Establecer Arquitectura de Datos Empresarial (P)**
   1. Evaluar Especificaciones de Arquitectura de Datos Existente
   2. Desarrollar una Hoja de Ruta
   3. Gestionar Requerimientos Empresariales dentro de los Proyectos (D)
2. **Integrar con la Arquitectura Empresarial (O)**

Salidas:
- Diseño de Arquitectura de Datos
- Flujo de Datos
- Cadenas de Valor de Datos
- Modelo Empresarial de Datos
- Ruta de Implementación

Proveedores:
- Arquitectos Empresariales
- *Data Stewards*
- Expertos en el Tema
- Analistas de Datos

Participantes:
- Arquitectos de Datos Empresariales
- Modeladores de Datos

Consumidores:
- Administradores de Base de datos
- Desarrolladores de *Software*
- Gerentes de Proyectos
- Equipos de Soporte

Motivadores Técnicos

Técnicas:
- Revisión de Ciclos de Vida
- Claridad de Diagramación

Herramientas:
- Herramientas de Modelado de Datos
- *Software* de Gestión de Activos
- Aplicaciones de Diseño Gráfico

Métricas:
- Tasas de Cumplimiento de Estándares de arquitectura
- Tendencias de implementación
- Métricas de Valor de Negocios

(P) Planificación, (C) Control, (D) Desarrollo, (O) Operaciones

Figura 21 Diagrama de contexto: Arquitectura de Datos

Los arquitectos buscan diseñar de manera que aporte valor a la organización. Este valor proviene de una huella técnica óptima, eficiencia operativa y de proyectos, y la mayor capacidad de la organización para utilizar sus datos. Para llegar a eso se requiere un buen diseño, planificación y la capacidad de garantizar que los diseños y planes se ejecuten de manera efectiva.

Para alcanzar estos objetivos, el Arquitecto de Datos define y mantiene especificaciones que:

- Definen el estado actual de los datos en la organización.
- Proporcionan un vocabulario de negocio estándar para datos y componentes.
- Alinean la Arquitectura de Datos con la estrategia empresarial y la arquitectura de negocio.
- Expresan los requerimientos estratégicos de datos.
- Delinean diseños integrados de alto nivel para cumplir con estos requerimientos.
- Se integran con la hoja de ruta general de la arquitectura empresarial.

La práctica de la Arquitectura de Datos incluye:

- Uso de artefactos de Arquitectura de Datos (planos maestros) para definir los requerimientos de datos, guiar la integración de datos, controlar los activos de datos y alinear las inversiones de datos con la estrategia de negocio.
- Colaborar con, aprender de, e influenciar en las partes interesadas que se dedican a mejorar el negocio o el desarrollo de sistemas de TI.
- Usar la Arquitectura de Datos para establecer la semántica de una empresa, a través de un vocabulario común del negocio.

1.3 Conceptos Esenciales

1.3.1 Dominios de Arquitectura Empresarial

La Arquitectura de Datos opera en el contexto de otros dominios de arquitectura, incluida la arquitectura de negocio, de aplicaciones y técnica. La Tabla 6 describe y compara estos dominios. Los arquitectos de diferentes dominios deben abordar las directrices y requisitos de desarrollo de manera colaborativa, ya que cada dominio influye y pone restricciones a los otros dominios. (Véase también la figura 22.)

1.3.2 Marcos de Arquitectura Empresarial

Un marco de arquitectura es una estructura fundamental utilizada para desarrollar una amplia gama de arquitecturas relacionadas. Los marcos arquitectónicos proporcionan formas de pensar y comprender la arquitectura. Representan una "arquitectura general para la arquitectura". La Sociedad informática IEEE mantiene un estándar para Marcos de arquitectura empresarial, la ISO / IEC / IEEE 42010: 2011, Ingeniería de sistemas y *software* - Descripción de la arquitectura y una tabla de comparación[32]. Los marcos y métodos comunes incluyen la Arquitectura de Datos como uno de los dominios arquitectónicos.

---

[32] http://bit.ly/2tNnD2j; http://bit.ly/2rVinIq

Tabla 6. Dominios de Arquitectura

Dominio	Arquitectura de Negocio Empresarial	Arquitectura de Datos Empresarial	Arquitectura de Aplicaciones Empresarial	Arquitectura Tecnológica Empresarial
Propósito	Identificar cómo una empresa crea valor para sus clientes y otros interesados	Describir cómo los datos deben estar organizados y administrados	Describir la estructura y funcionalidad de las aplicaciones en la empresa	Describir la tecnología física necesaria para habilitar el funcionamiento de los sistemas y entregar valor
Elementos	Modelos de negocio, procesos, capacidades, servicios, eventos, estrategias, vocabulario	Modelos de datos, defiiciones de datos, especificaciones de mapeo de datos, flujos de datos, APIs de datos estructurados	Sistemas de negocio, paquetes de *software,* bases de datos	Plataformas técnicas, redes, seguridad, herramientas de integración
Dependencias	Establece requerimientos para otros dominios	Gestiona los datos creados y requeridos por la arquitectura de negocio	Actúa en datos especificados de acuerdo con los requerimientos de negocio	Aloja y ejecuta la arquitectura de aplicación
Roles	Arquitectos de negocio y analistas, *data stewards* de negocio	Arquitectos y modeladores de datos, *data stewards*	Arquitectos de aplicación	Arquitectos de infraestructura

1.3.2.1 Marco de Zachman para Arquitectura Empresarial

El marco arquitectónico empresarial más conocido, el Marco Zachman, fue desarrollado por John A. Zachman en la década de 1980 (Ver Figura 22), y ha seguido evolucionando. Zachman reconoció que, al crear edificios, aviones, empresas, cadenas de valor, proyectos o sistemas, hay muchas "audiencias", y cada una tiene una perspectiva diferente sobre la arquitectura. Aplicó este concepto a los requerimientos para diferentes tipos y niveles de arquitectura dentro de una empresa.

El marco de Zachman es una ontología- la matriz de 6x6 comprende el conjunto completo de modelos necesarios para describir una empresa y las relaciones existentes entre ellos. No define cómo crear los modelos, simplemente muestra los modelos que deberían existir.

Las dos dimensiones en el marco de la matriz son las interrogativas de comunicación (es decir: Qué, Cómo, Dónde, Quién, Cuándo y Por qué) como columnas, y las transformaciones de reificación (identificación, definición, representación, especificación, configuración e instanciación) como filas. Las clasificaciones del marco están representadas por las celdas (la intersección entre las interrogativas y las transformaciones). Cada celda en el Marco de Zachman representa un tipo único de artefacto de diseño.

	Qué	Cómo	Dónde	Quién	Cuándo	Por qué	
Ejecutivo	Identificación de Inventario	Identificación de Procesos	Identificación de Distribución	Identificación de Responsabilidad	Identificación de Tiempo	Identificación de Motivación	Contexto de Alcance
Gerencia de Negocios	Definición de Inventario	Definición de Procesos	Definición de Distribución	Definición de Responsabilidad	Definición de Tiempo	Definición de Motivación	Conceptos de Negocios
Arquitecto	Representación de Inventario	Representación de Procesos	Representación de Distribución	Representación de Responsabilidad	Representación de Tiempo	Representación de Motivación	Lógica de Sistemas
Ingeniero	Especificación de Inventario	Especificación de Procesos	Especificación de Distribución	Especificación de Responsabilidad	Especificación de Tiempo	Especificación de Motivación	Física de la Tecnología
Técnico	Configuración de Inventario	Configuración de Proceso	Configuración de Distribución	Configuración de Responsabilidad	Configuración de Tiempo	Configuración de Motivación	Componentes de Herramientas
Empresa	Instancias de Inventario	Instancias de Proceso	Instancias de Distribución	Instancias de Responsabilidad	Instancias de Tiempo	Instancias de Motivación	Instancias Operacionales
	Conjuntos de Invetarios	Flujo de Procesos	Redes de Distribución	Asignación de Responsabilidad	Ciclos de Tiempo	Intenciones de Motivación	

Figura 22 Marco de Zachman simplificado

Las interrogativas de comunicación son las preguntas fundamentales que se pueden hacer sobre cualquier entidad. Traducido a la arquitectura empresarial, las columnas se pueden entender de la siguiente manera:

- **Qué** (la columna de inventario): entidades utilizadas para construir la arquitectura
- **Cómo** (la columna de proceso): actividades realizadas
- **Dónde** (la columna de distribución): ubicación del negocio y ubicación de la tecnología
- **Quién** (la columna de responsabilidad): roles y organizaciones
- **Cuándo** (la columna de tiempo): intervalos, eventos, ciclos y horarios
- **Por qué** (la columna de motivación): objetivos, estrategias y medios

Las transformaciones de reificación representan los pasos necesarios para traducir una idea abstracta en una instancia concreta (una instanciación). Éstas están representadas en las filas: planificador, propietario, diseñador, constructor, implementador y usuario. Cada uno tiene una perspectiva diferente sobre el proceso general y diferentes problemas a resolver. Por ejemplo, cada perspectiva tiene una relación diferente con la columna Qué (inventario o datos):

- **La perspectiva ejecutiva** (contexto): listas de elementos empresariales que definen el alcance en los modelos de identificación.
- **La perspectiva de la gestión de negocio (**conceptos de negocio): aclaración de las relaciones entre los conceptos de negocio definidos por los líderes ejecutivos como propietarios en la definición de modelos.
- **La perspectiva del arquitecto** (lógica de negocios): modelos lógicos que detallan los requerimientos del sistema y el diseño sin restricciones representado por los arquitectos como diseñadores de modelos.
- **La perspectiva del ingeniero** (física): modelos físicos que optimizan el diseño para la implementación de un uso específico bajo las restricciones de tecnología, personas, costos y plazos especificados por los ingenieros como constructores de modelos.

- **La perspectiva del técnico** (conjunto de componentes): una visión fuera de contexto específica de la tecnología de cómo los técnicos ensamblan y operan los componentes configurados como implementadores de los modelos.
- **La perspectiva del usuario** (clases de operaciones): instancias de funcionamiento real utilizadas por los trabajadores como participantes. No hay modelos en esta perspectiva.

Como se señaló anteriormente, cada celda en el Marco de Zachman representa un tipo único de artefacto de diseño, definido por la intersección de su fila y columna. Cada artefacto representa cómo la perspectiva específica responde las preguntas fundamentales.

1.3.3 Arquitectura de Datos Empresarial

La Arquitectura de Datos Empresarial define los términos y diseños estandarizados para los elementos que son importantes para la organización. El diseño de una Arquitectura de Datos Empresarial contempla la representación de los datos del negocio como tales, incluida la recopilación, el almacenamiento, la integración, el movimiento y la distribución de datos. A medida que los datos fluyen en una organización a través de alimentación o interfaces, se aseguran, integran, almacenan, graban, catalogan, comparten, informan, analizan y entregan a las partes interesadas. En el camino, los datos se pueden verificar, mejorar, vincular, certificar, agregar, anonimizar y usar para análisis hasta que se archiven o purguen. Por lo tanto, las descripciones de la Arquitectura de Datos Empresarial deben incluir tanto los Modelos de Datos Empresariales (por ejemplo, estructuras de datos y especificaciones de datos) como el Diseño de Flujo de Datos:

- **Modelo de Datos Empresarial** (*Enterprise Data Model* **EDM**): el EDM es un modelo de datos conceptual o lógico holístico, a nivel de empresa, independiente de la implementación, proporciona una visión común y consistente de los datos en toda la empresa. Es común usar el término para referirse a un modelo de datos simplificado de alto nivel, pero esa es una cuestión de abstracción para la presentación. Un EDM incluye entidades de datos empresariales clave (es decir, conceptos de negocios), sus relaciones, reglas denegocio y algunos atributos críticos. Establece las bases para todos los datos y proyectos relacionados con datos. Cualquier modelo de datos a nivel de proyecto debe basarse en el EDM. El EDM debe ser revisado por las partes interesadas, para que haya consenso de que representa efectivamente a la empresa.
- **Diseño de Flujo de Datos:** define los requerimientos y el plan maestro para el almacenamiento y el procesamiento en bases de datos, aplicaciones, plataformas y redes (los componentes). Estos flujos de datos mapean el movimiento de datos a procesos de negocios, ubicaciones, roles de negocios y componentes técnicos.

Estos dos tipos de especificaciones deben encajar bien. Como ya se mencionó, ambos deben reflejarse en el estado actual y el estado objetivo (perspectiva de la arquitectura), y también en el estado de transición (perspectiva del proyecto).

1.3.3.1 Modelo de Datos Empresarial

Algunas organizaciones crean un EDM como un artefacto independiente. En otras organizaciones, se entiende como compuesto por modelos de datos desde diferentes perspectivas y con diferentes niveles de detalle, que describen de manera consistente el entendimiento de una organización de las entidades de datos, los atributos de datos y sus relaciones en toda la empresa. Un EDM incluye modelos universales (modelos conceptuales y lógicos para toda la empresa) y modelos de datos específicos de aplicaciones o proyectos, junto con definiciones, especificaciones, mapeos y reglas de negocio.

La adopción de un modelo estándar de la industria puede impulsar el proceso de desarrollo de un EDM. Estos modelos proporcionan una guía y referencias útiles. Sin embargo, incluso si una organización comienza con un modelo de datos comprado, la producción de modelos de datos requiere una inversión significativa. El trabajo incluye definir y documentar el vocabulario organizacional, las reglas de negocio y el conocimiento del negocio de una organización. Mantener y enriquecer un EDM requiere un compromiso continuo de tiempo y esfuerzo.

Una organización que reconoce la necesidad de un modelo de datos empresarial debe decidir cuánto tiempo y esfuerzo puede dedicar a construirlo y mantenerlo. Los EDM se pueden construir en diferentes niveles de detalle, por lo que la disponibilidad de recursos influirá en el alcance inicial. Con el tiempo, a medida que las necesidades de la empresa lo exijan, el alcance y el nivel de detalle capturado dentro de un modelo de datos empresariales generalmente se expande. Los modelos de datos empresariales más exitosos se construyen de forma incremental e iterativa, utilizando capas. La Figura 23 muestra cómo se relacionan los diferentes tipos de modelos y cómo los modelos conceptuales son, en última instancia, vinculables a los modelos fisicos de datos de aplicaciones. Distingue:

- Una visión conceptual general sobre las áreas temáticas de la empresa.
- Vistas de entidades y relaciones para cada área temática.
- Vistas lógicas detalladas con atributos parciales de estas mismas áreas temáticas.
- Modelos lógicos y físicos específicos para una aplicación o proyecto

Todos los niveles son parte del Modelo de Datos Empresarial, y los enlaces crean rutas para rastrear una entidad de arriba a abajo y entre modelos en el mismo nivel.

- **Vertical**: los modelos en cada nivel mapean a modelos en otros niveles. El linaje del modelo se crea usando estos mapas. Por ejemplo, una tabla o archivo de un Teléfono móvil en un modelo físico específico del proyecto puede vincularse a una entidad Teléfono móvil en el modelo lógico del proyecto, a una entidad Teléfono móvil en el área temática del Producto en el Modelo Lógico de la Empresa, a una entidad conceptual de Producto en el Modelo del área temática de Producto, y a la entidad Producto en el Modelo Conceptual Empresarial.
- **Horizontal**: las entidades y las relaciones pueden aparecer en varios modelos en el mismo nivel; Las entidades en modelos lógicos centrados en un tema pueden relacionarse con entidades en otros temas, marcados o notados como externos en las imágenes del modelo del área temática. Una entidad de Parte del Producto puede aparecer en los modelos del área temática de Producto y en las áreas temáticas de Pedido de ventas, Inventario y *Marketing*, relacionada como enlaces externos.

Un Modelo de Datos Empresarial en todos los niveles es desarrollado utilizando técnicas de modelado de datos. (Ver Capítulo 5.)

La figura 24 muestra tres diagramas de Área Temática (ejemplos simplificados), cada uno de los cuales contiene un modelo de datos conceptual con un conjunto de entidades. Las relaciones pueden cruzar las fronteras del Área Temática; cada entidad en un modelo de datos empresarial debe residir en una sola Área Temática, pero puede relacionarse con entidades en cualquier otra Área Temática.

Modelo de Datos Empresarial

Modelo Conceptual

I diagrama: 12-20 áreas temáticas de negocio significativas con sus relaciones

Modelo de Área Temática | Modelo de Área Temática | Modelo de Área Temática | Modelo de Área Temática

I+ diagrama por área temática: 50+ Entidades significativas dentro del área temática con sus relaciones

Modelo Lógico | Modelo Lógico | Modelo Lógico | Modelo Lógico

Por cada área temática de Modelo Lógico: Incrementar detalles añadiendo atributos, y entidades menos significativas y sus relaciones

LDM LDM | LDM LDM | LDM | LDM LDM
PDM PDM | PDM PDM | PDM | PDM PDM

Alcance límite para el tema y relaciones externas de I Paso

Alcance Límite para los objetos físicos sujetos y las relaciones

Aplicación o Proyecto Específico

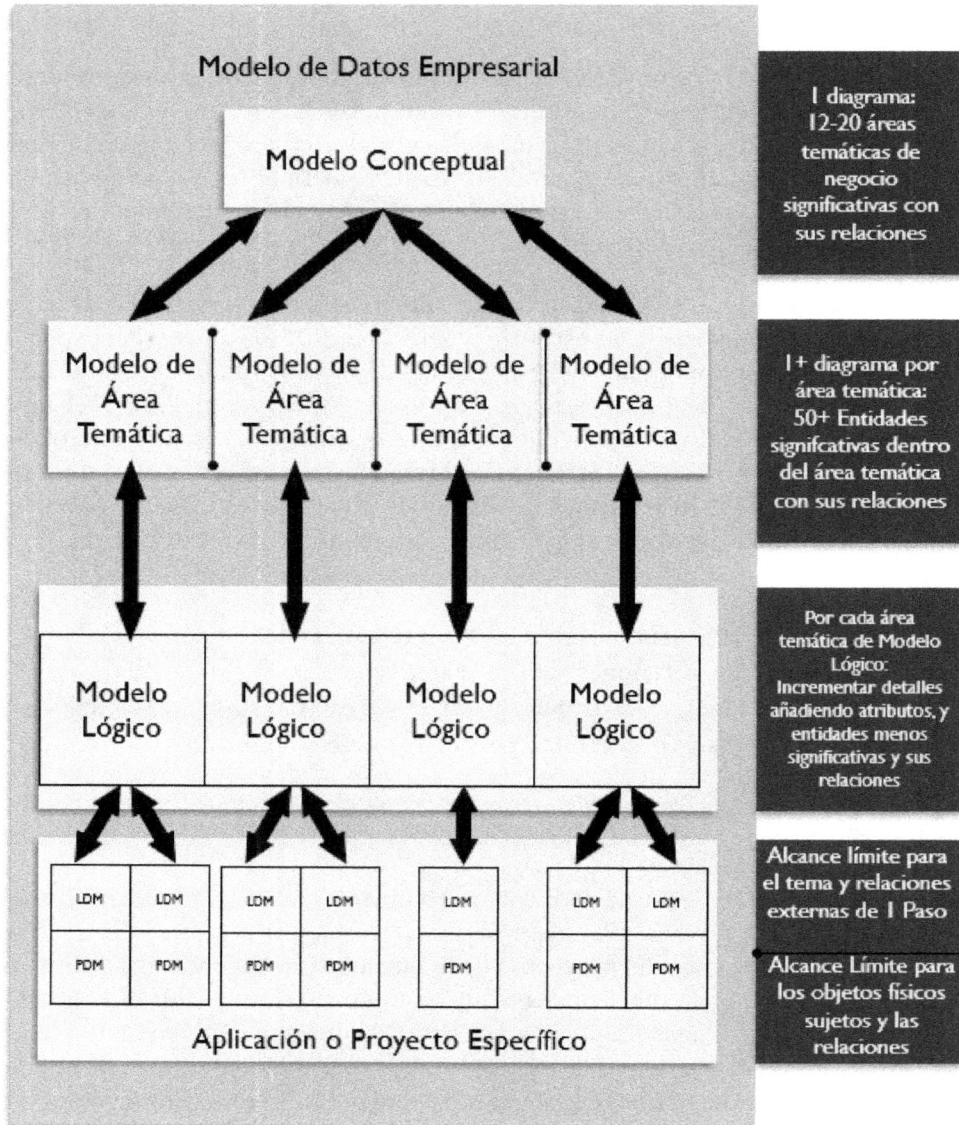

Figura 23 Modelo de Datos Empresarial

Por lo tanto, el modelo empresarial conceptual se construye mediante la combinación de modelos de Área Temática. El modelo de datos empresarial se puede construir utilizando un enfoque de arriba hacia abajo o un enfoque de abajo hacia arriba. El enfoque de arriba hacia abajo significa comenzar formando las Áreas Temáticas y luego llenarlas con modelos. Cuando se utiliza un enfoque de abajo hacia arriba, la estructura del área temática se basa en modelos de datos existentes. Una combinación de los enfoques es habitualmente recomendada; comenzando desde abajo hacia arriba utilizando modelos existentes; y completando el modelo de datos empresarial al poblar modelos delegando el modelado del Área Temática a los proyectos.

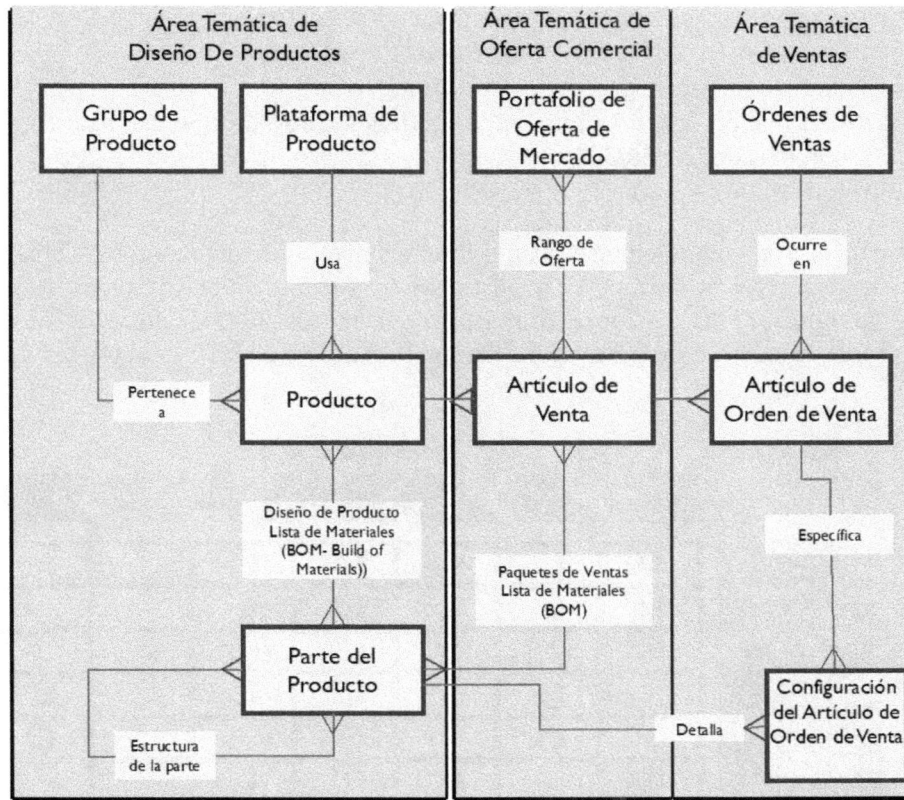

Figura 24 Ejemplo de Diagrama de Modelos de Área Temática

El discriminador del Área Temática (es decir, los principios que forman la estructura del Área Temática) debe ser coherente en todo el modelo de datos de la empresa. Los principios discriminadores de Áreas Temáticas que son utilizados frecuentemente incluyen: usar reglas de normalización, dividir áreas temáticas por el portafolio de sistemas (es decir, financiación), formar Áreas Temáticas a partir de la estructura de gobierno de datos y la propiedad de datos (organizacional), utilizando procesos de nivel superior (basados en la cadena de valor del negocio), o utilizando capacidades del negocio (basadas en la arquitectura empresarial). La estructura del Área Temática suele ser más efectiva para el trabajo de Arquitectura de Datos si se forma utilizando reglas de normalización. El proceso de normalización establecerá las principales entidades que llevan / constituyen cada Área Temática.

1.3.3.2 Diseño del Flujo de Datos

Los flujos de datos son un tipo de documentación de linaje de datos que describe cómo se mueven los datos a través de los procesos y sistemas comerciales. Los flujos de datos de extremo a extremo ilustran dónde se originaron, dónde se almacenan y usan, y cómo se transforman a medida que se mueven dentro y entre diversos procesos y sistemas. El análisis de linaje de datos puede ayudar a explicar el estado de los datos en un punto dado del flujo de datos. Los flujos de datos mapean y documentan las relaciones entre datos y:

- Aplicaciones dentro de un proceso de negocio
- Almacenes de datos o bases de datos en un entorno
- Segmentos de red (útiles para el mapeo de seguridad)
- Roles de negocio, representando qué roles tienen la responsabilidad de crear, actualizar, usar y eliminar datos (CRUD)
- Puntos en donde se producen diferencias locales.

Los flujos de datos se pueden documentar en diferentes niveles de detalle: Área Temática, entidad de negocio o incluso a nivel de atributo. Los sistemas se pueden representar por segmentos de red, plataformas, conjuntos de aplicaciones comunes o servidores individuales. Los flujos de datos se pueden representar mediante matrices bidimensionales (Figura 25) o en diagramas de flujo de datos (Figura 26).

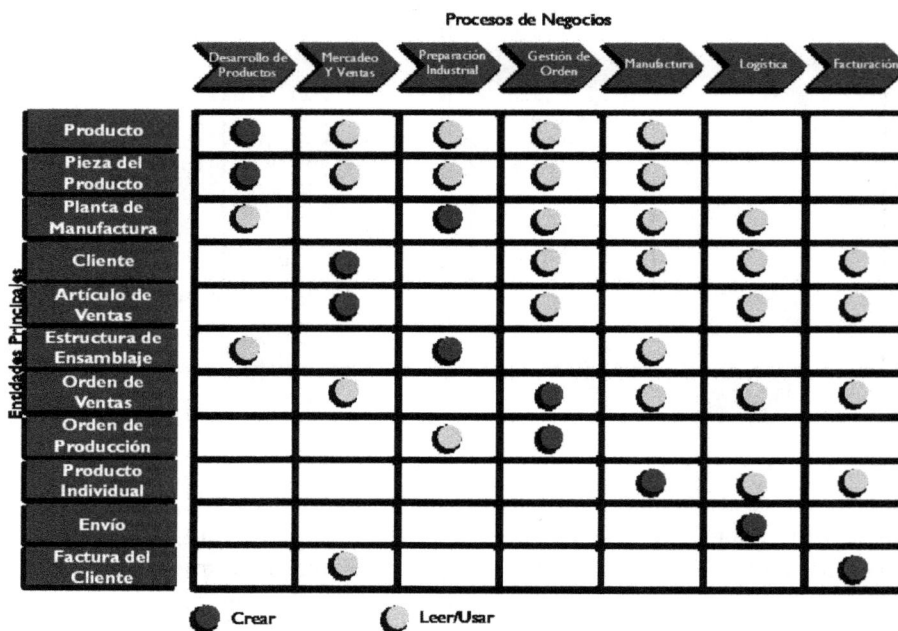

Procesos de Negocios

Entidades Principales	Desarrollo de Productos	Mercadeo Y Ventas	Preparación Industrial	Gestión de Orden	Manufactura	Logística	Facturación
Producto	Crear	Leer/Usar	Leer/Usar	Leer/Usar	Leer/Usar		
Pieza del Producto	Crear	Leer/Usar	Leer/Usar	Leer/Usar	Leer/Usar		
Planta de Manufactura	Leer/Usar		Crear	Leer/Usar	Leer/Usar	Leer/Usar	
Cliente		Crear		Leer/Usar	Leer/Usar	Leer/Usar	Leer/Usar
Artículo de Ventas		Crear		Leer/Usar		Leer/Usar	Leer/Usar
Estructura de Ensamblaje	Leer/Usar		Crear		Leer/Usar		
Orden de Ventas		Leer/Usar		Crear	Leer/Usar	Leer/Usar	Leer/Usar
Orden de Producción			Leer/Usar	Crear			
Producto Individual					Crear	Leer/Usar	Leer/Usar
Envío						Crear	
Factura del Cliente		Leer/Usar					Crear

● Crear   ◖ Leer/Usar

Figura 25 Flujo de Datos Representado en una Matriz

Una matriz proporciona una visión general clara de qué datos son creados y usados en los procesos. Los beneficios de mostrar los requerimientos de datos en una matriz es que toma en consideración que los datos no fluyen en una sola dirección; el intercambio de datos entre procesos es de muchos a muchos de una manera bastante compleja, donde cualquier información puede aparecer en cualquier lugar. Además, se puede utilizar una matriz para aclarar las responsabilidades de obtención de datos de los procesos y las dependencias de datos entre los procesos, lo que a su vez mejora la documentación del proceso. Aquellos que prefieren trabajar con capacidades del negocio podrían mostrar esto de la misma manera, simplemente intercambiando el eje de procesos por capacidades. La construcción de tales matrices es una práctica utilizada hace bastante tiempo en el modelado empresarial. IBM introdujo esta práctica en su método de Planificación de Sistemas Comerciales (BSP). James Martin más tarde lo popularizó en su método de Planificación de Sistemas de Información (ISP) durante la década de 1980.

El flujo de datos en la Figura 26 es un diagrama de flujo de datos de alto nivel que representa qué tipo de datos fluyen entre sistemas. Dichos diagramas se pueden describir en muchos formatos y niveles de detalle.

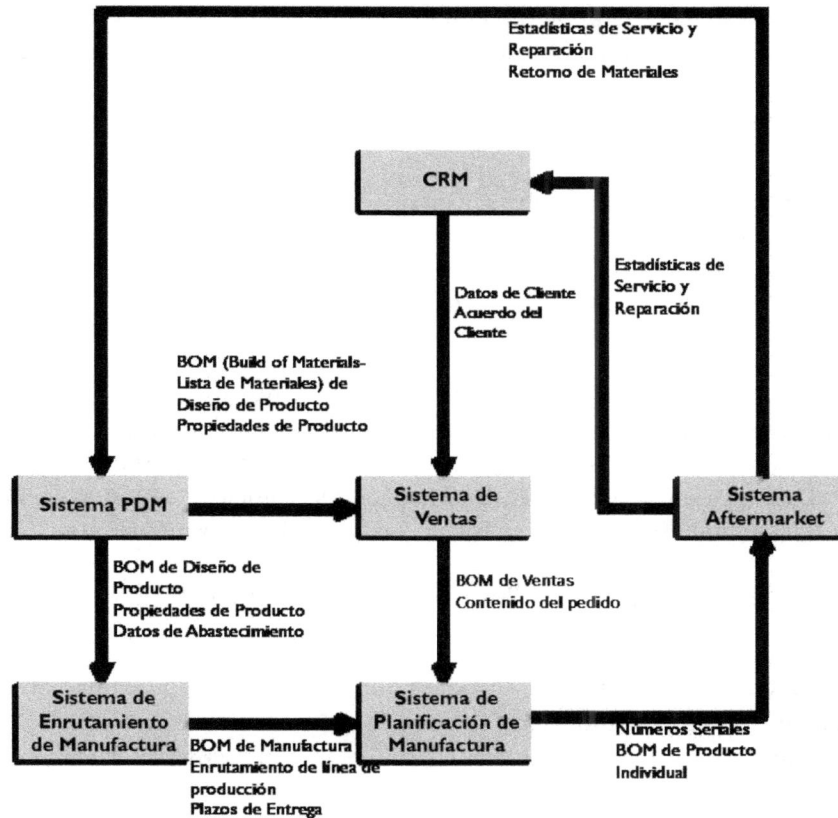

Figura 26 Ejemplo de Diagrama de Flujo de Datos

2. Actividades

Los datos y la arquitectura empresarial abordan la complejidad desde dos puntos de vista:

- **Orientado a la calidad:** se enfoca en mejorar la ejecución dentro de los ciclos de desarrollo de negocios y TI. Si no se gestiona la arquitectura, ésta se deteriorará. Los sistemas se volverán gradualmente más complejos e inflexibles, creando riesgos para una organización. La entrega incontrolada de datos, las copias de datos y las relaciones de interfaz "espagueti" hacen que las organizaciones sean menos eficientes y reducen la confianza en los datos.
- **Orientado a la innovación:** se enfoca en transformar negocios y TI para abordar nuevas expectativas y oportunidades. Impulsar la innovación con tecnologías disruptivas y usos de datos se ha convertido en un papel de la Arquitectura Empresarial moderna.

Estos dos conductores requieren enfoques separados. El enfoque orientado a la calidad se alinea con el trabajo tradicional de Arquitectura de Datos donde las mejoras en la calidad arquitectónica se logran de manera incremental. Las tareas de arquitectura se distribuyen a los proyectos, donde participan los arquitectos o el proyecto se lleva a cabo por delegación. Por lo general, el arquitecto tiene en cuenta la totalidad de la arquitectura y se centra en objetivos a largo plazo directamente relacionados con el gobierno, la estandarización y el desarrollo estructurado. El enfoque orientado a la innovación puede tener una perspectiva a corto plazo y orientada a utilizar una lógica de negocio no probada y tecnologías de punta. Esta orientación a menudo requiere que los arquitectos se pongan en contacto con personas dentro de la organización con las que los profesionales de TI generalmente no interactúan (por ejemplo, representantes de desarrollo de productos y diseñadores comerciales).

2.1 Establecer la Práctica de Arquitectura de Datos

Idealmente, la Arquitectura de Datos debe ser una parte integral de la arquitectura empresarial. Si no hay una función de arquitectura empresarial, aún se puede establecer un equipo de Arquitectura de Datos. En estas condiciones, una organización debería adoptar un marco que ayude a articular las metas y motivadores de la Arquitectura de Datos. Estos motivadores influirán en el enfoque, el alcance y las prioridades en la hoja de ruta.

Elija un marco aplicable al tipo de negocio (por ejemplo, use un marco gubernamental para una organización gubernamental). Las vistas y la taxonomía en el marco deben ser útiles en la comunicación a los diversos interesados. Esto es especialmente importante para las iniciativas de Arquitectura de Datos, ya que abordan la terminología del negocio y de sistemas. La Arquitectura de Datos tiene una relación inherentemente estrecha con la arquitectura empresarial.

Una práctica de Arquitectura de Datos Empresarial generalmente incluye las siguientes secuencias de trabajo, ejecutadas en serie o en paralelo:

- **Estrategia:** seleccionar marcos, enfoques normativos, desarrollar una hoja de ruta
- **Aceptación y cultura:** informar y motivar cambios en el comportamiento
- **Organización:** Organizar el trabajo de Arquitectura de Datos mediante la asignación de responsables y responsabilidades.
- **Métodos de trabajo:** definir las mejores prácticas y realizar el trabajo de Arquitectura de Datos dentro de los proyectos de desarrollo, en coordinación con la Arquitectura Empresarial.
- **Resultados:** producir artefactos de arquitectura de datos dentro de una hoja de ruta general.

La Arquitectura de Datos Empresarial también influye en los límites del alcance de los proyectos y liberaciones de sistemas:

- **Definición de los requerimientos de datos del proyecto:** Los Arquitectos de Datos proporcionan los requerimientos de datos empresariales para proyectos individuales.
- **Revisión de diseños de datos del proyecto:** revisiones de diseño que aseguren que los modelos de datos conceptuales, lógicos y físicos son consistentes con la arquitectura y apoyan la estrategia organizacional a largo plazo.
- **Determinar el impacto del linaje de datos:** garantiza que las reglas de negocio en las aplicaciones a lo largo del flujo de datos sean consistentes y rastreables.
- **Control de replicación de datos:** la replicación es una forma común de mejorar el rendimiento de la aplicación y hacer que los datos estén más disponibles, pero también puede crear inconsistencias. El gobierno de la Arquitectura de Datos garantiza que haya suficiente control de replicación (métodos y mecanismos) para lograr la consistencia requerida. (No todas las aplicaciones necesitan una consistencia estricta).
- **Hacer cumplir los estándares de la Arquitectura de Datos:** formular y hacer cumplir los estándares para el ciclo de vida de la Arquitectura de Datos empresarial. Los estándares se pueden expresar como principios y procedimientos, pautas y también como planos con expectativas de cumplimiento.

- **Guiar las decisiones de tecnología y renovación de datos:** el Arquitecto de Datos trabaja con los arquitectos empresariales para gestionar versiones, parches y políticas de tecnología de datos que utiliza cada aplicación, como una hoja de ruta para la tecnología de datos.

2.1.1 Evaluar las Especificaciones de la Arquitectura de Datos Existente

Cada organización tiene algún tipo de documentación para sus sistemas existentes. Identifique estos documentos y evalúelos en cuanto a precisión, completitud y nivel de detalle. Si es necesario, actualícelos para reflejar el estado actual.

2.1.2 Desarrollar una Hoja de Ruta

Si una empresa se desarrollara desde cero (sin depender de los procesos existentes), una arquitectura óptima se basaría únicamente en los datos necesarios para operar la empresa, las prioridades se establecerían según la estrategia del negocio y las decisiones podrían tomarse sin trabas generadas por el pasado. Muy pocas organizaciones están en este estado. Incluso en una situación ideal, las dependencias de datos surgirían rápidamente y deberían gestionarse. Una hoja de ruta proporciona un medio para gestionar estas dependencias y tomar decisiones con visión en el futuro. Una hoja de ruta ayuda a una organización a evaluar el costo/beneficio y formular un plan pragmático, alineado con las necesidades y oportunidades de negocio, los requerimientos externos y los recursos disponibles.

Una hoja de ruta para Arquitectura de Datos Empresarial describe la ruta de desarrollo de la arquitectura de 3 a 5 años. Junto con los requerimientos de negocio, la consideración de las condiciones reales y las evaluaciones técnicas, la hoja de ruta describe cómo la arquitectura planeada se convertirá en realidad. La hoja de ruta de Arquitectura de Datos Empresarial debe integrarse en una hoja de ruta global de arquitectura empresarial que incluya hitos de alto nivel, recursos necesarios y estimaciones de costos, divididos en flujos de trabajo de capacidades del negocio. La hoja de ruta debe guiarse por una evaluación de madurez de gestión de datos (ver capítulo 15).

La mayoría de las capacidades del negocio requieren datos como entrada; otras también producen datos de los que dependen otras capacidades del negocio. La arquitectura empresarial y la Arquitectura de Datos Empresarial se pueden formar de manera coherente resolviendo este flujo de datos en una cadena de dependencias entre las capacidades del negocio.

Una hoja de ruta basada en datos del negocio comienza con las capacidades del negocio que son más independientes (es decir, tienen la menor dependencia de otras actividades) y termina con aquellos que dependen más de los demás. El manejo de cada capacidad de negocio en secuencia seguirá un orden general de generación de datos de negocio. La Figura 27 muestra un ejemplo de una cadena de dependencia, con la dependencia más baja en la parte superior. La gestión de productos y la gestión de clientes no dependen de ninguna otra más y, por lo tanto, constituyen datos maestros. Los elementos de mayor dependencia se encuentran en la parte inferior, donde la gestión de facturas del cliente depende de la gestión de clientes y la gestión de pedidos de ventas, que a su vez depende de otros dos.

Por lo tanto, la hoja de ruta idealmente aconsejaría comenzar con las capacidades de Gestión de productos y Gestión de clientes y luego resolver cada dependencia en pasos de arriba hacia abajo.

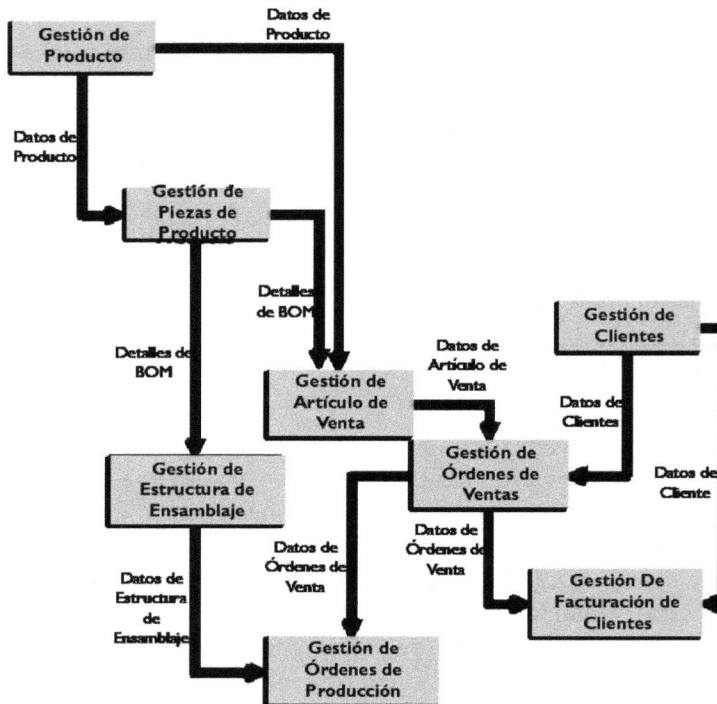

Figura 27 Las Dependencias de Datos de las Capacidades de Negocio

2.1.3 Gestionar los Requerimientos Empresariales dentro de Proyectos

La Arquitectura no debe estar bloqueada por las limitaciones que prevalecen al momento de su desarrollo. Los modelos de datos y otras especificaciones que describen la Arquitectura de Datos de una organización deben ser lo suficientemente flexibles como para adaptarse a los requerimientos futuros. Un modelo de datos a nivel arquitectónico debe tener una visión global de la empresa junto con definiciones claras que puedan entenderse en toda la organización. Los proyectos de desarrollo implementan soluciones para capturar, almacenar y distribuir datos basados en requerimientos del negocio y los estándares establecidos por la Arquitectura de Datos Empresarial. Este proceso, por su naturaleza, se realiza de forma incremental. A nivel de proyecto, el proceso de especificar requerimientos a través de un modelo de datos comienza con la revisión de las necesidades del negocio. A menudo, estas necesidades serán específicas para los objetivos del proyecto y no tendrán implicaciones empresariales. El proceso aún debe incluir el desarrollo de definiciones de términos y otras actividades que respalden el uso de los datos. Es importante destacar que los arquitectos de datos deben ser capaces de comprender los requerimientos en relación con la arquitectura general. Cuando se completa una especificación de proyecto, los arquitectos de datos deben determinar:

- Si las entidades empresariales representadas en la especificación cumplen con los estándares acordados
- Qué entidades en la especificación de requerimientos deben incluirse en la Arquitectura de Datos Empresarial en general.
- Si las entidades y definiciones en esta especificación necesitan ser generalizadas o mejoradas para manejar tendencias futuras
- Si se indican nuevas arquitecturas de entrega de datos o si se debe orientar a los desarrolladores hacia la reutilización.

Las organizaciones a menudo esperan para abordar las inquietudes de la Arquitectura de Datos hasta que los proyectos necesiten diseñar el almacenamiento y la integración de datos. Sin embargo, es preferible incluir estas consideraciones al principio de la planificación y durante todo el ciclo de vida del proyecto. Las actividades de Arquitectura de Datos Empresarial relacionadas con proyectos incluyen:

- **Definir el alcance**: asegúrese de que el alcance y la interfaz estén alineados con el modelo de datos empresarial. Comprenda la contribución del proyecto a la Arquitectura de Datos Empresarial, con respecto a lo que modelará y diseñará el proyecto y en términos de qué componentes existentes deberían (o pueden) reutilizarse. En aquellas áreas que deberían diseñarse, el proyecto debe determinar las dependencias con las partes interesadas fuera del alcance del proyecto, como de los procesos posteriores. Los artefactos de datos que el proyecto determina que se pueden compartir o reutilizar deben incorporarse al modelo de datos lógico empresarial y a los repositorios designados.
- **Comprenda los requerimientos del negocio**: capture los requerimientos relacionados con los datos, como la entidad, las fuentes, la disponibilidad, la calidad y los puntos críticos, y calcule el valor de negocio de cumplir con estos requerimiento.
- **Diseño**: formar especificaciones detalladas de destino, incluidas las reglas de negocio en una perspectiva de ciclo de vida de datos. Validar el resultado y, cuando sea necesario, abordar las necesidades de modelos estandarizados ampliados y mejorados. El modelo de datos lógico empresarial y el repositorio de arquitectura empresarial son buenos lugares para que los arquitectos de datos de proyectos busquen y reutilicen construcciones que se pueden compartir en toda la empresa. Revisar y usar estándares de tecnología de datos.
- Implementar:
- **Al comprar**, realizar ingeniería inversa en aplicaciones compradas (de paquete – COTS) y mapearlas contra la estructura de datos. Identificar y documentar lagunas y diferencias en estructuras, definiciones y reglas. Idealmente, los proveedores suministrarán modelos de datos para sus productos; sin embargo, muchos no lo hacen, ya que consideran que éstos son parte de su propiedad intelectual. Si es posible, negocie un modelo con definiciones a profundidad.
- **Al reutilizar datos**, mapear modelos de datos de aplicaciones contra estructuras de datos comunes y procesos existentes y nuevos para comprender las operaciones CRUD. Imponer el uso del sistema de registro u otros datos autoritarios. Identificar y documentar lagunas.
- **Al construir**, implementar el almacenamiento de datos de acuerdo con la estructura de datos. Integrar de acuerdo con especificaciones estandarizadas o diseñadas (Ver capítulo 8).

El rol de los Arquitectos de Datos empresariales en los proyectos depende de la metodología de desarrollo. El proceso de construir actividades arquitectónicas en proyectos también difiere entre las metodologías.

- **Métodos en cascada**: Comprender los requerimientos y construir sistemas en fases secuenciales como parte de un diseño empresarial general. Este método incluye "puertas de peaje" diseñadas para controlar el cambio. Por lo general, no es un problema incluir actividades de Arquitectura de Datos en dichos modelos. Asegúrese de incluir una perspectiva empresarial.
- **Métodos incrementales**: aprender y construir en pasos graduales (es decir, mini cascadas). Este método crea prototipos basados en requerimientos generales y vagos. La fase de iniciación es crucial; lo mejor es crear un diseño de datos integral en las primeras iteraciones.

- **Métodos Agiles e iterativos**: aprender, construir y probar en paquetes de entrega parciales (llamados "*sprints*") que son lo suficientemente pequeños como para que, si se debe descartar el trabajo, no se pierda mucho. Los métodos Agile (*Scrum*, Desarrollo rápido y Proceso unificado) promueven el modelado orientado a objetos que enfatiza el diseño de la interfaz de usuario, el diseño de *software* y el comportamiento de los sistemas. Complete dichos métodos con especificaciones para modelos de datos, captura de datos, almacenamiento de datos y distribución de datos. La experiencia de *DevOps*, un enfoque Ágil emergente y popular, da testimonio de un diseño de datos mejorado y opciones de diseño efectivas cuando los programadores y los arquitectos de datos tienen una relación de trabajo sólida y ambos cumplen con los estándares y guías.

2.2 Integración con la Arquitectura Empresarial

El trabajo de desarrollar especificaciones de Arquitectura de Datos Empresarial desde el nivel de área temática hasta niveles más detallados y en relación con otros dominios de arquitectura se realiza típicamente dentro de proyectos que están financiados. Los proyectos financiados generalmente impulsan las prioridades de la arquitectura. Sin embargo, los asuntos de la Arquitectura de Datos en la empresa deben abordarse de manera proactiva. De hecho, la Arquitectura de Datos puede influir en el alcance de los proyectos. Por lo tanto, lo mejor es integrar los asuntos de Arquitectura de Datos Empresarial con la gestión de la cartera de proyectos. Hacerlo permite la implementación de la hoja de ruta y contribuye a mejorar los resultados del proyecto. Del mismo modo, los Arquitectos Empresariales de Datos deben incluirse en la planificación del desarrollo de aplicaciones empresariales y de integración. Aplique la visión de Arquitectura de Datos a la aplicación de destino y a la hoja de ruta.

3. Herramientas

3.1 Herramientas de Modelado de Datos

Las herramientas de modelado de datos y los repositorios de modelos son necesarios para gestionar el modelo de datos empresarial en todos los niveles. La mayoría de las herramientas de modelado de datos incluyen funciones de linaje y seguimiento de relaciones de datos, que permiten a los arquitectos gestionar vínculos entre modelos creados para diferentes propósitos y en diferentes niveles de abstracción. (Ver Capítulo 5.)

3.2 *Software* de Gestión de Activos

El *software* de gestión de activos se utiliza para inventariar sistemas, describir su contenido y rastrear las relaciones entre ellos. Entre otras cosas, estas herramientas permiten a una organización asegurarse de que cumple con las obligaciones contractuales relacionadas con las licencias de *software* y recopilar datos relacionados con los activos que se pueden utilizar para minimizar los costos y optimizar su huella de TI. Debido a que compilan un inventario de activos de TI, dichas herramientas recopilan y contienen Metadatos valiosos sobre los sistemas y los datos que contienen. Estos Metadatos son muy útiles al crear flujos de datos o al investigar el estado actual.

3.3 Aplicaciones de Diseño Gráfico

Las aplicaciones de diseño gráfico se utilizan para crear diagramas de diseño arquitectónico, flujos de datos, cadenas de valor de datos y otros artefactos arquitectónicos.

4. Técnicas

4.1 Proyecciones del Ciclo de Vida

Los diseños de arquitectura pueden ser *aspiracionales* o de futuro, implementados y operativos, o planes para dar de baja. Lo que representan debe estar claramente documentado. Por ejemplo:

- **Actual**: productos actualmente admitidos y utilizados
- **Período de implementación**: productos implementados para su uso en los próximos 1-2 años
- **Período estratégico**: se espera que los productos estén disponibles para su uso en los próximos 2 años o más
- **Retiro**: productos que la organización retiró o tiene la intención de hacerlo dentro de un año
- **Preferido**: productos preferidos para su uso por la mayoría de las aplicaciones
- **Contención**: productos limitados al uso por ciertas aplicaciones
- **Emergentes**: productos que se están investigando y probando para una posible implementación futura.
- **Revisado**: productos que han sido evaluados, los resultados de la evaluación y actualmente no se encuentran en ningún otro estado anterior

Consulte el Capítulo 6 para obtener más información sobre la administración de tecnologías de datos.

4.2 Diagramando con Claridad

Los modelos y diagramas presentan información basada en un conjunto establecido de convenciones visuales. Estos deben usarse de manera consistente o se entenderán mal y, de hecho, pueden ser incorrectos. Las características que minimizan las distracciones y maximizan la información útil incluyen:

- **Una leyenda clara y consistente:** la leyenda debe identificar todos los objetos y líneas y lo que significan. La leyenda se debe colocar en el mismo lugar en todos los diagramas.
- **Una coincidencia entre todos los objetos del diagrama y la leyenda:** en las leyendas que se usan como plantillas, no todos los objetos de la leyenda pueden aparecer en el diagrama, pero todos los objetos del diagrama deben coincidir con los objetos de la leyenda.
- **Una dirección de línea clara y consistente:** todos los flujos deben comenzar en un lado o esquina (generalmente la izquierda) y fluir hacia el lado o esquina opuestos tanto como sea posible. Ocurrirán bucles y círculos, así que haga que las líneas que van hacia atrás fluyan hacia afuera y alrededor para que sean claras.
- **Un método de visualización de cruce de líneas consistente:** las líneas pueden cruzarse siempre que esté claro que el punto de cruce no es una unión. Use saltos de línea para todas

las líneas en una dirección. No unir líneas a líneas. Minimice la cantidad de líneas que se cruzan.
- **Atributos de objeto consistentes:** cualquier diferencia en tamaños, colores, grosor de línea, etc. debe significar algo, de lo contrario, las diferencias son una distracción.
- **Simetría lineal:** los diagramas con objetos colocados en líneas y columnas son más legibles que aquellos con ubicación aleatoria. Si bien rara vez es posible alinear todos los objetos, alinear al menos la mitad (horizontal y/o verticalmente) mejorará en gran medida la legibilidad de cualquier diagrama.

5. Guías de Implementación

Como se indicó en la introducción del capítulo, la Arquitectura de Datos trata de artefactos, actividades y comportamiento. La implementación de Arquitectura de Datos Empresarial se trata, por lo tanto, de:

- Organizar los equipos y foros de Arquitectura de Datos Empresarial
- Producir las versiones iniciales de los artefactos de Arquitectura de Datos, como el modelo de datos empresarial, el mapa de flujo de datos y mapas de ruta de toda la empresa
- Formar y establecer una forma arquitectónica de trabajar con datos en proyectos de desarrollo
- Crear conciencia en toda la organización sobre el valor de los esfuerzos de la Arquitectura de Datos

Una implementación de Arquitectura de Datos debe incluir al menos dos de estos, ya que se benefician del ser lanzados simultáneamente, o al menos como actividades paralelas. La implementación puede comenzar en una parte de la organización o, en un dominio de datos, como datos de productos o datos de clientes. Después de aprender y madurar, la implementación puede ampliarse.

Los modelos de datos y otros artefactos de Arquitectura de Datos generalmente se capturan dentro de los proyectos de desarrollo y luego los arquitectos de datos los estandarizan y administran. Por lo tanto, los primeros proyectos tendrán porciones más grandes de trabajo de Arquitectura de Datos antes de que haya artefactos para reutilizar. Estos primeros proyectos podrían contar con fondos especiales de arquitectura. El Arquitecto de Datos Empresarial colabora con otros arquitectos de negocio y tecnológicos que comparten el objetivo común de mejorar la eficiencia y la agilidad de la organización. Los impulsores del negocio para la arquitectura empresarial general también influyen significativamente en la estrategia de implementación de la Arquitectura de Datos Empresarial.

El establecimiento de una Arquitectura de Datos Empresarial en una cultura orientada a soluciones donde se prueban nuevos inventos utilizando tecnología disruptiva requerirá un enfoque de implementación ágil. Esto puede incluir tener un modelo de Área Temática delineado en un nivel general mientras se participa en un nivel de detalle en *sprints* ágiles. Por lo tanto, la Arquitectura de Datos Empresarial evolucionará incrementalmente. Sin embargo, este enfoque ágil debe garantizar que los arquitectos de datos participen temprano en las iniciativas de desarrollo, ya que éstas evolucionan rápidamente en una cultura inventiva.

Tener un motivador de calidad para la arquitectura empresarial puede obligar a generar algunos trabajos iniciales de Arquitectura de Datos a nivel empresarial para proyectos de desarrollo planificados. Por lo general, la Arquitectura de Datos Empresarial comienza con áreas de Datos

Maestros que tienen una gran necesidad de mejoras y, una vez establecidas y aceptadas, se expande para incluir datos orientados a eventos del negocio (es decir, datos transaccionales). Este es el enfoque de implementación tradicional en el que los Arquitectos de Datos Empresariales producen planos y plantillas para usar en todo el panorama del sistema, y garantiza el cumplimiento mediante diversos medios de gobierno.

5.1 Evaluación de Preparación / Evaluación de Riesgos

Los proyectos de iniciación de arquitectura exponen más riesgos que otros proyectos, especialmente durante el primer intento dentro de la organización. Los riesgos más significativos son:

- **Falta de soporte de gestión:** cualquier reorganización de la empresa durante la ejecución planificada del proyecto afectará el proceso de arquitectura. Por ejemplo, los nuevos tomadores de decisiones pueden cuestionar el proceso y tentarse a no retirar las oportunidades de que los participantes continúen su trabajo en la Arquitectura de Datos. Estableciendo el apoyo entre la gerencia, un proceso de arquitectura puede sobrevivir a la reorganización. Por lo tanto, asegúrese de involucrar en el proceso de desarrollo de la Arquitectura de Datos a más de un miembro de la gerencia de alto nivel, o al menos a la alta gerencia, que comprenda los beneficios de la Arquitectura de Datos.
- **No hay registros comprobados de logros:** contar con un patrocinador es esencial para el éxito del esfuerzo, como lo es su confianza en quienes llevan a cabo la función de Arquitectura de Datos. Solicite la ayuda de un colega arquitecto senior para ayudar a llevar a cabo los pasos más importantes.
- **Patrocinador aprensivo:** si la persona que funge como patrocinador requiere que toda la comunicación pase a través de ella, puede ser una indicación de que esa persona no está segura de su rol, tiene intereses distintos a los objetivos del proceso de Arquitectura de Datos o no está segura de la capacidad del arquitecto de datos. Independientemente de la razón, el patrocinador debe permitir que el gerente del proyecto y el arquitecto de datos asuman los roles principales en el proyecto. Trate de establecer independencia en el lugar de trabajo, junto con la confianza del patrocinador.
- **Decisiones ejecutivas contraproducentes:** puede darse el caso de que, aunque la gerencia comprenda el valor de una Arquitectura de Datos bien organizada, no sepa cómo lograrla. Por lo tanto, pueden tomar decisiones que contrarresten los esfuerzos del arquitecto de datos. Esto no es una señal de gestión desleal, sino más bien una indicación de que el arquitecto de datos necesita comunicarse de manera más clara o frecuente con la administración.
- **Choque cultural:** considere cómo cambiará la cultura laboral entre aquellos que se verán afectados por la Arquitectura de Datos. Trate de imaginar cuán fácil o difícil será para los empleados cambiar su comportamiento dentro de la organización.
- **Líder de proyecto sin experiencia:** asegúrese de que el gerente del proyecto tenga experiencia con Arquitectura de Datos Empresarial, especialmente si el proyecto tiene un componente fuerte de datos. Si este no es el caso, aliente al patrocinador a cambiar o educar al gerente del proyecto (Edvinsson, 2013).
- **Dominio de una vista unidimensional:** a veces, el propietario(s) de una aplicación de negocio puede tender a dictar su opinión sobre la Arquitectura de Datos a nivel empresarial en general (por ejemplo, los propietarios de un sistema ERP) a expensas de una visión más balanceada e incluyente.

5.2 Organización y Cambio Cultural

La velocidad con que una organización adopta las prácticas arquitectónicas depende de qué tan adaptativa sea su cultura. La naturaleza del trabajo de diseño requiere que los arquitectos colaboren con los desarrolladores y otros pensadores creativos en toda la organización. A menudo, estas personas están acostumbradas a trabajar a su manera. Pueden acoger o resistir el cambio requerido para adoptar principios y herramientas de arquitectura formales.

Las organizaciones orientadas en productos y alineadas estratégicamente, están en mejor posición para adoptar prácticas arquitectónicas. Estas organizaciones suelen estar orientadas a objetivos, son conscientes de los desafíos de los clientes y socios, y son capaces de establecer prioridades en función de objetivos comunes. La capacidad de una organización para adoptar prácticas de Arquitectura de Datos depende de varios factores:

- Receptividad cultural al enfoque arquitectónico (desarrollo de una cultura amigable con la arquitectura)
- Reconocimiento organizacional de los datos como un activo de negocio, no es solo una preocupación de TI
- Capacidad organizativa para dejar de lado una perspectiva local y adoptar una perspectiva empresarial sobre los datos
- Capacidad organizativa para integrar entregables de arquitectura en la metodología del proyecto
- Nivel de aceptación del gobierno formal de datos
- Capacidad para mirar holísticamente la empresa, en lugar de centrarse únicamente en la entrega de proyectos y la solución de TI (Edvinsson, 2013)

6. Gobierno de la Arquitectura de Datos

Las actividades de la Arquitectura de Datos apoyan directamente la alineación y el control de los datos. Los arquitectos de datos a menudo actúan como enlaces del negocio para las actividades de gobierno de datos. Por lo tanto, la Arquitectura de Datos Empresarial y la organización de Gobierno de Datos deben estar bien alineadas. Idealmente, se debe asignar un arquitecto de datos y un *Data Steward* a cada Área Temática e incluso a cada entidad dentro de un Área Temática. Además, la supervisión empresarial debe estar alineada con la supervisión del proceso. Las Áreas Temáticas de los eventos de negocios deben estar alineadas con el gobierno de los procesos de negocio, ya que cada entidad de eventos generalmente corresponde a un proceso de negocio. Las actividades de gobierno de la Arquitectura de Datos incluyen:

- **Supervisión de proyectos**: esto incluye garantizar que los proyectos cumplan con las actividades de Arquitectura de Datos requeridas, usen y mejoren los activos arquitectónicos e implementen de acuerdo con los estándares arquitectónicos establecidos.
- **Gestión de diseños arquitectónicos, ciclo de vida y herramientas**: los diseños arquitectónicos deben definirse, evaluarse y mantenerse. La Arquitectura de Datos Empresarial sirve como un "plan de zonificación" para la integración a largo plazo. La arquitectura del estado futuro afecta los objetivos del proyecto e influye en la prioridad de los proyectos en la cartera de proyectos.

- **Definición de estándares**: establecer las reglas, pautas y especificaciones sobre cómo se utilizan los datos dentro de la organización.
- **Creación de artefactos relacionados con datos**: artefactos que permiten el cumplimiento de las directivas de gobierno.

6.1 Métricas

Las métricas de rendimiento en Arquitectura de Datos Empresarial reflejan los objetivos arquitectónicos: cumplimiento arquitectónico, tendencias de implementación y valor comercial de Arquitectura de Datos. Las métricas de la Arquitectura de Datos a menudo se monitorean anualmente como parte de la satisfacción general del cliente de negocio con los proyectos.

- **La tasa de cumplimiento estándar de la arquitectura** mide qué tan cerca los proyectos cumplen con las Arquitecturas de Datos establecidas y qué tan bien los proyectos se adhieren a los procesos para comprometerse con la arquitectura empresarial. Las métricas que rastrean las excepciones del proyecto también pueden ser útiles como un medio para comprender los obstáculos a la adopción.
- **Las tendencias de implementación** rastrean el grado en que la arquitectura empresarial ha mejorado la capacidad de la organización para implementar proyectos, a lo largo de al menos dos líneas:
  - **Usar / reutilizar / reemplazar / retirar mediciones:** Determine la proporción de nuevos artefactos de arquitectura versus artefactos reutilizados, reemplazados o retirados.
  - **Mediciones de eficiencia de ejecución de proyectos:** miden los plazos de entrega de los proyectos y sus costos de recursos para mejoras de entrega con artefactos reutilizables y artefactos guía.
- **Las mediciones del valor comercial** siguen el progreso hacia los efectos y beneficios comerciales esperados.
  - **Mejoras de agilidad empresarial:** mediciones que explican los beneficios de las mejoras del ciclo de vida o, alternativamente, el costo de la demora.
  - **Calidad comercial:** Mediciones de si los casos de negocio se cumplen según lo previsto; medir si los proyectos realmente entregan cambios que conducen a mejoras del negocio basadas en datos recién creados o integrados.
  - **Calidad de la operación del negocio:** mediciones de eficiencia mejorada. Los ejemplos incluyen una precisión mejorada y la reducción del tiempo y el gasto de corregir errores debido a errores de datos.
  - **Mejoras en el entorno empresarial:** los ejemplos incluyen una tasa de retención de clientes mejorada relacionada con la reducción de errores de datos y una menor incidencia de comentarios de las autoridades en los informes presentados.

7. Trabajos Citados / Recomendados

Ahlemann, Frederik, Eric Stettiner, Marcus Messerschmidt, and Christine Legner, eds. Strategic Enterprise Architecture Management: Challenges, Best Practices, and Future Developments. Springer, 2012. Print. Management for Professionals.

Bernard, Scott A. An Introduction to Enterprise Architecture. 2da ed. Authorhouse, 2005. Print.

Brackett, Michael H. Data Sharing Using a Common Data Architecture. John Wiley and Sons, 1994. Print.

Carbone, Jane. IT Architecture Toolkit. Prentice Hall, 2004. Print.

Cook, Melissa. Building Enterprise Information Architectures: Re-Engineering Information Systems. Prentice Hall, 1996. Print.

Edvinsson, Hakan and Lottie Aderinne. Enterprise Architecture Made Simple Using the Ready, Set, Go Approach to Achieving Information Centricity. Technics Publications, LCC, 2013. Print.

Executive Office of the President of the United States. The Common Approach to Federal Enterprise Architecture. whitehouse.gov, 2012. Web.

Fong, Joseph. Information Systems Reengineering and Integration. 2nd ed. Springer, 2006. Print.

Gane, Chris and Trish Sarson. Structured Systems Analysis: Tools and Techniques. Prentice Hall, 1979. Print.

Hagan, Paula J., ed. EABOK: Guide to the (Evolving) Enterprise Architecture Body of Knowledge. mitre.org MITRE Corporation, 2004. Web.

Harrison, Rachel. TOGAF Version 8.1.1 Enterprise Edition - Study Guide. The Open Group. 2nd ed. Van Haren Publishing, 2007. Print. TOGAF.

Hoberman, Steve, Donna Burbank, and Chris Bradley. Data Modeling for the Business: A Handbook for Aligning the Business with IT using High-Level Data Models. Technics Publications, LLC, 2009. Print. Take It with You Guides.

Hoberman, Steve. Data Modeling Made Simple: A Practical Guide for Business and Information Technology Professionals. 2nd ed. Technics Publications, LLC, 2009. Print.

Hoogervorst, Jan A. P. Enterprise Governance and Enterprise Engineering. Springer, 2009. Print. The Enterprise Engineering Ser.

ISO (website). http://bit.ly/2sTp2rA, http://bit.ly/2ri8Gqk.

Inmon, W. H., John A. Zachman y Jonathan G. Geiger. Data Stores, Data Warehousing and the Zachman Framework: Managing Enterprise Knowledge. McGraw-Hill, 1997. Print.

Lankhorst, Marc. Enterprise Architecture at Work: Modeling, Communication and Analysis. Springer, 2005. Print.

Martin, James and Joe Leben. Strategic Information Planning Methodologies, 2nd ed. Prentice Hall, 1989. Print.

Osterwalder, Alexander y Yves Pigneur. Business Model Generation: A Handbook for Visionaries, Game Changers, and Challengers. Wiley, 2010. Print.

Perks, Col y Tony Beveridge. Guide to Enterprise IT Architecture. Springer, 2003. Print. Springer Professional Computing.

Poole, John, Dan Chang, Douglas Tolbert, and David Mellor. Common Warehouse Metamodel. Wiley, 2001. Print. OMG (Book 17).

Radhakrishnan, Rakesh. Identity and Security: A Common Architecture and Framework For SOA and Network Convergence. futuretext, 2007. Print.

Ross, Jeanne W., Peter Weill, y David Robertson. Enterprise Architecture As Strategy: Creating a Foundation For Business Execution. Harvard Business School Press, 2006. Print.

Schekkerman, Jaap. How to Survive in the Jungle of Enterprise Architecture Frameworks: Creating or Choosing an Enterprise Architecture Framework. Trafford Publishing, 2006. Print.

Spewak, Steven y Steven C. Hill. Enterprise Architecture Planning: Developing a Blueprint for Data, Applications, and Technology. 2nd ed. A Wiley-QED Publication, 1993. Print.

Ulrich, William M. y Philip Newcomb. Information Systems Transformation: Architecture-Driven Modernization Case Studies. Morgan Kaufmann, 2010. Print. The MK/OMG Press.

CAPÍTULO 5

Modelado de Datos y Diseño

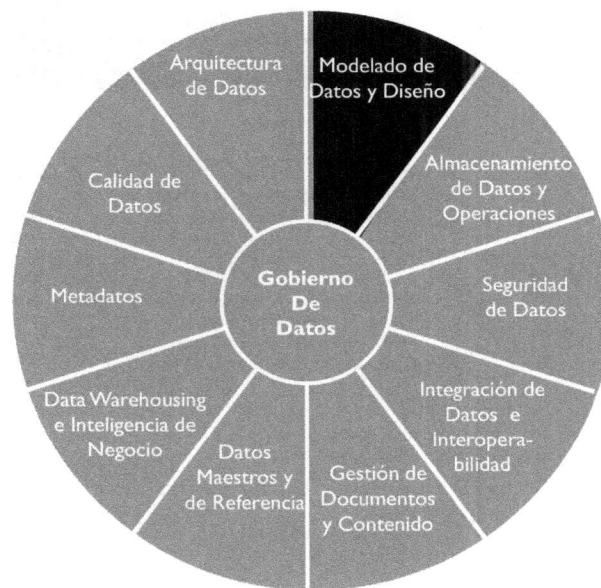

DAMA-DMBOK2 Marco de Referencia de Gestión de Datos

Copyright © 2017 by DAMA International

1. Introducción

El Modelado de Datos es el proceso de descubrir, analizar y definir el alcance de los requerimientos de datos, con el objetivo de representar y comunicar estos requerimientos en una forma precisa llamada el modelo de datos. El Modelado de Datos es un componente crítico de la gestión de datos. El proceso de modelado requiere que las organizaciones descubran y documenten cómo sus datos encajan en conjunto. El proceso de modelado en sí diseña cómo los datos se acoplan en conjunto (Simsion, 2013). Los modelos de datos describen y permiten a una organización entender sus activos de datos.

Hay un número de diversos esquemas usados para representar los datos. Los seis esquemas más comúnmente utilizados son: Relacional, Dimensional, Orientado a Objetos (Object-Oriented), Basado en Hechos (Fact-Based), Basado en el Tiempo (Time-Based) y NoSQL. Existen modelos de estos esquemas en tres niveles de detalle: conceptual, lógico y físico. Cada modelo contiene un conjunto de componentes. Ejemplos de estos componentes son entidades, relaciones, hechos, claves y atributos. Una vez construido un modelo, necesita ser revisado y una vez aprobado, también necesita mantenerse.

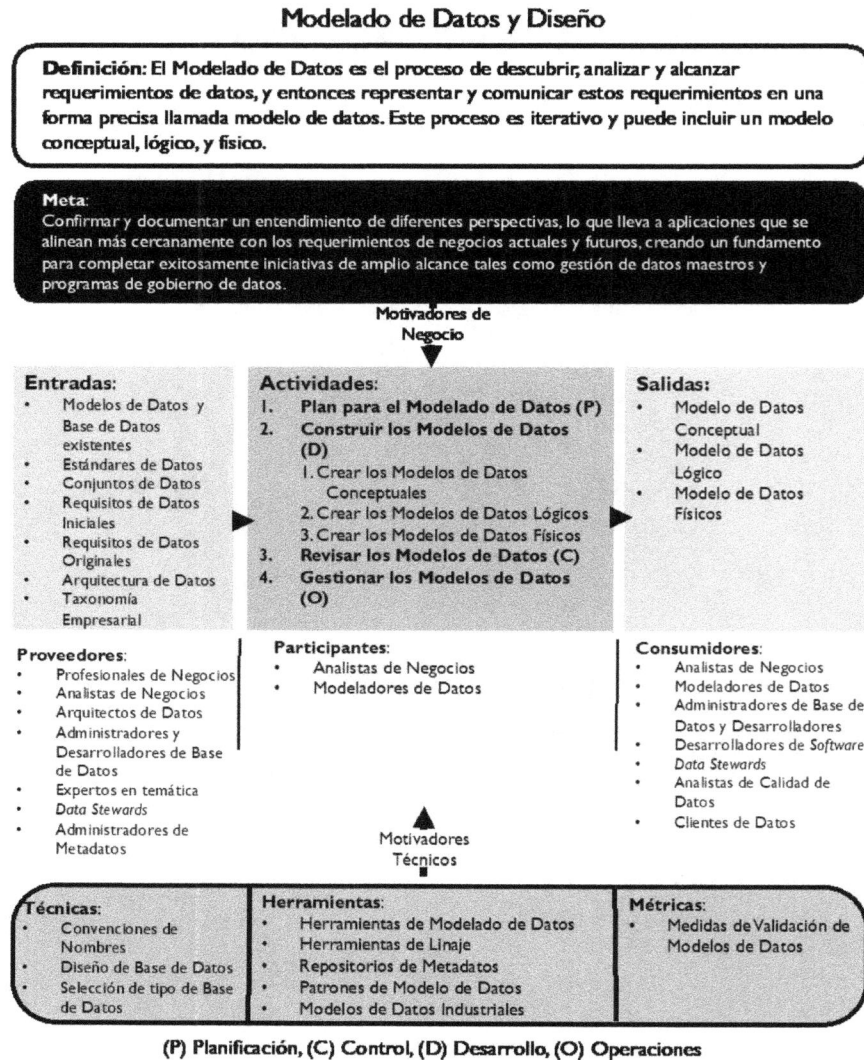

Figura 28 Diagrama de contexto: Modelado de Datos y Diseño

Los modelos de datos están compuestos por Metadatos esenciales para los consumidores de datos. Gran parte de estos Metadatos, descubiertos durante el proceso de modelado de datos, son esenciales para otras funciones de gestión de datos. Por ejemplo, definiciones para el gobierno y linaje de los datos, para *data warehousing* y s datos analíticos. Este capítulo describe el propósito de los modelos de datos, conceptos esenciales, vocabulario común utilizado en modelado de datos, así como objetivos y principios de modelado de datos. Se utilizará un conjunto de ejemplos de datos relacionados a la educación para ilustrar cómo funcionan los modelos de datos y para mostrar diferencias entre ellos.

1.1 Motivadores de Negocio

Los modelos de datos son fundamentales para una gestión de datos eficaz. Los modelos de datos:

- Proporcionan un vocabulario común alrededor de los datos
- Capturan y documentan el conocimiento explícito acerca de los datos y sistemas de la organización
- Sirven como herramienta principal de comunicación durante los proyectos
- Proporcionan el punto de partida para la personalización, integración o inclusive para la sustitución de una aplicación

1.2 Metas y Principios

El objetivo del modelado de datos es confirmar y documentar el entendimiento de diferentes perspectivas, que conduce a las aplicaciones a alinearse estrechamente con los requerimientos del negocio actuales y futuros, y crear las bases para completar exitosamente iniciativas de amplio alcance como programas de Gestión de Datos Maestros y Gobierno de Datos. Un modelado de datos adecuado conduce a menores costos de soporte y aumenta las oportunidades de reutilización para iniciativas futuras, reduciendo así los costos de la construcción de nuevas aplicaciones. Los modelos de datos son una importante forma de Metadatos. Confirmar y documentar la comprensión de diferentes perspectivas facilita:

- **La Formalización:** Un modelo de datos describe una definición concisa de las estructuras de datos y relaciones. Permite la evaluación de cómo los datos son afectados por la implementación de reglas del negocio, para estados actuales o estados futuros deseados. La definición formal impone a los datos una estructura disciplinada que reduce la posibilidad de ocurrencia de anomalías de datos en el acceso y persistencia. Ilustrando las estructuras y relaciones en los datos, un modelo hace los datos más fáciles de consumir.
- **Definición del alcance:** Un modelo de datos puede ayudar a explicar las fronteras para el contexto de los datos y la implementación de paquetes aplicativos comprados, proyectos, iniciativas o sistemas ya existentes.
- **Retención de conocimiento y documentación:** Un modelo de datos puede conservar la memoria corporativa respecto a un sistema o proyecto capturando el conocimiento en una forma explícita. Sirve como documentación de la versión actual para ser usado en futuros proyectos. Los modelos de datos nos ayudan a entender una organización o área de negocio, una aplicación existente o el impacto de la modificación de una estructura de datos existentes. El modelo de datos se convierte en un mapa reutilizable para ayudar a profesionales de negocios, gerentes de proyecto, analistas, modeladores y desarrolladores a entender la estructura de datos en el entorno. De la misma manera como el cartógrafo aprende a documentar un paisaje geográfico para ser utilizado por otros en la navegación, el modelador permite a otros a entender el paisaje de la información (Hoberman, 2009).

1.3 Conceptos Esenciales

Esta sección explica los diferentes tipos de datos que se pueden desarrollar; las piezas componentes de los modelos de datos, los tipos de modelos de datos que puedan ser desarrollados y las razones para elegir diferentes tipos en distintas situaciones. Este conjunto de definiciones es extenso, en parte, porque el modelado de datos en sí se trata del proceso de definición. Es importante entender el vocabulario que soporta la práctica.

1.3.1 Modelado de Datos y Modelos de Datos

El modelado de datos se realiza con mayor frecuencia en el contexto de desarrollo de sistemas y esfuerzos de mantenimiento, conocido como el Ciclo de Vida de Desarrollo de Sistemas (SDLC). El modelado de datos también se puede realizar por iniciativas de amplio alcance (por ejemplo, Arquitectura de Negocios y Arquitectura de Datos, Gestión de Datos Maestros e iniciativas de Gobierno de Datos) donde el resultado inmediato final no es una base de datos sino el entendimiento de los datos organizacionales. Un modelo es una representación de algo que existe o un patrón de algo por hacer. Un modelo puede contener uno o más diagramas. Los diagramas hacen uso de símbolos estándar que permiten entender el contenido. Mapas, organigramas y planos de construcción son ejemplos de modelos en uso todos los días. Un modelo de datos describe los datos de una organización como la organización los entiende, o como ésta quiere que sean. Un modelo de datos contiene un conjunto de símbolos con etiquetas de texto que visualmente intenta representar los requerimientos de datos como son comunicados al modelador de datos, para un conjunto específico de datos, que puede variar en tamaño desde pequeño, para un proyecto, a grande, para una organización. El modelo es una forma de documentación para los requerimientos de datos y definiciones de datos resultantes del proceso de modelado. Los modelos de datos son el principal medio utilizado para comunicar los requerimientos de datos del negocio hacia TI y dentro de TI de los analistas, modeladores y arquitectos, hacia los diseñadores y desarrolladores de bases de datos.

1.3.2 Tipos de Datos que son Modelados

Existen cuatro tipos principales de datos que pueden ser modelados (Edvinsson, 2013). Los tipos de datos siendo modelados en cualquier organización reflejan las prioridades de ésta o el proyecto que requiere un modelo de datos:

- **Información sobre la categoría:** Datos utilizados para clasificar y asignar tipos a las cosas. Por ejemplo, los clientes clasificados por categorías de mercado o sectores empresariales; productos clasificados por modelo, tamaño, color, etc.; pedidos clasificados por si están abiertos o cerrados.
- **Información de recursos:** Perfiles básicos de los recursos necesarios para realizar procesos operativos tales como Producto, Cliente, Proveedor, Servicio, Organización y Cuenta. Entre profesionales de TI, las entidades de recursos se refieren usualmente como Datos de Referencia.
- **Información de eventos de negocios:** Los datos creados mientras los procesos operativos están en progreso. Los ejemplos incluyen Pedidos de Clientes, Facturas de Proveedor, Retiro de Efectivo y Reuniones de Negocios. Entre profesionales de TI, las entidades de evento se conocen algunas veces como datos de transacciones comerciales.
- **Información detallada de la transacción:** Información detallada de la transacción a menudo se produce a través de sistemas punto de venta (ya sea en tiendas o en línea). También se produce a través de sistemas de medios de comunicación social, otras interacciones de Internet (flujo de clics, etc.) y por los sensores de las máquinas, que pueden ser partes de barcos y vehículos, componentes industriales o dispositivos personales (GPS, RFID, Wi-Fi, etcétera). Este tipo de información detallada puede ser agregada, utilizada para obtener otros datos y analizada para tendencias, similar a cómo se utilizan los eventos de información de negocios. Este tipo de datos (volumen grande o rápidamente cambiante) generalmente se conoce como *Big Data*.

Estos tipos se refieren a "datos en reposo". Los datos en movimiento pueden también ser modelados, por ejemplo, en esquemas para los sistemas, incluyendo protocolos, y programas para sistemas de mensajería y sistemas basados en eventos.

1.3.3 Componentes Del Modelo De Datos

Como se expondrá más adelante en el capítulo, diferentes tipos de modelos de datos representan los datos a través de diferentes convenciones (ver sección 1.3.4). Sin embargo, la mayoría de los modelos de datos contienen los mismos bloques básicos: entidades, relaciones, atributos y dominios.

1.3.3.1 Entidad

Fuera de modelado de datos, la definición de *entidad* es una cosa que está separada de otras cosas. En un modelado de datos, una entidad es una cosa sobre los cual una organización recaba información. Entidades se refiere usualmente a los sustantivos de una organización. Una entidad puede considerarse como la respuesta a una pregunta fundamental: Quién, Qué, Cuándo, Dónde, Por Qué, o Cómo o a una combinación de estas cuestiones (véase capítulo 4). La Tabla 7 define y da ejemplos de categorías de entidades comúnmente usadas (Hoberman, 2009).

Tabla 1 Categorías de Entidades Comúnmente Usadas

Categoría	Definición	Ejemplos
Quién	Persona u organización de interés. ¿Es decir, *quién* es importante para el negocio? Un '*quién*', está a menudo asociado con una generalización de partido, o rol como cliente o proveedor. Personas u organizaciones pueden tener múltiples roles o ser incluidas en múltiples partes.	Empleado, Paciente, Jugador, Sospechoso, Cliente, Vendedor, Alumno, Pasajero, Competidor, Autor
Qué	Producto o servicio de interés para la empresa. A menudo se refiere a lo que la organización hace o qué servicio ofrece. Es decir, ¿*qué* es importante para el negocio? Atributos por categorías, tipos, etc. son muy importantes aquí.	Producto, Servicio, Materia Prima, Bien Acabado , Curso, Fotografía, Canción, Libro
Cuándo	Intervalo de tiempo o calendario de interés para la empresa. Es decir, ¿*cuándo* está el negocio en funcionamiento?	Tiempo, Fecha, Mes, Trimestre, Año, Calendario, Semestre, Período Fiscal, Minuto, Hora de Salida
Dónde	Ubicación de interés para la empresa. Ubicación puede hacer referencia a lugares como lugares electrónicos. Esto es ¿*dónde* se conduce el negocio?	Dirección Postal, Punto de Distribución, URL del sitio web, Dirección IP
Por qué	Evento o transacción de interés para la empresa. Estos eventos mantienen el negocio a flote. Esto es ¿*Por qué* está el negocio en el negocio?	Orden, Retorno, Denuncia, Retiro, Depósito, Complemento, Consulta, Tratado, Demanda
Cómo	Documentación de los eventos de interés para la empresa. Los Documentos proporcionan la evidencia de que los eventos ocurrieron, como una Orden de compra, registrar un evento de Orden. Es decir, ¿*Cómo* sabemos que un evento ocurrió?	Factura, Contrato, Acuerdo, Cuenta, Orden de Compra, Multa por exceso de velocidad, Remisión, Confirmación de comercio
Medición	Cuenta, sumas, etc. de las otras categorías (qué, dónde) sobre los puntos en el tiempo (Cuándo).	Ventas, Cuenta de artículos , Pagos, Saldo

1.3.3.1.1 Alias de la Entidad

El término genérico de *entidad* puede ir con otros nombres. El más común es el *tipo de entidad*, como algo que está siendo representado (por ejemplo, Jane es de tipo Empleado), por lo tanto, Jane es la entidad y Empleado es el tipo de entidad. Sin embargo, hoy se está utilizando de forma extensa el término *entidad* para Empleado e instancia *de entidad* para Jane.

Tabla 2 Entidad, Tipo de Entidad e Instancia de Entidad

Uso	Entidad	Tipo de Entidad	Instancia de la Entidad
Uso común	Jane	Empleado	
Uso recomendado	Empleado		Jane

Instancias de la entidad son las ocurrencias o los valores de una entidad en particular. La entidad Alumno puede tener múltiples instancias, con nombres como Bob Jones, Joe Jackson, Jane Smith y así sucesivamente. La entidad Curso puede tener instancias de Fundamentos de Modelado de Datos, Geología Avanzada y Literatura Inglesa del Siglo 17.

Los alias de entidad también pueden variar basados en el esquema. (Esquemas se discutirá en la sección 1.3.4). En los esquemas relacionales, el término entidad es utilizado a menudo; en esquemas dimensionales se utilizan los términos dimensión y la tabla de hechos; en esquemas orientados a objetos los términos clase u objeto son de uso frecuente, en esquemas basados en el tiempo; los términos nodo, satélite y enlace a menudo se utilizan y en esquemas *NoSQL* se utilizan términos de esquemas como documento o nodo. El alias de la entidad también puede variar basado en el nivel de detalle. (Los tres niveles de detalle se discutirán en la sección 1.3.5). Una entidad a nivel conceptual puede ser llamada concepto o *término*, una entidad en el nivel lógico se llama entidad (o un término diferente dependiendo del esquema) y en el nivel físico los términos varían basado en la tecnología de base de datos, el término más común es *tabla*.

1.3.3.1.2 Representación Gráfica De Entidades

En modelos de datos, las entidades generalmente se representan como rectángulos (o rectángulos con bordes redondeados) con sus nombres dentro, como en la Figura 29, donde hay tres entidades: **Estudiante, Curso e Instructor**.

Figura 29 Entidades

1.3.3.1.3 Definición De Entidades

Las Entidades son definidas como contribuyentes esenciales para el valor de negocio de cualquier modelo de datos. Son Metadatos centrales. La definición de alta calidad, clarifica el significado del vocabulario de negocio y da rigor a las reglas de negocio que rigen las relaciones de la entidad. Asisten a profesionales del negocio y de TI en hacer negocio de forma inteligente y en decisiones de diseño de aplicaciones. Las Definiciones de datos de alta calidad presentan tres características esenciales:

- **Claridad:** La definición debe ser fácil de leer y comprender. Oraciones simples, bien escritas sin acrónimos oscuros o términos ambiguos e inexplicables como *a veces* o *normalmente*.

- **Precisión:** La definición es una descripción precisa y correcta de la entidad. Las definiciones deben ser revisadas por expertos en las áreas de negocio relevantes para asegurar que sean precisas.
- **Integridad:** Todas las partes de la definición están presentes. Por ejemplo, en la definición de código, se incluyen ejemplos de los valores de código. En la definición de un identificador, el alcance de la singularidad está incluido en la definición.

1.3.3.2 Relación

Una relación es una asociación entre entidades (Chen 1976). Una relación captura las interacciones de alto nivel entre las entidades conceptuales, la interacción detallada entre las entidades lógicas y las restricciones entre entidades físicas.

1.3.3.2.1 Alias de Relación

El término genérico *relación* puede tener otros nombres. Los alias de la relación pueden variar dependiendo del esquema. En los esquemas relacionales el término de uso frecuente es *relación*, en esquemas dimensionales a menudo se utiliza el término *ruta de navegación* y en esquemas *NoSQL* se usan los términos como *borde* o *liga,* por ejemplo. Los alias de relación también pueden variar basado en el nivel de detalle. Una relación a nivel conceptual y lógico se llama *relación*, pero una relación en el nivel físico puede ser llamada por otros nombres, como *restricción* o *referencia*, dependiendo de la tecnología de base de datos.

1.3.3.2.2 Representación Gráfica de Relaciones

Las relaciones se muestran como líneas en los diagramas de modelos de datos. Ver figura 30 para un ejemplo de Ingeniería de Información.

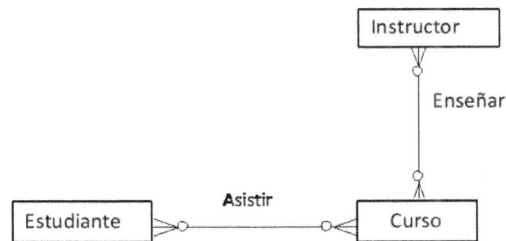

Figura 30 Relaciones

En este ejemplo, la relación entre **Estudiante** y **Curso** capta la regla de que un Estudiante puede asistir a Cursos. La relación entre Instructor y **Curso** capta la regla que un Instructor puede enseñar Cursos. Los símbolos en la línea (llamados *cardinalidad*) capturan las reglas en una sintaxis precisa. (Estos serán explicados en la sección 1.3.3.2.3). Una relación se representa a través de llaves foráneas en una base de datos relacional y a través de métodos alternativos para bases de datos NoSQL tales como bordes o ligas.

1.3.3.2.3 Cardinalidad de la Relación

En una relación entre dos entidades, la cardinalidad captura cuántos de una entidad (instancias de entidad) participan en la relación con cuántos de la otra entidad. La cardinalidad está representada por los símbolos que aparecen en ambos extremos de una línea de relación. Las reglas de datos se especifican y se aplican a través de la cardinalidad. Sin cardinalidad, lo más que se puede decir acerca de una relación es que dos entidades están conectadas de alguna manera.

Para la cardinalidad, las opciones son sencillas: cero, uno o muchos. Cada lado de una relación puede tener cualquier combinación de cero, uno o muchos ('muchos' significa que podría ser más de 'uno'). Especificar cero o uno nos permite capturar si es o no necesaria una instancia de entidad en una relación. Especificar uno o varios nos permite capturar cuantos de una particular instancia participa en una relación determinada. Estos símbolos de cardinalidad se ilustran en el siguiente ejemplo de ingeniería de información de **Estudiante** y **Curso**.

Figura 31 Símbolos de Cardinalidad

Las reglas de negocio son:

Cada **Estudiante** puede asistir a uno o varios **cursos**.
A cada **Curso** podrán asistir uno o muchos **estudiantes**.

1.3.3.2.4 Valencia De Las Relaciones

El número de entidades en una relación es la 'valencia' de la relación. Las relaciones más comunes son unarias, binarias y ternarias.

1.3.3.2.4.1 Relación Unaria (Recursiva)

Una relación unaria (también conocida como recurrente o auto referencia) involucra sólo una entidad. Una relación recursiva de uno a muchos describe una jerarquía, mientras que una relación de muchos a muchos describe una red o grafo. En una jerarquía, una instancia de entidad tiene a lo más un padre (o entidad de nivel superior). En el modelado relacional, entidades hijas están del lado de 'muchos' de la relación, con las entidades padres en el lado de 'uno' de la relación. En una red, una instancia de entidad puede tener más de un padre. Por ejemplo, un Curso puede requerir prerrequisitos. Si, para tomar el Taller de Biología, uno necesitara primero completar la Clase de Biología, la Clase de Biología es el prerrequisito para el Taller de Biología. En los siguientes modelos de datos relacionales, que utilizan la notación de ingeniería de información, uno puede modelar esta relación recursiva tanto como una red o como jerarquía:

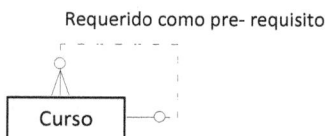

Figura 32 Relación Unaria – Jerarquía

Figure 33 Relación Unaria - Red

Este primer ejemplo (Figura 32) es una jerarquía y la segunda (figura 33) es una red. En el primer ejemplo, el Taller de Biología requiere primero tomar la Clase de Biología y la Clase de Química. Una vez que la Clase de Biología es elegida como prerrequisito para el Taller de Biología, la Clase de Biología no puede ser el prerrequisito para otros cursos. El segundo ejemplo permite que la Clase de Biología pueda ser prerrequisito para otros cursos también.

1.3.3.2.4.2 Relación Binaria

Una valencia de dos es también conocida como binaria. Una relación binaria, la más común en los diagramas tradicionales de modelo de datos, involucra dos entidades. En la Figura 34, un diagrama de clases UML, muestra que tanto **Estudiante** como Curso son entidades que participan en una relación binaria.

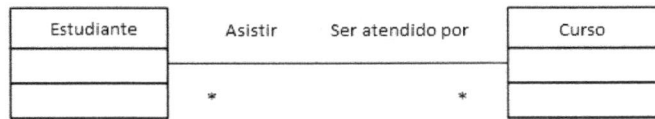

Figura 34 Relación Binaria

1.3.3.2.4.3 Relación Ternaria

Una valencia de tres, conocido como ternaria, es una relación que incluye tres entidades. Un ejemplo en el modelado basado en hechos (notación objeto-rol) aparece en la figura 35. Aquí Estudiante se puede registrar para un determinado **Curso** en un determinado **Semestre**.

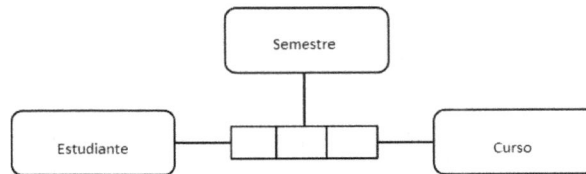

Figura 35 Relación Ternaria

1.3.3.2.5 Llave Foránea

Una llave foránea es utilizada en esquemas de modelado de datos físicos y algunas veces lógicos para representar una relación. Una llave foránea puede ser creada implícitamente cuando una relación se define entre dos entidades, dependiendo de la tecnología de base de datos o la herramienta de modelado de datos, y si las dos entidades involucradas tienen dependencias mutuas.

En el ejemplo mostrado en Figura 36, Registro contiene dos llaves foráneas, Número **Estudiante** e **Estudiante** y el **Código Curso** de **Curso**. Las llaves foráneas aparecen en la entidad en el lado de 'muchos' de la relación, a menudo llamado la entidad hija. **Estudiante** y **Curso** son entidades padres y **Registro** es la entidad hija.

Figura 36 Llaves Foráneas

1.3.3.3 Atributo

Un atributo es una propiedad que identifica, describe o mide una entidad. Los atributos pueden tener dominios, que se discutirán en la sección 1.3.3.4. El correspondiente físico de un atributo de una entidad es una columna, campo, etiqueta o nodo de una tabla, vista, documento, grafo o archivo.

1.3.3.3.1 Representación Gráfica De Atributos

En los modelos de datos, los atributos son generalmente representados como una lista dentro del rectángulo de la entidad, como se muestra en Figura 37, donde los atributos de la entidad **Estudiante** incluyen **Número Estudiante**, **Primer Nombre Estudiante**, **Apellido Estudiante** y **Fecha Nacimiento Estudiante**.

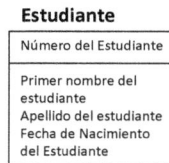

Estudiante

Número del Estudiante
Primer nombre del estudiante Apellido del estudiante Fecha de Nacimiento del Estudiante

Figura 37 Atributos

1.3.3.3.2 Identificadores

Un identificador (también llamado *llave*) es un conjunto de uno o más atributos que definen de forma única una instancia de una entidad. Esta sección define tipos de llaves por construcción (simple, compuesta, compleja, sustituta) y función (candidata, primaria, alterna).

1.3.3.3.2.1 Llaves por Tipo de Construcción

Una *llave simple* es un atributo que identifica de forma exclusiva una instancia de entidad. Códigos de Producto Universal (Universal Product Codes UPCs) y Número de Identificación de Vehículos (Vehicle Identification Numbers VINs) son ejemplos de llaves simples. Una *clave sustituta* es también un ejemplo de una llave simple. Una llave sustituta (*surrogate key*) es un identificador único para una tabla. A menudo es un contador y siempre generado sin inteligencia por el sistema, una llave sustituta es un entero cuyo significado no está relacionado con su valor nominal. (En otras palabras, un identificador de Mes 1 no puede suponerse que representa enero.) Las llaves sustitutas son para funciones técnicas y no deben ser visibles para los usuarios de una base de datos. Permanecen entre bastidores para mantener exclusividad, permitiendo una navegación más eficiente a través de estructuras y facilitan la integración a través de las aplicaciones.

Una *llave compuesta* es un conjunto de dos o más atributos que juntos identifican de forma exclusiva una instancia de entidad. Ejemplos son el número de teléfono de Estados Unidos (código de área + intercambio + número local) y número de tarjeta de crédito (emisor ID + ID de cuenta + dígito verificador).

Una *llave compleja* contiene una llave compuesta y al menos otra llave simple o compuesta o atributo no clave. Un ejemplo es una llave en una tabla de hechos multidimensional, que puede contener varias llaves compuestas, llaves simples y opcionalmente una fecha y hora de carga.

1.3.3.3.2.2 Laves por Tipo de Función

Una *súper llave* es cualquier conjunto de atributos que identifican de manera exclusiva una instancia de entidad. Una *llave candidata* es un conjunto mínimo de uno o más atributos (es decir, una llave simple o compuesta) que identifica la instancia de la entidad a la que pertenece. Mínimo significa que ningún subconjunto de la clave candidata identifica de forma única la instancia de entidad. Una entidad puede tener varias llaves candidatas. Ejemplos de llaves candidatas para una entidad de cliente son la dirección de correo electrónico, número de teléfono y número de cuenta cliente. Las llaves candidatas pueden ser llaves de negocio (a veces llamadas *llaves naturales*). Una *llave de negocio* es uno o más atributos que un profesional del negocio utilizaría para recuperar una instancia de entidad. Las llaves de Negocio y las llaves sustitutas son mutuamente excluyentes.

Una *llave primaria* es la llave candidata que es elegida para ser *el* identificador único de una entidad. A pesar de que una entidad puede tener más de una llave candidata, solo una llave candidata puede servir como la llave primaria de una entidad. Una *llave alterna* es una llave candidata que, aunque única, no fue elegida llave primaria. Una llave alterna todavía puede utilizarse para buscar instancias de entidad específicas. A menudo la llave primaria es una llave sustituta y las llaves alternas son llaves de Negocio.

1.3.3.3.2.3 Relaciones Identificativas Vs No-Identificativas

Una entidad independiente es una donde la llave primaria contiene sólo los atributos que pertenecen a esa entidad. Una entidad dependiente es una donde la llave primaria contiene al menos un atributo de otra entidad. En los esquemas relacionales, la mayoría de las notaciones representan en los diagramas de modelos de datos a las entidades independientes como rectángulos y las entidades dependientes como rectángulos con esquinas redondeadas.

En el ejemplo de estudiante que se muestra en la Figura 38, **Estudiante** y **Curso** son entidades independientes y **Registro** es una entidad dependiente.

Figura 38 Entidad Dependiente e Independiente

Las entidades dependientes tienen al menos una relación identificativa. Una relación identificativa es una donde la llave primaria del padre (la entidad de un lado de la relación) se migra como una llave externa a llave primaria del hijo, como se puede ver con la relación Estudiante a **Registro** y de **Curso** a **Registro**. En las relaciones no identificativas, la llave primaria del padre se migra como atributo llave foránea no primaria para el hijo.

1.3.3.4 Dominio

En el modelado de datos, un *dominio* es el conjunto completo de valores posibles que se le pueden asignar a un atributo. Un dominio puede articularse de diferentes maneras (ver puntos al final de esta sección). Un dominio proporciona un medio de estandarizar las características de los atributos. Por ejemplo, el dominio **Fecha**, que contiene todas las posibles fechas válidas, puede asignarse a cualquier atributo de fecha de un modelo de datos lógico o a columnas/campos de fecha en un modelo de datos físico, tales como:

- FechaContrataciónEmpleado
- FechaRegistroOrden
- FechaEnvioReclamo
- FechaInicioCurso

Todos los valores dentro del dominio son los valores válidos. Los que están fuera del dominio se conocen como valores no válidos. Un atributo no debe contener valores fuera de su dominio asignado. **CodigoGeneroEmpleado**, por ejemplo, puede limitarse al dominio de femenino y masculino. El dominio de **FechaContratacionEmpleado** se puede definir simplemente como fechas válidas. Bajo esta regla, el dominio de **FechaContratacionEmpleado** no incluye el 30 de febrero de cualquier año.

Uno puede restringir un dominio con reglas adicionales, llamadas *restricciones*. Las reglas pueden referirse al formato, lógica o ambas. Por ejemplo, restringiendo el dominio de **FechaContratacionEmpleado** a fechas anteriores a la fecha de hoy, uno eliminaría 10 de marzo de 2050 en el dominio de valores válidos, aunque es una fecha válida. **FechaContratacionEmpleado** también podría estar restringido a los días en una semana típica de trabajo (p. ej., fechas que caen en lunes, martes, miércoles, jueves o viernes).

Los dominios se pueden definir de diferentes maneras.

- **Tipo de dato:** Dominios que especifican los tipos de datos estándar que uno puede tener en un atributo asignado a ese dominio. Por ejemplo, Integer, Character (30) y Date son todos dominios de tipo de datos.
- **Formato de datos:** Dominios que utilizan patrones incluyendo plantillas y máscaras, tal como se encuentran en códigos postales y números de teléfono y las limitaciones de caracteres (solo alfanuméricos, alfanumérico con ciertos caracteres especiales permitidos, etc.) para definir valores válidos.
- **Lista:** Dominios que contienen un conjunto finito de valores. Estos son familiares a muchas personas como listas desplegables. Por ejemplo, el dominio de la lista de **CodigoEstatusOrden** puede restringir valores a sólo {abierta, enviada, cerrada, devuelta}.
- **Rango:** Dominios que permiten todos los valores del mismo tipo de datos que se encuentran entre uno o más valores mínimos o máximos. Algunos rangos pueden ser abiertos. Por ejemplo, **FechaEntregaOrden** debe estar entre FechaOrden y tres meses en el futuro.
- **Basado en reglas:** Los dominios definidos por las reglas que deben cumplir los valores para ser válidos. Estos incluyen las reglas de comparación de valores con valores calculados u otros valores de atributo en una relación o conjunto. Por ejemplo, **PrecioArticulo** debe ser mayor que **CostoArtículo**.

1.3.4 Esquemas de Modelado De Datos

Son los seis esquemas más comunes utilizados para representar datos: Relacional, Dimensional, Orientado a Objetos, Basado en Hechos, Basado en el Tiempo y NoSQL. Cada esquema utiliza notaciones específicas de diagramación (ver Tabla 9).

Esta sección explicará brevemente cada uno de estos esquemas y notaciones. El uso de esquemas depende en parte de la base de datos que se está construyendo, dado que algunos se adaptan a tecnologías particulares, como se muestra en tabla 10.

Tabla 9 Esquemas de Modelado y Notaciones

Esquema	Ejemplo de Notaciones
Relacional	Ingeniería de información (IE) Definición de integración para Modelado de Información (IDEF1X) Notación de Barker Chen
Dimensional	Dimensional
Orientado a Objetos	Lenguaje Modelado Unificado (Unified Modeling Language - UML)
Basado en Hechos	Modelos de rol de objetos (Object Role Modeling ORM o ORM2) Modelado Totalmente Orientado a Comunicación (Fully Communication Oriented Modeling FCO-IM)
Basado en el tiempo	Bóveda de datos Modelado tipo ancla
NoSQL	Documento Columna Grafo Valor Clave

Tabla 10 Referencia Cruzada entre Esquema y Base de Datos

Esquema	Sistema de gestión de bases datos relacionales (RDBMS)	Sistema de gestión de base de datos multidimensional (MDBMS)	Bases de datos de objeto	Documento	Columna	Gráfico	Clave y valor
Relacionales	CDM LDM PDM	CDM LDM	CDM LDM	CDM LDM	CDM LDM	CDM LDM	CDM LDM
Dimensiones	CDM LDM PDM	CDM LDM PDM					
Orientado a objetos	CDM LDM PDM		CDM LDM PDM				
Basado en hechos	CDM LDM PDM	CDM LDM	CDM LDM	CDM LDM	CDM LDM	CDM LDM	CDM LDM
Basado en el tiempo	PDM						
NoSQL			PDM	PDM	PDM	PDM	PDM

Para el esquema relacional, los tres niveles de modelos se pueden construir para RDBMS, pero solamente modelos conceptuales y lógicos se pueden construir para los otros tipos de bases de datos. Esto es cierto para el esquema Basado en Hechos. Para el esquema dimensional, los tres niveles de modelos se pueden construir para bases de datos RDBMS y MDBMS. El esquema orientado a objetos funciona bien para bases de datos RDBMS y objeto.

El esquema de basado en el tiempo es una técnica de modelado de datos principalmente para *data warehouse* en un entorno de RDBMS. El esquema NoSQL es fuertemente dependiente de la estructura subyacente de la base de datos (documento, columna, grafo o valor clave), y es por lo tanto una técnica de modelado de datos físicos. La Tabla 10 ilustra varios puntos importantes incluyendo que incluso con una base de datos no tradicional, como una que está basado en documentos, un CDM y LDM relacional se pueden construir seguidos por un documento PDM.

1.3.4.1 Relacional

Por primera vez articulada por el Dr. Edward Codd en 1970, la teoría relacional proporciona una manera sistemática para organizar datos de tal forma que refleja su significado (Codd, 1970). Este enfoque tuvo el efecto adicional de reducir la redundancia en el almacenamiento de datos. La visión de Codd fue que los datos se podrían manejar más eficazmente en términos de *relaciones* en dos dimensiones. El término *relación* se deriva de las matemáticas (teoría de conjuntos) sobre las que Codd basa su enfoque. (Ver capítulo 6).

Los objetivos de diseño para el modelo relacional son tener una expresión exacta de datos de negocio y tener un hecho en un sólo lugar (la eliminación de la redundancia). El modelado relacional es ideal para el diseño de sistemas operativos, que requieren introducir información rápidamente y que se almacena con precisión (Hay, 2011).

Hay varios tipos de notación para expresar la asociación entre entidades en el modelo relacional, incluyendo Ingeniería de Información (IE), Definición de Integración para Modelado de Información (IDEF1X) notación Barker y notación de Chen. La forma más común es la sintaxis de IE, con sus familiares tridentes o 'patas de gallo' para representar la cardinalidad. (Ver Figura 39)

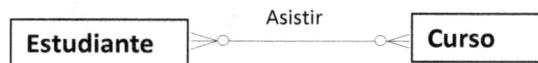

Figura 39 Notación IE

1.3.4.2 Dimensional

El concepto de modelado dimensional se inició con un proyecto de investigación llevado a cabo por General Mills y Dartmouth College en los años 60[33]. En los modelos dimensionales, los datos están estructurados para optimizar la consulta y análisis de grandes cantidades de datos. En cambio, sistemas operativos que soportan el procesamiento de transacciones, están optimizados para el procesamiento rápido de transacciones individuales.

El modelo de datos dimensional captura preguntas de negocios centrados en un proceso de negocio particular. El proceso que se mide en el modelo dimensional de la figura 40 es Admisiones. Admisiones puede ser visto por la zona de donde proviene el estudiante, nombre de la escuela, semestre, el estudiante y si el estudiante está recibiendo ayuda financiera. La navegación se puede hacer de zona hasta la región y país, de semestre hasta el año y de nombre de la escuela hasta el nivel de la escuela.

---

[33] http://bit.ly/2tsSP7w.

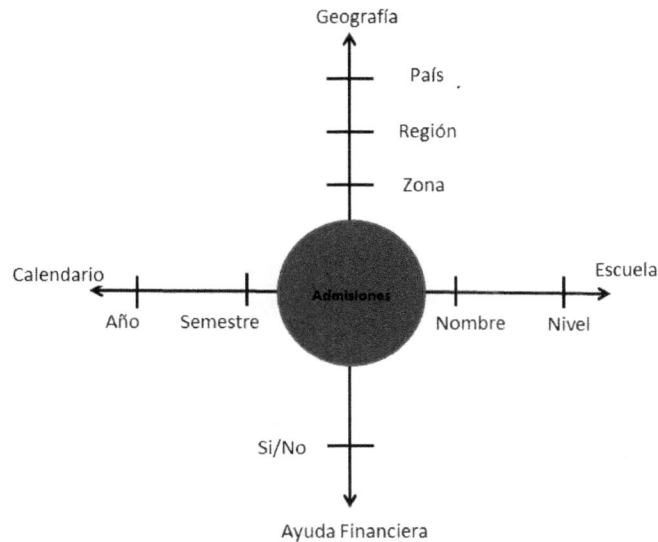

Figura 40 Notación de Ejes para Modelos Dimensionales

La notación de diagramas utilizada para la construcción de este modelo – la 'notación de ejes' – puede ser una herramienta de comunicación muy eficaz con aquellos que no prefieren leer la sintaxis tradicional de modelado de datos. Los modelos de datos conceptuales, tanto relacionales como dimensionales, pueden basarse en el mismo proceso de negocio (como en este ejemplo con Admisiones). La diferencia es en el significado de las relaciones, donde en el modelo relacional las líneas de relación capturan de reglas de negocio, y en el modelo dimensional capturan las rutas de navegación necesarias para responder a preguntas de negocios.

1.3.4.2.1 Tablas De Hechos

Dentro de un esquema dimensional, las filas de una tabla de hechos corresponden a medidas particulares y son numéricas, tales como importes, cantidades o conteos. Algunas medidas son resultados de algoritmos, en cuyo caso los Metadatos son fundamentales para un adecuado uso y comprensión. Las tablas de hechos ocupan la mayoría del espacio en la base de datos (90% es una regla razonable) y tienden a tener grandes cantidades de filas.

1.3.4.2.2 Tablas de Dimensiones

Las tablas de dimensiones representan los objetos importantes de la empresa y contienen sobre todo descripciones textuales. Las dimensiones sirven como la fuente primaria para las restricciones para 'consultar por' o 'reportar por', actuando como puntos de entrada o enlaces a las tablas de hechos. Las dimensiones suelen ser altamente *desnormalizadas* y normalmente representan cerca del 10% del total de datos. Las dimensiones deben tener un identificador único para cada fila. Los dos enfoques principales para la identificación de llaves para tablas de dimensiones son llaves sustitutas o llaves naturales. Las dimensiones también tienen atributos que cambian a tasas diferentes. Las Dimensiones de Cambio Lento (SCD) administran los cambios basados en la tasa y el tipo de cambio. Los tres principales tipos de cambio son a veces conocidos por ORC.

- **Sobrescribir (tipo 1):** El nuevo valor sobrescribe el valor viejo.
- **Nueva fila (tipo 2):** Los nuevos valores se escriben en una nueva fila y la fila antigua está marcada como no vigentes.

- **Nueva columna (tipo 3):** Varias instancias de un valor se enumeran en columnas en la misma fila, y un nuevo valor significa escribir los valores de la serie recorriéndolos un lugar para hacer espacio en la parte delantera para el nuevo valor. Se descarta el último valor.

1.3.4.2.3 Snowflaking (Copo de Nieve)

Snowflaking es el término dado a la normalización de una sola tabla plana, de estructura dimensional en un esquema de estrella en el respectivo componente jerárquico o red de estructuras.

1.3.4.2.4 Granularidad

El término *granularidad* tiene que ver con el significado o descripción de una sola fila de datos en una tabla de hechos; la granularidad es el mayor nivel de detalle que cualquier fila tendrá. Definir la granularidad de una tabla de hechos es uno de los pasos clave en diseño dimensional. Por ejemplo, si un modelo dimensional mide el proceso de registro de los estudiantes, la granularidad puede ser estudiante, el día y la clase.

1.3.4.2.5 Dimensiones Conformadas

Las dimensiones conformadas se construyen con toda la organización en mente en lugar de sólo un proyecto en particular; esto permite que estas dimensiones sean compartidas a través de modelos dimensionales, debido a que contienen valores y terminología consistente. Por ejemplo, si **Calendario** es una dimensión conformada, un modelo dimensional construido para contar a los estudiantes aspirantes por **Semestre** contendrá los mismos valores y definición de **Semestre** como un modelo dimensional construido para contar a estudiantes graduados.

1.3.4.2.6 Hechos Conformados

Los hechos conformados utilizan definiciones estandarizadas de términos a través de Data Marts individuales. Diferentes usuarios de negocio pueden utilizar el mismo término de diferentes maneras. 'Adiciones de cliente' pueden ser diferentes de 'adiciones brutas' o 'adiciones ajustadas'. Los desarrolladores deben ser conscientes de cosas que pueden ser el mismo nombre pero que representan diversos conceptos a través de las organizaciones, o por el contrario las cosas que se nombran diferente, pero son realmente el mismo concepto en las organizaciones.

1.3.4.3 Orientación A Objetos (UML)

El lenguaje de Modelado Unificado (Unified Modeling Language UML) es un lenguaje gráfico para el modelado de software. UML tiene una gran variedad de notaciones de los cuales una (el modelo de clases) refiere a bases de datos. El modelo de clases de UML especifica las clases (tipos de entidad) y sus tipos de relación (Blaha, 2013).

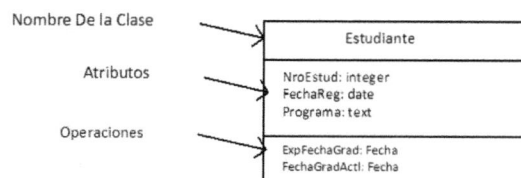

Figura 41 Modelo de Clase UML

La Figura 41 ilustra las características de un modelo de clases de UML:

- Un diagrama de clases se asemeja a un diagrama ER, excepto que la sección de operaciones o métodos no está presente en ER.
- En ER, el equivalente más cercano a las operaciones serían procedimientos almacenados (*Stored Procedures*).
- Los tipos de atributos (por ejemplo, fecha, minutos) se expresan en el lenguaje de código de aplicación y no en la terminología implementable de la base de datos física.
- Los valores por defecto se pueden mostrar de forma opcional en la notación.
- El acceso a los datos es a través de la interfaz expuesta de la clase. El ocultar datos o encapsulación se basa en un 'efecto de localización'. Una clase y las instancias que mantiene se exponen a través de operaciones.

La clase tiene Operaciones o Métodos (también llamados su "comportamiento"). El comportamiento de la clase está vagamente conectado a lógica de negocio porque todavía necesita ser secuenciado y programado. En términos de ER, la tabla tiene procedimientos almacenados/disparadores.

Las operaciones de clase pueden ser:

- Públicas: Visibles externamente
- Internamente Visibles: Visible a los objetos hijos
- Privadas: ocultas

En comparación, los modelos físicos de ER sólo ofrecen acceso público; todos los datos están igualmente expuestos a procesos, consultas o manipulaciones.

1.3.4.4 Modelado basado en Hechos (Fact Based Modeling FBM)

El modelado basado en hechos, una familia de lenguajes de modelado conceptual, se originó a finales de la década de 1970. Estos lenguajes se basan en el análisis de la verbalización natural (frases plausibles) que puede ocurrir en el dominio del negocio. Lenguajes basados en hechos ven el mundo en términos de objetos, los hechos que relacionan o caracterizan los objetos y cada papel que desempeña cada objeto en cada hecho. Un sistema de restricciones extenso y poderoso se basa en una verbalización automática y fluida, así como el control automático frente a ejemplos concretos. Los modelos basados en hechos no utilizar atributos, reduciendo la necesidad de juicio experto o intuitivo expresando las relaciones exactas entre los objetos (entidades y valores). El modelo más ampliamente utilizado de las variantes de FBM es Modelado de Roles de Objeto (Object Role Modeling ORM), que fue formalizado como una lógica de primer orden por Terry Halpin en 1989.

1.3.4.4.1 Modelado de Roles de Objeto (ORM o ORM2)

Modelado de Roles de Objeto (ORM) es un enfoque de ingeniería basado en modelos que comienza con ejemplos típicos de información requerida o consultas presentadas en cualquier formulación externa familiar a los usuarios y luego verbaliza estos ejemplos a nivel conceptual, en términos de hechos simples expresados en un lenguaje natural controlado. Este idioma es una versión restringida del lenguaje natural que es inequívoca, por lo que la semántica es comprendida fácilmente por los seres humanos; también es formal, por lo que puede usarse para mapear automáticamente las estructuras a niveles más bajos de diseño para su implementación (Halpin, 2015). La figura 42 ilustra un modelo ORM.

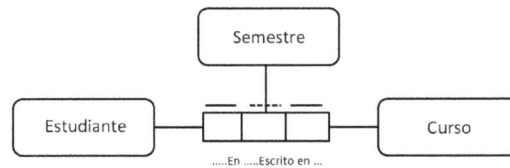

Figura 42 Modelo de ORM

1.3.4.4.2 Modelado Completamente Orientado a la Comunicación (Fully Communication Oriented Modeling FCO-IM)

El FCO-IM es similar en notación y enfoque al ORM. Los números en la figura 43 son referencias a las verbalizaciones de los hechos. Por ejemplo, 2 puede referirse a varias verbalizaciones como "Estudiante 1234 se llama Bill."

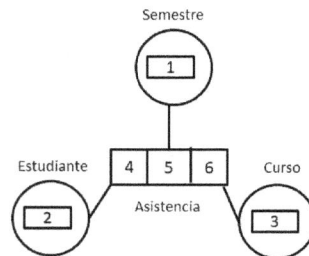

Figura 43 Modelo FCO-IM

1.3.4.5 Basado en Tiempo

Los Patrones basados en tiempo se utilizan cuando los valores de datos deben estar asociados en orden cronológico y con valores de tiempo específico.

1.3.4.5.1 Bóveda De Datos (Data Vault)

La Bóveda de Datos es un conjunto de tablas normalizadas orientadas al detalle, basadas en el tiempo y únicamente vinculadas que soportan una o más áreas funcionales del negocio. Es un enfoque híbrido, que abarca lo mejor de los mundos entre la tercera forma normal (3NF, para ser discutido en la sección 1.3.6) y el esquema de estrella. Las Bóvedas de Datos están diseñadas específicamente para satisfacer las necesidades de los *Data Warehouses*. Hay tres tipos de entidades: nodos, ligas y satélites. El diseño de la Bóveda de Datos se centra en las áreas funcionales de negocio con el nodo que representa la llave primaria. Las ligas proporcionan integración de transacción entre los nodos. Los satélites proporcionan contexto al nodo llave primaria (Lindtedt, 2012).

En la Figura 44, **Estudiante** y **Curso** son nodos, que representan los principales conceptos dentro de un tema. Asistencia es una liga, que se relaciona los dos nodos entre sí. **Contacto Estudiante**, **Características Estudiante** y **Descripción Curso** son satélites que proporcionan la información descriptiva sobre los conceptos del nodo y pueden soportar diferentes tipos de historia. El Modelado tipo Ancla es una técnica adecuada para información que cambia con el tiempo tanto en estructura como en contenido. Proporciona notación gráfica utilizada para el modelado conceptual similar a la del modelado de datos tradicional, con extensiones para trabajar con datos temporales. El Modelado tipo Ancla tiene cuatro conceptos básicos de modelado: anclajes, atributos, lazos y nudos. Los Anclajes modelan entidades y eventos, los atributos modelan las propiedades de los anclajes, los lazos modelan las relaciones entre los anclajes, y los nudos se utilizan para modelar propiedades compartidas, como los estados.

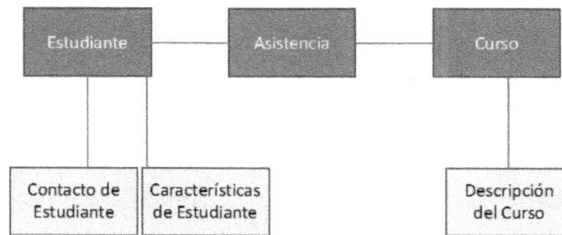

Figura 44 Modelo de Bóveda de Datos

1.3.4.5.2 Modelado tipo Ancla

En el modelo tipo anclaje de la **Figura 45**, **Estudiante**, **Curso** y **Asistencia** son anclajes, los diamantes grises representan los lazos y los círculos representan atributos.

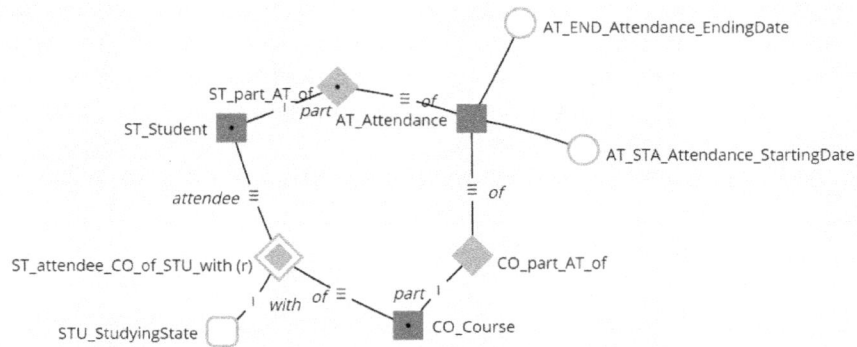

Figura 45 Modelo tipo Anclaje

1.3.4.6 NoSQL

NoSQL es un nombre para la categoría de bases de datos basadas en tecnologías no relacionales. Algunos creen que NoSQL no es un buen nombre para lo que representa, ya que se trata menos de cómo consultar la base de datos (que es donde entra SQL) y más sobre cómo se almacenan los datos (que es donde entran las estructuras relacionales). Hay cuatro tipos principales de bases de datos NoSQL: documento, clave-valor, orientado-columna y grafos.

1.3.4.6.1 Documento

En lugar de tomar a un tema de negocios y descomponerlo en múltiples estructuras relacionales, las bases de datos de documentos guardan con frecuencia el tema de negocios en una estructura llamada *documento*. Por ejemplo, en lugar de almacenar la información de **Estudiante**, **Curso** y **Registro** en tres distintas estructuras relacionales, las propiedades de las tres van a existir en un solo documento denominado **Registro**.

1.3.4.6.2 Clave-Valor

Las bases de datos Clave-Valor permiten a una aplicación almacenar sus datos en dos columnas ('clave' y 'valor'), con la característica de almacenar información simple (por ejemplo: fechas, números, códigos) y compleja (texto sin formato, video, música, documentos, fotos) almacenada en la columna 'valor'

1.3.4.6.3 Orientado- a Columna

De los cuatro tipos de bases de datos NoSQL, las de orientado a-columna están más cerca de las de RDBMS. Ambos tienen una forma similar de ver datos como filas y valores. La diferencia, es que las RDBMS trabajan con una estructura predefinida y tipos de datos simples, como las cantidades y fechas, mientras que las bases de datos orientadas a columnas, como Cassandra, pueden trabajar con tipos de datos más complejos, incluidos texto e imágenes sin formato. Además, las bases de datos orientadas a columnas almacenan cada columna en su propia estructura.

1.3.4.6.4 Grafo

Una base de datos de grafos está diseñada para datos cuyas relaciones están bien representadas como un conjunto de nodos con un número indeterminado de conexiones entre estos mismos. Ejemplos donde la base de datos de grafos puede trabajar mejor son las relaciones sociales (donde los nodos son personas), conexiones de transporte público (donde los nodos pueden ser estaciones de tren o autobús) o mapas de ruta (donde los nodos podrían ser intersecciones de calles o salidas a autopistas). A menudo los requerimientos llevan a atravesar el grafo para encontrar las rutas más cortas, vecinos cercanos, etc., todo esto puede ser más complejo y consumir más tiempo de hacerlo con una RDMBS tradicional. Las Bases de datos de grafos incluyen Neo4J, Allegro y Virtuoso.

1.3.5 Niveles de Detalle del Modelo de Datos

En 1975, el American National Standards Institute, Standards Planning And Requirements Committee (SPARC) publicaron su enfoque de 3 esquemas para la gestión de bases de datos. Los tres componentes clave eran:

- **Conceptual:** Esto representa la vista del 'mundo real' de la empresa siendo modelada en la base de datos. Representa el 'mejor modelo' o 'forma de hacer negocios' actual para la empresa.
- **Externo:** Los diferentes usuarios del sistema de gestión de base de datos operan sobre subconjuntos del modelo total de la empresa, que sean relevantes a sus necesidades particulares. Estos subconjuntos se representan como 'esquemas externos'.
- **Interna:** La 'visión de la máquina' de los datos se describe en el esquema interno. Este esquema describe la representación almacenada de la información de la empresa (Hay, 2011).

Estos tres niveles comúnmente traducen en los niveles de detalle conceptual, lógico y físico, respectivamente. Dentro de proyectos, el modelado de datos conceptual y modelado de datos lógico son parte de requisitos de actividades de planificación y análisis, mientras que el modelado de datos físico es una actividad de diseño. Esta sección proporciona un resumen de modelado de datos conceptual, lógicos y físico. Además, cada nivel será ilustrado con ejemplos de dos esquemas: relacional y dimensional.

1.3.5.1 Conceptual

Un modelo de datos conceptual captura los requisitos de alto nivel como una colección de conceptos relacionados. Contiene sólo las entidades de negocio básico y fundamental dentro de un determinado ámbito y función, con una descripción de cada entidad y las relaciones entre entidades. Por ejemplo, si tuviéramos que modelar la relación entre los estudiantes y una escuela, como un modelo de datos conceptual relacional usando la notación de IE, puede parecer como el de Figura 46.

Cada **escuela** puede contener uno o varios **estudiantes**, y cada **estudiante** debe provenir de una **escuela**. Además, cada **estudiante** podrá presentar una o varias **solicitudes**, y cada **solicitud** deberá ser presentada por un **estudiante**.

Las líneas de relación capturan las reglas de negocio en un modelo de datos relacional. Por ejemplo, Bob, el estudiante puede asistir a la Secundaria del Condado o al Queens College, pero no puede asistir a ambos al aplicar a esta Universidad en particular.

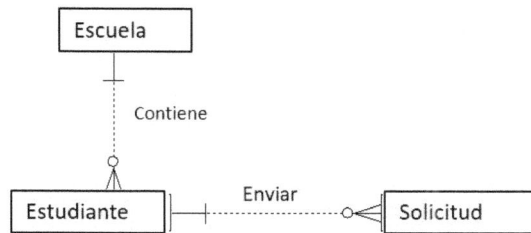

Figura 46 Modelo Conceptual Relacional

Además, una solicitud debe ser presentada por un solo estudiante, no dos y no cero. Recordando la Figura 40 que se reproduce a continuación como la Figura 47. Este modelo de datos conceptual dimensional, usando la notación de eje, ilustra conceptos relacionados con la escuela:

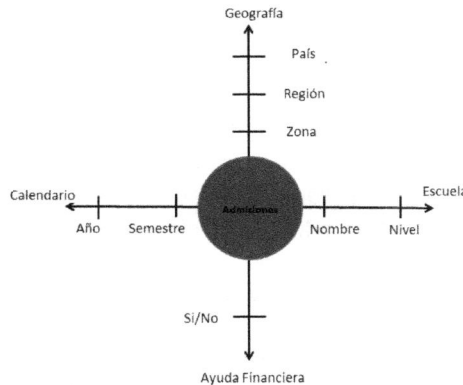

Figura 47 Modelo Conceptual Dimensional

1.3.5.2 Lógico

Un modelo lógico de los datos (Logical Data Model LDM) es una representación detallada de los requerimientos de datos, generalmente en apoyo de un contexto de uso específico, tales como los requerimientos de aplicación. Los modelos de datos lógicos son independientes de cualquier tecnología o limitaciones de la implementación específica. Un modelo de datos lógico a menudo comienza como una extensión de un modelo de datos conceptual.

En un modelo lógico relacional de los datos, el modelo de datos conceptual se extiende agregando atributos. Los Atributos se asignan a las entidades mediante la aplicación de la técnica de normalización (ver sección 1.3.6), como se muestra en figura 48. Hay una relación muy fuerte entre cada atributo y la clave primaria de la entidad en la que reside. Por ejemplo, Nombre de la escuela tiene una fuerte relación a Código de la escuela. Por ejemplo, cada valor de un Código Escolar trae a lo más un valor de Nombre de la escuela.

Un modelo de datos lógico dimensional es en muchos casos una perspectiva que tiene la totalidad de atributos del modelo de datos conceptual dimensional, como se ilustra en Figura 49. Mientras que el modelo lógico relacional de datos captura las reglas de un proceso de negocio, el lógico dimensional captura las preguntas del negocio para determinar la salud y el rendimiento de un proceso de negocios.

Admissions Count en la Figura 49 es la medida que responde a las preguntas de negocio relacionados con las *Admissions*. Las entidades que rodean a *Admissions* proporcionan el contexto para ver *Admissions Count* en los diferentes niveles de detalle, como por semestre y año.

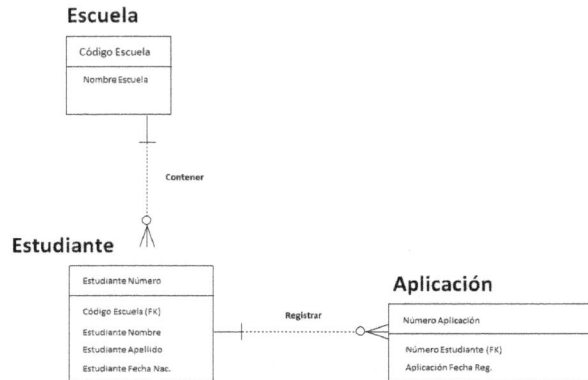

Figura 48 Modelo de Datos Lógico Relacional

1.3.5.3 Físico

Un modelo de datos físico (Physical Data Model PDM) representa una solución técnica detallada, a menudo utilizando el modelo de datos lógico como punto de partida y luego adaptado para trabajar dentro de un conjunto de *hardware*, *software* y herramientas de red. Se construyen modelos de datos físicos para una tecnología particular. DBMS relacionales, por ejemplo, deben diseñarse con las capacidades específicas de un sistema de gestión de base de datos en la mente (por ejemplo, IBM DB2 UDB, Oracle, Teradata, Sybase, Microsoft SQL Server y Microsoft Access).

La figura 50 ilustra un modelo relacional de datos físicos. En este modelo de datos, Escuela ha sido *desnormalizado* en la entidad **Estudiante** para dar cabida a una tecnología particular. Quizás cada vez que se accede a un **estudiante**, la información de su escuela también lo es y, por lo tanto, almacenar la información de la escuela en **Estudiante** es una estructura más eficiente que tener dos estructuras separadas.

Porque el modelo de datos físico reconoce limitaciones de la tecnología, las estructuras son a menudo combinadas (desnormalizado) para mejorar el rendimiento de la extracción, como se muestra en este ejemplo del **Estudiante** y **Escuela**.

La figura 51 ilustra un modelo de datos físico dimensional (generalmente un esquema en estrella, lo que significa que es una estructura para cada dimensión).

Similar al modelo de datos físico relacional, esta estructura ha sido modificada de su contraparte lógica para trabajar con una tecnología particular para asegurar que las preguntas de negocio se pueden contestar con sencillez y velocidad.

Country

Country Code
Country Name

Snowflake Type: Fixed

Region

Region Code
Region Name
Country Code (FK)

Snowflake Type: Fixed

Year

Year Code

Snowflake Type: Fixed

Zone

Postal Code
Region Code (FK)

Dimension Type: Fixed

School Level

School Level Code
School Level Name

Snowflake Type: Fixed

Semester

Semester Code
Year Code (FK)

Dimension Type: Fixed

Admissions

Financial Aid Indicator (FK)
Postal Code (FK)
School Code (FK)
Semester Code (FK)
Admissions Count

School

School Code
School Name
School Level Code (FK)

Dimension Type: Fixed

Financial Aid

Financial Aid Indicator

Dimension Type: Fixed

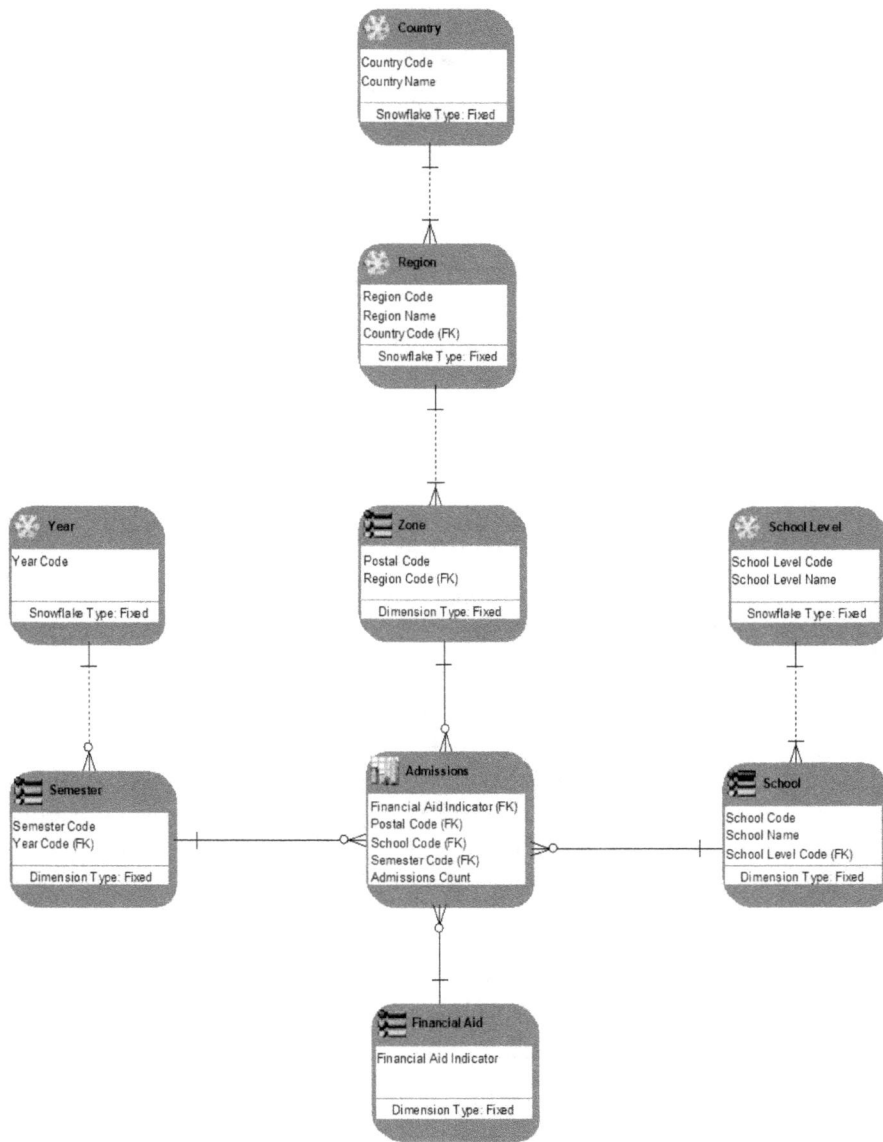

Figura 49 Modelo Dimensional de Datos Lógico

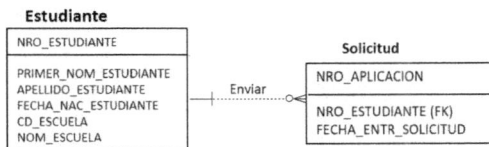

Estudiante

NRO_ESTUDIANTE

PRIMER_NOM_ESTUDIANTE
APELLIDO_ESTUDIANTE
FECHA_NAC_ESTUDIANTE
CD_ESCUELA
NOM_ESCUELA

Enviar

Solicitud

NRO_APLICACION

NRO_ESTUDIANTE (FK)
FECHA_ENTR_SOLICITUD

Figura 50 Modelo de Datos Físico Relacional

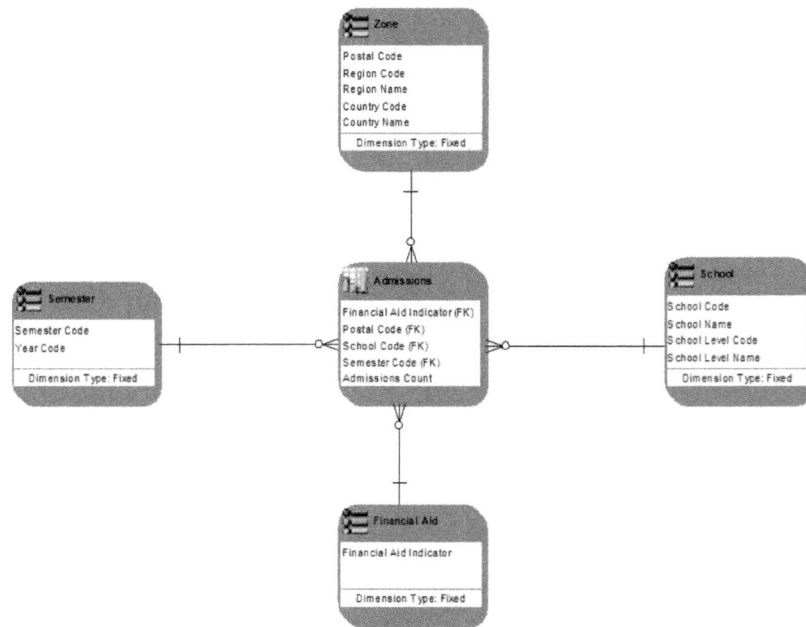

Figura 51 Modelo de Datos Físico Dimensional

1.3.5.3.1 Canónico

Una variante de un esquema físico es un Modelo Canónico, utilizado para los datos en movimiento entre los sistemas. Este modelo describe la estructura de datos que son pasados entre sistemas como paquetes o mensajes. Cuando se envían datos a través de servicios *web*, un *Enterprise Service Bus* (ESB), o a través de integración de aplicaciones empresariales (EAI), el modelo canónico describe qué estructura de datos deben utilizar los servicios de envío y recepción. Estas estructuras deben diseñarse para ser tan genéricas como sea posible para permitir la reutilización y simplificar los requisitos de interfaz.

Esta estructura sólo puede ser instanciada como un *buffer* o estructura de cola en un sistema de mensajería intermediario (*middleware*) para mantener el contenido del mensaje temporalmente.

1.3.5.3.2 Vistas

Una vista es una tabla virtual. Las vistas proporcionan un medio para visualizar datos de una o varias tablas que contengan o hagan referencia a los atributos reales. Una vista estándar ejecuta SQL para recuperar datos en el punto en que un atributo en la vista se solicita. Una vista instanciada (a menudo llamado 'materializada') corre en un tiempo predeterminado. Las Vistas se utilizan para simplificar consultas, controlar el acceso a datos y cambiar el nombre de columnas, sin la redundancia y la pérdida de la integridad referencial debido a la *desnormalización*.

1.3.5.3.3 *Particionamiento*

El *particionamiento* se refiere al proceso de dividir una tabla. Se realiza para facilitar el archivado y para mejorar el rendimiento de las consultas. El Particionamiento puede ser vertical (separación de grupos de columnas) u horizontal (separación de grupos de filas).

- **División vertical:** Para reducir las consultas, se crea un subconjunto de tablas que contienen los subconjuntos de columnas. Por ejemplo, dividir una tabla de clientes en dos, basada en si los campos son más estáticos o volátiles (para mejorar la carga / rendimiento de índices), o en base a si los campos son comúnmente o no incluidos en consultas (para mejorar el rendimiento de escaneo de tabla).
- **División horizontal:** Para reducir las consultas, se crea un subconjunto de tablas utilizando el valor de una columna como el diferenciador. Por ejemplo, crear tablas de clientes regionales que contienen sólo los clientes en una región específica.

1.3.5.3.4 Desnormalización

Desnormalización es la transformación deliberada de las entidades de modelo lógico normalizado de los datos en tablas físicas con las estructuras de datos redundantes o duplicadas. En otras palabras, la desnormalización intencionalmente pone un atributo en varios lugares. Hay varias razones para *desnormalizar* los datos. La primera es para mejorar el rendimiento por:

- Combinar datos de varias otras tablas con anticipación para evitar el costoso tiempo de ejecución de los joins
- Crear copias de datos pequeñas, previamente filtradas para reducir el costoso tiempo de ejecución de cálculos y/o escaneos de tablas grandes
- Precálculo y almacenamiento de cálculos de datos costosos para evitar la competencia por los recursos de sistema al tiempo de ejecución

La Desnormalización puede utilizarse también para hacer cumplir seguridad de usuario por segregación de datos en múltiples vistas o copias de tablas según las necesidades de acceso.

Este proceso introduce un riesgo de errores debido a la duplicación de datos. Por lo tanto, la desnormalización se elige con frecuencia si las estructuras como vistas y particiones se quedan cortas en la producción de un diseño físico eficiente. Es una buena práctica implementar controles de calidad de datos para asegurar que las copias de los atributos se almacenan correctamente. En general, *desnormalice* sólo para mejorar el rendimiento de la consulta de base de datos o para facilitar la aplicación de la seguridad de usuarios.

Aunque el término desnormalización se utiliza en esta sección, el proceso no se aplica sólo a modelos de datos relacionales. Por ejemplo, uno puede desnormalizar una base de datos de documentos, pero se llamaría de forma diferente – como *incorporación*.

En el modelado de datos dimensional, la desnormalización se llama *colapsar* o *combinar*. Si cada dimensión se contrae en una sola estructura, el modelo de datos resultante se llama un *Esquema de Estrella* (ver figura 51). Si las dimensiones no se contraen, el modelo de datos resultante se llama un *Copo de Nieve* (ver figura 49).

1.3.6 Normalización

La Normalización es el proceso de aplicación de las reglas para organizar la complejidad del negocio en estructuras de datos estables. El objetivo básico de la normalización es mantener cada atributo en un único lugar para eliminar la redundancia y las inconsistencias que pueden resultar de redundancia. El proceso requiere un profundo conocimiento de cada atributo y la relación de cada atributo con su llave primaria.

Las reglas de normalización ordenan los atributos según llaves primarias y foráneas. Las reglas de normalización se clasifican en niveles, con cada nivel aplicando granularidad y especificidad en la búsqueda de las llaves primarias y foráneas correctas. Cada nivel comprende una forma normal, y cada nivel sucesivo no necesita incluir los niveles anteriores. Los niveles de normalización son:

- **Primera forma normal (1NF):** Asegura que cada entidad tiene una llave primaria válida y cada atributo depende de la llave primaria; elimina grupos repetidos y asegura que cada atributo es atómico (no multi-valor). La 1NF incluye la resolución de relaciones muchos a muchos con una entidad adicional a menudo se llama una entidad asociativa.
- **Segunda forma normal (2NF):** Asegura que cada entidad tiene una llave primaria mínima y que cada atributo depende de la llave primaria completa.
- **Tercera forma normal (3NF):** Asegura que cada entidad no tiene ocultadas llaves primarias y que cada atributo no depende de atributos fuera de la llave ("la llave, la llave completa y nada más que la llave").
- **Boyce Codd forma normal (BCNF):** Resuelve la superposición llaves candidato complejas. Una llave candidata es una llave primaria o una llave alterna. 'Compleja' significa más de uno (es decir, dos o más atributos en las llaves primarias o alternas de la entidad), y 'superposición' significa que hay reglas de negocio escondidas entre las llaves.
- **Cuarta forma normal (4NF):** Resuelve todas las relaciones muchos a muchos a muchos (y más allá) en pares hasta que no pueden dividirse en piezas más pequeñas.
- **Quinta forma normal (5NF):** Resuelve las dependencias entre entidades en pares básicos y todas las dependencias unidas usan partes de las llaves primarias.

El término *modelo normalizado* generalmente significa que los datos están en 3NF. Las situaciones que requieren BCNF, 4NF y 5NF ocurren raramente.

1.3.7 Abstracción

Abstracción es la eliminación de los detalles de tal manera que se amplía la aplicabilidad a una gran variedad de situaciones conservando las propiedades importantes y la naturaleza esencial de conceptos o temas. Un ejemplo de abstracción es la estructura de **Participante/Rol**, que puede utilizarse para capturar cómo personas y organizaciones desempeñan ciertos roles (por ejemplo, empleado y cliente). No todos los modeladores o desarrolladores de sienten confortables con, o tienen la capacidad de trabajar con la abstracción. El modelador debe sopesar el costo de desarrollar y mantener una estructura abstracta versus la cantidad de retrabajo requerido si la estructura sin abstraer tiene que ser modificada en el futuro (Giles 2011).

La Abstracción incluye *generalización* y *especialización*. La generalización agrupa los atributos comunes y relaciones de las entidades en entidades *súper tipo*, mientras que la especialización separa atributos distintivos en una entidad en entidades *subtipo*. Esta especialización se basa generalmente en valores de atributo dentro de una instancia de entidad.

Los subtipos pueden ser creados utilizando *roles* o *clasificación* para separar las instancias de una entidad en grupos, por función. Un ejemplo es **Participante**, que puede tener subtipos **Individual** y **Organización**.

La *relación de subclasificación* implica que todas las propiedades del súper tipo se heredan a los subtipos. En el ejemplo relacional que se muestra en la figura 52, **Universidad** y **Preparatoria** son subtipos de **Escuela**.

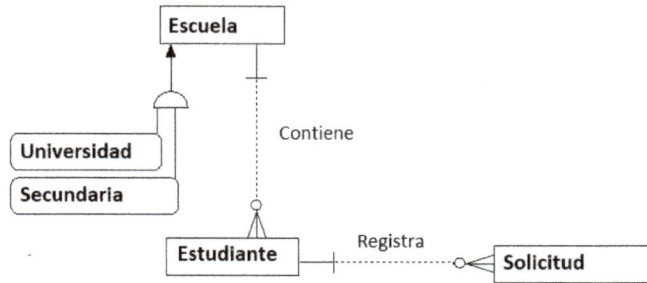

Figura 52 Relaciones de Subtipo y Super tipo

La subclasificación reduce redundancia en un modelo de datos. Incluso también hace más fácil comunicar las semejanzas en lo que parecen ser entidades distintas y separadas.

2. Actividades

Esta sección cubrirá brevemente los pasos para la construcción de modelos de datos conceptuales, lógicos y físicos, así como mantener y revisar los modelos de datos. Tanto la ingeniería hacia adelante y la ingeniería inversa se discutirán.

2.1 Plan De Modelado De Datos

Un plan para el modelado de datos contiene tareas como evaluar los requerimientos organizacionales, creando estándares y determinando el almacenamiento de los modelos de datos.

Loe entregables del proceso de modelado de datos incluyen:

- **Diagrama**: Un modelo de datos contiene uno o más diagramas. El diagrama es la forma visual que capta los requerimientos en forma precisa. Representa un nivel de detalle (p. ej., conceptual, lógico o físico), un esquema (relacional, dimensional, orientado a objetos, basado en hechos, basados en tiempo o NoSQL) y una notación dentro de ese esquema (p. ej., ingeniería de información, lenguaje unificado de modelado, modelado de roles de objetos).
- **Definiciones**: Las definiciones de entidades, atributos y relaciones son esenciales para mantener la precisión en un modelo de datos.
- **Problemas y cuestiones pendientes:** Con frecuencia el proceso de modelado de datos plantea cuestiones y preguntas que no pueden ser abordadas durante la fase de modelado de datos. Además, a menudo las personas o grupos responsables de resolver estos problemas o responder a estas preguntas residen fuera del grupo que está construyendo el modelo de datos. Por lo tanto, a menudo se entrega un documento que contiene el conjunto de cuestiones y preguntas pendientes actuales. Podría ser un ejemplo de una cuestión pendiente para el modelo de estudiante, "Si un **estudiante** se va y vuelve, ¿le asignan un **número de estudiante** diferente o mantienen su original **número de estudiante?**"
- **Linaje**: Para modelos de datos físicos y algunas veces lógicos, es importante conocer el linaje de datos, es decir, de dónde proceden los datos. El linaje a menudo toma la forma de un mapeo entre origen y destino, dónde uno puede capturar los atributos de sistema fuente y cómo se pueblan los atributos del sistema de destino. El linaje también puede rastrear los componentes del modelo de datos desde el conceptual al lógico y físico en el mismo

esfuerzo de modelado de datos. Hay dos razones por las que el linaje es importante de captar durante el modelado de datos. En primer lugar, el modelador de datos obtendrá un muy fuerte entendimiento de los requerimientos de datos y por lo tanto está en la mejor posición para determinar los atributos fuente. En segundo lugar, determinar los atributos fuente puede ser una herramienta efectiva para validar la precisión del modelo y el mapeo (es decir, una prueba de realidad).

2.2 Construir El Modelo De Datos

Para construir los modelos de datos, los modeladores a menudo dependen en gran medida del análisis previo y el trabajo de modelado. Ellos deberían estudiar los modelos de datos y bases de datos existentes, referirse a los estándares publicados e incorporar cualquier requerimiento de datos. Después de estudiar estas entradas, comienzan a construir el modelo. El modelado es un proceso muy iterativo (figura 53). Los modeladores bosquejan el modelo y regresan con los profesionales y analistas del negocio para aclarar términos y reglas de negocio. Luego actualizan el modelo y hacen más preguntas (Hoberman, 2014).

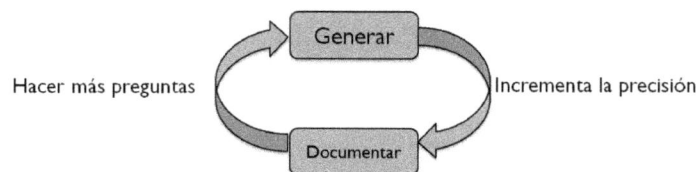

Figura 53 El Modelado es Iterativo

2.2.1 Ingeniería Hacia Adelante

Ingeniería delantera o hacia adelante es el proceso de construcción de una nueva aplicación iniciando con los requerimientos. El CDM se completa primero para entender el alcance de la iniciativa y la terminología clave dentro del alcance. Luego se completa el LDM para documentar la solución de negocios, seguida por el PDM para documentar la solución técnica.

2.2.1.1 Modelado De Datos Conceptual

La creación del CDM implica los siguientes pasos:

- **Seleccionar el esquema**: Decidir si el modelo de datos debe ser construido siguiendo un esquema relacional, dimensional, basado en hechos o NoSQL. Referirse a la discusión anterior del esquema y cuando elegir cada esquema (ver sección 1.3.4).
- **Seleccionar la notación**: Una vez seleccionado el esquema, elegir la notación apropiada, como la ingeniería de información o modelado de roles de objeto. Elegir una notación depende de los estándares dentro de una organización y la familiaridad de los usuarios de un modelo en particular con una notación particular.
- **Completar el CDM Inicial**: El CDM inicial debe capturar el punto de vista de un grupo de usuarios. No debe complicar el proceso tratando de averiguar cómo su punto de vista encaja con otros departamentos o con la organización como un todo.
  - Recoja los conceptos de más alto nivel (sustantivos) que existen para la organización. Conceptos comunes son Tiempo, Geografía, Cliente/Miembro/Consumidor, Producto/Servicio y Transacción.

- Después recoja las actividades (verbos) que se conectan estos conceptos. Las Relaciones pueden ir en ambos sentidos, o involucrar a más de dos conceptos. Ejemplos son: los clientes tienen múltiples Ubicaciones geográficas (hogar, trabajo, etc.), Las Ubicaciones Geográficas tienen muchos Clientes. Las Transacciones ocurren en un Tiempo, en una Instalación, para un Cliente, cuando se vende un Producto.
- **Incorporar la terminología de la empresa:** Una vez que el modelador de datos ha captado la visión de los usuarios en las cajas y líneas, lo siguiente es capturar la perspectiva de la empresa garantizando la coherencia con la terminología y reglas de la empresa. Por ejemplo, habría un trabajo de reconciliación involucrados si un modelo de datos conceptual tuviera una entidad llamada **Cliente** y en la perspectiva de la empresa a este mismo concepto se le llama **Consumidor.**
- **Obtener firma:** Una vez finalizado el modelo inicial, asegúrese de que el modelo es revisado en cuanto a las mejores prácticas de modelado de datos, así como su capacidad para cumplir los requerimientos. La Verificación de que el modelo es correcto será suficiente generalmente por correo electrónico.

2.2.1.2 Modelado De Datos Lógicos

Un modelo de datos lógicos (LDM) captura los requisitos detallados dentro del ámbito del CDM.

2.2.1.2.1 Analizar Requerimientos De Información

Para identificar los requerimientos de información, uno debe primero identificar las necesidades de información de negocio, en el contexto de uno o más procesos de negocio. Como su entrada, los procesos de negocio requieren de productos de información que son a su vez el resultado de otros procesos de negocio. Los nombres de estos productos de información a menudo identifican un vocabulario esencial de negocios que sirve de base para el modelado de datos. Independientemente de si se han diseñado procesos o datos secuencialmente (en cualquier orden), o al mismo tiempo, el análisis y diseño efectivos deberían asegurar una vista relativamente equilibrada de datos (sustantivos) y procesos (verbos), con igual énfasis tanto en el proceso y como en el modelado de datos.

El análisis de requerimientos incluye la obtención, organización, documentación, revisión, refinamiento, aprobación y control de cambios de los requerimientos del negocio. Algunas de estos requerimientos identifican las necesidades del negocio de datos e información. Exprese las especificaciones de los requerimientos en palabras y diagramas.

El modelado lógico de datos es un medio importante de expresar requerimientos de datos del negocio. Para muchas personas aplica lo que dice el viejo refrán, 'una imagen vale más que mil palabras'. Sin embargo, algunas personas no se relacionan fácilmente con los dibujos; se relacionan mejor con informes y tablas creadas con herramientas de modelado de datos.

Muchas organizaciones tienen requerimientos formales. La administración puede guiar la elaboración y refinación de las declaraciones de requerimientos formales, como «El sistema deberá...» Los documentos de especificaciones de requerimientos de datos escritos se pueden mantener utilizando herramientas de gestión de requerimientos. Las especificaciones que son reunidas en el contenido de dicha documentación se deben sincronizar cuidadosamente con los requerimientos capturados en los modelos de datos para facilitar el análisis de impacto, de manera que uno puede responder a preguntas como "¿qué partes de mi modelo de datos representarán o implementarán el Requerimiento X?" o "¿por qué está aquí esta entidad?".

2.2.1.2.2 Analizar Documentación Existente

A menudo puede ser un gran arranque utilizar artefactos preexistentes de datos, incluyendo bases de datos y modelos de datos ya construidos. Aunque los modelos de datos sean obsoletos, algunas partes pueden ser útiles para iniciar un nuevo modelo. Asegúrese de que, no obstante, cualquier trabajo basado en artefactos existentes sea validado por los SME (Subject Matter Expert- Especialista en al Materia) en cuanto a precisión y aceptación. Las empresas utilizan a menudo aplicaciones preconfiguradas, como los sistemas Planeador de Recursos Empresarial (Enterprise Resource Planning - ERP), que tienen sus propios modelos de datos. La creación del LDM debe tener en cuenta estos modelos de datos y uso, en su caso, o mapearlos al nuevo modelo de datos empresarial. Además, sería útil tener patrones de modelado, tales como una forma estándar de modelar el concepto Rol Participante. Numerosos modelos de datos de la industria capturan cómo una industria genérica, como la venta o fabricación, debe ser modelada. Estos patrones o modelos de datos de industria se pueden personalizar para trabajar en determinado proyecto o iniciativa.

2.2.1.2.3 Agregar Entidades Asociativas

Las entidades asociativas se usan para describir relaciones muchos a muchos (o muchos-a-muchos-a-muchos, etc.). Una entidad asociativa toma los atributos identificativos de las entidades que participan en la relación y los pone en una nueva entidad que simplemente describe la relación entre las entidades. Esto permite la adición de atributos para describir esa relación, como las fechas efectivas y de caducidad. Las entidades asociativas pueden tener más de dos padres. Las entidades asociativas pueden ser nodos en bases de datos de grafos. En el modelado dimensional, las entidades asociativas se convierten generalmente tablas de hechos.

2.2.1.2.4 Añadir Atributos

Agregue atributos a las entidades conceptuales. Un atributo en un modelo lógico de los datos debe ser atómico. Debe contener uno y sólo un dato (hecho) que no puede dividirse en trozos más pequeños. Por ejemplo, un atributo conceptual denominado número de teléfono se divide en varios atributos lógicos para el código de tipo de teléfono (casa, oficina, fax, móvil, etc.), código de país, (1 para Estados Unidos y Canadá), código de área, prefijo, número de teléfono base y extensión.

2.2.1.2.5 Asignar Dominios

Los dominios, que fueron discutidos en la sección 1.3.3.4, permiten la consistencia en el formato y valores dentro y a través de proyectos. **Monto de la Matricula del Estudiante** y **Monto del sueldo del Instructor** pueden asignarse al dominio **monto**, por ejemplo, que será un dominio de estándar monetario.

2. 2.1.2.6 Asignar Llaves

Los atributos asignados a las entidades son atributos llave o no llave. Un atributo llave ayuda a identificar una única instancia de entidad de todas las demás, ya sea totalmente (por sí mismo) o parcialmente (en combinación con otros elementos llave). Los atributos no llave describen la instancia de entidad, pero no ayudan a identificarlo de forma única. Identifique las llaves primarias y alternas.

2.2.1.3 Modelado De Datos Físico

Los modelos de datos lógicos requieren modificaciones y adaptaciones para que el diseño resultante se comporte bien dentro del almacenamiento de las aplicaciones. Por ejemplo, los cambios requeridos para alojar en Microsoft Access serían diferentes a los cambios requeridos para alojar en Teradata. A futuro, se utilizará el término *tabla* para referirse a las tablas, archivos y esquemas; el término *columna* para referirse a columnas, campos y elementos; y el término *fila* para referirse a filas, registros o instancias.

2.2.1.3.1 Resolver Abstracciones Lógicas

Las entidades de abstracción lógica (súper tipos y subtipos) se convierten en objetos independientes en el diseño físico de la base de datos utilizando uno de dos métodos.

- **Absorción de subtipo:** Los atributos de entidad subtipo se incluyen como columnas que aceptan valores nulos en una tabla que representa la entidad súper tipo.
- **Partición de súper tipo:** Los atributos de la entidad súper tipo se incluyen en tablas separadas creadas para cada subtipo.

2.2.1.3.2 Añadir Detalles de Atributos

Añada detalles al modelo físico, como el nombre técnico de cada tabla y columna (bases de datos relacionales), o archivo y campo (bases de datos no relacionales), o esquema y elemento (bases de datos XML).

Defina el dominio físico, tipo de datos físico y longitud de cada columna o campo. Agregue restricciones apropiadas (por ejemplo, aceptación de valores NULL y valores default) columnas o campos, sobre todo por las restricciones de NOT NULL.

2.2.1.3.3 Añadir Objetos De Datos De Referencia

Los grupos pequeños de valores de Datos de Referencia se pueden establecer en el modelo de datos lógico se puede implementar en un modelo físico de tres maneras comunes:

- **Crear una tabla de códigos correspondiente por separado:** Dependiendo del modelo, estos pueden ser numerosamente inmanejable.
- **Crear una tabla de código compartido:** Para los modelos con un gran número de tablas de códigos, esto puede contraerlas en una tabla, sin embargo, esto significa que un cambio a la lista una referencia cambiará toda la tabla. También tenga cuidado para evitar colisiones en códigos de valor.
- **Incluir reglas o códigos válidos en la apropiada definición del objeto:** Crear una restricción en el código de definición de objeto que incorpora la regla o lista. Para listas de códigos que sólo se utilizan como referencia para un objeto, esto puede ser una buena solución.

2.2.1.3.4 Asignar Llaves Sustitutas

Asignar valores llave únicos que no son visibles para el negocio y no tienen ningún significado o relación con los datos que le corresponden. Este es un paso opcional y depende principalmente de si la llave natural es grande, compleja, y cuyos atributos se les asignan valores que podrían cambiar con el tiempo.

Si una llave sustituta es asignada a la llave primaria de una tabla, asegúrese de que hay una llave alterna en la llave primaria original. Por ejemplo, si en el LDM la llave primaria de **Estudiante** era **Nombre Estudiante**, **Apellido Estudiante** y **Fecha de Nacimiento Estudiante** (es decir, una llave primaria compuesta), en el PDM la llave principal para **Estudiantes** puede ser la llave sustituta **ID de Estudiante**. En este caso, debe existir una llave alterna definida en la llave principal original de **Nombre Estudiante**, **Apellido Estudiante** y **Fecha de Nacimiento Estudiante**.

2.2.1.3.5 Desnormalizar Para Rendimiento

En algunas circunstancias, desnormalizar o añadir redundancia puede mejorar el rendimiento tanto que compensa el costo del proceso de sincronización y almacenamiento duplicado. Las estructuras dimensionales son los principales medios de desnormalización.

2.2.1.3.6 Índice para Rendimiento

Un índice es un camino alterno para acceder a los datos en la base de datos para optimizar el rendimiento de las consultas (recuperación de datos). La indexación puede mejorar el rendimiento de las consultas en muchos casos. La administrador o desarrollador de base de datos debe seleccionar y definir los índices apropiados para tablas de la base de datos. La mayoría de los productos de RDBMS soportan muchos tipos de índices. Los índices pueden ser únicos o no únicos, agrupados o no agrupados, particionados o sin particiones, una sola columna o varias columnas, b-tree o mapa de bits o hash. Sin un índice apropiado, el DBMS volverá a leer cada fila de la tabla (escaneo de tabla) para recuperar los datos. En tablas grandes, esto es muy costoso. Trate de crear índices sobre tablas de gran tamaño para soportar las consultas más frecuentes, utilizando las columnas que más frecuentemente se hace referencia, especialmente llaves (primaria, alternas y foráneas).

2.2.1.3.7 Partición Para Rendimiento

Se debe dar gran consideración a la estrategia de partición en general del modelo de datos (dimensional) especialmente cuando los hechos contienen muchas llaves dimensionales opcionales (escasas). Idealmente, se recomienda *particionar* en una llave de fecha; cuando esto no es posible, un estudio es necesario basado en resultados de perfiles y análisis de la carga de trabajo para proponer y refinar el modelo de partición subsecuente.

2.2.1.3.8 Crear Vistas

Las vistas se pueden utilizar para controlar el acceso a ciertos elementos de datos, o para incorporar condiciones de combinación comunes o filtros para estandarizar objetos o consultas comunes. Las vistas deben estar basadas en requerimientos. En muchos casos, necesitan ser desarrollados mediante un proceso que refleje el desarrollo del LDM y PDM.

2.2.2 Ingeniería Inversa

La ingeniería inversa es el proceso de documentar una base de datos existente. El PDM se termina primero para entender el diseño técnico de un sistema existente, seguido de un LDM para documentar la solución de negocios que cumpla con el sistema existente, seguido por el CDM para documentar el alcance y la terminología clave dentro del sistema existente. La mayoría de las herramientas de modelado de datos soportan la ingeniería inversa de una variedad de bases de datos; sin embargo, crear un diseño legible de los elementos del modelo todavía requiere a un modelador. Hay varias plantillas comunes (ortogonales, dimensionales y jerárquicas) que pueden ser seleccionados para iniciar el proceso, pero la organización contextual (agrupación de entidades por tema o función) es todavía en gran parte un proceso manual.

2.3 Revisión De Los Modelos De Datos

Como ocurre con otras áreas de TI, los modelos requieren control de calidad. Se deben emplear prácticas de mejora continua. Técnicas como el tiempo de retorno de valor, los costos de soporte y validadores de calidad modelo de datos como el Data Model Scorecard® (Hoberman, 2009), se pueden utilizar para evaluar la precisión, *completez* y consistencia del modelo. Una vez el CDM, LDM y PDM están completos, se convierten en herramientas muy útiles para cualquier rol que necesite comprender el modelo, desde analistas de negocios hasta los desarrolladores.

2.4 Mantener Los Modelos De Datos

Una vez que están construidos los modelos de datos, se necesitan mantener vigentes. Las actualizaciones al modelo de datos es necesario hacerlas cuando los requerimientos cambian y frecuentemente cuando cambian los procesos de negocio. Dentro de un proyecto específico, a menudo, cuando un nivel de modelo tiene que cambiar, el correspondiente modelo de nivel más alto tiene que cambiar. Por ejemplo, si se agrega una nueva columna a un modelo de datos físicos, con frecuencia esa columna debe añadirse como un atributo en el correspondiente modelo de datos lógico. Una buena práctica al final de cada iteración de desarrollo es hacer ingeniería inversa del último modelo de datos físicos y asegurarse de que es coherente con su correspondiente modelo de datos lógico. Muchas herramientas de modelado de datos automatizan este proceso de comparación entre físico y lógico.

3. Herramientas

Hay muchos tipos de herramientas que pueden ayudar a los modeladores de datos en la realización de su trabajo, incluyendo el modelado de datos, linaje, herramientas de perfilado de datos y repositorios de Metadatos.

3.1 Herramientas De Modelado De Datos

Las herramientas de modelado de datos son *software* que permite automatizar muchas de las tareas que realiza el modelador de datos. Las herramientas de modelado de datos simples proporcionan funcionalidad de dibujo básica, incluyendo una paleta de modelado de datos para que el usuario puede crear fácilmente las entidades y relaciones de datos. Estas herramientas básicas también soportan el *rubber banding*, que es el rediseño automático de líneas de relación cuando se mueven las entidades. Las herramientas más sofisticadas de modelado de datos soportan ingeniería hacia adelante de conceptual a lógica a física a las estructuras de base de datos, permitiendo la generación de lenguaje de definición de base de datos (DDL). La mayoría también soporta la ingeniería inversa de la base de datos hasta el modelo de datos conceptual. Estas herramientas más sofisticadas a menudo admiten funcionalidad como validación de estándares de denominación, correctores ortográficos, un lugar para almacenar Metadatos (por ejemplo, las definiciones y linaje) y características para compartir (tales como publicar en la *Web*).

3.2 Herramientas de Linaje

Una herramienta de linaje es un *software* que permite la captura y mantenimiento de las estructuras fuente para cada atributo en el modelo de datos. Estas herramientas permiten el análisis del impacto; es decir, uno puede utilizarlas para ver si un cambio en un sistema o parte del sistema tiene efectos en otro sistema. Por ejemplo, el atributo **Monto bruto de ventas** podría ser originado con información de varias aplicaciones y requiere un cálculo para ser llenado – las herramientas de linaje almacenan esta información. Microsoft Excel® frecuentemente se usa como herramienta de linaje. Aunque es fácil de usar y relativamente barata, Excel no permite el análisis del impacto real y conduce a la gestión manual de Metadatos. El linaje es capturado también con frecuencia en una herramienta de modelado de datos, repositorio de Metadatos o herramienta de integración de datos. (Ver capítulos 11 y 12).

3.3 Herramientas de Perfilado de Datos

Una herramienta de perfilado de datos puede ayudar a explorar el contenido de los datos, validarlo contra los Metadatos existentes e identificar diferencias/deficiencias de calidad de los datos, así como deficiencias en artefactos de datos existentes, como los modelos lógicos y físicos, DDL y las descripciones del modelo. Por ejemplo, si la empresa espera que un empleado pueda tener solamente un puesto de trabajo a la vez, pero el sistema muestra que los empleados tienen más de un puesto de trabajo en el mismo período, esto se registrarán como una anomalía de los datos. (Ver capítulos 8 y 13).

3.4 Repositorios De Metadatos

Un repositorio de Metadatos es una herramienta de *software* que almacena la información descriptiva sobre el modelo de datos, incluyendo el diagrama y el texto acompañante, como definiciones, junto con Metadatos procedentes de otras herramientas y procesos (desarrollo de *software* y herramientas de BPM, catálogos de sistema, etcétera). El repositorio debe permitir intercambio y la integración de Metadatos. Incluso más importante que el almacenamiento de los Metadatos es el intercambio de los Metadatos. Los Repositorios de Metadatos deben tener una forma fácil y accesible para las personas, para ver y navegar por el contenido del repositorio. Las herramientas de modelado de datos generalmente incluyen un depósito limitado. (Ver capítulo 13).

3.5 Patrones De Modelo De Datos

Patrones de modelo de datos son estructuras reutilizables de modelado que se pueden aplicar a una amplia clase de situaciones. Hay patrones de modelado elementales, de ensamblado y de integración. Los patrones elementales son las tuercas y pernos de modelado de datos. Incluyen formas para resolver relaciones muchos a muchos y para construir jerarquías que se auto referencian. Los patrones de ensamblado representan los bloques que abarcan el mundo del modelador de datos y del negocio. Las personas en áreas de negocios pueden entenderlos - activos, documentos, personas y organizaciones y similares. Igualmente, importante, son a menudo el tema de patrones de modelo de datos publicados que pueden dar al modelador diseños probados, robustos, extensibles y aplicables.

Los patrones de integración proporcionan el marco para vincular los patrones de ensamblado de manera común (Giles, 2011).

3.6 Modelos de Datos de Industria

Los modelos de datos de industria son modelos de datos *preconstruidos* para toda una industria, tales como salud, telecomunicaciones, seguros, banca o manufactura. Estos modelos son a menudo muy detallados y amplios en alcance. Algunos modelos de datos de la industria contienen miles de entidades y atributos. Los modelos de datos de la industria pueden comprar a través de proveedores o se pueden obtener a través de grupos de la industria tales como ARTS (para tiendas minoristas), SID (para comunicaciones) o ACORD (para seguros).

Cualquier modelo de datos adquirido tendrá que ser modificado para adaptarse a una organización pues se habría desarrollado de las necesidades de otras varias organizaciones. El nivel de personalización requerido dependerá de qué tan cercano está el modelo a las necesidades de una organización, y qué tan detalladas están las partes más importantes. En algunos casos, puede ser una referencia para los esfuerzos en curso de una organización para ayudar a los modeladores a hacer modelos más completos. En otros, puede ahorrar simplemente al modelador de datos cierto esfuerzo de entrada de datos para elementos comunes anotados.

4. Mejores Prácticas

4.1 Buenas Prácticas En Convenciones de Nomenclatura

El registro de Metadatos ISO 11179, una norma internacional para representar Metadatos en una organización contiene varias secciones relacionadas con estándares de datos, incluyendo nombres de atributos y definiciones de la escritura.

Los estándares de modelado de datos y diseño de bases de datos sirven como principios rectores para satisfacer de forma efectiva las necesidades de datos del negocio, cumplir con la Arquitectura Empresarial y la Arquitectura de Datos (ver capítulo 4) y asegurar la calidad de los datos (ver capítulo 13). Los arquitectos de datos, analistas de datos y administradores de base de datos deben desarrollar en conjunto estas normas. Deben complementar y no conflictuar con los estándares relacionados de TI.

Publique los estándares de nomenclatura para modelos de datos y bases de datos para cada tipo de objeto del modelo y objetos de la base de datos. Los estándares de nomenclatura son particularmente importantes para las entidades, tablas, atributos, llaves, vistas e índices. Los nombres deben ser únicos y tan descriptivos como sea posible.

Los nombres lógicos deben ser significativos para los usuarios de negocio, usando palabras completas tanto como sea posible y evitando todas las abreviaturas excepto las más conocidas. Los nombres físicos deben ajustarse a la longitud máxima permitida por el DBMS, use abreviaturas cuando sea necesario. Mientras que los nombres lógicos utilizan espacios en blanco como separadores entre palabras, los nombres físicos utilizan típicamente subraya como separadores de palabras.

Los estándares de nomenclatura deben minimizar los cambios de nombre entre ambientes. Los nombres no deben reflejar su ambiente específico, tales como prueba, control de calidad o producción. Las palabras de clase, que son los términos al final de los nombres de atributos tales como cantidad, nombre y código, pueden utilizarse para distinguir los atributos de las entidades y los nombres de columna de los nombres de tabla. También pueden mostrar los atributos y las columnas que son más bien cuantitativas que cualitativas, que puede ser importante al analizar el contenido de las columnas.

4.2 Buenas Prácticas en el diseño de Base De Datos

En el diseño y construcción de la base de datos, el DBA debe tener los siguientes principios de diseño en cuenta (recordar el acrónimo PRISM):

- **Rendimiento y facilidad de uso (Performance)**: Garantice el acceso rápido y fácil a los datos para usuarios autorizados y de forma útil y relevante para el negocio, maximizando el valor para el negocio de las aplicaciones y datos.
- **Reutilización**: La estructura de la base de datos debe asegurarse de que, en su caso, varias aplicaciones pueden utilizar los datos y que los datos pueden servir a múltiples propósitos (por ejemplo, análisis de negocio, mejora de la calidad, planificación estratégica, gestión de relaciones con clientes y mejora de procesos). Evitar el acoplamiento de bases de datos, estructura de datos o un objeto de datos para una sola aplicación.
- **Integridad**: Los datos siempre debe tener un significado y valor válido para el negocio, independientemente del contexto, y siempre debe reflejar un estado válido de la empresa. Haga cumplir las restricciones de integridad de datos tan cerca de los datos como sea posible e inmediatamente detecte e informe sobre las violaciones de las restricciones de integridad de datos.
- **Seguridad**: Datos verdaderos y exactos siempre deben estar inmediatamente disponibles para los usuarios autorizados, pero sólo a ellos. El cuidado de la privacidad de todas las partes interesadas, incluyendo clientes, socios comerciales y los reguladores del gobierno, deben cumplirse. Haga cumplir la seguridad de los datos, como la integridad de los datos tan cerca de los datos como sea posible e inmediatamente detecte y reporte las violaciones de seguridad.
- **Mantenimiento**: Realice todo el trabajo de datos a un costo que dé valor al asegurar el costo de crear, almacenar, mantener, usar y eliminar datos no supera el valor que tienen para la organización. Asegure la respuesta más rápida posible a los cambios en los procesos de negocio y nuevos requerimientos del negocio.

5. Gobierno de Modelos De Datos

5.1 Gestión De La Calidad del Modelado y Diseño de Datos

Los diseñadores y analistas de datos actúan como intermediarios entre los consumidores de información (las personas con requerimientos de negocio para los datos) y los productores de datos que capturan los datos de forma utilizable. Los profesionales de datos deben equilibrar los requerimientos de los consumidores de la información y los requerimientos aplicativos de los productores de datos.

Los profesionales de datos también deben equilibrar los intereses de negocio a corto plazo versus los de largo plazo. Los consumidores de información necesitan los datos de manera oportuna para satisfacer obligaciones a corto plazo de la empresa y tomar ventaja de las oportunidades de negocio actuales. Los equipos de proyectos de desarrollo de sistemas deben cumplir con las limitaciones de tiempo y presupuesto. Sin embargo, también deben cumplir los intereses a largo plazo de todas las partes interesadas garantizando que los datos de una organización residen en las estructuras de datos que son seguras, recuperables, compartibles y reutilizables, y que estos datos son tan correctos, oportunos, relevantes y útiles como sea posible. Por lo tanto, modelos de datos y los diseños de base de datos deben tener un equilibrio razonable entre las necesidades a corto plazo y las necesidades a largo plazo de la empresa.

5.1.1 Desarrollar Estándares De Modelado y Diseño De Datos

Como se mencionó previamente (en la sección 4.1) los estándares de modelado y diseño de base de datos proporcionan principios rectores para satisfacer requerimientos de datos de negocio, de acuerdo con los estándares de la Arquitectura Empresarial y de la Arquitectura de Datos y asegura la calidad de los datos. Los estándares de Modelado y Diseño de base de datos deben incluir lo siguiente:

* Una lista y descripción de los entregables estándar de modelado de datos y diseño de bases de datos
* Una lista de nombres estándar, abreviaturas aceptables y reglas de abreviatura para las palabras poco comunes, que se aplican a todos los objetos del modelo de datos
* Una lista de formatos de nomenclatura estándar para todos los objetos de modelo de datos, incluyendo palabras de clase para atributos y columnas
* Una lista y descripción de los métodos estándar para crear y mantener estos entregables
* Una lista y descripción de los roles y responsabilidades para el modelado y diseño de base de datos
* Una lista y descripción de todas las propiedades de Metadatos capturados en el modelado y diseño de base de datos, incluyendo ambos, Metadatos de negocio y técnicos. Por ejemplo, las directrices pueden establecer la expectativa de que el modelo de datos debe capturar el linaje para cada atributo.
* Expectativas y requerimientos de la calidad de los Metadatos (ver capítulo 13)
* Directrices sobre cómo usar herramientas de modelado de datos
* Directrices para preparar y liderar revisiones de diseño
* Directrices para el control de versiones de los modelos de datos
* Prácticas que no son recomendables

5.1.2 Revisión de la calidad del Modelo de datos y el Diseño de la Base de Datos

Los equipos de proyectos deben llevar a cabo revisiones de requerimiento y de diseño del modelo de datos conceptual, modelo de datos lógico y del diseño físico de bases de datos. La agenda de las reuniones de revisión debe incluir puntos para revisar el modelo de partida (si existe), los cambios realizados en el modelo y otras opciones que fueron consideradas y rechazadas, y qué tan bien el nuevo modelo se ajusta a los estándares de arquitectura o modelado establecidos.

Conduzca revisiones de diseño con un grupo de expertos que representen diferentes opiniones, habilidades, expectativas y orígenes. Se puede requerir de un mandato ejecutivo para obtener recursos expertos asignados a estas revisiones. Los participantes deben ser capaces de discutir diferentes puntos de vista y llegar a un consenso de grupo sin conflictos personales, ya que todos los participantes comparten el objetivo común de promover el diseño más práctico, con mejor desempeño y más usable. Presida cada revisión del diseño con un líder que facilite la reunión. El líder crea y sigue una agenda, asegura que toda la documentación necesaria está disponible y distribuida; solicita las aportaciones de todos los participantes, mantiene orden y mantiene la reunión en movimiento y resume resultados de consenso del grupo. Muchas revisiones de diseño usan a un escribano para capturar puntos de discusión.

En revisiones donde no hay ninguna aprobación, el modelador debe rehacer el diseño para resolver los problemas. Si hay problemas que el modelador no puede resolver por su cuenta, debe dar la última palabra al dueño del sistema reflejado por el modelo.

5.1.3 Gestión de Versiones del Modelo de Datos e Integración

Los modelos de datos y otras especificaciones de diseño requieren un control de cambios cuidadoso, al igual que las especificaciones de requerimientos y otros productos SDLC. Tenga en cuenta cada cambio a un modelo de datos para preservar el linaje de los cambios en el tiempo. Si un cambio afecta el modelo de datos lógico, como un requerimiento de datos de negocio nuevos o una actualización, el analista o arquitecto debe revisar y aprobar el cambio en el modelo. Cada cambio debe tener en cuenta:

- **Por qué** el proyecto o situación requiere el cambio
- **Qué** y **Cómo** cambiaron los objetos, incluyendo a qué tablas se les agregaron, modificaron o eliminaron columnas, etc.
- **Cuando** fue aprobado el cambio y cuando el cambio se realizó en el modelo (no necesariamente cuando el cambio se implementó en un sistema)
- **Quién** hizo el cambio
- **Dónde** el cambio fue hecho (en qué modelos)

Algunas herramientas de modelado de datos incluyen repositorios que proporcionan la funcionalidad de control de versiones y la integración de modelo de datos. De lo contrario, preserve los modelos de datos en las exportaciones DDL o archivos XML, registrando su entrada y salida de un sistema estándar de gestión de código fuente, así como se hace con el código de la aplicación.

5.2 Métricas de Modelado de Datos

Hay varias maneras de medir la calidad de un modelo de datos, y todas requieren un estándar de comparación. Un método que se utilizará para proporcionar un ejemplo de validación del modelo de datos es The Data Model Scorecard®, que proporciona 11 métricas de calidad del modelo de datos: una para cada una de las diez categorías que conforman el cuadro de mando y una puntuación general sobre todas las diez categorías (Hoberman, 2015). La Tabla 11 contiene la plantilla del cuadro de mando

La columna de puntuación del modelo contiene evaluación del revisor de que tanto un modelo en particular cumple los criterios de puntuación, con una puntuación máxima que es el valor que aparece en la columna de puntuación total. Por ejemplo, un revisor podría dar a un modelo una puntuación de 10 en ¿"Qué tan bien el modelo captura los requerimientos?" La columna de % presenta la puntuación del modelo de la categoría dividida por la puntuación Total de la categoría. Por ejemplo, recibir 10 puntos de 5 llevaría a un 66%. La columna de observaciones debe documentar la información que explica la puntuación en más detalle o captura los elementos de acción necesarios para corregir el modelo. La última fila contiene la puntuación total asignada al modelo, una suma de cada una de las columnas. A continuación, una breve descripción de cada categoría:

1. **¿Qué tan bien el modelo captura los requerimientos?** Aquí nos aseguramos de que el modelo de datos representa los requerimientos. Si hay un requerimiento para capturar información de la orden, en esta categoría comprobamos el modelo para asegurarse de que captura información de la orden. Si hay un requerimiento para ver el **Número de estudiantes** por **Semestre** y **Mayor**, en esta categoría nos aseguramos de que el modelo de datos soporta esta consulta.

Tabla 11 Plantilla del Data Model Scorecard®.

#	Categoría	Puntuación total	Modelo score	%	Comentarios
1	¿Qué tan bien el modelo captura los requerimientos?	15			
2	¿Qué tan completo está el modelo?	15			
3	¿Qué tan bien se ajusta el modelo a su esquema?	10			
4	¿Qué tan estructuralmente sólido es el modelo?	15			
5	¿Qué tan bien aprovecha el modelo las estructuras genéricas?	10			
6	¿Qué tan bien sigue el modelo los estándares de nomenclatura?	5			
7	¿Qué tan bien el modelo ha sido organizado para la legibilidad?	5			
8	¿Qué tan buenas son las definiciones?	10			
9	¿Qué tan coherente es el modelo con la empresa?	5			
10	¿Qué tan bien los metadatos coinciden con los datos?	10			
	PUNTUACIÓN TOTAL	100			

2. **¿Qué tan completo está el modelo?** La completitud aquí significa dos cosas: completitud de los requerimientos y la completitud de los Metadatos. Completitud de los requerimientos significa que cada requerimiento que se ha solicitado aparece en el modelo. También significa que el modelo de datos solo contiene lo que se pidió y nada extra. Es fácil añadir estructuras al modelo anticipando que se utilizarán en un futuro cercano; tomamos nota de estas secciones del modelo durante la revisión. El proyecto puede llegar a ser demasiado difícil para entregar si el modelo incluye algo que nunca se pidió. Tenemos que considerar el posible costo de incluir un requerimiento futuro en caso de que nunca ocurra. Completitud de los Metadatos significa que toda la información descriptiva que rodea el modelo también está presente; por ejemplo, si estamos revisando un modelo de datos físico, esperamos que aparezcan en el modelo el formato y la nulidad.

3. **¿Qué tan bien se ajusta el modelo a su esquema?** Aquí nos aseguramos que el nivel de detalle (conceptual, lógico o físico) y el esquema (p. ej., relacional, dimensional, NoSQL) del modelo que se está revisando coincide con la definición de este tipo de modelo.

4. **¿Qué tan estructuralmente sólido es el modelo?** Aquí validamos las prácticas de diseño empleadas para construir el modelo para garantizar que eventualmente se puede construir

una base de datos a partir del modelo de datos. Esto incluye evitar los problemas de diseño como dos atributos con exactamente el mismo nombre en la misma entidad o un atributo nulo en una llave primaria.

5. **¿Qué tan bien aprovecha el modelo las estructuras genéricas?** Aquí confirmamos un apropiado uso de la abstracción. Por ejemplo, de la entidad **Localización del Cliente** a una más genérica **Localización**, este diseño permite manejar más fácilmente otros tipos de lugares tales como almacenes y centros de distribución.

6. **¿Qué tan bien sigue el modelo los estándares de nomenclatura?** Aquí aseguramos que se han aplicado al modelo de datos los estándares de nomenclatura correctos y de forma consistente. Nos centramos en el estándar de nomenclatura, término y estilo. Estructura significa que se utilizan los bloques apropiados para entidades, relaciones y atributos. Por ejemplo, un bloque para un atributo sería el tema del atributo como 'Cliente' o 'Producto'. Término significa que se da un nombre apropiado al atributo o entidad. Término también incluye abreviatura y ortografía correcta. Estilo significa que el aspecto, tal como el uso de mayúsculas o tipografía tipo *camel case*, es consistente con las prácticas estándares.

7. **¿Qué tan bien ha sido organizado el modelo para la legibilidad?** Aquí nos aseguramos de que el modelo de datos es fácil de leer. Esta pregunta no es la más importante de las diez categorías. Sin embargo, si el modelo es difícil de leer, usted puede no revisar debidamente las categorías más importantes en el cuadro de mandos. Ubicando las Entidades padre sobre las entidades hijo, mostrando las entidades relacionadas juntas, y reduciendo al mínimo la longitud de las líneas de relación, todo esto mejora la legibilidad del modelo.

8. **¿Qué tan buenas son las definiciones?** Aquí nos aseguramos de que las definiciones son claras, completas y exactas.

9. **¿Qué tan coherente es el modelo con la empresa?** Aquí nos aseguramos de las estructuras en el modelo de datos se representan en un contexto amplio y consistente, de tal forma que se pueda hablar en la organización de un conjunto de términos y reglas. Las estructuras que aparecen en un modelo de datos deben ser consistentes en la terminología y el uso con estructuras que aparecen en los modelos de datos relacionados, e idealmente con el modelo de datos empresarial (EDM), si existe.

10. **¿Qué tan bien los Metadatos coinciden con los datos?** Aquí confirmamos que el modelo y los datos reales que se almacenarán dentro de las estructuras resultantes son coherentes. ¿La columna **Apellido Cliente** realmente contiene el apellido del cliente, por ejemplo? La categoría de datos está diseñada para reducir estas sorpresas y ayudar a asegurar que las estructuras en el modelo los datos coinciden con los datos que estas estructuras tendrán.

El cuadro de mando integral proporciona una evaluación global de la calidad del modelo e identifica áreas específicas de mejora.

---

6. Trabajos Citados / Recomendados

Ambler, Scott. Agile Database Techniques: Effective Strategies for the Agile Software Developer. Wiley and Sons, 2003. Print.

Avison, David and Christine Cuthbertson. A Management Approach to Database Applications. McGraw-Hill Publishing Co., 2002. Print. Information systems ser.

Blaha, Michael. UML Database Modeling Workbook. Technics Publications, LLC, 2013. Print.

Brackett, Michael H. Data Resource Design: Reality Beyond Illusion. Technics Publications, LLC, 2012. Print.

Brackett, Michael H. Data Resource Integration: Understanding and Resolving a Disparate Data Resource. Technics Publications, LLC, 2012. Print.

Brackett, Michael H. Data Resource Simplexity: How Organizations Choose Data Resource Success or Failure. Technics Publications, LLC, 2011. Print.

Bruce, Thomas A. Designing Quality Databases with IDEF1X Information Models. Dorset House, 1991. Print.

Burns, Larry. Building the Agile Database: How to Build a Successful Application Using Agile Without Sacrificing Data Management. Technics Publications, LLC, 2011. Print.

Carlis, John and Joseph Maguire. Mastering Data Modeling - A User-Driven Approach. Addison-Wesley Professional, 2000. Print.

Codd, Edward F. "A Relational Model of Data for Large Shared Data Banks". Communications of the ACM, 13, No. 6 (June 1970).

DAMA International. The DAMA Dictionary of Data Management. 2nd Edition: Over 2,000 Terms Defined for IT and Business Professionals. 2nd ed. Technics Publications, LLC, 2011. Print.

Daoust, Norman. UML Requirements Modeling for Business Analysts: Steps to Modeling Success. Technics Publications, LLC, 2012. Print.

Date, C. J. An Introduction to Database Systems. 8th ed. Addison-Wesley, 2003. Print.

Date, C. J. and Hugh Darwen. Databases, Types and the Relational Model. 3d ed. Addison Wesley, 2006. Print.

Date, Chris J. The Relational Database Dictionary: A Comprehensive Glossary of Relational Terms and Concepts, with Illustrative Examples. O'Reilly Media, 2006. Print.

Dorsey, Paul. Enterprise Data Modeling Using UML. McGraw-Hill Osborne Media, 2009. Print.

Edvinsson, Håkan and Lottie Aderinne. Enterprise Architecture Made Simple: Using the Ready, Set, Go Approach to Achieving Information Centricity. Technics Publications, LLC, 2013. Print.

Fleming, Candace C. and Barbara Von Halle. The Handbook of Relational Database Design. Addison Wesley, 1989. Print.

Giles, John. The Nimble Elephant: Agile Delivery of Data Models using a Pattern-based Approach. Technics Publications, LLC, 2012. Print.

Golden, Charles. Data Modeling 152 Success Secrets - 152 Most Asked Questions On Data Modeling - What You Need to Know. Emereo Publishing, 2015. Print. Success Secrets.

Halpin, Terry, Ken Evans, Pat Hallock, and Bill McLean. Database Modeling with Microsoft Visio for Enterprise Architects. Morgan Kaufmann, 2003. Print. The Morgan Kaufmann Series in Data Management Systems.

Halpin, Terry. Information Modeling and Relational Databases. Morgan Kaufmann, 2001. Print. The Morgan Kaufmann Series in Data Management Systems.

Halpin, Terry. Information Modeling and Relational Databases: From Conceptual Analysis to Logical Design. Morgan Kaufmann, 2001. Print. The Morgan Kaufmann Series in Data Management Systems.

Harrington, Jan L. Relational Database Design Clearly Explained. 2nd ed. Morgan Kaufmann, 2002. Print. The Morgan Kaufmann Series in Data Management Systems.

Hay, David C. Data Model Patterns: A Metadata Map. Morgan Kaufmann, 2006. Print. The Morgan Kaufmann Series in Data Management Systems.

Hay, David C. Enterprise Model Patterns: Describing the World (UML Version). Technics Publications, LLC, 2011. Print.

Hay, David C. Requirements Analysis from Business Views to Architecture. Prentice Hall, 2002. Print.

Hay, David C. UML and Data Modeling: A Reconciliation. Technics Publications, LLC, 2011. Print.

Hernandez, Michael J. Database Design for Mere Mortals: A Hands-On Guide to Relational Database Design. 2nd ed. Addison-Wesley Professional, 2003. Print.

Hoberman, Steve, Donna Burbank, Chris Bradley, et al. Data Modeling for the Business: A Handbook for Aligning the Business with IT using High-Level Data Models. Technics Publications, LLC, 2009. Print. Take It with You Guides.

Hoberman, Steve. Data Model Scorecard. Technics Publications, LLC, 2015. Print.Hoberman, Steve. Data Modeling Made Simple with ER/Studio Data Architect. Technics Publications, LLC, 2013. Print.

Hoberman, Steve. Data Modeling Made Simple: A Practical Guide for Business and IT Professionals. 2nd ed. Technics Publications, LLC, 2009. Print.

Hoberman, Steve. Data Modeling Master Class Training Manual. 7th ed. Technics Publications, LLC, 2017. Print.

Hoberman, Steve. The Data Modeler's Workbench. Tools and Techniques for Analysis and Design. Wiley, 2001. Print.

Hoffer, Jeffrey A., Joey F. George, and Joseph S. Valacich. Modern Systems Analysis and Design. 7th ed. Prentice Hall, 2013. Print.

IIBA and Kevin Brennan, ed. A Guide to the Business Analysis Body of Knowledge (BABOK Guide). International Institute of Business Analysis, 2009. Print.

Kent, William. Data and Reality: A Timeless Perspective on Perceiving and Managing Information in Our Imprecise World. 3d ed. Technics Publications, LLC, 2012. Print.

Krogstie, John, Terry Halpin, and Keng Siau, eds. Information Modeling Methods and Methodologies: Advanced Topics in Database Research. Idea Group Publishing, 2005. Print. Advanced Topics in Database Research.

Linstedt, Dan. Super Charge Your Data Warehouse: Invaluable Data Modeling Rules to Implement Your Data Vault. Amazon Digital Services. 2012. Data Warehouse Architecture Book 1.

Muller, Robert. J. Database Design for Smarties: Using UML for Data Modeling. Morgan Kaufmann, 1999. Print. The Morgan Kaufmann Series in Data Management Systems.

Needham, Doug. Data Structure Graphs: The structure of your data has meaning. Doug Needham Amazon Digital Services, 2015. Kindle.

Newton, Judith J. and Daniel Wahl, eds. Manual for Data Administration. NIST Special Publications, 1993. Print.

Pascal, Fabian. Practical Issues in Database Management: A Reference for The Thinking Practitioner. Addison-Wesley Professional, 2000. Print.

Reingruber, Michael. C. and William W. Gregory. The Data Modeling Handbook: A Best-Practice Approach to Building Quality Data Models. Wiley, 1994. Print.

Riordan, Rebecca M. Designing Effective Database Systems. Addison-Wesley Professional, 2005. Print.

Rob, Peter and Carlos Coronel. Database Systems: Design, Implementation, and Management. 7th ed. Cengage Learning, 2006. Print.

Schmidt, Bob. Data Modeling for Information Professionals. Prentice Hall, 1998. Print.

Silverston, Len and Paul Agnew. The Data Model Resource Book, Volume 3: Universal Patterns for Data Modeling. Wiley, 2008. Print.

Silverston, Len. The Data Model Resource Book, Volume 1: A Library of Universal Data Models for All Enterprises. Rev. ed. Wiley, 2001. Print.

Silverston, Len. The Data Model Resource Book, Volume 2: A Library of Data Models for Specific Industries. Rev. ed. Wiley, 2001. Print.

Simsion, Graeme C. and Graham C. Witt. Data Modeling Essentials. 3rd ed. Morgan Kaufmann, 2004. Print.

Simsion, Graeme. Data Modeling: Theory and Practice. Technics Publications, LLC, 2007. Print.

Teorey, Toby, et al. Database Modeling and Design: Logical Design, 4th ed. Morgan Kaufmann, 2010. Print. The Morgan Kaufmann Series in Data Management Systems.

Thalheim, Bernhard. Entity-Relationship Modeling: Foundations of Database Technology. Springer, 2000. Print.

Watson, Richard T. Data Management: Databases and Organizations. 5th ed. Wiley, 2005. Print.

CAPÍTULO 6

Almacenamiento de Datos y Operaciones

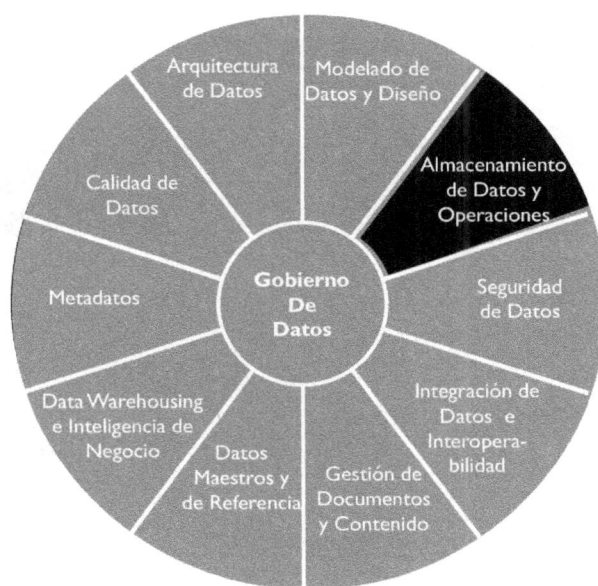

DAMA-DMBOK2 Marco de Referencia de Gestión de Datos

Copyright © 2017 by DAMA International

1. Introducción

El Almacenamiento de Datos y Operaciones incluye el diseño, la implementación y el soporte de los datos almacenados, para maximizar su valor a lo largo de todo su ciclo de vida, desde su creación/adquisición hasta su eliminación (véase el Capítulo 1). El Almacenamiento y Operaciones de Datos incluye dos subactividades:

- **El soporte de bases de datos:** Se centra en actividades relacionadas con el ciclo de vida de los datos, desde la implementación inicial de un entorno de base de datos, hasta la obtención, respaldo y purga de datos. También incluye asegurar que la base de datos funcione bien. La monitorización y el ajuste son fundamentales para el soporte de la base de datos.

- **El soporte tecnológico de las bases de datos:** Incluye la definición de requisitos técnicos que satisfagan las necesidades de la organización, la definición de la arquitectura técnica, la instalación y administración de la tecnología y la resolución de problemas relacionados a la misma.

Los administradores de bases de datos juegan un papel clave tanto en las operaciones de datos como en el almacenamiento. La función del DBA (Database Administrator - Administrador de Bases de Datos) es la función profesional de datos más establecida y ampliamente adoptada, y las prácticas de administración de bases de datos son quizás las que lograron mayor madurez entre todas las prácticas de gestión de datos. Los DBAs también juegan un papel dominante en la seguridad de los datos. (Ver Capítulo 7.)

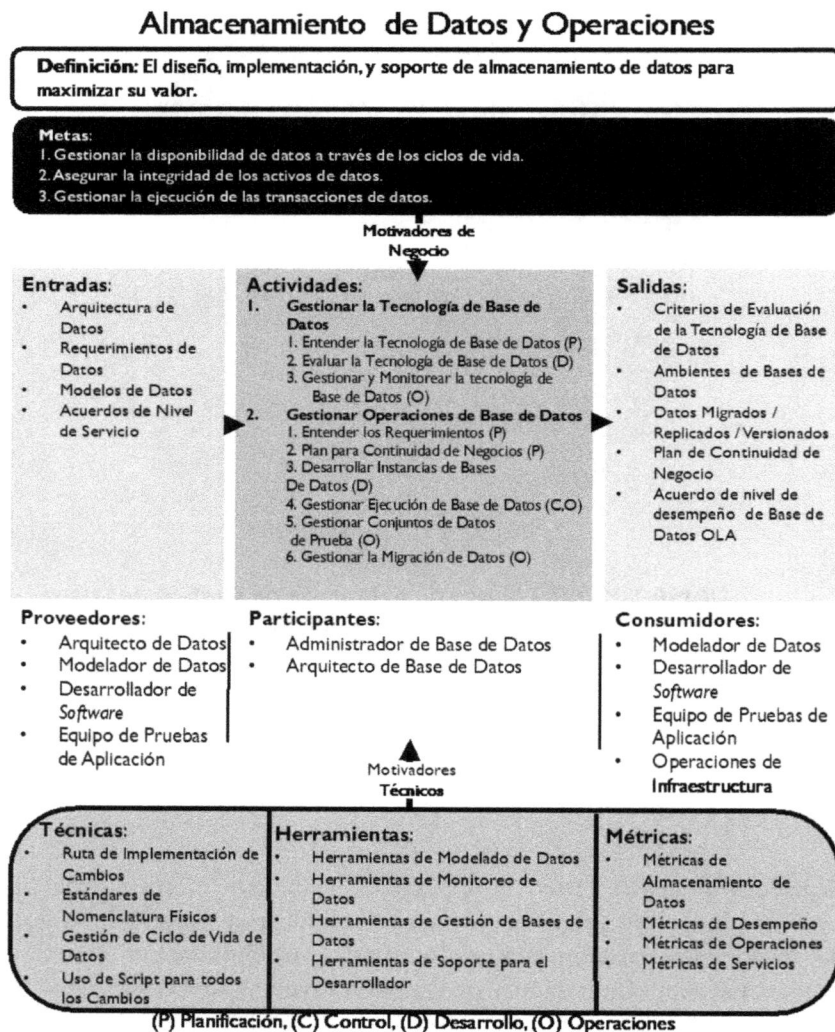

Figura 54 Diagrama de Contexto: Almacén de Datos y Operaciones

1.1 Motivadores de Negocio.

Las empresas confían en sus sistemas de información para llevar a cabo sus operaciones. Las actividades de la función Almacenamiento y Operaciones de Datos son cruciales para las organizaciones que dependen de éstos. La continuidad del negocio es el principal motor para el desarrollo de estas actividades. Si un sistema no está disponible, las operaciones de la empresa pueden verse afectadas o detenidas por completo. Una infraestructura de almacenamiento de datos fiable para las operaciones de IT (*Information Technology* - Tecnología de la Información) minimiza el riesgo de interrupción.

1.2 Metas y Principios

Las metas del Almacenamiento y Operaciones de Datos son:

- Gestionar la disponibilidad de los datos a lo largo de su ciclo de vida
- Garantizar la integridad de los activos de datos
- Gestionar el rendimiento de las transacciones de datos

El Almacenamiento y Operaciones de Datos representan un aspecto altamente técnico de la gestión de datos. Los DBAs y otras personas involucradas en este trabajo pueden cumplir mejor su función cuando siguen estos principios rectores:

- **Identificar y actuar sobre las oportunidades de automatización**: Automatice los procesos de desarrollo de bases de datos, desarrollando herramientas y procesos que acorten cada ciclo de desarrollo, reduzcan los errores, las revisiones y además minimicen el impacto en el equipo de desarrollo. De esta manera, los DBAs pueden adaptarse a enfoques más iterativos (ágiles) para el desarrollo de aplicaciones. Este trabajo de mejora debe realizarse en colaboración con el modelado de datos y la función de Arquitectura de Datos.
- **Construir pensando en la reutilización**: Desarrolle y promueva el uso de objetos de datos abstractos y reutilizables que eviten que las aplicaciones estén estrechamente vinculadas a los esquemas de la base de datos (lo que se denomina "desajuste de la impedancia objeto-relación"). Para ello existen varios mecanismos, entre los que se incluyen vistas de bases de datos, disparadores (*Triggers*), funciones y procedimientos almacenados, objetos de datos de aplicación y capas de acceso a datos, conjuntos de datos tipificados: XML y XSLT, ADO.NET y servicios *web*. El DBA debe ser capaz de evaluar el mejor enfoque de virtualización de datos. El objetivo final es hacer que el uso de la base de datos sea lo más rápido, fácil y menos costoso posible.
- **Comprender y aplicar adecuadamente las mejores prácticas**: Es requisito que los DBAs promuevan los estándares de las bases de datos y las mejores prácticas, pero deben ser lo suficientemente flexibles como para desviarse de ellos si se les dan razones aceptables para hacerlo. Los estándares de bases de datos nunca deben ser una amenaza para el éxito de un proyecto.
- **Conectar los estándares de la base de datos a los requisitos de soporte**: Por ejemplo, el SLA (Service Level Agreements - Acuerdos de Nivel de Servicio) puede reflejar los métodos recomendados por los DBAs y aceptados por los desarrolladores para garantizar la integridad y seguridad de los datos. El SLA debe reflejar la transferencia de responsabilidad de los DBAs al equipo de desarrollo siempre que ellos deban codificar sus propios

procedimientos de actualización de la base de datos o capa de acceso a los datos. Esto impide un enfoque de "todo o nada" de las normas.

- **Establecer expectativas para el papel del DBA en el trabajo del proyecto**: Asegurarse de que la metodología del proyecto incluya la incorporación del rol de DBA en la fase de definición del proyecto, dado que esto puede ayudar en todo el SDLC (Systems Development Life Cycle - Ciclo de Vida de Desarrollo de Sistemas). El DBA puede entender las necesidades del proyecto y los requisitos de soporte por adelantado. Esto mejorará la comunicación al aclarar las expectativas del equipo del proyecto con respecto a los datos. Tener un DBA primario y secundario dedicados durante las fases de análisis y diseño clarifica las expectativas sobre las tareas, estándares, esfuerzo de trabajo y cronogramas para las tareas de desarrollo del DBA. Los equipos también deben aclarar las expectativas de soporte para la fase de post-implementación.

1.3 Conceptos Esenciales

1.3.1 Términos y Conceptos de Base de Datos

La terminología asociada a base de datos es específica y técnica. Al trabajar como DBA o con DBAs, es importante entender las particularidades de este lenguaje técnico:

- **Base de datos**: Cualquier recopilación de datos almacenados, independientemente de su estructura o contenido. Algunas bases de datos grandes se refieren a instancias o esquemas.
- **Instancia**: Una ejecución de *software* de base de datos que controla el acceso a una determinada área de almacenamiento. Una organización normalmente tendrá múltiples instancias ejecutándose simultáneamente, usando diferentes áreas de almacenamiento. Cada instancia es independiente de todas las demás.
- **Esquema**: Un subconjunto de objetos de una base de datos contenidos en la base de datos o en una instancia. Los esquemas se utilizan para organizar los objetos en partes más manejables. Normalmente, un esquema tiene un propietario y una lista de acceso particular al contenido del esquema. Los usos comunes de los esquemas son aislar objetos que contienen datos sensibles de la base general de usuarios, o aislar vistas de sólo lectura de las tablas subyacentes en bases de datos relacionales. El esquema también se puede utilizar para referirse a una colección de estructuras de base de datos con algo en común.
- **Nodo**: Un ordenador individual que aloja el procesamiento o los datos como parte de una base de datos distribuida.
- **La abstracción de base de datos**: Esto significa que se utiliza una API (*Application Programming Interface* - Interfaz de Programación de Aplicación) para llamar a las funciones de la base de datos, de modo que una aplicación pueda conectarse a múltiples bases de datos diferentes sin que el programador tenga que conocer todas las llamadas de función para todas las bases de datos posibles. ODBC (*Open Database Connectivity* – Conectividad Abierta de Base de Datos) es un ejemplo de una API que permite la abstracción de bases de datos. Las ventajas incluyen la portabilidad; las desventajas incluyen la incapacidad de utilizar funciones específicas de la base de datos que no son comunes a todas las bases de datos.

1.3.2 Gestión Del Ciclo de Vida de los Datos

Los DBAs mantienen y aseguran la precisión y consistencia de los datos durante todo su ciclo de vida, a través del diseño, implementación y uso de cualquier sistema que almacene, procese o recupere datos. El DBA es el custodio de todos los cambios en la base de datos. Aunque muchas partes pueden solicitar cambios, el DBA define los cambios precisos que se deben realizar en la base de datos, implementa los cambios y los controla.

La gestión del ciclo de vida de los datos incluye la implementación de políticas y procedimientos para la adquisición, migración, retención, expiración y disposición de los datos. Es prudente preparar listas de control para asegurar que todas las tareas se realicen con un alto nivel de calidad. Los DBAs deben utilizar un proceso controlado, documentado y auditable para trasladar los cambios de la base de datos de la aplicación a los entornos de QA (*Quality Assurance* - Aseguramiento de Calidad) y Producción. Una solicitud de servicio aprobada por el gerente o una solicitud de cambio generalmente inicia el proceso. El DBA debe tener un plan de recuperación para revertir los cambios en caso de problemas.

1.3.3 Administradores

El papel del DBA es el más establecido y el más ampliamente adoptado. Los DBAs juegan los roles dominantes en el Almacenamiento y Operaciones de Datos, y los roles críticos en la Seguridad de Datos (ver Capítulo 7), el lado físico del modelado de datos, y el diseño de la base de datos (ver Capítulo 5). Los DBAs proporcionan soporte para el desarrollo, pruebas, control de calidad y entornos de bases de datos de uso especial.

Los DBAs no realizan exclusivamente todas las actividades de Almacenamiento y Operaciones de Datos. Esta es una tarea conjunta de los administradores de datos, arquitectos de datos, administradores de redes, analistas de datos y analistas de seguridad que participan en la planeación del rendimiento, la retención y la recuperación de datos. Estos equipos también pueden participar en la obtención y procesamiento de datos de fuentes externas.

Muchos DBAs se especializan en áreas de Producción, Aplicación, Procesos y Desarrollo. Algunas organizaciones también tienen el rol de NSA (*Network Storage Administrator* - Administradores de Almacenamiento de Red) que se especializan en soportar el sistema de almacenamiento de datos separadamente de las aplicaciones o estructuras de almacenamiento de datos.

En algunas organizaciones, cada función especializada depende de un área diferente dentro de TI. Los DBAs de producción pueden ser parte de los grupos de infraestructura de producción o de soporte a las aplicaciones operacionales. Los DBAs de Aplicaciones, Desarrollo y Procedimientos a veces están integrados en organizaciones de desarrollo de aplicaciones. Los NSAs usualmente están conectados con las organizaciones de infraestructura.

1.3.3.1 DBA de Producción

Los DBAs de producción asumen la responsabilidad principal de la gestión sobre las operaciones de datos, incluyendo:

- Garantía del rendimiento y la fiabilidad de la base de datos, mediante la optimización del rendimiento, la supervisión y la notificación de errores entre otras actividades
- Implementación de mecanismos de copia de seguridad y recuperación para garantizar que los datos se puedan recuperar si se pierden en cualquier circunstancia
- Implementación de mecanismos para la agrupación en *clusters* y la conmutación por error de la base de datos, si es que se requiere disponibilidad continua de los datos
- Ejecución de otras actividades de mantenimiento de bases de datos, como la implementación de mecanismos para archivar datos

Como parte de la gestión de las operaciones de datos, los DBAs de producción crean los siguientes entregables:

- Un entorno de base de datos de producción, incluyendo una instancia del DBMS (*Database Management System* – Sistema de Gestión de Base de Datos) en el servidor de soporte, de tamaño y capacidad suficientes para garantizar un rendimiento adecuado, configurado para el nivel correcto de seguridad, fiabilidad y disponibilidad. La Administración de Sistemas de Bases de Datos es responsable del entorno del DBMS.
- Mecanismos y procesos para la implementación controlada de cambios en las bases de datos del entorno de producción
- Mecanismos para garantizar la disponibilidad, integridad y capacidad de recuperación de datos en respuesta a todas las circunstancias que podrían resultar en la pérdida o corrupción de datos
- Mecanismos para detectar y reportar cualquier error que ocurra en la base de datos, el DBMS o el servidor de datos.
- Disponibilidad, recuperación y rendimiento de la base de datos de acuerdo con los acuerdos de nivel de servicio
- Mecanismos y procesos para supervisar el rendimiento de la base de datos a medida que varían las cargas de trabajo y los volúmenes de datos

1.3.3.2 DBA de Aplicación

Un DBA de aplicación es responsable de una o más bases de datos en todos sus entornos (desarrollo/prueba, control de calidad y producción), a diferencia de los administradores de sistemas de base de datos que sólo se ocupan de alguno de estos entornos. En ocasiones, los DBAs de aplicaciones reportan a las áreas responsables del desarrollo y mantenimiento de las aplicaciones soportadas por sus bases de datos. Hay ventajas y desventajas para la contratación de los DBAs de aplicación.

Los DBAs de aplicaciones son vistos como miembros integrales de un equipo de soporte. Al centrarse en una base de datos específica, pueden proporcionar un mejor servicio a los desarrolladores de las aplicaciones. Sin embargo, los DBAs de aplicaciones pueden aislarse fácilmente y perder de vista las necesidades generales de datos de la organización y de las prácticas comunes de su rol. Los DBAs de aplicaciones colaboran estrechamente con analistas de datos, modeladores y arquitectos.

1.3.3.3 DBAs de Procedimientos y Desarrollo

Los DBAs de procedimientos dirigen la revisión y administración de los elementos programados en la base de datos. Un DBA de procesos se especializa en el desarrollo y soporte de la lógica de elementos programados que ejecuta el DBMS: Procedimientos almacenados, disparadores (*Triggers*) y funciones definidas por el usuario (*UDFs*). El DBA de procedimientos asegura que la lógica de los procedimientos sea planificada, implementada, probada y compartida (reutilizada).

Los DBAs de desarrollo se centran en actividades de diseño de datos, incluyendo la creación y gestión de bases de datos de uso especial, tales como "*Sandbox*" o áreas de exploración de datos.

En muchos casos, estas dos funciones se combinan en una sola posición.

1.3.3.4 NSA

Los administradores de almacenamiento de red se ocupan del *hardware* y *software* que soportan los arreglos de almacenamiento de datos. Los múltiples arreglos de almacenamiento de red tienen necesidades y requisitos de monitoreo diferentes a los de los sistemas de bases de datos simples.

1.3.4 Tipos de Arquitectura de Base de Datos

Una base de datos puede clasificarse como centralizada o distribuida. Un sistema centralizado administra una sola base de datos, mientras que un sistema distribuido administra múltiples bases de datos en múltiples sistemas. Los componentes de un sistema distribuido se pueden clasificar según la autonomía de los componentes del sistema en dos tipos: federados (autónomos) o no federados (no autónomos). La Figura 55 ilustra la diferencia entre centralizado y distribuido.

Figura 55 Centralizado Vs Distribuido

1.3.4.1 Bases de Datos Centralizadas

Las bases de datos centralizadas tienen todos los datos en un solo sistema y en un solo lugar. Todos los usuarios acuden al mismo sistema para acceder a los datos. Para ciertos datos restringidos, la centralización puede ser ideal, pero para los datos que necesitan estar ampliamente disponibles, las bases de datos centralizadas tienen riesgos. Por ejemplo, si el sistema centralizado no está disponible, no hay otras alternativas para acceder a los datos.

1.3.4.2 Bases De Datos Distribuidas

Las bases de datos distribuidas permiten un acceso rápido a los datos a través de un gran número de nodos. Las tecnologías más conocidas de bases de datos distribuidas se basan en el uso de servidores de *hardware* básicos. Están diseñadas para escalar desde un servidor individual a miles de ordenadores que conforman un *cluster*, cada uno de los ordenadores ofrece capacidad de procesamiento y almacenamiento local. En lugar de depender de *hardware* para ofrecer alta disponibilidad, el *software* de gestión de bases de datos está diseñado para replicar datos entre los servidores, ofreciendo así un servicio de alta disponibilidad que se basa en el conjunto de ordenadores. El *software* de administración de base de datos también está diseñado para detectar y manejar fallas. Aunque cualquier nodo pueda fallar, es poco probable que el sistema completo lo haga.

Algunas bases de datos distribuidas implementan un paradigma computacional llamado *MapReduce*, para mejorar aún más el rendimiento. En *MapReduce*, la solicitud de datos se divide en muchos pequeños fragmentos de trabajo, cada uno de los cuales se puede ejecutar o volver a ejecutar en cualquier nodo del *cluster*. Además, los datos están localizados en los mismos nodos, lo que proporciona un ancho de banda muy alto en todo el *cluster*. Tanto el sistema de archivos como la aplicación están diseñados para manejar automáticamente las fallas.

1.3.4.2.1 Bases De Datos Federadas

La Federación suministra datos sin persistencia o duplicación adicional de los datos de origen. Un sistema de base de datos federada mapea múltiples sistemas de base de datos autónomas en una sola base de datos federada. Las bases de datos que las componen, a veces separadas geográficamente, están interconectadas a través de una red de computadoras. Éstas siguen siendo autónomas, pero participan en una federación para permitir el intercambio parcial y controlado de sus datos. La federación previene la necesidad de fusionar bases de datos dispares. No existe una integración real de los datos en las bases de datos que constituyen la federación; no obstante, la interoperabilidad de los datos gestiona la vista de las bases de datos federadas como un gran objeto (véase el capítulo 8). Por el contrario, un sistema de base de datos no federado es una integración de componentes de *DBMS* que no son autónomos; están controlados, gestionados y gobernados por un DBMS centralizado.

Las bases de datos federadas son ideales para proyectos de integración heterogéneos y distribuidos, como la integración de información empresarial, la virtualización de datos, la coincidencia *(matching)* de esquemas y la Gestión de Datos Maestros.

Las arquitecturas federadas difieren en función de los niveles de integración con los sistemas de bases de datos que las componen y de la extensión de los servicios ofrecidos por la federación. Un FDBMS *(Federated Database Management System* – Sistema de Gestión de Base de Datos Federadas) puede ser calificado como débil o estrechamente acoplado.

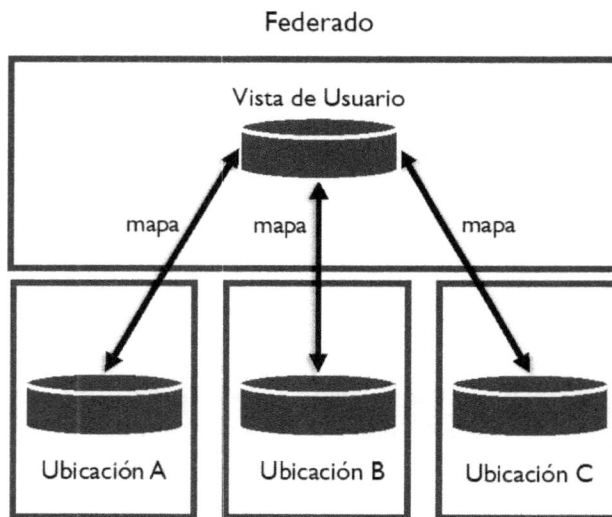

Figura 56 Bases de Datos de Federadas

Los sistemas débilmente acoplados requieren de la generación de componentes de base de datos para construir su propio esquema federado. Un usuario suele acceder a estos componentes de bases de datos utilizando lenguajes de consulta genéricos, aunque esto elimina cualquier nivel de transparencia de ubicación, lo que obliga al usuario a tener un conocimiento directo del esquema federado. Un usuario importa los datos necesarios desde otros componentes de las bases de datos y los integra con los propios para formar un esquema federado.

Los sistemas estrechamente acoplados consisten en componentes de sistemas que utilizan procesos independientes para construir y publicar un esquema federado integrado, como se ilustra en la Figura 57. El mismo esquema puede aplicarse a todas las partes de la federación, sin replicación de datos.

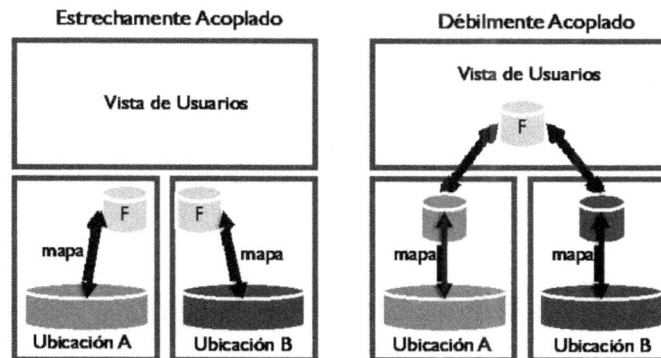

Figura 57 Acoplamiento

1.3.4.2.2 Base de Datos de Cadenas de Bloques (*Blockchain*)

Las bases de datos de *Blockchain* son un tipo de base de datos federadas que se utiliza para gestionar de forma segura las transacciones financieras. También pueden utilizarse para la gestión de contratos o el intercambio de información de salud. Existen dos tipos de estructuras: *logs* individuales y de bloques. Cada transacción tiene un registro. La base de datos crea cadenas de grupos de transacciones (bloques) limitados en el tiempo que también contienen información del bloque anterior de la cadena. Los algoritmos *Hash* se utilizan para crear información sobre las transacciones que se almacenan en bloques mientras el bloque es el final de la cadena. Una vez que se crea un nuevo bloque, el *hash* del bloque anterior nunca debería cambiar, lo que significa que ninguna transacción contenida en ese bloque puede cambiar. Cualquier cambio en las transacciones o bloques (manipulación) será aparente cuando los valores de *hash* ya no coincidan.

1.3.4.3 Virtualización / Plataformas en la Nube

La virtualización (también llamada 'computación en la nube') proporciona servicios de computación, *software*, acceso a datos y almacenamiento que no requieren que el usuario final conozca la ubicación física ni la configuración del sistema que proporciona los servicios. Los usuarios finales consumen servicios sin necesidad de conocer los dispositivos o la infraestructura necesaria para proporcionarlos. Sin embargo, la virtualización puede realizarse tanto dentro como fuera de las instalaciones de la organización.

La computación en la nube es una evolución natural de la adopción generalizada de la virtualización, las arquitecturas orientadas a servicios y del suministro de recursos computacionales. He aquí algunos métodos para implementar bases de datos en la nube:

- **Imagen de máquina virtual:** Las plataformas en la nube permiten a los usuarios comprar instancias de máquinas virtuales durante un tiempo limitado. Es posible ejecutar una base de datos en estas máquinas virtuales. Los usuarios pueden cargar su propia imagen con una base de datos instalada en ella, o utilizar imágenes preconfiguradas que ya incluyen una instalación optimizada de una base de datos.
- **Base de datos como servicio DaaS (*Data as a Service*):** Algunas plataformas en la nube ofrecen opciones para usar una base de datos como un servicio, sin necesidad de correr

físicamente una instancia de máquina virtual para la base de datos. En esta configuración, los propietarios de la aplicación no tienen que instalar y mantener la base de datos por su cuenta. En cambio, el proveedor de servicios de base de datos es responsable de instalar y mantener la base de datos, y los dueños de las aplicaciones pagan según su uso.

- **Alojamiento de bases de datos gestionadas en la nube:** Aquí la base de datos no se ofrece como un servicio, sino que el proveedor de la nube aloja la base de datos y la gestiona en nombre del dueño de la aplicación.

Los DBAs, en coordinación con los administradores de redes y sistemas, necesitan establecer un enfoque sistemático e integrado de proyectos que incluya la estandarización, consolidación, virtualización y automatización de las funciones de respaldo y recuperación de datos, así como la seguridad de estas funciones.

- **Estandarización/consolidación:** La consolidación reduce el número de ubicaciones de almacenamiento de datos que tiene una organización, incluyendo el número de almacenes y procesos de datos dentro de un centro de datos. Sobre la base de la política de gobierno de datos, los arquitectos de datos y los DBAs pueden desarrollar los procedimientos estándares que incluyen la identificación de datos críticos de misión, la duración de la retención de datos, los procedimientos de encriptación de datos y las políticas de replicación de datos.
- Virtualización de servidores: Las tecnologías de virtualización permiten que los equipos, como los servidores de múltiples centros de datos, sean reemplazados o consolidados. La virtualización reduce los gastos operativos y de capital y reduce el consumo de energía. Las tecnologías de virtualización también se utilizan para crear escritorios virtuales, que pueden alojarse en centros de datos y alquilarse mediante suscripción. *Gartner* considera la virtualización como un catalizador para la modernización (*Bittman, 2009*). La virtualización proporciona operaciones de almacenamiento de datos con mucha más flexibilidad en el aprovisionamiento de recursos en entornos locales o en la nube.
- Automatización: La automatización de datos implica la automatización de tareas como el aprovisionamiento, la configuración, la aplicación de parches, la gestión de versiones y el cumplimiento de normativas.
- Seguridad: La seguridad de los datos de los sistemas virtuales debe integrarse con la seguridad existente de las infraestructuras físicas (véase el capítulo 7).

1.3.5 Tipos de Procesamiento de la Base de Datos

Existen dos tipos básicos de procesamiento de bases de datos. *ACID* y *BASE* se encuentran en los extremos opuestos del espectro, por lo que los nombres coincidentes que son equivalentes con los extremos de un espectro de pH son útiles. El Teorema *CAP* se utiliza para definir cuán cerca puede estar un sistema distribuido de *ACID* o *BASE*.

1.3.5.1 ACID

El acrónimo *ACID* fue acuñado a principios de los años 80 como la restricción indispensable para lograr fiabilidad en las transacciones de bases de datos. Durante décadas, ha proporcionado al procesamiento de transacciones una base fiable sobre la que se puede construir. [34]

---

[34] Jim Gray estableció el concepto. Haerder y Rueter (1983) acuñaron el término ACID.

- **Atomicidad:** Todas las operaciones se realizan, o ninguna de ellas se realiza, de modo que, si una parte de la transacción falla, entonces toda la transacción falla.
- **Consistencia:** La operación debe cumplir todas las normas definidas por el sistema en todo momento y debe anular las operaciones incompletas.
- **Aislamiento:** Cada transacción es independiente.
- **Durabilidad:** Una vez completada, la transacción no se puede deshacer.

Las tecnologías *ACID* relacionales son las herramientas dominantes en el almacenamiento de bases de datos relacionales; la mayoría utiliza SQL (*Structured Query Language* - Lenguaje de Consulta Estructurada) como interfaz.

1.3.5.2 BASE

El aumento sin precedentes de los volúmenes y la variabilidad de los datos, la necesidad de documentar y almacenar datos no estructurados, la necesidad de cargas de trabajo de datos optimizadas para la lectura y la consiguiente necesidad de una mayor flexibilidad en el escalado, el diseño, el procesamiento, el coste y la recuperación en caso de catástrofe, dieron lugar a algo diametralmente opuesto a ACID, que recibió el nombre de BASE:

- **Básicamente disponible:** El sistema garantiza cierto nivel de disponibilidad de los datos incluso cuando se producen fallos en los nodos. Los datos pueden estar obsoletos, pero el sistema seguirá dando y aceptando respuestas.
- **Estado suave (*Soft State*):** Los datos están en un estado de flujo constante; aunque se puede dar una respuesta, no se garantiza que los datos estén actualizados.
- **Consistencia eventual:** Los datos serán eventualmente consistentes a través de todos los nodos y en todas las bases de datos, pero no todas las transacciones serán consistentes en todo momento.

Los sistemas de tipo *BASE* son comunes en los entornos *Big Data*. Las grandes organizaciones en línea y las compañías de medios sociales suelen utilizar implementaciones *BASE*, ya que no es necesaria la precisión inmediata de todos los elementos de datos en todo momento. La Tabla 12 resume las diferencias entre *ACID* y *BASE*.

Tabla 12 ACID vs BASE

Aspecto	ACID	BASE
Manejo de tipos de datos (estructura de datos)	Esquema debe existir	Dinámica
	Estructura de la tabla existe	Ajustar sobre la marcha
	Datos de columna de un tipo determinado	Almacenar datos diferentes
Consistencia	Fuerte consistencia disponible	Fuerte, Eventual, o ninguna
Enfoque de procesamiento	Transaccional	Almacenamiento de valores clave (*Key-Value*)
Enfoque de procesamiento	Fila o columna	Almacenes de toda la columna
Historia	Almacenamiento de aplicación de la década de 1970	Almacenamiento no estructurado, década de 2000
Escala	Dependiente del producto	Separa automáticamente los datos a través de servidores
Origen	Mezcla	*Open-source*
Transacción	Sí	Posible

1.3.5.3 CAP

El Teorema *CAP* (o Teorema de *Brewer*) fue desarrollado en respuesta a un cambio inclinado a sistemas más distribuidos (*Brewer, 2000*). El teorema afirma que un sistema distribuido no puede cumplir con todas las propiedades de *ACID* en todo momento. Cuanto mayor sea el sistema, menor será la conformidad. Un sistema distribuido debe en cambio compensar entre propiedades.

- **Consistencia:** El sistema debe funcionar en todo momento de acuerdo con el diseño y las expectativas.
- **Disponibilidad:** El sistema debe estar disponible cuando se solicite y debe responder a cada solicitud.
- **Tolerancia de partición:** El sistema debe ser capaz de continuar las operaciones durante ocasiones de pérdida de datos o fallo parcial del sistema.

El Teorema *CAP* establece que como máximo dos de las tres propiedades pueden existir en cualquier sistema de datos compartidos. Esto es usualmente declarado con la formalización de *"escoger dos"*, ilustrada en la Figura 58.

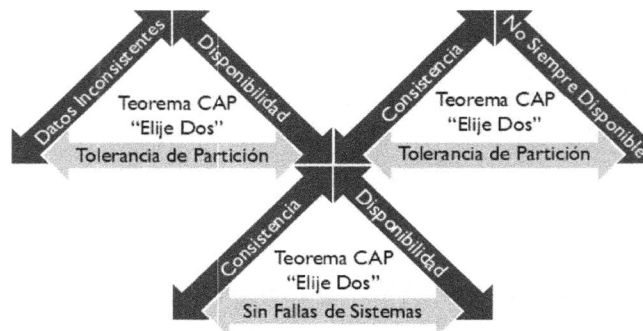

Figura 58 Teorema CAP

Un uso interesante de este teorema es el que impulsa el diseño de la arquitectura *Lambda* discutido en el Capítulo 14. La arquitectura *Lambda* utiliza dos rutas para los datos: una ruta de velocidad donde la disponibilidad y la tolerancia de la partición son lo más importante, y una ruta de acceso donde la consistencia y la disponibilidad son lo más importante.

1.3.6 Medios De Almacenamiento De Datos

Los datos se pueden almacenar en una variedad de medios, incluyendo discos, memoria volátil y unidades *flash*. Algunos sistemas pueden combinar varios tipos de almacenamiento. Las más utilizadas son los Discos y SAN (*Storage Area Networks* – Área de Almacenamiento de Red), En memoria (*In-Memory*), Soluciones de compresión en columnas (*Columnar Compression Solutions*), VSAN (*Virtual Storage Area Network* – Área de Red de Almacenamiento Virtual), Soluciones de almacenamiento basadas en la nube, RFID (*Radio Frequency Identification* – Identificación por Radiofrecuencia), Billeteras digitales (*Digital Wallets*), Centros de datos y Almacenamiento en la nube privada, pública e híbrida. (Ver Capítulo 14.)

1.3.6.1 Discos y Áreas de Almacenamiento en Red (SAN)

El almacenamiento en disco es un método muy estable para almacenar datos de forma persistente. Múltiples tipos de disco pueden existir en el mismo sistema. Los datos se pueden almacenar de acuerdo con los patrones de uso, y los datos menos utilizados se almacenan en discos de acceso más lento, que suelen ser más baratos que los sistemas de disco de alto rendimiento. Los arreglos de discos pueden ser recolectados en Áreas de Almacenamiento en Red (SAN). El movimiento de datos en una SAN puede no requerir una red, ya que los datos se pueden mover en segundo plano.

1.3.6.2 En Memoria

Las IMDB (*In Memory Database* – Base de Datos en Memoria) se cargan desde el almacenamiento permanente a la memoria volátil cuando se enciende el sistema, y todo el procesamiento ocurre dentro de la misma memoria, lo que proporciona un tiempo de respuesta más rápido que los sistemas basados en disco. La mayoría de las bases de datos en memoria también tienen características para establecer y configurar la durabilidad en caso de un apagado inesperado.

Si la aplicación puede ser razonablemente asegurada para que guarde la mayoría/todos los datos en la memoria, entonces una optimización significativa es posible desde sistemas de bases de datos en memoria. Estas IMDB proporcionan un tiempo de acceso a los datos más predecible que los mecanismos de almacenamiento en disco, pero requieren una inversión mucho mayor. Las IMDB proporcionan funcionalidad para el análisis y procesamiento de datos en tiempo real y generalmente se reservan para ello, debido a la inversión requerida.

1.3.6.3 Soluciones De Compresión en Columnas

Las bases de datos basadas en columnas están diseñadas para manejar conjuntos de datos en los que los valores de los datos se repiten en gran medida. Por ejemplo, en una tabla con 256 columnas, una búsqueda de un valor que existe en una fila recuperará todos los datos de la fila (y estará un poco condicionada por el disco). El almacenamiento en columnas reduce este ancho de banda de E/S (Entrada/Salida) al almacenar los datos de la columna mediante compresión, donde el estado (por ejemplo) se almacena como un puntero a una tabla de estados, comprimiendo la tabla maestra de forma significativa.

1.3.6.4 Memorias Flash

Los recientes avances en las tecnologías de almacenamiento han hecho que la memoria *flash* o SSD (*Solid-State Drive* – Unidad de Estado Sólido) sean una alternativa atractiva a los discos tradicionales. La memoria *flash* combina la velocidad de acceso del almacenamiento basado en memoria con la persistencia del almacenamiento basado en disco.

1.3.7 Entornos de Base de Datos

Las bases de datos se utilizan en una variedad de entornos durante el ciclo de vida de desarrollo de sistemas. Al probar los cambios, los DBAs deben participar en el diseño de las estructuras de datos en el entorno de desarrollo. El equipo de DBAs debe implementar cualquier cambio en el ambiente de QA, y debe ser el único equipo que implemente cambios en el ambiente de producción. Los cambios en producción deben ajustarse estrictamente a los procesos y procedimientos estándares. Mientras que la mayoría de la tecnología de datos es *software* que se ejecuta en *hardware* de propósito general, ocasionalmente se utiliza *hardware* especializado para soportar requerimientos únicos de administración de datos. Los tipos de *hardware* especializado incluyen dispositivos de datos: Servidores construidos específicamente para la transformación y distribución de datos. Estos servidores se integran con la infraestructura existente, ya sea directamente como un *enchufe* o periféricamente como una conexión de red.

1.3.7.1 Entorno de Producción

El entorno de producción es el ambiente técnico en el que se producen todos los procesos empresariales. Este entorno es de misión crítica - si deja de funcionar, los procesos de negocio se detendrán, lo que resultará en pérdidas sobre los resultados esperados, así como un impacto negativo en los clientes que no pueden acceder a los servicios. En una emergencia, o para los sistemas de servicio público, la pérdida inesperada de la funcionalidad puede ser desastrosa.

El entorno de producción es el ambiente "real" desde una perspectiva empresarial. Sin embargo, para tener un entorno de producción fiable, deben existir otros entornos que no sean de producción y deben utilizarse adecuadamente. Por ejemplo, los entornos de producción no deben utilizarse para el desarrollo o pruebas, ya que estas actividades ponen en peligro los procesos de producción y los datos.

1.3.7.2 Entornos de Preproducción

Los entornos de preproducción se utilizan para desarrollar y probar los cambios antes de introducirlos en el ambiente de producción. En los entornos de preproducción, los problemas con cambios pueden detectarse y solucionarse sin afectar a los procesos normales de la organización. Para detectar problemas potenciales, la configuración de los entornos de preproducción debe ser muy parecida a la del ambiente de producción. Debido al espacio y al costo, normalmente no es posible replicar exactamente el entorno de producción en preproducción. Cuanto más avanzado se encuentre el ciclo de desarrollo, más parecido tiene que ser el ambiente no productivo al de producción. Cualquier desviación del equipo y la configuración del sistema de producción pueden crear problemas o errores que no están relacionados con el cambio, lo que complica la investigación y resolución de problemas. Los tipos comunes de entornos de preproducción incluyen entornos de desarrollo, pruebas, soporte y uso especial.

1.3.7.2.1 Desarrollo

El entorno de desarrollo suele ser una versión más reducida del entorno de producción. Generalmente tiene menos espacio en disco, menos CPUs (*Central Processing Unit* - Unidad de Procesamiento Central), menos RAM (*Random Access Memory* - Memoria de Acceso Aleatorio), etc. Los desarrolladores utilizan este entorno para crear y probar el código en busca de cambios en entornos separados, que luego se combinan en el entorno de control de calidad para realizar pruebas de integración completa. El desarrollo puede tener muchas copias de modelos de datos de producción, dependiendo de cómo se gestionan los proyectos de desarrollo. Las organizaciones más grandes pueden dar a los desarrolladores individuales sus propios entornos para que los gestionen con todos los derechos apropiados.

El entorno de desarrollo debe ser el primer lugar en el que se apliquen los parches o actualizaciones para las pruebas. Este entorno debe estar aislado y en un *hardware* físico diferente al de los entornos de producción. Debido al aislamiento, es posible que sea necesario copiar los datos de los sistemas de producción en los entornos de desarrollo. Sin embargo, en muchas industrias, los datos de producción están protegidos mediante regulaciones. No se deben mover datos desde entornos de producción sin antes determinar qué restricciones existen para hacerlo. (Ver Capítulo 7.)

1.3.7.2.2 Prueba (Test)

El entorno de prueba se utiliza para ejecutar pruebas para garantizar la calidad y aceptación del usuario y, en algunos casos, pruebas de esfuerzo o de rendimiento. Todo para evitar que los resultados de las pruebas se distorsionen debido a las diferencias entre ambientes, el entorno de pruebas también tiene idealmente el mismo *software* y *hardware* que el entorno de producción. Esto es especialmente importante para las pruebas de rendimiento. El ambiente de prueba puede o no estar conectado en red a los sistemas de producción para leer los datos. Los entornos de prueba nunca deben escribir en los sistemas de producción. Los entornos de prueba tienen muchos usos:

- **Pruebas de Garantía de Calidad (QA):** Se utiliza para probar la funcionalidad de acuerdo con los requerimientos.
- **Pruebas de integración:** Se utiliza para probar como un todo, las múltiples partes de un sistema que han sido desarrolladas o actualizadas de forma independiente.
- **Pruebas de aceptación de usuario UAT (*User Acceptance Testing*):** Se utiliza para probar la funcionalidad del sistema desde la perspectiva del usuario. Los casos de uso son las entradas más comunes para las pruebas realizadas en este entorno.
- **Pruebas de rendimiento:** Se utilizan para realizar pruebas de alto volumen o de alta complejidad en cualquier momento, en lugar de tener que esperar horas de inactividad o afectar negativamente en hora pico al sistema de producción.

1.3.7.2.3 *Sandboxes* o Entornos Experimentales

Un *Sandbox* es un entorno alternativo que permite conexiones de sólo lectura a los datos de producción y que puede ser gestionado por los usuarios. Los Sandboxes se utilizan para experimentar con opciones de desarrollo y probar hipótesis sobre datos o fusionar datos de producción con datos desarrollados por el usuario o datos complementarios obtenidos de fuentes externas. Los *Sandboxes* son valiosos, por ejemplo, cuando se realiza una Prueba de Concepto. Un entorno *Sandbox* puede ser un subconjunto del sistema de producción, aislado del proceso de producción, o un entorno completamente separado. Los usuarios del *Sandbox* a menudo tienen derechos CRUD (*Create, Read, Update and Delete* - Crear, Leer, Actualizar y Borrar) sobre su propio espacio, de modo que pueden validar rápidamente ideas y opciones para cambios en el sistema. Por lo general, los *DBAs* tienen poco que ver con estos entornos, aparte de la configuración, la concesión de acceso y la supervisión del uso. Si las áreas de un *Sandbox* están situadas en sistemas de bases de datos de producción, deben estar aisladas para no afectar negativamente a las operaciones. Estos entornos nunca deben volver a escribir en los sistemas de producción. Los entornos *Sandox* podrían ser manejados por VMs (*Virtual Machines* – Máquinas Virtuales), a menos que los costos de licencia para instancias separadas se vuelvan prohibitivos.

1.3.8 Organización de la Base de Datos

Los sistemas de almacenamiento de datos proporcionan una forma de encapsular las instrucciones necesarias para colocar los datos en los discos y gestionar el procesamiento, de modo que los desarrolladores puedan utilizar simplemente las instrucciones para manipular los datos. Las bases de datos están organizadas de tres maneras generales: Jerárquica, Relacional y No Relacional. Estas clases no son mutuamente excluyentes (ver Figura 59). Algunos sistemas de bases de datos pueden leer y escribir datos organizados en estructuras relacionales y no relacionales. Las bases de datos jerárquicas se pueden mapear a tablas relacionales. Los archivos planos con delimitadores de líneas se pueden leer como tablas con filas, y una o más columnas pueden ser definidas para describir el contenido de las filas.

Figura 59 Espectro de Organización de Base de Datos

1.3.8.1 Jerárquico

La organización jerárquica de la base de datos es el modelo más antiguo, utilizado en los primeros sistemas de gestión de bases de datos de *mainframe*, y es la más rígida de las estructuras. En las bases de datos jerárquicas, los datos se organizan en una estructura similar a un árbol con relaciones obligatorias entre padres e hijos: Cada padre puede tener muchos hijos, pero cada hijo tiene un solo padre (también conocida como una relación de uno a muchos). Los árboles de directorios son un ejemplo de una jerarquía. XML (*Extensible Markup Language* - Lenguaje de Marcado Extensible) también utiliza un modelo jerárquico. Se puede representar como una base de datos relacional, aunque la estructura real es la de un camino arbóreo transversal.

1.3.8.2 Relacional

Las personas a veces piensan que las bases de datos relacionales se llaman así por la relación entre las tablas. Este no es el caso. Las bases de datos relacionales se basan en la teoría de conjuntos y el álgebra relacional, donde los elementos o atributos de datos (columnas) se relacionan en tuplas (filas). (Ver Capítulo 5.) Las tablas son conjuntos de relaciones con una estructura idéntica. El conjunto de operaciones (como unión, intersección y resta) se utilizan para organizar y recuperar datos de bases de datos relacionales, esto se hace mediante lenguaje de consulta estructurado (SQL). Para escribir datos, la estructura (esquema) debe conocerse de antemano. Las bases de datos relacionales están orientadas a filas. El sistema de gestión de bases de datos (DBMS) de una base de datos relacional se llama RDBMS. Una base de datos relacional es la opción predominante para almacenar datos que cambian constantemente. Las variaciones en las bases de datos relacionales incluyen Multidimensional y Temporal.

1.3.8.2.1 Multidimensional

Las tecnologías de bases de datos multidimensionales almacenan los datos en una estructura que permite la búsqueda utilizando varios filtros de elementos de datos simultáneamente. Este tipo de estructura se utiliza con mayor frecuencia en *Data Warehousing* e Inteligencia de Negocio. Algunos de estos tipos de bases de datos son propietarios, aunque la mayoría de las grandes bases de datos tienen tecnología de cubos incorporada como objetos. El acceso a los datos utiliza una variante de SQL llamada MDX (*MultiDimensional eXpressions* - Expresiones Multidimensionales.)

1.3.8.2.2 Temporal

Una base de datos temporal es una base de datos relacional con soporte incorporado para el manejo de datos relacionados con el tiempo. Los aspectos temporales incluyen generalmente tiempo válido y tiempo de transacción. Estos atributos pueden combinarse para datos *bitemporal*.

- **Tiempo válido** es el tiempo cuando un hecho es verdadero con respecto a la entidad que representa en el mundo real.
- **Tiempo de transacción** es el período durante el cual un hecho almacenado en la base de datos se considera verdad.

Es posible tener plazos distintos a los de tiempo válido y tiempo de transacción, como el tiempo de decisión, en la base de datos. En ese caso, la base de datos se llama base de datos multi-temporal en contraste con una base de datos bitemporal. Las bases de datos temporales permiten a los desarrolladores de aplicaciones y DBAs gestionar las versiones actuales, propuestas e históricas de los datos en la misma base de datos.

1.3.8.3 No-relacional

Bases de datos no relacionales puede almacenar datos como cadenas simples o archivos completos. Los datos en estos archivos se pueden leer de diferentes maneras, dependiendo de la necesidad (esta característica se conoce como 'esquema de lectura'). Las bases de datos no relacionales pueden ser orientadas a filas, pero no es obligatorio.

Una base de datos no relacional proporciona un mecanismo para el almacenamiento y recuperación de datos que emplea modelos de consistencia menos restringidos que las bases de datos relacionales tradicionales. Las motivaciones de este enfoque incluyen la simplicidad de diseño, escala horizontal y un control más fino sobre la disponibilidad.

Las bases de datos no relacionales se refieren generalmente como NoSQL (acrónimo de "*Not Only SQL*"). El principal factor diferenciador es la estructura de almacenamiento de información, donde la estructura de datos no está limitada a un diseño tabular relacional. Podría ser un árbol, un gráfico, una red o un emparejamiento de valores claves. La etiqueta de NoSQL subraya que algunas ediciones pueden apoyar directivas convencionales de SQL. Estas bases de datos son a menudo almacenes de datos altamente optimizados destinados a la recuperación simple de datos y a la incorporación de operaciones. El objetivo es un rendimiento mejorado, especialmente con respecto a la latencia y a la tasa de transferencia efectiva. Las bases de datos NoSQL se utilizan cada vez más en *Big Data* y aplicaciones *web* en tiempo real. (Ver capítulo 5).

1.3.8.3.1 Orientado a Columnas

Las bases de datos orientadas a columnas se utilizan principalmente en aplicaciones de inteligencia de negocios (*Business Intelligence*) porque pueden comprimir datos redundantes. Por ejemplo, una columna de ID de Estado tiene sólo valores únicos, en lugar de un valor diferente para cada fila en un universo de un millón de filas.

Hay ventajas y desventajas entre organización orientada a columna (no relacional) y orientada a filas (usualmente relacional).

- Una organización orientada a columnas es más eficiente cuando un agregado debe ser computado en muchas filas. Esto sólo es válido para un subconjunto pequeño de todas las columnas de datos, porque leer ese pequeño subconjunto de datos puede ser más rápido que leer todos los datos.
- Una organización orientada a columnas es más eficiente cuando los nuevos valores de una columna se suministran para todas las filas a la vez, porque los datos de la columna se pueden escribir eficientemente para sustituir datos antiguos de la columna sin tocar otras columnas.
- Una organización orientada a filas es más eficiente cuando muchas columnas de una misma fila son necesarias al mismo tiempo, y cuando el tamaño de la fila es relativamente pequeño, dado que una fila entera se puede recuperar con una búsqueda de disco.
- Una organización orientada a filas es más eficiente cuando se escribe una nueva fila si todos los datos de las filas se proveen al mismo tiempo; toda la fila se puede escribir con una búsqueda de disco.
- En la práctica, los diseños de almacenamiento orientados a filas son adecuados para procesamiento de transacciones Online (OLTP)-como las cargas de trabajo, que se cargan fuertemente con transacciones interactivas. Los diseños de almacenamiento orientado a columnas son muy adecuados para *Online Analytical Processing* (OLAP)-como las cargas de trabajo (por ejemplo, los almacenes de datos) que generalmente involucran un número menor de consultas muy complejas sobre todos los datos (posiblemente terabytes).

1.3.8.3.2 Espacial

Una base de datos espacial está optimizada para almacenar y consultar datos que representan objetos definidos en un espacio geométrico. Las bases de datos espaciales suportan varios tipos primitivos (formas geométricas simples como caja, rectángulo, cubo, cilindro, etc.) y geometrías compuestas de colecciones de puntos, líneas y formas.

Los sistemas de base de datos espaciales usan índices para buscar rápidamente valores; la forma en que la mayoría de las bases de datos indexan datos no es óptima para consultas espaciales. En cambio, las bases de datos espaciales usan un índice espacial para acelerar las operaciones de la base de datos.

Las bases de datos espaciales pueden realizar una amplia variedad de operaciones espaciales. Según el estándar del Open *Geospatial Consortium*, una base de datos espacial puede realizar una o más de las siguientes operaciones:

- **Medidas espaciales:** Calcula la longitud de la línea, área poligonal, la distancia entre geometrías, etc.
- **Funciones espaciales:** Modifica características existentes para crear otras nuevas; por ejemplo, al proporcionar un buffer alrededor de ellas, intersectando funciones, etc.
- **Predicados espaciales:** Permite preguntas de verdadero/falso sobre relaciones espaciales entre geometrías. Los ejemplos incluyen ¿dos polígonos se superponen?" o "¿Hay una residencia situada dentro de una milla de la zona del relleno sanitario propuesto?"
- **Constructores de geometría:** Crea nuevas geometrías, generalmente especificando los vértices (puntos o nodos) que definen la forma.

- **Funciones del observador:** Consultas que devuelven información específica acerca de una característica, por ejemplo, la ubicación del centro de un círculo.

1.3.8.3.3 Objeto / Multimedia

Una base de datos multimedia incluye un sistema de gestión de almacenamiento jerárquico para la gestión eficaz de una jerarquía de medios de almacenamiento magnéticos y ópticos. También incluye una colección de clases de objetos, que representa el fundamento del sistema.

1.3.8.3.4 Base de Datos de Archivos Planos

Una base de datos de archivos planos describe cualquiera de los varios medios para codificar un conjunto de datos como un solo archivo. Un archivo plano puede ser un archivo de texto o un archivo binario. Estrictamente, una base de datos de archivos planos consiste en sólo datos y contiene registros que pueden variar en longitud y delimitadores. En general, el término se refiere a cualquier base de datos que exista en un sólo archivo en forma de filas y columnas, sin relaciones o enlaces entre registros y campos excepto por la estructura. Los archivos de texto suelen contener un registro por línea. Una lista de nombres, direcciones y teléfono números, escrita a mano en una hoja de papel, es un ejemplo de una base de datos de archivos planos. Los archivos planos se utilizan no sólo como herramientas de almacenamiento de datos en sistemas DBMS, sino también como herramientas de transferencia de datos. Bases de datos Hadoop usan almacenamiento de archivos planos.

1.3.8.3.5 Par de Clave-Valor

Las Bases de datos de Clave-Valor contienen conjuntos de dos elementos: un identificador de clave-y un valor. Hay algunos usos específicos de estos tipos de bases de datos.

- **Bases de Datos de Documentos:** Bases de datos orientadas a documentos contienen colecciones de archivos incluyendo estructura y datos. A cada documento se asigna una clave. Bases de datos orientadas a documentos más avanzadas también pueden almacenar atributos del contenido del documento, como fechas o etiquetas. Este tipo de base de datos puede almacenar documentos completos e incompletos. Las Bases de Datos de Documentos pueden utilizar estructuras XML o JSON (*Java Script Object Notation*).
- **Bases de Datos de Grafos:** Las bases de datos de grafos almacenan pares de clave-valor, donde el enfoque es sobre la relación entre los nodos, en lugar de los nodos mismos.

1.3.8.3.6 Almacén Triple (Triplestore)

Una entidad de datos compuesta de sujeto-predicado-objeto se conoce como un almacén triple. En la terminología del Marco de Descripción de Recursos (Resource Description Framework - RDF), un almacén triple se compone de un sujeto que indica a un recurso, el predicado que expresa una relación entre el sujeto y el objeto y el objeto en sí. Un almacén triple es una base de datos especialmente diseñada para el almacenamiento y recuperación de tríos en la forma de expresiones de sujeto-predicado-objeto.

Los almacenes triples se pueden clasificar ampliamente en tres categorías: Almacenes triples nativos, almacenes triples con respaldo de RDBMS y almacenes triples NoSQL.

- **Almacenes triples nativos** son los que se implementan desde cero y se aprovechan del modelo de datos RDF para eficientemente almacenar y acceder a los datos de RDF.
- **Almacenes triples con respaldo de RDBMS** se construyen agregando una capa específica de RDF a un RDBMS existente.
- **Almacenes triples NoSQL** en la actualidad se están investigando como posibles gestores de almacenamiento para RDF.

Las bases de datos de almacén triple son las mejores para la gestión de taxonomía y tesauro, integración de datos vinculados, y portales de conocimiento.

1.3.9 Bases De Datos Especializadas

Algunas situaciones especiales requieren tipos especializados de bases de datos que se gestionan diferente a las bases de datos relacionales tradicionales. Ejemplos:

- **Diseño y fabricación asistida por computadora (CAD/CAM)** las aplicaciones requieren una base de datos de objeto, como también lo requerirán la mayoría de las aplicaciones de tiempo-real embebidas.
- **Sistemas de información geográfica (GIS)** hacen uso de bases de datos geoespaciales especializadas, que tienen por lo menos actualizaciones anuales de sus datos de referencia. Algunos GIS especializados se utilizan para servicios públicos (red eléctrica, líneas de gas, etc.), para telecomunicaciones en la gestión de la red, o para navegación oceánica.
- **Aplicaciones de carrito de compra** encontrado en la mayoría de los sitios *web* de venta online, hacen uso de bases de datos XML para almacenar los datos del pedido del cliente, y puede utilizarse en tiempo real en bases de datos de medios de comunicación social para la colocación de anuncios en otros sitios *Web*.

Algunos de estos datos se copian en uno o más almacenes de datos o bases de datos OLTPs (Online Transanction Processing-Proceso de transacciones en línea). Además, muchas aplicaciones de proveedor estándar pueden usar sus bases de datos propietarias. Como mínimo, sus esquemas serán propietarios y mayormente ocultos, aunque estén por encima de bases de datos tradicionales relacionales DBMS.

1.3.10 Procesos Comunes de Bases de Datos

Las bases de datos, no importa el tipo, comparten los siguientes procesos de alguna manera.

1.3.10.1 Archivado

Archivado es el proceso de mover datos de medios de almacenamiento inmediatamente accesibles a medios con menor rendimiento de recuperación de datos. Los archivos pueden ser restaurados al sistema origen para uso de corto plazo. Datos que no se necesitan activamente para apoyar los procesos aplicativos deben ser trasladados a un disco menos costoso, cintas o a un CD/DVD de reproducción de discos. La restauración desde un archivo debe ser una cuestión de simplemente de copiar los datos desde el archivo al sistema.

Los procesos de archivado deben estar alineados con la estrategia de particionado para asegurar la retención y disponibilidad óptima. Un enfoque robusto consiste en:

- Creación de un espacio de almacenamiento de información secundario, preferiblemente en un servidor de base de datos secundario
- Particionado de tablas de bases de datos existentes en bloques de archivos
- Replicado de los datos que se requieren menos frecuentemente que la base de datos separada
- Crear respaldo de cintas o discos
- Creación de *jobs* de base de datos que purguen periódicamente datos innecesarios

Es aconsejable hacer pruebas regulares de restauración de archivos para evitar sorpresas en una emergencia.

Cuando se realizan cambios en la tecnología o la estructura de un sistema de producción, el repositorio de archivo también debe ser evaluado para asegurar que los datos movidos desde el éste sean legibles en el almacenamiento actual. Hay varias maneras de manipular archivos no sincronizados:

- Determinar si, o qué tanto del archivo requiere de ser preservado. Lo que no es necesario puede purgarse.
- Para cambios mayores en la tecnología, restaurar los archivos al sistema original antes de que la tecnología cambie, se actualice o migre a una nueva tecnología, para volver a archivar los datos utilizando la nueva tecnología.
- Para archivos de gran valor donde cambien las estructuras de la base de datos fuente, restaurar el archivo, realizar cualquier cambio en las estructuras de datos y volver a archivar los datos con la nueva estructura.
- Para archivos de acceso poco frecuente en los que cambie la tecnología fuente o estructura, mantener una versión pequeña del sistema antiguo corriendo con acceso limitado y extraer de los archivos utilizando el viejo sistema según sea necesario.

Archivos que no son recuperables con la tecnología actual son inútiles y mantener herramientas antiguas sólo para leer archivos que no se puede leer de otra manera, no es eficiente ni rentable.

1.3.10.2 Capacidad y Proyecciones de Crecimiento

Piense en una base de datos como si fuera una caja, los datos como si fueran la fruta y lo adicional (índices, etc.) como material de empaquetado. La caja dispone de divisores y la fruta y material de empaquetado va en las celdas:

- En primer lugar, decida el tamaño de la caja que contendrá toda la fruta y cualquier material de empaquetado necesario – eso es la capacidad.
- ¿Cuánta fruta entra en la caja y qué tan rápidamente?
- ¿Cuánta fruta sale de la caja y qué tan rápidamente?

Decida si la caja permanecerá del mismo tamaño a través del tiempo, o debe ampliarse con el tiempo para contener más fruta. Se llama proyección de crecimiento a cuánto y qué tan rápidamente la caja debe expandirse para contener más fruta y material de empaquetado. Si la caja no se puede expandir, la fruta debe sacarse tan rápido como se mete, y la proyección de crecimiento es cero.

¿Cuánto tiempo debe permanecer la fruta en las celdas? ¿Si la fruta en una celda se deshidrata con el tiempo, o si por cualquier razón se vuelve inservible, se debería poner esa fruta en una caja separada para almacenaje de largo plazo (ej. archivarla)? ¿Habrá en algún momento la necesidad de devolver esa fruta deshidratada en la caja original? Mover la fruta a otra caja con la capacidad para moverla a la caja original es una parte importante del proceso de archivado. Esto permite que la caja no tenga que expandirse frecuentemente ni mucho.

Si una fruta se vuelve inservible permanentemente, tire esa fruta (es decir, depure los datos).

1.3.10.3 Captura de Cambios en los Datos (CDC)

Captura de cambios en los datos se refiere al proceso de detectar si los datos han cambiado y garantizar que la información relevante del cambio se almacene adecuadamente. CDC es frecuentemente referida como una replicación basada en bitácoras que no es invasiva pues replica cambios a los datos a un destino sin afectar la fuente. En un contexto de CDC simplificado, un sistema informático tiene datos que pueden haber cambiado desde un punto anterior en el tiempo, y un segundo sistema informático debe reflejar el mismo cambio. En lugar de enviar la base de datos completa a través de la red para reflejar cambios menores, la idea es enviar sólo los cambios (deltas), para que el sistema receptor pueda hacer las actualizaciones correspondientes.

Hay dos métodos diferentes para detectar y reunir cambios: control de versiones de datos, que evalúa a las columnas que identifican filas que hayan cambiado (ej. Columnas de fecha y hora de última actualización, columnas de número de versión, columnas de indicadores de estado), o mediante la lectura de los logs que documentan los cambios y permite que puedan ser replicados en sistemas secundarios.

1.3.10.4 Purga

Es incorrecto asumir que todos los datos residirán para siempre en el almacén de información primario. Eventualmente, los datos llenarán el espacio disponible y el rendimiento comenzará a degradarse. En ese momento, los datos deberán archivarse, purgarse o ambos. Igualmente importante es que algunos datos se degradarán en valor y no valdrá la pena mantenerlos. Purga es el proceso de quitar completamente los datos de los medios de almacenamiento de tal manera que no se puedan recuperar. Un objetivo principal de la gestión de datos es que el costo de mantener los datos no debe exceder su valor para la organización. Purgar los datos reduce los costos y riesgos. Los datos para purgar se consideran obsoletos e innecesarios, incluso con fines regulatorios. Algunos datos pueden convertirse en un riesgo si se mantienen más tiempo del necesario. Lo purga reduce el riego de que puedan ser utilizados indebidamente.

1.3.10.5 Replicación

Replicación de datos significa que los mismos datos se almacenan en múltiples dispositivos de almacenamiento. En algunas situaciones, tener bases de datos duplicadas es útil, como en un entorno de alta disponibilidad donde separar la carga de trabajo entre bases de datos idénticas en diferentes equipos o incluso diferentes centros de datos puede preservar la funcionalidad durante horas pico de uso o desastres.

La replicación puede ser activa o pasiva:

- **Replicación activa** se realiza al recrear y almacenar los mismos datos en cada réplica desde todas las demás réplicas.
- **Replicación pasiva** consiste en recrear y almacenar los datos en una sola réplica primaria y luego transformar su estado resultante a otras réplicas secundarias.

La replicación tiene dos dimensiones de escala:

- Escala horizontal de datos tiene más réplicas de datos.
- Escala vertical de datos tiene réplicas de datos localizados en ubicaciones geográficamente distantes.

En la replicación maestra múltiple pueden enviarse actualizaciones a cualquier nodo de base de datos y después replicarse a otros servidores, lo cual es frecuentemente deseado, pero aumenta la complejidad y el costo.

La transparencia de replicación se produce cuando los datos se replican entre servidores de base de datos de tal manera que la información permanece consistente en todo el sistema de base de datos y los usuarios no pueden diferenciar qué copia de base de datos están utilizando.

Los dos patrones de replicación primaria son *Reflejo* (*mirroring*) y *Trasvase de Bitácoras* (*log shipping*) (ver figura 60).

- En *Reflejo*, las actualizaciones de la base de datos principal se replican inmediatamente (relativamente hablando) a la base de datos secundaria, como parte de un proceso de confirmación en dos fases.
- En *Trasvase de Bitácoras*, un servidor secundario recibe y aplica copias de *logs* de transacciones desde la base de datos principal en intervalos regulares.

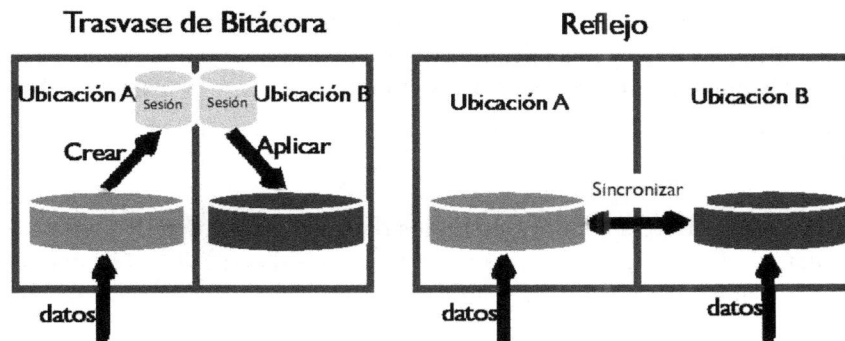

Figura 60 Trasvase de Bitácora vs. Reflejo

La elección del método de replicación depende de qué tan críticos son los datos, y de lo importante que sea que la conmutación por error sea inmediata para el servidor secundario. El *espejado* es generalmente una opción más costosa comparada con el *trasvase de bitácoras*. Para un servidor secundario, el espejado es efectivo; el trasvase de bitácoras puede utilizarse para actualizar servidores secundarios adicionales.

1.3.10.6 Resiliencia y Recuperación

Resiliencia en bases de datos es la medida de qué tan tolerante es un sistema en condiciones de error. Si un sistema puede tolerar un alto nivel de procesamiento de errores y continúa funcionando como se espera, se considera altamente resiliente. Si una aplicación se bloquea al primer evento inesperado, ese sistema no es resiliente. Si la base de datos puede detectar o abortar y automáticamente recuperarse de errores de procesamiento comunes (ej. consulta fuera de control), se considera resiliente. Siempre hay condiciones que ningún sistema puede detectar de antemano, como un apagón, y esas condiciones se consideran desastres.

Tres tipos de recuperación ofrecen lineamientos sobre qué tan rápidamente la recuperación ocurre y en qué se centra:

- **Recuperación inmediata** de algunos problemas a veces puede ser resuelta a través del diseño; por ejemplo, predecir y automáticamente resolver problemas, como los que puedan ser causados por una conmutación de sistema sobre la copia de seguridad.
- **Recuperación crítica** se refiere a un plan para restaurar el sistema lo antes posible para minimizar retrasos o apagones de procesos de negocio.
- **Recuperación no crítica** significa que la restauración de la funcionalidad puede retrasarse hasta que los sistemas más críticos hayan sido restaurados.

Los errores de procesamiento de datos incluyen fallas de carga de datos, fallas de consultas y obstáculos para completar procesos de ETL, entre otros. Las maneras comunes de aumentar la resiliencia en sistemas de procesamiento de datos consisten en atrapar, redirigir, detectar y omitir los datos que estén causando errores e implementar banderas en los pasos de procesos completados para evitar el reprocesamiento de datos o evitar repetir pasos ya completados al volver a ejecutar algún proceso.

Cada sistema debe requerir un cierto nivel de resiliencia (alta o baja). Algunas aplicaciones pueden requerir que cualquier error detenga todo el procesamiento (baja resiliencia), mientras que otros pueden sólo requerir que los errores sean atrapados y se envíen para revisión, si no es que sean rotundamente ignorados.

Para datos sumamente críticos, el DBA deberá implementar un modelo de replicación en el que los datos se muevan a otra copia de la base de datos en un servidor remoto. En caso de falla de la base de datos, las aplicaciones pueden continuar el procesamiento en la base de datos en el servidor remoto.

1.3.10.7 Retención

La retención de datos se refiere a cuánto tiempo los datos se mantienen disponibles. La planeación de la retención de datos debe ser parte del diseño de base de datos física. Los requisitos de retención también afectan a la planeación de la capacidad.

La seguridad de los datos también afecta a los planes de retención de datos, dado que algunos datos deben conservarse por plazos específicos por razones legales. No conservar los datos durante el tiempo adecuado puede tener consecuencias legales. Asimismo, también hay reglamentos relacionados con la depuración de datos. Los datos pueden convertirse en un riesgo si se mantiene más tiempo que lo especificado. Las organizaciones deberían definir las políticas de retención basadas en los requisitos regulatorios y directrices de gestión de riesgos. Estas políticas deben promover la generación de especificaciones para la depuración y el archivado de datos.

1.3.10.8 Fragmentación *(Sharding)*

Sharding es un proceso donde pequeños fragmentos de la base de datos se aíslan y pueden actualizarse independientemente de otros fragmentos, por lo que la replicación es simplemente una copia del archivo. Dado que los fragmentos son pequeños, actualizar/sobrescribir puede ser óptimo.

2. Actividades

Las dos actividades principales en Almacenamiento de Datos y Operaciones son el soporte de la tecnología de la base de datos y el soporte operativo de la base de datos. El soporte de la tecnología de la base de datos es específico para seleccionar y dar soporte al *software* que almacena y administra los datos. El soporte operativo de la base de datos es específico a los datos y procesos que el *software* gestiona.

2.1 Gestión de Tecnologías de Base de Datos

La gestión de tecnologías de base de datos debe seguir los mismos principios y normas de gestión de cualquier otra tecnología.

El principal modelo de referencia de tecnologías de gestión es la biblioteca de infraestructura de tecnología de información (ITIL), un modelo de proceso de gestión de tecnología desarrollado en el Reino Unido. Los principios ITIL aplican a la gestión de la tecnología de datos.

2.1.1 Entendimiento de las Características Tecnológicas de Base De Datos

Es importante comprender cómo funciona la tecnología, y cómo puede proporcionar valor en el contexto de un negocio en particular. El DBA, junto con el resto de los equipos de servicios de datos, trabaja en estrecha colaboración con los usuarios de negocios y gerentes para entender los datos y las necesidades del negocio. Los DBAs y lo arquitectos de base de datos combinan su conocimiento de las herramientas disponibles con los requerimientos del negocio con el fin de sugerir las mejores aplicaciones tecnológicas posibles para satisfacer las necesidades de la organización.

Los profesionales de datos primero deben conocer las características de una tecnología de base de datos candidata antes de determinar qué recomendar como solución. Por ejemplo, tecnologías de base de datos que no tienen capacidades basadas en transacciones (ej. *commit* y *rollback*) no son adecuadas para situaciones operativas de apoyo a los procesos de punto de venta.

No se debe asumir que un solo tipo de arquitectura de base de datos o DBMS funciona para todas las necesidades. La mayoría de las organizaciones tiene múltiples herramientas de base de datos instaladas para realizar una gama de funciones, desde la afinación del rendimiento para los respaldos, hasta la gestión de la propia base de datos. Sólo algunos de estos conjuntos de herramientas tienen estándares obligatorios.

2.1.2 Evaluación de la Tecnología de Base de Datos

La selección de *software* de DBMS estratégico es particularmente importante. El *software* de DBMS tiene un gran impacto en la integración de datos, el rendimiento de la aplicación y la productividad del negocio. Algunos de los factores a considerar al seleccionar *software* de DBMS incluyen:

- Arquitectura del producto y complejidad
- Volumen y límite de velocidad, incluyendo la tasa de transmisión
- Perfil de aplicación, tal como el procesamiento de transacción, inteligencia de negocios y perfiles personales

- Funcionalidades específicas, tal como el soporte de cálculo temporal
- Plataforma del equipo físico (*hardware*) y soporte de sistema operativo
- Disponibilidad de herramientas de soporte del *software*
- Puntos de referencia del rendimiento, incluyendo estadísticas en tiempo real
- Escalabilidad
- Requisitos de *software*, memoria y almacenamiento
- Resiliencia, incluyendo manejo de errores y reporteo

Algunos de los factores no están directamente relacionados con la tecnología en sí, sino más bien a la organización que compra y a los vendedores de la herramienta. Por ejemplo:

- Apetito de la organización por el riesgo técnico
- Oferta disponible de profesionales técnicos
- Costo de propiedad, como las licencias, el mantenimiento y recursos informáticos
- Reputación del vendedor
- Política de soporte del vendedor y plan de liberación de nuevas versiones
- Referencias de clientes.

El costo del producto, incluyendo la administración, licenciamiento y soporte, no deben exceder el valor del producto para el negocio. Idealmente, la tecnología debe ser tan amigable, auto monitoreada y auto gestionada como sea posible. Si no es así, puede ser necesario contratar personal con experiencia en el uso de la herramienta.

Es una buena idea comenzar con un pequeño piloto o una prueba de concepto (POC), para obtener una buena idea de los verdaderos costos y beneficios, antes de proceder con una implementación completa en producción.

2.1.3 Gestionar y Monitorear la Tecnología De Base De Datos

Los DBAs sirven a menudo como soporte técnico de nivel 2, trabajando con la mesa de ayuda y consultores que den soporte a la tecnología para entender, analizar y resolver problemas de los usuarios. La clave para la comprensión efectiva y el uso de cualquier tecnología es el entrenamiento. Las organizaciones deben asegurarse de tener planes de entrenamiento y presupuesto estimado para todos los involucrados en la implementación, soporte y uso de los datos y de la tecnología de base de datos. Los planes de entrenamiento deben incluir niveles adecuados de entrenamiento cruzado para suportar de mejor manera el desarrollo de aplicaciones, especialmente el desarrollo ágil. Los DBAs deben tener conocimiento práctico en habilidades de desarrollo de aplicaciones, tales como modelado de datos, análisis de casos de uso y acceso a datos de aplicación.

El DBA será responsable de asegurar que las bases de datos tengan copias de seguridad regularmente y de realizar pruebas de recuperación. Sin embargo, si los datos de estas bases de datos necesitan ser combinados con otros datos existentes en una o más bases de datos, puede ser un reto de integración de datos. Los *DBAs* no deben simplemente fusionar datos. En cambio, deben trabajar con otras personas interesadas para asegurar que los datos puedan integrarse correcta y eficazmente.

Cuando un negocio requiere de nueva tecnología, los DBAs trabajarán con los usuarios de negocio y desarrolladores de aplicaciones para asegurar el uso más efectivo de la tecnología y para resolver cualquier problema o inconveniente que derive de su uso. Los *DBAs* después liberan productos tecnológicos nuevos en entornos de preproducción y producción. Necesitan crear y documentar procesos y procedimientos para gestionar el producto con la menor cantidad de esfuerzo y costo.

2.2 Gestionar Bases de Datos

El soporte de la Base de datos, proporcionado por *DBAs* y administradores de almacenamiento de red (ANS), está en el centro de gestión de datos. Las bases de datos residen en las áreas de almacenamiento gestionado. El almacenamiento gestionado puede ser tan pequeño como una unidad de disco en una computadora personal (gestionada por el sistema operativo) o tan grande como arreglos RAID en una red de área de almacenamiento o SAN. Los medios respaldo son también almacenamiento gestionado.

Los *DBAs* gestionan varias aplicaciones de almacenamiento de datos asignando estructuras de almacenamiento, manteniendo bases de datos físicas (incluyendo modelos de datos físicos y el diseño físico de los datos, como las asignaciones a archivos específicos o áreas del disco) y estableciendo entornos DBMS en los servidores.

2.2.1 Entender Requerimientos

2.2.1.1 Definir Requerimientos De Almacenamiento

Los DBAs establecen sistemas de almacenamiento para aplicaciones de DBMS y sistemas de almacenamiento de archivos para soportar NoSQL. Los *NSAs* y *DBAs* juegan un papel vital en el establecimiento de sistemas de almacenamiento de archivos. Los datos entran en el medio de almacenamiento durante las operaciones normales del negocio y, dependiendo de los requerimientos, pueden permanecer permanente o temporalmente. Es importante planificar para agregar espacio adicional anticipadamente o cuando realmente se necesite ese espacio. Cualquier tipo de mantenimiento durante una emergencia es un riesgo.

Todos los proyectos deben tener una estimación inicial de capacidad para el primer año de operaciones y una proyección de crecimiento para los años siguientes. La capacidad y crecimiento deben estimarse no sólo para el espacio que los datos ocupen, sino también para índices, bitácora de actividad y cualquier imagen redundante de datos.

Los requisitos de almacenamiento de datos deben tener en cuenta las regulaciones relacionadas con la retención de datos. Por razones legales, las organizaciones deben retener ciertos datos durante períodos establecidos (ver capítulo 9). En algunos casos, también puede requerirse purgar datos después de un período definido. Es una buena idea hablar de las necesidades de retención de datos con los dueños de los datos durante la fase de diseño y llegar a un acuerdo sobre cómo tratar a los datos a través de su ciclo de vida. Los DBAs trabajarán con los desarrolladores de aplicaciones y demás personal de operaciones, incluyendo a los administradores del servidor y almacenamiento, para implementar el plan aprobado de retención de datos.

2.2.1.2 Identificar Patrones de Uso

Las bases de datos tienen patrones de uso previsible. Los patrones básicos incluyen:

- Basado en transacciones

- Basado en conjunto de datos grandes de escritura o recuperación
- Basado en tiempo (los más pesados a fin de mes, los más ligeros en los fines de semana, etc.),
- Basados en ubicación (las áreas más densamente pobladas tienen más transacciones, etc.).
- Basado en prioridades (Algunos departamentos o IDs de lote tienen mayor prioridad que otros)

Algunos sistemas tendrán una combinación de estos patrones básicos. Los DBAs deben ser capaces de predecir los reflujos y los flujos de patrones de uso y contar con procesos para manejar picos (como consultas de tipo *"governor"* o gestión de prioridad) así como tomar ventaja de los valles (procesos retardados que necesitan grandes cantidades de recursos hasta que exista un patrón de tipo valle). Esta información puede utilizarse para mantener el rendimiento de la base de datos.

2.2.1.3 Definir Requisitos De Acceso

El acceso a los datos incluye actividades relacionadas con almacenar, recuperar o actuar en los datos almacenados en una base de datos u otro repositorio. Acceso a datos es simplemente la autorización para acceder a diferentes archivos de datos. Varios lenguajes estándares, métodos y formatos existen para acceder a los datos de bases de datos y de otros repositorios: SQL, ODBC, JDBC, XQJ, ADO.NET, XML, X Query, X Path y servicios web para sistemas de tipo ACID. El estándar de método de acceso de tipo BASE incluye: C, C++, REST, XML y Java[35] Algunos estándares permiten la traducción de datos no estructurados (como HTML o archivos de texto) a estructurados (como XML o SOL). Los arquitectos de datos y DBAs pueden ayudar a las organizaciones a seleccionar los métodos adecuados y herramientas necesarias para el acceso a los datos.

2.2.2 Plan De Continuidad Del Negocio

Las organizaciones necesitan planear la continuidad del negocio en caso de desastre o evento adverso que afecte a sus sistemas y su capacidad de usar sus datos. Los DBAs deben asegurarse de que un plan de recuperación exista para todas las bases de datos y servidores de base de datos, cubriendo escenarios que podrían resultar en pérdida o corrupción de datos, tales como:

- Pérdida del servidor físico de base de datos
- Pérdida de uno o más dispositivos de almacenamiento de disco
- Pérdida de una base de datos, incluyendo la base de datos maestra DBMS, la base de datos de almacenamiento temporal, el segmento de log de transacciones, etcétera.
- Corrupción de los índices de base datos o páginas de datos
- Pérdida de la base de datos o del sistema de archivos de segmento de log
- Pérdida de la base de datos o de archivos de respaldo de la bitácora de transacciones

Cada base de datos debe ser evaluada de acuerdo con su criticidad para que su restauración pueda priorizarse. Algunas bases de datos serán esenciales para operaciones de negocios y tendrán que ser restauradas inmediatamente. Bases de datos menos críticas no se restaurarán hasta que los sistemas de primarios estén en funcionamiento. Otros sistemas puede que no se necesiten ser restaurados; por ejemplo, si son simplemente copias que se actualizan cuando se cargan.

---

[35] http://bit.ly/1rWAUxS (accesado 2/28/2016) tiene una lista de todos los métodos de acceso para sistemas tipo BASE

La revisión y aprobación del plan de continuidad de negocio deben ser ejecutadas por el equipo gerencial o el grupo de continuidad de negocio de la organización, en caso de que alguno exista. El grupo de DBAs debe revisar regularmente los planes asegurar su precisión y entendimiento. Se debe mantener una copia del plan, junto con todo el software necesario para instalar y configurar el DBMS, instrucciones y códigos de seguridad (ej., la contraseña del administrador) en una ubicación segura y fuera de la organización en caso de desastre.

Ningún sistema puede recuperarse de un desastre si las copias de seguridad no están disponibles o son ilegibles. Las copias de seguridad regulares son esenciales para cualquier esfuerzo de recuperación, pero si son ilegibles, son peores que inútiles; el tiempo de procesamiento para hacer las copias de seguridad se habrá desperdiciado, junto con la oportunidad para resolver el problema que hizo que las copias se volvieran ilegibles. Mantenga todos los respaldos en una ubicación segura fuera de la organización.

2.2.2.1 Hacer Copias De Seguridad

Haga copias de seguridad de las bases de datos y, si aplica, también de las bitácoras de transacciones de base de datos. El acuerdo de nivel de servicio (SLA) del sistema debe especificar la frecuencia de las copias de seguridad. Se tiene que balancear la importancia de los datos con el costo de protegerla. Para bases de datos grandes, copias de seguridad frecuentes pueden consumir grandes cantidades de recursos del servidor y almacenamiento de disco. Además de copias de seguridad incrementales, se debe hacer una copia de seguridad completa de cada base de datos periódicamente. Además, las bases de datos deben residir en un área de almacenamiento gestionado, idealmente un arreglo tipo RAID en un área de red o SAN, con respaldos diarios para separar los medios de almacenamiento. Para bases de datos OLTP, la frecuencia de los respaldos de bitácora de transacciones dependerá de la frecuencia de actualización, y la cantidad de datos involucrados. Para bases de datos actualizadas con frecuencia, los vaciados frecuentes de la bitácora no sólo proporcionarán una mayor protección, también reducirán el impacto de las copias de seguridad en aplicaciones y recursos del servidor.

Los archivos de respaldo deben mantenerse en un sistema de archivo separado al de las bases de datos y deben respaldarse en algún medio de almacenamiento distinto tal como se especifica en el SLA. Guarde las copias de seguridad diariamente en una ubicación segura fuera de la organización. La mayoría de los DBMSs soportan respaldos activos de la base de datos- copias de seguridad creadas mientras se ejecutan las aplicaciones. Cuando algunas actualizaciones ocurren durante un respaldo, éstas continuarán hasta completarse o se ejecutará el proceso de restauración cuando el respaldo se recargue. La alternativa es un respaldo pasivo que se genera cuando la base de datos está fuera de línea. Sin embargo, un respaldo pasivo en frío puede no ser una opción viable si las aplicaciones necesitan estar continuamente disponibles.

2.2.2.2 Recuperar Datos

La mayoría de los productos de *software* de respaldo incluyen la opción de leer desde el respaldo en el sistema. El DBA trabaja con el equipo de infraestructura para montar los medios que contienen las copias de seguridad y realizar la restauración. Las utilidades específicas utilizadas para ejecutar la restauración de los datos dependen del tipo de base de datos.

Los datos en las bases de datos de sistema de archivos pueden ser más fáciles de restaurar que aquellos en sistemas de gestión de bases de datos relacionales, mismos que pueden tener información del catálogo que debe actualizarse durante la recuperación de datos, especialmente si la recuperación es del archivo de bitácora en lugar de una copia de seguridad. Es fundamental probar periódicamente la recuperación de datos. Hacerlo reducirá sorpresas desagradables durante un desastre o emergencia. Se pueden hacer pruebas en copias del sistema no productivas con infraestructura y configuración idénticas, o si el sistema tiene una conmutación por error, en el sistema secundario.

2.2.3 Desarrollar Instancias De Base De Datos

Los DBAs son responsables de la creación de instancias de base de datos. Las actividades relacionadas incluyen:

- **Instalar y actualizar el *software* del DBMS**: Los DBAs instalan nuevas versiones del *software* del DBMS y aplican los parches de mantenimiento provistos por del vendedor del DBMS en todos los ambientes (desde desarrollo hasta producción) según lo indicado por el proveedor y validados y priorizados por especialistas en bases de datos, en seguridad y en gestión. Esta es una actividad crítica para asegurar la no vulnerabilidad a los ataques, así como asegurar la integridad de los datos en curso en instalaciones centralizadas y descentralizadas.
- **Mantenimiento de varias instalaciones de entornos, incluyendo diferentes versiones de DBMS**: Los DBAs pueden instalar y mantener varias instancias del *software* de DBMS en ambientes tipo *sandbox*, desarrollo, pruebas, pruebas de aceptación de usuario, pruebas de aceptación del sistema, aseguramiento de la calidad, pre-producción, correcciones activas (*hot-fix*), recuperación de desastres y en ambientes de producción y gestionar la migración de las versiones de *software* de DBMS a través de ambientes con relación a las aplicaciones y sistemas de control de versiones y cambios.
- **Instalación y gestión de tecnología de datos**: Los DBAs pueden estar involucrados en la instalación de *software* de integración de datos y herramientas de terceros de gestión de datos.

2.2.3.1 Gestionar el Entorno Físico De Almacenamiento

La gestión del entorno de almacenamiento debe seguir los procesos de gestión de configuración de *software* tradicional (*Software Configuration Management - SCM*) o los métodos de biblioteca de infraestructura de tecnología de información (*Information Technology Infrastructure Library -ITIL*) para registrar modificaciones de la configuración de la base de datos, estructuras, restricciones, permisos, umbrales, etcétera. Los DBAs necesitan actualizar el modelo físico de datos para reflejar los cambios a los objetos de almacenamiento como parte de un proceso de gestión de la configuración estándar. Con métodos programación extremos y desarrollo ágil, las actualizaciones del modelo físico de datos físicos desempeñan papeles importantes en la prevención de errores de diseño o desarrollo.

Los DBAs necesitan aplicar el proceso SCM para rastrear cambios y comprobar que las bases de datos en los entornos de desarrollo, pruebas y producción tienen todas las mejoras incluidas en cada nueva versión, incluso si los cambios son cosméticos o solamente en una capa de datos *virtualizados*. Los cuatro procedimientos necesarios para garantizar un sano proceso de SCM son: identificación de configuración, control de cambios de configuración, contabilización de estados de configuración y auditorías de configuración.

- Durante el proceso de **identificación de configuración**, los DBAs trabajarán con los *data stewards*, arquitectos y modeladores de datos para identificar los atributos que definen cada aspecto de la configuración para los propósitos del usuario final. Estos atributos son registrados en la documentación de configuración y tomados como base. Una vez que un atributo es tomado como base, un proceso de control de cambio de configuración formal es necesario para cambiar el atributo.

- **Control de cambios de configuración** es un conjunto de procesos y pasos de aprobación necesarios para cambiar los atributos de un elemento de configuración y volver a tomarlo como base.
- **Contabilización de estados de configuración** es la capacidad de registrar y reportar la configuración base asociada con cada elemento de configuración en cualquier momento en el tiempo.
- **Auditorías de configuración** ocurren tanto en la entrega como al efectuar un cambio. Hay dos tipos. Una auditoría de la configuración física asegura que un elemento de configuración se ha instalado según los requisitos en la documentación de su diseño detallado, mientras que una auditoría de la configuración funcional asegura que los atributos de rendimiento de un elemento de configuración se cumplan.

Para mantener la integridad de los datos y la trazabilidad a lo largo del ciclo de vida de datos, los DBAs comunican los cambios de los atributos de la base de datos física a los modeladores, desarrolladores y administradores de Metadatos.

Los DBAs también deben mantener métricas de volumen de datos, proyecciones de capacidad y rendimiento de las consultas, así como estadísticas sobre objetos físicos, con el fin de identificar necesidades de replicación de datos, los volúmenes de migración de datos y los puntos de recuperación de datos. Bases de datos más grandes también tendrán partición de objetos, que deben ser monitoreadas y mantenidas en el tiempo para asegurarse de que el objeto mantenga la distribución deseada de los datos.

2.2.3.2 Gestionar Controles De Acceso de Base De Datos

Los DBAs son responsables de gestionar los controles que permiten el acceso a los datos. Los DBAs supervisan las siguientes funciones para proteger los Activos de Datos y la integridad de los datos:

- **Ambiente controlado:** Los DBAs trabajan con los NSAs para gestionar un entorno controlado para los Activos de Datos; esto incluye los roles de red y la gestión de permisos, monitoreo 24x7 y de la salud de la red, gestión del contrafuegos, gestión de parches e integración de *Microsoft Baseline Security Analy*zer (MBSA).
- **Seguridad física:** La seguridad física de los Activos de Datos es gestionada basándose en el protocolo de gestión de red simple (*Simple Network Management Protocol –SNMP*), bitácora de auditoria de datos, gestión de desastres y planeación de copias de seguridad de base de datos. Los DBAs configuran y monitorean estos protocolos. El monitoreo es especialmente importante para los protocolos de seguridad.
- **Monitoreo:** Los sistemas de base de datos se habilitan a través del monitoreo de *software* y *hardware* de los servidores críticos.
- **Controles:** Los DBAs mantienen la seguridad de la información con controles de acceso, auditoría de base de datos, detección de intrusos y herramientas de evaluación de vulnerabilidades.

Los conceptos y actividades involucradas en la configuración de seguridad de los datos se discuten en el capítulo 7.

2.2.3.3 Crear Contenedores de Almacenamiento

Todos los datos deben almacenarse en una unidad física y organizada para facilitar la carga, búsqueda y recuperación. Los contenedores de almacenamiento pueden contener objetos de almacenamiento, y cada nivel debe mantenerse de acuerdo con el nivel del objeto. Por ejemplo, las bases de datos relacionales tienen esquemas que contienen tablas y las bases de datos no relacionales tienen sistemas de archivos que contienen los archivos.

2.2.3.4 Implementar Modelos De Datos Físicos

Los DBAs son generalmente responsables de crear y gestionar el entorno de almacenamiento físico basado en el modelo de datos físicos. El modelo de datos físico incluye objetos de almacenamiento, objetos de indexación, y cualquier objeto de código encapsulado necesarios para asegurar las reglas de calidad de datos, conectar los objetos de la base de datos y lograr el desempeño deseado de la base de datos. Dependiendo de la organización, los modeladores de datos pueden proporcionar el modelo de datos y los DBAs implementan el diseño físico del modelo de datos en el almacenamiento. En otras organizaciones, los DBAs pueden tomar un esqueleto de un modelo físico y añadir todos los detalles de la implementación de la base de datos en específico, incluyendo índices, restricciones, particiones o *clusters*, estimaciones de la capacidad y detalles de la asignación de almacenamiento.

Para las estructuras de base de datos de terceros provistas como parte de una aplicación, la mayoría de las herramientas de modelado permiten la ingeniería en reversa de un producto fuera del estante (*Commercial Off the Shelf - COTS)* o de un sistema de base de datos de planificación de recursos empresariales *(Enterprise Resource Plannning -ERP)*, siempre que la herramienta de modelado pueda leer el catálogo de la herramienta de almacenamiento. Estos pueden ser usados para desarrollar un modelo físico. Los DBAs o modeladores de datos aún necesitarán revisar y potencialmente actualizar el modelo físico basándose en restricciones o relaciones al nivel de aplicación; no todas las restricciones y relaciones están instaladas en los catálogos de la base de datos, especialmente para en las aplicaciones más antiguas donde la abstracción de base de datos era deseada. Los modelos físicos bien mantenidos son necesarios cuando los DBAs están proporcionando datos como un servicio (*Data as a Service – DaaS*).

2.2.3.5 Cargar Datos

Cuando se construyen, las bases de datos están vacías. Los DBAs las pueblan. Si los datos a ser cargados han sido exportados mediante una utilidad de base de datos, puede no ser necesario utilizar una herramienta de integración de datos para cargar los datos en la nueva base de datos. La mayoría de los sistemas de base de datos tienen capacidades de carga masiva de datos, que requieren que los datos estén en un formato que coincida con el objeto de base de datos destino, o que tengan una función simple de mapeo para ligar los datos en la fuente con el objeto destino.

La mayoría de las organizaciones también obtienen algunos datos de fuentes externas de terceros, tales como listas de clientes potenciales compradas a un corredor de información, información postal y de direcciones, o datos de productos suministrados por un proveedor. Los datos pueden ser licenciados o proporcionados como un servicio de datos abierto gratuito; provistos en diferentes formatos (CD, DVD, EDI, XML, RSS *feeds*, archivos de texto); o provistos a demanda o a través de un servicio de suscripción que actualiza los datos periódicamente. Algunas adquisiciones de datos requieren de acuerdos legales. Los DBAs deben ser conscientes de estas restricciones antes de cargar los datos.

Se le puede pedir al DBA que maneje estos tipos de cargas datos o que cree el mapa de carga inicial. Es recomendable limitar la ejecución manual de este tipo de cargas a instalaciones u otras situaciones de una sola vez, o asegurar que están automatizadas y programadas.

Un enfoque gestionado para la adquisición de datos centraliza la responsabilidad de los servicios de suscripción de datos en los analistas de datos. El analista de datos necesitará documentar el origen de datos externos en el modelo lógico y en el diccionario de datos. Un desarrollador puede diseñar y crear las secuencias de comandos (*scripts*) o programas para leer los datos y cargarlos en la base de datos. El DBA será responsable de implementar los procesos necesarios para cargar los datos en la base de datos y/o hacerlos disponibles para uso de la aplicación.

2.2.3.6 Gestionar La Replicación De Datos

Los DBAs pueden influir en las decisiones sobre el proceso de replicación de datos recomendando:

- Replicación activa o pasiva
- Control de concurrencia distribuido desde los sistemas de datos distribuidos
- Los métodos apropiados para identificar las actualizaciones de datos a través de fecha y hora o número de versiones bajo el proceso de control de cambios de datos.

Para sistemas pequeños u objetos de datos, las actualizaciones completas de datos pueden satisfacer los requisitos de concurrencia. Para objetos más grandes donde la mayor parte de los datos no cambia, unir los cambios en el objeto de datos es más eficiente que la copia completa de todos los datos para cada cambio. Para los objetos grandes donde la mayor parte de los datos son cambiados, puede ser mejor hacer una actualización completa que incurrir en la sobrecarga derivada de demasiados cambios.

2.2.4 Gestión De Rendimiento De Base De Datos

El rendimiento de la base de datos depende de dos aspectos interdependientes: la disponibilidad y la velocidad. El rendimiento incluye asegurar la disponibilidad de espacio, optimización de consultas y otros factores que permiten a una base de datos devolver datos de manera eficiente. El rendimiento no puede medirse sin disponibilidad. Una base de datos no disponible tiene una métrica de rendimiento de cero. DBAs y NSAs gestionan el rendimiento de una base de datos mediante:

- Configuración y ajuste del sistema operativo y de los parámetros de la aplicación.
- Gestionando la conectividad de la base de datos. NSAs y DBAs proporcionan soporte técnico a TI y a los usuarios de negocio que requieren conectividad a la base de datos, basándose en políticas impuestas por los estándares y protocolos de la organización.
- Trabajando con los programadores del sistema y los administradores de red para optimizar los sistemas operativos, las redes y el *middleware* de procesamiento de transacciones para que trabajen con la base de datos.
- Asignando el almacenamiento adecuado y habilitando que la base de datos trabaje con los dispositivos de almacenamiento y el software de gestión de almacenamiento. El *software* de gestión de almacenamiento optimiza el uso de diferentes tecnologías para que el almacenamiento de datos antiguos y de poca frecuencia de uso sea menos costoso. Una forma de lograr esto es migrar estos datos a dispositivos de almacenamiento de información menos costosos. Como resultado se logran entregar los datos más importantes y de mayor uso en un tiempo menor. Los DBAs trabajan con los administradores de almacenamiento para configurar y monitorear procesos de gestión de almacenamiento eficaces.

- Proporcionando estudios de crecimiento volumétrico para soportar la adquisición de almacenamiento y las actividades generales de gestión de ciclo de vida de datos: retención, afinación (*tuning*), archivado, respaldo, depuración y recuperación ante desastres).
- Trabajando con los administradores de sistemas para proporcionar cargas de trabajo operando y puntos de referencia de los activos de datos desplegados que apoyan la gestión de SLA, cálculos de contra cargos, capacidad del servidor y del ciclo de vida rotación dentro del horizonte de planificación establecido.

2.2.4.1 Establecer Niveles De Servicio De Desempeño De Base De Datos

El desempeño de un sistema, la disponibilidad de los datos, las expectativas de recuperación y las expectativas para que los equipos respondan a los incidentes generalmente se rigen por SLAs (*Service Level Agreements* - Acuerdos de nivel de servicio). Los SLAs se hacen entre las organizaciones de servicios de gestión de datos de TI y los dueños de los datos (figura 61).

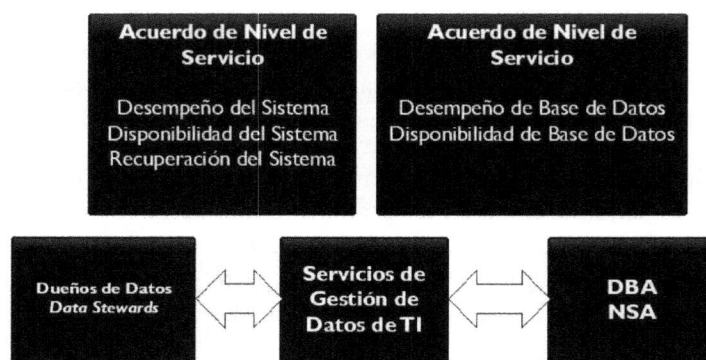

Figura 61 SLAs para Desempeño del Sistema y Base de Datos

Típicamente, un SLA determinará los períodos de tiempo durante los cuales se espera que la base de datos esté disponible para su uso. A menudo un SLA identificará un plazo de ejecución máximo permitido para algunas transacciones de aplicación (una mezcla de actualizaciones y consultas complejas). Si la base de datos no está disponible como acordaron, o si el tiempo de ejecución de los procesos viola el SLA, los propietarios de datos le pedirán al DBA que identifique las causas del problema y aplique una remediación.

2.2.4.2 Gestionar La Disponibilidad De La Base De Datos

La disponibilidad es el porcentaje de tiempo que un sistema o base de datos pueden ser utilizados para trabajo productivo. Al mismo tiempo que las organizaciones aumentan el uso de los datos, los requerimientos de disponibilidad crecen, al igual que los riesgos y costos de los datos no disponibles. Para satisfacer la mayor demanda, las ventanas de mantenimiento se hacen más reducidas. Cuatro factores relacionados afectan la disponibilidad:

- **Gestionable:** La capacidad de crear y mantener un entorno.
- **Recuperable:** La capacidad de restablecer el servicio después de una interrupción y corregir los errores causados por acontecimientos imprevistos o fallas de componentes.
- **Fiable:** La capacidad para prestar el servicio a determinados niveles durante un período establecido.

- **Útil:** La capacidad para identificar la existencia de problemas, diagnosticar sus causas y repararlos/resolverlos.

Muchas cosas pueden impedir que las bases de datos estén disponibles, incluyendo:

- Interrupciones planificadas
  - Para mantenimiento
  - Para actualizaciones
- Interrupciones no previstas:
  - Pérdida del hardware del servidor
  - Falla de hardware de disco
  - Falla del sistema operativo
  - Falla de software de DBMS
  - Pérdida del Centro de datos.
  - Falla de red
- Problemas de aplicación
  - Problemas de seguridad y autorización
  - Problemas graves de desempeño
  - Fallas de recuperación
- Problemas de datos
  - Corrupción de datos (debido a bugs, diseño deficiente o error del usuario)
  - Pérdida de objetos de base de datos
  - Pérdida de datos
  - Falla en la replicación de datos
- Error humano

Los DBAs son responsables de hacer todo lo posible para asegurar que las bases de datos estén en línea y operativas, incluyendo:

- Ejecutar utilerías de copia de seguridad de base de datos
- Ejecutar utilerías de reorganización de la base de datos
- Ejecutar utilerías de recopilación de estadísticas
- Ejecutar utilerías de comprobación de integridad
- Automatizar la ejecución de estas utilerías
- Explotar la definición *de clusters* y particionamiento de espacio de tablas.
- Replicación de datos entre bases de datos espejo para asegurar alta disponibilidad.

2.2.4.3 Gestionar la Ejecución De Base De Datos

Los DBAs también establecen y monitorean la ejecución de la base de datos, el uso de bitácoras de cambios y la sincronización de entornos duplicados. El tamaño y la ubicación de las bitácoras requieren de espacio de almacenamiento y en algunos casos pueden ser tratados como bases de datos basadas en archivos. Otras aplicaciones que consumen las bitácoras también deben ser gestionadas, para asegurar el uso correcto de los mismos al nivel de registro requerido. Entre mayor nivel de detalle se registre en la bitácora, mayor es el espacio de almacenamiento y capacidad de procesamiento necesarios, lo que puede afectar de manera negativa el desempeño.

2.2.4.4 Mantener los Niveles De Servicio De Desempeño De Base De Datos

Los DBAs optimizan el rendimiento de la base de datos de manera proactiva y reactiva, al monitorear el desempeño y responder a los problemas rápida y competentemente. La mayoría de los DBMSs proporcionan la capacidad de monitorear el desempeño, permitiendo a los DBAs generar reportes de análisis. La mayoría de los sistemas operativos de servidor tienen capacidades de monitoreo y reporteo similares. Los DBAs deben ejecutar los reportes de actividad y desempeño contra el DBMS y el servidor de manera regular y periódica, incluso durante períodos de intensa actividad. Deben comparar estos reportes con versiones anteriores para identificar las tendencias negativas y guardarlas para ayudar a analizar los problemas en el tiempo.

2.2.4.4.1 Desempeño Transaccional vs. Desempeño por Lotes

El movimiento de los datos puede ocurrir en tiempo real a través de transacciones en línea. Sin embargo, muchas actividades de movimiento y transformación de datos se realizan a través de programas por lotes (*batch*), que pueden mover datos entre sistemas, o simplemente realizar operaciones con datos dentro de un sistema. Estos trabajos por lotes deben completarse dentro de ventanas especificas en el horario de operación. Los DBAs y los especialistas de integración de datos monitorean el desempeño de los *jobs* de procesamiento por lotes, poniendo atención en tiempos de ejecución atípicos y errores, determinando la causa raíz de errores y solucionando estos errores.

2.2.4.4.2 Remediación de Errores

Cuando se producen problemas de rendimiento, los equipos de DBA, NSA y Administración de Servidores deben utilizar las herramientas de monitoreo y administración del DBMS para ayudar a identificar la fuente del problema. Las razones más comunes para el funcionamiento deficiente de la base de datos incluyen:

- **Asignación de memoria o contención**: Un *buffer* o memoria caché para los datos.
- **Bloqueos (*locking & blocking*)**: En algunos casos, un proceso que se ejecuta en la base de datos puede bloquear (*lock*) recursos de base de datos, como tablas o páginas de datos y bloquear (*block*) el otro proceso que necesita de ellos. Si el problema persiste, el DBA puede matar el proceso bloqueante (*block*). En algunos casos, dos procesos pueden producir un interbloqueo (*deadlock*). Esto ocurre cuando 2 procesos bloquean (lock) recursos necesitados por el otro. La mayoría de los DBMSs terminarán automáticamente uno de estos procesos después de algún tiempo. Estos tipos de problemas a menudo son el resultado de la mala codificación, ya sea en la base de datos o en la aplicación.
- **Estadísticas de bases de datos incorrectas**: La mayoría de los DBMSs tienen un optimizador de consultas integrado, que se basa en estadísticas almacenadas acerca de los datos y los índices para tomar decisiones acerca de cómo ejecutar una consulta determinada más con eficacia. Estas estadísticas deben actualizarse con frecuencia, especialmente en bases de datos con mucha actividad. No hacerlo resultará en bajo desempeño al ejecutar consultas.
- **Mala codificación**: Tal vez la causa más común del bajo desempeño de las bases de datos es la mala codificación SQL. Los programadores de consultas SQL necesitan una comprensión básica de cómo funciona el optimizador de consultas. Deben escribir el código SQL de manera tal que se aprovechen al máximo las capacidades del optimizador. Algunos sistemas permiten encapsular el código SQL complejo en procedimientos almacenados, que pueden ser pre-compilados y pre-optimizados, en lugar de incrustarlo en el código de la aplicación o en archivos de script.

- ***Joins* de tablas complejos e ineficientes:** Utilizar vistas para predefinir *joins* complejos entre tablas. Además, evitar el uso de código SQL complejo (ej., *joins* entre tablas) en funciones de la base de datos; a diferencia de utilizarlos en procedimientos almacenados, éstas son opacas para el optimizador de consultas.

- **Indexación insuficiente:** Algunas consultas tienen código complejo para usar los índices de tablas grandes. Se deben crear los índices necesarios para soportar estas consultas. Tenga cuidado de crear demasiados índices en tablas muy frecuentemente actualizadas, ya que esto hará más lento el proceso de actualización.

- **Actividad de la aplicación:** Idealmente, las aplicaciones deben ejecutarse en un servidor independiente del servidor de DBMS para que no compitan por los recursos. Se deben configurar y optimizar los servidores de base de datos para obtener el máximo desempeño. Además, los nuevos DBMSs permiten objetos de aplicación, tales como clases Java y.NET, que se encapsulan en objetos de base de datos y se ejecutan en el DBMS. Tenga cuidado con hacer uso de esta capacidad. Puede ser muy útil en ciertos casos, pero ejecutar código de la aplicación en el servidor de base de datos puede afectar la interoperabilidad, la arquitectura de la aplicación y el desempeño de los procesos de base de datos.

- **Servidores sobrecargados:** Para DBMSs que soportan múltiples aplicaciones y bases de datos, puede haber un punto de ruptura donde la adición de más bases de datos tiene un efecto adverso sobre el desempeño de las bases de datos existentes. En este caso, se debe crear un nuevo servidor de base de datos. Además, de deben reubicar las bases de datos que han tenido gran crecimiento, o que se utilizan mucho más que antes, a un servidor diferente. En algunos casos, se pueden resolver los problemas de grandes bases de datos archivando los datos menos usados a otra ubicación, o eliminando los datos obsoletos o caducados.

- **Volatilidad de la base de datos:** En algunos casos, grandes cantidades de inserciones y borrados en una tabla a través de un corto tiempo pueden crear estadísticas de distribución de base de datos inexactos. En estos casos se debe desactivar la actualización de las estadísticas para estas tablas, dado que las estadísticas incorrectas afectarán negativamente al optimizador de consultas.

- **Consultas fuera de control (*Runaway queries*):** Los usuarios pueden involuntariamente enviar consultas que usen la mayoría de los recursos compartidos del sistema. Utilice clasificaciones o gestores de consultas (*query governors*) para detener o poner en pausa estas consultas hasta que puedan ser evaluadas y mejoradas.

Después de identificar la causa del problema, el DBA tomará cualquier acción que sea necesaria para resolver el problema, incluyendo trabajar con los desarrolladores de la aplicación para mejorar y optimizar el código de la base de datos, y archivar (*archive*) o eliminar los datos que no se necesitan activamente por los procesos de aplicación. En casos excepcionales para las bases de datos de tipo OLTP, el DBA puede considerar trabajar con el modelador de datos para cambiar la estructura de datos de la partición de la base datos afectada. Hacer esto sólo después de haber intentado otras alternativas (ej., la creación de índices y vistas o la reescritura del código SQL) y sólo después de haber considerado cuidadosamente las posibles consecuencias, como la pérdida de integridad de los datos o el aumento en la complejidad de las consultas SQL contra tablas desnormalizadas.

Para bases de datos de sólo lectura y bases de datos analíticas, la desnormalización para el desempeño y facilidad de acceso es la regla y no la excepción y no plantea ninguna amenaza o riesgo.

2.2.4.5 Mantener Entornos Alternativos.

Las bases de datos no aparecen una vez y permanecen sin cambios. Las reglas de negocio, los procesos de negocio y la tecnología cambia. Los ambientes de prueba y desarrollo permiten que los cambios sean probados antes de que sean implementados en un ambiente productivo. Los DBAs pueden hacer copias completas o de un subconjunto de las estructuras de la base de datos y de los datos en otros entornos para habilitar el desarrollo y las pruebas de los cambios del sistema. Existen varios tipos de entornos alternativos.

- **Entornos de desarrollo** se utilizan para crear y probar los cambios que se implementarán en producción. El entorno de desarrollo debe mantenerse semejante al entorno de producción, aunque con recursos reducidos.
- **Entornos de prueba** sirven para varios propósitos: control de calidad (QA), pruebas de integración, pruebas de aceptación de usuario (*User Acceptance Testing* - UAT) y pruebas de desempeño. El entorno de pruebas, idealmente, tiene el mismo software y hardware que el ambiente de producción. En particular, los entornos utilizados para pruebas de performance no deben tener recursos reducidos.
- *Sandboxes* o entornos experimentales se usan para probar hipótesis y desarrollar nuevos usos de los datos. Los DBAs generalmente crean, dan acceso y monitorean el uso de estos entornos. También deben asegurarse de que los *sandboxes* estén aislados y no afecten negativamente a las operaciones de producción.
- **Los entornos de producción alternativos** son necesarios para soportar la generación de copias de seguridad fuera de línea, conmutación por error, y sistemas de soporte resistentes. Estos sistemas deben ser idénticos a los sistemas de producción, aunque el sistema de respaldo (y recuperación) puede ser reducido en capacidad de cómputo, ya que principalmente se usa para actividades E/S (Entrada/Salida).

2.2.5 Gestión de Conjuntos De Datos de Prueba.

Las pruebas de *software* requieren de muchos recursos y representan casi la mitad del costo del desarrollo del sistema. Una prueba eficiente requiere de datos de prueba de alta calidad, y estos datos deben ser gestionados. La generación de datos de prueba es un paso crítico en las pruebas de *software*.

Los datos de prueba son los datos que se han identificado específicamente para probar un sistema. Las pruebas pueden incluir la verificación de que una entrada produce una salida esperada o desafiar la capacidad de programación para responder a una entrada inusual, extrema, excepcional o inesperada. Los datos de prueba pueden ser totalmente inventados, generados utilizando valores sin sentido o datos de muestra. Los datos de muestra pueden ser un subconjunto de datos reales de producción (en contenido o estructura), o generados a partir de datos de producción. Los datos de producción pueden ser filtrados o agregados para crear varios conjuntos de datos de muestra, dependiendo de la necesidad. En casos donde los datos de producción contienen datos protegidos o restringidos, los datos de muestra deben ser enmascarados.

Los datos de prueba se pueden producir de una manera concentrada o sistemática (como sucede típicamente en las pruebas de funcionalidad) utilizando estadísticas o filtros, o a través de enfoques menos concentrados (como ocurre típicamente en las pruebas aleatorias y automatizadas de alto volumen). Los datos de prueba pueden ser producidos por el *tester*, por un programa o función que ayude al *tester* o por una copia de datos de producción que ha sido seleccionada para el objetivo. Los datos de prueba pueden ser almacenados para reutilizarse en el corto plazo, creados y gestionados para pruebas de regresión, o usados una vez y luego descartados- aunque en la mayoría de las organizaciones, la limpieza después de un proyecto no es considerada. Los DBAs deben monitorear los datos de prueba del proyecto y asegurarse de que los datos de prueba obsoletos sean depurados regularmente para preservar la capacidad. No siempre es posible conseguir suficientes datos para algunas pruebas, especialmente para las pruebas de desempeño. La cantidad de datos de prueba a generar es determinada o limitada por consideraciones tales como el tiempo, el costo y la calidad. También se ve afectada por la regulación que limita el uso de datos de producción en un entorno de prueba. (Ver capítulo 7).

2.2.6 Gestionar La Migración De Datos.

La migración de datos es el proceso de transferencia de datos entre los tipos de almacenamiento, formatos o sistemas informáticos, con la menor cantidad posible de cambios. Los cambios en los datos durante la migración se discuten en el capítulo 8.

La migración de datos es una de las consideraciones clave para cualquier implementación de sistema, actualización o consolidación. Generalmente se realiza programáticamente, siendo automatizada basada en reglas. Sin embargo, las personas necesitan garantizar que las reglas y los programas se ejecutan correctamente. La migración de datos se produce por una variedad de razones, incluyendo reemplazos de servidores o equipos de almacenamiento, consolidación de sitios web, mantenimiento de servidores o reubicación de centros de datos. La mayoría de las implementaciones permite que esto se haga de una forma no disruptiva, como concurrentemente mientras el host continúa realizando las operaciones de E/S en el disco lógico (o LUN).

La granularidad de mapeo dicta qué tan rápido se pueden actualizar los Metadatos, cuánta capacidad adicional se requiere durante la migración, y qué tan rápido se libera el espacio en la ubicación de origen de los datos. Una menor granularidad se traduce en una actualización más rápida, menos espacio requerido y una liberación de espacio origen más ágil. Muchas de las tareas cotidianas que un administrador de almacenamiento tiene que realizar pueden simple y concurrentemente completarse mediante técnicas de migración de datos:

- Moviendo datos de un dispositivo de almacenamiento sobre utilizado a un entorno separado.
- Moviendo datos a un dispositivo de almacenamiento tan rápido como se requiera.
- Implementando una política de administración del ciclo de vida de la información.
- Migrando datos desde dispositivos de almacenamiento antiguos (siendo desechados o cancelando el arrendamiento) a dispositivos fuera de línea o almacenamiento en la nube.

Comúnmente se realizan remediaciones de datos automatizadas y manuales durante migraciones de datos para mejor la calidad, eliminar información obsoleta o redundante y ajustarse a los requisitos del nuevo sistema. Las fases de migración de datos (diseño, extracción, remediación, carga, verificación) para aplicaciones de moderada a alta complejidad comúnmente se repiten varias veces antes de que se implemente el nuevo sistema.

3. Herramientas

Adicionalmente a los sistemas de gestión de bases de datos, los DBAs utilizan varias otras herramientas para gestionar bases de datos. Por ejemplo, herramientas de modelado y otras de desarrollo de aplicaciones, interfaces que permiten a los usuarios escribir y ejecutar consultas, herramientas de evaluación y modificación para mejorar de la calidad de datos y herramientas de monitoreo de desempeño de las cargas de datos.

3.1 Herramientas De Modelado De Datos.

Las herramientas de modelado de datos automatizan muchas de las tareas que realiza el modelador de datos. Algunas herramientas de modelado permiten la generación de lenguaje de definición de datos de la base de datos (*Data Definition Language* – DDL*)*. La mayoría soportan ingeniería inversa de la base de datos para generar un modelo de datos. Herramientas más sofisticadas validan estándares de nomenclatura, ortografía, almacenan Metadatos como definiciones y linaje e incluso habilitan la publicación en la *web*. (Véase el capítulo 5.)

3.2 Herramientas de Monitoreo de Bases De Datos.

Las herramientas de monitoreo de bases de datos automatizan el monitoreo de métricas claves, tales como capacidad, disponibilidad, desempeño del caché, estadísticas del usuario, etc., y alertan a los DBAs y a los NSAs acerca de problemas en la base de datos. La mayoría de estas herramientas pueden monitorear simultáneamente distintos tipos de bases de datos.

3.3 Herramientas De Gestión De Bases De Datos.

Los sistemas de bases de datos a menudo incluyen herramientas de gestión. Adicionalmente, varios paquetes de *software* de terceros permiten a los DBAs gestionar múltiples bases de datos. Estas aplicaciones incluyen funciones para la configuración, instalación de parches y actualizaciones de versión, respaldo y restauración, clonación de bases de datos, gestión de pruebas y rutinas de limpieza de datos.

3.4 Herramientas de Soporte para Desarrolladores.

Las herramientas de soporte para desarrolladores contienen una interfaz visual para conectarse y ejecutar comandos en una base de datos. Algunas se incluyen con el *software* de gestión de la base de datos. Otras incluyen aplicaciones de terceros.

4. Técnicas

4.1 Pruebas En Entornos Menores

Para las actualizaciones de versión y parches en los sistemas operativos, *software* de base de datos, cambios de base de datos y cambios en el código, se debe instalar y probar en el entorno menor de más bajo nivel primero – generalmente desarrollo. Una vez probado en el nivel más bajo, se instala en los siguientes niveles superiores y por último se instala en el entorno de producción. Esto asegura que los instaladores obtengan experiencia con la actualización de versión o parche y pueden minimizar las interrupciones en los entornos de producción.

4.2 Estándares de Nomenclatura Físicos

La consistencia en el nombrado acelera el entendimiento. Los arquitectos de datos, los desarrolladores de base de datos y los DBAs pueden utilizar estándares de nomenclatura para definir Metadatos o crear reglas para el intercambio de documentos entre organizaciones. ISO/IEC 11179 – registros de Metadatos (*Metadata registries* - MDR) se enfocan a la semántica de los datos, a la representación de los datos y al registro de las descripciones de esos datos. Es a través de estas descripciones que se encuentran una comprensión precisa de la semántica y una representación útil de los datos. La sección significativa para las bases de datos físicas dentro de esos estándares es la Parte 5 – Principios de nombrado e identificación, que describen cómo crear convenciones para nombrar elementos de datos y sus componentes.

4.3 Uso de Script Para Todos Los Cambios

Es muy arriesgado cambiar directamente los datos en una base de datos. Sin embargo, puede existir una necesidad, como un cambio manual en la tabla de estructuras de cuentas, o en fusiones y adquisiciones o en emergencias, donde éstos se indican dada la naturaleza excepcional de la petición y/o por la falta de herramientas adecuadas para estas circunstancias. Es útil hacer estos cambios con scripts y probarlos a fondo en ambientes no productivos antes de aplicarlos en producción.

5. Guías de Implementación

5.1 Evaluación De Preparación para Producción (*Readiness*) / Evaluación De Riesgo.

Las evaluaciones de riesgo y de preparación para producción giran en torno a dos ideas centrales: riesgo de pérdida de datos y los riesgos relacionados con la preparación de la tecnología.

- **Pérdida de datos:** Los datos se pueden perder por errores técnicos o de procedimientos, o por intenciones maliciosas. Las organizaciones necesitan implementar estrategias para mitigar estos riesgos. Los acuerdos de nivel de servicio a menudo especifican los requisitos generales para la protección de datos. Los SLAs necesitan estar soportados por procedimientos bien documentados. Una evaluación continua es necesaria para asegurar que existan respuestas técnicas robustas para evitar pérdida de datos ocasionadas por intenciones maliciosas, como amenazas cibernéticas que siempre están evolucionando. Se recomienda auditar tanto los SLAs como los datos para evaluar y planificar mitigaciones de riesgos.
- **Preparación de tecnología:** Las nuevas tecnologías como NoSQL, Big Data, almacenes triples y FDMS requieren que el área de TI desarrolle determinadas habilidades y experiencia en preparación para producción (*readiness*). Muchas organizaciones no tienen las habilidades necesarias para aprovechar las ventajas de estas nuevas tecnologías. Los DBAs, ingenieros de sistemas, desarrolladores de aplicaciones y los usuarios de negocios deben estar listos para utilizar los beneficios que aportan las nuevas tecnologías a la inteligencia de negocio (BI) así como a otras aplicaciones.

5.2 Cambio Organizacional Y Cultural

Los DBAs no suelen promover efectivamente el valor de su trabajo a la organización. Necesitan reconocer las preocupaciones legítimas de los dueños y consumidores de los datos, equilibrar las necesidades de datos a corto y a largo plazo, educar a otros en la organización sobre la importancia de las buenas prácticas de gestión de datos y optimizar las prácticas de desarrollo de datos para asegurar el máximo beneficio a la organización y un mínimo impacto a los consumidores de datos. En lo que respecta al trabajo de datos como un conjunto abstracto de principios y prácticas, y sin tener en cuenta los elementos humanos involucrados, los DBAs corren el riesgo propagar una postura de 'nosotros contra ellos' y de ser considerados como dogmáticos, imprácticos, inútiles y obstruccionistas. Muchas desconexiones – principalmente enfrentamientos en marcos de referencia - contribuyen a este problema. Las organizaciones generalmente ven a las tecnologías de la información en términos de las aplicaciones específicas, no como datos, y suelen ver a los datos desde un punto de vista enfocado en aplicaciones. El valor a largo plazo que aportan a las organizaciones los datos seguros, reutilizables, de alta calidad y que son tratados como un recurso corporativo no es fácilmente reconocido o apreciado.

El desarrollo de aplicaciones a menudo ve la gestión de los datos como un impedimento, como algo que hace que los proyectos de desarrollo demoren más tiempo y se incrementen sus costos sin aportar un beneficio adicional. Los DBAs han sido lentos para adaptarse a los cambios en la tecnología (ej., XML, objetos y arquitecturas orientadas a servicios) y a nuevos métodos de desarrollo de aplicaciones (ej., Desarrollo ágil, XP y Scrum). Por otro lado, los desarrolladores a menudo no reconocen claramente cómo las buenas prácticas de gestión de datos pueden ayudarles a alcanzar sus metas a largo plazo de reutilización de objetos y aplicaciones y de una verdadera arquitectura de aplicaciones orientada a servicios. Los DBAs y otros profesionales de la gestión de datos pueden ayudar a superar estos obstáculos organizacionales y culturales. Pueden promover un enfoque más colaborativo para satisfacer las necesidades de información y datos de la organización, siguiendo principios para identificar y concretar las oportunidades de automatización, construyendo soluciones con el concepto de reutilización en mente, aplicando las mejores prácticas, utilizando estándares de base de datos para atender los requerimientos, y definiendo expectativas para el rol de DBA en el proyecto. Además, deben:

- **Comunicarse proactivamente:** Los DBAs deben estar en estrecha comunicación con los equipos de proyecto para detectar y resolver cualquier problema tan pronto como sea posible, tanto en el desarrollo como después de la implementación. Deben revisar el código de acceso a los datos, procedimientos almacenados, vistas y las funciones de base datos escritas por el equipo de desarrollo, y también ayudar a evidenciar problemas de diseño de la base de datos.
- **Comunicarse con personas en su nivel y en sus términos:** Es mejor hablar con las personas del negocio en términos de las necesidades del negocio y del retorno de la inversión y con los desarrolladores en términos de la orientación a objetos, bajo acoplamiento y facilidad de desarrollo.
- **Mantener enfoque en el negocio:** El objetivo del desarrollo de aplicaciones es satisfacer los requerimientos del negocio y obtener el máximo beneficio del proyecto.
- **Ser útil:** Decirle siempre "no" a las personas las lleva a ignorar los estándares y buscar otro camino. Se debe reconocer que las personas tienen que hacer todo lo que necesiten y no ayudarles a conseguir el éxito es mutuamente perjudicial.
- **Aprender continuamente:** Se deben evaluar los errores de un proyecto para tener lecciones aprendidas y aplicarlas a futuros proyectos. Si surgen problemas por haber hecho mal las cosas, se deben usar más adelante como razones para hacer las cosas bien.

En resumen, entienda a las partes interesadas y sus necesidades. Desarrolle estándares claros, concisos, prácticos, centrados en los estándares del negocio para hacer el mejor trabajo en la mejor manera posible. Además, enseñe e implemente aquellos estándares de manera que proporcionen el máximo valor a las partes interesadas y gane su respeto.

6. Gobierno del Almacenamiento De Datos y Operaciones.

6.1 Métricas

Las métricas de almacenamiento de datos pueden incluir:

- Número de bases de datos por tipo
- Estadísticas de transacciones agregadas
- Métricas de capacidad, tales como:
  - Cantidad de almacenamiento utilizado
  - Número de contenedores de almacenamiento
  - Número de objetos de datos en términos de bloques comprometidos y no comprometidos o páginas
  - Datos encolados.
- Uso del servicio de almacenamiento
- Peticiones realizadas a los servicios de almacenamiento
- Mejoras en el desempeño de las aplicaciones que usan un servicio.

Las métricas de desempeño pueden utilizarse para medir:

- Cantidad y frecuencia de las transacciones
- Rendimiento de las consultas.
- Desempeño del servicio del API (interfaz de programación de aplicaciones)

Las métricas operacionales pueden consistir en:

- Estadísticas agregadas del tiempo de obtención de datos
- Tamaño de la copia de seguridad
- Medición de la calidad de datos.
- Disponibilidad.

Las métricas de servicio pueden incluir

- Conteo de incidentes enviados, resueltos y escalados por tipo.
- Tiempo de resolución de incidentes.

Los DBAs necesitan discutir la necesidad de las métricas con los arquitectos de datos y los equipos de calidad de los datos.

6.2 Seguimiento de Activos de Información.

Parte del gobierno del almacenamiento de datos incluye garantizar que la organización cumple con todos con los acuerdos de licenciamiento y requerimientos regulatorios. Se debe dar seguimiento puntual y ejecutar auditorias tempranas sobre el licenciamiento de *software* y sus costos de soporte anuales, así como también a los contratos de arrendamiento de servidores y otros costos fijos. Estar fuera de conformidad con los acuerdos de licenciamiento representa graves riesgos financieros y legales para una organización.

Auditar los datos puede ayudar a determinar el costo total de propiedad (*Total cost of ownership - TCO*) para cada tipo de tecnología y producto tecnológico. Se deben evaluar regularmente las tecnologías y los productos que se están volviendo obsoletos, perdiendo soporte, menos útiles o demasiado caros.

6.3 Auditoria y Validación de Datos

Una auditoría de datos es la evaluación de un conjunto de datos basándose en criterios definidos. Por lo general, una auditoría se realiza para investigar preocupaciones específicas acerca de un conjunto de datos y está diseñada para determinar si los datos se almacenaron en cumplimiento de los requisitos contractuales y metodológicos. El enfoque de una auditoría de datos puede incluir una lista de verificación específica y exhaustiva para un proyecto, entregables requeridos y criterios de control de calidad.

La validación de datos es el proceso de evaluación de los datos almacenados con base en criterios de aceptación establecidos para determinar su calidad y usabilidad. Los procedimientos de validación de datos dependen de los criterios establecidos por el equipo de calidad de datos (si existe alguno) u otros requerimientos del consumidor de datos. Los DBAs soportan parte de las auditorías y validaciones de datos:

- Ayudando a desarrollar y revisar el enfoque
- Realizando validaciones y revisiones preliminares de los datos
- Desarrollando métodos de monitoreo de datos.
- Aplicando técnicas estadísticas, geo-estadísticas y bio-estadísticas para optimizar el análisis de datos
- Soportando muestreo y análisis
- Revisando datos
- Apoyando el descubrimiento de datos.
- Actuando como experto en la materia para preguntas relacionadas con la administración de base de datos.

7. Trabajos Citados / Recomendados

Amir, Obaid. *Storage Data Migration Guide.* 2012. Kindle.

Armistead, Leigh. *Information Operations Matters: Best Practices.* Potomac Books Inc., 2010. Print.

Axelos Global Best Practice (ITIL website). http://bit.ly/1H6SwxC.

Bittman, Tom. "Virtualization with VMWare or HyperV: What you need to know." Gartner Webinar, 25 November, 2009. http://gtnr.it/2rRl2aP, Web.

Brewer, Eric. "Toward Robust Distributed Systems." PODC Keynote 2000. http://bit.ly/2sVsYYv Web.

Dunham, Jeff. *Database Performance Tuning Handbook*. McGraw-Hill, 1998. Print.

Dwivedi, Himanshu. *Securing Storage: A Practical Guide to SAN and NAS Security*. Addison-Wesley Professional, 2005. Print.

EMC Education Services, ed. *Information Storage and Management: Storing, Managing, and Protecting Digital Information in Classic, Virtualized, and Cloud Environments*. 2nd ed. Wiley, 2012. Print.

Finn, Aidan, et al. *Microsoft Private Cloud Computing*. Sybex, 2013. Print.

Finn, Aidan. *Mastering Hyper-V Deployment*. Sybex. 2010. Print.

Fitzsimmons, James A. and Mona J. Fitzsimmons. *Service Management: Operations, Strategy, Information Technology*. 6th ed. Irwin/McGraw-Hill, 2007. Print with CDROM.

Gallagher, Simon, et al. *VMware Private Cloud Computing with vCloud Director*. Sybex. 2013. Print.

Haerder, T. and A Reuter. "Principles of transaction-oriented database recovery". *ACM Computing Surveys* 15 (4) (1983). https://web.stanford.edu/class/cs340v/papers/recovery.pdf Web.

Hitachi Data Systems Academy, *Storage Concepts: Storing and Managing Digital Data*. Volume 1. HDS Academy, Hitachi Data Systems, 2012. Print.

Hoffer, Jeffrey, Mary Prescott, and Fred McFadden. *Modern Database Management*. 7th Edition. Prentice Hall, 2004. Print.

Khalil, Mostafa. *Storage Implementation in vSphere 5.0*. VMware Press, 2012. Print.

Kotwal, Nitin. *Data Storage Backup and Replication: Effective Data Management to Ensure Optimum Performance and Business Continuity*. Nitin Kotwal, 2015. Amazon Digital Services LLC.

Kroenke, D. M. *Database Processing: Fundamentals, Design, and Implementation*. 10th Edition. Pearson Prentice Hall, 2005. Print.

Liebowitz, Matt et al. *VMware vSphere Performance: Designing CPU, Memory, Storage, and Networking for Performance-Intensive Workloads*. Sybex, 2014. Print.

Matthews, Jeanna N. et al. *Running Xen: A Hands-On Guide to the Art of Virtualization*. Prentice Hall, 2008. Print.

Mattison, Rob. *Understanding Database Management Systems*. 2nd Edition. McGraw-Hill, 1998. Print.

McNamara, Michael J. *Scale-Out Storage: The Next Frontier in Enterprise Data Management*. FriesenPress, 2014. Kindle.

Mullins, Craig S. *Database Administration: The Complete Guide to Practices and Procedures*. Addison-Wesley, 2002. Print.

Parsaye, Kamran and Mark Chignell. *Intelligent Database Tools and Applications: Hyperinformation Access, Data Quality, Visualization, Automatic Discovery*. John Wiley and Sons, 1993. Print.

Pascal, Fabian. *Practical Issues in Database Management: A Reference for The Thinking Practitioner*. Addison-Wesley, 2000. Print.

Paulsen, Karl. *Moving Media Storage Technologies: Applications and Workflows for Video and Media Server Platforms*. Focal Press, 2011. Print.

Piedad, Floyd, and Michael Hawkins. *High Availability: Design, Techniques and Processes*. Prentice Hall, 2001. Print.

Rob, Peter, and Carlos Coronel. *Database Systems: Design, Implementation, and Management*. 7th Edition. Course Technology, 2006. Print.

Sadalage, Pramod J., and Martin Fowler. *NoSQL Distilled: A Brief Guide to the Emerging World of Polyglot Persistence*. Addison-Wesley, 2012. Print. Addison-Wesley Professional.

Santana, Gustavo A. *Data Center Virtualization Fundamentals: Understanding Techniques and Designs for Highly Efficient Data Centers with Cisco Nexus, UCS, MDS, and Beyond*. Cisco Press, 2013. Print. Fundamentals.

Schulz, Greg. *Cloud and Virtual Data Storage Networking*. Auerbach Publications, 2011. Print.

Simitci, Huseyin. *Storage Network Performance Analysis*. Wiley, 2003. Print.

Tran, Duc A. *Data Storage for Social Networks: A Socially Aware Approach*. 2013 ed. Springer, 2012. Print. Springer Briefs in Optimization.

Troppens, Ulf, et al. *Storage Networks Explained: Basics and Application of Fibre Channel SAN, NAS, iSCSI, InfiniBand and FCoE*. Wiley, 2009. Print.

US Department of Defense. *Information Operations: Doctrine, Tactics, Techniques, and Procedures*. 2011. Kindle.

VMware. *VMware vCloud Architecture Toolkit (vCAT): Technical and Operational Guidance for Cloud Success.* VMware Press, 2013. Print.

Wicker, Stephen B. *Error Control Systems for Digital Communication and Storage.* US ed. Prentice-Hall, 1994. Print.

Zarra, Marcus S. *Core Data: Data Storage and Management for iOS, OS X, and iCloud.* 2nd ed. Pragmatic Bookshelf, 2013. Print. Pragmatic Programmers

CAPÍTULO 7

Seguridad de Datos

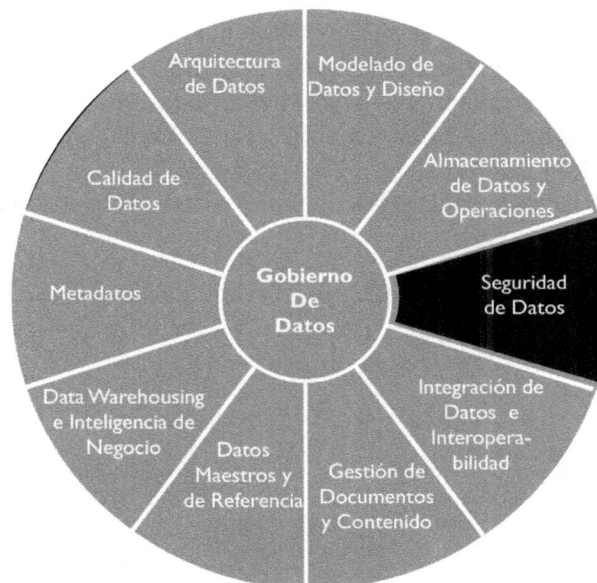

DAMA-DMBOK2 Marco de Referencia de Gestión de Datos

Copyright © 2017 by DAMA International

1. Introducción

La Seguridad de los Datos incluye la planificación, desarrollo y ejecución de las políticas de seguridad y procedimientos para proporcionar la correcta autenticación, autorización, acceso y auditoría de los activos de datos y la información. Los detalles de la seguridad de datos (datos que deben ser protegidos, por ejemplo) difieren entre industrias y países. Sin embargo, el objetivo de las prácticas de seguridad de datos es el mismo: proteger activos de información en concordancia con las regulaciones de privacidad y confidencialidad, acuerdos contractuales y requerimientos de negocio. Estos requerimientos provienen de:

- **Partes interesadas:** Las Organizaciones deben reconocer las necesidades de privacidad y confidencialidad de sus partes interesadas, incluyendo clientes, pacientes, estudiantes, ciudadanos, proveedores o socios de negocio. Todos en la organización deben ser un administrador responsable de los datos de las partes interesadas.
- **Regulaciones gubernamentales:** Las regulaciones gubernamentales están para proteger los intereses de algunas partes interesadas. Las regulaciones tienen objetivos diferentes. Algunas restringen el acceso a la información, mientras que otras aseguran la apertura, la transparencia y la rendición de cuentas.
- **Preocupaciones del negocio:** Cada organización tiene datos propios para proteger. Los datos de la organización proporcionan información sobre sus clientes y, cuando se aprovechan de manera efectiva, pueden proporcionar una ventaja competitiva. Si datos confidenciales son robados o vulnerados, una organización puede perder ventaja competitiva.
- **Necesidades de acceso legítimo:** Cuando se aseguran los datos, las organizaciones también deben permitir el acceso legítimo. Los procesos de negocio requieren que los individuos con ciertos roles puedan acceder, utilizar y mantener los datos.
- **Obligaciones contractuales:** Los acuerdos contractuales y de confidencialidad también influyen en los requerimientos de seguridad de datos. Por ejemplo, el estándar de PCI (Payment Card Industry – Industria de Tarjeta de Pago), un acuerdo entre las compañías de tarjetas de crédito y empresas de negocio individuales exige que ciertos tipos de datos sean protegidos de formas definidas (por ejemplo, cifrado obligatorio para las contraseñas del cliente).

Las políticas y procedimientos efectivos de seguridad de datos aseguran que las personas adecuadas puedan usar y actualizar los datos de la manera correcta, y que todo acceso y actualización inapropiados estén restringidos (Ray, 2012) (ver figura 62).

Figura 62 Fuentes de Requerimientos de seguridad de datos

Entender y cumplir con los intereses y necesidades de privacidad y confidencialidad de todas las partes interesadas es el mejor interés de cada organización. El cliente, el proveedor y las relaciones constituyentes, todos confían y dependen del uso responsable de los datos.

Seguridad de Datos

Definición: Definición, planificación, desarrollo, y ejecución de políticas de seguridad y procedimientos para proveer la autenticación apropiada, autorización, acceso y auditoría de datos y activos de información.

Metas:
1. Permitir el apropiado, y prevenir el inapropiado, acceso a los activos de datos empresariales.
2. Entender y Cumplir con todas las regulaciones y políticas relevantes para la privacidad, protección, y confidencialidad.
3. Asegurar que las necesidades de privacidad y confidencialidad de todas las partes interesadas están impuestas y auditadas.

Motivadores de Negocio

Entradas:
- Objetivos y Estrategias de negocios
- Reglas y Procesos de negocios
- Requisitos Regulatorios
- Estándares de Arquitectura Empresarial
- Modelo de Datos Empresariales

Actividades:
1. Identificar los Requerimientos de Seguridad de Datos Relevantes (P)
2. Definir Política de Seguridad de Datos (C)
3. Definir Estándares de Seguridad de Datos (D)
4. Evaluar los Riesgos de Seguridad Actuales (P)
5. Implementar Controles Y Procedimientos (O)

Salidas:
- Arquitectura de Seguridad de Datos
- Políticas de Seguridad de Datos
- Estándares de Privacidad y Confidencialidad de Datos
- Controles de Accesos de Seguridad de Datos
- Vistas de Acceso de Datos Compatibles Regulatorios
- Clasificaciones de Seguridad Documentados
- Historial de Acceso de Autenticación de usuarios
- Reportes de Auditoría de Seguridad de Datos

Proveedores:
- Comité Encargado de IT
- Arquitectos Empresariales
- Gobierno
- **Órganos Regulatorios**

Participantes:
- *Data Stewards*
- Equipo de Seguridad de Información
- Auditores Internos
- Analistas de Procesos

Consumidores:
- Usuarios de Negocios
- Auditores Regulatorios

Motivadores Técnicos

Técnicas:
- Uso de Mátriz CRUDE
- Despliegue de Parche de Seguridad Inmediato
- Atributos de Seguridad de Datos en Metadatos
- Necesidades de Seguridad en Requerimientos de Proyectos
- Desinfección de Documentos

Herramientas:
- Sistemas de Control de Acceso
- *Software* Protector
- Tecnología de Gestión de Identidad
- Detección de Intruso / *Software* de Prevención
- Seguimiento de Metadatos
- Enmascaramiento de Datos / Cifrado

Métricas:
- Métricas de Implementación de Seguridad
- Métricas de Conciencia de Seguridad
- Métricas de Protección de Datos
- Métricas de Incidentes de Seguridad
- Rango de Proliferación de Datos Confidenciales

(P) Planificación, (C) Control, (D) Desarrollo, (O) Operaciones

Figura 63 Diagrama de Contexto: Seguridad de Datos

1.1 Motivadores de Negocio

La reducción del riesgo y el crecimiento del negocio son los principales motivadores de las actividades de seguridad de datos. Garantizar que los datos de la organización están seguros reduce el riesgo y agrega una ventaja competitiva. La seguridad en sí misma es un activo valioso.

Los riesgos de seguridad de datos están asociados con el cumplimiento normativo, la responsabilidad fiduciaria de la empresa y de los accionistas, la reputación y la responsabilidad legal y moral de proteger la información privada y sensible de los empleados, socios de negocio y clientes. Las organizaciones pueden ser multadas por no cumplir con las regulaciones y obligaciones contractuales. Las brechas de datos pueden causar una pérdida de reputación y la confianza del cliente. (Véase el capítulo 2.)

El crecimiento del negocio incluye alcanzar y mantener los objetivos operativos del negocio. Los problemas de seguridad de datos, las brechas y las restricciones injustificadas en el acceso de los empleados a los datos, pueden tener un impacto directo en el éxito de las operaciones.

Los objetivos de mitigación de riesgos y de hacer crecer el negocio pueden ser complementarios y apoyarse mutuamente si están integradas en una estrategia coherente de gestión y protección de la información.

1.1.1 Reducción del Riesgo

A medida que aumentan las regulaciones de datos - generalmente en respuesta a robos y brechas o violaciones de datos— también aumentan los requerimientos de cumplimiento. Las organizaciones de seguridad a menudo se encargan de gestionar no sólo los requerimientos de cumplimiento de TI (Tecnologías de la Información), sino también las políticas, prácticas, clasificaciones de datos y las reglas de autorización de acceso en toda la organización.

Al igual que con otros aspectos de la gestión de datos, es mejor abordar la seguridad de datos como una iniciativa de la empresa. Sin un esfuerzo coordinado, las unidades de negocio encontrarán diferentes soluciones a las necesidades de seguridad, aumentando costos y reduciendo potencialmente la seguridad debido a una protección inconsistente. La arquitectura o los procesos de seguridad ineficaces pueden costar a las organizaciones incumplimientos y pérdida de productividad. Una estrategia de seguridad operacional financiada adecuadamente, orientada a los sistemas y consistente en toda la empresa, reducirá estos riesgos.

La seguridad de la información comienza por clasificar los datos de la organización con el fin de identificar los datos que requieren protección. El proceso general incluye los siguientes pasos:
* **Identificar y clasificar los activos de datos sensibles:** Dependiendo de la organización y la industria, pueden ser pocos o muchos activos, y una serie de datos sensibles (incluyendo la identificación personal, médica, financiera y más).
* **Localizar los datos sensibles en toda la empresa:** Los requerimientos de seguridad pueden diferir, dependiendo de dónde se almacenan los datos. Una cantidad significativa de datos sensibles en una sola ubicación representa un alto riesgo, debido al daño posible desde una simple brecha.
* **Determinar cómo se debe proteger cada activo:** Las medidas necesarias para garantizar la seguridad pueden variar entre los activos, según el contenido de los datos y del tipo de tecnología.
* **Identificar cómo interactúa esta información con los procesos de negocio:** Se requiere de un análisis de los procesos de negocio para determinar qué acceso se permite y en qué condiciones.

Además de clasificar los datos en sí, es necesario evaluar las amenazas externas (como las de los *hackers* y delincuentes) y los riesgos internos (presentados por empleados y procesos). Se pierden o exponen muchos datos debido a la ignorancia de los empleados que no se dieron cuenta que la información era altamente sensible o por eludir las políticas de seguridad.[36] Los datos de ventas de los clientes almacenados en un servidor *web* que está siendo *hackeado*, la base de datos de empleados se descargó en la computadora portátil de un contratista que posteriormente es robado, y secretos comerciales quedan sin cifrar en la computadora de un ejecutivo que desaparece, todo ello como resultado de controles de seguridad faltantes o no reforzados.

El impacto de las brechas de seguridad en marcas bien establecidas en los últimos años ha dado lugar a enormes pérdidas financieras y una caída en la confianza del cliente. Las amenazas externas de la comunidad de hackers criminales no solo se vuelven más sofisticados y dirigidos, sino que la cantidad de daños causados por amenazas externas e internas, intencionadas o no, también ha estado aumentando constantemente a lo largo de los años (Kark, 2009).

En un mundo de infraestructura de negocio casi totalmente electrónico, los sistemas de información confiables se han convertido en un diferenciador de negocios.

1.1.2 Crecimiento del Negocio

A nivel mundial, la tecnología electrónica está presente en la oficina, el mercado y el hogar. Las computadoras de escritorio y portátiles, teléfonos inteligentes, tabletas y otros dispositivos son elementos importantes de la mayoría de las operaciones empresariales y gubernamentales. El crecimiento explosivo del comercio electrónico ha cambiado la forma en cómo las organizaciones ofrecen bienes y servicios. En su vida personal, los individuos se han acostumbrado a realizar negocios en línea con los proveedores de bienes, agencias médicas, servicios públicos, oficinas gubernamentales y las instituciones financieras. El comercio electrónico de confianza genera ganancias y crecimiento. La calidad del producto y del servicio se relaciona con la seguridad de la información de una manera bastante directa: la seguridad de la información confiable permite las transacciones y genera confianza al cliente.

1.1.3 La Seguridad Como un Activo

Un enfoque para la gestión de datos sensibles es a través de Metadatos. Las clasificaciones de seguridad y ls sensibilidad regulatoria pueden captarse en el elemento de datos y nivel de conjunto de datos. Existe tecnología para etiquetar datos de modo que los Metadatos viajen con la información a medida que ésta fluye a través de la empresa. El desarrollo de un repositorio maestro de características de datos significa que todas las partes de la empresa pueden saber exactamente qué nivel de protección de datos sensibles se requiere.

Si se aplica un estándar común, este enfoque permite que múltiples departamentos, unidades de negocio y proveedores utilicen los mismos Metadatos. La seguridad estándar de Metadatos puede optimizar la protección de datos y guiar el uso de los negocios y los procesos de soporte técnico, llevando a disminuir los costos. Esta capa de seguridad de la información puede ayudar a prevenir acceso no autorizado y uso indebido de los activos de datos. Cuando los datos sensibles son identificados correctamente como tal, las organizaciones construyen confianza con sus clientes y socios. Los Metadatos relacionados con la seguridad se convierten en un activo estratégico, lo que

---

[36] Una encuesta declaró que "el 70 por ciento de los profesionales de TI creen que el uso de programas no autorizados resultó en la mitad de los incidentes de pérdida de datos de sus empresas. Esta creencia fue más común en los Estados Unidos (74 por ciento), Brasil (75 por ciento) e India (79 por ciento) ". Un informe del grupo Ponomon y Symantic Anti-Virus descubrió que "los errores humanos y los problemas del sistema causaron dos tercios de las violaciones de datos en 2012. http://bit.ly/1dGChAz, http://symc.ly/1FzNo5l, http://bit.ly/2sQ68Ba, http://bit.ly/2tNEkKY.

aumenta la calidad de las transacciones, informes y análisis de negocio, reduciendo el costo de la protección y los riesgos asociados, causantes de la pérdida o el robo de información.

1.2 Metas y Principios

1.2.1 Metas

Los objetivos de las actividades de seguridad de datos incluyen:
- Habilitar el acceso apropiado y prevenir el acceso inapropiado a los activos de datos empresariales
- Permitir el cumplimiento con las regulaciones y políticas de privacidad, protección y confidencialidad
- Asegurar que se cumplan los requerimientos de privacidad y confidencialidad de las partes interesadas

1.2.2 Principios

La seguridad de los datos en una organización sigue estos principios rectores:
- **Colaboración**: La seguridad de datos es un esfuerzo colaborativo entre los administradores de seguridad de TI, gobierno de datos/*data stewards*, equipos de auditoría interna y externa y el departamento legal.
- **Enfoque empresarial**: Las políticas y estándares de seguridad de los datos deben ser aplicadas de manera uniforme en toda la organización.
- **Administración proactiva**: El éxito en la gestión de la seguridad de los datos depende de ser proactivo y dinámico, involucrar a todas las partes interesadas, gestionar el cambio y superar los obstáculos organizacionales o culturales, tales como la tradicional separación de responsabilidades entre la seguridad de la información, tecnologías de la información, administración de datos y partes interesadas del negocio.
- **Clara rendición de cuentas**: Los roles y responsabilidades deben ser claramente definidos, incluyendo la 'cadena de custodia' de los datos a través de organizaciones y funciones.
- **Impulsada por Metadatos**: La clasificación de seguridad de los elementos de datos es una parte esencial de las definiciones de datos.
- **Reducir el riesgo de reducir la exposición**: Minimizar la proliferación de datos confidenciales/sensibles, especialmente en entornos de no productivos.

1.3 Conceptos Esenciales

La seguridad de la información tiene un vocabulario específico. El conocimiento de términos clave permite una articulación más clara de los requerimientos de gobierno.

1.3.1 Vulnerabilidad

Una *vulnerabilidad* es una debilidad o defecto en un sistema que le permite ser exitosamente atacado y comprometido – esencialmente un agujero en las defensas de una organización. Algunas vulnerabilidades se llaman **exploits**.

Los ejemplos incluyen equipos de la red con parches de seguridad obsoletos, páginas *web* no protegidas con contraseñas robustas, usuarios no entrenados para ignorar los archivos adjuntos de remitentes desconocidos o *software* corporativo sin protección contra comandos técnicos que le darán el control al atacante del sistema.

En muchos casos, los entornos no productivos son más vulnerables a las amenazas que los entornos productivos. Por lo tanto, es fundamental mantener los datos de entornos productivos fuera de los entornos no productivos.

1.3.2 Amenaza

Una *amenaza* es una acción ofensiva potencial que podría tomarse contra una organización. Las amenazas pueden ser internas o externas. No siempre son maliciosas. Una persona interna no informada puede tomar acciones ofensivas en la organización sin siquiera saberlo. Las amenazas pueden relacionarse con vulnerabilidades específicas, que luego son priorizadas para la remediación. Cada amenaza debe coincidir con una capacidad que evite la amenaza o limite los daños que podría causar. Una ocurrencia de una amenaza se llama también "Superficie de Ataque".

Los ejemplos de amenazas incluyen archivos con virus adjuntos en correos electrónicos enviados a la organización, procesos que abruman a servidores de red y resultan en una incapacidad para realizar las transacciones de negocio (también llamadas ataques de negación de servicio) y la explotación de vulnerabilidades conocidas.

1.3.3 Riesgo

El término *riesgo* se refiere a la posibilidad de pérdida y a la cosa o condición que plantea la pérdida potencial. El riesgo puede calcularse para cada posible amenaza utilizando los siguientes factores.
* Probabilidad de que se produzca la amenaza y su frecuencia probable
* El tipo y la cantidad de daño que cada ocurrencia podrían causar, incluido el daño a la reputación
* El efecto que el daño tendrá en los ingresos u operaciones del negocio
* El costo de reparar el daño después de una ocurrencia
* El costo para prevenir la amenaza, incluyendo la remediación de vulnerabilidades
* El objetivo o intención del probable atacante

Los riesgos pueden ser priorizados por la posible severidad del daño a la empresa, o por probabilidad de ocurrencia, con vulnerabilidades explotadas fácilmente creando una mayor probabilidad de ocurrencia. A menudo, una lista de prioridades combina ambas métricas. La priorización de riesgos debe ser un proceso formal entre las partes interesadas.

1.3.4 Clasificaciones De Riesgo

Las clasificaciones de riesgo describen la sensibilidad de los datos y la posibilidad de que puedan ser buscadas con fines malintencionados. Las clasificaciones se utilizan para determinar quién (es decir, las personas en qué roles) puede acceder a los datos. La más alta clasificación de seguridad de cualquier dato dentro de las facultades de un usuario determina la clasificación de seguridad de toda la agregación. Ejemplo de clasificaciones incluyen:

- **Datos de Riesgo Crítico (CRD):** Información personal buscada agresivamente para el uso no autorizado por partes internas y externas debido a su alto valor financiero directo. El que los CRD estén comprometidos no solo perjudicaría a las personas, sino que también causaría daños financieros a la empresa por las sanciones significativas, los costos de retención de clientes y empleados, así como el daño a la marca y la reputación.
- **Datos de Riesgo Alto (HRD):** Los HRD se buscan activamente para uso no autorizado debido a su potencial valor financiero directo. Los HRD proporcionan a la empresa una ventaja competitiva. Si se comprometen, podrían exponer a la compañía a daños financieros por pérdida de oportunidad. La pérdida de los HRD puede causar desconfianza que conduce a la pérdida de negocios y puede dar lugar a la exposición legal, multas y sanciones regulatorias, así como daños a la marca y la reputación.
- **Datos de Riesgo Moderado (MRD):** Información de la compañía que tiene poco valor tangible para las partes no autorizadas; sin embargo, el uso no autorizado de esta información no pública probablemente tendría un efecto negativo en la empresa.

1.3.5 Organización de Seguridad de Datos

Dependiendo del tamaño de la empresa, la función de Seguridad de Información en general puede ser la responsabilidad principal de un grupo dedicado a la seguridad de la información, generalmente dentro del área de TI (Tecnología de Información). Las empresas más grandes tienen a menudo un CISO (Chief Information Security Office – Oficial en Jefe de Seguridad de la Información) que reporta al CIO o al CEO. En las organizaciones sin personal de seguridad de la información dedicado, la responsabilidad de seguridad de los datos recaerá en los gerentes de datos. En todos los casos, los gerentes de datos necesitan involucrarse en los esfuerzos de seguridad de datos.

En las grandes empresas, el personal de seguridad de la información puede permitir que las funciones específicas de gobierno de datos y autorización de usuarios sean guiadas por los gerentes de negocio. Los ejemplos incluyen la concesión de autorizaciones de usuario y el cumplimiento normativo de datos. El personal dedicado a la seguridad de la información dedicado suele estar más preocupado por los aspectos técnicos de la protección de la información, como la lucha contra el *software* malicioso y los ataques al sistema. Sin embargo, hay un amplio espacio para la colaboración durante el desarrollo o un proyecto de instalación

Esta oportunidad de sinergia a menudo se pierde cuando las dos entidades de gobierno, TI y gestión de datos, carecen de un proceso organizado para compartir los requerimientos regulatorios y de seguridad. Necesitan un procedimiento estándar para informarse mutuamente sobre las regulaciones de datos, las amenazas de pérdida de datos y los requerimientos de protección de datos, y para hacerlo al comienzo de cada proyecto de instalación o desarrollo de *software*.

El primer paso en el Marco de Gestión de Riesgos del NIST (National Institute of Standards and Technology - Instituto Nacional de Estándares y Tecnología), por ejemplo, es clasificar toda la información de la empresa[37]. La creación de un modelo de datos empresarial es esencial para este objetivo. Sin una visibilidad clara de la ubicación de toda la información sensible, es imposible crear un programa de protección de datos completo y efectivo.

Los gerentes de datos deben involucrarse activamente con los desarrolladores de tecnología de la información y los profesionales de seguridad cibernética para poder identificar los datos regulados,

---

[37] National Institute of Standards and Technology (US) http://bit.ly/1eQYolG.

que los sistemas sensibles puedan protegerse adecuadamente y los controles de acceso de los usuarios puedan diseñarse para hacer cumplir la confidencialidad, la integridad y el cumplimiento normativo de los datos. Cuanto más grande sea la empresa, más importante se vuelve la necesidad de trabajar en equipo y confiar en un modelo de datos empresarial correcto y actualizado.

1.3.6 Procesos de Seguridad

Los requerimientos y procedimientos de seguridad de los datos se clasifican en cuatro grupos, conocidos como las cuatro A: Acceso, Auditoría, Autenticación y Autorización. Recientemente se ha incluido una E (Entitlement, - Facultad), para el cumplimiento efectivo de la normatividad de los datos. La clasificación de la información, los derechos de acceso, los grupos de roles, los usuarios y las contraseñas son los medios para implementar políticas y satisfacer las cuatro 'A'. El monitoreo de seguridad es también esencial para probar el éxito de los otros procesos. Tanto el monitoreo como la auditoría pueden hacerse de manera continua o intermitentemente. Las auditorías formales deben ser realizadas por un tercero para ser consideradas válidas. El tercero puede ser interno o externo.

1.3.6.1 Las Cuatro A's

- **Acceso**: Permitir que las personas con autorización puedan acceder a los sistemas de manera oportuna. Utilizado como verbo, acceso significa conectarse activamente a un sistema de información y trabajar con los datos. Utilizado como sustantivo, el acceso indica que la persona tiene una autorización válida para los datos.
- **Auditoría**: Revisar las acciones de seguridad y la actividad del usuario para garantizar el cumplimiento de las regulaciones y de las políticas y estándares de la compañía. Los profesionales de seguridad de la información revisan periódicamente los registros y documentos para validar el cumplimiento de las normas, políticas y estándares de seguridad. Los resultados de estas auditorías se publican periódicamente.
- **Autenticación**: Validar el acceso de los usuarios. Cuando un usuario intenta iniciar sesión en un sistema, el sistema debe verificar que la persona es quien dice ser. Las contraseñas son una forma de hacer esto. Los métodos de autenticación más estrictos incluyen a la persona que tiene un *token* de seguridad, responde preguntas o envía una huella digital. Todas las transmisiones durante la autenticación se cifran para evitar el robo de la información de autenticación.
- **Autorización**: Otorgar privilegios a los individuos para acceder a vistas específicas de los datos, según su función. Después de la decisión de autorización, el Sistema de control de acceso comprueba cada vez que un usuario inicia sesión para ver si tiene un token de autorización válido. Técnicamente, esta es una entrada en un campo de datos en el Directorio Activo corporativo que indica que alguien ha autorizado a la persona para acceder a los datos. También indica que una persona responsable tomó la decisión de otorgar esta autorización porque el usuario tiene derecho a ella en virtud de su trabajo o estado corporativo.
- **Facultad**: Una facultad es la suma total de todos los elementos de datos que están expuestos a un usuario por una sola decisión de autorización de acceso. Un administrador responsable debe decidir que una persona tiene "facultad" o "derecho" a acceder a esta información antes de que se genere una solicitud de autorización. Es necesario realizar un inventario de todos los datos expuestos por cada facultad (derecho) para determinar los requerimientos regulatorios y de confidencialidad para las decisiones de facultad.

1.3.6.2 Monitoreo

Los sistemas deben incluir controles de monitoreo para detectar eventos inesperados, incluyendo posibles violaciones de seguridad. Los sistemas que contienen información confidencial, tales como datos de salario o datos financieros, generalmente implementan un monitoreo activo en tiempo real que alerta al administrador de seguridad sobre actividades sospechosas o accesos inapropiados.

Algunos sistemas de seguridad interrumpirán activamente las actividades que no cumplan con los perfiles de acceso específico. La cuenta o actividad permanece bloqueada hasta que el personal de apoyo de seguridad evalúe los detalles. En contraste, el monitoreo pasivo rastrea los cambios a lo largo del tiempo tomando fotos instantáneas del sistema a intervalos regulares y comparando tendencias con un punto de referencia u otro criterio. El sistema envía informes a los administradores de datos o al administrador de seguridad responsable de los datos. Si bien el monitoreo activo es un mecanismo de detección, el monitoreo pasivo es un mecanismo de evaluación.

1.3.7 Integridad de los Datos

En la seguridad, *integridad de los datos* es el estado de estar completo, protegido contra alteraciones, eliminaciones o adiciones indebidas. Por ejemplo, en los Estados Unidos, las regulaciones Sarbanes-Oxley están principalmente relacionadas con la protección de la integridad de la información financiera mediante la identificación de normas sobre cómo puede ser creada y editada la información financiera.

1.3.8 Cifrado

El cifrado es el proceso de traducir texto plano en códigos complejos para ocultar información privilegiada, verificar la transmisión completa, o verificar la identidad del remitente. Los datos encriptados no pueden ser leídos sin la llave de descifrado o algoritmo, que generalmente se almacena por separado y no se puede calcular en base a otros elementos de datos del mismo conjunto de datos. Existen cuatro métodos principales de cifrado: *hash*, simétrico, clave privada y clave pública – con diferentes niveles de complejidad y estructura clave.

1.3.8.1 Hash

El cifrado *hash* utiliza algoritmos para convertir datos en una representación matemática. Deben conocerse los algoritmos exactos utilizados y el orden de aplicación con el fin de revertir el proceso de cifrado y revelar los datos originales. A veces un algoritmo *hash* se utiliza como verificación de la integridad o identidad de la transmisión. Los algoritmos de *hash* comunes son los *Message Digest 5* (MD5) y el algoritmo de *hash* seguro (SHA).

1.3.8.2 Llave Privada

El cifrado de llave privada utiliza una llave para cifrar los datos. Tanto el remitente como el destinatario deben tener la llave para leer los datos originales. Los datos pueden ser encriptados un carácter a la vez (como en una secuencia) o en bloques. Los algoritmos comunes de clave privada incluyen el DES (Data Encryption Standard – Estándar de Cifrado de Datos), 3DES (Triple DES – DES Triple) y el AES (Advanced Encryption Standard - Estándar de Cifrado Avanzado), y el IDEA (International Data Encryption Algorithm - Algoritmo de Cifrado de Datos Internacional). Cyphers

Twofish y la Serpent también se consideran seguros. El uso de DES simple es imprudente ya que es susceptible a muchos ataques fáciles.

1.3.8.3 Llave Pública

En el cifrado de llave pública, el remitente y el receptor tienen diferentes llaves. El remitente utiliza una llave pública que está disponible libremente, y el receptor utiliza una llave privada para revelar los datos originales. Este tipo de cifrado es útil cuando muchas fuentes de datos deben enviar la información protegida a solo unos pocos destinatarios, como cuando se envían datos a cámaras de compensación. Entre los métodos de llave pública se incluyen el intercambio de Llave Rivest-Shamir-Adelman (RSA) y el Acuerdo de claves Diffie-Hellman. PGP (Pretty Good Privacy) es una aplicación de cifrado de llave pública disponible gratuitamente.

1.3.9 Ofuscación o Enmascaramiento

Los datos pueden estar menos disponibles por ofuscación (haciéndolos oscuros o no claros) o enmascaramiento, que elimina, mezcla o cambia la apariencia de los datos, sin perder el significado de los datos o las relaciones que los datos tienen con otros conjuntos de datos, tales como relaciones de llave externa a otros objetos o sistemas. Los valores dentro de los atributos pueden cambiar, pero los nuevos valores siguen siendo válidos para esos atributos. La ofuscación es útil cuando se muestra información sensible en pantallas para referencia, o cuando se crean conjuntos de datos prueba a partir de datos de producción que cumplen con la lógica de aplicación esperada. El enmascaramiento de datos es un tipo de seguridad centrada en los datos. Hay dos tipos de enmascaramiento de datos, persistente y dinámico. El enmascaramiento persistente se puede ejecutar en vuelo o en sitio.

1.3.9.1 Enmascaramiento de Datos Persistentes

El enmascaramiento de datos persistentes altera permanente e irreversiblemente los datos. Este tipo de enmascaramiento no se utiliza normalmente en entornos de producción, sino más bien entre un entorno de producción y entornos de desarrollo o prueba. El enmascaramiento persistente cambia los datos, pero los datos aún deben ser viables para usarlos en procesos de pruebas, aplicaciones, informes, etc.

- **Enmascaramiento persistente al vuelo** se produce cuando los datos se enmascaran o se confunden mientras se mueve entre el entorno de origen (normalmente producción) y el destino (normalmente no producción). El enmascaramiento al vuelo es muy seguro cuando se ejecuta correctamente porque no deja un archivo intermedio o base de datos con datos sin enmascarar. Otro beneficio es que se puede volver a ejecutar si se encuentran problemas en el proceso de enmascaramiento.

- **Enmascaramiento persistente en el lugar** Se utiliza cuando la fuente y el destino son los mismos. Los datos desenmascarados se leen desde la fuente, se enmascaran y luego se utilizan para sobrescribir los datos desenmascarados. El enmascaramiento en el lugar asume que los datos sensibles se encuentran en una ubicación donde no deberían existir y que el riesgo debe ser mitigado, o que hay una copia adicional de los datos en una ubicación segura para enmascarar antes de moverlos a una ubicación no segura. Hay riesgos en este proceso. Si el proceso de enmascaramiento falla a mitad del enmascaramiento, puede ser difícil restaurar los datos a un formato utilizable. Esta técnica tiene algunos usos específicos, pero en general, el enmascaramiento en vuelo cubrirá de manera más segura las necesidades del proyecto.

1.3.9.2 Enmascaramiento de Datos Dinámico

Enmascaramiento de datos dinámico cambia la apariencia de los datos para el usuario final o sistema, sin modificar los datos subyacentes. Esto puede ser muy útil cuando los usuarios necesitan tener acceso a ciertos datos sensibles de producción, pero no a todos. Por ejemplo, en una base de datos se almacena el número de seguridad social como 123456789, pero para el asociado del centro de llamadas que necesita verificar con quién está hablando, los datos les aparecen como ***-**-6789.

1.3.9.3 Métodos de Enmascaramiento

Existen varios métodos para enmascarar u ofuscar datos.

- **Sustitución:** Reemplazar caracteres o valores enteros con ésos en una búsqueda o como un patrón estándar. Por ejemplo, los nombres pueden reemplazarse con valores al azar desde una lista.
- **Mezclando:** Intercambiar elementos de datos del mismo tipo dentro de un registro, o intercambiar los elementos de datos de un atributo entre las filas. Por ejemplo, mezclando nombres de proveedores entre las facturas de los proveedores, de forma tal que el proveedor original sea sustituido por un proveedor válido diferente en una factura.
- **Variación temporal:** Mover las fechas + / – un número de días – lo suficientemente pequeño para conservar las tendencias, pero lo suficientemente significativo como para hacerlas no identificables.
- **Variación de valor:** Aplicar un factor aleatorio + / – un porcentaje, otra vez, lo suficientemente pequeño como para conservar las tendencias, pero lo suficientemente significativo como para hacerlos no identificables.
- **Anulación o eliminación:** Remover los datos que no deberían estar presentes en un sistema de prueba.
- **Aleatorización:** Reemplazar parte o la totalidad de los elementos de datos con caracteres aleatorios o una serie de caracteres con un solo carácter.
- **Cifrado:** Convertir una secuencia de caracteres reconocible significativo a una secuencia de caracteres irreconocibles por medio de un código de cifrado. Una versión extrema de ofuscación en el lugar.
- **Enmascaramiento de Expresión:** Cambiar todos los valores para el resultado de una expresión. Por ejemplo, una simple expresión pondría "poner código duro" a todos los valores en un gran campo de base de datos con formato libre (que potencialmente podría contener datos confidenciales) que sea 'Este es un campo de comentario'.
- **Enmascaramiento de Llaves:** Designar que el resultado del algoritmo/proceso de enmascaramiento debe ser único y repetible porque este está siendo utilizado para enmascarar un campo clave de base de datos (o similar). Este tipo de enmascaramiento es extremadamente importante para las pruebas para mantener la integridad de la organización.

1.3.10 Términos de Seguridad de la Red

La seguridad de los datos incluye tanto los datos en reposo como los datos en movimiento. Los datos en movimiento requieren una red para moverse entre sistemas. Ya no es suficiente para una organización confiar completamente en el *firewall (cortafuegos)* para protegerlo de *software* malicioso, correo electrónico envenenado o ataques de ingeniería social. Cada máquina en la red necesita tener una línea de defensa, y los servidores *web* necesitan una protección sofisticada, ya que están continuamente expuestos a todo el mundo en Internet.

1.3.10.1 Puerta Trasera

Una *puerta trasera* se refiere a una entrada ignorada u oculta en un sistema informático o aplicación. Permite a los usuarios no autorizados eludir el requerimiento de contraseña para acceder. Las puertas traseras son a menudo creadas por desarrolladores para fines de mantenimiento. Cualquier puerta trasera es un riesgo de seguridad. Otras puertas traseras son colocadas por los creadores de paquetes de *software* comerciales.

Las contraseñas predeterminadas que no se modifican al instalar cualquier sistema de *software* o paquete de páginas *web* son puertas traseras y, sin duda, los hackers las conocerán. Cualquier puerta trasera es un riesgo de seguridad.

1.3.10.2 Bot o Zombi

Un *bot* (diminutivo de robot) o *Zombi* es una estación de trabajo que ha sido tomada por un *hacker* malicioso usando un Troyano, un Virus, un *Phishing* o una descarga de un archivo infectado. Controlados remotamente, los *bots* se utilizan para realizar tareas maliciosas, como enviar grandes cantidades de *spam*, atacar a empresas legítimas con paquetes de Internet que obstruyen la red, realizan transferencias ilegales de dinero, y alojamiento de sitios *web* fraudulentos. Una *Bot-Net* es una red de computadoras robot (máquinas infectadas). [38]

Se estimó en 2012 que a nivel mundial el 17% de todos los equipos (aproximadamente 187 millones de los 1,100 millones de computadoras) no tienen protección antivirus. [39] En los EE. UU. ese año, 19.32% de los usuarios navegaron sin protección. Un gran porcentaje de ellos son Zombi. Las estimaciones son que 2 mil millones de computadoras estarán operando a partir del 2016. [40] Considerando que las computadoras de escritorio y portátiles están siendo eclipsadas por teléfonos inteligentes, tabletas, accesorios portátiles y otros dispositivos, muchos de los cuales se utilizan para las transacciones comerciales, los riesgos para la exposición de datos aumentarán. [41]

1.3.10.3 *Cookie*

Una *cookie* es un pequeño archivo de datos que un sitio *web* instala en el disco duro de una computadora, para identificar a los visitantes que regresan y definir el perfil de sus preferencias. Las *cookies* se utilizan para el comercio de Internet. Sin embargo, también son controvertidas, porque plantean cuestiones de privacidad porque los *spywares* las utilizan a veces.

---

[38] http://bit.ly/1FrKWR8, http://bit.ly/2rQQuWJ.

[39] http://tcrn.ch/2rRnsGr (17% globally lack AV), http://bit.ly/2rUE2R4, http://bit.ly/2sPLBN4, http://ubm.io/1157kyO_ (Windows 8 lack of AV).

[40] http://bit.ly/2tNLO0i (2016 number reaches 2 billion.), http://bit.ly/2rCzDCV, http://bit.ly/2tNpwfg.

41 Cisco Corporation estimó que "Para el año 2018, habrá 8,2 mil millones de dispositivos portátiles o personales preparados para dispositivos móviles y 2 mil millones de conexiones máquina a máquina (por ejemplo, sistemas GPS en automóviles, sistemas de seguimiento de activos en los sectores marítimo y manufacturero o aplicaciones médicas Registros de pacientes y estado de salud más fácilmente disponibles.) "Http://bit.ly/Msevdw (números futuros de computadoras y dispositivos).

1.3.10.4 *Firewall*

Un *firewall* es *software* y/o *hardware* que filtra el tráfico de red para proteger una computadora individual o una red entera de los intentos no autorizados de acceder o atacar el sistema. Un *firewall* puede analizar comunicaciones entrantes y salientes para información restringida o regulada e impedir su paso sin permiso (Prevención de Pérdida de Datos). Algunos *firewalls* también restringen el acceso a sitios *web* externos específicos.

1.3.10.5 Perímetro

Un *perímetro* es la frontera entre ambientes de una organización y los sistemas exteriores. Normalmente, un *firewall* se colocará entre todos los ambientes internos y externos.

1.3.10.6 DMZ

Nombre corto para zona desmilitarizada, una DMZ (De-Militarizad Zone – Zona Desmilitarizada) es un área en el borde o perímetro de una organización, con un *firewall* entre ésta y la organización. Un entorno DMZ siempre tendrá un *firewall* entre éste y la Internet (ver Figura 64). Los entornos DMZ se utilizan para pasar o almacenar temporalmente datos que se mueven entre organizaciones.

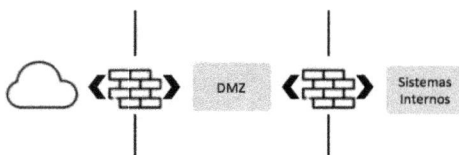

Figura 64 Ejemplo de DMZ

1.3.10.7 Cuenta de Súper Usuario

Una *cuenta de súper usuario* es una cuenta que tiene acceso como administrador o *root* a un sistema que se utilizará sólo en caso de emergencia. Las credenciales de estas cuentas son altamente aseguradas, proporcionadas sólo en caso de emergencia con documentación y aprobaciones apropiadas y caducan en poco tiempo. Por ejemplo, el personal asignado a control de producción puede requerir autorizaciones de acceso a múltiples sistemas grandes, pero estas autorizaciones deben estar bien controladas por tiempo, ID de usuario, ubicación u otro requerimiento para prevenir el abuso.

1.3.10.8 *Key Logger*

Los *Key Loggers* son un tipo de *software* de ataque que registra todas las teclas que una persona presiona en su teclado, y después las envía a otros lugares en Internet. Por lo tanto, cada contraseña, memo, fórmula, documento y dirección *web* es capturado. A menudo un sitio *web* infectado o descarga de *software* malintencionado instalará a un *key logger*. Algunos tipos de descargas de documento permitirán que eso suceda también.

1.3.10.9 Pruebas de Penetración

La configuración de una red segura y de un sitio *web* está incompleta si no se prueba para asegurarse de que realmente es segura. En *Penetration Testing* (a veces llamado *'penn test'*), un *hacker* ético, ya sea de la propia organización o contratado por una empresa de seguridad externa, intenta ingresar al sistema desde el exterior, como lo haría un *hacker* malicioso, para identificar las vulnerabilidades del sistema. Las vulnerabilidades encontradas a través de las pruebas de penetración pueden abordarse antes de que se lance o libere la aplicación.

Algunas personas están amenazadas por auditorías de *hacking* ético porque creen que estas auditorías solo resultarán en señalar con el dedo. La realidad es que, en el rápido conflicto entre la seguridad del negocio y el *hacking* criminal, todo *software* comprado y desarrollado internamente contiene vulnerabilidades potenciales que no se conocían en el momento de su creación. Por lo tanto, todas las implementaciones de *software* deben ser desafiadas periódicamente. Encontrar vulnerabilidades es un procedimiento continuo y no debe aplicarse ninguna culpa, solo parches de seguridad.

Como prueba de la necesidad de una mitigación continua de la vulnerabilidad del *software*, observe un flujo constante de parches de seguridad que llegan de los proveedores de software. Este proceso continuo de actualización de parches de seguridad es un signo de la debida diligencia y del soporte profesional al cliente de estos proveedores. Muchos de estos parches son el resultado de un *hacking* ético realizado en nombre de los proveedores.

1.3.10.10 Red Privada Virtual (VPN)

Las conexiones VPN (Virtual Private Network - Red Privada Virtual) utilizan Internet no segura para crear una ruta segura o un "túnel" en el entorno de una organización. El túnel está altamente encriptado. Permite la comunicación entre los usuarios y la red interna mediante el uso de múltiples elementos de autenticación para conectarse con un *firewall* en el perímetro del entorno de una organización. Luego, encripta fuertemente todos los datos transmitidos.

1.3.11 Tipos de Seguridad de Datos

La seguridad de los datos involucra no sólo la prevención del acceso inapropiado, sino también permitir un acceso adecuado a los datos. El acceso a los datos sensibles debe controlarse mediante la concesión de permisos (*opt-in*). Sin permiso, el usuario no debería ver datos o tomar acción dentro del sistema. 'Menos privilegio' es un principio importante de la seguridad. Un usuario, proceso o programa debe acceder sólo a la información permitida por su propósito legítimo.

1.3.11.1 Seguridad de Instalaciones

La seguridad de instalaciones es la primera línea de defensa contra los agentes de mal. Las instalaciones deben tener, como mínimo, un centro de datos bajo llave con acceso restringido a empleados autorizados. Las amenazas sociales a la seguridad (ver la sección 1.3.15) reconocen a los seres humanos como el punto más débil en la seguridad de las instalaciones. Hay que asegurar que los empleados tienen las herramientas y el entrenamiento para proteger los datos en las instalaciones.

1.3.11.2 Seguridad de Dispositivos

Los dispositivos móviles, incluyendo computadoras portátiles, tabletas y teléfonos inteligentes, son inherentemente inseguros, ya que pueden ser extraviados, robados y física y electrónicamente atacados por *hackers* criminales. Contienen a menudo correos electrónicos corporativos, hojas de cálculo, direcciones y documentos que, si se exponen, pueden ser perjudiciales para la organización, sus empleados o sus clientes.

Con la explosión de dispositivos portátiles y los medios, un plan de gestión de la seguridad de estos dispositivos (ambos, los que son propiedad de la empresa y los personales) debe ser parte de la arquitectura de seguridad estratégica general de cualquier empresa. Este plan debe incluir herramientas de *software* y *hardware*.

Los estándares de seguridad del dispositivo incluyen:
- Políticas de acceso en cuanto a las conexiones utilizando dispositivos móviles
- Almacenamiento de datos en dispositivos portátiles tales como laptops, DVDs, CDs o unidades USB
- Limpieza y eliminación de datos de los dispositivos conforme a las políticas de gestión de registros
- Instalación de *software antimalware* y cifrado
- Conciencia de las vulnerabilidades de seguridad

1.3.11.3 Seguridad de Credenciales

A cada usuario se le asigna credenciales que se usarán al obtener acceso a un sistema. La mayoría son una combinación de un ID de usuario y una contraseña. Hay un espectro de cómo se utilizan las credenciales a través de sistemas dentro de un ambiente, dependiendo de la sensibilidad de los datos del sistema y las capacidades del sistema para vincular a los repositorios de credenciales.

1.3.11.3.1 Sistemas de Gestión de Identidad

Tradicionalmente, los usuarios tienen diferentes cuentas y contraseñas para cada recurso individual, plataforma, sistema de aplicación o estación de trabajo. Este enfoque obliga a los usuarios a gestionar varias cuentas y contraseñas. Organizaciones con directorios de usuarios empresariales pueden tener un mecanismo de sincronización entre los recursos heterogéneos para facilitar la gestión de contraseñas de usuario. En tales casos, el usuario es requerido para introducir la contraseña una sola vez, generalmente al iniciar una sesión en la estación de trabajo, después de ello toda la autenticación y autorización se ejecutan a través de una referencia al directorio de usuarios de la empresa. Un sistema de gestión de identidad que implementa esta capacidad se conoce como 'single-sign-on' y es óptimo desde una perspectiva de usuario.

1.3.11.3.2 Estándares de ID de Usuario para Sistemas de Correo Electrónico

Los IDs de usuario deben ser únicos dentro del dominio de correo electrónico. La mayoría de las empresas utilizan algún nombre o inicial y el apellido completo o parcial como identificador de red o correo electrónico, con un número para distinguir las colisiones. Los nombres se conocen generalmente y son más útiles por razones de contacto de negocios.

Los IDs de red o correo electrónico que contienen números de ID de empleado de sistema son rechazados, ya que esa información no está disponible fuera de la organización y proporciona datos que deben estar seguros dentro de los sistemas.

1.3.11.3.3 Estándares de Contraseña

Las contraseñas son la primera línea de defensa en la protección del acceso a los datos. Cada cuenta de usuario debe tener una contraseña establecida por el usuario (titular de la cuenta) con un suficiente nivel de complejidad de contraseña definido en los estándares de seguridad, comúnmente conocidas como contraseñas 'fuertes'.

Al crear una nueva cuenta de usuario, la contraseña temporal generada debe configurarse para que caduque inmediatamente después del primer uso y el usuario debe elegir una nueva contraseña para el acceso posterior. No permita las contraseñas en blanco.

La mayoría de los expertos en seguridad recomiendan que se debe requerir a los usuarios cambiar sus contraseñas cada 45 a 180 días, dependiendo de la naturaleza del sistema, el tipo de datos y la sensibilidad de la empresa. Sin embargo, cambiar las contraseñas con mucha frecuencia presenta riesgo, ya que a menudo provoca que los empleados escriban sus nuevas contraseñas.

1.3.11.3.4 Identificación de Factor Múltiple

Algunos sistemas requieren procedimientos de identificación adicional. Estos pueden incluir una llamada de vuelta al dispositivo móvil del usuario que contiene un código, el uso de un elemento de *hardware* que debe utilizarse para iniciar sesión, o un factor biométrico como huella digital, reconocimiento facial o exploración retiniana. La identificación de dos factores es mucho más difícil de romper en una cuenta o para iniciar sesión en el dispositivo de un usuario. Todos los usuarios con facultad de autorización a información altamente sensible deben utilizar identificación de doble factor para acceder a la red.

1.3.11.4 Seguridad de Comunicación Electrónica

Los usuarios deben ser entrenados para evitar enviar su información personal o cualquier información restringida o confidencial de la empresa a través de correo electrónico o aplicaciones de comunicación directa. Estos métodos inseguros de comunicación pueden ser leídos o interceptados por fuentes externas. Una vez que un usuario envía un correo electrónico, él o ella ya no controlan la información en él. Puede ser transmitido a otras personas sin conocimiento ni consentimiento del remitente. Las redes sociales también aplican aquí. Redes sociales, *blogs*, portales, *wikis*, foros y otras redes Internet o Intranet deben considerarse inseguras y no deben contener información confidencial o restringida.

1.3.12 Tipos de Restricciones de Seguridad de Datos

Dos conceptos conducen a restricciones de seguridad: el nivel de confidencialidad de datos y la regulación relacionada con datos.
- **Nivel de confidencialidad:** *Confidencial* significa secreto o privado. Las organizaciones determinan qué tipos de datos no deberían ser conocidos fuera de la organización, o incluso dentro de ciertas partes de la organización. Se comparte información confidencial solamente sobre una base de 'necesidad de saber'. Los niveles de confidencialidad dependen de quién necesita saber ciertos tipos de información.
- **Regulación:** Las categorías regulatorias se asignan basado en reglas externas, tales como las leyes, tratados, acuerdos aduaneros y reglamentaciones de la industria. La información es compartida de forma 'permitió conocer'. Las formas en que se pueden compartir los datos se rigen por los detalles de la regulación.

La principal diferencia entre restricciones reglamentarias y confidenciales es donde se origina la restricción: las restricciones de confidencialidad se originan internamente, mientras que las restricciones reglamentarias se definen externamente.

Otra diferencia es que cualquier conjunto de datos, como un documento o una vista de base de datos, sólo puede tener un nivel de confidencialidad. Este nivel se establece en función del elemento más sensible (y el más alto clasificado) en el conjunto de datos. Las categorizaciones reglamentarias, sin embargo, son aditivas. Un único conjunto de datos puede tener datos restringidos en función de las múltiples categorías reguladoras. Para asegurar el cumplimiento de la normativa, haga cumplir todas las acciones requeridas para cada categoría, junto con los requerimientos de confidencialidad.

Cuando se aplica a las facultades del usuario (la agregación de los elementos de datos particulares a los que la autorización de un usuario proporciona acceso), se deben seguir todas las políticas de protección, independientemente de si se originaron interna o externamente.

1.3.12.1 Datos Confidenciales

Los requerimientos de confidencialidad van desde altos (muy pocas personas tienen acceso, por ejemplo, a datos sobre la compensación de los empleados) hasta bajos (todos tienen acceso a catálogos de productos). Un esquema de clasificación típico podría incluir dos o más de los cinco niveles de clasificación de confidencialidad enumerados aquí:

- **Para audiencias generales:** Información disponible para cualquier persona, incluyendo al público.
- **Sólo uso interno:** Información limitada a empleados o miembros, pero con un riesgo mínimo si la información es compartida. Solo para uso interno; se puede mostrar o discutir, pero no copiar, fuera de la organización.
- **Confidencial:** Información que no puede ser compartida fuera de la organización sin un acuerdo de confidencialidad debidamente ejecutado o similar en el lugar. La información confidencial del cliente no puede ser compartida con otros clientes.
- **Confidencial Restringido:** Información limitada a los individuos que desempeñan ciertos roles con «necesidad de saber.» La confidencialidad restringida puede requerir a los individuos calificar a través de la autorización.
- **Confidencial Registrado:** Información tan confidencial que cualquiera que acceda a la información debe firmar un acuerdo legal para acceder a los datos y asumir la responsabilidad de su secreto.

El nivel de confidencialidad no implica ningún detalle sobre las restricciones debido a los requerimientos reglamentarios. Por ejemplo, no informa al gerente de datos qué datos no pueden ser expuestos fuera de su país de origen, o que a algunos empleados se les prohíbe ver cierta información basada en regulaciones como HIPAA.

1.3.12.2 Datos Regulados

Ciertos tipos de información están regulados por leyes externas, estándares de la industria o contratos que influyen en cómo se pueden usar los datos, quién puede acceder a ellos y para qué fines. Como hay muchas regulaciones que se superponen, es más fácil recopilarlas por área temática en pocas categorías o familias reguladoras para informar mejor a los administradores de datos sobre los requerimientos regulatorios. Cada empresa, por supuesto, debe desarrollar categorías regulatorias que satisfagan sus propias necesidades de cumplimiento. Además, es importante que este proceso y las categorías sean lo más simples posible para permitir una capacidad de protección accionable. Cuando las acciones de protección de la categoría son similares, deben combinarse en un reglamento "familia". Cada categoría regulatoria debe incluir acciones de protección auditables. Esto no es una herramienta organizacional sino un método de aplicación.

Dado que las diferentes industrias se ven afectadas por diferentes tipos de regulaciones, la organización necesita desarrollar agrupaciones regulatorias que satisfagan sus necesidades operativas. Por ejemplo, las empresas que no hacen negocios fuera de su tierra natal pueden no necesitar incorporar regulaciones relativas a las exportaciones.

Sin embargo, dado que todas las naciones tienen una combinación de leyes de privacidad de datos personales, y es probable que los clientes provengan de cualquier parte del mundo, puede ser sabio y más fácil reunir todas las regulaciones de privacidad de datos de clientes en una sola familia reguladora, y cumplir con los requerimientos para todas las naciones. Al hacerlo, garantiza el cumplimiento en todas partes y ofrece un estándar único para hacer cumplir. Un ejemplo de los posibles detalles del cumplimiento normativo es el que prohíbe por ley que un solo tipo de elemento de datos en la base de datos se desplace fuera de las fronteras físicas de la nación de origen. Varias regulaciones, tanto nacionales como internacionales, tienen esto como un requerimiento. Un número óptimo de categorías de acciones regulatorias es nueve o menos. A continuación, se muestran ejemplos de categorías regulatorias.

1.3.12.2.1 Muestras de Familias Reguladoras

Ciertas regulaciones gubernamentales especifican los elementos de datos por nombre y exigen que se protejan de maneras específicas. Cada elemento no necesita una categoría diferente; en su lugar, use una sola familia de acciones para proteger todos los campos de datos específicamente dirigidos. Algunos datos de PCI pueden incluirse en estas categorías, aunque sea una obligación contractual y no una regulación gubernamental. Las obligaciones contractuales de PCI (Payment Card Industry - Industria de Tarjetas de Pago) son en su mayoría uniformes en todo el mundo.

- **Información de identificación Personal (PII)** : También conocido como PPI (Personally Private Information - Información Personal Privada), incluye cualquier información que puede identificar personalmente a la persona (individualmente o como un conjunto), como nombre, dirección, números de teléfono, horario, número de identificación del gobierno, números de cuenta, edad, raza, religión, etnia, cumpleaños, nombres de familiares o nombres de amigos, información de empleo (datos de recursos humanos) y en muchos casos, remuneración. Acciones de protección altamente similares cumplirán con las Directivas de Privacidad de la UE, la Ley de Privacidad de Canadiense (PIPEDA), la Ley PIP 2003 en Japón, los estándares PCI, los requerimientos US FTC, GLB, estándares FTC y la mayoría de las leyes de violación de seguridad.

- **Datos Financieros Sensibles:** Toda la información financiera, incluidos los que pueden denominarse datos de "accionista" o "información privilegiada", incluida toda la información financiera actual que aún no se haya informado públicamente. También incluye cualquier plan de negocios futuro que no se haya hecho público, fusiones planificadas, adquisiciones o escisiones, informes no públicos de problemas importantes de la compañía, cambios inesperados en la administración superior, ventas integrales, pedidos y datos de facturación. Todos estos pueden ser capturados dentro de esta categoría y protegidos por las mismas políticas. En los EE. UU., esto está cubierto por las leyes de uso de información privilegiada SOX (Sarbanes-Oxley Act) o GLBA (Gramm-Leach-Bliley / Financial Services Modernization Act). Nota: la Ley Sarbanes-Oxley restringe y administra quién puede cambiar los datos financieros, asegurando así la integridad de los datos, mientras que las leyes sobre el uso de información privilegiada afectan a todos aquellos que pueden ver los datos financieros.

- **Datos Médicamente Sensibles / Información de Salud Personal (PHI):** Toda la información sobre salud o tratamientos médicos de una persona. En los Estados Unidos, esto está cubierto por la HIPAA (Ley de Responsabilidad y Portabilidad de la Información de la Salud). Otros países también tienen leyes restrictivas en materia de protección de información personal y médica. A medida que éstas evolucionan, asegúrese de que el Consejo Corporativo sea consciente de la necesidad de seguir los requerimientos legales en un país en el que la organización hace negocios o tiene clientes.

- **Registros Educativos:** Toda la información respecto a la educación de una persona. En los Estados Unidos, esto está cubierto por FERPA (Ley de Privacidad y Derechos Educativos de la Familia).

1.3.12.2.2 Regulación Industrial o de Contrato

Algunas industrias tienen estándares específicos sobre cómo registrar, retener y codificar información. Algunos también no permiten borrar, editar o distribuir a ubicaciones prohibidas. Por ejemplo, las regulaciones para productos farmacéuticos, sustancias peligrosas, alimentos, cosméticos y tecnología avanzada debe prevenir la transmisión o el almacenamiento de cierta información fuera del país de origen, o requerir que los datos sean cifrados durante el transporte.

- **Estándar de seguridad de datos de la industria de tarjetas de pago (PCI-DSS):** PCI-DSS es el estándar de seguridad de datos más ampliamente conocido de la industria. Se dirige a cualquier información que pueda identificar a una persona con una cuenta en una organización financiera, tales como nombre, número de tarjeta de crédito (cualquier número de la tarjeta), número de cuenta o fecha de vencimiento de la cuenta. La mayoría de estos campos de datos están regulados por leyes y políticas. Cualquier dato con esta clasificación en su definición de Metadatos automáticamente debe ser cuidadosamente revisado por administradores de datos cuando esté incluido en cualquier base de datos, aplicación, informe, tablero o vista de usuario.
- **Ventaja competitiva o los secretos comerciales:** Las empresas que utilizan métodos propios de mezclas, fórmulas, fuentes, diseños, herramientas, recetas y o técnicas operacionales para lograr una ventaja competitiva, pueden estar protegidas por leyes de propiedad intelectual o regulaciones de la industria.
- **Restricciones contractuales:** En sus contratos con proveedores y socios, una organización puede estipular cómo se pueden usar o no las piezas específicas de información, y qué información puede y no puede compartirse. Por ejemplo, registros ambientales, informes de materiales peligrosos, números de lotes, tiempos de cocción, puntos de origen, contraseñas de clientes, números de cuenta y ciertos números de identidad nacionales de ciudadanos no estadounidenses. Es posible que empresas técnicas específicas deban incluir ciertos productos o ingredientes restringidos en esta categoría.

1.3.13 Riesgos de Seguridad del Sistema

El primer paso para identificar el riesgo es identificar dónde se almacenan los datos confidenciales y qué protecciones se requieren para esos datos. También es necesario identificar los riesgos inherentes a los sistemas. Los riesgos de seguridad del sistema incluyen elementos que pueden comprometer una red o base de datos. Estas amenazas permiten a los empleados legítimos hacer un mal uso de la información, ya sea intencional o accidentalmente, y permiten el éxito de *hackers* informáticos maliciosos.

1.3.13.1 Abuso de Privilegio Excesivo

Al otorgar acceso a los datos, se debe aplicar el principio de privilegio mínimo. Se debe permitir que un usuario, proceso o programa acceda solo a la información permitida por su propósito legítimo. El riesgo es que los usuarios con privilegios que exceden los requerimientos de su función laboral pueden abusar de estos privilegios con fines maliciosos o accidentalmente. A los usuarios se les puede otorgar más acceso del que deberían (privilegio excesivo) simplemente porque es difícil gestionar los derechos de los usuarios. Es posible que el DBA no tenga el tiempo o los Metadatos para definir y actualizar los mecanismos de control de privilegios de acceso granular para cada derecho de usuario. Como resultado, muchos usuarios reciben privilegios de acceso genéricos predeterminados que superan con creces los requerimientos específicos del trabajo. Esta falta de supervisión de los derechos de los usuarios es una de las razones por las que muchas regulaciones de datos especifican la seguridad de la gestión de datos.

La solución a los privilegios excesivos es el control de acceso a nivel de consulta, un mecanismo que restringe los privilegios de la base de datos a las operaciones y datos SQL mínimos requeridos. La granularidad del control de acceso a datos debe extenderse más allá de la tabla, a filas y columnas específicas dentro de una tabla. El control de acceso a nivel de consulta es útil para detectar el abuso de privilegios excesivos por parte de empleados malintencionados.

La mayoría de las implementaciones de *software* de bases de datos integran cierto nivel de control de acceso a nivel de consulta (disparadores, seguridad a nivel de fila, seguridad de tabla, vistas), pero la naturaleza manual de estas características "integradas" las hace poco prácticas para todas las implementaciones, excepto las más limitadas. El proceso de definir manualmente una política de control de acceso a nivel de consulta para todos los usuarios en las filas, columnas y operaciones de la base de datos lleva mucho tiempo. Para empeorar las cosas, a medida que los roles de los usuarios cambian con el tiempo, las políticas de consulta deben actualizarse para reflejar esos nuevos roles. La mayoría de los administradores de bases de datos tendrían dificultades para definir una política de consulta útil para un puñado de usuarios en un solo punto en el tiempo, y mucho menos para cientos de usuarios a lo largo del tiempo. Como resultado, en un gran número de organizaciones, las herramientas automatizadas usualmente son necesarias para hacer que el control de acceso a nivel de consulta real sea funcional.

1.3.13.2 Abuso de Privilegio Legítimo

Los usuarios pueden abusar de los privilegios legítimos de la base de datos para fines no autorizados. Considere un trabajador de la salud con inclinación criminal con privilegios para ver registros individuales de pacientes a través de una aplicación *web* personalizada.

La estructura de las aplicaciones *web* corporativas normalmente limita a los usuarios a ver el historial de atención médica de un paciente individual, donde no se pueden ver múltiples registros simultáneamente y no se permiten copias electrónicas. Sin embargo, el trabajador puede sortear estas limitaciones conectándose a la base de datos utilizando un sistema alternativo como MS-Excel. Usando MS-Excel y sus credenciales de inicio de sesión legítimas, el trabajador podría recuperar y guardar todos los registros de pacientes. Hay dos riesgos a considerar: abuso intencional y no intencional. El abuso intencional ocurre cuando un empleado hace un mal uso deliberado de los datos de la organización. Por ejemplo, un trabajador errante que quiere intercambiar registros de pacientes por dinero o por daños intencionales, como divulgar (o amenazar con divulgar) información sensible públicamente. El abuso no intencional es un riesgo más común: el empleado diligente que recupera y almacena grandes cantidades de información del paciente en una máquina de trabajo para lo que él o ella considera propósitos laborales legítimos. Una vez que los datos existen en una máquina de punto final, se vuelven vulnerables al robo y pérdida de computadoras portátiles.

La solución parcial al abuso de privilegios legítimos es el control de acceso a la base de datos que no solo se aplica a consultas específicas, sino que también impone políticas para máquinas de punto final que utilizan la hora del día, el monitoreo de ubicación y la cantidad de información descargada, y reduce la capacidad de cualquier usuario para tener acceso ilimitado a todos los registros que contengan información confidencial, a menos que su trabajo lo solicite específicamente y lo apruebe su supervisor. Por ejemplo, si bien puede ser necesario que un agente de campo acceda a los registros personales de sus clientes, es posible que no se les permita descargar toda la base de datos de clientes a su computadora portátil solo para "ahorrar tiempo".

1.3.13.3 Elevación de Privilegios no Autorizados

Los atacantes pueden aprovechar las vulnerabilidades del *software* de la plataforma de la base de datos para convertir los privilegios de acceso desde los de un usuario ordinario a los de un administrador. Las vulnerabilidades pueden ocurrir en procedimientos almacenados, funciones integradas, implementaciones de protocolo e incluso en sentencias de SQL. Por ejemplo, un desarrollador de *software* en una institución financiera podría aprovechar una función vulnerable para obtener el privilegio administrativo de la base de datos. Con privilegios administrativos, el desarrollador infractor puede desactivar los mecanismos de auditoría, crear cuentas falsas, transferir fondos o cerrar cuentas.

Prevenga la explosión de elevación de privilegios con una combinación de sistemas tradicionales de prevención de intrusiones (IPS) y prevención de intrusiones de control de acceso a nivel de consulta. Estos sistemas inspeccionan el tráfico de la base de datos para identificar patrones que corresponden a vulnerabilidades conocidas. Por ejemplo, si una función dada es vulnerable a un ataque, un IPS puede bloquear todo el acceso al procedimiento o bloquear aquellos procedimientos que permiten ataques incrustados. Combine IPS con indicadores de ataque alternativos, como el control de acceso a consultas, para mejorar la precisión en la identificación de ataques. IPS puede detectar si una solicitud de base de datos accede a una función vulnerable, mientras que el control de acceso de consulta detecta si la solicitud coincide con el comportamiento normal del usuario. Si una sola solicitud indica tanto el acceso a una función vulnerable como un comportamiento inusual, entonces es casi seguro que ocurra un ataque.

1.3.13.4 Cuenta de Servicio o Abuso de Cuenta Compartida

El uso de cuentas de servicio (*batch* IDs) y cuentas compartidas (ID genéricos) aumenta el riesgo de violaciones de seguridad de datos y complica la capacidad de rastrear la violación hasta su origen. Algunas organizaciones aumentan aún más su riesgo cuando configuran sistemas de monitoreo para ignorar cualquier alerta relacionada con estas cuentas. Los gerentes de seguridad de la información deberían considerar la adopción de herramientas para gestionar las cuentas de servicio de forma segura.

1.3.13.4.1 Cuentas de Servicio

Las cuentas de servicio son convenientes porque pueden personalizar el acceso mejorado para los procesos que las utilizan. Sin embargo, si se usan para otros fines, no se pueden rastrear hasta un usuario o administrador en particular. A menos que tengan acceso a las claves de descifrado, las cuentas de servicio no amenazan los datos cifrados. Esto puede ser especialmente importante para los datos almacenados en servidores que almacenan documentos legales, información médica, secretos comerciales o planificación ejecutiva confidencial.

Restrinja el uso de cuentas de servicio a tareas o comandos específicos en sistemas específicos y requiera documentación y aprobación para distribuir las credenciales. Considere asignar una nueva contraseña cada vez que se produce una distribución, utilizando procesos como los establecidos para las cuentas de super usuario.

1.3.13.4.2 Cuentas Compartidas

Las cuentas compartidas se crean cuando una aplicación no puede manejar la cantidad de cuentas de usuario necesarias o cuando agregar usuarios específicos requiere un gran esfuerzo o incurre en costos de licencia adicionales. Para las cuentas compartidas, las credenciales se otorgan a varios usuarios, y la contraseña rara vez se cambia debido al esfuerzo de notificar a todos los usuarios. Debido a que proporcionan acceso esencialmente no gobernado, cualquier uso de cuentas compartidas debe evaluarse cuidadosamente. Nunca deben usarse por defecto.

1.3.13.5 Ataques de Intrusión de Plataforma

Las actualizaciones de *software* y la protección de prevención de intrusos de los activos de la base de datos requieren una combinación de actualizaciones de *software* (parches) regulares y la implementación de un Sistema de Prevención de Intrusión (IPS) dedicado. Un IPS generalmente se implementa, pero no siempre, junto con un Sistema de Detección de Intrusión (IDS). El objetivo es evitar la gran mayoría de los intentos de intrusión en la red y responder rápidamente a cualquier intrusión que haya logrado superar un sistema de prevención. La forma más primitiva de protección contra intrusiones es un *firewall*, pero con los usuarios móviles, el acceso *web* y el equipo de computación móvil como parte de la mayoría de los entornos empresariales, un simple *firewall*, aunque todavía es necesario, ya no es suficiente.

Las actualizaciones proporcionadas por el proveedor reducen las vulnerabilidades encontradas en las plataformas de bases de datos a lo largo del tiempo. Desafortunadamente, las actualizaciones de *software* a menudo son implementadas por las empresas de acuerdo con ciclos de mantenimiento periódicos en lugar de lo antes posible después de que los parches estén disponibles. Entre los ciclos de actualización, las bases de datos no están protegidas. Además, los problemas de compatibilidad a veces impiden las actualizaciones de *software* por completo. Para abordar estos problemas, implemente IPS.

1.3.13.6 Vulnerabilidad de Inyección SQL

En un ataque de inyección SQL, el autor inserta (o "inyecta") declaraciones de bases de datos no autorizadas en un canal de datos SQL vulnerable, como procedimientos almacenados y espacios de entrada de aplicaciones *web*. Estas instrucciones SQL inyectadas se pasan a la base de datos, donde a menudo se ejecutan como comandos legítimos. Mediante la inyección de SQL, los atacantes pueden obtener acceso sin restricciones a una base de datos completa.

Las inyecciones SQL también se usan para atacar el DBMS, al pasar comandos SQL como parámetro de una función o procedimiento almacenado. Por ejemplo, un componente que proporciona funcionalidad de respaldo de seguridad, generalmente se ejecuta con un alto privilegio; llamar a una función vulnerable de inyección de SQL en ese componente específico podría permitir a un usuario regular escalar sus privilegios, convertirse en un DBA y hacerse cargo de la base de datos.

Mitigue este riesgo desinfectando todas las entradas antes de devolverlas al servidor.

1.3.13.7 Contraseñas por Defecto

Es una práctica de muchos años en la industria del *software* crear cuentas predeterminadas durante la instalación de paquetes de *software*. Algunos se utilizan en la propia instalación. Otros proporcionan a los usuarios un medio para probar el *software* fuera de la caja.

Las contraseñas predeterminadas son parte de muchos paquetes de demostración. La instalación de *software* de terceros crea otros. Por ejemplo, un paquete CRM puede crear varias cuentas en la base de datos de *back-end*, para instalación, prueba y administración, y para usuarios normales. SAP crea una cantidad de usuarios de base de datos predeterminados en el momento de la instalación. La industria DBMS también se compromete a esta práctica.

Los atacantes buscan constantemente una manera fácil de robar datos sensibles. Mitigue las amenazas a los datos confidenciales mediante la creación de las combinaciones de nombre de usuario y contraseña requeridas, y garantizando que las contraseñas predeterminadas no queden en el DBMS. Eliminar las contraseñas predeterminadas es un paso de seguridad importante después de cada implementación.

1.3.13.8 Abuso de Copias de Seguridad de Datos

Las copias de seguridad se realizan para reducir los riesgos asociados con la pérdida de datos, pero las copias de seguridad también representan un riesgo de seguridad. Las noticias ofrecen muchas historias sobre la pérdida de los medios de copias de seguridad. Cifre todas las copias de seguridad de la base de datos. El cifrado evita la pérdida de una copia de seguridad en medios tangibles o en tránsito electrónico. Administre de forma segura las claves de descifrado de las copias de seguridad. Las claves deben estar disponibles fuera del sitio para que sean útiles para la recuperación ante desastres.

1.3.14 Hacking / Hacker

El término *hacking* proviene de una época en la que el objetivo era encontrar formas inteligentes de realizar alguna tarea informática. Un *hacker* es una persona que encuentra operaciones y vías desconocidas dentro de sistemas informáticos complejos. Los *hackers* pueden ser buenos o malos.

Un *hacker* ético o "*White Hat*" trabaja para mejorar un sistema. ("*White Hat*" se refiere a las películas occidentales estadounidenses en las que el héroe siempre usaba un sombrero blanco). Sin *hackers* éticos, las vulnerabilidades del sistema que podrían corregirse se descubrirían solo por accidente. El parcheo sistemático (actualización) de las computadoras para aumentar la seguridad, es resultado del *hacking* ético.

Un *hacker* malicioso es alguien que intencionalmente viola o "piratea" un sistema informático para robar información confidencial o para causar daños. Los *hackers* maliciosos generalmente buscan información financiera o personal para robar dinero o identidades. Intentan adivinar contraseñas simples y buscan encontrar debilidades no documentadas y puertas traseras en los sistemas existentes. A veces se les llama "*Hackers* de Sombrero Negro". (En esos mismos westerns estadounidenses donde los héroes vestían sombreros blancos, los villanos vestían sombreros negros).

1.3.15 Amenazas Sociales a la Seguridad / Phishing

Las amenazas sociales a la seguridad a menudo implican comunicaciones directas (ya sea en persona, por teléfono o por Internet) diseñadas para engañar a las personas que tienen acceso a datos protegidos para que brinden esa información (o accedan a la información) a personas que la usarán para propósitos criminales o maliciosos.

La ingeniería social se refiere a cómo los *hackers* maliciosos intentan engañar a las personas para que les brinden información o acceso. Los *hackers* usan cualquier información que obtengan para convencer a otros empleados de que tienen solicitudes legítimas. A veces, los *hackers* contactarán a varias personas en secuencia, recopilando información en cada paso, útil para ganarse la confianza del próximo empleado superior.

El *Phishing* de identidad se refiere a una llamada telefónica, un mensaje instantáneo o un correo electrónico destinados a atraer a los destinatarios a dar información valiosa o privada sin darse cuenta de que lo están haciendo. A menudo, estas llamadas o mensajes parecen ser de una fuente legítima. Por ejemplo, a veces se enmarcan como argumentos de venta para descuentos o tasas de interés más bajas. Pero solicitan información personal tales como nombres, contraseñas, números de Seguro Social o información de tarjetas de crédito. Para reducir las sospechas, estos mensajes a menudo solicitan al destinatario que "actualice" o "confirme" la información. Los mensajes instantáneos de phishing y los correos electrónicos también pueden dirigir a los usuarios a sitios web falsos para engañarlos y proporcionarles información personal. De especial peligro son los correos electrónicos falsos dirigidos específicamente a altos ejecutivos por su nombre. Esto se llama "*Spear-phishing* para ballenas". Además de las llamadas telefónicas y la suplantación de identidad, se sabe que los *hackers* van físicamente a sitios objetivo y hablan directamente con los empleados, a veces usando disfraces o haciéndose pasar por vendedores, para obtener acceso a información sensible.[42]

1.3.16 Malware

El *Malware* se refiere a cualquier *software* malicioso creado para dañar, cambiar o acceder incorrectamente a una computadora o red. Los virus informáticos, gusanos, *spyware, key loggers* y *adware* son todos ejemplos de *malware*. Cualquier *software* instalado sin autorización puede considerarse *malware*, simplemente por la razón de que éste ocupa espacio en disco y posiblemente procesa ciclos que el propietario del sistema no autorizó. El *malware* puede tomar muchas formas, dependiendo de su propósito (replicación, destrucción, robo de información o procesamiento, o monitoreo de comportamiento).

1.3.16.1 Adware

El *adware* es una forma de *spyware* que ingresa a una computadora desde una descarga de Internet. El *adware* monitorea el uso de una computadora, tal como qué sitios *web* son visitados. El *adware* también puede insertar objetos y barras de herramientas en el navegador del usuario. El *adware* no es ilegal, pero se utiliza para desarrollar perfiles completos de los hábitos de navegación y compra del usuario para vender a otras empresas de marketing. También puede ser aprovechado fácilmente por *software* malicioso para el robo de identidad.

---

[42] El informe del FBI sobre la piratería rusa durante las elecciones presidenciales de EE. UU. De 2016 describe cómo se utilizaron estas técnicas en ese caso. http://bit.ly/2iKStXO.

1.3.16.2 *Spyware*

Spyware se refiere a cualquier programa de *software* que se desliza en una computadora sin consentimiento, con el fin de registrar la actividad en línea. Estos programas tienden a aprovecharse de otros programas de *software*. Cuando un usuario descarga e instala *software* libre desde un sitio en Internet, el *spyware* también puede instalarse, generalmente sin el conocimiento del usuario. Distintas formas de *spyware* rastrean diferentes tipos de actividad. Algunos programas monitorean qué sitios *web* son visitados, mientras que otros registran las pulsaciones de teclado del usuario para robar información personal, como números de tarjetas de crédito, datos bancarios y contraseñas.

Muchos sitios *web* legítimos, incluyendo motores de búsqueda, instalan el *spyware* de rastreo, el cual es una forma de *adware*.

1.3.16.3 Caballo de Troya

El caballo de Troya era una gran "estatua de regalo" hecha de madera de un caballo que los Griegos dieron al pueblo de Troya, quienes rápidamente lo trajeron dentro de los muros de la ciudad. Desafortunadamente para ellos, éste ocultaba a los soldados griegos, quienes, una vez dentro de Troya, se escaparon y atacaron la ciudad. En términos de seguridad informática, un caballo de Troya se refiere a un programa malicioso que ingresa a un sistema informático disfrazado o incrustado en un *software* legítimo. Una vez instalado, un caballo de Troya eliminará archivos, accederá a información personal, instalará *malware*, reconfigurará la computadora, instalará un registrador de teclas o incluso permitirá que los hackers usen la computadora como arma (*Bot* o *Zombi*) contra otras computadoras en una red.

1.3.16.4 Virus

Un *virus* es un programa que se adjunta a un archivo ejecutable o a una aplicación vulnerable y entrega una carga útil que va desde molesta hasta extremadamente destructiva. Un virus de archivo se ejecuta cuando se abre un archivo infectado. Un virus siempre necesita acompañar a otro programa. Abrir programas descargados e infectados puede liberar un virus.

1.3.16.5 Gusano

Un *gusano* informático es un programa creado para reproducirse y propagarse por una red por sí mismo. Una computadora infectada por gusanos enviará un flujo continuo de mensajes infectados. Un gusano puede realizar varias actividades maliciosas diferentes, aunque la función principal es dañar las redes al consumir grandes cantidades de ancho de banda, lo que podría tirar la red.

1.3.16.6 Fuentes de *Malware*

1.3.16.6.1 Mensajería Instantánea (IM)

IM permite a los usuarios retransmitirse mensajes entre ellos en tiempo real. IM también se está convirtiendo en una nueva amenaza para la seguridad de la red. Debido a que muchos sistemas de IM han tardado en agregar funciones de seguridad, los *hackers* maliciosos han encontrado que IM es un medio útil para propagar virus, *spyware*, estafas de *phishing* y una amplia variedad de gusanos. Por lo general, estas amenazas se infiltran en los sistemas a través de archivos adjuntos y mensajes contaminados.

1.3.16.6.2 Sitios de Redes Sociales

Los sitios de redes sociales, tales como *Facebook*, *Twitter*, *Vimeo*, *Google+*, *LinkedIn*, *Xanga*, *Instagram*, *Pinterest* o *MySpace*, donde los usuarios crean perfiles en línea y comparten información personal, opiniones, fotografías, entradas de *blog* y otra información, se han convertido en objetivos de depredadores en línea, *spammers* y ladrones de identidad. Además de representar una amenaza de personas malintencionadas, estos sitios presentan riesgos de los empleados que pueden publicar información sensible a la empresa o conocimiento "interno" que podría afectar el precio de las acciones de una organización pública. Informe a los usuarios de los peligros y la realidad de que cualquier cosa que publiquen será permanente en Internet. Incluso si luego eliminan los datos, muchos habrán hecho copias. Algunas compañías bloquean estos sitios en su *firewall*. Aunque más adelante eliminan los datos, muchos habrán hecho copias. Algunas empresas bloquean estos sitios en su firewall.

1.3.16.6.3 *Spam*

El *spam* se refiere a mensajes de correo electrónico comerciales no solicitados enviados en masa, generalmente a decenas de millones de usuarios con la esperanza de que algunos puedan responder. Una tasa de retorno del 1% puede generar millones de dólares netos. La mayoría de los sistemas de enrutamiento de correo electrónico tienen trampas para filtrar los patrones conocidos de mensajes de *spam* para reducir el tráfico interno. Estos patrones de exclusión incluyen:

- Dominios conocidos para la transmisión de *spam*
- CC: o BCC: número de direcciones por encima de ciertos límites.
- El cuerpo del correo electrónico solo tiene una imagen como hipervínculo
- Cadenas de texto o palabras específicas

La respuesta a un mensaje de *spam* confirmará al remitente que han alcanzado una dirección de correo electrónico legítima y aumentará el *spam* futuro porque las listas de correos electrónicos válidos se pueden vender a otros *spammers*. Los mensajes de *spam* también pueden ser engaños de Internet o incluir archivos adjuntos de *malware*, con nombres y extensiones de archivos adjuntos, mensajes de texto e imágenes que dan la apariencia de una comunicación legítima. Una forma de detectar el correo electrónico de *spam* es colocar el puntero sobre los hipervínculos, lo que mostrará el enlace real que no tiene nada en común con la compañía que se muestra en el texto. Otra forma es la falta de una forma de darse de baja. En los EE. UU., los correos electrónicos publicitarios deben incluir un enlace para cancelar la suscripción para detener más correos electrónicos.

2. Actividades

No hay una forma prescrita de implementar la seguridad de los datos para cumplir con todos los requerimientos necesarios de privacidad y confidencialidad. Las regulaciones se centran en los fines de la seguridad, no en los medios para lograrla. Las organizaciones deben diseñar sus propios controles de seguridad, demostrar que los controles cumplen o exceden los requerimientos de las leyes o regulaciones, documentar la implementación de esos controles y monitorearlos y medirlos a lo largo del tiempo. Al igual que en otras áreas de conocimiento, las actividades incluyen la identificación de requerimientos, la evaluación del entorno actual para detectar lagunas o riesgos, la implementación de herramientas y procesos de seguridad y la auditoría de medidas de seguridad de datos para garantizar que sean efectivas.

2.1 Identificar los Requerimientos de la Seguridad de los Datos

Es importante distinguir entre los requerimientos del negocio, las restricciones regulatorias externas y las reglas impuestas por los productos de *software* de aplicación. Si bien los sistemas de aplicaciones sirven como vehículos para hacer cumplir las reglas y procedimientos de negocio, es común que estos sistemas tengan sus propios requerimientos de seguridad de datos, además de los requeridos para los procesos de negocio. Estos requerimientos son cada vez más comunes con los sistemas empaquetados y listos para usar. Sin embargo, es necesario asegurarse que también sean compatibles con los estándares de seguridad de datos de la organización.

2.1.1 Requerimientos de Negocio

La implementación de la seguridad de los datos dentro de una empresa comienza con un entendimiento profundo de los requerimientos de negocio. Las necesidades de negocio de una empresa, su misión, estrategia y tamaño, y la industria a la que pertenece, definen el grado de rigidez requerido para la seguridad de los datos. Por ejemplo, las empresas financieras y de valores en los Estados Unidos, están altamente reguladas y deben mantener estándares estrictos de seguridad de datos. Por el contrario, una empresa minorista a pequeña escala puede optar por no tener el mismo tipo de función de seguridad de datos que tiene un gran minorista grande, a pesar de que ambos tengan actividades comerciales centrales similares. Analice las reglas y procesos de negocio para identificar puntos de contacto de seguridad. Cada evento en el flujo de trabajo del negocio puede tener sus propios requerimientos de seguridad. Las matrices de relación de datos a proceso y de datos a roles son herramientas útiles para mapear estas necesidades y guiar la definición de los grupos de roles, parámetros y permisos de seguridad de datos. Planifique abordar objetivos a corto y largo plazo para lograr una función de seguridad de datos equilibrada y efectiva.

2.1.2 Requerimientos Regulatorios

El entorno cambiante y global de hoy, requiere que las organizaciones cumplan con un conjunto creciente de leyes y regulaciones. Los problemas éticos y legales que enfrentan las organizaciones en la era de la información están llevando a los gobiernos a establecer nuevas leyes y estándares. Todos estos han impuesto estrictos controles de seguridad en la gestión de la información. (Ver el Capítulo 2.) Cree un inventario central de todas las regulaciones de datos relevantes y del área temática de datos afectada por cada regulación. Agregue enlaces a las políticas de seguridad correspondientes desarrolladas para cumplir con estas regulaciones (consulte la Tabla 13) y los controles implementados. Las regulaciones, políticas, acciones requeridas y datos afectados cambiarán con el tiempo, por lo que este inventario debe estar en un formato que sea fácil de gestionar y mantener.

Tabla 13 Tabla de Inventario de Regulación Muestra

Regulación	Área Temática Afectada	Enlaces de Política de Seguridad	Controles Implementados

Ejemplos de leyes que influyen en la seguridad de los datos:
- ESTADOS UNIDOS

- Ley Sarbanes - Oxley de 2002
- Ley Health Information Technology for Economic and Clinical Health (HITECH), promulgada como parte de la ley American Recovery and Reinvestment de 2009
- Regulaciones de Seguridad de la Ley Health Insurance Portability and Accountability de 1996 (HIPAA)
- Gramm-Leach-Bliley I y II
- Ley de Responsabilidad Seguridad de Información Corporativa y Leyes SEC
- Ley de Seguridad Nacional y Ley Patriota de los ESTADOS UNIDOS
- Ley de Gestión de Seguridad Federal de la Información (FISMA)
- California: SB 1386, Ley de Seguridad de Brechas de Información de California
- UNIÓN EUROPEA
  - Directiva de Protección de Datos (DPD de la UNIÓN EUROPEA 95/46/) 1901 AB, Robo de archivos electrónicos o bases de datos
  - Canadá
  - Proyecto de Ley Canadiense 198
  - Australia
  - La ley CLERP de Australia

Dentro de las regulaciones que afectan la seguridad de los datos se incluyen:
- PCI DSS (Payment Card Industry Data Security Standard - Estándar de Seguridad de Datos en la Industria de Tarjeta de Pago), en la forma de un acuerdo contractual para todas las empresas que trabajan con tarjetas de crédito
- UNIÓN EUROPEA: El Acuerdo de Basilea II que impone controles de información para todas las instituciones financieras que hacen negocios en sus países
- Estados Unidos: Estándares FTC para salvaguardar la información del cliente

El cumplimiento de las políticas de la compañía o de las restricciones regulatorias, a menudo requerirán ajustes a procesos de negocio. Por ejemplo, la necesidad de autorizar el acceso a información de salud (elementos de datos regulados) a múltiples grupos únicos de usuarios, para dar cabida a HIPAA.

2.2 Definir Política de Seguridad de Datos

Las organizaciones deben crear políticas de seguridad de datos basadas en los requerimientos de negocio y regulatorios. Una política es una declaración de un curso de acción seleccionado y una descripción de alto nivel del comportamiento deseado para lograr un conjunto de objetivos. Las políticas de seguridad de datos describen comportamientos que se determinan que son los mejores intereses de una organización que desea proteger sus datos. Para que las políticas tengan un impacto medible, deben ser auditables y auditadas.

Las políticas corporativas a menudo tienen implicaciones legales. Un tribunal puede considerar que una política instituida para respaldar un requerimiento reglamentario legal es una parte intrínseca del esfuerzo de la organización para cumplir con ese requerimiento legal. El incumplimiento de una política corporativa puede tener ramificaciones legales negativas después de una violación de datos.

La definición de la política de seguridad requiere la colaboración entre los administradores de seguridad de TI, los arquitectos de seguridad, los comités de gobierno de datos, los administradores de datos, los equipos de auditoría interna y externa, y el departamento legal. Los administradores de datos también deben colaborar con todos los oficiales de privacidad (supervisores de Sarbanes-Oxley, oficiales de HIPAA, etc.) y gerentes de negocio con experiencia en datos, para desarrollar Metadatos de categoría reguladora y aplicar las clasificaciones de seguridad adecuadas de manera consistente. Todas las acciones de cumplimiento de la regulación de datos deben coordinarse para reducir los costos, la confusión de las instrucciones de trabajo y las batallas territoriales innecesarias.

2.2.1 Contenido de la Política de Seguridad

Se requieren diferentes niveles de política para gobernar el comportamiento relacionado con la seguridad de la empresa. Por ejemplo:

- **Política de Seguridad de la Empresa:** Políticas globales para el acceso de los empleados a las instalaciones y otros activos, estándares de correo electrónico y políticas, niveles de acceso en la seguridad basados en la posición o título y políticas de reporte de brechas de seguridad
- **Política de Seguridad de TI:** Estándares de estructuras de directorios, políticas de contraseñas y un marco de gestión de identidades
- **Política de Seguridad de Datos:** Categorías para aplicación individual, roles de base de datos, grupos de usuarios y la sensibilidad de la información

Comúnmente, la Política de seguridad de TI y la Política de seguridad de datos son parte de una política de seguridad combinada. La preferencia, sin embargo, debería ser separarlas. Las políticas de seguridad de datos son de naturaleza más granular, específicas para el contenido y requieren diferentes controles y procedimientos. El Consejo de Gobierno de Datos debería revisar y aprobar la Política de Seguridad de Datos. El Ejecutivo de Gestión de Datos posee y mantiene la política. Los empleados deben comprender y seguir las políticas de seguridad. Desarrolle políticas de seguridad para que los procesos requeridos y las razones detrás de ellos estén claramente definidos y sean alcanzables. El cumplimiento debe hacerse más fácil que el incumplimiento. Las políticas deben proteger y asegurar los datos sin restringir el acceso de los usuarios.

Las políticas de seguridad deben estar en un formato fácilmente accesible para los proveedores, consumidores y otras partes interesadas. Deben estar disponibles y mantenerse en la intranet de la empresa o en un portal de colaboración similar.

Las políticas, procedimientos y actividades de seguridad de los datos deben reevaluarse periódicamente para lograr el mejor equilibrio posible entre los requerimientos de seguridad de datos de todos los interesados.

2.3 Definir Estándares de Seguridad de Datos

Las políticas proporcionan pautas para el comportamiento. No describen todas las contingencias posibles. Los estándares complementan las políticas y proporcionan detalles adicionales sobre cómo cumplir con la intención de las políticas. Por ejemplo, una política puede establecer que las contraseñas deben seguir las pautas para contraseñas seguras; los estándares para contraseñas seguras se detallarían por separado; y la política se aplicaría a través de la tecnología, que impide la creación de contraseñas si no cumplen con los estándares para contraseñas seguras.

2.3.1 Definir Niveles de Confidencialidad de Datos

La clasificación de confidencialidad es una característica importante de los Metadatos, que guía cómo se otorgan los privilegios de acceso a los usuarios. Cada organización debe crear o adoptar un esquema de clasificación que cumpla con los requerimientos de su negocio. Cualquier método de clasificación debe ser claro y fácil de aplicar. Contendrá una gama de niveles, desde el menos confidencial hasta el más confidencial (por ejemplo, desde "para uso general" hasta "confidencial registrado"). (Consulte la Sección 1.3.12.1.).

2.3.2 Definir Categorías Regulatorias de Datos

Un número creciente de violaciones de datos altamente publicitadas, en las que la información personal sensible se ha visto comprometida, ha dado lugar a la introducción de leyes específicas de datos. Los incidentes de datos con enfoque financiero han estimulado a los gobiernos de todo el mundo a implementar regulaciones adicionales.

Esto ha creado una nueva clase de datos, que podría llamarse "Información regulada". Los requerimientos regulatorios son una extensión de la seguridad de la información. Se requieren medidas adicionales para gestionar los requerimientos regulatorios de manera efectiva. La consulta con un asesor corporativo a menudo es útil para determinar qué acciones requieren ciertas regulaciones de la empresa. A menudo, las regulaciones implican un objetivo, y corresponde a la corporación determinar los medios para alcanzar ese objetivo de protección de la información. Las acciones que se pueden auditar proporcionan prueba legal de cumplimiento.

Una forma útil de manejar las regulaciones específicas de datos es analizando y agrupando regulaciones similares en categorías, como se hizo al agrupar varios riesgos en unas pocas clasificaciones de seguridad. Con más de cien diferentes ordenanzas específicas de datos en todo el mundo, sería inútil desarrollar una categoría diferente para cada regulación. La mayoría de las regulaciones de datos, impuestas como están, por entidades legales separadas, buscan hacer lo mismo. Por ejemplo, las obligaciones contractuales para proteger los datos confidenciales de los clientes son notablemente similares a las regulaciones gubernamentales de EE. UU., Japón y Canadá para proteger la información de identificación personal, y similares para cumplir con los requerimientos de privacidad de la UNIÓN EUROPEA. Este patrón es fácil de ver cuando se enumeran y comparan las acciones de cumplimiento auditables para cada regulación. Por lo tanto, todos pueden gestionarse adecuadamente utilizando la misma categoría de acción protectora.

Un principio clave tanto para la clasificación de seguridad como para la categorización regulatoria, es que la mayoría de la información se puede agregar para que tenga una mayor o menor sensibilidad. Los desarrolladores necesitan saber cómo las agregaciones afectan la clasificación general de seguridad y las categorías regulatorias. Cuando un desarrollador de un tablero de control, informe o vista de base de datos sabe que algunos de los datos que se requieren pueden ser personalmente privados o con información privilegiada o relacionados con una ventaja competitiva, el sistema puede diseñarse para eliminar aspectos de ese derecho, o si los datos deben permanecer en el derecho de usuario, para hacer cumplir todos los requerimientos de seguridad y regulatorios en el momento de la autorización del usuario. Los resultados de este trabajo de clasificación serán un conjunto formalmente aprobado de clasificaciones de seguridad y categorías regulatorias y un proceso para capturar estos Metadatos en un repositorio central para que los empleados, tanto de negocio como técnicos, conozcan la sensibilidad de la información que están manejando, transmitiendo, y autorizando.

2.3.3 Definir Roles de Seguridad

El control de acceso a los datos se puede organizar a nivel individual o grupal, según la necesidad. Dicho esto, otorgar privilegios de acceso y actualización a cuentas de usuarios individuales implica un gran esfuerzo redundante. Las organizaciones más pequeñas pueden encontrar aceptable gestionar el acceso a datos a nivel individual. Sin embargo, las organizaciones más grandes se beneficiarán enormemente del control de acceso basado en roles, otorgando permisos a los grupos de roles y, por lo tanto, a cada miembro del grupo.

Los grupos de roles permiten a los administradores de seguridad definir privilegios por rol y otorgar estos privilegios al inscribir a los usuarios en el grupo de roles apropiado. Si bien es técnicamente posible inscribir a un usuario en más de un grupo, esta práctica puede dificultar la comprensión de los privilegios otorgados a un usuario específico. Siempre que sea posible, intente asignar a cada usuario a un solo grupo de roles. Esto puede requerir la creación de diferentes vistas de usuario de ciertos derechos de datos para cumplir con las regulaciones.

La consistencia de los datos en la gestión de usuarios y roles es un desafío. La información del usuario, como el nombre, el título y la identificación del empleado, debe almacenarse de forma redundante en varias ubicaciones. Estas islas de datos a menudo entran en conflicto y representan múltiples versiones de la "verdad". Para evitar problemas de integridad de datos, gestione los datos de identidad del usuario y la pertenencia a grupos de roles de forma centralizada. Este es un requerimiento para la calidad de los datos utilizados para un control de acceso efectivo. Los administradores de seguridad crean, modifican y eliminan cuentas de usuario y grupos de roles. Los cambios realizados en la taxonomía del grupo y la membresía deben recibir la aprobación adecuada. Los cambios deben ser rastreados a través de un sistema de gestión de cambios.

La aplicación de medidas de seguridad de datos de manera inconsistente o inadecuada dentro de una organización puede conducir a la insatisfacción de los empleados y a un riesgo significativo para la organización. La seguridad basada en roles depende de roles claramente definidos y constantemente asignados. Hay dos formas de definir y organizar roles: como una cuadrícula (a partir de los datos) o en una jerarquía (a partir del usuario).

2.3.3.1 Cuadrícula de Asignación de Roles

Una cuadrícula puede ser útil para mapear roles de acceso para datos, según la confidencialidad de los datos, las regulaciones y las funciones del usuario. El rol de Usuario Público puede tener acceso a todos los datos clasificados para Audiencias Generales y no está sujeto a ninguna normativa. Un rol de Marketing puede tener acceso a cierta información de PII para usar en el desarrollo de campañas, pero no a datos restringidos o datos confidenciales del cliente. La tabla 14 muestra un ejemplo muy simplificado.

Tabla 14 Ejemplo de Cuadrícula de Asignación de Roles

	Nivel de Confidencialidad		
	Audiencia General	Cliente Confidencial	Restringido Confidencial
No regulado	Rol de Usuario Público	Rol de Gestor de Clientes	Rol de Acceso Restringido
PII	Rol de Marketing	Rol de Marketing de Clientes	Rol de Recursos Humanos
PCI	Rol de Finanzas	Rol de Finanzas del Cliente	Rol de Finanzas Restringido

2.3.3.2 Jerarquía de Asignación de Roles

Construya definiciones de grupo a nivel de grupo de trabajo o unidad de negocio. Organice estos roles en una jerarquía, de tal modo que los roles secundarios restrinjan aún más los privilegios de los roles primarios. El mantenimiento continuo de estas jerarquías es una operación compleja que requiere sistemas de informes capaces de desglosar los privilegios de los usuarios individuales. Un ejemplo de roles de seguridad jerárquicamente se muestra en la Figura 65.

2.3.4 Evaluar Riesgos de Seguridad Actuales

Los riesgos de seguridad incluyen elementos que pueden comprometer una red y / o base de datos. El primer paso para identificar el riesgo es identificar dónde se almacenan los datos sensibles y qué protecciones se requieren para esos datos. Evalúe cada sistema para lo siguiente:
- La sensibilidad de los datos almacenados o en tránsito
- Los requerimientos para proteger los datos, y
- Las protecciones de seguridad actual que se tienen

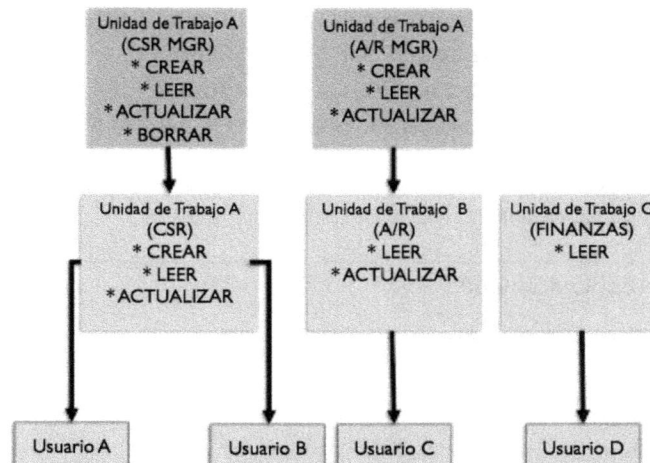

Figura 65 Diagrama de Ejemplo de Roles de Seguridad Jerárquica

Documente los hallazgos, ya que crean una línea de base para evaluaciones futuras. Esta documentación también puede ser un requerimiento para el cumplimiento de la privacidad, como en la Unión Europea. Las brechas deben corregirse mediante procesos de seguridad mejorados compatibles con la tecnología. El impacto de las mejoras debe medirse y monitorearse para garantizar que se mitiguen los riesgos. n organizaciones más grandes, los *hackers* de sombrero blanco pueden ser contratados para evaluar vulnerabilidades. Un ejercicio de sombrero blanco se puede usar como prueba de la impenetrabilidad de una organización, que se puede usar en publicidad para la reputación del mercado.

2.3.5 Implementar Controles y Procedimientos

La implementación y administración de la política de seguridad de datos es principalmente responsabilidad de los administradores de seguridad, en coordinación con los administradores de datos y los equipos técnicos. Por ejemplo, la seguridad de la base de datos es a menudo una responsabilidad del DBA.

Las organizaciones deben implementar controles adecuados para cumplir con los requerimientos de la política de seguridad. Los controles y procedimientos deben (como mínimo) cubrir:

- Cómo los usuarios ganan y pierden el acceso a aplicaciones y/o sistemas
- Cómo los usuarios son asignados a y quitados de los roles
- Cómo son monitoreados los niveles de privilegio
- Cómo son manejadas y monitoreadas las solicitudes para cambios de acceso
- Cómo son clasificados los datos según confidencialidad y regulaciones aplicables
- Cómo son manejadas las brechas de datos una vez detectadas

Documente los requerimientos para permitir autorizaciones de usuario originales para que la desautorización pueda ocurrir cuando estas condiciones ya no se apliquen.

Por ejemplo, una política para "mantener los privilegios de usuario apropiados" podría tener el objetivo de control de *"Revisar los derechos y privilegios de DBA y User mensualmente"*. El procedimiento de la organización para satisfacer este control podría ser implementar y mantener procesos para:

- Validar permisos asignados contra un sistema de gestión de cambio utilizado para el seguimiento de todas las solicitudes de permiso de usuario
- Requerir un proceso de aprobación del flujo de trabajo o un formulario en papel firmado para registrar y documentar cada solicitud de cambio
- Incluir un procedimiento para la eliminación de autorizaciones para las personas cuya condición laboral o departamento ya no los califica para tener ciertos derechos de acceso

Algún nivel de gestión debe solicitar, rastrear y aprobar formalmente todas las autorizaciones iniciales y los cambios posteriores a las autorizaciones de usuarios y grupos.

2.3.5.1 Asignar Niveles de Confidencialidad

Los administradores de datos son responsables de evaluar y determinar el nivel de confidencialidad apropiado para los datos según el esquema de clasificación de la organización.

La clasificación de documentos e informes debe basarse en el nivel más alto de confidencialidad para cualquier información que se encuentre dentro del documento. (Consulte el Capítulo 9). Etiquete cada página o pantalla con la clasificación en el encabezado o pie de página. Los productos de información clasificados como menos confidenciales (por ejemplo, "Para Audiencias Generales") no necesitan etiquetas. Asuma que los productos sin etiqueta son para las Audiencias Generales. Los autores de documentos y los diseñadores de productos de información son responsables de evaluar, clasificar y etiquetar correctamente el nivel de confidencialidad apropiado para cada documento, así como para cada base de datos, incluidas las tablas relacionales, columnas y vistas de derechos de usuario.

En organizaciones más grandes, gran parte de la clasificación de seguridad y el esfuerzo de protección serán responsabilidad de una organización dedicada a la seguridad de la información. Si bien la seguridad de la información estará feliz de que los Administradores de Datos trabajen con estas clasificaciones, generalmente se hacen responsables de la aplicación y de proteger físicamente la red.

2.3.5.2 Asignar Categorías Regulatorias

Las organizaciones deben crear o adoptar un enfoque de clasificación para garantizar que puedan cumplir con las demandas de cumplimiento regulatorio. (Consulte la Sección 3.3.) Este esquema de clasificación proporciona una base para responder a auditorías internas y externas. Una vez que está en su lugar, la información necesita ser evaluada y clasificada dentro del esquema. Es posible que el personal de seguridad no esté familiarizado con este concepto, ya que no trabaja con regulaciones de datos individuales, sino con sistemas de infraestructura. Deberán tener requerimientos documentados para la protección de datos relacionados con estas categorías que definan las acciones que pueden implementar.

2.3.5.3 Gestionar y Mantener la Seguridad de los Datos

Una vez que todos los requerimientos, políticas y procedimientos están en su lugar, la tarea principal es garantizar que no se produzcan violaciones de seguridad y, si lo hacen, detectarlas lo antes posible. El monitoreo continuo de los sistemas y la auditoría de la ejecución de los procedimientos de seguridad son cruciales para preservar la seguridad de los datos.

2.3.5.3.1 Controlar la Disponibilidad de Datos / Seguridad Centrada en los Datos

El control de la disponibilidad de datos requiere la gestión de los derechos de los usuarios y de las estructuras (enmascaramiento de datos, creación de vistas, etc.) que técnicamente controlan el acceso en función de los derechos. Algunas bases de datos son mejores que otras para proporcionar estructuras y procesos para proteger los datos almacenados. (Consulte la Sección 3.7.)

Los gerentes de cumplimiento de seguridad pueden tener la responsabilidad directa de diseñar perfiles de derechos de usuario que permitan que el negocio funcione sin problemas, mientras se siguen las restricciones relevantes.

La definición de derechos y la concesión de autorizaciones requieren un inventario de datos, un análisis cuidadoso de las necesidades de datos y la documentación de los datos expuestos en cada derecho de usuario. A menudo, la información altamente confidencial se mezcla con información no confidencial. Un modelo de datos empresarial es esencial para identificar y localizar datos confidenciales. (Consulte la Sección 1.1.1.)

El enmascaramiento de datos puede proteger los datos, incluso si se expone inadvertidamente. Ciertas regulaciones de datos requieren cifrado, una versión extrema del enmascaramiento en el lugar. La autorización para las claves de descifrado puede ser parte del proceso de autorización del usuario. Los usuarios autorizados para acceder a las claves de descifrado pueden ver los datos no cifrados, mientras que otros solo ven caracteres aleatorios.

Las vistas de bases de datos relacionales pueden usarse para imponer niveles de seguridad de datos. Las vistas pueden restringir el acceso a ciertas filas en función de los valores de datos o restringir el acceso a ciertas columnas, lo que limita el acceso a campos confidenciales o regulados.

2.3.5.3.2 Controlar la autenticación de usuarios y acceso del comportamiento

Informar sobre el acceso es un requerimiento básico para las auditorías de cumplimiento. La supervisión del comportamiento de autenticación y acceso proporciona información sobre quién se conecta y accede a los activos de información. El monitoreo también ayuda a detectar transacciones inusuales, imprevistas o sospechosas que justifican una investigación. De esta manera, compensa las brechas en la planificación, el diseño y la implementación de la seguridad de los datos.

Decidir qué necesita monitoreo, por cuánto tiempo y qué acciones tomar en caso de una alerta, requiere un análisis cuidadoso impulsado por los requerimientos regulatorios y de negocio. El monitoreo implica una amplia gama de actividades. Puede ser específico para ciertos conjuntos de datos, usuarios o roles. Se puede usar para validar la integridad de los datos, las configuraciones o los Metadatos principales. Se puede implementar dentro de un sistema o en sistemas heterogéneos dependientes. Puede centrarse en privilegios específicos, tales como la capacidad de descargar grandes conjuntos de datos o acceder a los datos fuera de horario.

El monitoreo se puede automatizar o ejecutar manualmente o mediante una combinación de automatización y supervisión. La supervisión automatizada impone una sobrecarga en los sistemas subyacentes y puede afectar el rendimiento del sistema. Las instantáneas periódicas de la actividad pueden ser útiles para comprender las tendencias y compararlas con los criterios estándar. Se pueden requerir cambios de configuración iterativos para lograr los parámetros óptimos para un monitoreo adecuado.

El registro automatizado de transacciones de bases de datos confidenciales o inusuales debe ser parte de cualquier implementación de base de datos. La falta de monitoreo automatizado representa serios riesgos:

- **Riesgo regulatorio:** Las organizaciones con mecanismos débiles de auditoría de bases de datos encontrarán cada vez más que están en desacuerdo con los requerimientos regulatorios del gobierno. Sarbanes-Oxley (SOX) en el sector de servicios financieros y la Ley de Responsabilidad y Portabilidad de la Información de Salud (HIPAA) en el sector de la salud son solo dos ejemplos de regulación del gobierno de los EE. UU., con requerimientos claros de auditoría de bases de datos.
- **Riesgo de detección y recuperación:** Los mecanismos de auditoría representan la última línea de defensa. Si un atacante evita otras defensas, los datos de auditoría pueden identificar la existencia de una violación después del hecho. Los datos de auditoría también se pueden usar para vincular una violación a un usuario en particular o como una guía para reparar el sistema.
- **Riesgo de deberes administrativos y de auditoría:** Los usuarios con acceso administrativo al servidor de la base de datos, ya sea que ese acceso se haya obtenido legítima o maliciosamente, pueden desactivar la auditoría para ocultar actividades fraudulentas. Las tareas de auditoría deberían estar separadas de los administradores de la base de datos y del personal de soporte de la plataforma del servidor de la base de datos.
- **Riesgo de confiar en herramientas de auditoría nativas inadecuadas:** Las plataformas de *software* de base de datos a menudo intentan integrar capacidades básicas de auditoría, pero a menudo sufren de múltiples debilidades que limitan o impiden la implementación. Cuando los usuarios acceden a la base de datos a través de aplicaciones web (como SAP, Oracle E-Business Suite o PeopleSoft), los mecanismos de auditoría nativos no tienen conocimiento de identidades de usuario específicas y toda la actividad del usuario está asociada con el nombre de la cuenta de la aplicación *web*. Por lo tanto, cuando los registros de auditoría nativos revelan transacciones de bases de datos fraudulentas, no hay ningún enlace con el usuario responsable.

Para mitigar los riesgos, implemente un dispositivo de auditoría basado en la red, que puede abordar la mayoría de las debilidades asociadas con las herramientas de auditoría nativas, pero que no tiene lugar en auditorías regulares por parte de auditores capacitados. Este tipo de aparato tiene los siguientes beneficios:

- Alto rendimiento: Dispositivos de auditoría basados en la red pueden operar a velocidad de línea con poco impacto en el rendimiento de la base de datos.
- Separación de funciones: Dispositivos de auditoría basados en la red deben funcionar independientemente de los administradores de base de datos que permite funciones de auditoría independiente de tareas administrativas según sea el caso.
- Seguimiento de transacciones granulares permite detección de fraudes, análisis forense y recuperación. Los registros incluyen información tales como nombre de la aplicación de origen, el texto completo de la consulta, los atributos de la respuesta a la consulta, OS fuente, tiempo y nombre de la fuente.

2.3.5.4 Gestionar el Cumplimiento de la Política de Seguridad

La gestión del cumplimiento de la política de seguridad incluye actividades continuas para asegurar que se siguen las políticas y que los controles se mantienen con eficacia. La gestión también incluye recomendaciones para satisfacer nuevos requerimientos. En muchos casos, los *Data Stewards* actuarán en conjunto con la Seguridad de la Información y el Consejo Corporativo de tal manera que las políticas operativas y los controles técnicos estén alineados.

2.3.5.4.1 Gestionar el Cumplimiento Regulatorio

La gestión del cumplimiento regulatorio incluye:
- Medición del cumplimiento de los estándares y procedimientos de autorización
- Asegurarse de que todos los requerimientos de datos sean medibles y por lo tanto auditables (es decir, afirmaciones como "ten cuidado" no son medibles)
- Asegurarse que los datos regulados en almacenamiento y en movimiento están protegidos utilizando procesos y herramientas estándar
- Utilizar procedimientos de escalamiento y mecanismos de notificación cuando se descubren problemas potenciales de incumplimiento y, en el evento de una violación del cumplimiento regulatorio

Los controles de cumplimiento requieren pistas de auditoría. Por ejemplo, si la política establece que los usuarios deben tomar capacitación antes de acceder a ciertos datos, entonces la organización debe ser capaz de demostrar que cualquier usuario tomó la capacitación. Sin una pista de auditoría, no hay ninguna evidencia de cumplimiento. Los controles deben diseñarse para asegurar que sean auditables.

2.3.5.4.2 Auditoría de Seguridad de Datos y Actividades de Cumplimiento

Las auditorías internas de las actividades para garantizar la seguridad de los datos y las políticas de cumplimiento regulatorio deben seguirse de manera regular y consistente. Los propios controles de cumplimiento deben revisarse cuando se promulga una nueva regulación de datos, cuando cambian las regulaciones existentes y periódicamente para garantizar su utilidad. Los auditores internos o externos pueden realizar auditorías. En todos los casos, los auditores deben ser independientes de los datos y/o procesos involucrados en la auditoría para evitar cualquier conflicto de intereses y garantizar la integridad de la actividad de auditoría y los resultados.

La auditoría no es una misión de búsqueda de fallas. El objetivo de la auditoría es proporcionar a la administración y al consejo de gobierno de datos evaluaciones objetivas e imparciales y recomendaciones racionales y prácticas.

Las declaraciones de políticas de seguridad de datos, documentos de estándares, guías de implementación, solicitudes de cambio, registros de monitoreo de acceso, informes de resultados y otros registros (electrónicos o impresos) forman la entrada a una auditoría. Además de examinar la evidencia existente, las auditorías a menudo incluyen realizar pruebas y controles, tales como:

- Analizar políticas y estándares para asegurar que los controles de cumplimiento están definidos claramente y que cumplan con los requerimientos regulatorios
- Analizar los procedimientos de implementación y las prácticas de autorización de usuario para asegurar el cumplimiento de los objetivos regulatorios, las políticas, estándares y los resultados deseados
- Evaluar si los estándares y procedimientos de autorización son adecuados y alineados con los requerimientos de tecnología
- Evaluar los procedimientos de escalamiento y los mecanismos de notificación para ser ejecutados cuando se descubren posibles problemas de incumplimiento o en caso de una brecha de cumplimiento regulatorio
- Revisión de contratos, acuerdos de intercambio de datos y las obligaciones de cumplimiento regulatorio de proveedores tercerizados y externos, que aseguran que los socios de negocio cumplen con sus obligaciones y que la organización cumpla con sus obligaciones legales para la protección de los datos regulados
- Evaluar la madurez de las prácticas de seguridad dentro de la organización y presentación de informes a la alta dirección y otras partes interesadas sobre el 'Estado de Cumplimiento Regulatorio'
- Recomendar cambios de política de cumplimiento y las mejoras de cumplimiento operacional

La auditoría de seguridad de los datos no es un sustituto para la gestión de seguridad de datos. Es un proceso de apoyo que evalúa objetivamente si la administración está cumpliendo los objetivos.

3. Herramientas

Las herramientas utilizadas para gestionar la seguridad de la información dependen, en gran medida, del tamaño de la organización, la arquitectura de red y las políticas y estándares usados por una organización de seguridad.

3.1 *Software* Anti-Virus / *Software* de Seguridad

El *software* antivirus protege las computadoras de los virus encontrados en la *Web*. Nuevos virus y otros *malware* aparecen todos los días, por lo que es importante actualizar regularmente el *software* de seguridad.

3.2 HTTPS

Si una dirección Web comienza con https://, indica que el sitio *web* está equipado con una capa de seguridad cifrada. Por lo general, los usuarios deben proporcionar una contraseña u otro medio de autenticación para acceder al sitio. Los pagos en línea o el acceso a información clasificada utiliza esta protección de cifrado. Capacite a los usuarios para buscar esto en la dirección URL cuando realizan operaciones sensibles por Internet, o incluso dentro de la empresa. Sin cifrado, personas en el mismo segmento de red pueden leer la información del texto.

3.3 Tecnología de Gestión de Identidades

La tecnología de gestión de identidades almacena las credenciales asignadas y las comparte con los sistemas una vez que se solicitan, como cuando un usuario inicia sesión en un sistema. Algunas aplicaciones administran su propio repositorio de credenciales, aunque es más conveniente para los usuarios que la mayoría o todas las aplicaciones usen un repositorio central de credenciales. Existen protocolos para gestionar credenciales: el Protocolo ligero de acceso a directorios LDAP (Lightweight Directory Access Protocol – Protocolo Ligero de Acceso a Directorio) es uno. Algunas compañías eligen y proporcionan un producto "Seguridad de Contraseñas" aprobado por la empresa que crea un archivo de contraseña cifrado en la computadora de cada usuario. Los usuarios solo necesitan aprender una frase de contraseña larga para abrir el programa y pueden almacenar todas sus contraseñas de forma segura en el archivo cifrado. Un sistema de inicio de sesión único también puede realizar esta función.

3.4 *Software* de Prevención y Detección de Intrusos

Las herramientas que pueden detectar incursiones y denegar dinámicamente el acceso son necesarias para cuando los hackers penetran firewalls u otras medidas de seguridad.

Un Sistema de Detección de Intrusos (IDS) notificará a las personas apropiadas cuando ocurra un incidente inapropiado. IDS debe conectarse de manera óptima con un Sistema de Prevención de Intrusiones (IPS) que responda automáticamente a ataques conocidos y combinaciones ilógicas de comandos de usuario. La detección a menudo se logra mediante el análisis de patrones dentro de la organización. El conocimiento de los patrones esperados permite la detección de eventos fuera de lo común. Cuando esto ocurre, el sistema puede enviar alertas.

3.5 *Firewalls* (Prevención)

Los *firewalls* seguros y sofisticados, con capacidad para permitir la transmisión de datos a toda velocidad mientras se realiza un análisis detallado de paquetes, deben colocarse en la puerta de enlace de la empresa. Para los servidores *web* expuestos a Internet, se recomienda una estructura de *firewall* más compleja, ya que muchos ataques de *hackers* malintencionados explotan el tráfico legítimo que está malformado intencionalmente para explotar las vulnerabilidades de la base de datos y del servidor *web*.

3.6 Seguimiento de Metadatos

Las herramientas que rastrean los Metadatos pueden ayudar a una organización a rastrear el movimiento de los datos confidenciales. Estas herramientas crean el riesgo de que agentes externos puedan detectar información interna de Metadatos asociados con documentos. La identificación de información confidencial mediante Metadatos proporciona la mejor manera de garantizar que los datos estén protegidos adecuadamente. Dado que la mayor cantidad de incidentes de pérdida de datos son el resultado de la falta de protección de datos confidenciales debido al desconocimiento de su sensibilidad, la documentación de Metadatos eclipsa completamente cualquier riesgo hipotético que pudiera ocurrir si los Metadatos estuvieran expuestos de alguna manera desde el repositorio de

Metadatos. Este riesgo se hace más insignificante, ya que es trivial para un *hacker* informático experimentado localizar datos confidenciales no protegidos en la red. Las personas que probablemente desconocen la necesidad de proteger los datos confidenciales parecen ser empleados y gerentes.

3.7 Enmascaramiento de Datos/Cifrado

Las herramientas que realizan enmascaramiento o cifrado son útiles para restringir el movimiento de los datos sensibles. (Ver sección 1.3.9.)

4. Técnicas

Las Técnicas para la gestión de seguridad de la información dependen del tamaño de la organización, la arquitectura de la red, el tipo de datos que se deben proteger, y las políticas y estándares usados por una organización de seguridad.

4.1 Uso de la Matriz CRUD

La creación y el uso de matrices de relaciones de datos a proceso y de datos a roles CRUD (Create, Read, Update, and Delete - Crear, Leer, Actualizar y Borrar) ayudan a mapear las necesidades de acceso a datos y guían la definición de los grupos, parámetros y permisos de roles de seguridad de datos. Algunas versiones agregan una E para Ejecutar para hacer CRUDE (Create, Read, Update, Delete and Execute - Crear, Leer, Actualizar, Borrar y Ejecutar).

4.2 Implementación Inmediata de Parches de Seguridad

Debe implementarse un proceso para instalar parches de seguridad lo más rápido posible en todas las máquinas. Un *hacker* informático malicioso solo necesita acceso de *root* a una máquina para realizar su ataque con éxito en la red. Los usuarios no deberían poder retrasar esta actualización.

4.3 Atributos de Seguridad de Datos en Metadatos

Un repositorio de Metadatos es esencial para asegurar la integridad y el uso consistente de un Modelo de Datos Empresarial en los procesos de negocio. Los Metadatos deben incluir clasificaciones regulatorias y de seguridad para los datos. (Consulte la Sección 1.1.3.) Tener Metadatos de seguridad protege a una organización de empleados que pueden no reconocer los datos como confidenciales. Cuando los *Data Stewards* aplican categorías de confidencialidad y regulatorias, la información de la categoría debe documentarse en el repositorio de Metadatos y, si la tecnología lo permite, etiquetarse a los datos. (Consulte las Secciones 3.3.1 y 3.3.2.). Estas clasificaciones se pueden utilizar para definir y gestionar los derechos y autorizaciones de los usuarios, así como para informar a los equipos de desarrollo sobre los riesgos relacionados con los datos confidenciales.

4.4 Métricas

Es esencial medir los procesos de protección de la información para garantizar que funcionen como es requerido. Las métricas también permiten mejorar estos procesos. Algunas métricas miden el progreso en los procesos: la cantidad de auditorías realizadas, los sistemas de seguridad instalados, los incidentes reportados y la cantidad de datos no examinados en los sistemas. Las métricas más sofisticadas se centrarán en los resultados de las auditorías o el movimiento de la organización a lo largo de un modelo de madurez. En organizaciones más grandes con personal de seguridad de la información existente, puede haber un número significativo de estas métricas. Es útil reutilizar las métricas existentes como parte de un proceso general de medición de gestión de amenazas y evitar la duplicación de esfuerzos. Cree una línea base (lectura inicial) de cada métrica para mostrar el progreso a lo largo del tiempo. Si bien se puede medir y rastrear una gran cantidad de actividades y condiciones de seguridad, céntrese en métricas accionables. Algunas métricas clave en grupos organizados son más fáciles de gestionar que las páginas de indicadores aparentemente no relacionados. Las acciones de mejora pueden incluir capacitación de concientización sobre políticas reguladoras de datos y acciones de cumplimiento. Muchas organizaciones enfrentan desafíos de seguridad de datos similares. Las siguientes listas pueden ayudarlo a seleccionar las métricas aplicables.

4.4.1 Métricas de Implementación de Seguridad

Estas métricas de seguridad general pueden ser enmarcadas como porcentajes de valor positivo:
- Porcentaje de computadoras de la empresa que tienen instalados los parches de seguridad más recientes
- Porcentaje de que tienen instalado un *software anti-malware* actualizado y en ejecución
- Porcentaje de nuevos empleados que han tenido verificaciones de antecedentes exitosas
- Porcentaje de empleados que obtienen más del 80% en el cuestionario anual de prácticas de seguridad
- Porcentaje de unidades de negocio para las que se ha completado un análisis formal de evaluación de riesgo
- Porcentaje de procesos de negocio probado con éxito para recuperación ante desastres en caso de incendio, terremoto, tormenta, inundación, explosión u otro desastre
- Porcentaje de hallazgos de auditoría que han sido resueltos exitosamente

Las tendencias pueden ser rastreadas en métricas enmarcadas como listas o estadísticas:
- Métricas de rendimiento de todos los sistemas de seguridad
- Investigaciones de antecedentes y Resultados
- Planificación de contingencia y estado del plan de continuidad del negocio
- Investigaciones e incidentes criminales
- Exámenes de diligencia debida para el cumplimiento, y el número de hallazgos que necesitan ser abordados
- Análisis de la gestión de riesgos de información realizada y el número de aquellos que producen cambios procesables
- Implicaciones y resultados de la auditoría de políticas, tales como controles de política de escritorio limpio, realizados por agentes de seguridad nocturnos durante las rondas
- Estadísticas de seguridad operacional, seguridad física y protección de premisas
- Número de estándares de seguridad documentados y accesibles (también conocidas como políticas)
- También se puede medir la motivación de las partes relevantes para cumplir con las políticas de seguridad
- Conducta en los negocios y el análisis de riesgo en la reputación, incluyendo la capacitación de los empleados

- Higiene del negocio y el riesgo potencial basado en tipos específicos de datos tales como financieros, médicos, secretos de negocio e información privilegiada
- Indicadores de confianza e influencia entre los gerentes y empleados como una indicación de cómo son percibidas las políticas y los esfuerzos de seguridad de la información de datos

Seleccione y mantenga un número razonable de métricas accionables en categorías apropiadas a lo largo del tiempo para garantizar el cumplimiento, detectar problemas antes de que se conviertan en crisis e indicar a la alta gerencia una determinación para proteger la información corporativa valiosa.

4.4.2 Métricas de Conciencia de Seguridad

Considerar estas áreas generales para seleccionar indicadores apropiados:
- **Resultados de evaluación de riesgo** proporcionar datos cualitativos que necesitan ser alimentados a unidades de negocios apropiadas para que sean más conscientes de su responsabilidad.
- **Perfiles y eventos de riesgo** identificar riesgos no administrados que necesitan corrección. Determinar la ausencia o el grado de mejora medible de exposición al riesgo o conformidad a la política mediante la realización de pruebas de seguimiento de la iniciativa de concientización para ver qué tan bien se transmitieron los mensajes.
- **Entrevistas y encuestas de retroalimentación formales** identificar el nivel de conciencia de seguridad. Además, medir el número de empleados que han terminado exitosamente la capacitación de concientización de seguridad en poblaciones específicas.
- **Incidentes post mortem, lecciones aprendidas y las entrevistas a las víctimas** proporcionar una rica fuente de información sobre las brechas en la conciencia de seguridad. Las medidas pueden incluir cuántas vulnerabilidades han sido mitigadas.
- **Auditorías de la eficacia de Aplicación de Parches** involucran a máquinas específicas que trabajan con información confidencial y regulada para evaluar la efectividad de los parches de seguridad. (Se recomienda un sistema automatizado de parches siempre que sea posible).

4.4.3 Métricas de Protección de Datos

Los requerimientos dictarán cuáles de estas métricas son pertinentes para una organización:
- **Clasificación de la criticidad** de tipos de datos específicos y sistemas de información que, de hacerse inoperables, tendrían un profundo impacto en la empresa.
- **Expectativa de pérdida anualizada** de contratiempos, *hacks*, robos o desastres relacionados con la pérdida de datos, compromiso o corrupción.
- **Riesgo de pérdida de datos específicos** relacionados con ciertas categorías de información regulada y clasificación de prioridad de remediación.
- **Mapeo de riesgo de datos a los procesos de negocios específicos.** Los riesgos asociados con los dispositivos de punto de venta se incluirían en el perfil de riesgo del sistema de pago financiero.
- **Evaluaciones de las amenazas** realizada en base a la probabilidad de un ataque contra ciertos recursos de datos valiosos y los medios a través de los cuales viajan.
- **Evaluaciones de vulnerabilidad** de partes específicas de los procesos de negocio donde pudiera estar expuesta la información sensible, ya sea accidental o intencionalmente.

Lista auditable de lugares donde los datos confidenciales se propagan en toda la organización.

4.4.4 Métricas de Incidentes de Seguridad

- Intentos de intrusión detectados y prevenidos
- Retorno de la inversión por costos de seguridad utilizando ahorros de intrusiones evitadas

4.4.5 Proliferación de Datos Confidenciales

Se debe medir el número de copias de datos confidenciales para reducir esta proliferación. En cuantos más lugares se almacenen datos confidenciales, mayor será el riesgo de una violación.

4.5 Necesidades de Seguridad en los Requerimientos del Proyecto

Cada proyecto que involucra datos debe abordar el sistema y la seguridad de los datos. Identifique los datos detallados y requerimientos de seguridad de la aplicación en la fase de análisis. La identificación por adelantado guía el diseño y evita tener que actualizar los procesos de seguridad. Si los equipos de implementación comprenden los requerimientos de protección de datos desde el principio, pueden incorporar el cumplimiento en la arquitectura básica del sistema. Esta información también se puede utilizar para seleccionar los paquetes de *software* adquiridos / los proveedores apropiados.

4.6 Búsqueda Eficiente de Datos Cifrados

La búsqueda de datos cifrados obviamente incluye la necesidad de descifrar los datos. Una forma de reducir la cantidad de datos que necesita descifrado es cifrar los criterios de búsqueda (como una cadena) utilizando el mismo método de cifrado utilizado para los datos y luego buscar coincidencias. La cantidad de datos que coinciden con los criterios de búsqueda cifrados será mucho menor y, por lo tanto, menos costosa (y arriesgada) de descifrar. Luego busque usando texto claro en el conjunto de resultados para obtener coincidencias exactas.

4.7 Desinfección de Documentos

La desinfección de documentos es el proceso de limpieza de Metadatos, tales como el historial de cambios rastreados, de los documentos antes de compartirlos. La desinfección mitiga el riesgo de compartir información confidencial que podría estar incluida en los comentarios. Especialmente en los contratos, el acceso a esta información puede afectar negativamente las negociaciones.

5. Guías de Implementación

La implementación de prácticas de seguridad de datos depende de la cultura corporativa, la naturaleza de los riesgos, la sensibilidad de los datos que gestiona la empresa y los tipos de sistemas existentes. Los componentes del sistema de implementación deben guiarse por un plan de seguridad estratégico y una arquitectura de soporte.

5.1 Evaluación de la Preparación / Evaluación de Riesgos

Mantener los datos seguros está profundamente conectado con la cultura corporativa. Las organizaciones a menudo terminan reaccionando a las crisis, en lugar de gestionar proactivamente la responsabilidad y garantizar la auditabilidad. Si bien la seguridad perfecta de los datos es casi imposible, la mejor manera de evitar violaciones de seguridad de los datos es crear conciencia y comprender los requerimientos, políticas y procedimientos de seguridad. Las organizaciones pueden aumentar el cumplimiento a través de:

- **Capacitación**: promoción de estándares a través de capacitación en iniciativas de seguridad en todos los niveles de la organización. Siga la capacitación con mecanismos de evaluación como pruebas en línea enfocadas en mejorar la conciencia de los empleados. Dicha capacitación y pruebas deben ser obligatorias y un requerimiento previo para la evaluación del desempeño de los empleados.
- **Políticas consistentes**: definición de políticas de seguridad de datos y políticas de cumplimiento normativo para grupos de trabajo y departamentos que complementan y se alinean con las políticas empresariales. Adoptar una mentalidad de "actuar localmente" ayuda a involucrar a las personas de manera más activa.
- **Mida los beneficios de la seguridad**: vincule los beneficios de seguridad de los datos con las iniciativas de la organización. Las organizaciones deben incluir métricas objetivas para las actividades de seguridad de datos en sus mediciones de cuadro de mando integral y evaluaciones de proyectos.
- **Establezca requerimientos de seguridad para los proveedores**: incluya requerimientos de seguridad de datos en los acuerdos de nivel de servicio y las obligaciones contractuales de subcontratación. Los acuerdos de SLA deben incluir todas las acciones de protección de datos.
- **Cree un sentido de urgencia**: haga hincapié en los requerimientos legales, contractuales y reglamentarios para crear un sentido de urgencia y un marco interno para la gestión de la seguridad de los datos.

Comunicaciones continuas: apoyo a un programa continuo de capacitación en seguridad para empleados, que informa a los trabajadores sobre prácticas informáticas seguras y amenazas actuales. Un programa continuo comunica que la informática segura es lo suficientemente importante para que la administración la respalde.

5.2 Organización y Cambio Cultural

Las organizaciones necesitan desarrollar políticas de datos que les permitan cumplir sus objetivos al tiempo que protegen la información sensible y regulada del uso indebido o la exposición no autorizada. Deben tener en cuenta los intereses de todas las partes interesadas, ya que equilibran los riesgos con la facilidad de acceso. A menudo, la arquitectura técnica debe adaptarse a la arquitectura de datos para equilibrar estas necesidades y crear un entorno electrónico efectivo y seguro. En la mayoría de las organizaciones, el comportamiento tanto de la gerencia como de los empleados deberá cambiar para proteger sus datos con éxito.

En muchas empresas más grandes, el grupo de seguridad de la información existente tendrá políticas, salvaguardas, herramientas de seguridad, sistemas de control de acceso y dispositivos y sistemas de protección de la información. Debe haber una comprensión y una apreciación claras donde estos elementos complementan el trabajo realizado por los *data stewards* y los administradores de datos. Los *data stewards* son generalmente responsables de la categorización de datos. Los equipos de seguridad de la información ayudan con la aplicación del cumplimiento y establecen procedimientos operativos basados en políticas de protección de datos y categorización de seguridad y regulación.

La implementación de medidas de seguridad de datos sin tener en cuenta las expectativas de los clientes y empleados puede provocar la insatisfacción de los empleados, la insatisfacción de los clientes y el riesgo organizacional. Para promover el cumplimiento, las medidas de seguridad de los datos deben tener en cuenta el punto de vista de quienes trabajarán con los datos y los sistemas. Las medidas técnicas de seguridad bien planificadas e integrales deberían facilitar el acceso seguro para las partes interesadas.

5.3 Visibilidad del *Facultamiento* sobre Datos del Usuario

Cada facultad sobre datos de usuario, que es la suma total de todos los datos disponibles por una sola autorización, debe revisarse durante la implementación del sistema para determinar si contiene información regulada. Saber quién puede ver qué datos requiere la gestión de Metadatos que describan la confidencialidad y las clasificaciones reglamentarias de los datos, así como la gestión de los derechos y autorizaciones en sí. La clasificación de la sensibilidad regulatoria debe ser una parte estándar del proceso de definición de datos.

5.4 Seguridad de Datos en un Mundo *Tercerizado*

Cualquier cosa puede ser subcontratada excepto la responsabilidad.

Las operaciones de *outsourcing* de TI presentan desafíos y responsabilidades adicionales de seguridad de datos. La subcontratación aumenta el número de personas que comparten la responsabilidad de los datos a través de fronteras organizacionales y geográficas. Las funciones y responsabilidades previamente informales deben definirse explícitamente como obligaciones contractuales. Los contratos de subcontratación deben especificar las responsabilidades y expectativas de cada rol.

Cualquier forma de subcontratación aumenta el riesgo para la organización, incluida cierta pérdida de control sobre el entorno técnico y las personas que trabajan con los datos de la organización. Las medidas y procesos de seguridad de datos deben considerar el riesgo del proveedor externo como un riesgo externo e interno.

La madurez de la subcontratación de TI ha permitido a las organizaciones revisar los servicios subcontratados. Ha surgido un amplio consenso de que la arquitectura y la propiedad de TI, que incluye la arquitectura de seguridad de datos, debería ser una función de origen. En otras palabras, la organización interna posee y administra la arquitectura empresarial y de seguridad. El socio externo puede asumir la responsabilidad de implementar la arquitectura.

Transferir el control, pero no la rendición de cuentas requiere una gestión de riesgos y mecanismos de control más estrictos. Algunos de estos mecanismos incluyen:
- Acuerdos de Nivel de Servicio
- Disposiciones de responsabilidad limitada en el contrato de *outsourcing*
- Cláusulas de derecho a auditoría en el contrato
- Consecuencias claramente definidas para incumplir obligaciones contractuales
- Informes de seguridad de datos frecuentes del proveedor del servicio
- Monitoreo independiente de la actividad del sistema del vendedor

- Auditoría de seguridad de datos frecuente y exhaustiva
- Comunicación constante con el proveedor del servicio
- Conciencia de las diferencias legales en el derecho contractual si el vendedor se encuentra en otro país y surge una disputa

En un entorno *tercerizado*, es fundamental rastrear el linaje o el flujo de datos entre sistemas e individuos para mantener una "cadena de custodia". Las organizaciones de *outsourcing* se benefician especialmente del desarrollo de matrices CRUD (Crear, Leer, Actualizar y Borrar) que mapean las responsabilidades de los datos en los procesos de negocio, aplicaciones, roles y organizaciones, rastreando la transformación, el linaje y la cadena de custodia de los datos. Además, la capacidad de ejecutar decisiones de negocio o la funcionalidad de la aplicación, como aprobar cheques u órdenes, debe incluirse como parte de la matriz.

Las matrices RACI (Responsible, Accountable, Consulted, and Informed – Responsable, A cargo, Consultado e Informado) también ayudan a aclarar los roles, la separación de deberes y las responsabilidades de los diferentes roles, incluidas sus obligaciones de seguridad de datos.

La matriz RACI puede formar parte de los acuerdos contractuales y las políticas de seguridad de datos. La definición de matrices de responsabilidad como RACI establecerá una clara responsabilidad y propiedad entre las partes involucradas en el trabajo de outsourcing, lo que conducirá al apoyo de las políticas generales de seguridad de datos y su implementación.

5.5 Seguridad de Datos en Entornos de Nube

La rápida aparición de cómputo en la *web* y la interacción entre Empresa-a-Empresa y Empresa-a-Cliente ha provocado que los límites de los datos se extiendan más allá de las cuatro paredes de la organización. Los recientes avances en el cómputo en la nube han extendido los límites un paso más allá. La nomenclatura de "como servicio" ahora es común en todas las pilas de tecnología y negocios. "Datos como servicio", "*Software* como servicio", "Plataforma como servicio" son términos comúnmente utilizados en la actualidad. El cómputo en la nube, o tener recursos distribuidos en Internet para procesar datos e información, está complementando el aprovisionamiento de "X-as-a-Service".

Las políticas de seguridad de datos deben tener en cuenta la distribución de datos entre los diferentes modelos de servicio. Esto incluye la necesidad de aprovechar los estándares de seguridad de datos externos.

La responsabilidad compartida, la definición de la cadena de custodia de datos y la definición de los derechos de propiedad y custodia, es especialmente importante en el cómputo en la nube. Las consideraciones de infraestructura (por ejemplo, ¿Quién es responsable del *firewall* cuando el proveedor de la nube entrega el *software* a través de la *web*? ¿Quién es responsable de los derechos de acceso en los servidores?) Tiene un impacto directo en la gestión de seguridad de datos y las políticas de datos.

Es necesario ajustar o incluso crear una nueva política de gestión de seguridad de datos orientada al cómputo en la nube para organizaciones de todos los tamaños. Incluso si una organización no ha implementado recursos directamente en la nube, los socios de negocio pueden hacerlo. En un mundo conectado de datos, tener un socio comercial que use el cómputo en la nube significa poner los datos de la organización en la nube. Los mismos principios de seguridad de proliferación de datos se aplican a los datos de producción sensibles/confidenciales.

La arquitectura interna del centro de datos en la nube, incluidas las máquinas virtuales, aunque sea potencialmente más segura, debe seguir la misma política de seguridad que el resto de la empresa.

6. Gobierno de Seguridad de Datos

Asegurar los sistemas empresariales y la información que almacenan requiere la cooperación entre las partes interesadas de TI y de negocios. Políticas y procedimientos sólidos y claros son la base del gobierno de la seguridad.

6.1 Seguridad de Datos y Arquitectura Empresarial

La arquitectura empresarial define los activos de información y los componentes de una empresa, sus interrelaciones y las reglas de negocio con respecto a la transformación, los principios y las pautas. La arquitectura de seguridad de datos es el componente de la arquitectura empresarial que describe cómo se implementa la seguridad de datos dentro de la empresa para satisfacer las reglas de negocio y las regulaciones externas. Influencias de la arquitectura:
- Herramientas utilizadas para gestionar la seguridad de los datos
- Mecanismos y estándares del cifrado de datos
- Pautas de accesibilidad a los proveedores externos y contratistas
- Protocolos de transmisión de datos por internet
- Requerimientos de documentación
- Estándares de acceso remoto
- Procedimientos de reporte de incidente de violación de seguridad

La arquitectura de seguridad es particularmente importante para la integración de datos entre:
- Sistemas internos y unidades de negocio
- Una organización y sus socios de negocios externos
- Una organización y las agencias reguladoras

Por ejemplo, un patrón arquitectónico de un mecanismo de integración orientado al servicio entre partes internas y externas requeriría una implementación de seguridad de datos diferente de la EDI (Electronic Data Interchange - Intercambio Electrónico de Datos) tradicional.

Para una gran empresa, la función de enlace formal entre estas disciplinas es esencial para proteger la información del mal uso, robo, exposición y pérdida. Cada parte debe conocer los elementos que conciernen a los demás, para que puedan hablar un idioma común y trabajar hacia objetivos compartidos.

7. Trabajos Citados / Recomendados

Andress, Jason. The Basics of Information Security: Understanding the Fundamentals of InfoSec in Theory and Practice. Syngress, 2011. Print.

Calder, Alan, and Steve Watkins. IT Governance: An International Guide to Data Security and ISO27001/ISO27002. 5th ed. Kogan Page, 2012. Print.

Fuster, Gloria González. The Emergence of Personal Data Protection as a Fundamental Right of the EU. Springer, 2014. Print. Law, Governance and Technology Series / Issues in Privacy and Data Protection.

Harkins, Malcolm. Managing Risk and Information Security: Protect to Enable (Expert's Voice in Information Technology). Apress, 2012. Kindle.

Hayden, Lance. IT Security Metrics: A Practical Framework for Measuring Security and Protecting Data. McGraw-Hill Osborne Media, 2010. Print.

Kark, Khalid. "Building A Business Case for Information Security". Computer World. 2009-08-10 http://bit.ly/2rCu7QQ Web.

Kennedy, Gwen, and Leighton Peter Prabhu. Data Privacy: A Practical Guide. Interstice Consulting LLP, 2014. Kindle. Amazon Digital Services.

Murdoch, Don GSE. Blue Team Handbook: Incident Response Edition: A condensed field guide for the Cyber Security Incident Responder. 2nd ed. CreateSpace Independent Publishing Platform, 2014. Print.

National Institute for Standards and Technology (US Department of Commerce website) http://bit.ly/1eQYolG.

Rao, Umesh Hodeghatta and Umesha Nayak. The InfoSec Handbook: An Introduction to Information Security. Apress, 2014. Kindle. Amazon Digital Services.

Ray, Dewey E. The IT professional's merger and acquisition handbook. Cognitive Diligence, 2012.

Schlesinger, David. The Hidden Corporation: A Data Management Security Novel. Technics Publications, LLC, 2011. Print.

Singer, P.W. and Allan Friedman. Cybersecurity and Cyberwar: What Everyone Needs to Know®. Oxford University Press, 2014. Print. What Everyone Needs to Know.

Watts, John. Certified Information Privacy Professional Study Guide: Pass the IAPP's Certification Foundation Exam with Ease! CreateSpace Independent Publishing Platform, 2014. Print.

Williams, Branden R., Anton Chuvakin Ph.D. PCI Compliance: Understand and Implement Effective PCI Data Security Standard Compliance. 4th ed. Syngress, 2014. Print.

CAPÍTULO 8

Integración de Datos e Interoperabilidad

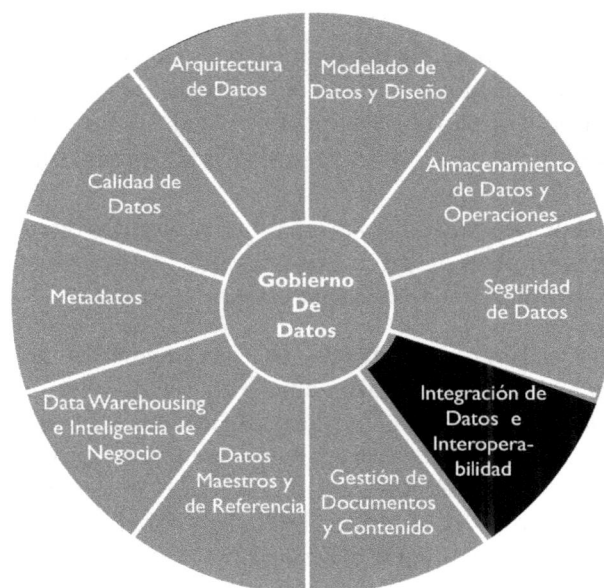

DAMA-DMBOK2 Marco de Referencia de Gestión de Datos

Copyright © 2017 by **DAMA** International

1. Introducción

La Integración de Datos es Interoperabilidad (DII- Data Integration and Interoperability) describe procesos relativos al movimiento y la consolidación de datos dentro y entre almacenes de datos, aplicaciones y organizaciones. La Integración consolida los datos en formas coherentes, ya sean físicas o virtuales. La Interoperabilidad de Datos es la habilidad de que varios sistemas se comuniquen. Las soluciones DII permiten funciones básicas de gestión de datos de las que dependen la mayoría de las organizaciones:

- Migración y conversión de datos
- Consolidación de datos en nodos (*hubs*) o *data marts* (subconjuntos de un *data warehouse* – almacén de datos)
- Integración de paquetes de proveedores en el portafolio de aplicaciones de una organización

- Compartición de datos entre aplicaciones y a través de las organizaciones
- Distribución de datos entre almacenes de datos y centros de datos
- Archivado de datos
- Gestión de interfaces de datos
- Obtención e ingestión de datos externos
- Integración de datos estructurados y no estructurados
- Proporcionar inteligencia operacional y apoyo a las decisiones gerenciales

La DII depende de estas otras áreas de gestión de datos:
- **Gobierno de Datos:** Para gobernar las reglas de transformación y las estructuras de mensajes.
- **Arquitectura de Datos:** Para el diseño de soluciones.
- **Seguridad de Datos:** Para garantizar que las soluciones protejan apropiadamente la seguridad de los datos, ya sean persistentes, virtuales o que se encuentren en movimiento entre aplicaciones y organizaciones.
- **Metadatos:** Para el seguimiento del inventario técnico de datos (persistentes, virtuales y en movimiento), el significado de negocio de los datos, las reglas de negocio para transformar los datos, así como su historia operacional y el linaje de los datos.
- **Almacenamiento de Datos y Operaciones:** Para gestionar las instancias físicas de las soluciones.
- **Modelado y Diseño de Datos:** Para diseñar las estructuras de datos incluyendo la persistencia física en bases de datos, estructuras de datos virtuales y mensajes que pasan información entre aplicaciones y organizaciones.

La Integración de Datos e Interoperabilidad son fundamentales para las disciplinas de *Data Warehousing* e Inteligencia de Negocio, así como para la de Gestión de Datos Maestros y de Referencia, dado que todas ellas se enfocan en la transformación e integración de datos de los sistemas origen hacia nodos de datos consolidados y desde nodos de datos hacia los sistemas destino, en donde pueden ser entregados a los consumidores de datos, tanto de sistemas informáticos como seres humanos. La Integración de Datos y la Interoperabilidad son fundamentales para el área emergente de Gestión de *Big Data*. *Big Data* busca integrar diversos tipos de datos, incluyendo datos estructurados y almacenados en bases de datos, datos de texto no estructurados contenidos en documentos o archivos, así como otros tipos de datos no estructurados tales como audio, video y *streaming*. Estos datos, una vez integrados, pueden ser analizados y utilizados para desarrollar modelos predictivos y para ser desplegados en actividades de inteligencia operacional.

1.1 Motivadores de Negocio

La necesidad de gestionar el movimiento de datos de manera eficiente es un motivador primordial de DII. Dado que la mayoría de las organizaciones tienen cientos o miles de bases y almacenes de datos, la gestión de los procesos para mover datos entre los almacenes de datos de la organización y hacia y desde otras organizaciones, se ha convertido en una responsabilidad central de cada organización de tecnología de la información. Si no se gestiona adecuadamente, el proceso de mover datos puede sobresaturar los recursos y capacidades de TI (Tecnología de la Información) y hacer que los requerimientos de soporte a las áreas tradicionales de gestión de datos y de aplicaciones queden cortos. La aparición de organizaciones que están adquiriendo aplicaciones de proveedores de *software*, en lugar de desarrollar aplicaciones de propósito específico, ha aumentado la necesidad de integración de datos y de interoperabilidad a nivel empresarial. Cada aplicación adquirida viene con su propio conjunto de almacenes de Datos Maestros, de datos transaccionales, y de datos para informes, que deben integrarse con los otros almacenes de datos de la organización. Incluso los sistemas ERP (Enterprise Resource Planning - Planeador de Recursos Empresarial), que llevan a cabo las funciones comunes de la organización rara vez, si acaso, abarcan todos los almacenes de datos de la organización. Estos sistemas también deben tener sus datos integrados con los otros datos de la organización.

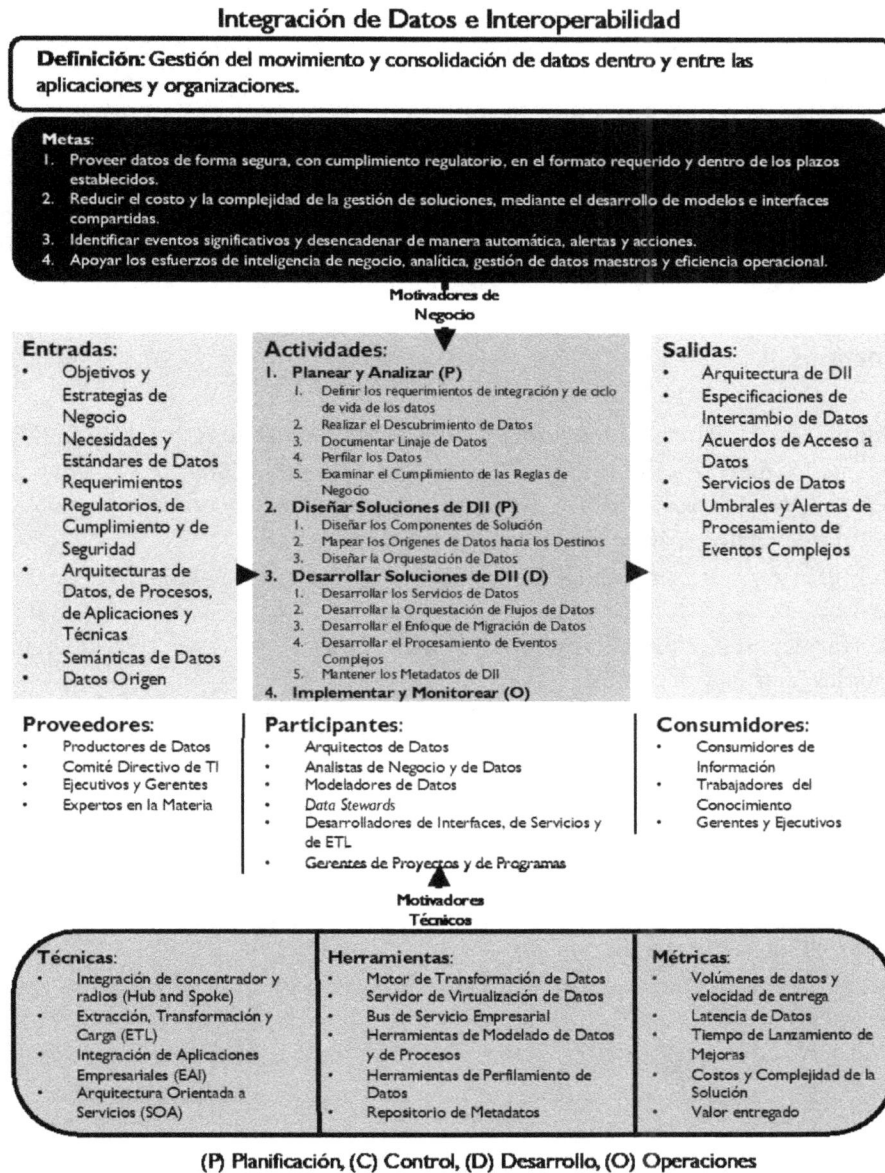

Integración de Datos e Interoperabilidad

Definición: Gestión del movimiento y consolidación de datos dentro y entre las aplicaciones y organizaciones.

Metas:
1. Proveer datos de forma segura, con cumplimiento regulatorio, en el formato requerido y dentro de los plazos establecidos.
2. Reducir el costo y la complejidad de la gestión de soluciones, mediante el desarrollo de modelos e interfaces compartidas.
3. Identificar eventos significativos y desencadenar de manera automática, alertas y acciones.
4. Apoyar los esfuerzos de inteligencia de negocio, analítica, gestión de datos maestros y eficiencia operacional.

Motivadores de Negocio

Entradas:
- Objetivos y Estrategias de Negocio
- Necesidades y Estándares de Datos
- Requerimientos Regulatorios, de Cumplimiento y de Seguridad
- Arquitecturas de Datos, de Procesos, de Aplicaciones y Técnicas
- Semánticas de Datos
- Datos Origen

Actividades:
1. **Planear y Analizar (P)**
   1. Definir los requerimientos de integración y de ciclo de vida de los datos
   2. Realizar el Descubrimiento de Datos
   3. Documentar Linaje de Datos
   4. Perfilar los Datos
   5. Examinar el Cumplimiento de las Reglas de Negocio
2. **Diseñar Soluciones de DII (P)**
   1. Diseñar los Componentes de Solución
   2. Mapear los Orígenes de Datos hacia los Destinos
   3. Diseñar la Orquestación de Datos
3. **Desarrollar Soluciones de DII (D)**
   1. Desarrollar los Servicios de Datos
   2. Desarrollar la Orquestación de Flujos de Datos
   3. Desarrollar el Enfoque de Migración de Datos
   4. Desarrollar el Procesamiento de Eventos Complejos
   5. Mantener los Metadatos de DII
4. **Implementar y Monitorear (O)**

Salidas:
- Arquitectura de DII
- Especificaciones de Intercambio de Datos
- Acuerdos de Acceso a Datos
- Servicios de Datos
- Umbrales y Alertas de Procesamiento de Eventos Complejos

Proveedores:
- Productores de Datos
- Comité Directivo de TI
- Ejecutivos y Gerentes
- Expertos en la Materia

Participantes:
- Arquitectos de Datos
- Analistas de Negocio y de Datos
- Modeladores de Datos
- Data Stewards
- Desarrolladores de Interfaces, de Servicios y de ETL
- Gerentes de Proyectos y de Programas

Consumidores:
- Consumidores de Información
- Trabajadores del Conocimiento
- Gerentes y Ejecutivos

Motivadores Técnicos

Técnicas:
- Integración de concentrador y radios (Hub and Spoke)
- Extracción, Transformación y Carga (ETL)
- Integración de Aplicaciones Empresariales (EAI)
- Arquitectura Orientada a Servicios (SOA)

Herramientas:
- Motor de Transformación de Datos
- Servidor de Virtualización de Datos
- Bus de Servicio Empresarial
- Herramientas de Modelado de Datos y de Procesos
- Herramientas de Perfilamiento de Datos
- Repositorio de Metadatos

Métricas:
- Volúmenes de datos y velocidad de entrega
- Latencia de Datos
- Tiempo de Lanzamiento de Mejoras
- Costos y Complejidad de la Solución
- Valor entregado

(P) Planificación, (C) Control, (D) Desarrollo, (O) Operaciones

Figura 66 Diagrama de contexto: Integración de Datos e Interoperabilidad

La necesidad de gestionar la complejidad y los costos asociados con la complejidad son razones para arquitectar la integración de datos desde una perspectiva empresarial. Un diseño a nivel empresarial de la integración de datos es, de manera manifiesta, más eficiente y rentable que las soluciones distribuidas o punto a punto. El desarrollo de soluciones punto a punto entre aplicaciones puede producir de miles a millones de interfaces y sobresaturar rápidamente las capacidades, incluso de la organización de soporte de TI más eficaz y eficiente. Los nodos o núcleos de datos, tales como los *data warehouses* y las soluciones de datos maestros, ayudan a aliviar este problema consolidando los datos necesarios para muchas aplicaciones y proporcionando a esas aplicaciones, vistas consistentes de los datos. Asimismo, la complejidad de la gestión de los datos operacionales y transaccionales que deben compartirse en toda la organización puede simplificarse enormemente mediante técnicas de integración de datos empresariales, tales como los modelos de concentrador y radios (*hub-and-spoke*) y los modelos de mensaje canónico. Otro motivador de negocio es la administración del costo del soporte. Mover datos utilizando múltiples tecnologías, cada una de las cuales requiere habilidades específicas de desarrollo y de mantenimiento, puede incrementar los costos de soporte. Las implementaciones de herramientas estándar pueden reducir los costos de soporte y de personal, así como mejorar la eficiencia de los esfuerzos de resolución de problemas. Reducir la complejidad de la administración de interfaces puede reducir el costo del mantenimiento y permitir que los recursos de soporte se apliquen de manera más efectiva a otras prioridades de la organización. La DII también apoya la capacidad de una organización para cumplir con los estándares y regulaciones en materia de manejo de datos. Los sistemas DII a nivel empresarial permiten la reutilización de código para implementar reglas de cumplimiento, así como simplificar la verificación de dicho cumplimiento.

1.2 Metas y Principios

La implementación de las prácticas y soluciones de Integración de Datos e Interoperabilidad aspira a:
* Hacer que los datos estén disponibles en los plazos establecidos y en los formatos requeridos por los consumidores de datos, tanto humanos como de sistema.
* Consolidar los datos física y virtualmente en nodos de datos.
* Reducir el costo y la complejidad de la gestión de soluciones mediante el desarrollo de modelos e interfaces compartidas.
* Identificar eventos significativos (oportunidades y amenazas) y activar de manera automática, alertas y acciones.
* Apoyar los esfuerzos de Inteligencia de Negocio, de Analítica de Datos, de Gestión de Datos Maestros, y de eficiencia operativa.

Cuando una organización implementa DII, debe seguir estos principios:
* Adoptar una perspectiva empresarial en el diseño para asegurar la extensibilidad futura, pero implementarla mediante entregas iterativas e incrementales.
* Equilibrar las necesidades de datos locales con las de datos empresariales, incluyendo el soporte y el mantenimiento.
* Garantizar la responsabilidad del negocio en el diseño y actividad de la Integración de Datos e Interoperabilidad. Los expertos del negocio deben estar involucrados en el diseño y la modificación de las reglas de transformación de los datos, tanto persistentes como virtuales.

1.3 Conceptos Esenciales.

1.3.1 Extraer, Transformar y Cargar.

El proceso básico de ETL (Extract, Transform, Load - Extracción, Transformación y Carga) es central para todas las áreas de Integración de Datos e Interoperabilidad. Ya sea ejecutados de manera física o virtual, por lotes o en tiempo real, éstos son los pasos esenciales para mover datos alrededor de aplicaciones y organizaciones, y entre ellas.

Dependiendo de los requerimientos de integración de datos, ETL se puede ejecutar como un proceso programado periódicamente (lote), o cuando se dispone de datos nuevos o actualizados (en tiempo real o desencadenado por un evento). El procesamiento de datos operacionales tiende a ser en tiempo real o casi en tiempo real; en tanto que el procesamiento de los datos requeridos para el análisis o la emisión de informes, a menudo se programa en trabajos por lotes. Los requerimientos de integración de datos también determinan si los datos extraídos y transformados se almacenarán físicamente en una estructura temporal (*staging*). La temporalidad física permite tener una huella de auditoría de los pasos que se han producido con los datos, y poder ejecutar un proceso de reinicio a partir de un punto intermedio, de ser necesario. Sin embargo, las estructuras temporales ocupan espacio en disco y consumen tiempo en escrituras y lecturas. Las necesidades de integración de datos que requieren latencia muy baja usualmente no incluirán una temporalidad física para los resultados intermedios de integración de datos.

1.3.1.1 Extracción

El proceso de extracción incluye seleccionar los datos requeridos y extraerlos desde su origen. Los datos extraídos se almacenan de manera intermedia en una estructura física en disco, o en memoria principal. Si se organiza físicamente en disco, el almacenamiento intermedio puede localizarse juntamente con el almacén de datos de origen, con el almacén de datos de destino, o con ambos. Idealmente, si este proceso se ejecuta sobre un sistema operacional, éste está diseñado para utilizar tan pocos recursos como sea posible, a fin de evitar que los procesos operacionales se vean afectados negativamente. El procesamiento por lotes durante las horas de menor actividad es una opción para extracciones que incluyan procesamiento complejo en la selección, o que identifiquen los datos modificados que se van a extraer.

1.3.1.2 Transformación

El proceso de transformación hace que los datos seleccionados sean compatibles con la estructura del almacén de datos de destino. La transformación incluye los casos en que los datos se eliminan del origen cuando se mueven al destino, cuando los datos se copian a varios destinos, y cuando los datos se usan para activar eventos, pero no se guardan de manera persistente en el destino.

Algunos ejemplos de transformación son:
- **Cambios de formato.** Conversión del formato técnico de los datos. Por ejemplo, de formato EBCDIC a ASCII.
- **Cambios estructurales.** Cambios en la estructura de los datos; por ejemplo, de registros *desnormalizados* a normalizados.
- **Conversión semántica:** Conversión de valores de datos para mantener una representación semántica consistente. Por ejemplo, los códigos de género en el origen pueden incluir 0, 1, 2 y 3, mientras que los códigos de género en el destino pueden ser representados como DESCONOCIDO, FEMENINO, MASCULINO, o NO PROVISTO.
- *Des-duplicación.* Hay que asegurar que, si las reglas requieren valores o registros clave únicos, se incluye un medio para examinar el destino, y detectar y eliminar filas duplicadas.
- **Reordenación:** Cambiar el orden de los elementos de datos o registros para que se ajusten a un patrón definido.

La transformación puede realizarse en lotes o en tiempo real, almacenando físicamente el resultado en una zona de almacenamiento intermedio, o almacenando virtualmente los datos transformados en memoria principal, hasta que estén listos para moverlos al paso de carga. Los datos resultantes de la etapa de transformación deben estar listos para integrarse con los datos de la estructura destino.

1.3.1.3 Carga

El paso de carga de ETL es almacenar físicamente o presentar el resultado de las transformaciones en el sistema de destino. Dependiendo de las transformaciones realizadas, el propósito del sistema de destino y el uso previsto, los datos pueden necesitar procesamiento adicional para ser integrados con otros datos, o pueden estar en una forma definitiva, listos para ser presentados a los consumidores.

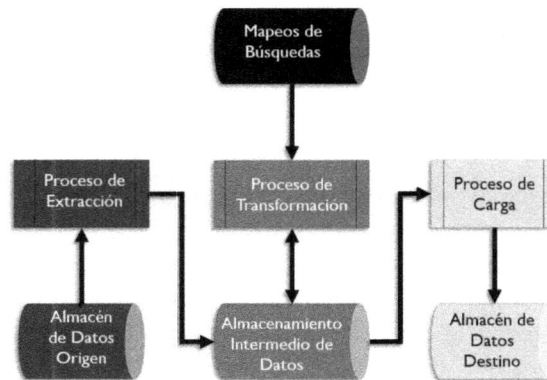

Figura 67 Flujo del proceso ETL

1.3.1.4 ELT

Si el sistema de destino tiene más capacidad de transformación que el origen o un sistema de aplicación intermedio, el orden de los procesos puede cambiarse a ELT (Extract, Load, Transform - Extracción, Carga, Transformación). ELT permite que las transformaciones ocurran después de la carga al sistema de destino, a menudo como parte del proceso. ELT permite que los datos de origen se instancien en el sistema de destino como datos sin procesar, lo que puede ser útil para otros procesos. Esto es común en entornos *Big Data* donde el *data lake* se carga con un ELT. (Véase el capítulo 14.)

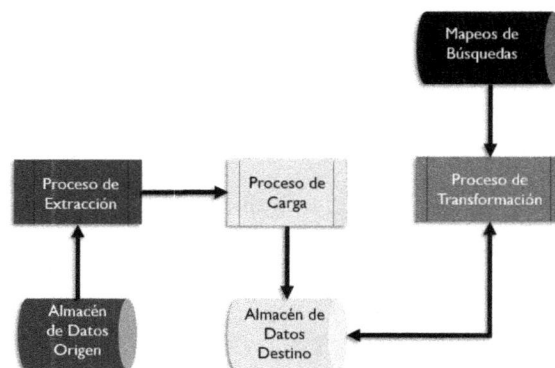

Figura 68 Flujo del Proceso ELT

1.3.1.5 Mapeo.

Como un sinónimo de transformación, un *mapeo* es tanto el proceso de desarrollo de la matriz de búsqueda desde el origen hacia las estructuras destino, como el resultado de ese proceso de desarrollo.

Un mapeo define los orígenes para extraer datos, las reglas para identificar los datos a extraer, los destinos en los que se van a cargar los datos, las reglas para identificar los renglones a actualizar en el destino (si es el caso), y cualquier regla de transformación o cálculo a aplicar. Muchas herramientas de integración de datos ofrecen visualizaciones de los mapeos, lo que permite a los desarrolladores utilizar interfaces gráficas para crear código de transformación.

1.3.2 Latencia

Latencia es la diferencia de tiempo entre la generación de los datos en el sistema de origen y cuando están disponibles para su uso en el sistema de destino. Diferentes enfoques para el procesamiento de datos dan lugar a diferentes grados de latencia de los datos. La latencia puede ser alta (por lotes), baja (impulsada por eventos), o muy baja (en tiempo real, síncrona).

1.3.2.1 Lote

La mayoría de los datos se mueven entre las aplicaciones y las organizaciones, en grupos o archivos; ya sea a petición de un consumidor de datos humano, o automáticamente bajo una programación periódica. Este tipo de interacción se llama por lote (batch) o ETL.

Los datos que se mueven en modo por lotes representarán el conjunto completo de datos en un momento determinado, como los saldos de cuenta al final de un período, o los datos que han cambiado su valor desde la última vez que se enviaron los datos, como los cambios de dirección que se han hecho en un determinado día. El conjunto de datos cambiados se denomina delta; en tanto que el conjunto de datos en un momento determinado se denomina instantánea (snapshot).

Con las soluciones de integración de datos por lotes, a menudo hay un retraso significativo entre el momento en que los datos cambian en el origen, y cuando se actualizan en el destino, lo que resulta en una alta latencia. El procesamiento por lotes es muy útil para procesar volúmenes muy altos de datos en una ventana de tiempo corta. Tiende a ser utilizado para soluciones de integración de datos en *data warehouses*, aunque se tengan disponibles soluciones de latencia más baja.

Para lograr un procesamiento rápido y una latencia más baja, algunas soluciones de integración de datos utilizan el procesamiento por micro-lotes, que programa el procesamiento por lotes para ser ejecutado con una frecuencia mucho más alta que la diaria, es decir como cada cinco minutos.

La integración de datos por lotes se utiliza para conversiones de datos, migraciones y archivado, así como para extraer y cargar *data warehouses* y *data marts*. Hay riesgos asociados con el momento de procesamiento por lotes. Para minimizar los problemas con las actualizaciones de aplicaciones, se debe programar el movimiento de datos entre aplicaciones al final del procesamiento lógico para el caso de un día hábil; o después del procesamiento especial de los datos que haya ocurrido durante la noche. Para evitar los conjuntos incompletos de datos, los procesos que trasladen datos a un *data warehouse* deben programarse con base al cronograma de informes diario, semanal o mensual.

1.3.2.2 Captura de Cambios en Datos.

Captura de Cambios en Datos es un método para reducir el ancho de banda utilizado, mediante un filtrado que sólo incluye los datos que se han cambiado dentro de un lapso definido. Captura de Cambios en Datos monitoriza un conjunto de datos para detectar cambios (inserciones, cambios, borrados) y luego pasar esos cambios (los *deltas*) a otros conjuntos de datos, aplicaciones y organizaciones que consumen los datos. Los datos también pueden ser etiquetados con identificadores como banderas o marcas de tiempo como parte del proceso. La Captura de Cambios en Datos puede estar basada en datos, o en bitácoras de registro (*logs*). (Véase el capítulo 6).

Existen tres técnicas para la captura de cambios en datos basadas en datos:
- El sistema fuente llena elementos de datos específicos, tales como marcas de tiempo dentro de un rango, o códigos o indicadores, los cuales sirven como indicadores de cambio. El proceso de extracción se vale de reglas para identificar los renglones a extraer.
- Los procesos de los sistemas fuente agregan a una lista simple de objetos e identificadores los datos cuando éstos cambian; esta lista es usada después para controlar la selección de datos a extraer.
- Los procesos de los sistemas fuente copian los datos que han cambiado en un objeto separado, como parte de la transacción, para ser utilizado en el proceso de extracción. Este objeto no necesita estar dentro del sistema de gestión de bases de datos.

Estos tipos de extracción utilizan capacidades propias de la aplicación origen, lo que puede requerir muchos recursos y la capacidad de modificar la aplicación fuente. En capturas de cambios en datos basadas en bitácoras de registro, los registros de actividades relativas a datos, creados por el sistema de gestión de base de datos, son copiados y procesados, buscando por cambios específicos que luego se traducen y aplican en una base de datos destino. Las traducciones complejas pueden ser difíciles, pero las estructuras intermedias que se asemejan al objeto origen pueden usarse como una forma de almacenar los cambios de manera intermedia para su procesamiento posterior.

1.3.2.3 Casi Tiempo Real e Impulsada por Eventos.

La mayoría de las soluciones de integración de datos que no se realizan en lotes utilizan una solución casi en tiempo real o conducida por eventos. Los datos se procesan en conjuntos más pequeños, distribuidos a lo largo del día de acuerdo con un cronograma definido, o bien los datos son procesados cuando ocurre algún evento, tal como una actualización de datos. El procesamiento casi en tiempo real tiene una latencia menor que el procesamiento por lotes y, a menudo, ocasiona una carga menor del sistema en virtud que el trabajo se distribuye con el tiempo, pero usualmente es más lento que una solución de integración de datos sincronizada. Las soluciones de integración de datos en tiempo casi real generalmente se implementan utilizando un *bus* empresarial de servicios.

La información de estado y las dependencias de proceso deben ser monitoreadas por el proceso de carga de la aplicación de destino. Los datos que llegan al destino pueden no estar disponibles en el orden exacto en que el destino necesita para generar los datos de destino correctos. Por ejemplo, procesar Datos Maestros o datos dimensionales antes de los datos transaccionales que utilicen dichos Datos Maestros.

1.3.2.4 Asíncrono

En un flujo de datos asíncrono, el sistema que proporciona datos no espera a que el sistema receptor acuse de recibida la actualización, antes de continuar el procesamiento. Asíncrono implica que el sistema emisor o el receptor podría estar fuera de línea durante algún período sin que el otro sistema también lo esté.

La integración de datos asíncrona no evita que la aplicación de origen continúe su procesamiento, o haga que la aplicación origen no esté disponible, si alguna de las aplicaciones destino no está disponible. Puesto que las actualizaciones de datos hechas en las aplicaciones en una configuración asíncrona no son inmediatas, la integración se llama *casi en tiempo real*. El retraso entre actualizaciones realizadas en el origen y retransmitidas a conjuntos de datos destino en un entorno en tiempo casi real, se mide usualmente en segundos o minutos.

1.3.2.5 En tiempo Real, Síncrono.

Existen situaciones en las que no es aceptable ningún retraso de tiempo u otras diferencias entre los datos de origen y de destino. Cuando los datos de un conjunto de datos deben mantenerse perfectamente sincronizados con los datos de otro conjunto de datos, debe utilizarse una solución síncrona en tiempo real.

En una solución síncrona de integración, un proceso en ejecución espera recibir confirmación de otras aplicaciones o procesos antes de realizar su siguiente actividad o transacción. Esto significa que la solución puede procesar menos transacciones porque tiene que gastar tiempo esperando la confirmación de la sincronización de datos. Si alguna de las aplicaciones que requieren la actualización no está disponible, la transacción no puede ser completada en la aplicación origen. Esta situación mantiene los datos sincronizados, pero tiene el potencial de hacer que las aplicaciones estratégicas dependan de aplicaciones menos críticas.

Las soluciones que utilizan este tipo de arquitectura existen en un continuo basado en cuánta diferencia entre conjuntos de datos podría ser viable y qué tanto vale la pena una solución así. Los conjuntos de datos pueden mantenerse sincronizados a través de funcionalidades de base de datos como confirmaciones de dos fases, que garantiza que todas las actualizaciones de una transacción de negocio sean exitosas, o que no se realice ninguna. Por ejemplo, las instituciones financieras utilizan soluciones de confirmación de dos fases para asegurar que las tablas de transacciones financieras estén totalmente sincronizadas con las tablas de balance financiero. La mayoría de la programación no utiliza confirmación de dos fases. Existe una posibilidad muy pequeña de que, si una aplicación se interrumpe inesperadamente, entonces se actualice un conjunto de datos, pero otro no.

Las soluciones síncronas en tiempo real requieren menos gestión de estado que las soluciones asíncronas porque el orden en el que se procesan las transacciones es manejado claramente por las aplicaciones que actualizan. Sin embargo, también pueden llevar a bloquear y retrasar otras transacciones.

1.3.2.6 Baja Latencia o Transmisión

Se han hecho grandes avances en el desarrollo de soluciones de integración de datos extremadamente rápidas. Estas soluciones requieren una gran inversión en *hardware* y *software*. Los costos adicionales de las soluciones de baja latencia se justifican si una organización requiere un movimiento de datos extremadamente rápido a través de grandes distancias. Los 'datos transmitidos' fluyen de sistemas informáticos de manera continua en tiempo real, tan pronto ocurren los eventos de interés. Los flujos de datos transmitidos capturan eventos como la compra de bienes o valores financieros, comentarios en redes sociales y lecturas provenientes de sensores que monitorizan la ubicación, la temperatura, el uso u otros valores.

Las soluciones de integración de datos de baja latencia están diseñadas para minimizar el tiempo de respuesta a eventos. Pueden incluir el uso de soluciones de *hardware* como discos de estado sólido o soluciones de *software* como bases de datos en memoria, para que el proceso no tenga que reducir la velocidad para leer o escribir en el disco tradicional. Los procesos de lectura y escritura en discos tradicionales son miles de veces más lentos que el procesamiento de datos en memoria o en disco de estado sólido.

Las soluciones asíncronas se usan generalmente en soluciones de baja latencia, para que las transacciones no tengan que esperar la confirmación de los procesos posteriores, antes de procesar la siguiente pieza de datos. El procesamiento múltiple masivo o el procesamiento simultáneo son también configuraciones comunes en soluciones de baja latencia, de modo que el procesamiento de los datos entrantes puede distribuirse sobre muchos procesadores simultáneamente, y no se genere un cuello de botella con uno o muy pocos procesadores.

1.3.3 Replicación

Para proporcionar un mejor tiempo de respuesta a los usuarios ubicados alrededor del mundo, algunas aplicaciones mantienen copias exactas de conjuntos de datos en múltiples ubicaciones físicas. Las soluciones de replicación minimizan el impacto en el rendimiento que puedan ocasionar los análisis y las consultas en el entorno transaccional operacional primario.

Una solución de este tipo debe sincronizar las copias del conjunto de datos, distribuidas físicamente. La mayoría de los sistemas de gestión de bases de datos tienen utilerías de replicación para realizar este trabajo. Estas utilerías funcionan mejor cuando los conjuntos de datos están manejados por la misma tecnología de sistema de gestión de bases de datos. Las soluciones de replicación suelen monitorizar la bitácora de registro de cambios del conjunto de datos, en lugar del conjunto de datos mismo. Esto minimiza el impacto en cualquier aplicación operacional, pues las soluciones de replicación no compiten con ellas por el acceso al conjunto de datos. Sólo los registros de la bitácora de cambios se pasan entre las copias replicadas. Las soluciones de replicación comunes funcionan casi en tiempo real; hay un pequeño retraso entre un cambio en una copia de los datos y otra.

Debido a que los beneficios de las soluciones de replicación - el efecto mínimo en el conjunto de datos de origen y la cantidad mínima de datos que se pasan - son muy deseables, la replicación se utiliza en muchas soluciones de integración de datos, incluso en aquellas que no incluyen la distribución física en sitios distantes. Las utilerías de administración de bases de datos no requieren de programar extensivamente, por lo que tiende a haber pocos errores de programación. Las utilerías de replicación funcionan de manera óptima cuando los conjuntos de datos de origen y de destino son copias exactas entre sí. Las diferencias entre origen y destino introducen riesgos a la sincronización. Si el destino final no es una copia exacta del origen, entonces es necesario mantener una zona intermedia para alojar una copia exacta de las fuentes. Esto requiere uso adicional de disco y, posiblemente, una tecnología de base de datos complementaria. Las soluciones de replicación de datos no son óptimas cuando es posible que se produzcan cambios en los datos en varios sitios con copias de los datos. Si es posible que la misma pieza de datos sea cambiada en dos sitios diferentes, existe el riesgo de que los datos pierdan sincronía; o bien, que los cambios de uno de los sitios puedan ser sobrescritos sin aviso previo. (Véase el capítulo 6.)

1.3.4 Archivado

Los datos que se utilizan con poca frecuencia o que no se utilizan activamente, se pueden mover a una estructura de datos o solución de almacenamiento alternativa, que sea menos costosa para la organización. Las funciones de ETL se pueden utilizar para transportar y posiblemente transformar los datos a las estructuras de datos del ambiente de archivado. Se pueden utilizar estos archivos para almacenar los datos de aplicaciones que se están retirando, así como los datos de los sistemas operativos de producción que no se han utilizado durante mucho tiempo, para mejorar la eficiencia operacional. Es crítico monitorear la tecnología de archivado para asegurar que los datos sean accesibles cuando la tecnología cambie. Tener un archivo en una estructura o formato antiguo, ilegible por una tecnología más reciente, puede ser un riesgo; especialmente para los datos que todavía se requieren legalmente. (Véase el capítulo 9.)

1.3.5 Formato de Mensaje Empresarial / Modelo Canónico.

Un modelo de datos canónico es un modelo común utilizado por una organización o grupo de intercambio de datos, que hace homogéneo el formato en el que se compartirán los datos. En un patrón de diseño de interacción de datos de tipo de concentrador y radios, todos los sistemas que desean proporcionar o recibir datos, interactúan únicamente con el nodo central de información. Los datos se transforman de o hacia un sistema de envío o de recepción, con base en un formato de mensaje común, o empresarial, para toda la organización (un modelo canónico). (Véase el capítulo 5). El uso de un modelo canónico limita el número de transformaciones de datos que necesita cualquier sistema u organización en el intercambio datos. Cada sistema necesita transformar datos sólo hacia y desde el modelo canónico central, en lugar de y hacia los diferentes formatos de la multitud de sistemas con los que quiera intercambiar datos. Aunque el desarrollo y el acuerdo sobre un formato de mensaje compartido es un proyecto mayor, tener un modelo canónico puede reducir significativamente la complejidad de la interoperabilidad de los datos en una empresa y, por lo tanto, reducir de manera notable el costo del soporte técnico. La creación y gestión del modelo común canónico de datos para todas las interacciones de datos es un asunto complejo y de carácter general, que se requiere en la implementación de una solución de integración de datos empresariales que utilice un modelo de interacción de Rueda (concentrador y radios). Se justifica en apoyo de la gestión de las interacciones de datos entre más de tres sistemas, y es crítico para la gestión de interacciones de datos en entornos de más de 100 sistemas de aplicaciones.

1.3.6 Modelos de Interacción

Los modelos de interacción describen formas de establecer conexiones entre sistemas con el propósito de transferir datos.

1.3.6.1 Punto a Punto

La gran mayoría de las interacciones entre sistemas que comparten datos lo hacen así, 'punto a punto'; los sistemas se pasan los datos directamente entre sí. Este modelo hace sentido en el contexto de un conjunto de sistemas pequeño. Sin embargo, se vuelve rápidamente ineficiente e incrementa el riesgo organizacional cuando muchos sistemas requieren los mismos datos de las mismas fuentes.

- **Impactos en el procesamiento:** Si los sistemas fuente son operacionales, la carga de trabajo del suministro de datos podría afectar su procesamiento.
- **Gestión de interfaces:** El número de interfaces necesarias en un modelo de interacción punto a punto se aproxima al número de sistemas elevado al cuadrado (s2). Una vez que se construyen, estas interfaces deben ser mantenidas y son materia de soporte técnico. La carga de trabajo para gestionar y proveer soporte técnico para las interfaces entre los sistemas puede llegar a ser más grande que el soporte técnico para los sistemas mismos.
- **Inconsistencia potencial:** Los problemas de diseño surgen cuando varios sistemas requieren versiones o formatos diferentes de los datos. El uso de múltiples interfaces para obtener datos conducirá a inconsistencias en los datos enviados a los sistemas subsiguientes.

1.3.6.2 Modelo de Rueda (Concentrador de Radios)

El modelo de Rueda o Concentrador de Radios (*hub-and-spoke*) es una alternativa al modelo punto a punto, consolida los datos compartidos (ya sea física o virtualmente) en un nodo de datos que muchas aplicaciones pueden usar. Todos los sistemas que quieren intercambiar datos lo hacen a través de un sistema central común de control de datos, y no directamente entre sí (punto a punto). Los *Data Warehouses*, *Data Marts*, Almacenamientos de Datos Operativos y nodos de Gestión de Datos Maestros, son los ejemplos más conocidos de nodos de datos.

Los nodos proporcionan vistas consistentes de los datos con un impacto limitado en el rendimiento de los sistemas de origen. Los nodos de datos incluso minimizan el número de sistemas y de extracciones que deben acceder a las fuentes de datos origen, reduciendo así el impacto en los recursos del sistema fuente. La adición de nuevos sistemas al portafolio de aplicaciones sólo requiere la creación de interfaces con el nodo de datos. La interacción de Rueda o Concentrador de Radios es más eficiente y puede ser justificada por costos, incluso si el número de sistemas involucrados es relativamente pequeño, pero se vuelve crítico cuando se requiere gestionar una cartera de sistemas en el orden de cientos o miles.

Los *Buses* de Servicios Empresariales (ESB) son la solución de integración de datos para la compartición de datos en casi tiempo real entre muchos sistemas, cuando el nodo es un concepto virtual del formato estándar o el modelo canónico para compartir datos en la organización.

El modelo de Rueda o Concentrador de Radios puede no ser siempre la mejor solución. Algún nivel de latencia del modelo puede ser inaceptable, o el rendimiento insuficiente. El propio nodo concentrador crea sobrecarga en una arquitectura de Concentrador de Radios. Una solución punto a punto no requeriría del nodo. Sin embargo, los beneficios del concentrador superan los inconvenientes de la sobrecarga tan pronto tres o más sistemas están involucrados en el intercambio de datos. El uso del patrón de diseño de Rueda para el intercambio de datos puede reducir drásticamente la proliferación de soluciones de transformación y de integración de datos y, de esta manera, simplificar dramáticamente el soporte técnico necesario a nivel organización.

1.3.6.3 Publicar - Suscribir

Un modelo de publicación y suscripción implica sistemas que empujan datos hacia fuera (publican), y otros sistemas que jalan esos datos (suscribirse). Los sistemas que proporcionan datos se enlistan en un catálogo de servicios de datos, y los sistemas que buscan consumir datos se suscriben a esos servicios. Cuando se publican los datos, estos son enviados automáticamente a los suscriptores. Cuando varios consumidores de datos quieren un determinado conjunto de datos o en un formato determinado, se debe desarrollar ese conjunto de datos de forma centralizada y ponerlo a disposición de todos los que lo necesitan, garantizando que todas las partes reciban un conjunto consistente de datos de manera oportuna.

1.3.7 Conceptos de Arquitectura DII

1.3.7.1 Acoplamiento de la Aplicación

El acoplamiento describe el grado en que dos sistemas se entrelazan. Dos sistemas que están estrechamente acoplados suelen tener una interfaz síncrona, donde un sistema espera una respuesta del otro. El acoplamiento estrecho representa una operación más riesgosa: si un sistema no está disponible, entonces ambos no están efectivamente disponibles, y el plan de continuidad de negocio para ambos tiene que ser el mismo. (Véase el capítulo 6.) Cuando es posible, el acoplamiento débil es un diseño de interfaz preferido, en el que los datos se pasan entre sistemas sin esperar una respuesta y un sistema puede estar no disponible sin causar que el otro también lo esté. El acoplamiento débil puede implementarse utilizando diversas técnicas con servicios, APIs (Application Programing Interface – Interfaz de Programación de Aplicaciones) o colas de mensajes. La figura 69 ilustra un posible diseño de acoplamiento débil.

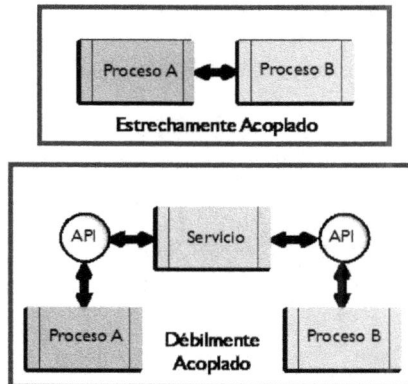

Figura 69 Acoplamiento de Aplicación.

La Arquitectura Orientada a Servicios que utiliza un *Bus* de Servicio Empresarial es un ejemplo de un patrón de diseño de interacción de datos débilmente acoplado. Cuando los sistemas están débilmente acoplados, la sustitución de sistemas en el inventario de aplicaciones teóricamente puede ser realizada sin reescribir los sistemas con los que interactúan, porque los puntos de interacción están bien definidos.

1.3.7.2 Orquestación y Controles de Procesos.

Orquestación es el término utilizado para describir cómo se organizan y ejecutan múltiples procesos en un sistema. Todos los sistemas que manejan mensajes o paquetes de datos deben ser capaces de manejar el orden de ejecución de dichos procesos, con el fin de preservar la consistencia y la continuidad. Los Controles de Proceso son los componentes que aseguran que el envío, la entrega, la extracción y la carga de datos son exactas y completas. Los controles son un aspecto que a menudo se pasa por alto en la arquitectura básica de movimiento de datos, y que incluyen:

* Bitácoras de registro de actividad de la base de datos
* Bitácoras de registro de los trabajos por lotes
* Alertas
* Bitácoras de registro de excepciones
* Gráficos de dependencia entre trabajos, con opciones de remediación, respuestas habituales,
* Información de trabajo relativa al tiempo, como temporización de los trabajos dependientes, duración esperada de los trabajos y la ventana de tiempo (disponible) de computadora

1.3.7.3 Integración Empresarial de Aplicaciones (EAI)

En un modelo de Integración Empresarial de Aplicaciones (EAI), los módulos de *software* interactúan entre sí sólo a través de llamadas de interfaz bien definidas (interfaces de programación de aplicaciones - API). Los almacenes de datos se actualizan únicamente con sus propios módulos de *software* y otros programas no pueden acceder a los datos de una aplicación, sino únicamente a través de las API definidas. EAI se basa en los conceptos orientados a objetos, que hacen hincapié en la reutilización y la capacidad de sustituir cualquier módulo sin impacto en cualquier otro.

1.3.7.4 *Bus* de Servicio Empresarial (ESB)

Un *Bus* de Servicio Empresarial es un sistema que actúa como intermediario entre sistemas, pasando mensajes entre ellos. Las aplicaciones pueden enviar y recibir mensajes o archivos utilizando el ESB, y están encapsuladas de otros procesos existentes en el ESB. Un ejemplo de acoplamiento débil, el ESB actúa como el servicio entre las aplicaciones. (Ver Figura 70.)

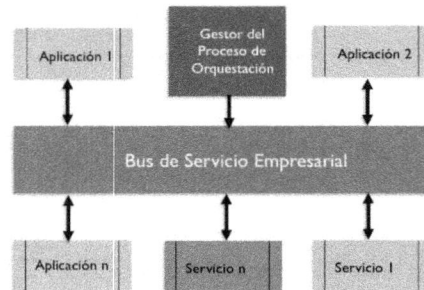

Figura 70 Bus de Servicio Empresarial

1.3.7.5 Arquitectura Orientada a Servicios (SOA)

La mayoría de las estrategias maduras de integración de datos empresariales utilizan la idea de arquitectura orientada a servicios (SOA), donde la funcionalidad de proporcionar datos o actualizar datos (u otros servicios de datos) puede ser provista a través de llamadas de servicio bien definidas entre aplicaciones. Con este enfoque, las aplicaciones no requieren tener interacción directa o el conocimiento del funcionamiento interno de otras aplicaciones. SOA permite la independencia de la aplicación y la capacidad de una organización para reemplazar los sistemas sin necesidad de hacer cambios significativos en los sistemas que tenían interfaz con ellos.

El objetivo de la arquitectura orientada a servicios es tener una interacción bien definida entre módulos de *software* autónomo. Cada módulo realiza funciones (proporciona servicios) a otros módulos de *software* o a consumidores humanos. El concepto clave es que la arquitectura SOA proporciona servicios independientes: el servicio no tiene conocimiento previo de la aplicación que llama y la implementación del servicio es una caja negra para la aplicación que llama. Una arquitectura orientada a servicios puede ser implementada con varias tecnologías incluyendo servicios *web*, mensajería, APIs *RESTful*, etc. Los servicios suelen implementarse como APIs (interfaces de programación de aplicaciones) que están disponibles para ser llamadas por sistemas de aplicaciones (o consumidores humanos). Un registro de API bien definido describe las opciones disponibles, los parámetros que deben proporcionarse y la información resultante que se proporciona.

Los servicios de datos, que pueden incluir la adición, eliminación, actualización y recuperación de datos, se especifican en un catálogo de servicios disponibles. Para lograr los objetivos empresariales de escalabilidad (soportar integraciones entre todas las aplicaciones de la empresa sin usar cantidades no razonables de recursos para hacerlo) y reutilizar (tener servicios que son apalancados por todos los solicitantes de datos de un tipo), se debe establecer un modelo de gobierno fuerte en torno al diseño y registro de servicios y APIs. Antes de desarrollar nuevos servicios de datos, es necesario asegurarse de que ya no existe ningún servicio que pueda proporcionar los datos solicitados. Además, los nuevos servicios deben diseñarse para cumplir con amplios requerimientos, de tal manera que no se limiten a la necesidad inmediata, sino que puedan ser reutilizados.

1.3.7.6 Procesamiento de Eventos Complejos (CEP)

El procesamiento de eventos es un método de seguimiento y análisis (procesamiento) de flujos de información (datos) sobre cosas que suceden (eventos), para derivar una conclusión a partir de ellos. El Procesamiento de Eventos Complejos (CEP) combina datos de múltiples fuentes para identificar eventos significativos (tales como oportunidades o amenazas) para predecir el comportamiento o la actividad y activar automáticamente la respuesta en tiempo real, tal como sugerir un producto para un consumidor lo compre. Las reglas se establecen para guiar el procesamiento y el enrutamiento del evento.

Las organizaciones pueden utilizar el procesamiento de eventos complejos para predecir el comportamiento o la actividad y activar automáticamente la respuesta en tiempo real. Eventos tales como ventas potenciales, clics en la *web*, pedidos o llamadas de servicio al cliente pueden ocurrir entre las distintas capas de una organización. Alternativamente, pueden incluir noticias, mensajes de texto, publicaciones en medios sociales, noticias del mercado de valores, informes de tráfico, informes meteorológicos u otros tipos de datos. Un evento también puede definirse como un cambio de estado, cuando una medición excede un umbral predefinido de tiempo, temperatura u otro valor.

CEP presenta algunos desafíos de datos. En muchos casos, la velocidad a la que ocurren los acontecimientos hace que sea impráctico recuperar los datos adicionales necesarios para interpretar el evento tal como éste ocurre. Un procesamiento eficiente, típicamente requiere el pre-posicionamiento de algunos datos en la memoria del motor CEP.

El soporte de procesamiento de eventos complejos requiere un entorno que pueda integrar grandes cantidades de datos de varios tipos. Debido al volumen y la variedad de datos normalmente implicados en la creación de predicciones, el procesamiento de eventos complejos suele estar vinculado a *Big Data*. A menudo requiere el uso de tecnologías que soportan requerimientos de latencia ultra baja, tal como el procesamiento de transmisión de datos en tiempo real y bases de datos en memoria. (Véase el capítulo 14.)

1.3.7.7 Federación de Datos y Virtualización

Cuando los datos existen en almacenes de datos dispares, éstos se pueden juntar de distintas formas a la integración física. La Federación de Datos proporciona acceso a una combinación de almacenes de datos individuales, independientemente de la estructura. La Virtualización de Datos permite que las bases de datos distribuidas, así como múltiples almacenes de datos heterogéneos, se accedan y se vean como una sola base de datos. (Véase el capítulo 6.)

1.3.7.8 Datos-como-un-Servicio (DaaS)

El *Software*-como-un-Servicio (SaaS) es un modelo de entrega y de licenciamiento. Una aplicación es licenciada para proporcionar servicios, pero el *software* y los datos se encuentran en un centro de datos controlado por el proveedor de *software*, en lugar de que esté en el centro de datos de la organización que está licenciando. Existen conceptos similares para proporcionar varios niveles de infraestructura de computación como servicio (TI-como-un-servicio, plataforma-como-un-servicio, base de datos-como-un-servicio).

Una definición de Datos-como-un-Servicio (DaaS) es datos licenciados de un proveedor y proporcionados bajo demanda, en lugar de ser almacenados y mantenidos en el centro de datos de la organización que está licenciando. Un ejemplo común incluye información sobre los valores vendidos a través de una bolsa de valores y los precios asociados (actuales e históricos).

Aunque Datos-como-un-Servicio ciertamente se presta como tal a los proveedores que a su vez venden datos a las partes interesadas dentro de una industria, el concepto de "servicio" también se utiliza dentro de una organización para proporcionar datos empresariales, o servicios de datos, a diversas áreas funcionales y sistemas operacionales. Las organizaciones de servicios proporcionan un catálogo de servicios disponibles, niveles de servicio y listas de precios.

1.3.7.9 Integración basada en la Nube.

La Integración basada en la Nube (también conocida como Plataforma de Integración como un Servicio o IPaaS) es una forma de integración de sistemas entregada como un servicio en la nube que se ocupa de los datos, procesos, arquitectura orientada a servicios (SOA) y casos de uso de integración de aplicaciones.

Antes de la aparición de la computación en nube, la integración podría ser categorizada como interna o de empresa a empresa (B2B). Los requerimientos de integración interna se prestan a través de una plataforma de *software* intermedio local, y normalmente se utiliza un *bus* de servicio empresarial (ESB) para manejar el intercambio de datos entre sistemas. La integración de empresa a empresa se realiza a través de puertas de acceso EDI (intercambio electrónico de datos), o de redes de valor agregado (VAN), o de mercados.

El advenimiento de las aplicaciones SaaS creó un nuevo tipo de demanda para integrar los datos ubicados fuera del centro de datos de una organización, que se cumple mediante la integración basada en la nube. Desde su surgimiento, muchos de estos servicios también han desarrollado la capacidad de integrar aplicaciones locales en las instalaciones de la organización, así como poder funcionar como puertas de acceso EDI.

Las soluciones de integración basadas en la nube se ejecutan generalmente como aplicaciones SaaS en los centros de datos de los proveedores y no en las organizaciones que poseen los datos que se están integrando. La integración basada en la nube implica interactuar con los datos de la aplicación SaaS que serán integrados mediante los servicios de interacción SOA. (Véase el capítulo 6.)

1.3.8 Estándares de Intercambio de Datos

Los Estándares de Intercambio de Datos son reglas formales para la estructura de los elementos de datos. ISO (International Standards Organization – Organización Internacional de Estándares) ha desarrollado estándares de intercambio de datos, como los que tienen muchas industrias. Una especificación de intercambio de datos es un modelo común utilizado por una organización o grupo de intercambio de datos que estandariza el formato en el que se compartirán los datos. Un patrón de intercambio define una estructura para las transformaciones de datos necesarias para cualquier sistema u organización que intercambie datos. Los datos deben ser mapeados a la especificación de intercambio.

Aunque desarrollar y acordar un formato de mensaje compartido es una gran tarea, tener un acuerdo sobre la plantilla de los datos o el formato de intercambio entre sistemas, puede simplificar significativamente la interoperabilidad de datos en una empresa, reduciendo el costo de soporte técnico y habilitando un mejor entendimiento de los datos.

El Modelo Nacional de Intercambio de Información (NIEM) fue desarrollado para intercambiar documentos y transacciones a través de organizaciones gubernamentales en los Estados Unidos de América. La intención es que el remitente y el receptor de la información compartan una comprensión común e inequívoca del significado de esa información. La conformidad con NIEM asegura que un conjunto básico de información es bien comprendido y lleva el mismo significado consistente en varias comunidades, lo cual permite la interoperabilidad.

El NIEM utiliza XML (Extensible Markup Language) para las definiciones de esquemas y la representación de elementos, lo que permite definir la estructura y el significado de los datos mediante reglas de sintaxis XML simples, pero cuidadosamente definidas.

2. Actividades

Integración de Datos e Interoperabilidad implica obtener los datos donde se necesiten, cuando se necesiten, y en la forma en que se necesiten. Las actividades de integración de datos siguen un ciclo de vida de desarrollo. Comienzan con la planificación y avanzan con el diseño, desarrollo, pruebas e implementación. Una vez implementados, los sistemas integrados deben ser administrados, monitoreados y mejorados.

2.1 Planificar y Analizar

2.1.1 Definir los Requerimientos de la Integración de Datos y del Ciclo de Vida

La definición de los requerimientos de integración de datos implica entender los objetivos de negocio de la organización, así como los datos necesarios y las iniciativas tecnológicas propuestas para alcanzar esos objetivos. También es necesario reunir todas las leyes o regulaciones aplicables a los datos que se utilizarán. Algunas actividades pueden necesitar ser restringidas debido al contenido de los datos, y saberlo de antemano evitará problemas posteriores. Los requerimientos también deben tener en cuenta la política de la organización sobre retención de datos y otras fases del ciclo de vida de los datos. A menudo, los requerimientos para la retención de datos difieren según el dominio y el tipo de datos.

Los requerimientos de integración de datos y de ciclo de vida son definidos usualmente por analistas de negocio, *data stewards* y arquitectos de diversas áreas, incluyendo TI, que desean obtener datos en un lugar determinado, en un formato determinado e integrados con otros datos. Los requerimientos determinarán el tipo de modelo de interacción DII que, a su vez, determinará la tecnología y los servicios necesarios para satisfacer con los requerimientos.

El proceso de definición de requerimientos crea y descubre Metadatos valiosos. Estos Metadatos deberían ser administrados a lo largo del ciclo de vida de los datos, desde el descubrimiento hasta las operaciones. Cuanto más completos y exactos sean los Metadatos de una organización, mejor será su capacidad para gestionar los riesgos y costos de la integración de datos.

2.1.2 Realizar el Descubrimiento de Datos.

El descubrimiento de datos debe realizarse antes de la fase de diseño. El objetivo del descubrimiento de datos es identificar posibles fuentes de datos para el esfuerzo de integración de datos. El descubrimiento identificará de dónde se podrían obtener los datos, y en dónde se podrían integrar. El proceso combina una búsqueda técnica, utilizando herramientas que exploran los Metadatos y/o los contenidos reales de los conjuntos de datos de una organización, con apoyo de especialistas en la materia (p. ej., entrevistando a las personas que trabajan con los datos de interés).

El descubrimiento también incluye una evaluación de alto nivel de la calidad de los datos, para determinar si los datos son adecuados para los propósitos de la iniciativa de integración. Esta evaluación requiere no sólo revisar la documentación existente y entrevistar a especialistas, sino también verificar la información recopilada contra los datos reales, a través de perfilamiento de datos u otros análisis. (Ver Sección 2.1.4.) En casi todos los casos, habrá discrepancias entre lo que se cree acerca de un conjunto de datos y lo que se encontrará en realidad.

El descubrimiento de datos produce o agrega elementos a un inventario de los datos de la organización. Este inventario debe mantenerse en un repositorio de Metadatos. Hay que asegurarse que este inventario se mantenga como una parte estándar de los esfuerzos de integración: agregar o eliminar almacenes de datos y documentar los cambios en la estructura, según ocurra.

La mayoría de las organizaciones tienen la necesidad de integrar los datos provenientes de sus sistemas internos. Sin embargo, las soluciones de integración de datos también pueden implicar la obtención de datos desde fuera de la organización. Hay una cantidad enorme y en constante crecimiento, de información valiosa disponible; tanto gratuita, como ofrecida por proveedores. Los datos de fuentes externas pueden ser extremadamente valiosos cuando se integran con datos de una organización. Sin embargo, la adquisición e integración de datos externos requiere de planeación.

2.1.3 Documentar Linaje de Datos.

El proceso de descubrimiento de datos también revelará información sobre cómo fluyen los datos a través de una organización. Esta información se puede usar para documentar el linaje de datos a alto nivel: cómo la organización adquiere o crea los datos que se están analizando, a dónde se mueven y dónde se modifican dentro de la organización, y cómo la organización utiliza los datos para el análisis, la toma de decisiones o la activación de eventos. El linaje detallado puede incluir las reglas que indican cómo se modifican los datos y la frecuencia de los cambios.

El análisis del linaje puede identificar las actualizaciones necesarias para la documentación de los sistemas en uso. Los ETL con códigos personalizados y otros objetos de manipulación de datos legados deben documentarse para garantizar que la organización pueda analizar el impacto de cualquier cambio en el flujo de datos.

El proceso de análisis también puede identificar oportunidades para mejoras en el flujo de datos existente. Por ejemplo, encontrar que el código se puede actualizar a una simple llamada a una función de una herramienta, o que puede ser descartado como ya no relevante. A veces una herramienta antigua está realizando una transformación que más tarde se deshace en el proceso. Encontrar y eliminar estas ineficiencias puede ayudar mucho al éxito del proyecto y a la capacidad general de una organización para usar sus datos.

2.1.4 Perfilar los Datos.

Entender el contenido y la estructura de los datos es esencial para la integración exitosa de los datos. La elaboración de perfiles de datos contribuye a este fin. La estructura y contenidos reales de los datos siempre difieren de lo que se supone. A veces las diferencias son pequeñas; otras veces son lo suficientemente grandes como para descarrilar un esfuerzo de integración. El perfilamiento de datos puede ayudar a los equipos de integración a descubrir estas diferencias y a utilizar este conocimiento para tomar mejores decisiones sobre las fuentes de datos y el diseño de la integración. Si se omite el perfilamiento de datos, la información que debería influir en el diseño no se descubrirá, sino hasta que se realicen las pruebas u operaciones.

El perfilamiento básico de datos implica el análisis de:
- Formato de datos tal como se define en las estructuras de datos, y el inferido de los datos reales.
- Poblado de datos, incluyendo los niveles de datos nulos, en blanco o con valores por omisión.
- Valores de los datos y qué tanto corresponden a un conjunto definido de valores válidos.
- Patrones y relaciones internas del conjunto de datos, tales como campos relacionados y reglas de cardinalidad.
- Relaciones hacia otros conjuntos de datos.

Un perfilamiento más extensivo de los conjuntos de datos de origen y destino potenciales es necesario para comprender hasta qué punto los datos cumplen con los requerimientos de la iniciativa de integración de datos que se tenga en particular. Se deben perfilar los datos, tanto de los orígenes como de los destinos, para entender cómo transformar los datos y satisfacer los requerimientos.

Uno de los objetivos del perfilamiento de datos es evaluar su calidad. Evaluar la idoneidad de los datos para un uso particular requiere documentar las reglas de negocio y medir qué tan bien los datos cumplen esas reglas de negocio. Evaluar la precisión requiere comparar contra un conjunto definitivo de datos que se han determinado como correctos. Estos conjuntos de datos no siempre están disponibles, por lo que la medición de la precisión puede que no sea posible, especialmente como parte de un esfuerzo de perfilamiento de datos.

Al igual que con el descubrimiento de datos a alto nivel, la elaboración de perfiles de datos incluye la verificación de premisas sobre los datos, en comparación con los datos reales. Se deben capturar los resultados del perfilamiento de datos en un repositorio de Metadatos, para usarlos en proyectos posteriores y utilizar lo aprendido en el proceso para mejorar la precisión de los Metadatos existentes (Olson, 2003). (Véase el capítulo 13.)

El requerimiento para perfilar los datos debe estar en balance con las normas de seguridad y privacidad de una organización. (Véase el capítulo 7.)

2.1.5 Recopilar Reglas de Negocio.

Las reglas de negocio son un subconjunto crítico de los requerimientos. Una regla de negocio es una declaración que define o acota un aspecto del procesamiento de negocio. Las reglas de negocio tienen el propósito de reafirmar la estructura del negocio, o de controlar o influir el funcionamiento del negocio. Las reglas de negocio caen en una de cuatro categorías: definiciones de términos de negocio, hechos que relacionan términos de negocio entre sí, restricciones o afirmaciones de acciones, y derivaciones.

Se deben utilizar las reglas de negocio para apoyar la integración de datos e interoperabilidad en varios momentos, para:
- Evaluar los datos en conjuntos de datos, tanto origen como destino.
- Dirigir el flujo de datos en la organización.

- Monitorear los datos operacionales de la organización.
- Dirigir cuándo activar automáticamente eventos y alertas.

Para la Gestión de Datos Maestros, las reglas de negocio incluyen reglas de correspondencia, reglas de fusión, reglas de supervivencia y reglas de confianza. Para el archivamiento de datos, *data warehousing* y otras situaciones en las que se utiliza un almacén de datos, las reglas de negocio también incluirán reglas de retención de datos.

La recopilación de reglas de negocio también se conoce como recolección o minado de reglas de negocio. El analista de negocios o el *data steward* pueden extraer las reglas de la documentación existente (tales como casos de uso, especificaciones o código del sistema), o también puede organizar talleres y entrevistas con expertos en la materia (SMEs), o ambos.

2.2 Diseñar Soluciones de Integración de Datos.

2.2.1 Arquitectar el Diseño de la Integración de Datos.

Las soluciones de integración de datos deben especificarse tanto a nivel empresarial como a nivel de solución individual (consulte el Capítulo 4). Al establecer estándares empresariales, la organización ahorrará tiempo en la implementación de soluciones individuales, porque las evaluaciones y las negociaciones se han realizado antes de ser necesarias. Un enfoque empresarial ahorra dinero en el costo de licencias mediante descuentos de grupo, y en los costos de operar un conjunto de soluciones consistente y menos complejo. Los recursos operacionales que se apoyan y respaldan entre sí pueden formar parte de una reserva compartida.

Se debe diseñar una solución que satisfaga los requerimientos, reutilizando tantos de los componentes existentes de Integración de Datos e Interoperabilidad, como sea posible. Una arquitectura de solución indica las técnicas y tecnologías que serán usadas. Incluirá un inventario de las estructuras de datos involucradas (tanto persistentes como transitivas, existentes y requeridas), una indicación de la orquestación y de la frecuencia del flujo de datos, problemas de regulación y de seguridad, así como sus correcciones, y preocupaciones operacionales acerca de respaldo y recuperación, disponibilidad, y archivo y retención de datos.

2.2.1.1 Seleccionar el Modelo de Interacción.

Se debe determinar qué modelo o combinación de modelos de interacción satisfará los requerimientos: modelo de Rueda o Concentrador de Radios, Punto a Punto o Publicación-Suscripción. Si los requerimientos corresponden a un patrón de interacción existente ya implementado, se recomienda reutilizar el sistema existente tanto como sea posible, para disminuir los esfuerzos de desarrollo.

2.2.1.2 Diseñar los Servicios de Datos o Patrones de Intercambio.

Se deben crear o reutilizar flujos de integración existentes para mover los datos. Estos servicios de datos deben ser complementarios a los servicios de datos similares existentes, pero se debe tener cuidado de no crear múltiples servicios que sean casi idénticos, ya que la solución de problemas y el soporte técnico se vuelven cada vez más difíciles cuando los servicios proliferan. Si un flujo de datos existente se puede modificar para atender múltiples necesidades, puede valer la pena realizar ese cambio en lugar de crear un servicio nuevo.

Cualquier diseño de especificación de intercambio de datos debe partir de estándares de la industria u otros patrones de intercambio ya existentes. Siempre que sea posible, se debe procurar que cualquier cambio a los patrones existentes, sea lo suficientemente genérico para ser útil a otros sistemas; tener patrones de cambio específicos que sólo se refieren a un solo intercambio, trae los mismos problemas que las conexiones punto a punto.

2.2.2 Modelar Núcleos de Datos, Interfaces, Mensajes y Servicios de Datos.

Las estructuras de datos necesarias para la Integración de Datos y la Interoperabilidad incluyen aquellas en que los datos persisten, tales como los nodos de Gestión de Datos Maestros, *data warehouses*, *data marts*, y los almacenes de datos operacionales; así como los que son transitorios y son utilizados sólo para mover o transformar datos, tales como interfaces, plantillas de mensajes y modelos canónicos. Ambos tipos deberían ser modelados. (Véase el capítulo 5.)

2.2.3 Mapear Fuentes de Datos hacia los Destinos

Casi todas las soluciones de integración de datos incluyen la transformación de datos de las estructuras de origen hacia las estructuras de destino. El mapeo de orígenes a destinos involucra especificar las reglas para transformar los datos desde una ubicación y darle el formato para otra.

Para cada atributo mapeado, una especificación de mapeo:
- Indica el formato técnico del origen y del destino
- Especifica las transformaciones necesarias para todas las escalas intermedias entre el origen y el destino.
- Describe cómo se poblará cada atributo, en un almacén de datos destino, final o intermedio.
- Describe si los valores de los datos necesitan ser transformados. Por ejemplo, buscando el valor origen en una tabla que indique el valor apropiado para el destino.
- Describe qué cálculos son requeridos.

La transformación puede realizarse en una programación por lotes, o activada por la ocurrencia de un evento en tiempo real. Puede realizarse mediante la persistencia física en el formato de destino, o mediante la presentación virtual de los datos en el formato de destino.

2.2.4 Diseñar la Orquestación de Datos

El flujo de datos en una solución de integración de datos debe ser diseñado y documentado. La orquestación de datos es el patrón de los flujos de datos de principio a fin, incluyendo pasos intermedios, necesarios para completar la transformación y/o la transacción.

La orquestación de integración de datos por lotes indicará la transformación y frecuencia del movimiento de datos. La integración de datos por lotes se suele configurar en una herramienta de programación de tareas, que la activa a cierta hora, en una periodicidad determinada, o cuando ocurre un evento. La programación puede incluir varios pasos con dependencias.

La orquestación de integración de datos en tiempo real suele ser activada por un evento, tal como nuevos datos o actualización de datos existentes. La orquestación de la integración de datos en tiempo real suele ser más compleja, y con frecuencia es implementada a través de múltiples herramientas. Puede que no sea lineal, por su naturaleza.

2.3 Desarrollar Soluciones de Integración de Datos,

2.3.1 Desarrollar Servicios de Datos.

Se deben desarrollar servicios para acceder, transformar y entregar datos según lo especificado, de acuerdo con el modelo de interacción seleccionado. Para implementar soluciones de integración de datos, tales como la transformación de datos, Gestión de Datos Maestros, *data warehouses*, etc., se utilizan con mayor frecuencia herramientas o *suites* de proveedor. El uso de herramientas coherentes o *suites* de proveedor estándares en toda la organización puede simplificar el soporte técnico a la operación, y reducir los costos operacionales al habilitar soluciones de soporte compartidas.

2.3.2 Desarrollar Flujos de Datos

Los flujos de datos de integración, o de ETL, se desarrollarán normalmente dentro de herramientas especializadas para manejar esos flujos en una manera exclusiva del fabricante de la herramienta. Los flujos de datos por lotes se desarrollarán en un planificador de tareas (normalmente el planificador estándar de la empresa) que gestionará el orden, la frecuencia y dependencias de la ejecución de las piezas de integración de datos que se han desarrollado.

Los requerimientos de interoperabilidad pueden incluir el desarrollo de mapeos o de puntos de coordinación entre almacenes de datos. Algunas organizaciones utilizan un ESB para suscribirse a los datos que se crean o se modifican en la organización, y otras aplicaciones para publicar cambios en los datos. El *bus* de servicio empresarial examinará constantemente las aplicaciones para ver si tienen datos para publicar, y para entregarles datos nuevos o modificados para los que se han suscrito.

El desarrollo de flujos de integración de datos en tiempo real implica la monitorización de eventos que deberían activar la ejecución de servicios para adquirir, transformar o publicar datos. Esto se implementa generalmente dentro de una o varias tecnologías propias de fabricantes, y se implementa mejor con una solución que puede gestionar la operación a través de varias tecnologías.

2.3.3 Desarrollar el Enfoque de Migración de Datos.

Los datos deben moverse cuando se implementan nuevas aplicaciones, o cuando las aplicaciones se retiran o se fusionan. Este proceso implica la transformación de los datos al formato de la aplicación que los recibirá. Casi todos los proyectos de desarrollo de aplicaciones involucran cierta migración de datos, incluso si todo está en la población de Datos de Referencia. La migración no es precisamente un proceso único, ya que necesita ser ejecutado tanto para las fases de prueba, como para la implementación final.

Los proyectos de migración de datos son frecuentemente subestimados o diseñados de manera muy pobre, pues se les llega a decir a los programadores que tan sólo muevan los datos. No se considera la migración durante las actividades de análisis y diseño, necesarias para la integración de datos. Cuando los datos se migran sin un análisis adecuado, a menudo se ven diferentes de los datos que entraron a través del procesamiento normal. O bien, es posible que los datos migrados no funcionen con la aplicación de la manera que se esperaba. El perfilamiento de datos de aplicaciones operacionales nucleares suele resaltar los datos que se han migrado de una o más generaciones de sistemas operacionales anteriores, y que no cumplen con los estándares de los datos que ingresan al conjunto de datos a través del código de aplicación actual. (Véase el capítulo 6.)

2.3.4 Desarrollar un Enfoque de Publicación.

Los sistemas en los que se crean o mantienen datos críticos necesitan poner esos datos a disposición de otros sistemas de la organización. Los datos nuevos o modificados deben ser impulsados por las aplicaciones que los producen, hacia otros sistemas (especialmente, a los nodos de datos y a los *buses* empresariales de datos), ya sea en el momento del cambio de datos (conducido por eventos) o con base en una programación periódica.

La mejor práctica consiste en definir plantillas comunes de mensajes (modelo canónico) para los distintos tipos de datos de la organización, y permitir que los consumidores de datos (ya sean aplicaciones o seres humanos) se suscriban para recibir notificación de cualquier cambio en los datos de interés.

2.3.5 Desarrollar Flujos de Procesamiento de Eventos Complejos.

El desarrollo de soluciones de procesamiento de eventos complejos requiere de:
- Preparación de datos históricos sobre un individuo, organización, producto o mercado y llenado previo de los modelos predictivos.
- Procesamiento del flujo de datos en tiempo real para poblar completamente el modelo predictivo e identificar eventos significativos (tales como oportunidades o amenazas)
- Ejecutar la acción desencadenada como respuesta a la predicción.

La preparación y el pre procesamiento de los datos históricos necesarios en el modelo predictivo pueden realizarse en procesos en lote nocturnos, o casi en tiempo real. Usualmente, algunos de los modelos predictivos pueden ser poblados antes del evento desencadenador; por ejemplo, identificar qué productos se compran juntos normalmente, en preparación para sugerir la compra de un artículo adicional. Algunos flujos de procesamiento desencadenan una respuesta a cada evento en el flujo en tiempo real; por ejemplo, agregar un elemento a un carrito de compras. Otros flujos de procesamiento intentan identificar eventos particularmente significativos que desencadenan una acción, como un intento de cargo a una tarjeta de crédito, sospechoso de ser fraudulento.

La respuesta a la identificación de un evento significativo puede ser tan simple como enviar una advertencia, o tan compleja como el despliegue automático de fuerzas armadas.

2.3.6 Mantener los Metadatos de DII.

Como se señaló anteriormente (ver Sección 2.1), una organización creará y descubrirá Metadatos valiosos durante el proceso de desarrollo de soluciones DII. Estos Metadatos deben ser manejados y mantenidos para asegurar un entendimiento apropiado de los datos en el sistema, y para evitar la necesidad de redescubrirlos para soluciones futuras. Los Metadatos confiables mejoran la capacidad de una organización para gestionar riesgos, reducir costos y obtener más valor de sus datos.

Se deben documentar las estructuras de datos de todos los sistemas involucrados en la integración de datos, tales como origen, destino o intermedias. Incluir definiciones de negocio y técnicas (estructura, formato, tamaño), así como la transformación de datos entre los almacenes de datos persistentes. Sea que los Metadatos de integración de datos se almacenan en documentos o en un repositorio de Metadatos, no deben modificarse sin un proceso de revisión y aprobación por parte de las partes interesadas de negocio y técnicas.

La mayoría de los proveedores de herramientas ETL empaquetan sus repositorios de Metadatos con funcionalidades adicionales que permiten la supervisión del gobierno y la custodia de datos. Si el repositorio de Metadatos se utiliza como una herramienta operacional, puede además incluir Metadatos operacionales sobre cuándo se copiaron y transformaron los datos entre sistemas.

De particular importancia para las soluciones DII es el registro SOA, que proporciona acceso controlado a un catálogo de información, siempre cambiante, sobre los servicios disponibles para acceder y utilizar los datos y la funcionalidad en una aplicación.

2.4 Implementar y Monitorear.

Se deben activar los servicios de datos que se han desarrollado y probado. El procesamiento de datos en tiempo real requiere monitoreo en tiempo real para encontrar los problemas. Se deben establecer parámetros que indican posibles cuestiones con el procesamiento, así como la notificación directa de los problemas. Debe establecerse un seguimiento, tanto automatizado como humano, de los problemas, especialmente a medida que aumenta la complejidad y el riesgo de las respuestas desencadenadas. Ha habido casos, por ejemplo, en los que los problemas con los algoritmos automatizados de negociación de valores financieros desencadenaron acciones que han afectado a mercados enteros o han llevado a organizaciones a la bancarrota.

Las capacidades de interacción de datos deben ser monitoreadas y atendidas con el mismo nivel de servicio que la aplicación de destino o el consumidor de datos más exigentes.

3. Herramientas

3.1 Motor de Transformación de Datos / Herramienta ETL

Un motor de transformación de datos (o herramienta ETL) es el instrumento principal en la caja de herramientas de integración de datos, y es central en todo programa de integración de datos empresarial. Estas herramientas normalmente apoyan la operación, así como el diseño de las actividades de transformación de datos.

Existen herramientas extremadamente sofisticadas para desarrollar y ejecutar ETL, tanto por lotes como en tiempo real, física o virtualmente. Para soluciones punto a punto de un solo uso, el procesamiento de integración de datos se implementa frecuentemente a través de la codificación específica. Las soluciones a nivel empresarial usualmente requieren el uso de herramientas para realizar este procesamiento de una manera estándar en toda la organización.

Las consideraciones básicas en la selección de un motor de transformación de datos deben incluir si es necesario manejar la funcionalidad por lotes, así como en tiempo real, y si se necesita capacidad para datos tanto no estructurados como estructurados, ya que las herramientas más maduras sólo funcionan para el procesamiento por lotes de datos estructurados.

3.2 Servidor de Virtualización de Datos.

Los motores de transformación de datos usualmente realizan la extracción, transformación y carga física de datos. En cambio, los servidores de virtualización de datos realizan extracción, transformación e integración de datos virtualmente. Los servidores de virtualización de datos pueden combinar datos estructurados y no estructurados. Con frecuencia, una bodega de datos es una entrada del servidor de virtualización de datos, pero un servidor de virtualización de datos no reemplaza a la bodega de datos en la arquitectura empresarial de información.

3.3 *Bus* de Servicio Empresarial.

Un *bus* de servicio empresarial (ESB) se refiere tanto a un modelo de arquitectura de *software*, como a un tipo de *software* intermedio orientado a mensajes, que se utiliza para implementar mensajería casi en tiempo real entre almacenes datos heterogéneos, aplicaciones y servidores, que residen dentro de la misma organización. La mayoría de las soluciones internas de integración de datos que necesitan ejecutarse con una frecuencia mayor a diariamente, hacen uso de esta arquitectura y de esta tecnología. De manera más común, un ESB se utiliza en formato asíncrono para permitir el libre flujo de datos. En ciertas situaciones, un ESB también se puede utilizar en modo síncrono.

El *bus* de servicios empresariales implementa colas de mensajes entrantes y salientes, en cada uno de los sistemas que participan en el intercambio de mensajes, con un adaptador o agente instalado en cada ambiente. El procesador central del ESB se implementa generalmente en un servidor separado de los otros sistemas participantes. El procesador lleva un registro de qué sistemas han suscrito interés y en qué tipos de mensajes. El procesador central indaga continuamente a cada sistema participante por mensajes salientes, y deposita mensajes entrantes en su cola de mensajes, tanto mensajes de los tipos suscritos, como mensajes que han sido enviados directamente a ese sistema.

Este modelo se denomina "casi en tiempo real" porque los datos pueden tardar hasta un par de minutos en llegar del sistema de envío al sistema de recepción. Se trata de un modelo con acoplamiento débil, y el sistema que envía los datos no esperará la confirmación de recepción y la actualización desde el sistema receptor para continuar el procesamiento.

3.4 Motor de Reglas de Negocio.

Muchas soluciones de integración de datos dependen de las reglas de negocio. Estas reglas son una forma importante de Metadatos, y se pueden utilizar tanto en la integración básica, como en soluciones que incorporan procesamiento de eventos complejos, para permitir que una organización responda a eventos casi en tiempo real. Un motor de reglas de negocio que permite a los usuarios no técnicos gestionar estas reglas implementadas por el software, es una herramienta muy valiosa que permitirá la evolución de la solución a un costo menor, debido a que un motor de reglas de negocio puede atender cambios en modelos predictivos sin cambios técnicos al código. Por ejemplo, los modelos que predicen lo que un cliente puede querer comprar, pueden definirse como reglas de negocio en lugar de cambios al código.

3.5 Herramientas de Modelado de Datos y Procesos.

Las herramientas de modelado de datos deben utilizarse para diseñar no sólo el destino de los datos, sino también las estructuras de datos intermedias necesarias para las soluciones de integración de datos. La estructura de los mensajes o flujos de datos que viajan entre sistemas y organizaciones, y que suelen ser no perdurables, aun así, debería ser modelada. También debe diseñarse el flujo de datos entre sistemas y organizaciones, al igual que los procesos de eventos complejos.

3.6 Herramienta de Perfilamiento de Datos

El perfilamiento de datos involucra el análisis estadístico de los contenidos del conjunto de datos para entender el formato, la completitud, la consistencia, la validez y la estructura de los datos. Todo desarrollo de integración de datos y de interoperabilidad debe incluir una evaluación detallada de los potenciales orígenes de datos y de los destinos, para determinar si los datos reales satisfacen las necesidades de la solución propuesta. Dado que la mayoría de los proyectos de integración involucran una cantidad significativa de datos, el medio más eficiente para llevar a cabo este análisis es utilizar una herramienta de perfilamiento de datos. (Véase la Sección 2.1.4 y el Capítulo 13.)

3.7 Repositorio de Metadatos

Un repositorio de Metadatos contiene información sobre los datos de una organización, incluyendo su estructura, contenido y las reglas de negocio para manejarlos. Durante los proyectos de integración de datos, se pueden utilizar uno o más repositorios de Metadatos para documentar la estructura técnica y el significado de negocio de los datos que se están obteniendo, transformando y grabando en el destino. Usualmente, las reglas relacionadas con la transformación de datos, el linaje y el procesamiento, utilizadas por las herramientas de integración de datos, también se almacenan en un repositorio de Metadatos, al igual que las instrucciones para procesos programados, tales como detonadores de ejecución y frecuencia. Usualmente, cada herramienta tiene su propio repositorio de Metadatos. Las suites de herramientas del mismo proveedor pueden compartir un repositorio de Metadatos. Se puede designar un repositorio de Metadatos como un punto central para consolidar Metadatos de las diversas herramientas operacionales. (Véase el capítulo 12).

4. Técnicas.

Varias de las técnicas importantes para diseñar soluciones de integración de datos se describen en la sección "Conceptos Esenciales" de este capítulo. Los objetivos básicos son mantener las aplicaciones acopladas débilmente, limitar el número de interfaces desarrolladas y que requieran administración, mediante el uso de un enfoque de modelo de rueda y la creación de interfaces estándares (canónicas).

5. Guías de Implementación

5.1 Evaluación de la Preparación / Evaluación del Riesgo

Todas las organizaciones ya cuentan con alguna forma de DII, por lo que la evaluación de la preparación y de los riesgos debe ser alrededor de la implementación de la herramienta empresarial de integración, o acerca de cómo mejorar las capacidades para permitir la interoperabilidad.

La implementación de soluciones *empresariales* de integración de datos se justifica usualmente en función del costo, con base en su implementación entre muchos sistemas. Se debe diseñar una solución empresarial de integración de datos para atender el movimiento de datos entre muchas aplicaciones y organizaciones, y no sólo para la primera integración.

Muchas organizaciones pasan su tiempo retrabajando las soluciones existentes, en lugar de obtener valor adicional. Se recomienda enfocarse en la implementación de soluciones de integración de datos donde no existe ninguna integración o se tiene una muy limitada; en lugar de reemplazar las soluciones de integración de datos en operación, con una solución empresarial común en toda la organización.

Ciertos proyectos de datos pueden justificar una solución de integración de datos enfocada únicamente en una aplicación particular, tal como una *data warehouse* o un nodo de Gestión de Datos Maestros. En estos casos, cualquier uso adicional de la solución de integración de datos agrega valor a la inversión, ya que el primer uso del sistema ya ha logrado la justificación.

Los equipos de soporte técnico de aplicaciones prefieren manejar las soluciones de integración de datos de manera local. Ellos percibirán que el costo de hacerlo así es menor que el hacer uso de una solución a nivel empresarial. Los proveedores de *software* que atienden a estos equipos también preferirán que hagan uso de las herramientas de integración de datos que ellos venden. Por lo tanto, es necesario el patrocinio de la implementación de un programa empresarial de integración de datos desde un nivel que tenga suficiente autoridad sobre el diseño de la solución y la adquisición de tecnología; por ejemplo, arquitectura empresarial de TI. Además, puede ser necesario alentar a los sistemas de aplicación a participar mediante incentivos positivos, como financiar la tecnología de integración de datos de manera centralizada; y mediante incentivos negativos, como negarse a aprobar la implementación de nuevas tecnologías alternativas de integración de datos.

Con frecuencia, los proyectos de desarrollo que implementan una nueva tecnología de integración de datos se centran en la tecnología y pierden el foco en los objetivos de negocio. Es necesario asegurarse de que la implementación de la solución de integración de datos se mantenga enfocada en los objetivos y requerimientos de negocio, lo que incluye asegurarse de que algunos participantes en cada proyecto estén orientados al negocio o a la aplicación, y no sólo haya expertos en la herramienta de integración de datos.

5.2 Cambio Organizacional y Cultural.

Las organizaciones deben determinar si la responsabilidad de gestionar las implementaciones de integración de datos estará centralizada o si residirá en equipos de aplicación descentralizados. Los equipos locales entienden los datos de sus aplicaciones. Los equipos centrales pueden construir un profundo conocimiento en herramientas y tecnologías. Muchas organizaciones desarrollan un Centro de Excelencia especializado en el diseño y despliegue de las soluciones empresariales de integración de datos. Los equipos locales y centrales colaboran para desarrollar soluciones que conecten una aplicación a una solución empresarial de integración de datos. El equipo local debe asumir la responsabilidad en primera instancia, de gestionar la solución y de resolver cualquier problema, escalándolo al Centro de Excelencia, en caso de ser necesario.

Las soluciones de integración de datos son percibidas frecuentemente como meramente técnicas; sin embargo, para entregar valor de manera exitosa, deben ser desarrolladas con base en un profundo conocimiento de negocio. Las actividades de análisis y de modelado de datos deben ser realizadas por personas orientadas a negocio. El desarrollo de un modelo de mensaje canónico, o de un estándar homogéneo de la forma en que los datos son compartidos en la organización, requiere un gran compromiso de recursos humanos, que debe involucrar tanto personal de modelado de negocio, como recursos técnicos. Todo el diseño y los cambios del mapeo de las transformaciones de datos se deben revisar con los expertos en la materia del área de negocio, para cada sistema involucrado.

6. Gobierno de DII.

Las decisiones sobre el diseño de mensajes de datos, modelos de datos y reglas de transformación de datos, tienen un impacto directo sobre la capacidad de una organización para usar sus datos. Estas decisiones deben ser conducidas por el negocio. Aunque hay muchas consideraciones técnicas en la implementación de reglas de negocio, un enfoque puramente técnico de DII puede llevar a errores en los mapeos y transformaciones de datos, a medida que los datos fluyen a través y fuera de una organización.

Las partes interesadas del área de negocio son responsables de definir reglas sobre cómo los datos deben ser modelados y transformados. Las partes interesadas del área de negocio deben aprobar los cambios a cualquiera de estas reglas de negocio. Las reglas deben ser capturadas como Metadatos y consolidadas para un análisis en toda la empresa. Identificar y verificar los modelos predictivos y definir qué acciones deben ser activadas automáticamente por las predicciones, también son funciones de las áreas de negocio.

Sin la confianza de que el diseño de la integración e interoperabilidad funcionará como se prometió, y en una manera segura y confiable, puede que no haya un efectivo valor de negocios. En DII, el panorama de los controles de gobierno para apoyar la confianza puede ser complejo y detallado. Un enfoque es determinar qué eventos desencadenan revisiones de gobierno (excepciones o eventos críticos). Se debe mapear cada desencadenante (trigger)con las revisiones que se relacionan con los órganos de gobierno. Los desencadenadores de eventos pueden formar parte del SDLC (Systems Development LifeCycle - Ciclo de Vida de Desarrollo de Sistema) en las compuertas de fase, para pasar de una fase a otra, o como parte de las historias de usuario. Por ejemplo, las listas de verificación de cumplimiento con el diseño de arquitectura podrían incluir preguntas como: De ser posible ¿está utilizando ESB y otras herramientas? ¿Hubo una búsqueda de servicios reutilizables?

Los controles pueden provenir de rutinas de administración dirigidas por gobernabilidad, tales como revisiones obligatorias de modelos, auditoría de Metadatos, regulación de entregas y aprobaciones requeridas para cambios en las reglas de transformación. En los Acuerdos de Niveles de Servicio y en los Planes de Recuperación de Desastres y de Continuidad de Negocio, las soluciones de integración de datos operacionales en tiempo real deben incluirse en al mismo nivel de copia de seguridad y de recuperación que el sistema más crítico al que ellas proporcionan datos. Es necesario establecer políticas para asegurar que la organización se beneficie de un enfoque empresarial de DII. Por ejemplo, se pueden aplicar políticas para asegurar que se sigan los principios SOA, que los nuevos servicios se creen sólo después de una revisión de los servicios existentes, y que todos los datos que fluyen entre los sistemas pasen a través del bus empresarial de servicios.

6.1 Acuerdos de Compartición de Datos.

Antes del desarrollo de interfaces o del suministro de datos por vía electrónica, se debe elaborar un acuerdo de compartición de datos, o memorándum de entendimiento (MOU), que estipule las responsabilidades y el uso aceptable de los datos a ser intercambiados, aprobado por los *data stewards* de los datos en cuestión; estos *data stewards* deben provenir de un área de negocio. Los acuerdos de compartición de datos deben especificar el uso y el acceso estimados a los datos, las restricciones de uso, así como los niveles de servicio esperados, incluidos la disponibilidad de sistema necesaria y los tiempos de respuesta requeridos. Estos acuerdos son especialmente críticos para las industrias reguladas, o cuando se trata de información personal o confidencial.

6.2 DII y Linaje de Datos.

El linaje de datos es útil para el desarrollo de soluciones DII. A menudo también se requiere para que los consumidores de datos los utilicen, pero se está volviendo aún más importante a medida que los datos se integran entre organizaciones. El gobierno es necesario para garantizar que el conocimiento de los orígenes de los datos y el movimiento está documentado. Los acuerdos de compartición de datos pueden estipular limitaciones a los usos de los datos, y para cumplirlas es necesario saber por dónde se mueven y en dónde perduran los datos. Existen nuevos estándares de cumplimiento (por ejemplo, la regulación Solvencia II en Europa) que requieren que las organizaciones sean capaces de describir dónde se originaron sus datos y cómo se han modificado a medida que se han ido pasando a través de varios sistemas.

Adicionalmente, se requiere información de linaje de datos cuando se realizan cambios a los flujos de datos. Esta información debe gestionarse como una parte crítica de los Metadatos de la solución. El linaje de datos hacia adelante y hacia atrás (es decir, dónde se utilizarán los datos y de dónde provienen) es crítico como parte del análisis de impacto necesario al realizar cambios en las estructuras de datos, en los flujos de datos o en el procesamiento de datos.

6.3 Métricas de Integración de Datos

Para medir el alcance y los beneficios de implementar soluciones de Integración de Datos, se deben incluir métricas de disponibilidad, volumen, velocidad, costo y uso:

- Disponibilidad de Datos.
  - Disponibilidad de los datos requeridos.
- Volúmenes de Datos y Velocidad.
  - Volúmenes de datos transportados y transformados.
  - Volúmenes de datos analizados.
  - Velocidad de transmisión.
  - Latencia entre actualización y disponibilidad de datos.
  - Latencia entre el evento y la acción desencadenada.
  - Tiempo de disponibilidad de nuevas fuentes de datos.
- Costos y Complejidad de la Solución.
  - Costo de desarrollo y de gestión de soluciones
  - Facilidad para adquirir nuevos datos
  - Complejidad de soluciones y operaciones
  - Número de sistemas que utilizan soluciones de integración de datos

7. Trabajos Citados / Recomendados

Aiken, P. and Allen, D. M. *XML in Data Management*. Morgan Kaufmann, 2004. Print.

Bahga, Arshdeep, and Vijay Madisetti. *Cloud Computing: A Hands-On Approach*. CreateSpace Independent Publishing Platform, 2013. Print.

Bobak, Angelo R. *Connecting the Data: Data Integration Techniques for Building an Operational Data Store (ODS)*. Technics Publications, LLC, 2012. Print.

Brackett, Michael. *Data Resource Integration: Understanding and Resolving a Disparate Data Resource.* Technics Publications, LLC, 2012. Print.

Carstensen, Jared, Bernard Golden, and JP Morgenthal. *Cloud Computing - Assessing the Risks.* IT Governance Publishing, 2012. Print.

Di Martino, Beniamino, Giuseppina Cretella, and Antonio Esposito. *Cloud Portability and Interoperability: Issues and Current Trend.* Springer, 2015. Print. SpringerBriefs in Computer Science.

Doan, AnHai, Alon Halevy, and Zachary Ives. *Principles of Data Integration.* Morgan Kaufmann, 2012. Print.

Erl, Thomas, Ricardo Puttini, and Zaigham Mahmood. *Cloud Computing: Concepts, Technology and Architecture.* Prentice Hall, 2013. Print. The Prentice Hall Service Technology Ser. from Thomas Erl.

Ferguson, M. *Maximizing the Business Value of Data Virtualization.* Enterprise Data World, 2012. Web. http://bit.ly/2sVAsui.

Giordano, Anthony David. *Data Integration Blueprint and Modeling: Techniques for a Scalable and Sustainable Architecture.* IBM Press, 2011. Print.

Haley, Beard. *Cloud Computing Best Practices for Managing and Measuring Processes for On-demand Computing,* Applications and Data Centers in the Cloud with SLAs. Emereo Publishing, 2008. Print.

Hohpe, Gregor and Bobby Woolf. *Enterprise Integration Patterns: Designing, Building, and Deploying Messaging Solutions.* Addison-Wesley Professional, 2003. Print.

Inmon, W. *Building the Data Warehouse.* 4th ed. Wiley, 2005. Print.

Inmon, W., Claudia Imhoff, and Ryan Sousa. *The Corporate Information Factory.* 2nd ed. Wiley 2001, Print.

Jamsa, Kris. *Cloud Computing: SaaS, PaaS, IaaS, Virtualization, Business Models, Mobile, Security and More.* Jones and Bartlett Learning, 2012. Print.

Kavis, Michael J. *Architecting the Cloud: Design Decisions for Cloud Computing Service Models (SaaS, PaaS, and IaaS).* Wiley, 2014. Print. Wiley CIO.

Kimball, Ralph and Margy Ross. *The Data Warehouse Toolkit: The Complete Guide to Dimensional Modeling.* 2nd ed. Wiley, 2002. Print.

Linthicum, David S. *Cloud Computing and SOA Convergence in Your Enterprise: A Step-by-Step Guide.* Addison-Wesley Professional, 2009. Print.

Linthicum, David S. *Enterprise Application Integration.* Addison-Wesley Professional, 1999. Print.

Linthicum, David S. *Next Generation Application Integration: From Simple Information to Web Services.* Addison-Wesley Professional, 2003. Print.

Loshin, David. *Master Data Management.* Morgan Kaufmann, 2009. Print.

Majkic, Zoran. *Big Data Integration Theory: Theory and Methods of Database Mappings, Programming Languages, and Semantics.* Springer, 2014. Print. Texts in Computer Science.

Mather, Tim, Subra Kumaraswamy, and Shahed Latif. *Cloud Security and Privacy: An Enterprise Perspective on Risks and Compliance.* O'Reilly Media, 2009. Print. Theory in Practice.

Reese, George. *Cloud Application Architectures: Building Applications and Infrastructure in the Cloud.* O'Reilly Media, 2009. Print. Theory in Practice (O'Reilly).

Reeve, April. *Managing Data in Motion: Data Integration Best Practice Techniques and Technologies.* Morgan Kaufmann, 2013. Print. The Morgan Kaufmann Series on Business Intelligence.

Rhoton, John. *Cloud Computing Explained: Implementation Handbook for Enterprises.* Recursive Press, 2009. Print.

Sarkar, Pushpak. *Data as a Service: A Framework for Providing Reusable Enterprise Data Services.* Wiley-IEEE Computer Society Pr, 2015. Print.

Sears, Jonathan. *Data Integration 200 Success Secrets - 200 Most Asked Questions On Data Integration - What You Need to Know.* Emereo Publishing, 2014. Kindle.

Sherman, Rick. *Business Intelligence Guidebook: From Data Integration to Analytics.* Morgan Kaufmann, 2014. Print.

U.S. Department of Commerce. *Guidelines on Security and Privacy in Public Cloud Computing.* CreateSpace Independent Publishing Platform, 2014. Print.

Van der Lans, Rick. *Data Virtualization for Business Intelligence Systems: Revolutionizing Data Integration for Data Warehouses.* Morgan Kaufmann, 2012. Print. The Morgan Kaufmann Series on Business Intelligence.

Zhao, Liang, Sherif Sakr, Anna Liu, and Athman Bouguettaya. *Cloud Data Management.* Springer; 2014. Print

CAPÍTULO 9

Gestión de Documentos y Contenido

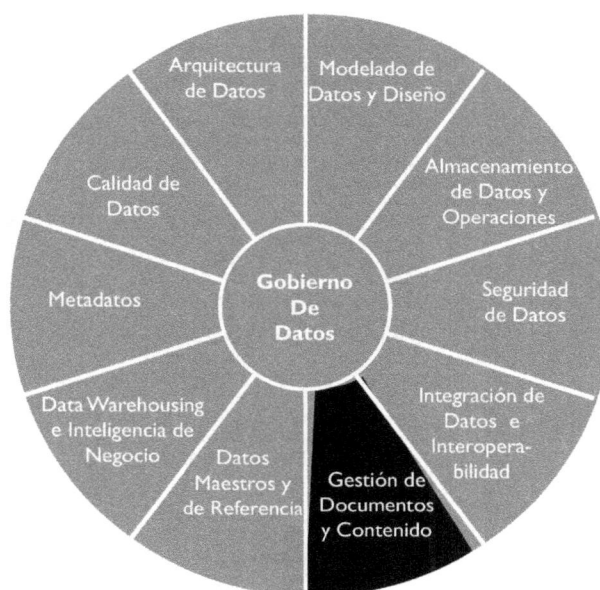

DAMA-DMBOK2 Marco de Referencia de Gestión de Datos

Copyright © 2017 by DAMA International

1. Introducción

La Gestión de Documentos y Contenidos implica controlar la captura, el almacenamiento, el acceso y el uso de datos e información guardados fuera de las bases de datos relacionales[43]. Su objetivo es mantener la integridad y permitir el acceso a documentos y otra información no estructurada o semiestructurada que la hace aproximadamente equivalente a la Gestión de Operaciones de Datos para bases de datos relacionales. Sin embargo, también tiene objetivos estratégicos. En muchas organizaciones, los datos no estructurados tienen una relación directa con los datos estructurados. Las decisiones de la gerencia sobre tal contenido deben ser aplicadas consistentemente. Además, al igual que otros tipos de datos, se espera que los documentos y el contenido no estructurado sean seguros y de alta calidad. Garantizar la seguridad y la calidad requiere gobernabilidad, arquitectura confiable y Metadatos bien administrados.

---

[43] Los tipos de datos no estructurados se han desarrollado desde los principios de la década de los 2000 dado que la capacidad para capturar y almacenar información digital ha aumentado. El concepto de *datos no estructurados* hace referencia a los datos que no están predefinidos por medio de un modelo de datos, ya sea relacional o de otro tipo.

Gestión de Documentos y Contenido

Definición: Planeación, implementación y actividades de control para la gestión de ciclo de vida de datos e información encontrada de cualquier forma o medio.

Metas:
1. Cumplir con las obligaciones legales y expectativas del cliente con respecto a la gestión de registros.
2. Asegurar el efectivo y eficiente almacenamiento, recuperación, y uso de los documentos y contenidos.
3. Asegurar las capacidades de integración entre los contenidos estructurados y no estructurados.

Motivadores de Negocio

Entradas:
- Estrategia de Negocios
- Estrategia TI
- Requerimientos Legales de Retención
- Archivo Texto
- Archivo de formato Electrónico
- Archivo de papel impreso
- Flujo de medios sociales

Actividades:
1. **Planear para la Gestión del Ciclo de Vida (P)**
   1. Plan para la Gestión de Registros
   2. Desarrollar una estrategia de contenidos
2. **Crear Políticas de manejo de contenidos, incluyendo el enfoque E-discovery**
3. **Definir Arquitectura de Información (D)**
4. **Gestionar el Ciclo de Vida (O)**
   1. Capturar y Gestionar Registros y Contenidos (O)
   2. Conservar, depurar y archivar registros y contenidos (O)
5. **Publicar y Entregar Contenidos (O)**

Salidas:
- Estrategia de Gestión de Registros y Contenido
- Política y Procedimiento
- Repositorio de Contenidos
- Gestión de Registros en muchos formatos de medios
- Registro y seguimiento de Auditoría

Proveedores:
- Equipo Legal
- Equipo de Negocio
- Equipo TI
- Entidad Externa

Participantes:
- *Data Stewards*
- Profesional de Gestión de Datos
- Personal de Gestión de Registro
- Personal de Gestión de Contenidos
- Personal de Desarrollo *Web*
- Bibliotecarios

Consumidores:
- Usuarios de Negocios
- Usuarios TI
- Agencia Reguladora Gubernamental
- Equipo de Auditoría
- Cliente externo

Motivadores Técnicos

Técnicas:
- Etiquetado de Metadatos
- Formato de marcado e intercambio de datos
- Mapeo de Datos
- *Storyboarding* (Guión Gráfico)
- Infografías

Herramientas:
- *Software* de productividad de oficina
- Sistema de Gestión de Contenido Empresarial
- Vocabulario controlado / Herramienta de metadatos
- *Wiki* de Gestión de Conocimiento
- Herramientas de Medios Visuales
- Medios sociales
- Tecnología *E-discovery*

Métricas:
- Métrica de Auditoría de Cumplimiento
- Retorno de la Inversión
- Métrica de Uso
- KPI de gestión de registros
- KPI para *E-Discovery*
- Métrica de Programa ECM
- Métrica de Operación ECM

(P) Planificación, (C) Control, (D) Desarrollo, (O) Operaciones

Figura 71 Diagrama de Contexto: Documentos y Contenido

1.1 Motivadores de Negocio

Los principales motivadores de negocio para la Gestión de Documentos y Contenidos incluyen el cumplimiento normativo, la capacidad de responder a las solicitudes de litigios y descubrimiento electrónico, y los requerimientos de continuidad de negocio. Una buena gestión de registros puede también ayudar a las organizaciones a ser más eficientes. Los sitios *web* bien organizados y con capacidad de búsqueda que resultan de una gestión efectiva de ontologías y otras estructuras que facilitan la búsqueda ayudan a mejorar la satisfacción de los clientes y los empleados.

Las leyes y regulaciones requieren que las organizaciones mantengan registros de ciertos tipos de actividades. La mayoría de las organizaciones tienen también políticas, estándares y mejores prácticas para el mantenimiento de registros. Los registros incluyen tanto documentos en papel como ESI (Electronic Stored Information – Información Almacenada Electrónicamente). Una buena gestión de registros es necesaria para la continuidad del negocio. También permite que una organización responda en caso de litigio.

Descubrimiento electrónico es el proceso de encontrar registros electrónicos que podrían servir como evidencia en una acción legal. A medida que se ha desarrollado la tecnología para crear, almacenar y utilizar datos, el volumen de ESI ha aumentado exponencialmente. Algunos de estos datos, sin duda, terminarán en litigios o solicitudes de regulación.

La capacidad de una organización para responder a una solicitud de descubrimiento electrónico depende de la forma en que han gestionado registros como correo electrónico, *chats*, sitios *web* y documentos electrónicos, así como datos de aplicaciones sin procesar y Metadatos. *Big Data* se ha convertido en un motor para un descubrimiento electrónico más eficiente, la retención de registros y un sólido gobierno de la información.

Ganar eficiencia es un motor para mejorar la gestión de documentos. Los avances tecnológicos en la gestión de documentos están ayudando a las organizaciones a agilizar los procesos, gestionar el flujo de trabajo, eliminar tareas manuales repetitivas y permitir la colaboración. Estas tecnologías tienen los beneficios adicionales de permitir a las personas localizar, acceder y compartir documentos con mayor rapidez. También pueden evitar la pérdida de documentos. Esto es muy importante para el descubrimiento electrónico. También hay un ahorro de dinero liberando el espacio del contenedor de archivos y reduciendo los costos de manejo de documentos.

1.2 Metas y Principios

Las metas de la implementación de las mejores prácticas en torno a la Gestión de Documentos y Contenidos incluyen:
- Asegurar la recuperación y el uso efectivo y eficiente de datos e información en formatos no estructurados
- Asegurar capacidades de integración entre datos estructurados y no estructurados
- Cumplir con las obligaciones legales y las expectativas del cliente

La Gestión de Documentos y Contenidos sigue estos principios rectores:
- Todos en una organización tienen un papel a desempeñar protegiendo el futuro de la organización. Todos deben crear, usar, recuperar y disponer de los registros de acuerdo con las políticas y procedimientos establecidos.
- Los expertos en el manejo de los registros y el contenido deben participar plenamente en la formulación de políticas y la planeación. Las mejores prácticas regulatorias pueden variar significativamente según el sector industrial y la jurisdicción legal.

Incluso si los profesionales de la gestión de registros no están disponibles para la organización, todos pueden ser entrenados para comprender los desafíos, las mejores prácticas y los problemas. Una vez capacitados, los administradores de negocios y otros pueden colaborar en un enfoque efectivo para la gestión de registros.

En 2009, ARMA International (Association of Records Managers and Administrators – Asociación Internacional de Gestores y Administradores de Registros), una asociación profesional sin fines de lucro para la gestión de registros e información publicó GARP[44] (Generally Acceptable Recordkeeping

---

[44] http://bit.ly/2tNF1E4.

Principles® - Principios Generalmente Aceptables de Mantenimiento de Registros) un conjunto de Principios de Registro Generalmente Aceptables que describe cómo se deben mantener los registros de negocios. También proporciona un marco de gestión de registros e información con métricas asociadas. La primera oración de cada principio se expone a continuación. Puede encontrar más explicaciones en el sitio web de ARMA.

- **Principio de Responsabilidad:** Una organización debe asignar a un alto ejecutivo para empoderarse de personas, adoptar políticas y procesos para guiar al personal y asegurar la auditabilidad del programa.
- **Principio de Integridad:** Un programa de gobierno de información debe ser construido de tal forma que los registros y la información generada o administrada por o para la organización tengan una garantía razonable y adecuada autenticidad y fiabilidad.
- **Principio de Protección:** Un programa de gobierno de información debe ser construido para asegurar un nivel razonable de protección a la información personal o que de otra manera requiere protección.
- **Principio de Cumplimiento:** Un programa de gobierno de información debe ser construido para cumplir con las leyes aplicables y otras autoridades vinculantes, así como con las políticas de la organización.
- **Principio de Disponibilidad:** Una organización debe mantener su información de tal manera que asegure la recuperación oportuna, eficiente y precisa de su información.
- **Principio de Retención:** Una organización debe conservar su información por un tiempo apropiado, teniendo en cuenta todos los requerimientos operativos, legales, regulatorios y fiscales, y los de todas las autoridades vinculantes pertinentes.
- **Principio de Disposición:** Una organización debe proveer una disposición apropiada y segura de la información de acuerdo con sus políticas, y con las leyes, regulaciones y otras autoridades vinculantes aplicables.
- **Principio de Transparencia:** Una organización debe documentar sus políticas, procesos y actividades, incluyendo su programa de gobierno de la información, de una manera que esté disponible y comprendida por el personal y las partes interesadas apropiadas.

1.3 Conceptos Esenciales

1.3.1 Contenido

Un documento es para el contenido como una cubeta es para el agua: un contenedor. El contenido se refiere a los datos e información dentro del archivo, documento o sitio web. El contenido es a menudo gestionado en función de los conceptos representados por los documentos, así como el tipo o el estado de los documentos. El contenido también tiene un ciclo de vida. En su forma terminada, algún contenido se convierte en una cuestión de registro para una organización. Los registros oficiales se tratan de manera diferente a otros contenidos.

1.1.1.1. Gestión del Contenido

La Gestión de Contenido incluye los procesos, técnicas y tecnologías para organizar, categorizar y estructurar recursos de información para que puedan ser almacenados, publicados y reutilizados de múltiples maneras.

El ciclo de vida del contenido puede ser activo, con cambios diarios a través de procesos controlados para la creación y modificación; o puede ser más estático con sólo cambios menores, ocasionales. El contenido puede ser administrado formalmente (estrictamente almacenado, administrado, auditado, retenido o eliminado) o informalmente a través de actualizaciones *ad hoc*.

La gestión de contenidos es especialmente importante en sitios *web* y portales, pero las técnicas de indexación basadas en palabras clave y organización basada en taxonomías pueden aplicarse a través de plataformas tecnológicas. Cuando el alcance de la gestión de contenido involucra a toda la empresa, se denomina ECM (Enterprise Content Management – Gestión Empresarial de Contenido).

1.3.1.2 Metadatos del Contenido

Los Metadatos son esenciales para gestionar los datos no estructurados, tanto lo que tradicionalmente se piensa como contenido y documentos, como para lo que ahora entendemos como "*Big Data*". Sin Metadatos, no es posible inventariar y organizar el contenido. Los Metadatos para el contenido de datos no estructurados se basan en:

- **Formato:** A menudo el formato de los datos dicta el método para acceder a los datos (como el índice electrónico para los datos no estructurados).
- **Capacidad de búsqueda:** si ya existen herramientas de búsqueda para su uso con datos no estructurados relacionados.
- **Auto-documentación:** si los Metadatos se auto-documentan (como en los sistemas de archivos). En este caso, el desarrollo es mínimo, ya que la herramienta existente es simplemente adoptada.
- **Patrones existentes:** si los métodos y patrones existentes pueden ser adoptados o adaptados (como en los catálogos de la biblioteca).
- **Temas de contenido:** Las cosas que las personas probablemente estarán buscando.
- **Requerimientos:** Necesidad de minuciosidad y detalle en la recuperación (como en la industria farmacéutica o nuclear45). Por lo tanto, los Metadatos detallados en el nivel de contenido podrían ser necesarios, y una herramienta capaz de etiquetado de contenido podría ser necesaria.

En realidad, el mantenimiento de Metadatos para datos no estructurados se convierte en el mantenimiento de una referencia cruzada entre varios patrones locales y el conjunto oficial de Metadatos empresariales. Los administradores de registros y los profesionales de Metadatos reconocen que existen métodos integrados a largo plazo en toda la organización para documentos, registros y otros contenidos que deben conservarse durante muchos años, pero que a menudo estos métodos son costosos para reorganizarse. En algunas organizaciones, un equipo centralizado mantiene los patrones de referencia cruzada entre los índices de gestión de registros, taxonomías e incluso variantes de tesauros.

1.3.1.3 Modelado de Contenido

El *Modelado de Contenido* es el proceso de convertir conceptos de contenido lógico en tipos de contenido, atributos y tipos de datos con relaciones. Un atributo describe algo específico y distinguible sobre el contenido al que se refiere. Un tipo de datos restringe el tipo de datos que puede contener el atributo, permitiendo la validación y el procesamiento. La gestión de Metadatos y las técnicas de modelado de datos se utilizan en el desarrollo de un modelo de contenido.

---

[45] Estas industrias son responsables de proporcionar evidencia de cómo se manejan ciertos tipos de materiales. Los fabricantes de farmacias, por ejemplo, deben mantener registros detallados de cómo surgió un compuesto y luego se probó y manejó, antes de que las personas puedan usarlo.

Hay dos niveles de modelado de contenido. El primero está en el nivel de producto de información, que crea un producto real como un sitio *web*. El segundo es a nivel de componentes, que detalla los elementos que componen el modelo de producto de información. El nivel de detalle del modelo depende de la granularidad deseada para su reutilización y estructura. Los modelos de contenido apoyan la estrategia de contenido guiando la creación de contenido y promoviendo la reutilización. Éstos apoyan el contenido adaptable, que es de formato libre e independiente del dispositivo. Los modelos se convierten en las especificaciones para el contenido implementado en tales estructuras, como la definición de esquemas XML (Extensible Markup Language – Lenguaje de Marcado Extensible) o XSDs (XML Schema Definition – Definción de Esquemas XML), formularios o hojas de estilo.

1.3.1.4 Métodos de Entrega de Contenido

El contenido debe ser modular, estructurado, reutilizable e independiente del dispositivo y de la plataforma. Los métodos de entrega incluyen páginas *web*, impresión y aplicaciones móviles, así como libros electrónicos con video y audio interactivos. La conversión de contenido en XML al principio del flujo de trabajo permite la reutilización en diferentes canales de medios. Los sistemas de entrega de contenido son 'push', 'pull' o interactivos.

- **Push:** En un sistema de entrega *push*, los usuarios eligen el tipo de contenido que se les entrega en un horario predeterminado. La sindicación implica que una parte crea el contenido publicado en muchos lugares. RSS (Really Simple Syndication – Sindicación Realmente Simple) es un ejemplo de un mecanismo de entrega de contenido *push*. Distribuye contenido (es decir, un *feed*) para distribuir noticias y otros contenidos *web* a solicitud.
- **Pull:** En un sistema de entrega por extracción, los usuarios extraen el contenido a través de Internet. Un ejemplo de un sistema de extracción es cuando los compradores visitan las tiendas minoristas en línea.
- **Interactivo:** Los métodos interactivos de entrega de contenido, como las aplicaciones EPOS (Electronic Point of Sale - Punto de Venta Electrónica) de terceros o los sitios *web* orientados al cliente (por ejemplo, para la inscripción), necesitan intercambiar grandes volúmenes de datos en tiempo real entre aplicaciones empresariales. Las opciones para compartir datos entre aplicaciones incluyen EAI (Enterprise Aplication Integration - Integración de Aplicaciones Empresarial), Captura de modificación de datos, Integración de Datos y EII (Enterprise Information Integration – Integración de Información Empresarial). (Véase el Capítulo 8).

1.3.2 Vocabularios Controlados

Un *vocabulario controlado* es una lista definida de términos explícitamente permitidos utilizados para indexar, categorizar, etiquetar, ordenar y recuperar contenido a través de la exploración y la búsqueda. Un vocabulario controlado es necesario para organizar sistemáticamente documentos, registros y contenido. Los vocabularios varían en complejidad desde listas simples o listas de selección, hasta anillos de sinónimos o listas de autoridad, hasta taxonomías, y los más complejos, tesauros y ontologías. Un ejemplo de un vocabulario controlado es el Dublin Core, utilizado para catalogar publicaciones.

Las políticas definidas controlan quién agrega términos al vocabulario (por ejemplo, un taxonomista o indexador o bibliotecario). Los bibliotecarios están especialmente capacitados en la teoría y el desarrollo de vocabularios controlados. Los usuarios de la lista pueden sólo aplicar términos de la lista para su área temática. (Véase el capítulo 10).

Idealmente, los vocabularios controlados deben alinearse con los nombres de las entidades y las definiciones en un modelo conceptual de datos empresarial. Un enfoque ascendente para recopilar términos y conceptos es compilarlos en una *folksonomía*, que es una colección de términos y conceptos obtenidos a través del etiquetado social. Los vocabularios controlados constituyen un tipo de Datos de Referencia. Al igual que otros Datos de Referencia, sus valores y definiciones necesitan ser manejados para su integridad y aceptación. También pueden ser considerados como Metadatos, ya que ayudan a explicar y apoyar el uso de otros datos. Se describen en este capítulo porque la Gestión de Documentos y Contenidos corresponden a los casos de uso primarios para vocabularios controlados.

1.3.2.1 Gestión del Vocabulario

Debido a que los vocabularios evolucionan con el tiempo, requieren un manejo. ANSI / NISO Z39.19-2005 es un estándar americano que proporciona pautas para la Construcción, Formato y Gestión de Vocabularios Controlados Monolingües, describe la gestión del vocabulario como una forma de "mejorar la efectividad de los sistemas de almacenamiento y recuperación de información, sistemas de navegación *web* y otros entornos que buscan identificar y localizar el contenido deseado a través de algún tipo de descripción utilizando el lenguaje. El objetivo principal del control de vocabulario es lograr consistencia en la descripción de los objetos de contenido y facilitar la recuperación"[46].

La gestión del vocabulario es la función de definir, abastecer, importar y mantener cualquier vocabulario dado. Las preguntas clave para permitir la gestión del vocabulario se centran en los usos, los consumidores, las normas y el mantenimiento:

- ¿Cuáles conceptos de información apoyarán este vocabulario?
- ¿Cuál es el público para este vocabulario? ¿Qué procesos soportan? ¿Qué papeles desempeñan?
- ¿Por qué es necesario el vocabulario? ¿Apoyará a una aplicación, gestión de contenido o análisis?
- ¿Cuál organismo de toma de decisiones es responsable de designar los términos preferidos?
- ¿Cuáles vocabularios existentes usan los diferentes grupos para clasificar esta información? ¿Dónde se encuentran? ¿Cómo fueron creados? ¿Quiénes son sus expertos en la materia? ¿Hay alguna preocupación de seguridad o privacidad para alguno de ellos?
- ¿Existe un estándar que pueda satisfacer esta necesidad? ¿Hay preocupaciones de usar un estándar externo vs interno? ¿Con qué frecuencia se actualiza el estándar y cuál es el grado de cambio para cada actualización? ¿Son accesibles los estándares en un formato fácil de importar / mantener, de una manera rentable?

Los resultados de esta evaluación permitirán la integración de datos. Ayudarán también a establecer estándares internos, incluyendo un vocabulario preferido asociado a través de funciones de gestión de relaciones entre términos.

Si este tipo de evaluación no es hecha, los vocabularios preferidos podrían aún ser definidos en una organización, sólo que se harían en silos, proyecto por proyecto, lo que conduciría a un mayor costo de integración y mayores posibilidades de problemas de calidad de datos. (Véase el capítulo 13).

---

[46] http://bit.ly/2sTaI2h.

1.3.2.2 Vistas del Vocabulario y Vocabulario Micro-controlado

Una *vista de vocabulario* es un subconjunto de un vocabulario controlado, cubriendo una gama limitada de temas dentro del dominio del vocabulario controlado. Las vistas de vocabulario son necesarias cuando el objetivo es *utilizar* un vocabulario estándar que contenga un gran número de términos; no obstante, no todos los términos son relevantes para algunos consumidores de la información. Por ejemplo, una vista que sólo contiene términos relevantes para una Unidad de Negocio de Marketing no contendría términos relevantes sólo para Finanzas.

Las vistas de vocabulario aumentan la usabilidad de la información limitando el contenido a lo que es apropiado para los usuarios. Construya una vista de vocabulario de términos de vocabulario preferidos manualmente, o mediante reglas de negocio que actúen sobre términos de vocabulario o Metadatos preferidos. Defina las reglas para establecer qué términos se incluyen en cada vista de vocabulario.

Un *vocabulario micro-controlado* es una vista de vocabulario que contiene términos altamente especializados que no están presentes en el vocabulario general. Un ejemplo de un vocabulario *microcontrolado* es un diccionario médico con subconjuntos para las disciplinas médicas. Dichos términos deberían corresponder a la estructura jerárquica del vocabulario ampliamente controlado. Un vocabulario micro-controlado es internamente consistente con respecto a las relaciones entre términos.

Los vocabularios micro-controlados son necesarios cuando el objetivo es aprovechar un vocabulario estándar, pero el contenido no es suficiente y hay una necesidad de gestionar adiciones / extensiones para un grupo específico de consumidores de información. La construcción de un vocabulario microcontrolado comienza con los mismos pasos como para una vista de vocabulario, pero también incluye la adición o asociación de términos preferidos adicionales que se diferencian de los términos preferidos preexistentes indicando una fuente diferente.

1.3.2.3 Listas de Términos y Selecciones

Las listas de términos son sólo eso: listas. No describen relaciones entre los términos. Las listas de selección, las listas desplegables *web* y las listas de opciones de menú en los sistemas de información utilizan listas de términos. Proporcionan poca o ninguna guía al usuario, pero ayudan a controlar la ambigüedad al reducir el dominio de los valores.

Las listas de selección suelen estar incluidas en las aplicaciones. El *software* de gestión de contenido puede ayudar a transformar listas de selección y vocabularios controlados en listas de selección que se pueden buscar desde la página principal. Estas listas de selección se gestionan como taxonomías dentro del *software*.

1.3.2.4 Gestión de Términos

El estándar ANSI/NISO Z39.19-2005 define un término como "Una o más palabras que designan un concepto"[47]. Al igual que los vocabularios, los términos individuales también requieren gestión. La Gestión de Términos incluye especificar cómo se definen y clasifican inicialmente los términos y cómo se mantiene esta información una vez que comienza a utilizarse en diferentes sistemas. Los términos deben ser gestionados a través de un proceso de gobierno. Es posible que los delegados

---

[47] http://bit.ly/2sTaI2h.

deban arbitrar para asegurar que la retroalimentación de las partes interesadas se contabilice antes de que se modifiquen los términos. Z39.19 define un *término preferido* como uno de dos o más sinónimos o variantes léxicas seleccionadas como un término para su inclusión en un vocabulario controlado.

La Gestión de Términos incluye establecer relaciones entre términos dentro de un vocabulario controlado. Hay tres tipos de relaciones:

- **Relación de término equivalente**: Relación entre los términos de un vocabulario controlado que lleva a uno o más términos a utilizar en lugar del término del cual se hace la referencia cruzada. Este es el mapeo de términos más comúnmente utilizado en las funciones de IT (Information Technology – TI-Tecnología de la Información), indicando que un término o valor de un sistema o vocabulario es el mismo que otro, por lo que las tecnologías de integración pueden realizar su mapeo y estandarización.
- **Relación jerárquica**: Una relación entre términos en un vocabulario controlado que representa relaciones más amplias (generales) a más estrechas (específicas) o de partes enteras.
- **Relación de términos relacionados**: Un término que está asociativa, pero no jerárquicamente vinculado a otro término en un vocabulario controlado.

1.3.2.5 Anillos de Sinónimos y Listas de Autoridad

Un *anillo de sinónimos* es un conjunto de términos con un significado aproximadamente equivalente. Un anillo de sinónimos permite a los usuarios que buscan alguno de los términos, acceder a contenido relacionado con cualquiera de los términos. El desarrollo manual de anillos de sinónimos es para la recuperación, no para la indexación. Ofrecen control de sinónimos, y tratan a los sinónimos y a los términos casi sinónimos por igual. El uso ocurre cuando el entorno de indexación tiene un vocabulario no controlado o donde no hay indexación. Los motores de búsqueda y los diferentes registros de Metadatos tienen anillos de sinónimos (véase el capítulo 13). Pueden ser difíciles de implementar en las interfaces de usuario.

Una *lista de autoridad* es un vocabulario controlado de términos descriptivos diseñados para facilitar la recuperación de información dentro de un dominio o ámbito específico. El tratamiento de términos no es igual al de anillo de sinónimos; en cambio, se prefiere un término y los otros son variantes. Un archivo de autoridad hace referencia cruzada a sinónimos y variantes para cada término para guiar al usuario desde un término no preferido a un término preferido. La lista puede o no contener definiciones de estos términos. Las listas de autoridad deben contar con administradores designados. Pueden tener estructura. Un ejemplo son los encabezamientos de temas de la Biblioteca del Congreso de los Estados Unidos. (Véase la sección 1.3.2.1).

1.3.2.6 Taxonomías

La *Taxonomía* es un término paraguas que se refiere a cualquier clasificación o vocabulario controlado. El ejemplo más conocido de la taxonomía es el sistema de clasificación de todos los seres vivos desarrollado por el biólogo sueco Linnaeus.

En la gestión de contenidos, una *taxonomía* es una estructura de nomenclatura conteniendo un vocabulario controlado utilizado para delinear temas y permitir sistemas de navegación y búsqueda. Las taxonomías ayudan a reducir la ambigüedad y controlan los sinónimos. Una taxonomía jerárquica puede contener diferentes tipos de relaciones padre/hijos útiles tanto para los indexadores como para los buscadores. Tales taxonomías se utilizan para crear interfaces de tipo de desglose.

Las taxonomías pueden tener diferentes estructuras:

- Una **taxonomía plana** no tiene relación entre el conjunto de categorías controladas. Todas las categorías son iguales. Esto es similar a una lista; Por ejemplo, una lista de países.
- Una **taxonomía jerárquica** es una estructura de árbol en la que los nodos están relacionados por una regla. Una jerarquía tiene al menos dos niveles y es bidireccional. Al subir la jerarquía se expande la categoría; moverse abajo refina la categoría. Un ejemplo es la geografía, desde el continente hasta la calle.
- Una *polijerarquía* es una estructura similar a un árbol con más de una regla de relación de nodo. Los nodos hijos pueden tener varios padres. Esos padres también pueden compartir nodos abuelos. Como tal, los caminos de recorrido pueden ser complicados y se debe tener cuidado para evitar potenciales recorridos no válidos: verticalmente en el árbol puede haber un nodo que se relaciona con el padre, pero no con uno de los abuelos. Las estructuras complicadas de la *polijerarquía* pueden ser mejoradas con la utilización de una taxonomía de facetas.
- Una **taxonomía de facetas** se parece a una estrella en la que cada nodo está asociado con el nodo central. Las facetas son atributos del objeto en el centro. Un ejemplo son los Metadatos, donde cada atributo (creador, título, derechos de acceso, palabras clave, versión, etc.) es una faceta de un objeto de contenido.
- Una **taxonomía de red** utiliza las estructuras jerárquicas y de facetas. Dos nodos cualquiera en la taxonomía de la red establecen vínculos basados en sus asociaciones. Un ejemplo es un motor de recomendación (... si te gustó, también te gustaría esto ...). Otro ejemplo es un tesauro.

Con la cantidad de datos que se generan, incluso las taxonomías mejor definidas requieren reglas automatizadas de señalización, corrección y enrutamiento. Si las taxonomías no se mantienen, serán subutilizadas o producirán resultados incorrectos. Esto crea el riesgo de que las entidades y el personal que se rijan por las regulaciones aplicables estarán fuera de cumplimiento. Por ejemplo, en una taxonomía financiera, el término preferido puede ser "*postempleo*". El contenido puede provenir de sistemas que lo clasifican como "Post-Empleo", "Post Empleo", o incluso "Post Retiro". Para apoyar estos casos, debe definirse un anillo de sinónimo apropiado y relaciones de términos relacionados (US GAAP, 2008).

Las organizaciones desarrollan sus propias taxonomías para formalizar el pensamiento colectivo sobre temas específicos de su trabajo. Las taxonomías son particularmente importantes para presentar y encontrar información en sitios *web*, ya que muchos motores de búsqueda se basan en coincidencias de palabras exactas y sólo pueden encontrar elementos etiquetados o utilizando las mismas palabras de la misma manera.

1.3.2.7 Esquemas de Clasificación y Etiquetado

Los *Esquemas de Clasificación* son códigos que representan un vocabulario controlado. Estos esquemas son a menudo jerárquicos y pueden tener palabras asociadas con ellos, tales como el Sistema Decimal de Dewey y la Clasificación de la Biblioteca del Congreso de los Estados Unidos (clases principales y subclases). Una taxonomía basada en números, el Sistema Decimal de Dewey es también una expresión multilingüe para la codificación de temas, ya que los números pueden ser 'descodificados' en cualquier idioma.

Las *folksonomías* son esquemas de clasificación para términos de contenido en línea y nombres obtenidos a través del etiquetado social. Los usuarios individuales y grupos los utilizan para anotar y categorizar el contenido digital. Normalmente no tienen estructuras jerárquicas ni términos preferidos. Las *folksonomías* generalmente no se consideran autoritarias ni se aplican a la indexación de documentos porque los expertos no las compilan. Sin embargo, debido a que reflejan directamente el vocabulario de los usuarios, ofrecen el potencial para mejorar la recuperación de información. Los términos de *folksonomía* se pueden vincular a vocabularios controlados estructurados.

1.3.2.8 Tesauros

Un *tesauro* es el tipo de vocabulario controlado utilizado para la recuperación de contenido. Combina características de listas de sinónimos y taxonomías. Un *tesauro* proporciona información sobre cada término y su relación con otros términos. Las relaciones son jerárquicas (padre/hijo o amplias/estrechas), asociativas ('ver también') o equivalentes (sinónimo o usado/usado desde). Los sinónimos deben ser aceptablemente equivalentes en todos los escenarios de contexto. Un *tesauro* también puede incluir definiciones, citas, etc.

Los *tesauros* pueden ser utilizados para organizar el contenido no estructurado, descubrir las relaciones entre el contenido de diferentes medios, mejorar la navegación del sitio *web*, y optimizar la búsqueda. Cuando un usuario ingresa un término, un sistema puede usar un *tesauro* no expuesto (uno no disponible directamente para el usuario) para dirigir automáticamente la búsqueda a un término similar. Alternativamente, el sistema puede sugerir términos relacionados con los cuales un usuario podría continuar la búsqueda.

Los estándares que proporcionan orientación sobre la creación de *tesauros* incluyen ISO 25964 y ANSI/NISO Z39.19. 10.2.2.1.5 Ontologías.

1.3.2.9 Ontología

Una *Ontología* es un tipo de taxonomía que representa un conjunto de conceptos y sus relaciones dentro de un dominio. Las ontologías proporcionan la representación primaria del conocimiento en la *Web* Semántica y se utilizan en el intercambio de información entre las aplicaciones de la *Web* Semántica.[48]

Los lenguajes de ontología, como RDFS (Resource Description Framework Schema – Esquema Marco de Trabajo de Descripción de Recursos), se utilizan para desarrollar ontologías mediante la codificación del conocimiento sobre dominios específicos. Pueden incluir reglas de razonamiento para apoyar el procesamiento de ese conocimiento. OWL (Web Ontology Language – Lenguaje de Ontología *Web*), una extensión de RDFS, es una sintaxis formal para definir ontologías.

Las ontologías describen clases (conceptos), individuos (instancias), atributos, relaciones y eventos. Una ontología puede ser una colección de taxonomías y tesauros de vocabulario común para la representación del conocimiento y el intercambio de información. Las ontologías a menudo se relacionan con una jerarquía taxonómica de clases y definiciones con la relación de subsunción, como la descomposición del comportamiento inteligente en muchos módulos de comportamiento más simples y luego capas.

---

[48] Web semántica, también conocida como Linked Data Web o Web 3.0, una mejora de la Web actual donde el significado (es decir, la semántica) es capaz de procesar máquinas. Tener una máquina (computadora) que comprenda más hace que sea más fácil encontrar, compartir y combinar datos / información más fácilmente.

Hay dos diferencias clave entre una taxonomía (como un modelo de datos) y una ontología:

- Una taxonomía proporciona clasificaciones de contenido de datos para un área conceptual determinada. Un modelo de datos especifica la entidad a la que pertenece un atributo y el valor válido para ese atributo. En una ontología, sin embargo, los conceptos de entidad, atributo y contenido pueden mezclarse completamente. Las diferencias se identifican a través de Metadatos u otras relaciones.
- En una taxonomía o modelo de datos, lo que se define es lo que se conoce, y nada más. Esto se conoce como una suposición de mundo cerrado. En una ontología, se deducen posibles relaciones basadas en la naturaleza de las relaciones existentes, por lo que algo que no se declara explícitamente puede ser verdad. Esto se conoce como el supuesto del mundo abierto.

Mientras que la gestión de la taxonomía evolucionó bajo la Biblioteconomía, hoy en día el arte y la ciencia de la taxonomía y la gestión de la ontología caen bajo el espacio de gestión semántica. (Véase el capítulo 10). Debido a que el proceso de modelar ontologías es algo subjetivo, es importante evitar las trampas comunes que causan ambigüedad y confusión:

- No distinguir entre una instancia de relación y una subclase de relación.
- Modelar eventos como relaciones.
- Falta de claridad y singularidad de los términos.
- Modelar roles como clases.
- Falta de reutilización.
- Mezcla de la semántica del lenguaje y conceptos de modelado.
- El uso de una herramienta basada en la *Web*, independiente de la plataforma (¡por ejemplo, OOPS!) para la validación de la ontología ayuda con el diagnóstico y la reparación de los errores.

1.3.3 Documentos y Registros

Los *documentos* son objetos electrónicos o de papel que contienen instrucciones para tareas, requerimientos de cómo y cuándo realizar una tarea o función y registros de ejecución y decisiones de tareas. Los documentos pueden comunicar y compartir información y conocimientos. Ejemplos de documentos incluyen procedimientos, protocolos, métodos y especificaciones. Sólo un subconjunto de documentos se designará como registros. Los *registros* proporcionan evidencia de que se tomaron acciones y se tomaron decisiones de acuerdo con los procedimientos; pueden servir como evidencia de las actividades empresariales de la organización y cumplimiento normativo. Las personas suelen crear registros, pero los instrumentos y el equipo de monitoreo también pueden proporcionar datos para generar registros automáticamente.

1.3.3.1 Gestión de Documentos

La *Gestión de Documentos* abarca los procesos, técnicas y tecnologías para controlar y organizar documentos y registros a lo largo de su ciclo de vida. Incluye almacenamiento, inventario y control, tanto para los documentos electrónicos como para los documentos en papel. Más del 90% de los documentos creados hoy en día son electrónicos. Mientras que los documentos sin papel son cada vez más utilizados, el mundo sigue lleno de documentos históricos de papel. En general, la gestión de documentos se refiere a los archivos, con poca atención al contenido del archivo. El contenido de información de un archivo puede guiar cómo gestionar ese archivo, pero la gestión de documentos trata el archivo como una entidad única.

Tanto el mercado como las presiones regulatorias se centran en los calendarios de retención de registros, ubicación, transporte y destrucción. Por ejemplo, algunos datos sobre individuos no pueden cruzar fronteras internacionales. Los reglamentos y los estatutos, como la Ley Sarbanes-Oxley de los Estados Unidos y las Enmiendas de descubrimiento electrónico a las Reglas Federales de Procedimiento Civil y la Ley de Canadá 198, ahora son preocupaciones de los funcionarios corporativos que promueven la estandarización de las prácticas de gestión de registros dentro de sus organizaciones. La gestión del ciclo de vida de documentos y registros incluye:

- **Inventario**: Identificación de documentos / registros existentes y recién creados.
- **Política**: Creación, aprobación y aplicación de políticas de documentos / registros, incluida una política de retención de documentos / registros.
- **Clasificación** de documentos / registros.
- **Almacenamiento**: Almacenamiento a corto y largo plazo de documentos y registros físicos y electrónicos.
- **Recuperación y Circulación**: Permite el acceso y la circulación de documentos / registros de acuerdo con las políticas, las normas de seguridad y control y los requerimientos legales.
- **Conservación y Eliminación**: Archivar y destruir documentos / registros de acuerdo con las necesidades, estatutos y reglamentos de la organización.

Los profesionales de la gestión de datos corresponden a las personas interesad en las decisiones sobre la clasificación y retención de documentos. Deben apoyar la coherencia entre los datos estructurados de base y los datos no estructurados específicos. Por ejemplo, si los informes de salida terminados se consideran documentación histórica apropiada, los datos estructurados en un entorno OLTP (Online Transactional Processing – Procesamiento Transaccional en Línea) o almacén pueden ser relevados de guardar los datos base del informe.

Los documentos son frecuentemente desarrollados dentro de una jerarquía con algunos documentos más detallados que otros. La Figura 72, basada en el texto de ISO 9000 Introducción y Paquete de Soporte: Guía sobre los Requerimientos de Documentación de la Norma ISO 9001, Cláusula 4.2, representa un paradigma centrado en la documentación, apropiado para el gobierno o el ejército. ISO 9001 describe los componentes mínimos de un sistema básico de gestión de calidad. Las entidades comerciales pueden tener diferentes jerarquías o flujos de documentos para apoyar las prácticas empresariales.

1.3.3.2 Gestión de Registros

La gestión de documentos incluye la gestión de registros. La gestión de registros tiene requerimientos especiales[49]. La gestión de registros incluye todo el ciclo de vida: desde la creación o recepción de registros hasta su procesamiento, distribución, organización y recuperación. Los registros pueden ser físicos (por ejemplo, documentos, memorandos, contratos, informes o microfichas); electrónicos (por ejemplo, contenido de correo electrónico, archivos adjuntos y mensajería instantánea); contenido en un sitio *web*; documentos en todo tipo de medios y *hardware*; y datos capturados en bases de datos de todo tipo. Los registros híbridos, como tarjetas de apertura (registro en papel con una ventana de microficha incrustada con detalles o material de apoyo), combinan formatos. Un *Registro Vital* es un registro requerido para reanudar las operaciones de una organización en caso de un desastre.

---

[49] El estándar ISO 15489 define la gestión de registros como "El campo de la gestión responsable del control eficiente y sistemático de la creación, recepción, mantenimiento, uso y disposición de los registros, incluyendo los procesos para capturar y mantener evidencia e información sobre las actividades comerciales y transacciones en forma de registros." http://bit.ly/2sVG8EW.

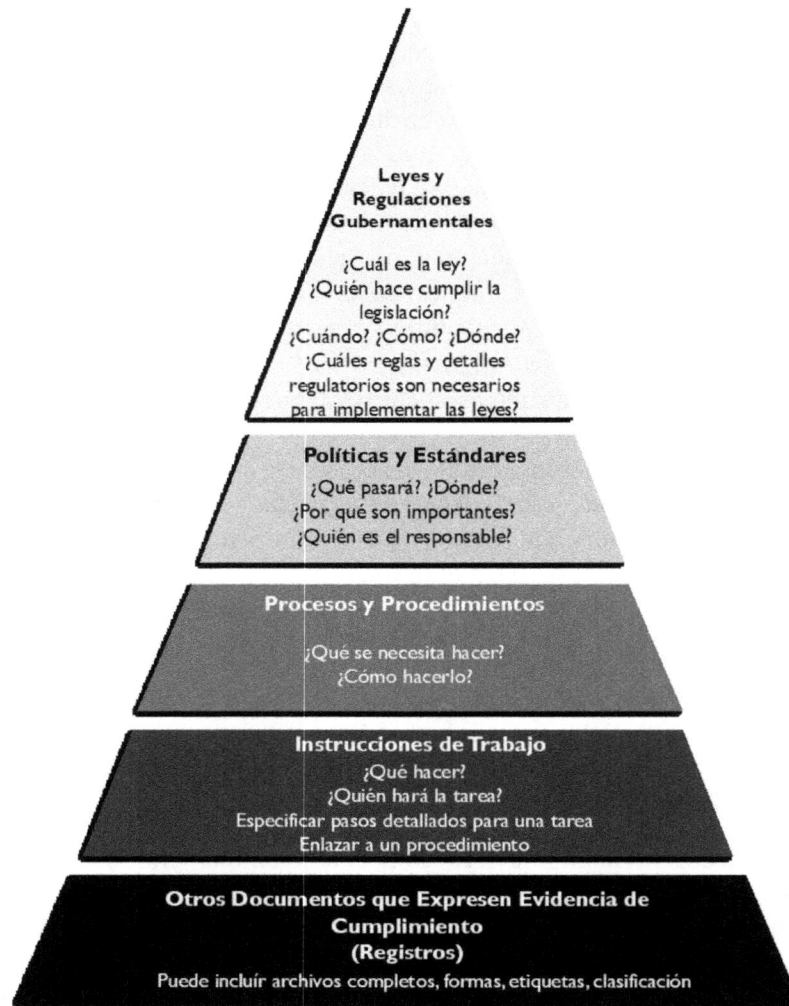

Figura 72 Jerarquía de Documentos basada en ISO 9001-4.2

Los registros confiables son importantes no sólo para el mantenimiento de registros, sino también para el cumplimiento regulatorio. Tener firmas en el registro contribuye a la integridad de un registro. Otras acciones de integridad incluyen la verificación del evento (es decir, el testimonio en tiempo real) y el doble control de la información después del evento.

Los registros bien preparados poseen características tales como:

- **Contenido:** El contenido debe ser preciso, completo y veraz.
- **Contexto:** La información descriptiva (Metadatos) sobre el creador del registro, la fecha de creación o la relación con otros registros debe ser recopilada, estructurada y mantenida con el registro en el momento de la creación del registro.
- **Oportunidad:** Se debe crear un registro inmediatamente después de que ocurra el evento, acción o decisión.
- **Permanencia:** Una vez que se designan como registros, los registros no pueden ser modificados por la duración legal de su existencia.
- **Estructura:** La apariencia y disposición del contenido de un registro debe ser clara. Deben ser registrados en las formas o plantillas correctas. El contenido debe ser legible, la terminología debe utilizarse de manera coherente.

Existen muchos registros tanto en formato electrónico como en papel. La Administración de Registros requiere que la organización sepa qué copia (electrónica o papel) es la copia oficial del expediente para cumplir con las obligaciones de mantenimiento de registros. Una vez que se determina la copia del registro, la otra copia puede ser destruida de manera segura.

1.3.3.3 Gestión de Activos Digitales

La *Gestión de Activos Digitales* (GAD) es un proceso similar a la gestión de documentos que se centra en el almacenamiento, seguimiento y uso de documentos multimedia, como video, logotipos, fotografías, etc.

1.3.4 Mapa de Datos

Un *Mapa de Datos* es un inventario de todas las fuentes de datos, aplicaciones y ambientes TI (Tecnología de la Información) de ESI (Electronically Stored Information – Información Almacenada Electrónicamente), que incluyen los propietarios de las aplicaciones, los custodios, las ubicaciones geográficas relevantes y los tipos de datos.

1.3.5 Descubrimiento Electrónico

Descubrimiento es un término legal que se refiere a la fase previa al juicio de una demanda en la que ambas partes solicitan información entre sí para encontrar hechos para el caso y para ver qué tan fuertes son los argumentos de cada lado. Las FRCP (Federal Rule of Civil Procedure - Reglas Federales de Procedimiento Civil) de los Estados Unidos han gobernado el descubrimiento de evidencia en juicios y otros casos civiles desde 1938. Durante décadas, las reglas de descubrimiento basadas en papel se aplicaron al descubrimiento electrónico. En 2006, las enmiendas al FRCP acomodaron la práctica de descubrimiento y los requerimientos de ESI en el proceso de litigio. Otras regulaciones globales tienen requerimientos específicos para la capacidad de una organización para producir evidencia electrónica. Algunos ejemplos son la Ley de Soborno del Reino Unido, la Ley Dodd-Frank, la FATCA (Foreign Account Tax Compliance Act - Ley de Cumplimiento del Impuesto a las Cuentas Extranjeras), la Ley de Prácticas Corruptas en el Extranjero, las Regulaciones y Normas de Protección de Datos de la Unión Europea (UE), regulaciones antimonopolio globales, regulaciones específicas del sector y reglas procesales de los tribunales locales.

Los documentos electrónicos suelen tener Metadatos (que pueden no estar disponibles para documentos en papel) que juegan un papel importante en la evidencia. Los requerimientos legales provienen de los principales procesos legales tales como descubrimiento electrónico, así como las prácticas de retención de datos y registros, el proceso de notificación legal de retención y las prácticas de disposición legalmente defendibles. El proceso de notificación legal de retención incluye la información de identificación que puede ser solicitada en un procedimiento legal, bloquear esos datos o documentos para evitar su edición o eliminación, y luego notificar a todas las partes de una organización que los datos o documentos en cuestión están sujetos a una retención legal. La Figura 73 muestra un Modelo de Referencia de Descubrimiento Electrónico de alto nivel desarrollado por EDRM (Electronic Discovery Reference Model – Modelo de Referencia de Descubrimiento Electrónico), una organización de estándares y guías para descubrimiento electrónico. Este marco proporciona un enfoque para el descubrimiento electrónico que es útil para las personas involucradas en identificar cómo y dónde se almacenan los datos internos relevantes, qué políticas de retención se aplican, qué datos no están accesibles y qué herramientas están disponibles para ayudar en el proceso de identificación.

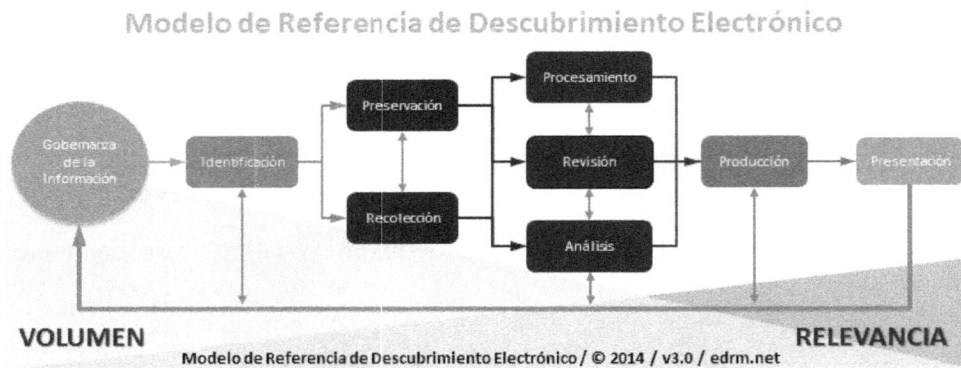

Figura 73 Modelo de Referencia de Descubrimiento Electrónico[50]

El modelo EDRM asume que los datos o el gobierno de la información está establecido. El modelo incluye ocho fases de descubrimiento electrónico que pueden ser iterativas. A medida que progresa el descubrimiento electrónico, el volumen de datos e información que se pueden descubrir se reduce considerablemente a medida que aumenta su relevancia.

La primera fase, Identificación, tiene dos *subfases*: Evaluación Temprana de Casos y Evaluación Temprana de Datos (no se muestra en el diagrama). En la Evaluación Temprana de Casos, el caso legal es evaluado para información pertinente, llamada información descriptiva o Metadatos (por ejemplo, palabras clave, intervalos de fechas, etc.). En la Evaluación Temprana de Datos, se evalúan los tipos y la ubicación de los datos relevantes para el caso. La evaluación de los datos debe identificar las políticas relacionadas con la retención o destrucción de los datos pertinentes para poder preservar la ESI. Las entrevistas deben ser realizadas con personal de gestión de registros, *data stewards* o propietarios de datos, y personal de tecnología de la información para obtener información pertinente. Además, el personal involucrado necesita entender los antecedentes del caso, la retención legal, y su papel en el litigio.

Las siguientes fases del modelo son la Preservación y la Recolección. La Preservación garantiza que los datos que han sido identificados como potencialmente relevantes se colocan en una retención legal para que no sean destruidos. La Recolección incluye la adquisición y transferencia de datos identificados desde la compañía hasta su asesor legal de una manera legalmente defendible.

Durante la fase de Procesamiento, las copias duplicadas de datos repetidos son eliminadas, se buscan y se analizan para determinar qué elementos de datos avanzarán a la fase de Revisión. En la fase de Revisión, se identifican los documentos para ser presentados como respuesta a la solicitud. La Revisión también identifica documentos privilegiados que serán retenidos. Gran parte de la selección depende de los Metadatos asociados a los documentos. El procesamiento tiene lugar después de la fase de Revisión porque aborda el análisis de contenido para comprender las circunstancias, hechos y evidencia potencial en litigios o investigaciones y para mejorar los procesos de búsqueda y revisión.

El Procesamiento y la Revisión dependen del Análisis, pero el Análisis es una fase separada con un enfoque en el contenido. El objetivo del análisis de contenido es comprender las circunstancias, hechos y evidencias potenciales en litigios o investigaciones, con el fin de formular una estrategia en respuesta a la situación legal.

---

[50] EDRM (edrm.net). Contenido publicado en EDRM.net está bajo licencia de Creative Commons Attribution 3.0 Unported License.

En la fase de Producción, los datos y la información son entregados a consejeros rivales, basados en las especificaciones acordadas. Las fuentes originales de información pueden ser archivos, hojas de cálculo, correos electrónicos, bases de datos, dibujos, fotografías, datos de aplicaciones propietarias, datos de sitios *web*, correos de voz y mucho más. La ESI puede ser recolectada, procesada y enviada a una variedad de formatos. La producción nativa conserva el formato original de los archivos. La *Producción Casi Nativa* altera el formato original mediante extracción y conversión. La ESI puede ser producida en una imagen, o formato de papel. Los *Datos de Campo* son Metadatos y otra información extraída de archivos nativos cuando ESI se procesa y produce un archivo de texto delimitado o un archivo de carga XML. El linaje de los materiales proporcionados durante la fase de Producción es importante, porque nadie quiere ser acusado de alterar los datos o la información proporcionada.

Mostrar la ESI en las deposiciones, audiencias y juicios es parte de la fase de Presentación. Las exposiciones de ESI pueden presentarse en papel, formatos casi nativos y nativos para apoyar o refutar elementos del caso. Pueden usarse para obtener más información, validar hechos o posiciones existentes, o persuadir a una audiencia.

1.3.6 Arquitectura de la Información

La arquitectura de la información es el proceso de crear la estructura para un cuerpo de información o de contenido. Incluye los siguientes componentes:
- Vocabularios controlados
- Taxonomías y ontologías
- Mapas de navegación
- Mapas de Metadatos
- Especificaciones de funcionalidad de búsqueda
- Casos de uso
- Flujos de usuario

La arquitectura de la información y la estrategia de contenido describen conjuntamente el 'qué' - qué contenido se gestionará en un sistema. Las fases de diseño describen cómo se implementará la estrategia de gestión de contenido.

Para un sistema de gestión de contenido o documento, la arquitectura de la información identifica los vínculos y las relaciones entre los documentos y el contenido, especifica los requerimientos y atributos del documento, y define la estructura del contenido, sistema de gestión de contenido o documento. La arquitectura de la información es fundamental para desarrollar sitios *web* efectivos. Un guion gráfico proporciona un plan para un proyecto *web*. Sirve como un esquema del enfoque de diseño, define los elementos que deben ir en cada página *web* y muestra la navegación y el flujo de información de cómo las páginas deben trabajar juntas. Esto permite el desarrollo de los modelos de navegación, menús y otros componentes necesarios para la gestión y el uso del sitio.

1.3.7 Motor de Búsqueda

Un motor de búsqueda es un *software* que busca información basada en términos y recupera sitios *web* que tienen esos términos dentro de su contenido. Un ejemplo es *Google*. La funcionalidad de búsqueda requiere varios componentes: *software* de motor de búsqueda adecuado, *spider software* que recorre la *Web* y almacena los URLs (Uniform Resource Locator - Localizador de Recursos Uniforme) del contenido que encuentra, la indexación de las palabras clave encontradas y el texto, y las reglas de clasificación.

1.3.8 Modelo Semántico

El *Modelado Semántico* es un tipo de modelado del conocimiento que describe una red de conceptos (ideas o temas de interés) y sus relaciones. Incorporados a los sistemas de información, los modelos semánticos permiten a los usuarios hacer preguntas de la información de una manera no técnica. Por ejemplo, un modelo semántico puede mapear tablas de base de datos y vistas a conceptos que sean significativos para los usuarios empresariales.

Los modelos semánticos contienen objetos semánticos y enlaces. Los objetos semánticos son cosas representadas en el modelo. Pueden tener atributos con cardinalidad y dominios, e identificadores. Sus estructuras pueden ser simples, compuestos, compuesto, híbrido, asociación, padre / subtipo o arquetipo / versión. Los enlaces representan asociaciones o clases de asociación en UML (The Unified Modeling Languaje – Lenguaje de Modelado Unificado). Estos modelos ayudan a identificar patrones y tendencias y descubrir relaciones entre piezas de información que de otra manera podrían parecer dispares. Al hacerlo, ayudan a habilitar la integración de datos en diferentes dominios de conocimiento o áreas temáticas. Las ontologías y los vocabularios controlados son fundamentales para el modelado semántico.

La integración de datos utiliza ontologías de varias maneras diferentes. Una ontología única podría ser el modelo de referencia. Si hay múltiples fuentes de datos, cada fuente de datos individual se modela utilizando una ontología y posteriormente se asigna a las otras ontologías. El enfoque híbrido utiliza múltiples ontologías que se integran con un vocabulario general común.

1.3.9 Búsqueda Semántica

La búsqueda semántica se centra en el significado y el contexto en lugar de palabras clave predeterminadas. Un motor de búsqueda semántica puede utilizar la inteligencia artificial para identificar coincidencias de consultas basadas en palabras y su contexto. Dicho motor de búsqueda puede analizar por ubicación, intención, variaciones de palabras, sinónimos y concordancia de conceptos.

Los requerimientos para la búsqueda semántica implican averiguar lo que los usuarios quieren pensando como los usuarios. Si los usuarios quieren que los motores de búsqueda funcionen como un lenguaje natural, lo más probable es que quieran que el contenido *web* se comporte de esta manera. El desafío para las organizaciones de *marketing* es incorporar asociaciones y palabras clave que son relevantes para sus usuarios, así como sus marcas.

El contenido *Web* optimizado para la semántica incorpora palabras clave naturales, en lugar de depender de la inserción rígida de palabras clave. Los tipos de palabras clave semánticas incluyen: palabras clave principales que contienen variaciones; palabras clave temáticas para términos conceptualmente relacionados; y las palabras clave raíz que anticipan lo que las personas podrían pedir. El contenido puede optimizarse aún más a través de la relevancia del contenido y la "*compartibilidad*", y el intercambio de contenido a través de la integración de los medios sociales.

Los usuarios de las herramientas de BI (Business Intelligence - Inteligencia de Negocios) y de análisis a menudo tienen requerimientos de búsqueda semántica. Las herramientas de BI deben ser flexibles para que los usuarios empresariales puedan encontrar la información que necesitan para el análisis, informes y cuadros de mando. Los usuarios de *Big Data* tienen una necesidad similar de encontrar un significado común en los datos de formatos dispares.

1.3.10 Datos No Estructurados

Se estima que hasta el 80% de todos los datos almacenados se mantiene fuera de las bases de datos relacionales. Estos datos no estructurados no tienen un modelo de datos que permita a los usuarios comprender su contenido o cómo está organizado; no está etiquetado ni estructurado en filas y columnas. El término *no estructurado* es un tanto engañoso, ya que suele haber estructura en documentos, gráficos y otros formatos, por ejemplo, capítulos o encabezados. Algunos se refieren a datos almacenados fuera de las bases de datos relacionales como datos *no tabula*res o *semi-estructurados*. Ningún término individual describe adecuadamente el gran volumen y diverso formato de información electrónica que se crea y almacena en el mundo de hoy.

Los datos no estructurados se encuentran en varios formatos electrónicos: documentos de procesamiento de textos, correos electrónicos, redes sociales, chats, archivos planos, hojas de cálculo, archivos XML, mensajes transaccionales, informes, gráficos, imágenes digitales, microfichas, grabaciones de video y grabaciones de audio. También existe una enorme cantidad de datos no estructurados en los archivos de papel.

Los principios fundamentales de la gestión de datos se aplican tanto a los datos estructurados como a los no estructurados. Los datos no estructurados son un valioso activo corporativo. El almacenamiento, la integridad, la seguridad, la calidad del contenido, el acceso y el uso eficaz guían la gestión de los datos no estructurados. Los datos no estructurados requieren gobierno de datos, arquitectura, seguridad, Metadatos y calidad de los datos.

Los datos no estructurados y semi-estructurados se han vuelto más importantes para el almacenamiento de datos y la inteligencia de negocios. Los almacenes de datos y sus modelos de datos pueden incluir índices estructurados para ayudar a los usuarios a encontrar y analizar datos no estructurados. Algunas bases de datos incluyen la capacidad de manejar direcciones URL a datos no estructurados que funcionan como hipervínculos cuando se recuperan de la tabla de base de datos. Los datos no estructurados en los lagos de datos se describen en el Capítulo 14.

1.3.11 Flujo de Trabajo

El desarrollo de contenido debe gestionarse a través de un flujo de trabajo que garantice que el contenido se calendarice y reciba las aprobaciones adecuadas. Los componentes del flujo de trabajo pueden incluir la creación, el procesamiento, el enrutamiento, las reglas, la administración, la seguridad, la firma electrónica, la fecha límite, el escalamiento (si ocurren problemas), la generación de informes y la entrega. Debe ser automatizado mediante el uso de un CMS (Content Management System - Sistema de Gestión de Contenido) o un sistema autónomo, en lugar de procesos manuales.

Un CMS tiene la ventaja añadida de proporcionar control de versiones. Cuando el contenido se registra en un CMS, se le asignará un número de versión y se marcará con el nombre de la persona que realizó las actualizaciones.

El flujo de trabajo debe ser repetible, idealmente contiene los pasos del proceso comunes a través de una variedad de contenido. Puede ser necesario un conjunto de flujos de trabajo y plantillas si existen diferencias significativas entre los tipos de contenido. La alineación de los usuarios interesados y los puntos de distribución (incluida la tecnología) es importante. Los plazos necesitan refinarse para mejorar los flujos de trabajo; de lo contrario, puede encontrar rápidamente que sus flujos de trabajo están desactualizados o hay confusión sobre qué usuario interesada es responsable de qué pieza.

2. Actividades

2.1 Planificar la Gestión del Ciclo de Vida

La práctica de la gestión documental implica la planeación del ciclo de vida de un documento, desde su creación o recepción hasta su distribución, almacenamiento, recuperación, archivo y posible destrucción. La planeación incluye el desarrollo de sistemas de clasificación / indexación y taxonomías que permitan el almacenamiento y la recuperación de documentos. Es importante destacar que la planeación del ciclo de vida requiere crear una política específica para los registros. En primer lugar, identificar la unidad organizacional responsable de la gestión de los documentos y registros. Dicha unidad coordina el acceso y la distribución interna y externa, e integra las mejores prácticas y flujos de proceso con otros departamentos de toda la organización. También desarrolla un plan general de manejo de documentos que incluye un plan de continuidad de negocios para documentos y registros vitales. La unidad asegura que sigue políticas de retención alineadas con las normas de la empresa y las regulaciones gubernamentales. Asegura que los registros requeridos para las necesidades a largo plazo sean archivados adecuadamente y que otros sean destruidos apropiadamente al final de su ciclo de vida de acuerdo con los requerimientos organizacionales, estatutos y regulaciones.

2.1.1 Planear la Gestión de Registros

La gestión de registros comienza con una definición clara de lo que constituye un registro. El equipo que define los registros para un área funcional debe incluir a las Pequeñas y Medianas Empresas (PyMES) de dicha área junto con las personas que entienden los sistemas que permiten la gestión de los registros. La gestión de registros electrónicos requiere decisiones sobre dónde almacenar los registros actuales y activos y cómo archivar registros antiguos. A pesar del uso generalizado de los medios electrónicos, los registros en papel no desaparecen a corto plazo. Un enfoque de gestión de registros debería considerar los registros en papel y los datos no estructurados, así como los registros electrónicos estructurados.

2.1.2 Desarrollar una Estrategia de Contenido

La planeación de la gestión de contenidos debe apoyar directamente el enfoque de la organización para proporcionar contenido relevante y útil de una manera eficiente y completa. Un plan debe tener en cuenta los objetivos de contenido (las razones por las que se necesita contenido), la creación y entrega del contenido. Los requerimientos de contenido deben impulsar decisiones tecnológicas, como la selección de un sistema de gestión de contenido. Una estrategia de contenido debe comenzar con un inventario del estado actual y una evaluación de la brecha. La estrategia define cómo se priorizará, organizará y accederá el contenido. La evaluación a menudo revela formas de optimizar procesos de producción, flujo de trabajo y aprobación para la creación de contenido. Una estrategia de contenido unificado enfatiza el diseño de componentes de contenido modular para la reutilización en lugar de crear contenido independiente. Hacer que las personas encuentren diferentes tipos de contenido mediante la categorización de Metadatos y la optimización de motores de búsqueda es fundamental para cualquier estrategia de contenido. Proporcione recomendaciones sobre creación de contenido, publicación y gobierno. Las políticas, los estándares, y las guías aplicables al contenido y a su ciclo de vida son útiles para mantener y desarrollar la estrategia de contenido de una organización.

2.1.3 Crear Políticas de Manejo de Contenido

Las políticas codifican los requerimientos describiendo los principios, la dirección y las guías de acción. Ayudan a los empleados a entender y cumplir con los requerimientos para la gestión de documentos y registros.

La mayoría de los programas de gestión de documentos tienen políticas relacionadas con:
- Alcance y cumplimiento de las auditorías.
- Identificación y protección de los registros vitales.
- Propósito y calendario para la retención de registros (alias calendario de retención).
- Cómo responder a órdenes de retención de información (órdenes especiales de protección), estos son requerimientos para retener información para una demanda, incluso si los calendarios de retención han expirado.
- Requerimientos para el almacenamiento en el sitio y fuera de los registros.
- Uso y mantenimiento de discos duros y unidades de red compartidas.
- Gestión de correo electrónico, abordada desde la perspectiva de la gestión de contenidos.
- Métodos apropiados de destrucción de registros (por ejemplo, con proveedores pre-aprobados y recepción de certificados de destrucción).

2.1.3.1 Políticas de Redes Sociales

Además de estos temas estándar, muchas organizaciones están desarrollando políticas para responder a los nuevos medios. Por ejemplo, una organización tiene que definir si el contenido de las redes sociales publicado en *Facebook*, *Twitter*, *LinkedIn*, salas de *chat*, blogs, *wikis* o foros en línea constituye un registro, especialmente si los empleados publican en el curso de la conducción de negocios utilizando cuentas organizacionales.

2.1.3.2 Políticas de Acceso a Dispositivos

Dado que el péndulo se está moviendo hacia la TI dirigida por el usuario con *BYOD* (Bring your Own Device - Traiga su Propio Dispositivo), BYOA (Bring Your Own Apps – Traiga sus Propias Aplicaciones) y WYOD (Wear Your Own Devices – Utilice sus Propios Dispositivos), las funciones de gestión de contenidos y registros necesitan trabajar con estos escenarios para garantizar el cumplimiento, la seguridad y la privacidad.

Las políticas deben distinguir entre contenido informal (por ejemplo, *Dropbox* o *Evernote*) y contenido formal (por ejemplo, contratos y acuerdos), con el fin de poner controles en el contenido formal. Las políticas también pueden proporcionar orientación sobre el contenido informal.

2.1.3.3 Manejo de Datos Sensibles

Las organizaciones están legalmente obligadas a proteger la privacidad mediante la identificación y protección de datos sensibles. La Seguridad de los Datos y/o el Gobierno de Datos suelen establecer los sistemas de confidencialidad e identificar qué activos son confidenciales o restringidos. Las personas que producen o ensamblan contenido deben aplicar estas clasificaciones. Documentos, páginas *web* y otros componentes de contenido deben estar marcados como sensibles según las políticas y los requerimientos legales. Una vez marcados, los datos confidenciales se enmascaran o eliminan según corresponda. (Véase el capítulo 7).

2.1.3.4 Respuesta a Litigios

Las organizaciones deben prepararse para la posibilidad de solicitudes de litigios a través del descubrimiento electrónico proactivo. (Esperar lo mejor, prepararse para lo peor). Deben crear y gestionar un inventario de sus fuentes de datos y los riesgos asociados con éstos. Al identificar las fuentes de datos que pueden tener información relevante, pueden responder de manera oportuna a un aviso de retención de litigios y evitar la pérdida de datos. Las tecnologías apropiadas deben desplegarse para automatizar los procesos de descubrimiento electrónico.

2.1.4 Definir Arquitectura de Información de Contenido

Muchos sistemas de información como la *web* semántica, los motores de búsqueda, la minería social en la *web*, el cumplimiento de los registros y la gestión del riesgo, los GIS (Geographic Information Systems - Sistemas de Información Geográfica) y las aplicaciones de Inteligencia de Negocios contienen datos estructurados y no estructurados, documentos, texto, imágenes, etc. Los usuarios deben presentar sus necesidades de manera comprensible por el mecanismo de recuperación del sistema para obtener información de dichos sistemas. De igual forma, el inventario de documentos y las necesidades de datos estructurados y no estructurados deben describirse/indexarse en un formato que permita al mecanismo de recuperación identificar rápidamente los datos pertinentes e información coincidente. Las consultas de los usuarios pueden ser imperfectas ya que recuperan información relevante e irrelevante, o no recuperan toda la información relevante.

Las búsquedas utilizan la indexación basada en contenido o Metadatos. Los diseños de indexación buscan opciones de decisión para aspectos clave o atributos de índices basados en las necesidades y preferencias de los usuarios. También examinan la gestión del vocabulario y la sintaxis para combinar términos individuales en encabezados o en declaraciones de búsqueda.

Los profesionales de la gestión de datos pueden involucrarse con vocabularios y términos controlados en el manejo de Datos de Referencia (ver Sección 1.3.2.1) y Metadatos para datos y contenido no estructurados. (Véase el capítulo 12). Deben asegurar la coordinación con los esfuerzos para construir vocabularios controlados, índices, esquemas de clasificación para la recuperación de información, y modelado de datos y esfuerzos de Metadatos ejecutados como parte de proyectos y aplicaciones de gestión de datos.

2.2 Gestionar el Ciclo de Vida

2.2.1 Capturar Registros y Contenidos

Capturar contenido es el primer paso para gestionarlo. El contenido electrónico a menudo ya está en un formato para ser almacenado en repositorios electrónicos. Para reducir el riesgo de perder o dañar los registros, el contenido del papel necesita ser escaneado y luego cargado en el sistema corporativo, indexado y almacenado en el repositorio. Utilice firmas electrónicas si es posible.

Cuando el contenido es capturado, debe ser etiquetado (indexado) con Metadatos apropiados, como (al menos) un identificador de documento o imagen, los datos y la hora de captura, el título y el autor. Los Metadatos son necesarios para la recuperación de la información, así como para comprender el contexto del contenido. Los flujos de trabajo automatizados y las tecnologías de reconocimiento pueden ayudar con el proceso de captura e ingestión, proporcionando pistas de auditoría.

Algunas plataformas de medios sociales ofrecen la capacidad de capturar registros. Guardar el contenido de medios sociales en un repositorio lo hace disponible para revisión, meta etiqueta y clasificación, y la gestión como registros. Los rastreadores *web* pueden capturar versiones de sitios *web*. Las herramientas de captura *Web*, las API (Application Programming Interface - Interfaces de Programación de Aplicaciones) y las notificaciones por RSS pueden capturar contenido o herramientas de exportación de medios sociales. Los registros de medios sociales también se pueden capturar manualmente o mediante flujos de trabajo predefinidos o automatizados.

2.2.2 Gestionar el Versionamiento y el Control

El estándar ANSI (American National Standards Institute – Instituto Nacional Americano de Estándares) 859 tiene tres niveles de control de datos, basados en la criticidad de los datos y el daño percibido que se produciría si los datos se corrompieron o no están disponibles: formal, revisión y custodia:

- El **control formal** requiere el inicio formal del cambio, una evaluación exhaustiva del impacto, la decisión de una autoridad de cambio y la contabilidad de estado completo de la implementación y validación para las partes interesadas.
- El **control de la revisión** es menos formal, notificando a las partes interesadas e incrementando las versiones cuando se requiere un cambio.
- El **control de custodia** es el menos formal, simplemente requiriendo almacenamiento seguro y un medio de recuperación.

La Tabla 15 presenta una lista de ejemplos de activos de datos y los posibles niveles de control.

Tabla 15 Niveles de Control para Documentos según ANSI-859

Activo de Datos	Formal	Revisión	Custodia
Listas		x	
Agendas			x
Hallazgos de Auditoría		x	x
Presupuestos	x		
DD 250s (Department of Defense Form 250 – Forma 250 del Departamento de Defensa)			x
Propuesta Final			x
Datos Financieros y Reportes	x	x	x
Datos de Recursos Humanos		x	
Minutas de Reuniones			x
Avisos de Reuniones y Listas de Asistencia		x	x
Planes del proyecto (incluyendo la gestión de datos y los planes de gestión de la configuración)	x		
Propuesta (en proceso)		x	
Calendarios	x		
Declaración de Trabajo	x		
Estudios Comerciales		x	
Material de Capacitación	x	x	
Documentos de Trabajo			x

El estándar ANSI 859 recomienda tomar en cuenta los siguientes criterios para determinar qué nivel de control se aplica a un activo de datos:

- Costo de proporcionar y actualizar el activo.
- Impacto del proyecto, si los cambios tendrán consecuencias significativas de costo o calendario.
- Otras consecuencias del cambio en la empresa o proyecto.
- Necesidad de reutilizar el activo o versiones anteriores del activo.
- Mantenimiento de un historial de cambios (cuando sea requerido por la empresa o el proyecto).

2.2.3 Copia de Seguridad y Recuperación

El sistema de gestión de documentos y registros debe incluirse en las actividades globales de respaldo y recuperación de la organización, incluida la continuidad del negocio y la planificación de recuperación ante desastres. Un programa de registros vitales proporciona a la organización el acceso a los registros necesarios para llevar a cabo su negocio durante un desastre y para reanudar el negocio normal después. Los registros vitales deben ser identificados, y los planes para su protección y recuperación deben ser desarrollados y mantenidos. Un gestor de registros debe estar involucrado en la mitigación del riesgo y en la planeación de la continuidad del negocio, para asegurar que estas actividades tengan en cuenta la seguridad de los registros vitales.

Los desastres podrían incluir cortes de energía, errores humanos, fallas de red y *hardware,* mal funcionamiento del *software*, ataques maliciosos, así como desastres naturales. Un Plan de Continuidad de Negocios (o Plan de Recuperación de Desastres) contiene políticas escritas, procedimientos e información diseñados para mitigar el impacto de las amenazas a los datos de una organización, incluyendo documentos, y recuperarlos lo más rápido posible, con el mínimo de interrupción, en caso de desastre.

2.2.4 Gestionar Retención y Eliminación

La gestión efectiva de documentos y registros requiere políticas y procedimientos claros, especialmente en lo que respecta a la retención y eliminación de registros. Una política de retención y disposición definirá las ventanas de tiempo durante los cuales deben mantenerse los documentos de valor operacional, legal, fiscal o histórico. Define cuándo se pueden transferir documentos inactivos a una instalación de almacenamiento secundario, como almacenamiento fuera de sitio. La política especifica los procesos de cumplimiento y los métodos y horarios para la disposición de los documentos. Deben tenerse en cuenta los requerimientos legales y regulatorios cuando se establecen los calendarios de retención.

Los administradores de registros o propietarios de activos de información proporcionan supervisión para asegurar que los equipos cuenten con los requerimientos de privacidad y protección de datos, y tomen medidas para prevenir el robo de identidad.

La retención de documentos presenta consideraciones de software. El acceso a los registros electrónicos puede requerir versiones específicas de software y sistemas operativos. Los cambios tecnológicos tan simples como la instalación de un nuevo software pueden hacer que los documentos sean ilegibles o inaccesibles.

La información sin valor agregado debe ser eliminada de las tenencias de la organización y eliminada para evitar el desperdicio de espacio físico y electrónico, así como el costo asociado con su mantenimiento. También existe el riesgo asociado con la retención de registros más allá de las ventanas de tiempo legalmente requeridas. Esta información sigue siendo visible para litigios.

Sin embargo, muchas organizaciones no priorizan la eliminación de la información sin valor agregado porque:

- Las políticas no son adecuadas.
- La información no valorada de una persona es información valiosa de otra persona.
- No existe capacidad para prever futuras necesidades posibles de registros físicos y/o electrónicos actuales sin valor agregado.
- No hay compromiso en la Gestión de Registros.
- No hay capacidad para decidir qué registros eliminar.
- Hay un costo percibido de tomar una decisión y eliminar los registros físicos y electrónicos.
- El espacio electrónico es barato. Comprar más espacio cuando sea necesario es más fácil que los procesos de archivado y eliminación.

2.2.5 Auditar Documentos / Registros

La gestión de documentos y registros requiere auditoría periódica para asegurar que la información correcta esté llegando a las personas adecuadas en el momento adecuado para la toma de decisiones o la realización de actividades operacionales. El Cuadro 16 contiene ejemplos de medidas de auditoría.

Tabla 16 Muestra de Medidas de Auditoría

Componente de la Gestión de Documentos/Registros	Ejemplo de Medida de Auditoría
Inventario	Cada ubicación en el inventario se identifica de manera única.
Almacenamiento	Las áreas de almacenamiento para documentos/registros físicos tienen espacio adecuado para adaptarse al crecimiento.
Confiabilidad y Precisión	Se realizan inspecciones para confirmar que los documentos/registros son un reflejo de lo que ha sido creado o recibido.
Esquemas de Clasificación e Indexación	Los Metadatos y los planes de archivos de documentos están bien descritos.
Acceso and Recuperación	Los usuarios finales encuentran y recuperan información crítica fácilmente.
Procesos de Retención	El calendario de retención está estructurado lógicamente por departamento o funciones principales de la organización.
Métodos de Disposición	Los documentos/registros son eliminados según lo recomendado.
Seguridad y Confidencialidad	Las infracciones de la confidencialidad de documentos/registros y pérdida de documentos/registros se almacenan como incidentes de seguridad y se gestionan apropiadamente.
Entendimiento Organizacional de la Gestión de Documentos/Registros	Una capacitación apropiada es proveída al personal interesado y al personal con roles y responsabilidades relacionadas con la gestión de documentos/registros.

Una auditoría normalmente implica los siguientes pasos:

- Definir los objetivos de la organización e identificar al personal interesado que comprenden el "por qué" de la gestión de documentos y registros.
- Reunir datos sobre el proceso (el "cómo"), una vez que se determina qué examinar / medir y qué herramientas utilizar (como estándares, puntos de referencia, encuestas en las entrevistas).
- Informar los resultados.
- Desarrollar un plan de acción de los próximos pasos y plazos.

2.3 Publicar y entregar contenido

2.3.1 Proporcionar Acceso, Búsqueda y Recuperación

Una vez que el contenido ha sido descrito por los Metadatos / Etiquetado de palabras clave y clasificado dentro de la arquitectura de contenido de información apropiada, está disponible para su recuperación y uso. La tecnología de portal que mantiene perfiles de usuarios puede ayudarles a encontrar datos no estructurados. Los motores de búsqueda pueden devolver contenido basado en palabras clave. Algunas organizaciones tienen profesionales que recuperan información a través de herramientas de búsqueda internas.

2.3.2 Entrega a Través de Canales Aceptables

Hay un cambio en las expectativas de entrega como los usuarios de contenido que quieren consumir o utilizar el contenido en un dispositivo de su elección. Muchas organizaciones siguen creando contenido con algo como MS Word y convirtiéndolo a HTML (HyperText Markup Language - Lenguaje de Marcado de Hiper Texto), o entregando contenido para una plataforma determinada, una determinada resolución de pantalla o un determinado tamaño en la pantalla. Si se desea otro canal de distribución, este contenido tiene que ser preparado para ese canal (por ejemplo, impresión). Existe el potencial de que cualquier contenido cambiado necesite ser devuelto al formato original.

Cuando los datos estructurados de las bases de datos se formatean en HTML, resulta difícil recuperar los datos estructurados originales, ya que separar los datos del formato no siempre es sencillo.

3. Herramientas

3.1 Sistemas de Gestión de Contenido Empresarial

Un ECM puede consistir en una plataforma de componentes básicos o un conjunto de aplicaciones que pueden ser integradas completamente o usadas por separado. Estos componentes, discutidos a continuación, pueden ser internos o externos a la empresa en la nube.

Los informes se pueden entregar a través de una serie de herramientas, incluyendo impresoras, correo electrónico, sitios *web*, portales y mensajería, así como a través de una interfaz de sistema de gestión de documentos. Dependiendo de la herramienta, los usuarios pueden buscar a detalle, ver, descargar / registrar y revisar, e imprimir informes bajo demanda. La capacidad de agregar, cambiar o eliminar informes organizados en carpetas facilita la administración de informes. La retención de reportes puede configurarse para purgar o archivar automáticamente a otros medios, como discos, CD-ROM, COLD (Computer Output to Laser Disk - Transferencia de Computador a Disco Láser), etc. Los reportes pueden también ser conservados al ser almacenados en la nube. Como se ha señalado, retener contenido en formatos ilegibles y anticuados presenta riesgos para la organización. (Véanse los capítulos 6 y 8 y la sección 3.1.8). Los límites entre la gestión de documentos y la gestión de contenidos se están desdibujando a medida que los procesos y roles comerciales se entrelazan, y los proveedores tratan de ampliar los mercados para sus productos.

3.1.1 Gestión de Documentos

Un *Sistema de Gestión de Documentos* es una aplicación utilizada para rastrear y almacenar documentos e imágenes electrónicos de documentos en papel. Los sistemas bibliotecarios de documentos, los sistemas de correo electrónico y los sistemas de gestión de imágenes son sistemas especializados de gestión de documentos. Los sistemas de gestión de documentos suelen proporcionar almacenamiento, control de versiones, seguridad, gestión de Metadatos, indexación de contenido y capacidades de recuperación. Las capacidades extendidas de algunos sistemas pueden incluir vistas de Metadatos de documentos.

Los documentos se crean dentro de un sistema de gestión de documentos o se capturan mediante escáneres o *software* OCR (Optical Character Recognition – Reconocimiento Óptico de Caracteres). Estos documentos electrónicos deben ser indexados a través de palabras clave o texto durante el proceso de captura para que los documentos pueden ser hallados. Los Metadatos, como el nombre del creador, y las fechas en que se creó, revisó y almacenó el documento, son guardados normalmente por cada documento. Los documentos se pueden clasificar para su recuperación utilizando un identificador de documento único o especificando términos de búsqueda parcial relacionados con el identificador de documento y/o las partes de los Metadatos esperados. Los Metadatos pueden ser extraídos del documento automáticamente o agregados por el usuario. Los registros bibliográficos de documentos son datos estructurados descriptivos, típicamente en el formato estándar MARC (Machine-Readable Cataloging - Catalogación Legible por Máquinas), que están almacenados localmente en bases de datos bibliotecarias y se ponen a disposición a través de catálogos compartidos en todo el mundo, según lo permitan la privacidad y los permisos.

Algunos sistemas tienen capacidades avanzadas, tales como el soporte de documentos compuestos y la replicación de contenido. El *software* de procesamiento de textos crea el documento compuesto e integra elementos no textuales, como hojas de cálculo, vídeos, audio y otros tipos de multimedia. Además, un documento compuesto puede ser una colección organizada de interfaces de usuario para formar una vista única e integrada.

El almacenamiento de documentos incluye funciones para gestionar documentos. Un repositorio de documentos permite las funciones de registro y salida, versiones, colaboración, comparación, archivado, estatus de estado, migración de un medio de almacenamiento a otro y disposición. Puede ofrecer cierto acceso y administración de versiones de documentos externos a su propio repositorio (por ejemplo, en un recurso compartido de archivos o en un entorno de nube).

Algunos sistemas de gestión de documentos tienen un módulo que puede admitir diferentes tipos de flujos de trabajo, tales como:

- Flujos de trabajo manuales que indican donde el usuario envía el documento.
- Flujo de trabajo basado en reglas, donde se crean reglas que dictan el flujo del documento dentro de una organización.

- Reglas dinámicas que permiten diferentes flujos de trabajo basados en contenido.

Los sistemas de gestión de documentos tienen un módulo de gestión de derechos donde el administrador concede acceso basado en el tipo de documento y las credenciales de usuario. Las organizaciones pueden determinar que ciertos tipos de documentos requieren procedimientos adicionales de control o seguridad. Las restricciones de seguridad, incluidas las restricciones de privacidad y confidencialidad, se aplican durante la creación y gestión del documento, así como durante la entrega. Una firma electrónica asegura la identidad del remitente del documento y la autenticidad del mensaje, entre otras cosas.

Algunos sistemas se centran más en el control y la seguridad de los datos y la información que en su acceso, uso o recuperación, particularmente en los sectores de inteligencia, militar y de investigación científica. Industrias altamente competitivas o muy reguladas, como los sectores farmacéutico y financiero, también implementan medidas extensivas de seguridad y control.

3.1.1.1 Gestión de Activos Digitales

Dado que la funcionalidad necesaria es similar, muchos sistemas de gestión de documentos incluyen la gestión de activos digitales. Se trata de la gestión de activos digitales como audio, video, música y fotografías digitales. Las tareas incluyen la catalogación, el almacenamiento y la recuperación de activos digitales.

3.1.1.2 Procesamiento de Imágenes

Un sistema de procesamiento de imágenes capta, transforma y administra imágenes de documentos en papel y electrónicos. La capacidad de captura utiliza tecnologías como escaneo, reconocimiento inteligente de caracteres y ópticos, o procesamiento de formularios. Los usuarios pueden indexar o introducir Metadatos en el sistema y guardar la imagen digitalizada en un repositorio.

Las tecnologías de reconocimiento incluyen el OCR, que es la conversión mecánica o electrónica de texto impreso o manuscrito escaneado (digitalizado) en una forma que puede ser reconocida por software de computadora. El ICR (Intelligent character recognition - Reconocimiento Inteligente de Caracteres) es un sistema avanzado OCR que puede manejar escritura manuscrita y cursiva. Ambos son importantes para convertir grandes cantidades de formularios o datos no estructurados en un formato CMS.

El procesamiento de formularios es la captura de formularios impresos a través de tecnologías de escaneo o reconocimiento. Los formularios enviados a través de un sitio web pueden ser capturados siempre que el sistema reconozca el diseño, la estructura, la lógica y el contenido.

Además de las imágenes de documentos, otras imágenes digitalizadas, como fotografías digitales, infografías, imágenes de datos espaciales o no espaciales pueden almacenarse en repositorios. Algunos sistemas ECM son capaces de ingerir diversos tipos de documentos e imágenes digitalizados tales como información COLD, archivos .wav y .wmv (audio), mensajes XML y de salud HL7 en un repositorio integrado.

Las imágenes se crean a menudo mediante el uso de *software* de computadora o cámaras en lugar de papel. Los formatos de archivos binarios incluyen tipos vectoriales y ráster (*bitmap*), así como formato MS Word .DOC. Las imágenes vectoriales utilizan fórmulas matemáticas en lugar de bloques de colores individuales y son muy buenas para crear gráficos que requieren con frecuencia el cambio de tamaño. Los formatos de archivo incluyen .EPS, .AI o .PDF. Las imágenes ráster utilizan un número fijo de píxeles de color para formar una imagen completa y no se pueden cambiar el tamaño fácilmente sin comprometer su resolución. Ejemplos de archivos ráster incluyen .JPEG, .GIF, .PNG o .TIFF.

3.1.1.3 Sistema de Gestión de Registros

Un sistema de gestión de registros puede ofrecer capacidades tales como automatización de retención y disposición, soporte de descubrimiento electrónico y archivado a largo plazo para cumplir con los requerimientos legales y regulatorios. Debe apoyar un programa de registros vitales para retener registros críticos de negocios. Este tipo de sistema puede integrarse con un sistema de gestión de documentos.

3.1.2 Sistema de Gestión de Contenido

Un CMS es utilizado para recolectar, organizar, indexar y recuperar contenido, almacenándolo como componentes o documentos completos, manteniendo vínculos entre los componentes. Un CMS también puede proporcionar controles para revisar el contenido de los documentos. Si bien un sistema de gestión de documentos puede proporcionar funcionalidad de gestión de contenidos sobre los documentos bajo su control, un sistema de gestión de contenidos es esencialmente independiente de dónde y cómo los documentos son almacenados.

Los CMSs gestionan el contenido a lo largo de su ciclo de vida. Por ejemplo, un sistema de gestión de contenido *web* controla el contenido del sitio *web* mediante herramientas de creación, colaboración y gestión basadas en el repositorio central. Puede contener la creación de contenido fácil de usar, la gestión de cambios y flujo de trabajo, y las funciones de despliegue para manejar aplicaciones de Intranet, Internet y Extranet. Las funciones de entrega pueden incluir diseño responsivo y capacidades de adaptación para soportar una gama de dispositivos cliente. Los componentes adicionales pueden incluir búsqueda, composición de documentos, firma electrónica, análisis de contenido y aplicaciones móviles.

3.1.3 Flujo de Trabajo de Contenido y Documentos

Las herramientas de flujo de trabajo admiten procesos empresariales, el contenido de la ruta y los documentos, asignan tareas de trabajo, registran el estatus y crean trazas para auditoría. Un flujo de trabajo permite revisar y aprobar el contenido antes de publicarlo.

3.2 Herramientas de colaboración

Las herramientas de colaboración de equipos permiten la recolección, almacenamiento, flujo de trabajo y gestión de documentos pertinentes a las actividades del equipo. Las redes sociales permiten a los individuos ya los equipos compartir documentos y contenidos dentro del equipo y llegar a un grupo externo para obtener información mediante *blogs*, *wikis*, RSS y etiquetado.

3.3 Herramientas de Vocabulario Controlado y Metadatos

Las herramientas que ayudan a desarrollar o manejar vocabularios controlados y Metadatos van desde *software* de productividad de oficina, repositorios de Metadatos y herramientas de BI, hasta sistemas de gestión de documentos y contenidos. Por ejemplo:

- Modelos de datos utilizados como guías para los datos de una organización.
- Sistemas de gestión de documentos y *software* de productividad de oficina.
- Repositorios, glosarios o directorios de Metadatos.
- Taxonomías y esquemas de referencia cruzada entre taxonomías.
- Índices a colecciones (por ejemplo, producto particular, mercado o instalación), sistemas de archivos, encuestas de opinión, archivos, ubicaciones o explotaciones fuera del sitio.
- Los motores de búsqueda.
- Herramientas de BI que incorporan datos no estructurados.
- Tesauros empresariales y departamentales.
- Bibliotecas de informes publicados, contenidos y bibliografías, y catálogos.

3.4 Formatos Estándar de Marcado e Intercambio

Las aplicaciones computacionales no pueden procesar directamente datos / contenido no estructurado. Los formatos estándar de marcado e intercambio facilitan el intercambio de datos entre los sistemas de información e Internet.

3.4.1 XML

XML proporciona un lenguaje para representar datos estructurados y no estructurados, e información. XML utiliza Metadatos para describir el contenido, la estructura y las reglas de negocio de cualquier documento o base de datos. XML requiere traducir la estructura de los datos a una estructura de documento para el intercambio de datos. XML marca los elementos de datos para identificar el significado de los datos. El anidamiento simple y las referencias proporcionan las relaciones entre los elementos de datos. Los espacios de nombres XML proporcionan un método para evitar un conflicto de nombres cuando dos documentos diferentes usan los mismos nombres de elemento. Los métodos más antiguos de marcado incluyen HTML y SGML (Standard Generalized Markup Language – Lenguaje Estándar Generalizado de Marcado), por nombrar algunos.

La necesidad de gestión de contenido con capacidad para XML ha crecido por varias razones:
- XML proporciona la capacidad de integrar datos estructurados en bases de datos relacionales con datos no estructurados. Los datos no estructurados pueden ser almacenados en un BLOB (Binary Large Object – Objeto Binario Grande) de una base de datos relacional o en archivos XML.
- XML puede integrar datos estructurados con datos no estructurados en documentos, reportes, correo electrónico, imágenes, gráficos, audio y archivos de vídeo. El modelado de datos debe tener en cuenta la generación de reportes no estructurados a partir de datos estructurados e incluirlos en la creación de flujos de trabajo de corrección de errores, copia de seguridad, recuperación y archivado.
- XML también puede crear portales empresariales o corporativos (B2B [Business to Business – Empresa a Empresa], B2C [Business to Customer – Empresa a Cliente]), que proporcionan a los usuarios un punto de acceso único a una variedad de contenido.
- XML proporciona identificación y etiquetado de datos / contenidos no estructurados para que las aplicaciones computacionales puedan entenderlos y procesarlos. De esta forma, los datos estructurados agregan contenido no estructurado. Una especificación XMI (Extensible Markup Interface - Interfaz de Marcado Extensible) consiste en reglas para generar el documento XML que contiene los Metadatos reales y, por lo tanto, es una "estructura" para XML.

3.4.2 JSON

JSON (JavaScript Object Notation – Notación de Objetos *JavaScript*) es un formato estándar ligero y abierto para el intercambio de datos. Su formato de texto es independiente del lenguaje y fácil de analizar, pero utiliza convenciones de la familia de lenguajes C. JSON tiene dos estructuras: una colección de pares de nombre / valor no ordenados conocidos como objetos, y una lista ordenada de valores realizada como una matriz. Está consolidándose como el formato preferido en las bases de datos NoSQL basadas en la *web*.

Siendo una alternativa a XML, JSON se utiliza para transmitir datos entre un servidor y una aplicación *web*. JSON es una forma similar pero más compacta para representar, transmitir e interpretar datos que XML. Se puede devolver el contenido XML o JSON cuando se utiliza la tecnología REST (Representational State Transfer – Transferencia Representacional de Estado).

3.4.3   Especificaciones de RDF y W3C

RDF (Resource Description Framework – Marco de Referencia de Descripción de Recursos), un marco de referencia común utilizado para describir información sobre cualquier recurso *Web*, es un modelo estándar para el intercambio de datos en la *Web*. Los recursos RDF se guardan en una *triplestore*, que es una base de datos utilizada para almacenar y recuperar consultas semánticas utilizando SPARQL.

RDF especifica declaraciones sobre un recurso en forma de expresiones conocidas como tripletas: sujeto (recurso) -predicado (nombre de propiedad)-objeto (valor de propiedad). Por lo general, el sujeto-predicado-objeto está descrito por un URI (Uniform Resource Identifier – Identificador Uniforme de Recurso), pero el sujeto y el objeto podrían ser un nodo en blanco y el objeto podría ser una literal (valores y cadenas nulos no son soportados). Un URI nombra la relación entre los recursos, así como dos extremos del enlace o tripleta. La forma más común de URI es una URL. Esto permite que los datos estructurados y semiestructurados se compartan entre aplicaciones.

La *Web* Semántica necesita acceso tanto a datos como a relaciones entre conjuntos de datos. La colección de conjuntos de datos interrelacionados también se conoce como datos vinculados. Los URI proporcionan una forma genérica de identificar cualquier entidad que existe. HTML proporciona un medio para estructurar y vincular documentos en la *Web*. RDF proporciona un modelo de datos genérico basado en gráficos para vincular datos que describen las cosas. RDF utiliza XML como su sintaxis de codificación. Muestra los Metadatos como datos (por ejemplo, autor, fecha de creación, etc.). Los recursos descritos de RDF permiten la asociación de significados semánticos a los recursos. RDFS (RDF Schema – Esquema RDF) proporciona un vocabulario de modelado de datos para datos RDF y es una extensión del vocabulario RDF básico. SKOS (Simple Knowledge Organization System – Sistema Simple de Organización de Conocimiento) es un vocabulario RDF (es decir, una aplicación del modelo de datos RDF para capturar datos representados como una jerarquía de conceptos). Cualquier tipo de clasificación, taxonomía o tesauro puede ser representado en SKOS.

OWL es una extensión de vocabulario de RDF. Es un lenguaje de marcado semántico para publicar y compartir documentos OWL (ontologías) en la *Web*. Se utiliza cuando la información contenida en los documentos necesita ser procesada por las aplicaciones en lugar de los seres humanos. Tanto RDF como OWL son estándares de *Web* Semántica que proporcionan un marco para compartir y reutilizar datos, así como permitir la integración e interoperabilidad de datos en la *Web*.

RDF puede ayudar con la "variedad" característica de *Big Data*. Si los datos son accesibles utilizando el modelo de tripletas RDF, los datos de diferentes fuentes pueden mezclarse y el lenguaje de consulta SPARQL puede ser utilizado para encontrar conexiones y patrones sin un esquema predefinido. Como lo describe el W3C (World Wide Web Consortium – Consorcio de la *World Wide Web*), "RDF posee características que facilitan la fusión de datos incluso si los esquemas subyacentes difieren, y soporta específicamente la evolución de esquemas a lo largo del tiempo sin requerir que todos los consumidores de datos sean cambiados"[51]. Puede integrar datos dispares de múltiples fuentes y formatos, y reducir o reemplazar los conjuntos de datos (conocido como fusión de datos) a través de la alineación semántica. (Véase el capítulo 14).

3.4.4 Schema.org

El etiquetado de contenido con marcado semántico (por ejemplo, tal como se define en el código abierto Schema.org) facilita a los motores de búsqueda semántica para indexar el contenido y que los rastreadores *web* hagan coincidir el contenido con una consulta de búsqueda. Schema.org proporciona una colección de vocabularios o esquemas compartidos para el marcado en la página de forma tal que los principales motores de búsqueda puedan entenderlos. Se enfoca en el significado de las palabras en las páginas *web*, así como términos y palabras clave. Los fragmentos corresponden al texto que aparece en cada resultado de búsqueda. Los fragmentos enriquecidos son la información detallada sobre búsquedas específicas (por ejemplo, las calificaciones de estrella de oro bajo el enlace). Para crear fragmentos enriquecidos, el contenido de las páginas *web* debe estar correctamente formateado con datos estructurados como *Microdatos* (un conjunto de etiquetas introducidas con HTML5) y vocabularios compartidos de Schema.org. La colección de vocabulario Schema.org puede también ser utilizado para la interoperabilidad de datos estructurados (por ejemplo, con JSON).

3.5 Tecnología de Descubrimiento Electrónico

El descubrimiento electrónico a menudo implica la revisión de grandes volúmenes de documentos. Las tecnologías de descubrimiento electrónico ofrecen muchas capacidades y técnicas tales como evaluación temprana de casos, recolección, identificación, preservación, procesamiento, reconocimiento óptico de caracteres, *culling*, análisis de similitud y análisis de hilos de correo electrónico. La TAR (Technology Assisten Revision - Revisión Asistida por Tecnología) es un flujo de trabajo o proceso donde un equipo puede revisar documentos seleccionados y marcarlos como relevantes o no. Estas decisiones se convierten en entrada para el motor de codificación predictiva que revisa y ordena los documentos restantes de acuerdo con la relevancia. El apoyo del gobierno de la información puede también ser una característica.

4. Técnicas

4.1 Manual de Respuesta a Litigios

El descubrimiento electrónico comienza al principio de una demanda judicial. Sin embargo, una organización puede planear para la respuesta del litigio a través del desarrollo de un manual contenga

---

[51] W3C, "Resource Description Framework (RDF)", http://bit.ly/1k9btZQ.

objetivos, métricas y responsabilidades antes de que comience un proyecto de descubrimiento importante. El manual define el ambiente de destino para el descubrimiento electrónico y evalúa si existen brechas entre los ambientes actuales y objetivos. Documenta los procesos de negocio para el ciclo de vida de las actividades de descubrimiento electrónico e identifica las funciones y responsabilidades del equipo de descubrimiento electrónico. Un manual puede también permitir que una organización identifique los riesgos y evite proactivamente situaciones que puedan resultar en litigios.

Para compilar un manual,

- Establecer un inventario de políticas y procedimientos para departamentos específicos (Legal, Gestión de Registros, IT).
- Elaborar políticas para temas, tales como retenciones de litigios, retención de documentos, archivo y copias de seguridad.
- Evaluar las capacidades de las herramientas de TI como la indexación, la búsqueda y la recopilación de descubrimiento electrónico, las herramientas de segregación y protección de datos, así como las fuentes / sistemas no estructurados de ESI.
- Identificar y analizar las cuestiones legales pertinentes.
- Desarrollar un plan de comunicación y capacitación para entrenar a los empleados sobre lo que es esperado.
- Identificar los materiales que pueden ser preparados con anticipación para adaptarlos a un caso legal.
- Analizar los servicios de los proveedores en caso de que servicios externos sean requeridos.
- Desarrollar procesos sobre cómo manejar una notificación y mantener el manual actual.

4.2 Mapa de Datos de Respuesta para Litigios

El descubrimiento electrónico a menudo tiene un plazo limitado (por ejemplo, 90 días). Proporcionar a los abogados un mapa de datos de la TI y ESI ambiente disponible puede permitir a una organización el responder con mayor eficacia. Un mapa de datos es un catálogo de sistemas de información. Describe los sistemas y sus usos, la información que contienen, las políticas de retención y otras características. Los catálogos a menudo identifican sistemas de registro, aplicaciones de origen, archivos, copias de recuperación ante desastres o copias de seguridad, y medios utilizados para cada uno. Un mapa de datos debe ser completo, que contenga todos los sistemas. Dado que el correo electrónico suele ser un objeto de escrutinio en los litigios, el mapa también debe describir cómo se almacena, procesa y consume el correo electrónico. La asignación de los procesos de mapeo empresariales a la lista de los sistemas y la documentación de los roles y privilegios de los usuarios permitirán la evaluación y documentación de los flujos de información.

El proceso de creación del mapa de datos demostrará el valor de crear Metadatos como parte del proceso de gestión de documentos. Los Metadatos son fundamentales para la búsqueda. También da el contexto a los documentos ESI y permite asociar los casos, las transcripciones, las empresas, etc., a los documentos de apoyo.

Un mapa de datos de descubrimiento electrónico debe indicar qué registros son fácilmente accesibles y cuáles no. Existen diferentes reglas de descubrimiento electrónico para estas dos categorías. Los datos inaccesibles necesitan ser identificados y las razones por las cuales son inaccesibles necesitan ser documentadas. Para responder adecuadamente a los litigios, una organización debe contar con un inventario de registros en el almacenamiento externo, incluido el almacenamiento en la nube externa. A menudo, los inventarios de sistemas ya existen. Por ejemplo, pueden ser mantenidos por

Arquitectura de Datos, Gestión de Metadatos o Gestión de Activos IT. Las funciones de gestión legal y / o de registros deben determinar si éstas pueden ser extendidas para fines de descubrimiento electrónico.

5. Guías de Implementación

Implementar ECM es un esfuerzo a largo plazo que puede ser percibido como caro. Al igual que con cualquier esfuerzo corporativo, requiere la participación de una amplia gama del personal interesado y el apoyo financiero de un comité ejecutivo para la financiación. Con un proyecto grande, existe el riesgo de que sea víctima de recortes presupuestarios, oscilaciones de negocios, cambios en la administración o inercia. Para minimizar los riesgos, asegúrese de que el contenido, no la tecnología, impulse las decisiones para la implementación de ECM. Configure el flujo de trabajo alrededor de las necesidades de la organización para mostrar el valor.

5.1 Evaluación de la Preparación / Evaluación del Riesgo

El propósito de una evaluación de preparación de ECM es identificar áreas donde se necesita mejorar la gestión de contenidos y determinar qué tan bien adaptada está la organización para cambiar sus procesos satisfaciendo estas necesidades. Un Modelo de Evaluación de la Madurez de la Gestión de Datos puede ayudar en este proceso. (Véase el capítulo 15). Algunos factores críticos de éxito de la ECM son similares a los de los proyectos de IT (por ejemplo, apoyo ejecutivo, participación de los usuarios, capacitación de los usuarios, gestión del cambio, cultura corporativa y comunicación). Los factores críticos específicos del éxito del ECM incluyen la auditoría del contenido y la clasificación para el contenido existente, la arquitectura apropiada de la información, el soporte del ciclo de vida del contenido, las definiciones de las etiquetas de Metadatos apropiadas y la capacidad de personalizar las funciones en una solución ECM. Debido a que las soluciones de ECM implican complejidad técnica y de proceso, la organización necesita asegurarse de que tiene los recursos adecuados para apoyar el proceso. Pueden surgir riesgos con las implementaciones de ECM debido al tamaño del proyecto, la complejidad en la integración con otras aplicaciones de software, los procesos y las cuestiones de la organización, y el esfuerzo necesario para migrar el contenido. La falta de capacitación de los miembros del equipo central y el personal interno puede conducir a un uso desigual. Otros riesgos incluyen el fracaso en la implementación de políticas, procesos y procedimientos o la falta de comunicación con el personal interesado.

5.1.1 Madurez de la Gestión de Registros

Los Principios Generales de Aceptación de Registros de ARMA (véase la sección 1.2) pueden guiar la evaluación de una organización en sus políticas y prácticas para la Gestión de Registros. Junto con GARP, ARMA Internacional tiene un Modelo de Madurez de Gobierno de Información que puede ayudar a evaluar el programa y las prácticas de mantenimiento de registros de una organización[52]. Este modelo de madurez describe las características del gobierno de la información y mantenimiento de registros en cinco niveles de madurez para cada uno de los ocho principios GARP:

- **Sub-Estándar de Nivel 1:** las preocupaciones de gobierno de la información y mantenimiento de registros no se abordan o apenas mínimamente.

---

[52] ARMA International, Modelo de Madurez de Gobierno de Información, http://bit.ly/2sPWGOe.

- **Nivel 2 En Desarrollo:** desarrollar el reconocimiento de que el gobierno de la información y la gestión de registros pueden tener un impacto en la organización.
- **Nivel 3 Esencial:** requerimientos mínimos que deben ser atendidos para cumplir con los requerimientos legales y regulatorios.
- **Nivel 4 Proactivo:** se ha establecido un programa proactivo de gobierno de la información centrado en la mejora continua.
- **Nivel 5 Transformacional:** el gobierno de la información se integra en la infraestructura corporativa y los procesos de negocio.

Se pueden aplicar varias normas para las evaluaciones técnicas de los sistemas y aplicaciones de gestión de registros. Por ejemplo,

- DoD 5015.2 Aplicaciones de *Software* de Gestión de Registros Electrónicos Criterios de diseño Estándar.
- ISO 16175, Principios y Requerimientos Funcionales para Registros en Ambientes de Oficina Electrónicos.
- El Modelo de Requerimientos para la Gestión de Registros Electrónicos (MoReq2)
- La especificación de RMS (Records Management Services - Servicios de Gestión de Registros) del OMG (Object Management Group - Grupo de Gestión de Objetos)

Las brechas y los riesgos identificados en las evaluaciones de preparación de la gestión de registros deben analizarse dado su impacto potencial en la organización. Las empresas están sujetas a las leyes que requieran el mantenimiento y la destrucción segura de los registros. Si una organización no cuenta con un inventario de sus registros, ya está en peligro, ya que no puede saber si los registros han sido robados o destruidos. Una organización puede gastar mucho tiempo y dinero tratando de encontrar registros si carece de un programa de retención de registros funcionales. La falta de cumplimiento de los requerimientos legales y regulatorios puede conducir a costosas multas. La falta de identificación y protección de los registros vitales puede poner a una empresa fuera del negocio.

5.1.2 Evaluación del Descubrimiento Electrónico

Una evaluación de preparación debe examinar e identificar oportunidades de mejora para el programa de respuesta de litigios. Un programa maduro especificará roles y responsabilidades claros, protocolos de preservación, metodologías de recopilación de datos y procesos de divulgación. Tanto el programa como los procesos resultantes deben ser documentados, defendibles y auditables. El programa necesita comprender el ciclo de vida de la información de la organización y desarrollar un mapa de datos ESI para las fuentes de datos (ver Sección 2.1.3.4). Dado que la preservación de los datos es un requerimiento legal crítico, las políticas de retención de datos deben ser revisadas y evaluadas proactivamente en previsión de litigios. Debe existir un plan para trabajar con IT para implementar rápidamente las retenciones de litigios según sea necesario. Los riesgos de no haber definido una respuesta proactiva de litigios deben ser evaluados y cuantificados. A veces, las organizaciones responden sólo si hay un litigio previsto, y luego hay una lucha por encontrar los documentos pertinentes y la información para revisar. Lo más probable es que este tipo de organización especifica la cantidad de datos que se deben conservar (es decir, todo) o no tiene políticas de eliminación de datos definidos. No disponer de un calendario de retención de datos e información puede dar lugar a responsabilidades legales si se requieren registros antiguos no depurados para el descubrimiento electrónico, pero no disponibles.

5.2 Organización y Cambio Cultural

Las personas pueden ser un desafío mayor que la tecnología. Puede haber problemas en la adaptación de las prácticas de gestión en las actividades diarias y en hacer que las personas utilicen ECM. En algunos casos, ECM puede conducir a más tareas; por ejemplo, escanear documentos en papel y definir los Metadatos necesarios. A menudo, las organizaciones manejan información, incluyendo registros, departamentalmente, creando silos de información que dificultan el uso compartido y la gestión adecuada de los datos. Un enfoque empresarial holístico para la gestión de contenidos y registros puede eliminar la percepción de los usuarios de que necesitan almacenar copias del contenido. La solución ideal es un repositorio único, administrado de forma centralizada y segura, con políticas y procesos claramente definidos que se aplican en toda la empresa. La capacitación y comunicación sobre los procesos, políticas y herramientas son fundamentales para el éxito de un programa de gestión de registros o ECM.

La privacidad, la protección de datos, la confidencialidad, la propiedad intelectual, el cifrado, el uso ético y la identidad son las cuestiones importantes que los profesionales de gestión de documentos y contenidos deben tratar en cooperación con otros empleados, la administración y los reguladores. Una organización centralizada a menudo se ocupa de los procesos para mejorar el acceso a la información, controlar el crecimiento de los materiales ocupando espacio de oficinas, reducir los costos operativos, minimizar los riesgos de litigios, salvaguardar la información vital y apoyar en una mejor toma de decisiones. Tanto el contenido como la gestión de registros necesitan elevarse organizacionalmente y no se consideran funciones de bajo nivel o de baja prioridad. En industrias fuertemente reguladas, la función de Gestión de Registros e Información (GRI) debe estar estrechamente alineada con la función legal corporativa junto con la función de descubrimiento electrónico. Si la organización tiene objetivos para mejorar la eficiencia operativa al gestionar mejor la información, entonces GRI debe estar alineado con el marketing o un grupo de apoyo operativo. Si la organización ve a GRI como parte de IT, la función GRI debe reportar directamente al CIO (Chief Information Officer - Oficial en Jefe de Información) o CDO (Chief Data Officer - Oficial en Jefe de Datos). A menudo, la función GRI se encuentra en el programa ECM o en el programa de Gestión de Información Empresarial.

6. Gobierno de Documentos y Contenido

6.1 Marcos de Referencia para el Gobierno de la Información

Los documentos, registros y otros contenidos no estructurados representan un riesgo para una organización. La gestión de este riesgo y la obtención de valor a partir de esta información requieren de ser gobernados. Los motivadores incluyen:
- Cumplimiento legal y normativo.
- Disposición defendible de los registros.
- Preparación proactiva para el descubrimiento electrónico.
- Seguridad de la información sensible.
- Gestión de áreas de riesgo como correo electrónico y *Big Data*.

Están emergiendo los Principios de los Programas Exitosos de Gobierno de la Información. Un conjunto de principios son los principios ARMA GARP® (ver Sección 1.2). Otros principios incluyen:
- Asignar patrocinio ejecutivo para la rendición de cuentas.

- Educar a los empleados sobre las responsabilidades de gestión de la información.
- Clasificar la información bajo el código de registro correcto o la categoría de taxonomía.
- Asegurar la autenticidad e integridad de la información.
- Determinar que el registro oficial es electrónico a menos que se especifique de manera diferente.
- Desarrollar políticas para la alineación de los sistemas empresariales y de terceros con los estándares de gobierno de la información.
- Almacenar, gestionar, hacer accesible, monitorear y auditar los repositorios y sistemas empresariales aprobados para registros y contenido.
- Obtener información confidencial o personalmente identificable.
- Controlar el crecimiento innecesario de la información.
- Desechar la información cuando llegue al final de su ciclo de vida.
- Cumplir con las solicitudes de información (por ejemplo, descubrimiento, citación, etc.).
- Mejorar continuamente.

El IGRM (Information Governance Reference Model - Modelo de Referencia de Gobierno de la Información) (Figura 74) muestra la relación del Gobierno de la Información con otras funciones organizacionales. El anillo exterior incluye al personal interesado que coloca políticas, estándares, procesos, herramientas e infraestructura para gestionar la información.

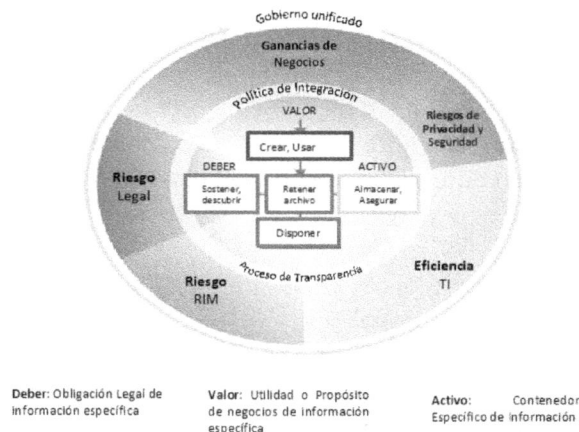

Figura 74 Modelo de Referencia de Gobierno de la Información[53]

El centro muestra un diagrama de ciclo de vida para cada componente del ciclo dentro del color o los colores del personal interesado que ejecuta ese componente. El IGRM complementa el GARP® de ARMA. El patrocinio de alguien cercano o dentro de la *suite* 'C' es un requerimiento crítico para la formación y sostenibilidad del programa de Gobierno de la Información. Se establece un Consejo de Información o Comité Directivo multifuncional de alto nivel que se reúne regularmente. El Consejo es responsable de una estrategia de Gobierno de Información empresarial, procedimientos operativos,

---

[53] EDRM (edrm.net). El contenido publicado en EDRM.net tiene licencia bajo Creative Commons Attribution 3.0 Unported License.

orientación sobre tecnología y estándares, comunicaciones y capacitación, monitoreo y financiamiento. Las políticas de Gobierno de la Información están escritas para las áreas del personal interesado, y entonces idealmente se aplica tecnología para la aplicación.

6.2 Proliferación de Información

Generalmente, los datos no estructurados crecen mucho más rápido que los datos estructurados. Esto se agrega al desafío del gobierno. Los datos no estructurados no están necesariamente vinculados a una función o departamento comercial. Su propiedad puede ser difícil de determinar. También puede ser difícil clasificar el contenido de datos no estructurados, ya que el propósito comercial del contenido no siempre puede deducirse del sistema. Los datos no estructurados no gestionados, sin los Metadatos requeridos, representan un riesgo. Puede ser mal interpretado y, si el contenido no se conoce, puede ser mal manejado o presentar problemas de privacidad. (Véase el capítulo 14).

6.3 Gobernar por Contenido de Calidad

La gestión de datos no estructurados requiere una asociación efectiva entre administradores de datos y otros profesionales de gestión de datos y administradores de registros. Por ejemplo, los administradores de datos empresariales pueden ayudar a definir portales *web,* taxonomías empresariales, índices de motores de búsqueda y problemas de administración de contenido. La gestión de documentos y contenidos se centra en las políticas relacionadas con la retención, las firmas electrónicas, los formatos de informes y la distribución de informes. Las políticas implicarán o establecerán las expectativas sobre la calidad. La información exacta, completa y actualizada ayudará a tomar decisiones. La información de alta calidad mejora la ventaja competitiva y aumenta la eficacia de la organización. Definir contenido de calidad requiere entender el contexto de su producción y uso.

- **Productores:** ¿Quién crea el contenido y por qué lo crean?
- **Consumidores:** ¿Quién utiliza la información y con qué fines?
- **Momento:** ¿Cuándo se necesita la información? ¿Con qué frecuencia se necesita actualizar o acceder?
- **Formato:** ¿Los consumidores necesitan el contenido en un formato específico para alcanzar sus metas? ¿Hay formatos inaceptables?
- **Entrega:** ¿Cómo se entregará la información? ¿Cómo accederán los consumidores a la información? ¿Cómo se hará cumplir la seguridad para evitar el acceso inapropiado a los contenidos electrónicos?

6.4 Métricas

Los KPIs (Key Performance Indicators - Indicadores Clave de Desempeño) son medidas cuantitativas y cualitativas usadas para revisar el desempeño organizacional en contra de sus metas. Los KPIs pueden desarrollarse en los niveles estratégico y operacional. Algunos KPI pueden ser apropiados para ambos niveles, especialmente si miden las funciones o los riesgos del ciclo de vida.

6.4.1 Gestión de Registros

En el nivel estratégico, los KPIs pueden desarrollarse dentro de estas áreas de cumplimiento de la gestión de registros con los requerimientos regulatorios (por ejemplo, el tiempo necesario para cumplir con los requerimientos) y / o el gobierno (por ejemplo, el cumplimiento con las políticas). A nivel operacional, los KPIs pueden desarrollarse dentro de tales áreas de recursos de gestión de registros (por ejemplo, costos operacionales y de capital), capacitación (por ejemplo, número de clases dadas, número de empleados capacitados y en qué nivel) (Por ejemplo, porcentaje de cumplimiento de los SLA [Service Level Agreements – Acuerdos de Nivel de Servicio] de los usuarios), y / o integración de funciones de gestión de registros con otros sistemas empresariales (por ejemplo, porcentaje de integración). Los criterios para medir el éxito de una implementación del sistema de gestión de registros pueden incluir los siguientes porcentajes:

- Porcentaje del total de documentos y correo electrónico por usuario identificados como registros corporativos.
- Porcentaje de los registros corporativos identificados declarados como tales y puestos bajo control de registros.
- Porcentaje de registros almacenados totales que tienen las reglas de retención apropiadas aplicadas

Estos porcentajes pueden entonces compararse para determinar los porcentajes de mejores prácticas. A veces, medir el éxito de la implementación de la gestión de registros es una cuestión presupuestaria simple. Una determinación financiera examina en qué momento la implementación de un sistema de gestión de registros electrónicos se hace menos costosa que la adquisición de más espacio para almacenar registros en papel. Las categorías de principio GARP y el modelo de madurez de ARMA pueden guiar la definición de KPIs. La plataforma de software de Evaluación de Gobierno de la Información de ARMA puede identificar los riesgos relacionados con el cumplimiento de la información y desarrollar métricas para la madurez del programa de gobierno en áreas tales como registros y descubrimiento electrónicos.

6.4.2 Descubrimiento Electrónico

Un KPI común de descubrimiento electrónico es la reducción de costos. Otro KPI es la eficiencia obtenida en la recopilación de información antes del tiempo de manera bastante reactiva (por ejemplo, el tiempo promedio en días para dar vuelta a las solicitudes de descubrimiento electrónico). La rapidez con que una organización puede implementar un proceso de notificación legal de retención es el tercer tipo de KPI. La medición del descubrimiento electrónico es fundamental para una mejor tasa exitosa de litigios. El modelo EDRM puede guiar el desarrollo de KPIs basados en lo que se requiere en cada fase. ERDM también publica un modelo de métricas para métricas de descubrimiento electrónico[54].

Los elementos primarios de Volumen, Tiempo y Costo están en el centro rodeados por los siete aspectos del trabajo de descubrimiento electrónico (Actividades, Custodios, Sistemas, Medios, Estado, Formato y Control de Calidad) que afectan el resultado de los elementos del centro.

6.4.3 ECM

Los KPIs deben desarrollarse para medir los beneficios tangibles e intangibles de la ECM. Los beneficios tangibles incluyen aumento de la productividad, reducción de costos, mejora de la calidad de la información y un mejor cumplimiento. Los beneficios intangibles incluyen una mejor colaboración y simplificación de rutina de trabajo y flujo de trabajo.

---

[54] Modelo de Métricas EDRM, http://bit.ly/2rURq7R.

A medida que se establezca la ECM, los KPIs se centrarán en las métricas de programa y operación. Las métricas del programa incluyen número de proyectos de ECM, adopción y niveles de satisfacción del usuario. Las métricas operativas incluyen los KPIs típicos del tipo de sistema, como la cantidad de tiempo de inactividad, el número de usuarios, etc.

Las métricas específicas de ECM, como la utilización de almacenamiento (por ejemplo, la comparación de la cantidad utilizada con la implementación de ECM frente a la cantidad utilizada antes de ECM) y el rendimiento de recuperación de búsqueda también se pueden utilizar como KPIs. La recuperación de información se mide por precisión y memoria. Precisión es la proporción de los documentos recuperados que son realmente relevantes. Recordar es una proporción de todos los documentos relevantes que realmente se recuperan.

Con el tiempo, se pueden desarrollar KPIs relacionados con el valor de las soluciones de negocio.

- Los KPI financieros pueden incluir el costo del sistema ECM, costos reducidos relacionados con el almacenamiento físico y disminución porcentual en los costos operacionales.
- Los KPI de los clientes pueden incluir incidentes porcentuales resueltos en el primer contacto y número de quejas de los clientes.
- Los KPI que representan procesos empresariales internos más efectivos y productivos pueden incluir el porcentaje de papeleo reducido, el porcentaje de reducción de errores mediante flujo de trabajo y la automatización de procesos.
- Los KPIs de entrenamiento pueden incluir el número de sesiones de capacitación para la gestión y no gestión.
- Los KPI de mitigación del riesgo pueden incluir la reducción de los costos de descubrimiento y el número de pistas de auditoría que rastrean las solicitudes de descubrimiento electrónico.

7. Trabajos Citados / Recomendados

Boiko, Bob. *Content Management Bible.* 2nd ed. Wiley, 2004. Print.

Diamond, David. *Metadata for Content Management: Designing taxonomy, metadata, policy and workflow to make digital content systems better for users.* CreateSpace, 2016. Print.

Hedden, Heather. *The Accidental Taxonomist.* Information Today, Inc., 2010. Print.

Lambe, Patrick. *Organising Knowledge: Taxonomies, Knowledge and Organisational Effectiveness.* Chandos Publishing, 2007. Print. Chandos Knowledge Management.

Liu, Bing. *Web Data Mining: Exploring Hyperlinks, Contents, and Usage Data.* 2nd ed. Springer, 2011. Print. Data-Centric Systems and Applications.

Nichols, Kevin. *Enterprise Content Strategy: A Project Guide.* XML Press, 2015. Print.

Read, Judith and Mary Lea Ginn. *Records Management.* 9th ed. Cengage Learning, 2015. Print. Advanced Office Systems and Procedures.

Rockley, Ann and Charles Cooper. *Managing Enterprise Content: A Unified Content Strategy.* 2nd ed. New Riders, 2012. Print. Voices That Matter.

Smallwood, Robert F. *Information Governance: Concepts, Strategies, and Best Practices.* Wiley, 2014. Print. Wiley CIO.

US GAAP Financial Statement Taxonomy Project. *XBRL US GAAP Taxonomies.* v1.0 Technical Guide Document Number: SECOFM-USGAAPT-TechnicalGuide. Version 1.0. April 28, 2008 http://bit.ly/2rRauZt.

CAPÍTULO 10

Datos Maestros y de Referencia

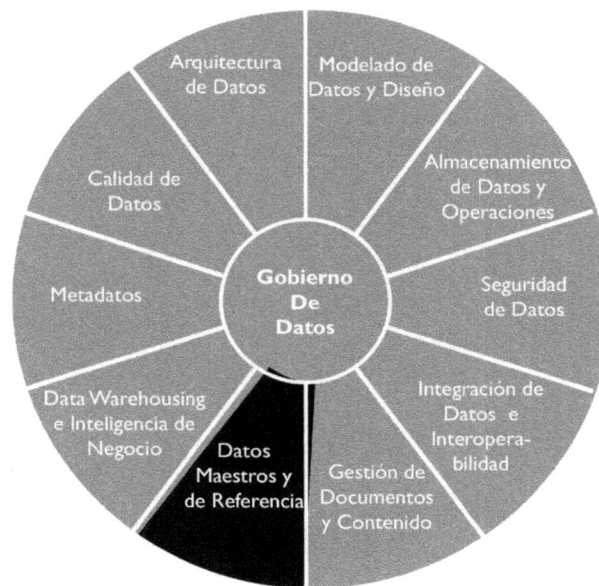

DAMA-DMBOK2 Marco de Referencia de Gestión de Datos

Copyright © 2017 by DAMA International

1. Introducción

En cualquier organización, se requieren datos a través de sus áreas de negocio, procesos y sistemas. En global la organización y sus clientes se benefician si estos datos son compartidos y todas las unidades de negocios pueden acceder a las mismas listas de clientes, códigos de localización geográfica, listas de unidades de negocio, opciones de entrega, listas de partes, códigos de centros de costos contables, códigos de impuestos gubernamentales y otros datos utilizados para operar el negocio. Las personas que utilizan datos generalmente asumen que existe un nivel de coherencia en toda la organización, hasta que observan datos dispares. En la mayoría de las organizaciones, los sistemas y los datos evolucionan más orgánicamente de lo que los profesionales de la gestión de datos quisieran. Particularmente en grándes organizaciones, varios proyectos e iniciativas, fusiones y adquisiciones, y otras actividades de negocios resultan en múltiples sistemas que ejecutan esencialmente las mismas funciones, aisladas unas de las otras. Estas condiciones llevan inevitablemente a inconsistencias en la estructura de datos y valores de datos entre sistemas. Esta variabilidad aumenta costos y riesgos. Ambos pueden reducirse a través de la gestión de Datos Maestros y Datos de Referencia.

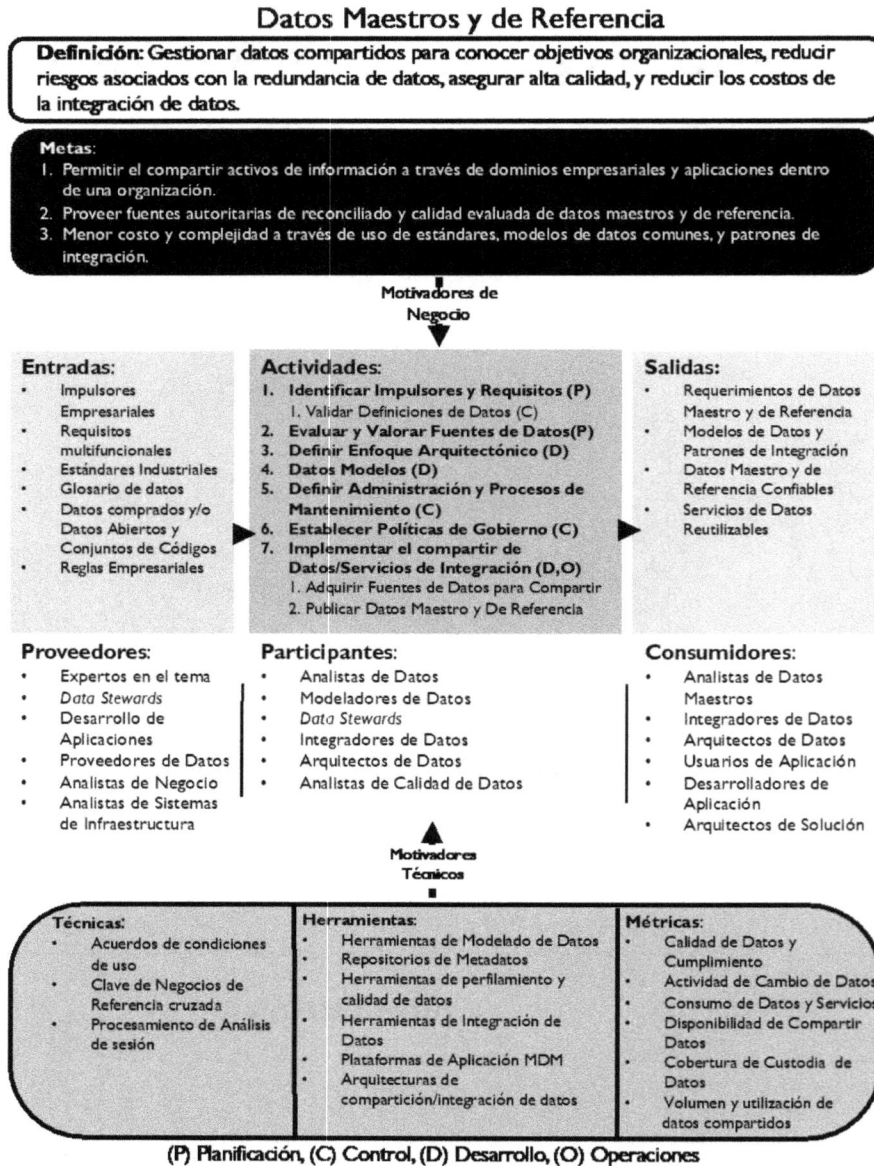

Datos Maestros y de Referencia

Definición: Gestionar datos compartidos para conocer objetivos organizacionales, reducir riesgos asociados con la redundancia de datos, asegurar alta calidad, y reducir los costos de la integración de datos.

Metas:
1. Permitir el compartir activos de información a través de dominios empresariales y aplicaciones dentro de una organización.
2. Proveer fuentes autoritarias de reconciliado y calidad evaluada de datos maestros y de referencia.
3. Menor costo y complejidad a través de uso de estándares, modelos de datos comunes, y patrones de integración.

Motivadores de Negocio

Entradas:
* Impulsores Empresariales
* Requisitos multifuncionales
* Estándares Industriales
* Glosario de datos
* Datos comprados y/o Datos Abiertos y Conjuntos de Códigos
* Reglas Empresariales

Actividades:
1. Identificar Impulsores y Requisitos (P)
   1. Validar Definiciones de Datos (C)
2. Evaluar y Valorar Fuentes de Datos(P)
3. Definir Enfoque Arquitectónico (D)
4. Datos Modelos (D)
5. Definir Administración y Procesos de Mantenimiento (C)
6. Establecer Políticas de Gobierno (C)
7. Implementar el compartir de Datos/Servicios de Integración (D,O)
   1. Adquirir Fuentes de Datos para Compartir
   2. Publicar Datos Maestro y De Referencia

Salidas:
* Requerimientos de Datos Maestro y de Referencia
* Modelos de Datos y Patrones de Integración
* Datos Maestro y de Referencia Confiables
* Servicios de Datos Reutilizables

Proveedores:
* Expertos en el tema
* *Data Stewards*
* Desarrollo de Aplicaciones
* Proveedores de Datos
* Analistas de Negocio
* Analistas de Sistemas de Infraestructura

Participantes:
* Analistas de Datos
* Modeladores de Datos
* *Data Stewards*
* Integradores de Datos
* Arquitectos de Datos
* Analistas de Calidad de Datos

Consumidores:
* Analistas de Datos Maestros
* Integradores de Datos
* Arquitectos de Datos
* Usuarios de Aplicación
* Desarrolladores de Aplicación
* Arquitectos de Solución

Motivadores Técnicos

Técnicas:
* Acuerdos de condiciones de uso
* Clave de Negocios de Referencia cruzada
* Procesamiento de Análisis de sesión

Herramientas:
* Herramientas de Modelado de Datos
* Repositorios de Metadatos
* Herramientas de perfilamiento y calidad de datos
* Herramientas de Integración de Datos
* Plataformas de Aplicación MDM
* Arquitecturas de compartición/integración de datos

Métricas:
* Calidad de Datos y Cumplimiento
* Actividad de Cambio de Datos
* Consumo de Datos y Servicios
* Disponibilidad de Compartir Datos
* Cobertura de Custodia de Datos
* Volumen y utilización de datos compartidos

(P) Planificación, (C) Control, (D) Desarrollo, (O) Operaciones

Figura 75 Diagrama de Contexto: Datos de Referencia y Datos Maestros

1.1 Motivadores de Negocio

Los motivadores más comunes para iniciar un programa MDM (Master Data Management – Gestión de Datos Maestros) son:

- **Cumplir con los requisitos de datos de la organización:** varias áreas dentro de una organización necesitan tener acceso a los mismos conjuntos de datos, con la confianza de que los conjuntos de datos son completos, actuales y consistentes. Los Datos Maestros a menudo forman la base de estos conjuntos de datos (por ejemplo, determinar si un análisis incluye a todos los clientes depende de tener una definición de cliente aplicada consistentemente).
- **Gestionar la calidad de los datos:** Inconsistencias de datos, problemas de calidad y brechas conducen a decisiones incorrectas o a oportunidades perdidas; la Gestión de Datos Maestros reduce estos riesgos al permitir una representación consistente de las entidades críticas para la organización.
- **Gestionar los costos de integración de datos:** El costo de integrar nuevas fuentes de datos en un entorno ya complejo es mayor en ausencia de Datos Maestros, lo que reduce la variación en cómo las entidades criticas son definidas e identificadas.
- **Reducir el riesgo:** Los Datos Maestros pueden permitir la simplificación de la arquitectura de intercambio de datos para reducir costos y riesgos asociados con un entorno complejo.

Los motivadores para la gestión de Datos de Referencia son similares. Datos de Referencia gestionados centralmente habilitan a las organizaciones a:

- Cumplir con los requisitos de datos para múltiples iniciativas y reducir los riesgos y costos de la integración de datos mediante el uso de Datos de Referencia consistentes.
- Gestionar la calidad de los Datos de Referencia.

Mientras las iniciativas organizacionales centradas en datos se enfocan en los datos transaccionales (aumento de las ventas o participación de mercado, reducción de costos, demostración de cumplimiento), la capacidad de aprovechar estos datos transaccionales depende en gran medida de la disponibilidad y calidad de los Datos de Referencia y Maestros. Mejorar la disponibilidad y calidad de los Datos de Referencia y Maestros tiene un impacto dramático en la calidad general de los datos y en la confianza del negocio en los datos. Estos procesos tienen beneficios adicionales para una organización, incluyendo la simplificación del panorama de TI (Tecnología de la Información), la mejora de la eficiencia y la productividad, y con ellos, el potencial para mejorar la experiencia del cliente.

1.2 Metas y Principios

Las metas de un programa de Gestión de Datos Maestros y de Referencia son:

- Asegurar que la organización cuente con Datos Maestros y Datos de Referencia que sean completos, consistentes, actuales y con autoridad a través de los procesos de la organización.
- Permitir que los Datos Maestros y los Datos de Referencia se compartan a través de las funciones y las aplicaciones empresariales.
- Reducir el costo y la complejidad del uso de datos e integrarlos a través de estándares, modelos de datos comunes y patrones de integración.

La Gestión de Datos Maestros y de Referencia sigue estos principios rectores:

- **Datos compartidos:** Los Datos Maestros y de Referencia deben gestionarse de forma que puedan compartirse a través de la organización.
- **Propiedad:** Los Datos Maestros y de Referencia pertenecen a la organización, no a una aplicación o departamento en particular. Debido a que son ampliamente compartidos, requieren un alto nivel de custodia.

- **Calidad:** La gestión de Datos Maestros y de Referencia requiere una supervisión continua de la Calidad de los Datos y su gobierno.
- **Custodia:** Los *data stewards* de negocio son responsables de controlar y asegurar la calidad de los Datos de Referencia.
- Cambio Controlado:
  - En un momento dado, los valores de los Datos Maestros deben representar la mejor comprensión de la organización de lo que es preciso y actual. Las reglas de correspondencia que cambian los valores deben aplicarse con precaución y supervisión. Cualquier identificador fusionado o dividido debe poderse revertir.
  - Los cambios en los valores de Datos de Referencia deben seguir un proceso definido; los cambios deben ser aprobados y comunicados antes de ser implementados.
- Autoridad: Los valores de Datos Maestros deben ser replicados sólo desde el sistema donde se registran. Puede ser necesario un sistema de referencia para permitir el intercambio de Datos Maestros a través de una organización.

1.3 Conceptos Esenciales

1.3.1 Diferencias entre Datos Maestros y Datos de Referencia

Diferentes tipos de datos desempeñan diferentes funciones dentro de una organización. También tienen diferentes requisitos de gestión. A menudo se hace una distinción entre Datos de Transacción y Datos Maestros, así como entre Datos Maestros y Datos de Referencia. Malcolm Chisholm ha propuesto una taxonomía de seis capas de datos que incluye Metadatos, Datos de Referencia, datos estructurados de empresa, datos estructurados de transacciones, datos de actividad transaccional y datos de auditoría transaccionales (Chisholm, 2008, Talburt y Zhou, 2015). Dentro de esta taxonomía, se define Datos Maestros como una agregación de Datos de Referencia, datos estructurados de empresa y datos estructurados de transacciones:

- **Datos de Referencia**, por ejemplo, tablas de códigos y descripciones, son datos que se utilizan únicamente para caracterizar otros datos de una organización o para relacionar datos en una base de datos con información mas allá de los límites de la organización.
- **Datos Estructurados Empresariales**, por ejemplo, un plan de cuentas permite la presentación de informes de la actividad empresarial por responsabilidad de cada negocio.
- **Datos Estructurados de Transacciones**, por ejemplo, los identificadores de clientes describen las cosas que deben estar presentes para que una transacción ocurra: productos, clientes y vendedores.

La definición de Chisholm distingue los Datos Maestros de actividades transaccionales que registran detalles acerca de las transacciones y de los datos de la auditoría de transacciones que describen el estado de las transacciones, así como de Metadatos, que describen otros datos (Chisholm, 2008). En este sentido, la definición de Chisholm es similar a la definición del diccionario de DAMA: Los *Datos Maestros* son "los datos que proporcionan el contexto para los datos de la actividad del negocio en forma de conceptos comunes y abstractos que se relacionan con la actividad. Incluye los detalles (definiciones e identificadores) de objetos internos y externos involucrados en transacciones del negocio, como clientes, productos, empleados, vendedores y dominios controlados (valores de código) "(DAMA, 2009).

Muchas personas entienden que Datos Maestros incluyen tanto datos estructurados de transacciones como datos estructurados empresariales. La definición de David Loshin de Datos Maestros se alinea en gran parte con estos tipos. Describe los objetos de Datos Maestros como objetos de negocio centrales utilizados en diferentes aplicaciones de una organización, junto con sus Metadatos, atributos, definiciones, funciones, conexiones y taxonomías asociados. Los objetos de Datos Maestros representan las "cosas" que más importan a una organización: aquellas que son transacciones registradas, reportadas, medidas, analizadas (Loshin, 2008).

Los Datos Maestros requieren identificar y/o desarrollar una versión confiable de la verdad para cada instancia de entidad conceptual como producto, lugar, cuenta, persona u organización y mantener la actualización de esa versión. El desafío principal con los Datos Maestros es la resolución de identidades (también llamada gestión de identidades), el proceso de discernir y gestionar las asociaciones entre los datos de diferentes sistemas y procesos. Las instancias de entidad representadas por filas de Datos Maestros se representarán de forma diferente a través de los sistemas. La Gestión de Datos Maestros funciona para resolver estas diferencias con el fin de identificar consistentemente instancias individuales de entidad (esto es, clientes específicos, productos, etc.) en diferentes contextos. Este proceso también debe ser gestionado en el tiempo, de modo que los identificadores para estas instancias de entidades de Datos Maestros permanezcan consistentes.[55]

Los Datos Maestros y de Referencia comparten objetivos conceptualmente similares. Ambos proporcionan un contexto crítico para la creación y el uso de datos transaccionales. (Los Datos de Referencia también proporcionan el contexto para los Datos Maestros.) Permiten que los datos sean comprendidos de manera significativa. Es importante destacar que ambos son recursos compartidos que deben ser gestionados a nivel empresarial. Tener múltiples instancias del mismo Dato de Referencia es ineficiente e inevitablemente conduce a la inconsistencia entre ellas. La inconsistencia conduce a la ambigüedad, y la ambigüedad introduce riesgo a una organización. Un programa exitoso de Datos de Referencia o de Gestión de Datos Maestros involucra toda la gama de funciones de gestión de datos (Gobierno de Datos, Calidad de los Datos, Gestión de Metadatos, Integración de Datos, etc.).

Los Datos de Referencia también tienen características que lo distinguen de otros tipos de Datos Maestros (por ejemplo, datos estructurados empresariales y transaccionales). Son menos volátiles. Los conjuntos de Datos de Referencia son generalmente menos complejos y más pequeños que los conjuntos de Datos Transaccionales o Maestros. Tienen menos columnas y menos filas. Los retos de la resolución de entidades no forman parte de la Gestión de Datos de Referencia.

El enfoque de la gestión de datos difiere entre los Datos de Referencia y los Maestros:

- **Gestión de Datos Maestros** (MDM, Master Data Management) implica el control sobre los valores y los identificadores de los Datos Maestros que permiten el uso consistente, a través de sistemas, de los datos más precisos y oportunos sobre entidades de negocio esenciales. Los objetivos del MDM incluyen garantizar la disponibilidad de valores precisos y actuales al mismo tiempo que se reduce el riesgo asociado con identificadores ambiguos (aquellos identificados con más de una instancia de una entidad y aquellos que se refieren a más de una entidad).
- **Gestión de Datos de Referencia** (RDM, Reference Data Management) implica el control sobre los valores de dominio definidos y sus definiciones. El objetivo de RDM es asegurar que la organización tenga acceso a un conjunto completo de valores precisos y actuales para cada concepto representado.

---

[55] John Talburrt y Yinle Shou (2015) describen el proceso de dos pasos en ER: primero, determina si dos registros se refieren a la misma entidad, luego consolida y reconcilia los datos en el registro para poder crear un registro maestro. Los autores se refieren a la Gestión de Identificación de Entidades (EIM, Entity Identity Information Management) como el proceso de asegurar que "de proceso a proceso una entidad en el contexto de la gestión en el sistema MDM esta etiquetado de manera consistente con el mismo identificador único."

Uno de los retos de la Gestión de Datos de Referencia es el de la propiedad o la responsabilidad de la definición y el mantenimiento. Algunos Datos de Referencia se originan fuera de las organizaciones que los utilizan. Algunos cruzan los límites internos de la organización y no pueden ser propiedad de un solo departamento. Otros Datos de Referencia pueden ser creados y mantenidos dentro de un departamento, pero tienen valor potencial en otras partes de una organización. Determinar la responsabilidad de obtener datos y gestionar actualizaciones es parte de RDM. La falta de responsabilidad introduce el riesgo, ya que las diferencias en los Datos de Referencia pueden causar malentendidos en el contexto de los datos (como cuando dos unidades de negocio tienen diferentes valores para clasificar el mismo concepto).

Debido a que los Datos Maestros y de Referencia proporcionan contexto para las transacciones, dan forma a los datos transaccionales que entran en una organización durante su operación (por ejemplo, en sistemas CRM y ERP). También enmarcan el análisis realizado en Datos Transaccionales.

1.3.2 Datos de Referencia

Como se ha hecho notar, Datos de Referencia son cualquier dato utilizado para caracterizar o clasificar otros datos, o para relacionar datos con información externa a una organización (Chisholm, 2001). Los Datos de Referencia más básicos consisten en códigos y descripciones, pero algunos Datos de Referencia pueden ser más complejos e incorporar mapeos y jerarquías. Los Datos de Referencia existen prácticamente en todos los almacenes de datos. Las clasificaciones y categorías pueden incluir estados o tipos (por ejemplo, estado del pedido: nuevo, en curso, cerrado, cancelado). La información externa puede incluir información geográfica o de estándares (por ejemplo, Código de País: DE, US, TR).

Los Datos de Referencia pueden almacenarse de diferentes maneras para satisfacer diferentes necesidades. Por ejemplo, la integración de datos (por ejemplo, mapeo de datos para la normalización o verificación de calidad de datos) u otra funcionalidad de aplicación (por ejemplo, anillos de sinónimo para permitir la búsqueda y el descubrimiento). También puede tener consideraciones de interfaz de dispositivo de usuario específicas (por ejemplo, varios idiomas). Las técnicas comunes de almacenamiento utilizan:

- Tablas de códigos en bases de datos relacionales, vinculadas mediante llaves externas a otras tablas para mantener las funciones de integridad referencial en el sistema de gestión de bases de datos.
- Sistemas de Gestión de Datos de Referencia que mantienen las entidades del negocio, permitidas, los estados futuros o los valores rechazados y los términos de las reglas de asignación para soportar una aplicación más amplia y el uso en la integración de datos.
- Metadatos de atributos específicos de objeto para especificar valores admisibles con un enfoque en la API o en el acceso a la interfaz de usuario.

La gestión de Datos de Referencia implica el control y el mantenimiento de valores de dominio definidos, definiciones y las relaciones dentro y entre valores de dominio. El objetivo de la Gestión de Datos de Referencia es asegurar que los valores son consistentes y actuales en diferentes funciones y que los datos son accesibles para la organización. Al igual que otros datos, los Datos de Referencia requieren Metadatos. Un atributo importante de Metadatos para Datos de Referencia incluye su fuente. Por ejemplo, el órgano rector de Datos de Referencia estándar de la industria.

1.3.2.1 Estructura de Datos de Referencia

Dependiendo de la granularidad y complejidad de lo que representan los Datos de Referencia, pueden estructurarse como una lista simple, una referencia cruzada o una taxonomía. La capacidad de utilizar y mantener los Datos de Referencia debe tenerse en cuenta al estructurarla en una base de datos o en un sistema de Gestión de Datos de Referencia.

1.3.2.1.1 Listas

La forma más simple de Datos de Referencia hace pares entre un valor de código y una descripción en una lista, como en la Tabla 17. El valor de código es el identificador primario, el valor de referencia de forma abreviada que aparece en otros contextos. La descripción indica lo que representa el código. La descripción se puede mostrar en lugar del código en pantallas, páginas, listas desplegables e informes. Tenga en cuenta que, en este ejemplo, el valor de código para United Kingdom es GB de acuerdo con las normas internacionales, y no UK, a pesar de que el UK es una forma corta común utilizada en muchas formas de comunicación. Cuide el balance entre cumplimiento de estándares y usabilidad al definir los requisitos de Datos de Referencia.

Tabla 17 Lista de Referencia Simple

Valor de Código	Descripción
US	United States of America
GB	United Kingdom (Great Britain)

Dependiendo del contenido y la complejidad de los Datos de Referencia, pueden ser necesarios atributos adicionales para definir el significado del código. Las definiciones proporcionan información que la etiqueta por sí sola no proporciona. Las definiciones rara vez aparecen en los informes o en las listas desplegables. Sin embargo, aparecen en lugares como las funciones de ayuda para aplicaciones, que guían el uso apropiado de códigos en contexto.

Las listas, al igual que cualquier Dato de Referencia, deben cumplir los requisitos de los consumidores de datos, incluidos los requisitos para un apropiado nivel de detalle. Si una lista de valores está destinada a apoyar la clasificación de datos para usuarios ocasionales, una lista altamente detallada probablemente causará problemas de calidad de datos y desafíos de adopción. Del mismo modo, una lista de valores que es demasiado genérica evitaría que trabajadores del conocimiento capturaran un nivel de detalle suficiente. Para acomodar estos casos, es mejor mantener listas distintas que están relacionadas vs. intentar tener una lista única que sea el estándar para todas las comunidades de usuarios. La Tabla 18 proporciona un ejemplo relacionado con los códigos de estado de los *tickets* de la mesa de ayuda. Sin la información proporcionada por la definición, el estado del *ticket* sería ambiguo para cualquier persona que no esté familiarizada con el sistema. Esta diferenciación es especialmente necesaria para las clasificaciones que guían métricas de rendimiento o analítica de Inteligencia de Negocios.

Tabla 18 Lista Ampliada de Referencia Simple

Código	Descripción	Definición
1	Nuevo	Indica un *ticket* creado sin un recurso asignado
2	Asignado	Indica que el *ticket* que tiene asignado un recurso nombrado
3	Trabajo en proceso	Indica que el recurso asignado inicio el trabajo indicado en el *ticket*.

Código	Descripción	Definición
4	Resuelto	Indica que el requerimiento se asume como resuelto por el recurso asignado
5	Cancelado	Indica que el requerimiento fue cancelado basado en una interacción del requirente
6	Pendiente	Indica el requerimiento no puede proceder sin información adicional
7	Cumplido	Indica que el requerimiento fue cumplido y verificado por el requirente

1.3.2.1.2 Listas de Referencia Cruzada

Diferentes aplicaciones pueden utilizar diferentes conjuntos de códigos para representar el mismo concepto. Estos conjuntos de códigos pueden tener diferentes granularidades o la misma granularidad con diferentes valores. Los conjuntos de Datos de Referencia cruzada traducen entre valores de códigos. La Tabla 19 presenta una referencia cruzada del Código de Estados de los Estados Unidos (un ejemplo de representaciones múltiples en el mismo nivel de granularidad). Los códigos de estado del servicio postal de los Estados Unidos son códigos alfabéticos de dos caracteres. FIPS utiliza un numérico para expresar el mismo concepto. El Código Estatal de la ISO también incluye una referencia al país.

Tabla 19 Lista de Referencias Cruzadas

Código de estado USPS	Código de estado ISO	Código numérico de estado FIPS	Abreviación del Estado	Nombre de estado	Nombre formal del Estado
CA	US-CA	06	Calif.	California	State of California
KY	US-KY	21	Ky.	Kentucky	Commonwealth of Kentucky
WI	US-WI	55	Wis.	Wisconsin	State of Wisconsin

Los requisitos de idioma pueden afectar a la estructura de Datos de Referencia. Las listas multilingües son una instancia específica de una lista de referencias cruzadas. Aunque las listas de códigos proporcionan un formato estándar legible para una máquina, los glosarios específicos del idioma proporcionan contenido utilizable. La Tabla 20 provee un ejemplo del estándar ISO 3166. Existen diferentes maneras de manejar listas en varios idiomas dependiendo de cuántos idiomas y conjuntos de caracteres están involucrados. Las listas no necesitan estar normalizadas para ser efectivas. La estructura *desnormalizada* hace que las relaciones sean algo más fácil de comprender.

Tabla 20 Lista de Referencia Multilingüe

Código de país ISO 3166-1 Alpha 2	Nombre en inglés	Nombre	Nombre local Alfabeto local	Nombre en francés	...
CN	China	Zhong Guo	中国/中國	Chine	

1.3.2.1.3 Taxonomías

Las estructuras taxonómicas de Datos de Referencia capturan información a diferentes niveles de especificidad. Por ejemplo, un código postal de EE. UU. puede ser una categoría significativa en sí mismo, y existe dentro de una ciudad, un condado y un estado. Estas relaciones se pueden expresar dentro de la tabla de referencia y se pueden hacer múltiples niveles de análisis utilizando el código postal como eje.

Las taxonomías permiten la clasificación de contenido y la navegación multifacética para apoyar la Inteligencia de Negocio. Datos de Referencia taxonómicos pueden almacenarse en una relación recursiva. Las herramientas de gestión taxonómica también mantienen la información jerárquica. La Tabla 21 y la Tabla 22 muestran ejemplos de dos taxonomías jerárquicas comunes. En ambos casos, la jerarquía incluye un código, una descripción y una referencia a un código padre que clasifica los códigos individuales. Por ejemplo, en la Tabla 21, Plantas Florales (Floral plants 10161600) es un código padre para Rosas, Poinsetias y Orquideas (Rose, Poinsettias y Orchid). En la Tabla 22, el Comercio Minorista (Retail Trade 440000) es el padre de las Tiendas de Alimentos y Bebidas (Food and Beverage Stores 445000), que es el padre de las Tiendas de Especialidades de Alimentos (Specialty Food Stores 445200).

Tabla 21 UNSPSC (Clasificación Universal de Productos y Servicios Estándar)[56]

Valor de Código	Descripción	Código Padre
10161600	Floral plants	10160000
10161601	Rose plants	10161600
10161602	Poinsettias plants	10161600
10161603	Orchid plants	10161600
10161700	Cut flowers	10160000
10161705	Cut roses	10161700

Tabla 22 NAICS (Sistema de Clasificación de la Industria de América del Norte)[57]

Valor de Código	Descripción	Código Padre
440000	Comercio minorista	440000
445000	Tiendas de alimentos y bebidas	440000
445200	Tiendas de comida especializada	445000
445210	Mercados de carne	445200
445220	Mercados de pescado y mariscos	445200
445290	Tiendas de alimentos de otras especialidades	445200
445291	Tiendas de mercancías horneadas	445290
445292	Tiendas de confitería y nueces	445290

1.3.2.1.4 Ontologías

Algunas organizaciones incluyen ontologías utilizadas para gestionar el contenido del sitio *web* como parte de los Datos de Referencia. Se ajustan a esta categoría porque se utilizan para caracterizar otros datos o para relacionar los datos de la organización con la información más allá de los límites de la organización. Las ontologías también pueden entenderse como una forma de Metadatos. Las ontologías y otras taxonomías complejas necesitan ser gestionadas de manera similar a como se gestionan los Datos de Referencia. Los valores deben ser completos, actuales y claramente definidos.

[56] http://bit.ly/2sAMU06

[57] http://bit.ly/1mWACqg

Las mejores prácticas para el mantenimiento de ontologías son similares a las de Gestión de Datos de Referencia. Uno de los principales casos de uso de las ontologías es la gestión de contenidos. Éstos se describen con más detalle en el Capítulo 9.

1.3.2.2 Datos de Referencia Propios o Internos

Muchas organizaciones crean Datos de Referencia para soportar procesos y aplicaciones internas. A menudo, estos Datos de Referencia propietarios crecen orgánicamente a través del tiempo. Parte de RDM incluye la gestión de estos conjuntos de datos e, idealmente, la creación de consistencia entre ellos, donde esta consistencia sirve a la organización. Por ejemplo, si diferentes unidades de negocio usan diferentes términos para describir el estado de una cuenta, es difícil para cualquier miembro de la organización determinar el número total de clientes a los que sirve en un momento determinado. Al ayudar a gestionar conjuntos de Datos de Referencia internos, los gestores de datos deben equilibrar entre la necesidad de tener palabras comunes para la misma información y la necesidad de flexibilidad cuando los procesos difieren entre sí.

1.3.2.3 Datos de Referencia de la Industria

Datos de Referencia de Industria es un término amplio para describir conjuntos de datos que son creados y mantenidos por asociaciones de la industria u organismos gubernamentales, en lugar de por organizaciones individuales, con el fin de proporcionar un estándar común para la codificación de conceptos importantes. Esta codificación conduce a una forma común de entender los datos, y es un requisito previo para el intercambio de datos y la interoperabilidad. Por ejemplo, los códigos de la Clasificación Internacional de Enfermedades (CIE) proporcionan una forma común de clasificar las condiciones de salud (diagnósticos) y los tratamientos (procedimientos) y, por lo tanto, tener un enfoque coherente para ofrecer atención sanitaria y comprender los resultados. Si cada médico y hospital creara su propio conjunto de códigos para las enfermedades, sería prácticamente imposible entender las tendencias y los patrones.

Los Datos de Referencia de la Industria son producidos y mantenidos en forma externa a las organizaciones que los utilizan, pero se requiere que se entiendan las transacciones dentro de esas organizaciones. Puede ser necesario para apoyar esfuerzos específicos de Gestión de Calidad de Datos (por ejemplo, directorios de negocios de terceros), cálculos de negocio (por ejemplo, tipos de cambio de divisas) o aumento de datos empresariales (por ejemplo, datos de *marketing*). Estos conjuntos de datos varían ampliamente, dependiendo de la industria y el conjunto de códigos individuales. (Véase el capítulo 10.)

1.3.2.4 Datos Geográficos o *Geoestadísticos*

La referencia geográfica o *geoestadística* permite la clasificación o el análisis basado en geografía. Por ejemplo, los reportes de la oficina de censos describen cambios en la densidad de población y la demografía que apoyan la planificación del mercado y la investigación. El historial meteorológico asignado a una clasificación geográfica estricta puede respaldar la gestión de inventarios y la planificación promocional.

1.3.2.5 Datos de Referencia Computacional

Muchas actividades del negocio dependen del acceso a cálculos comunes y consistentes. Por ejemplo, los cálculos de divisas dependen de las tablas de tipos de cambio gestionadas con un registro de tiempo. Los Datos de Referencia Computacional difieren de otros tipos debido a la frecuencia con la que cambian. Muchas organizaciones compran este tipo de datos de terceros que se aseguran de que es completa y precisa. Intentar mantener estos datos internamente es probable que esté plagado de problemas de latencia.

1.3.2.6 Metadatos del conjunto de Datos de Referencia estándar

Los datos de referencia, al igual que otros datos, pueden cambiar a través del tiempo. Dada su prevalencia dentro de cualquier organización, es importante mantener Metadatos clave sobre conjuntos de Datos de Referencia para asegurar que su linaje y actualización son entendidos y mantenidos. La Tabla 23 proporciona ejemplos de estos Metadatos.

Tabla 23 Atributos de Metadatos de Datos de Referencia Críticos

Conjunto de Datos de Referencia Información Clave	Descripción
Nombre Formal	Oficial, en especial si es el nombre externo del conjunto de Datos de Referencia (por ejemplo: ISO 3166-1991 Lista de Códigos de países)
Nombre Interno	Nombre asociado con el conjunto de datos dentro de la organización (por ejemplo: Códigos de países – ISO)
Proveedor de Datos	La parte que provee y mantiene el conjunto de Datos de Referencia. Puede ser externo (ISO), interno (un departamento específico), o externo – extendido (obtenido de una parte externa pero después extendido y modificado internamente).
Fuente del Conjunto de Datos del Proveedor de Datos	Descripción de dónde se pueden obtener los conjuntos de datos del proveedor de datos. Puede ser un *Universal Resource Identifier* (URI) dentro o fuera de la red de la organización.
Último Número de Versión del Proveedor de Datos	Si está disponible y se mantiene, describe la última versión del conjunto de datos del proveedor de datos externo a partir de la cual la organización puede agregar o rechazar información
Última fecha de Versión del Proveedor de Datos	Si está disponible y se mantiene, describe cuándo fue la última vez que se actualizó una lista estandarizada
Número Interno de Versión	Número de versión del conjunto de Datos de Referencia actual o número de versión de la última actualización que fue aplicada en ese conjunto de datos
Fecha de Reconciliación de la Versión Interna	Fecha en la que el conjunto de datos se actualice basado en una Fuente externa
Fecha de la Última Actualización de la Versión Interna	La fecha en la que el conjunto de datos se cambió por última vez. Esto no implica la reconciliación con una versión externa

1.3.3 Datos Maestros

Datos Maestros son datos sobre las entidades de negocio (por ejemplo, empleados, clientes, productos, estructuras financieras, activos y ubicaciones) que proporcionan contexto para las transacciones de negocio y el análisis. Una entidad es un objeto del mundo real (persona, organización, lugar o cosa). Las entidades están representadas por instancias de entidad, en forma de datos / registros. Los Datos Maestros deben representar los datos autorizados y más exactos disponibles sobre las principales entidades del negocio. Cuando se administran bien, los valores de datos maestros son confiables y se pueden utilizar con certidumbre.

Las reglas de negocio normalmente dictan el formato y los rangos permitidos de valores de Datos Maestros. Los Datos Maestros organizacionales comunes incluyen datos sobre:

- **Partes (*parties*)**, compuestas por individuos y organizaciones, y sus roles, tales como clientes, ciudadanos, pacientes, vendedores, proveedores, agentes, socios comerciales, competidores, empleados o estudiantes.
- **Productos y Servicios**, tanto internos como externos
- **Estructuras financieras**, tales como contratos, cuentas del libro mayor, centros de costo, o centros de beneficio.
- **Ubicaciones**, como direcciones y coordenadas GPS

1.3.3.1 Sistema de Registro, Sistema de Referencia

Cuando hay versiones potencialmente diferentes de 'la verdad', es necesario distinguirlas. Para ello, se debe saber dónde se originan o se accede a los mismos y qué datos se han preparado para usos particulares. Un *Sistema de Registro* es un sistema con autoridad donde los datos son creados/capturados y/o mantenidos a través de un conjunto definido de reglas y expectativas (por ejemplo, un sistema ERP puede ser el Sistema de Registro para venta a clientes). Un *Sistema de Referencia* es un sistema con autoridad donde los consumidores de datos pueden obtener datos confiables para soportar transacciones y análisis, incluso si la información no se originó en el sistema de referencia. Las aplicaciones MDM, los Concentradores de Intercambio de Datos y los *Data Warehouse* a menudo sirven como sistemas de referencia.

1.3.3.2 Fuente de Confianza, Registro Dorado

Una *Fuente de Confianza* es reconocida como la "mejor versión de la verdad" basada en una combinación de reglas automatizadas y gestión manual del contenido de los datos. Una fuente de confianza también puede denominarse vista única, vista de 360°. Cualquier sistema MDM (*Master Data Management*) debe ser gestionado para que sea una fuente confiable. Dentro de una fuente confiable, los registros que representan los datos más precisos sobre las instancias de entidad pueden ser referidos como *Registros Dorados*.

El término *Registro Dorado* puede ser engañoso. Tech Target define un Registro Dorado como "la única versión de la verdad", donde se entiende por "verdad" la referencia a la que pueden dirigirse los usuarios de datos cuando quieren asegurarse de que tienen la versión correcta de una pieza de información. El registro dorado abarca todos los datos en cada sistema de registro (SOR *System of Record*) dentro de una organización particular."[58]

Sin embargo, las dos partes de esta definición ponen el concepto en duda, ya que datos en diferentes sistemas pueden no alinearse en "una sola versión de la verdad".

Dentro de cualquier esfuerzo de Datos Maestros, la fusión/resolución de datos de múltiples fuentes en un 'Registro Dorado' no significa que sea siempre una representación 100% completa y 100% exacta de todas las entidades dentro de la organización (especialmente en organizaciones que tienen Múltiples SOR que suministran datos al ambiente de Datos Maestros). Prometer que los datos son "dorados" cuando no lo son puede socavar la confianza de los consumidores de datos.

---

[58] http://bit.ly/2rRJI3b.

Esta es la razón por la cual algunos prefieren el término Fuente Confiable para referirse a la "mejor versión que tenemos" de los Datos Maestros. Hacerlo pone el énfasis en cómo se definen y gestionan los datos para llegar a una mejor versión. También ayuda a los diferentes consumidores de datos a ver las piezas componentes de la "versión única" que son importantes para ellos. Las áreas de Finanzas y Actuarial a menudo tienen una perspectiva diferente de la "versión única" del Cliente que el área de *Marketing*. La Fuente Confiable proporciona múltiples perspectivas de las entidades empresariales según lo identificado y definido por los *Data Stewards* (Custodios de Datos).

1.3.3.3 Gestión de Datos Maestros

Como se describe en la introducción del capítulo, la Gestión de Datos Maestros implica un control sobre los valores de los Datos Maestros y los identificadores que permiten un uso consistente, a través de los sistemas, de los datos más precisos y oportunos sobre entidades del negocio esenciales. Los objetivos incluyen asegurar la disponibilidad de valores precisos y actuales al tiempo que se reduce el riesgo de identificadores ambiguos.

Gartner define Gestión de Datos Maestros como "una disciplina habilitada por la tecnología en la que las empresas y las TI trabajan juntas para asegurar la uniformidad, exactitud, administración, consistencia semántica y rendición de cuentas de los activos compartidos oficialmente de Datos Maestros de la empresa. Datos Maestros es el conjunto consistente y uniforme de identificadores y atributos ampliados que describen las entidades centrales de la empresa, incluyendo clientes, prospectos, ciudadanos, proveedores, sitios, jerarquías y un mapa de cuentas "[59].

La definición de Gartner enfatiza que MDM es una disciplina, compuesta de personas, procesos y tecnología. No es una solución de aplicación específica. Desafortunadamente, el acrónimo MDM (*Master Data Management*- Gestión de Datos Maestros) se utiliza a menudo para referirse a sistemas o productos utilizados para gestionar Datos Maestros[60]. Las aplicaciones MDM pueden facilitar los métodos y a veces con bastante eficacia, pero el uso de una aplicación MDM no garantiza que los Datos Maestros se estén gestionando para satisfacer las necesidades de la organización.

La evaluación de los requerimientos MDM de una organización incluye la identificación de:
- Roles, organizaciones, lugares y cosas a las que se hacen referencia repetidamente
- Datos que se utilizan para describir personas, organizaciones, lugares y cosas
- Definición y estructura de los datos, incluyendo la granularidad de los datos
- Dónde los datos son creados/adquiridos, almacenados, puestos a disposición y accedidos
- Cambios en los datos a medida que se mueve a través de los sistemas dentro de la organización
- Quién utiliza los datos y para qué fines
- Criterios que se utilizan para comprender la calidad y fiabilidad de los datos y sus fuentes

La Gestión de Datos Maestros es un reto. Ilustra un desafío fundamental con los datos: las personas eligen diferentes maneras de representar conceptos similares y la reconciliación entre estas representaciones no es siempre directa; como dimensión importante, la información cambia sistemáticamente y con el tiempo, la contabilidad de estos cambios requiere planeación, conocimiento de los datos y habilidades técnicas. En resumen, se necesita trabajar.

---

[59] http://gtnr.it/2rQOT33

[60] Note que, a través del DAMA-DMBOK, MDM se refiere a todo el proceso de gestión de Datos Maestros, en lugar de a herramientas usadas para manejar estos datos.

Cualquier organización que ha reconocido la necesidad de MDM probablemente ya tiene un escenario de un sistema complejo, con múltiples formas de capturar y almacenar referencias de entidades del mundo real. Debido al crecimiento orgánico en el tiempo o a las fusiones y adquisiciones, los sistemas que proporcionan datos al proceso MDM pueden tener definiciones diferentes de las mismas entidades y muy probablemente tienen estándares diferentes para la Calidad de los Datos. Debido a esta complejidad, lo mejor es abordar la Gestión de Datos Maestros un dominio de datos a la vez. Empiece pequeño, con un puñado de atributos, y construya a través del tiempo.

La planificación de la Gestión de Datos Maestros incluye varios pasos básicos. Dentro de un dominio:

- Identificar las fuentes candidatas que proporcionarán una visión integral de las entidades de los Datos Maestros
- Desarrollar reglas para llevar a cabo con exactitud la correspondencia y fusión de instancias de entidades
- Establecer un enfoque para identificar y restaurar datos inadecuadamente correspondidos y fusionados
- Establecer un enfoque para distribuir datos confiables a los sistemas de toda la empresa

Ejecutar el proceso, sin embargo, no es tan simple como implican estos pasos, ya que MDM es un proceso de gestión del ciclo de vida. Las actividades críticas para el ciclo de vida incluyen:

- Establecer el contexto de las entidades de los Datos Maestros, incluyendo las definiciones de los atributos asociados y las condiciones de su uso. Este proceso requiere de gobirno.
- Identificar múltiples instancias de la misma entidad representada dentro y entre fuentes de datos; construir y mantener identificadores y referencias cruzadas para permitir la integración de la información.
- Reconciliar y consolidar datos entre fuentes para proporcionar un registro maestro o la mejor versión de la verdad. Los registros consolidados proveen una visión combinada de la información a través de los sistemas y buscan abordar los nombres de atributo y las inconsistencias de los valores de datos.
- Identificar instancias mal combinadas o fusionadas y asegurar que se resuelven y se asocien correctamente con los identificadores.
- Provisionar acceso a datos confiables a través de aplicaciones, ya sea a través de lectura directa, servicios de datos o por replicación a almacenes de datos transaccionales, analíticos o de tipo *Data Warehouse*.
- Hacer cumplir el uso de valores de Datos Maestros dentro de la organización. Este proceso también requiere gobierno y gestión del cambio para asegurar una perspectiva empresarial compartida.

1.3.3.4 Pasos Clave de Proceso para la Gestión de Datos Maestros

Los pasos claves de proceso para MDM (*Master Data Management*- Gestión de Datos Maestros) se ilustran en la Figura 76. Incluyen la gestión del modelo de datos; adquisición de datos; validación de datos, estandarización y enriquecimiento; resolución entidades; administración y compartición.

En un entorno MDM completo, el modelo de datos lógicos será instanciado físicamente en múltiples plataformas. Guía la implementación de la solución MDM, proporcionando la base de los servicios de integración de datos. Debe guiar cómo se configuran las aplicaciones para aprovechar las funciones de reconciliación de datos y verificación de la calidad de los datos.

Figura 76 Etapas Clave del Procesamiento para MDM

1.3.3.4.1 Gestión de Modelos de Datos

El trabajo de Datos Maestros pone de manifiesto la importancia de contar con definiciones de datos lógicos claras y consistentes. El modelo debe ayudar a la organización a superar la premisa de 'sistema manda'. Los términos y definiciones utilizados dentro de un sistema fuente pueden tener sentido dentro de los límites de ese sistema, pero no siempre tienen sentido a nivel empresarial. Para los Datos Maestros, términos y definiciones utilizados en nivel de empresa deben estar en el contexto de la actividad llevada a cabo en toda la organización y no necesariamente depender del sistema fuente que aporte valores de datos.

Para los atributos que conforman los Datos Maestros, la granularidad de la definición y los valores de datos asociados también deben tener sentido a través de toda la organización. Los sistemas de origen pueden presentar el mismo nombre de atributo, pero los valores de datos se encuentran en contextos completamente diferentes a nivel de empresa. Del mismo modo, los sistemas fuente pueden presentar atributos de nombre diferente que a nivel de empresa se unen a un solo atributo y los valores de datos están en el contexto apropiado. A veces se presentan múltiples atributos de una única fuente y se utilizan sus respectivos valores de datos para derivar un único valor de datos para un atributo definido a nivel de empresa.

1.3.3.4.2 Adquisición de Datos

Incluso dentro de una misma fuente, los datos que representan una misma instancia de entidad pueden parecer diferentes, como se ilustra en la Tabla 24, donde hay inconsistencias en cómo se presentan nombres, direcciones y números de teléfono. Este ejemplo será referenciado nuevamente más adelante en el capítulo.

Tabla 24 Datos de Origen Recibidos por el Sistema MDM

ID fuente	Nombre	Dirección	Teléfono
123	John Smith	123 Main, Dataland, SQ 98765	
234	J. Smith	123 Main, Dataland, DA	2345678900
345	Jane Smith	123 Main, Dataland, DA	234-567-8900

Planear, evaluar e incorporar nuevas fuentes de datos en la solución de Gestión de Datos Maestros debe ser un proceso confiable y repetible. Las actividades de adquisición de datos incluyen:
- Recibir y responder a nuevos requerimientos de adquisición de fuentes de datos.

- Realizar evaluaciones rápidas, *ad-hoc*, de correspondencia y calidad de datos de alto nivel utilizando herramientas de limpieza de datos y creación de perfilados de datos.
- Evaluar y comunicar la complejidad de la integración de datos a los solicitantes para ayudarles en su análisis de costo-beneficio.
- Pilotaje de la adquisición de datos y su impacto en las reglas de concordancia.
- Finalización de métricas de calidad de datos para la nueva fuente de datos.
- Determinar quién será responsable de monitorear y mantener la calidad de los datos de una nueva fuente.
- Completar la integración en el ambiente general de gestión de datos.

1.3.3.4.3 Validación, Normalización y Enriquecimiento de Datos

Para habilitar la resolución de entidad, los datos deben ser tan consistentes como sea posible. Esto implica, como mínimo, reducir la variación en el formato y reconciliación de valores. Datos de entrada consistentes reducen la posibilidad de errores en la asociación de registros. Los procesos de preparación incluyen:

- **Validación:** Identificación de los datos probablemente erróneos o con gran posibilidad de que sean incorrectos o defectuosos (por ejemplo, la eliminación de direcciones de correo electrónico claramente falsas).
- **Estandarización**: Asegurar que el contenido de los datos ajusta a los estándares de Datos de Referencia estándar (por ejemplo, códigos de país), formatos (por ejemplo, números telefónicos) o campos (por ejemplo, direcciones).
- **Enriquecimiento:** Agregar atributos que pueden mejorar los servicios de resolución de entidades (por ejemplo, el Número DUNS de Dunn & Bradstreet y el número DUNS definitivo para relacionar registros de la empresa, los identificadores de consumidor de Acxiom o Experian para registros individuales).

La Tabla 25 ilustra los resultados del proceso de limpieza y normalización en el ejemplo de la Tabla 24. Las direcciones que habían tenido diferentes formatos ahora son reconociblemente iguales. Los números de teléfono incluyen el formato estándar.

Tabla 25 Datos de Entrada Normalizados y Enriquecidos

ID Fuente	Nombre	Dirección (limpiada)	Teléfono (limpiado)
123	John Smith	123 Main, Dataland, SQ 98765	
234	J. Smith	123 Main, Dataland, SQ 98765	+1 234 567 8900
345	Jane Smith	123 Main, Dataland, SQ 98765	+1 234 567 8900

1.3.3.4.4 Resolución de Entidades y Gestión de Identificadores

La *resolución de entidad* es el proceso de determinar si dos referencias a objetos del mundo real se refieren al mismo objeto o a objetos diferentes (Talburt, 2011). La resolución de la entidad es un proceso de toma de decisiones. Los modelos para ejecutar el proceso difieren según el enfoque que toman para determinar la similitud entre dos referencias. Aunque la resolución siempre tiene lugar entre pares de referencias, el proceso puede extenderse sistemáticamente para incluir grandes conjuntos de datos. La resolución de la entidad es fundamental para MDM, ya que el proceso de coincidencia y fusión de registros permite la construcción del conjunto de Datos Maestros.

La resolución de entidades incluye un conjunto de actividades (extracción de referencias, preparación de referencias, resolución de referencias, gestión de identidades, análisis de relaciones) que habilitan la identidad de instancias de entidades y la relación entre instancias de entidades. Dentro del proceso de resolución de referencia, se pueden identificar dos referencias que representan la misma entidad, a través del proceso de determinar la equivalencia. Estas referencias pueden ser enlazadas a través de un valor (un identificador global) que indica que son equivalentes (Talburt, 2011).

1.3.3.4.4.1 Correspondencia

Correspondencia, o identificación de candidato, es el proceso de identificar cómo diferentes registros pueden relacionarse con una sola entidad. Los riesgos con este proceso son:

- **Falsos positivos**: Dos referencias que no representan la misma entidad están vinculadas con un único identificador. Esto resulta en un identificador que hace referencia a más de una instancia de entidad del mundo real.
- **Falsos negativos**: Dos referencias representan la misma entidad, pero no están enlazadas con un solo identificador. Esto resulta en múltiples identificadores que se refieren a la misma entidad del mundo real cuando se espera que cada instancia tenga un solo identificador.

Ambas situaciones se abordan a través de un proceso denominado *análisis de similitud o concordancia*, en el que se evalúa el grado de similitud entre dos registros, a menudo basado en una aproximación ponderada entre los valores de los atributos correspondientes. Si la puntuación está por encima de un umbral especificado, se considera que los dos registros representan la misma entidad (una correspondencia). A través del análisis de similitud, se pueden reconocer ligeras variaciones en datos y consolidar los valores. Dos enfoques básicos, que pueden utilizarse juntos, son determinísticos y probabilísticos:

- Los algoritmos **Determinísticos**, como el análisis gramatical y la estandarización, se basan en patrones y reglas definidos para asignar pesos y puntuaciones para determinar la similitud. Los algoritmos determinísticos son predecibles ya que los patrones de correspondencia y las reglas aplicadas siempre producirán los mismos resultados. Este tipo de correspondencia trabaja fuera de la caja con un rendimiento relativamente bueno, pero es tan bueno como las situaciones previstas por las personas que desarrollaron las reglas.
- Los algoritmos **Probabilísticos**, dependen de técnicas estadísticas para evaluar la probabilidad de que cualquier par de registros representan la misma entidad. Esto se basa en la capacidad de tomar muestras de datos para propósitos de entrenamiento mirando los resultados esperados para un subconjunto de los registros y sintonizando la correspondencia para auto ajustarla basándose en el análisis estadístico. Estas correspondencias no dependen de reglas, por lo que los resultados pueden ser no determinísticos. Sin embargo, debido a que las probabilidades se pueden afinar con base en la experiencia, los buscadores probabilísticos son capaces de mejorar su precisión de correspondencia a medida que se analizan más datos.

1.3.3.4.4.2 Resolución de Identidad

Algunas correspondencias ocurren con gran confianza, basados en correspondencias exactas de datos en varios campos. Otras correspondencias son sugeridas con menos confianza debido a valores conflictivos. Por ejemplo:

- Si dos registros comparten el mismo apellido, nombre, fecha de nacimiento y número de seguro social, pero la dirección de la calle difiere, ¿es seguro asumir que se refieren a la misma persona que ha cambiado su dirección postal?
- Si dos registros comparten el mismo número de seguro social, dirección y primer nombre, pero el apellido es diferente, ¿es seguro asumir que se refieren a la misma persona que ha cambiado su apellido? ¿Se aumentaría o disminuiría la probabilidad según el sexo y la edad?
- ¿Cómo cambian estos ejemplos si el número de seguro social es desconocido para un registro? ¿Qué otros identificadores son útiles para determinar la probabilidad de una correspondencia? ¿Cuánta confianza se requiere para que la organización afirme una correspondencia?

La Tabla 26 ilustra la conclusión del proceso para los registros de muestra de la Tabla 24 y la Tabla 25. Aquí se determinan las segundas instancias de dos entidades (ID 234 y 345) para representar a la misma persona (Jane Smith), mientras que la primera (ID 123) se identifica como una persona diferente (John Smith).

Tabla 26 Identificación de Candidatos y Resolución de Identidad

ID Fuente	Nombre	Dirección (limpiada)	Teléfono (limpiado)	ID Candidato	ID de Parte
123	John Smith	123 Main, Dataland, SQ 98765		XYZ	1
234	J. Smith	123 Main, Dataland, SQ 98765	+1 234 567 8900	XYZ, ABC	2
345	Jane Smith	123 Main, Dataland, SQ 98765	+1 234 567 8900	ABC	2

A pesar de los mejores esfuerzos, las decisiones de correspondencia a veces resultan ser incorrectas. Es esencial mantener la historia de las correspondencias de modo que se puedan deshacer cuando se descubre que son incorrectos. Las métricas de la tasa de correspondencia permiten a las organizaciones supervisar el impacto y la efectividad de sus reglas de inferencia de correspondencia. El reprocesamiento de las reglas de correspondencia puede ayudar a identificar candidatos con mejores coincidencias a medida que el proceso de resolución de la entidad recibe nueva información.

1.3.3.4.4.3 Flujos de Trabajo de Correspondencia y Tipos de Reconciliación

Las reglas de correspondencia para diferentes escenarios requieren diferentes flujos de trabajo:
- **Reglas de correspondencia de identificación duplicadas** se enfocan en un conjunto específico de elementos de datos que identifican de forma única una entidad e identifican oportunidades de combinación sin tomar acción automática. Los *Data stewards* de Negocio pueden revisar estos sucesos y decidir actuar caso por caso.
- **Reglas de *ligas de correspondencia*** identifican y hacen referencia cruzada de los registros que parecen relacionarse con un registro maestro sin actualizar el contenido del registro con referencias cruzadas. Las reglas de ligas de correspondencia son fáciles de implementar y mucho más fáciles de revertir.
- **Reglas de *unión de correspondencia*** corresponden registros y unen los datos de estos registros en un registro único, unificado, reconciliado y exhaustivo. Si las reglas se aplican a través de fuentes de datos, crea un registro único, unificado y exhaustivo en cada almacén de datos. Mínimamente, utiliza datos confiables de un almacén de datos para complementar datos en otros almacenes de datos, reemplazando valores faltantes o valores que se consideran inexactos.

Las reglas de correspondencia son complejas y buscan proporcionar la versión unificada y reconciliada de la información a través de múltiples registros y fuentes de datos. La complejidad se debe a la necesidad de identificar qué campo y de qué fuente puede ser confiable a partir de una serie de reglas. La introducción de cada nueva fuente puede cambiar las reglas a través del tiempo. Los retos con las reglas de correspondencia-fusión incluyen la complejidad operacional de conciliar los datos y el costo de revertir la operación si hay una fusión falsa.

La Liga de Correspondencia es una operación más sencilla, ya que actúa en el registro de referencias cruzadas y no en los atributos individuales del registro de Datos Maestros fusionados, aunque puede ser más difícil presentar información exhaustiva de varios registros.

Reevalúe periódicamente las reglas de *unión de correspondencia* y *liga de correspondencia* porque los niveles de confianza cambian a través del tiempo. Muchos motores de correspondencia de datos proporcionan correlaciones estadísticas de valores de datos para ayudar a establecer niveles de confianza. (Véase el Capítulo 13.)

1.3.3.4.4.4 Gestión de ID de Datos Maestros

La Gestión de Datos Maestros implica la gestión de identificadores. Hay dos tipos de identificadores que necesitan ser gestionados a través de fuentes de datos en un entorno MDM: IDs Globales e información de Referencias Cruzadas (x-Ref). Un ID Global es el identificador único asignado y mantenido por la solución MDM adjunto a los registros reconciliados. Su propósito es identificar de forma única la instancia de la entidad. En el ejemplo de la Tabla 26, cuando se determinaron varios registros para representar la misma instancia de entidad, el valor 'ABC' se asignó a ambos como ID candidato. Los registros se resolvieron a la única Parte ID '2'.

Los IDs Globales deben ser generados por una sola solución autorizada, independientemente de la tecnología que esté realizando actividades de integración de Datos Maestros, para evitar cualquier riesgo de duplicar valores. Los IDs Globales pueden ser números o IDUG (Identificadores Únicos Globales), siempre y cuando se pueda mantener la unicidad. La complejidad clave que debe manejarse para la generación de ID Global es cómo mantener el ID Global correcto (para realizar actualizaciones apropiadas de datos en sentido descendente) debido a una *desfusión-refusión*. Gestión X-Ref es la gestión de la relación entre los ID de origen y los ID Globales. La gestión de X-Ref debe incluir capacidades para mantener el historial de tales asignaciones para soportar métricas de tasa de coincidencia y para exponer servicios de búsqueda para habilitar la integración de datos.

1.3.3.4.4.5 Gestión de la Afiliación

La Gestión de Afiliación es establecer y mantener relaciones entre los registros de entidades de Datos Maestros que tienen relaciones en el mundo real. Ejemplos incluyen afiliaciones de propiedad (por ejemplo, la Compañía X es una subsidiaria de la Compañía Y, una relación padre-hijo) u otras asociaciones (por ejemplo, la Persona XYZ trabaja en la Empresa X).

El diseño de la arquitectura de datos de una solución MDM debe resolver si se aprovechan las relaciones entre padres e hijos, las relaciones de afiliación o ambas para una entidad determinada.
* Las **Relaciones de Afiliación** proporcionan la mayor flexibilidad a través de la lógica de programación. El tipo de relación se puede utilizar para exponer dichos datos en una jerarquía padre-hijo. Muchas soluciones posteriores, como las herramientas de informes o de navegación de una contabilidad, querrían ver una visión jerárquica de la información.

- Las **Relaciones Padre-hijo** requieren menos lógica de programación, ya que la estructura de navegación está implícita. Sin embargo, si la relación cambia y no existe una estructura de afiliación disponible, se puede influir en la calidad de los datos y en las dimensiones de Inteligencia de Negocios.

1.3.3.4.5 Intercambio de Datos y Gestoría

Aunque gran parte del trabajo de Gestión de Datos Maestros puede ser automatizado a través de herramientas que permiten el procesamiento de un gran número de registros, todavía se requiere de gestoría para resolver situaciones en las que los datos se corresponden incorrectamente. Idealmente, las lecciones aprendidas del proceso de gestoría se pueden utilizar para mejorar los algoritmos que correspondencia y para reducir instancias del trabajo manual. (Véanse los Capítulos 3 y 8.).

1.3.3.5 Datos Maestros de Parte (Party)

Los Datos Maestros de Parte incluyen datos sobre individuos, organizaciones y los roles que desempeñan en las relaciones de negocio. En el entorno comercial, las partes incluyen clientes, empleados, vendedores, socios y competidores. En el sector público, las partes suelen ser ciudadanos. En la aplicación de la ley se centra en sospechosos, testigos y víctimas. En las organizaciones sin fin de lucro se centran en miembros y donantes. Mientras que, en la asistencia médica, el foco está en pacientes y proveedores. En la educación, está en estudiantes y profesores.

Los sistemas de Gestión de Relación con el Cliente (CRM- *Customer Relationship Management*) gestionan los Datos Maestros sobre los clientes. El objetivo de CRM es proporcionar información completa y precisa sobre cada cliente.

Un aspecto esencial del CRM es identificar datos duplicados, redundantes o conflictivos de diferentes sistemas y determinar si los datos representan uno o más de un cliente. CRM debe ser capaz de resolver valores en conflicto, reconciliar diferencias, y representar con precisión el conocimiento actual del cliente. Este proceso requiere reglas robustas, así como el conocimiento de la estructura, granularidad, linaje y calidad de las fuentes de datos. Los sistemas MDM especializados realizan funciones similares para individuos, organizaciones y sus roles, empleados y proveedores. Independientemente de la industria o el enfoque, la gestión de partes de los Datos Maestros empresariales plantea desafíos únicos:

- La complejidad de los roles y las relaciones que desempeñan los individuos y las organizaciones
- Dificultades en la identificación única
- El número de fuentes de datos y las diferencias entre ellas
- Los múltiples canales de comunicación móvil y social
- La importancia de los datos
- Las expectativas de cómo los clientes quieren participar

Los Datos Maestros son particularmente desafiantes para las partes que desempeñan múltiples roles en una organización (por ejemplo, un empleado que también es un cliente) y que utilizan distintos puntos de contacto o métodos de participación (por ejemplo, interacción a través de una aplicación de dispositivo móvil vinculada a un sitio de redes sociales).

1.3.3.6 Datos Maestros Financieros

Los Datos Maestros Financieros incluyen datos sobre unidades de negocio, centros de costo, centros de utilidades, cuentas del libro mayor, presupuestos, proyecciones y proyectos. Por lo general, un sistema de Planeación de Recursos Empresariales (ERP por sus siglas en inglés) sirve como el centro de Datos Maestros Financieros (plan de cuentas), con los detalles del proyecto y las transacciones creadas y mantenidas en una o más aplicaciones radiales. Esto es especialmente común en organizaciones con funciones de *back-office* distribuidas. Las soluciones de Datos Maestros Financieros no sólo crean, mantienen y comparten información; muchas también pueden simular cambios que afecten la línea de resultados de la organización. Las simulaciones de Datos Maestros Financieros suelen ser parte de los módulos de informes, análisis y planificación de Inteligencia de Negocio, así como presupuestos y proyecciones más sencillos. A través de estas aplicaciones, versiones de estructuras financieras pueden ser modeladas para comprender posibles impactos financieros. Una vez que se toma una decisión, los cambios estructurales acordados pueden ser difundidos a todos los sistemas apropiados.

1.3.3.7 Datos Maestros Legales

Los Datos Maestros Legales incluyen datos sobre contratos, regulaciones y otros asuntos legales. Los Datos Maestros Legales permiten el análisis de contratos para diferentes entidades que proporcionan los mismos productos o servicios, para permitir una mejor negociación o para combinar contratos en Convenios Maestros.

1.3.3.8 Datos Maestros de Producto

Los Datos Maestros de Producto pueden centrarse en los productos y servicios internos de una organización o en productos y servicios de la industria (incluidos los competidores). Diferentes tipos de soluciones de Datos Maestros soportan diferentes funciones de negocio.

- **La Gestión del Ciclo de Vida del Producto** (PLM, por sus siglas en inglés) se centra en la gestión del ciclo de vida de un producto o servicio desde la concepción hasta el desarrollo, la fabricación, la venta / entrega, el servicio y la eliminación. Las organizaciones implementan sistemas PLM para reducir el tiempo de lanzamiento al mercado. En las industrias con ciclos de desarrollo de productos largos (de 8 a 12 años en la industria farmacéutica), los sistemas PLM permiten a las organizaciones realizar un seguimiento de costos cruzados y acuerdos legales a medida que los conceptos de productos evolucionan de ideas a productos potenciales con nombres diferentes y acuerdos de licenciamiento diferentes.
- **La Gestión de Datos del Producto** (PDM, por sus siglas en inglés) soporta funciones de ingeniería y fabricación capturando y permitiendo compartir de forma segura información del producto, como documentos de diseño (por ejemplo, dibujos CAD), recetas (instrucciones de fabricación), procedimientos operativos estándar y facturas de materiales. La funcionalidad de PDM puede habilitarse a través de sistemas especializados o aplicaciones ERP.
- **Los datos de producto en los sistemas de Planificación de Recursos Empresariales** (ERP, por sus siglas en inglés) se centran en las SKU para apoyar desde la entrada de pedidos hasta el nivel de inventario, donde las unidades individuales pueden identificarse a través de una variedad de técnicas.

- **Los datos de los productos de Sistemas de Ejecución de Manufactura** (MES, por sus siglas en inglés) se centran en el inventario bruto, los productos semiacabados y los productos terminados, donde los productos terminados se ligan a productos que se pueden almacenar y ordenar a través del sistema ERP. Estos datos también son importantes en toda la cadena de suministro y en los sistemas logísticos.
- **Los datos del producto en un sistema de Gestión de Relaciones con el Cliente** (CRM, por sus siglas en inglés) apoyan interacciones de *marketing*, ventas y soporte; puede incluir la familia de productos y marcas, la asociación de representantes de ventas y la gestión del territorio del cliente, así como campañas de *marketing*.

Muchos productos maestros están estrechamente ligados a los sistemas de Gestión de Datos de Referencia.

1.3.3.9 Datos Maestros de Ubicación

Los Datos Maestros de Ubicación proporcionan la capacidad de rastrear y compartir información geográfica y crear relaciones jerárquicas o territorios basados en información geográfica. La distinción entre Datos de Referencia y los Datos Maestros se difumina para los datos de localización. Aquí está la diferencia:

- **Datos de Referencia de Ubicación** suelen incluir datos geopolíticos, como países, estados o provincias, condados, ciudades o pueblos, códigos postales y coordenadas geográficas de posicionamiento, como la latitud, longitud y altitud. Estos datos rara vez cambian, y los cambios son manejados por organizaciones externas. Los Datos de Referencia de Ubicación también pueden incluir regiones geográficas y territorios de ventas definidos por la organización.
- **Los Datos Maestros de Ubicación** incluyen las direcciones de las partes de negocios y su localización, así como las direcciones de las instalaciones propiedad de la organización. A medida que las organizaciones crecen o se contraen, estas direcciones cambian con más frecuencia que otros Datos de Referencia de Ubicación.

Diferentes industrias requieren datos especializados de ciencias de la tierra (datos geográficos sobre fallas sísmicas, llanuras de inundación, suelos, precipitaciones anuales y áreas de riesgo climático severo) y datos sociológicos relacionados (población, origen étnico, ingresos y riesgo de terrorismo).

1.3.3.10 Datos Maestros de la Industria - Directorios de Referencia

Directorios de Referencia son listas autorizadas de entidades de Datos Maestros (empresas, personas, productos, etc.) que organizaciones pueden comprar y utilizar como base de sus transacciones. Los Directorios de Referencia son creados por organizaciones externas; sin embargo, una versión gestionada y reconciliada de la información se mantiene en los propios sistemas de la organización.

Ejemplos de directorios de referencia con licenciamiento incluyen el Directorio de Empresas de Dun & Bradstreet (D & B) con la sede mundial de la Compañía, Subsidiarias y Sucursales; y la Base de Datos de Prescriptor de la Asociación Médica Americana.

Los directorios de referencia permiten el uso de Datos Maestros a través de:
- Proporcionar un punto de partida para hacer coincidir y vincular nuevos registros. Por ejemplo, en un entorno con cinco fuentes de datos, cada fuente puede compararse con el directorio (5 puntos de comparación) o unos con otros (10 puntos de comparación).

- Proporcionar elementos de datos adicionales que pueden no estar tan fácilmente disponibles en el momento de la creación del registro (por ejemplo, para un médico, esto puede incluir el estado de la licencia médica, para una empresa, esto puede incluir una clasificación industrial de seis dígitos del SCIAN, NAICS por sus siglas en inglés).

A medida que los registros de una organización coinciden y se reconcilian con los directorios de referencia, el registro de confianza se convertirá en un directorio de referencia con trazabilidad a otros registros de origen, atributos contribuyentes y reglas de transformación.

1.3.4 Arquitectura de Compartición de Datos

Existen varios enfoques arquitectónicos básicos para la compartición de datos de Referencias y Datos Maestros. Cada área temática de Datos Maestros probablemente tendrá su propio sistema de registro. Por ejemplo, el sistema de recursos humanos usualmente sirve como el sistema de registro para datos de empleados. Un sistema de CRM puede servir como el sistema de registro para los datos de los clientes, mientras que un sistema ERP podría servir como el sistema de registro de datos financieros y de productos.

El modelo de arquitectura de concentrador de compartición de datos que se muestra en la Figura 77 representa una arquitectura de Rueda o Concentrador de Radios para Datos Maestros. El concentrador de Datos Maestros puede gestionar interacciones con elementos de radio, como sistemas de origen, aplicaciones empresariales y almacenes de datos, minimizando al mismo tiempo el número de puntos de compartición. Un concentrador de datos local puede ampliar y escalar el concentrador de Datos Maestros. (Véase el Capítulo 8.)

Cada uno de los tres enfoques básicos para implementar un *hub* de Datos Maestros tiene ventajas y desventajas:

- Un **Registro** es un índice que apunta a Datos Maestros en los diferentes sistemas de registro. Los sistemas de registro gestionan los Datos Maestros locales para sus aplicaciones. El acceso a los Datos Maestros proviene del índice maestro. Un registro es relativamente fácil de implementar porque requiere pocos cambios en los sistemas de registro. Pero a menudo, se requieren consultas complejas para ensamblar Datos Maestros de sistemas múltiples. Además, es necesario implementar múltiples reglas de negocio para abordar las diferencias semánticas entre sistemas en múltiples lugares.
- En un **Nodo de Transacciones**, las aplicaciones interactúan con el concentrador para acceder y actualizar Datos Maestros. Los Datos Maestros existen dentro del concentrador de transacciones y no dentro de ninguna otra aplicación. El Nodo de Transacción es el sistema de registro de Datos Maestros. Los Concentradores de transacciones permiten una mejor gobernabilidad y proporcionan una fuente coherente de Datos Maestros. Sin embargo, es costoso eliminar la funcionalidad para actualizar los Datos Maestros de los sistemas de registro existentes. Las reglas de negocio se implementan en un solo sistema: el nodo.
- Un enfoque **Consolidado** es un híbrido de registro y de Nodo de transacción. Los sistemas de registro gestionan los Datos Maestros locales para sus aplicaciones. Los Datos Maestros se consolidan en un repositorio común y se ponen a disposición de un nodo de intercambio de datos, el sistema de referencia para Datos Maestros. Esto elimina la necesidad de acceder directamente desde los sistemas de registro. El enfoque consolidado proporciona una visión empresarial con un impacto limitado en los sistemas de registro. Sin embargo, implica la replicación de datos y la existencia de latencia entre el nodo y los sistemas de registro.

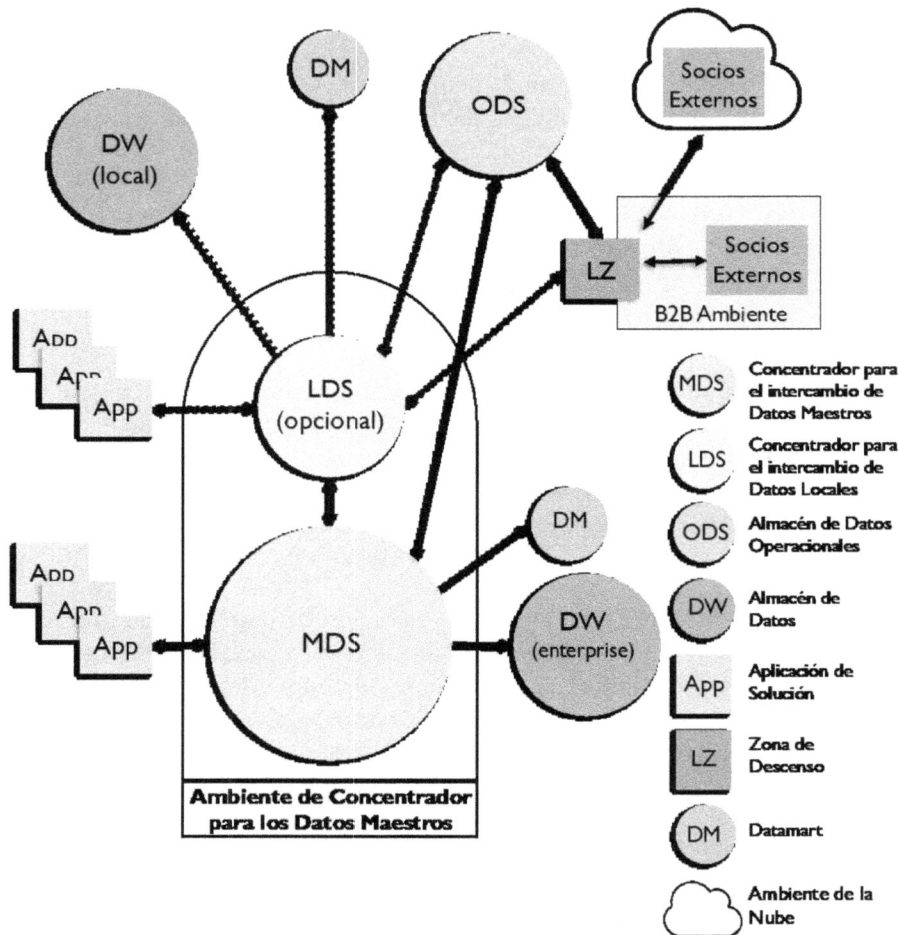

Figura 77 Ejemplo de Arquitectura para Compartir Datos Maestros

---

2. Actividades

Como se destaca en la Sección 1.3.1, los Datos Maestros y Datos de Referencia comparten ciertas características (son recursos compartidos que proporcionan contexto y significado para otros datos y deben ser manejados a nivel de empresa), pero también difieren de manera importante (Los Datos de Referencia son más pequeños, menos volátiles, no requieren coincidencia, fusión y vinculación, etc.). La sección de actividades describirá primero las actividades asociadas con MDM y, a continuación, describirá las relacionadas con los Datos de Referencia.

2.1 Actividades del MDM

2.1.1 Definir Motivadores y Requerimientos del MDM

Cada organización tiene diferentes motivadores y obstáculos del MDM, influenciados por el número y el tipo de sistemas, su antigüedad, los procesos empresariales que soportan y cómo se utilizan los datos para las transacciones y los análisis. Los motivadores a menudo incluyen oportunidades para mejorar el servicio al cliente y/o la eficiencia operacional, así como para reducir los riesgos relacionados con la privacidad y el cumplimiento. Los obstáculos incluyen diferencias en el significado de los datos y la estructura entre sistemas. Éstos a menudo están ligados a barreras culturales - algunas unidades de negocio pueden no querer incurrir en los costos de cambiar sus procesos, incluso si el cambio se presenta como bueno para la empresa en su conjunto.

Es relativamente fácil definir los requerimientos para los Datos Maestros dentro de una aplicación. Es más difícil definir los requerimientos estándar a través de aplicaciones. La mayoría de las organizaciones querrán enfocarse a un área temática de Datos Maestros, o incluso a una entidad, a la vez. Dé prioridad a esfuerzos basados en el costo/beneficio de las mejoras propuestas y en la complejidad relativa del área de los Datos Maestros. Comience con la categoría más simple para aprender del proceso.

2.1.2 Evaluar las Fuentes de Datos

Los datos de las aplicaciones existentes constituyen la base de un esfuerzo de Gestión de Datos Maestros. Es importante comprender la estructura y el contenido de estos datos y los procesos a través de los cuales se recopilan o crean. Un resultado de un esfuerzo de MDM puede ser mejoras en Metadatos generados a través del esfuerzo de evaluar la calidad de los datos existentes. Uno de los objetivos de la evaluación es entender cómo se encuentran los datos completos con respecto a los atributos que comprenden los Datos Maestros. Este proceso incluye aclarar las definiciones y granularidad de esos atributos. Problemas semánticos surgirán en algún momento al definir y describir los atributos. Los *data stewards* deberán colaborar con las áreas de negocio en la reconciliación y el acuerdo sobre las definiciones de nombres de atributo y definiciones a nivel de empresa. (Véanse los capítulos 3 y 13.)

La otra parte de la evaluación de fuentes es entender la calidad de los datos. Los problemas de calidad de los datos complicarán un proyecto de Datos Maestros, por lo que el proceso de evaluación debe incluir abordar las causas raíces de los problemas. Nunca asuma que los datos serán de alta calidad - es más seguro asumir que no son de alta calidad. Siempre evalúe su calidad e idoneidad para un entorno de Datos Maestros. El mayor desafío, como se señaló, será la disparidad entre las fuentes. Los datos pueden ser de alta calidad dentro de una fuente, pero aún así no se ajustan con datos de otras fuentes, debido a diferencias estructurales y diferencias en los valores por los cuales se representan atributos similares. Las iniciativas de Datos Maestros brindan la oportunidad de definir e implementar estándares en aplicaciones en las que se crean o recopilan datos.

Para algunas entidades de Datos Maestros, como cliente o proveedor, es posible comprar datos estandarizados (como directorios de referencia) para habilitar el esfuerzo MDM. Varios vendedores tienen servicios que proveen datos limpios relacionados con personas o entidades empresariales o profesionales (por ejemplo, profesionistas de la salud), que pueden compararse con los datos internos de una organización para mejorar la información de contacto, las direcciones y los nombres (ver Capítulo 10). Además de evaluar la calidad de los datos existentes, también es necesario entender la tecnología que apoya la recolección de insumos para un esfuerzo MDM. La tecnología existente influirá en el enfoque arquitectónico del MDM.

2.1.3 Definir el Enfoque Arquitectónico

El enfoque arquitectónico de MDM depende de la estrategia de negocio, las plataformas de fuentes de datos existentes y los datos en sí, particularmente su linaje y volatilidad, y las implicaciones de latencia alta o baja. La arquitectura debe tener en cuenta el consumo de datos y los modelos de compartición.

Las herramientas para el mantenimiento dependen tanto de los requerimientos del negocio como de las opciones de arquitectura. Las herramientas ayudan a definir y dependen del enfoque de gestión y mantenimiento. El número de sistemas fuente que deben integrarse en la solución de Datos Maestros y en las plataformas de dichos sistemas debe tenerse en cuenta al determinar el enfoque de integración. El tamaño y la extensión geográfica de una organización también influirá en el enfoque de integración. Las pequeñas organizaciones pueden utilizar efectivamente un concentrador (*hub*) de transacciones, mientras que una organización global con múltiples sistemas es más probable que utilice un registro. Una organización con unidades de negocio 'silo' y varios sistemas fuente pueden decidir que un enfoque consolidado es el camino correcto. Los expertos en dominios de negocio, arquitectos de datos y arquitectos empresariales deben proporcionar perspectivas del enfoque.

La arquitectura del nodo para intercambio de datos es particularmente útil cuando no hay un sistema de registro claro para los Datos Maestros. En este caso, varios sistemas suministran datos. Los nuevos datos o actualizaciones de un sistema se pueden conciliar con los datos ya suministrados por otro sistema. El centro de intercambio de datos se convierte en la fuente del contenido de Datos Maestros para *data warehouses* o *marts*, reduciendo la complejidad de los extractos y el tiempo de procesamiento para la transformación, corrección y reconciliación de datos. Por supuesto, los almacenes de datos deben reflejar los cambios realizados en el nodo para intercambio de datos con fines históricos, mientras que el propio nodo de intercambio de datos puede necesitar reflejar sólo el estado actual.

2.1.4 Modelar Datos Maestros

La Gestión de Datos Maestros es un proceso de integración de datos. Para lograr resultados consistentes y para gestionar la integración de nuevas fuentes, a medida que una organización se expande, es necesario modelar los datos dentro de las áreas temáticas. Un modelo lógico o canónico puede ser definido sobre las áreas temáticas dentro del nodo de intercambio de datos. Esto permitiría establecer definiciones a nivel de empresa de entidades y atributos de áreas temáticas. (Véanse los capítulos 5 y 8.).

2.1.5 Definir Procesos de Custodia y Mantenimiento

Las soluciones técnicas pueden hacer trabajos excepcionales, de coincidencia, combinación y administración de identificadores para registros maestros. Sin embargo, el proceso también requiere custodia, no sólo para tratar los registros que caen fuera del proceso, sino también, en primer lugar, para remediar y mejorar los procesos que causan que caigan fuera. Los proyectos MDM deben considerar los recursos necesarios para apoyar la calidad continua de los Datos Maestros. Es necesario analizar registros, proporcionar retroalimentación a los sistemas de origen y proporcionar información que pueda utilizarse para sintonizar y mejorar los algoritmos que impulsan la solución MDM.

2.1.6 Establecer Políticas de Gobierno para Reforzar el Uso de Datos Maestros

El lanzamiento inicial de un esfuerzo de Datos Maestros es un reto y requiere enfoque. Los beneficios reales (eficiencia operativa, mayor calidad, mejor servicio al cliente) llegan una vez que las personas y los sistemas empiezan a utilizar los Datos Maestros. El esfuerzo debe incluir una hoja de ruta para que los sistemas adopten valores maestros e identificadores como entrada a los procesos. Se debe establecer bucles cerrados unidireccionales entre sistemas para mantener la consistencia de los valores a través de los sistemas.

2.2 Actividades de Datos de Referencia

2.2.1 Definir Motivadores y Requerimientos

Los principales motivadores de la Gestión de Datos de Referencia son la eficiencia operativa y la mayor calidad de los datos. Manejar centralizadamente los Datos de Referencia es más rentable que tener múltiples unidades de negocios que mantienen sus propios conjuntos de datos. También reduce el riesgo de inconsistencia entre sistemas. Dicho esto, algunos conjuntos de Datos de Referencia son más importantes que otros. Los Datos de Referencia complejos requieren más trabajo para configurar y mantener que los simples. Los conjuntos de Datos de Referencia más importantes deben impulsar los requerimientos para un sistema de gestión. Una vez que este sistema está implementado, nuevos conjuntos de Datos de Referencia se pueden configurar como parte de los proyectos. Los conjuntos de Datos de Referencia existentes deben actualizarse sobre la base de un calendario publicado.

2.2.2 Evaluar Fuentes de Datos

La mayoría de los conjuntos de Datos de Referencia estándar de la industria se pueden obtener de las organizaciones que los crean y los mantienen. Algunas organizaciones proporcionan estos datos de manera gratuita. Otros cobran una tarifa. Algunos intermediarios también empaquetan y venden Datos de Referencia, a menudo con características de valor añadido. Dependiendo del número y tipo de conjuntos de Datos de Referencia necesarios para una organización, puede ser mejor comprar a un proveedor, especialmente si ese proveedor garantiza la entrega de actualizaciones en un programa establecido y realiza un control de calidad básico en los datos. La mayoría de las organizaciones también se basan en Datos de Referencia que se crean y se mantienen internamente. La determinación de la fuente para los Datos de Referencia internos o locales suele ser más difícil que hacerlo para los Datos de Referencia estándar de la industria. Como en el caso de los Datos Maestros, las fuentes internas de Datos de Referencia deben ser identificadas, comparadas y evaluadas. Los propietarios de los datos existentes deben entender los beneficios de la gestión central y acordar apoyar los procesos para gestionar los datos para el bien de la empresa.

2.2.3 Definir el Enfoque Arquitectónico

Antes de adquirir o construir una herramienta para gestionar los Datos de Referencia, es fundamental tener en cuenta los requisitos y retos planteados por la gestión de los Datos de Referencia. Por ejemplo, la volatilidad de los datos (la mayoría de los Datos de Referencia son relativamente estáticos, pero algunos son volátiles), la frecuencia de las actualizaciones y los modelos de consumo. Determine si se requiere mantener datos históricos sobre los cambios en los valores y las definiciones de los valores. Si la organización comprará datos de un proveedor, tome en cuenta el método de entrega e integración.

El enfoque arquitectónico debe reconocer que, invariablemente, algunos Datos de Referencia deberán actualizarse manualmente. Asegúrese de que la interfaz para las actualizaciones es sencilla y puede configurarse para aplicar reglas básicas de entrada de datos; por ejemplo, asegurar que las relaciones padres / hijo se mantengan en Datos de referencia que incluyen jerarquías. La herramienta RDM debería permitir a los *data stewards* hacer actualizaciones *ad-hoc* sin la necesidad de soporte técnico. También debe incluir flujos de trabajo para asegurar que las aprobaciones y las notificaciones sean automatizadas. Los *data stewards* deben programar las actualizaciones conocidas para que se alineen con la publicación de nuevos códigos. Los consumidores de datos deben ser informados de cada los cambio. En los casos en que los Datos de Referencia impulsan la lógica de programación, el impacto potencial de los cambios debe evaluarse y tenerse en cuenta antes de introducir los cambios.

2.2.4 Modelar los Conjuntos de Datos de Referencia

Muchas personas piensan en Datos de Referencia simplemente como códigos y descripciones. Sin embargo, muchos Datos de Referencia son más complicados que eso. Por ejemplo, un conjunto de datos de código postal normalmente incluirá información sobre estado y condado, así como otros atributos geopolíticos. Con el fin de permitir el uso a largo plazo y establecer Metadatos precisos, así como para el propio proceso de mantenimiento, es valioso crear modelos de datos de conjuntos de Datos de Referencia. Los modelos ayudan a los consumidores de datos a comprender las relaciones dentro del conjunto de Datos de Referencia y pueden utilizarse para establecer reglas de calidad.

2.2.5 Definir Procesos de Custodia y Mantenimiento

Los Datos de Referencia requieren una administración responsable para asegurar que los valores estén completos y actualizados y que las definiciones sean claras y comprensibles. En algunos casos, los *data stewards* serán directamente responsables del mantenimiento práctico de los Datos de Referencia; en otros casos, pueden facilitar el proceso. Por ejemplo, si varias unidades de negocio requieren Datos de Referencia para apoyar el mismo concepto, un *data steward* puede facilitar discusiones que definen valores comunes en un cruce de intereses.

Como parte del proceso de administración, es útil capturar Metadatos básicos sobre cada conjunto de Datos de Referencia. Esto podría incluir: el nombre del *data steward*, la organización de origen, la frecuencia esperada de actualizaciones, el calendario de actualizaciones, los procesos que utilizan los Datos de Referencia, si las versiones históricas de los datos deben conservarse y más (ver sección 1.3.2.6). Documentar qué procesos utilizan los Datos de Referencia permitirá una comunicación más eficaz con respecto a los cambios en los datos.

Muchas herramientas de Gestión de Datos de Referencia incluyen flujos de trabajo para gestionar la revisión y la aprobación de cambios. Estos flujos de trabajo dependen de identificar quién dentro de una organización es responsable del contenido de los Datos de Referencia.

2.2.6 Establecer Políticas de Gobierno de Datos de Referencia

Una organización solo obtiene el valor de un repositorio de Datos de Referencia centralizada si las personas realmente usan los datos de ese repositorio. Es importante contar con políticas que gobiernen la calidad y exijan el uso de Datos de Referencia de ese repositorio, ya sea directamente a través de la publicación de dicho repositorio o indirectamente desde un sistema de referencia que se rellena con datos del repositorio central.

3. Herramientas y Técnicas

MDM requiere herramientas específicamente diseñadas para permitir la administración de identidades. La Gestión de Datos Maestros puede implementarse a través de herramientas de integración de datos, herramientas de corrección de datos, almacenes de datos operativos (ODS *Operative Data Store*), centros de intercambio de datos (DSH, *Data Sharing Hub*) o aplicaciones MDM especializadas. Varios proveedores ofrecen soluciones que pueden cubrir una o más áreas de Datos Maestros. Otros proveedores promueven el uso de sus productos de software de integración de datos y servicios de implementación para crear soluciones personalizadas de Datos Maestros.

Las soluciones empaquetadas para productos, cuentas y partes, así como servicios de chequeo de calidad de datos empaquetados, pueden apoyar el inicio significativo de programas grandes. La incorporación de estos servicios puede permitir a las organizaciones utilizar las mejores soluciones, integrándolas a su arquitectura empresarial global para satisfacer necesidades específicas.

4. Guías de Implementación

La Gestión de Datos de Referencia y Maestros son formas de integración de datos. Los principios de implementación que se aplican a la integración de datos y a la interoperabilidad se aplican a MDM y RDM. (Véase el Capítulo 8.)

Las capacidades MDM y RDM no se pueden implementar de la noche a la mañana. Las soluciones requieren conocimientos especializados de negocios y técnicos. Las organizaciones deben esperar implementar soluciones de Referencia y de Datos Maestros de forma incremental a través de una serie de proyectos definidos en una hoja de ruta de implementación, priorizados basados en las necesidades del negocio y guiados por una arquitectura general.

Tenga en cuenta que los programas MDM fallarán sin un gobierno adecuado. Los profesionales de la gestión de datos deben comprender los retos de MDM y RDM, y evaluar la madurez y la capacidad de la organización para satisfacerlos. (Véase el capítulo 15.)

4.1 Adhiérase a la Arquitectura de Datos Maestros

Establecer y seguir una arquitectura de referencia apropiada es fundamental para gestionar y compartir Datos Maestros en una organización. El enfoque de integración debe tener en cuenta la estructura organizacional del negocio, el número de sistemas de registro distintos, la implementación de la gestión de datos, la importancia del acceso, la latencia de los valores de datos y el número de sistemas y aplicaciones de consumo.

4.2 Monitoree el Movimiento de Datos

Los procesos de integración de datos para Datos Maestros y de Referencia deben diseñarse para asegurar la extracción y distribución oportuna de datos en toda la organización. A medida que los datos fluyen dentro de un entorno de referencia o de Datos Maestros, el flujo de datos debe ser monitoreado con el fin de:
* Mostrar cómo se comparten y utilizan los datos en toda la organización
* Identificar linaje de datos de/a sistemas administrativos y aplicaciones
* Ayudar a analizar las causas de los problemas
* Demostrar la efectividad de las técnicas de integración de ingesta y consumo de datos
* Denotar la latencia de los valores de datos de los sistemas fuente a través del consumo
* Determinar la validez de las reglas de negocio y las transformaciones ejecutadas dentro de los componentes de integración

4.3 Gestione el Cambio de Datos de Referencia

Dado que Datos de Referencia son un recurso compartido, no se pueden cambiar arbitrariamente. La clave para el éxito de la gestión de Datos de Referencia es la voluntad de la organización de renunciar al control local de los datos compartidos. Para mantener este soporte, proporcione canales para recibir y responder a las solicitudes de cambios en los Datos de Referencia. El Consejo de Gobierno de Datos debe asegurar que las políticas y procedimientos se implementen para manejar los cambios en los datos dentro de los entornos de Datos Maestros y de referencia. Es necesario gestionar los cambios en los Datos de Referencia. Los cambios menores pueden afectar a unas pocas filas de datos. Por ejemplo, cuando la Unión Soviética se dividió en estados independientes, el término Unión Soviética fue obsoleto y se agregaron nuevos códigos. En el sector de la salud, los códigos de procedimientos y diagnósticos se actualizan anualmente para tener en cuenta el refinamiento de los códigos existentes, la obsolescencia de los códigos y la introducción de nuevos códigos. Revisiones mayores a datos de referencia impactan a la estructura de datos. Por ejemplo, los Códigos de Diagnóstico de la ICD-10 están estructurados de formas muy diferentes a los de la ICD-9. ICD-10 tiene un formato diferente. Hay diferentes valores para los mismos conceptos. Más relevante aún, la ICD-10 tiene principios adicionales de organización. Los códigos ICD-10 tienen una granularidad diferente y son más específicos, por lo que se transmite más información en un solo código. En consecuencia, existen muchos más (en 2015, había 68.000 códigos CIE-10, en comparación con los 13.000 en CIE-9).[61]

El uso obligatorio de códigos de la CIE-10 en los Estados Unidos en 2015 requería una planificación significativa. Las compañías de cuidado de la salud necesitaban hacer cambios en sus sistemas, así como ajustes a reportes impactados para dar cuenta del nuevo estándar. Los tipos de cambios incluyen:
- Cambios de nivel de fila en conjuntos de Datos de Referencia externos
- Cambios estructurales en los conjuntos de Datos de Referencia externos
- Cambios de nivel de fila en conjuntos de Datos de Referencia internos
- Cambios estructurales en los conjuntos de Datos de Referencia internos
- Creación de nuevos conjuntos de Datos de Referencia

Los cambios pueden ser planificados / programados o *ad-hoc*. Los cambios planificados, como las actualizaciones mensuales o anuales de los códigos estándar de la industria, requieren menos gobierno que las actualizaciones *ad-hoc*. El proceso para solicitar nuevos conjuntos de Datos de Referencia debe tener en cuenta los usos más allá de los del solicitante original.

Las solicitudes de cambio deben seguir un proceso definido, como se ilustra en la Figura 78. Cuando se reciben las solicitudes, se debe notificar a las partes interesadas para que se puedan evaluar los impactos. Si los cambios necesitan aprobación, deben mantenerse discusiones para obtener esa aprobación. Los cambios deben ser comunicados.

Figura 78 Proceso de Solicitud de Cambio de Datos de Referencia

---

[61] http://bit.ly/1SSpds9 (accessed 8/13/16).

4.4 Acuerdos de Compartición de Datos

Compartir y usar Datos de Referencia y Maestros en una organización requiere la colaboración entre varias partes internas de la organización y a veces con partes externas a ella. Para asegurar el acceso y uso adecuados, establezca acuerdos de compartición que estipulen qué datos pueden ser compartidos y en qué condiciones. Tener estos acuerdos de manera adecuada le ayudará cuando surjan problemas con respecto a la disponibilidad de datos dentro o la calidad de los datos introducidos en el entorno de intercambio. Este esfuerzo debe ser impulsado por el programa de gobierno de datos. Puede involucrar Arquitectos de Datos, Proveedores de Datos, Custodios de Datos, Desarrolladores de Aplicaciones, Analistas de Negocios, así como Oficiales de Cumplimiento / Privacidad y Oficiales de Seguridad.

Los responsables del entorno de compartición de datos tienen la obligación de proporcionar datos de alta calidad a los consumidores posteriores en la cadena de valor. Para cumplir con esta responsabilidad, dependen de los sistemas anteriores en la cadena de valor. Los SLA (*Service Level Agreement* – Acuerdo de Nivel de Servicio) y métricas deben establecerse para medir la disponibilidad y calidad de los datos compartidos. Deben establecer procesos para abordar las causas fundamentales de problemas con calidad o disponibilidad de los datos. Debe establecerse un enfoque estándar de las comunicaciones para mantener informadas a todas las partes afectadas sobre la existencia de problemas y el estado de los esfuerzos de remediación. (Véase el Capítulo 8.)

5. Organización y Cambio Cultural

La Gestión de Datos Maestros y de Referencia requiere que las personas renuncien al control de algunos de sus datos y procesos para crear recursos compartidos. No siempre es fácil hacerlo. Mientras que los profesionales de la gestión de datos pueden ver que los datos administrados localmente son riesgosos, las personas que lo manejan localmente necesitan hacer su trabajo y pueden percibir los esfuerzos MDM o RDM como una complicación adicional a sus procesos.

Afortunadamente, la mayoría de las personas reconocen que estos esfuerzos tienen sentido fundamental. Es mejor tener una visión exacta y completa de un solo cliente que tener múltiples vistas parciales.

La mejora de la disponibilidad y la calidad de los Datos de Referencia y Maestros indudablemente requerirá cambios en los procedimientos y prácticas tradicionales. Las soluciones deben ser delimitadas e implementadas en base a la preparación organizacional actual y las necesidades futuras relacionadas con la misión y la visión de la organización.

Quizás el cambio cultural más desafiante es fundamental para la gobernabilidad: Determinar qué individuos son responsables de las decisiones – *data stewards* del negocio, Arquitectos, Gerentes y Ejecutivos - y qué decisiones de administración de datos deben tomar de manera colaborativa, comités de dirección del programa y el Consejo de Gobierno de Datos.

6. Gobierno de Datos Maestros y de Referencia

Debido a que son recursos compartidos, los Datos Maestros y de Referencia requieren gobierno y custodia. No todas las inconsistencias de datos pueden resolverse mediante la automatización. Algunos requieren que las personas hablen entre sí. Sin gobierno, las soluciones de Datos Maestros y de Referencia serán sólo utilerías adicionales de integración de datos, incapaces de ofrecer todo su potencial.

Los procesos de gobernabilidad determinarán:
- Las fuentes de datos a integrar
- Las normas de calidad de datos que se aplicarán
- Las condiciones de uso a seguir
- Las actividades por supervisar y la frecuencia de seguimiento
- Los niveles de prioridad y respuesta de los esfuerzos de custodia de datos
- Cómo se debe representar la información para satisfacer las necesidades de las partes interesadas
- Compuertas de aprobación estándar, expectativas en la implementación de RDM y MDM

Los procesos de gobierno también llevan a las partes legales y de cumplimiento junto con los consumidores de información para asegurar que los riesgos organizacionales se mitiguen a través de la definición e incorporación de políticas de privacidad, seguridad y retención.

Como un proceso continuo, el gobierno de los datos debe tener la habilidad de revisar, recibir y considerar nuevos requisitos y cambios a las reglas existentes, a la vez que los principios, reglas y directrices están disponibles para aquellos que usan regularmente Datos de Referencia y Maestros.

6.1 Métricas

Ciertas métricas pueden vincularse a la calidad de los Datos de Referencia y Maestros y a los procesos que apoyan estos esfuerzos:
- **Calidad y cumplimiento de los datos:** Los tableros de control DQ (Data Quality – Calidad de Datos) pueden describir la calidad de los Datos Maestros y de Referencia. Estas métricas deben indicar la confianza (como un porcentaje) de una entidad de área temática o atributo asociado y su ajuste respecto al propósito de uso (*fit for purpose*) en toda la organización.
- **Actividad de cambio de datos:** La auditoría del linaje de confianza de datos es imprescindible para mejorar la calidad de los datos en un entorno de compartición de datos. Las métricas deben indicar la tasa de cambio de los valores de los datos. Estas métricas proporcionarán visión sobre los sistemas que suministran datos al entorno de compartición y pueden utilizarse para adecuar algoritmos en procesos MDM.
- **Ingesta y consumo de datos:** Los datos son suministrados por los sistemas anteriores en la cadena de valor y utilizados por sistemas y procesos posteriores. Estas métricas deben indicar y rastrear qué sistemas están contribuyendo con datos y qué áreas de negocio están suscribiendo datos desde el medio ambiente de uso compartido.
- **Acuerdos de Nivel de Servicio (SLA, por sus siglas en inglés):** Los SLA deben establecerse y comunicarse a los contribuyentes y suscriptores para asegurar el uso y la adopción del entorno de intercambio de datos. El nivel de adherencia a los acuerdos de nivel de servicio puede proporcionar información sobre los procesos de soporte y los problemas técnicos y de datos que pueden lentificar la aplicación MDM.
- **Cobertura del Custodio de Datos:** Estas métricas deben tener en cuenta el nombre o grupo responsable del contenido de los datos y la frecuencia con la que se evalúa la cobertura. Pueden utilizarse para identificar las brechas en el soporte.

- **Costo Total de Propiedad:** Existen múltiples factores de esta métrica y diferentes maneras de representarla. Desde un punto de vista de la solución, los costos pueden incluir infraestructura ambiental, licencias de *software*, personal de soporte, honorarios de consultoría, capacitación, etc. La efectividad de esta métrica se basa en gran medida en su aplicación consistente en toda la organización.
- **Volumen y uso compartido de datos:** Es necesario rastrear los volúmenes de ingestión y consumo de datos para determinar la efectividad del entorno de intercambio de datos. Estas métricas deben indicar el volumen y la velocidad de los datos definidos, ingeridos y suscritos desde el entorno de intercambio de datos.

7. Trabajos Citados / Recomendados

Abbas, June. Structures for Organizing Knowledge: Exploring Taxonomies, Ontologies, and Other Schema. Neal-Schuman Publishers, 2010. Print.

Abernethy, Kenneth and J. Thomas Allen. Exploring the Digital Domain: An Introduction to Computers and Information Fluency. 2nd ed., 2004. Print.

Allen Mark and Dalton Cervo. Multi-Domain Master Data Management: Advanced MDM and Data Governance in Practice. Morgan Kaufmann, 2015. Print.

Bean, James. XML for Data Architects: Designing for Reuse and Integration. Morgan Kaufmann, 2003. Print. The Morgan Kaufmann Series in Data Management Systems.

Berson, Alex and Larry Dubov. Master Data Management and Customer Data Integration for a Global Enterprise. McGraw-Hill, 2007. Print.

Brackett, Michael. Data Sharing Using a Common Data Architecture. Wiley, 1994. Print. Wiley Professional Computing.

Cassell, Kay Ann and Uma Hiremath. Reference and Information Services: An Introduction. 3d ed. ALA Neal-Schuman, 2012. Print.

Cervo, Dalton and Mark Allen. Master Data Management in Practice: Achieving True Customer MDM. Wiley, 2011. Print.

Chisholm, Malcolm. "What is Master Data?" BeyeNetwork, February 6, 2008. http://bit.ly/2spTYOA Web.

Chisholm, Malcolm. Managing Reference Data in Enterprise Databases: Binding Corporate Data to the Wider World. Morgan Kaufmann, 2000. Print. The Morgan Kaufmann Series in Data Management Systems.

Dreibelbis, Allen, et al. Enterprise Master Data Management: An SOA Approach to Managing Core Information. IBM Press, 2008. Print.

Dyche, Jill and Evan Levy. Customer Data Integration: Reaching a Single Version of the Truth. John Wiley and Sons, 2006. Print.

Effingham, Nikk. An Introduction to Ontology. Polity, 2013. Print.

Finkelstein, Clive. Enterprise Architecture for Integration: Rapid Delivery Methods and Techniques. Artech House Print on Demand, 2006. Print. Artech House Mobile Communications Library.

Forte, Eric J., et al. Fundamentals of Government Information: Mining, Finding, Evaluating, and Using Government Resources. Neal-Schuman Publishers, 2011. Print.

Hadzic, Fedja, Henry Tan, Tharam S. Dillon. Mining of Data with Complex Structures. Springer, 2013. Print. Studies in Computational Intelligence.

Lambe, Patrick. Organising Knowledge: Taxonomies, Knowledge and Organisational Effectiveness. Chandos Publishing, 2007. Print. Chandos Knowledge Management.

Loshin, David. Enterprise Knowledge Management: The Data Quality Approach. Morgan Kaufmann, 2001. Print. The Morgan Kaufmann Series in Data Management Systems.

Loshin, David. Master Data Management. Morgan Kaufmann, 2008. Print. The MK/OMG Press.

Menzies, Tim, et al. Sharing Data and Models in Software Engineering. Morgan Kaufmann, 2014. Print.

Millett, Scott and Nick Tune. Patterns, Principles, and Practices of Domain-Driven Design. Wrox, 2015. Print.

Stewart, Darin L. Building Enterprise Taxonomies. Mokita Press, 2011. Print.

Talburt, John and Yinle Zhou. Entity Information Management Lifecycle for Big Data. Morgan Kauffman, 2015. Print.

Talburt, John. Entity Resolution and Information Quality. Morgan Kaufmann, 2011. Print

CAPÍTULO 11

Data Warehousing e Inteligencia de Negocio

DAMA-DMBOK2 Marco de Referencia de Gestión de Datos

Copyright © 2017 by DAMA International

1. Introducción

El concepto de DW (Data Warehouse – Almacén de Datos) surgió en los años ochenta, cuando la tecnología permitió a las organizaciones integrar datos de una serie de fuentes en un modelo de datos común. Los datos integrados prometieron proporcionar información sobre los procesos operativos y abrir nuevas posibilidades para aprovechar los datos para la toma de decisiones y crear valor organizacional. De la misma manera, los DWs fueron vistos como un medio para reducir la proliferación de sistemas de soporte de decisiones (Decision Support System - DSS), la mayoría de los cuales se basaron en los mismos datos empresariales centrales. El concepto de un almacén de datos empresarial ofreció una forma de reducir la redundancia de datos, mejorar la consistencia de la información y permitir que una empresa utilice sus datos para tomar mejores decisiones.

Data Warehousing e Inteligencia de Negocio

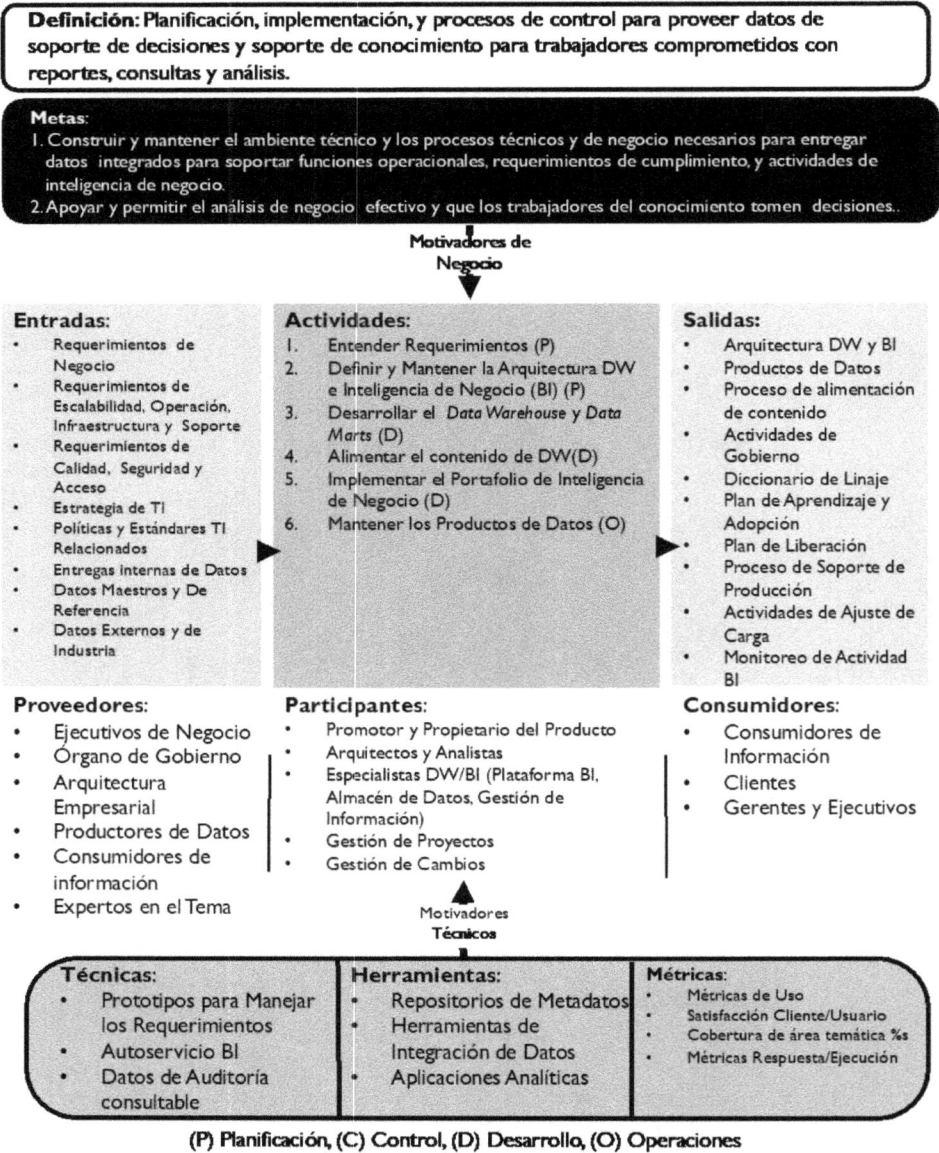

Definición: Planificación, implementación, y procesos de control para proveer datos de soporte de decisiones y soporte de conocimiento para trabajadores comprometidos con reportes, consultas y análisis.

Metas:
1. Construir y mantener el ambiente técnico y los procesos técnicos y de negocio necesarios para entregar datos integrados para soportar funciones operacionales, requerimientos de cumplimiento, y actividades de inteligencia de negocio.
2. Apoyar y permitir el análisis de negocio efectivo y que los trabajadores del conocimiento tomen decisiones.

Motivadores de Negocio

Entradas:
- Requerimientos de Negocio
- Requerimientos de Escalabilidad, Operación, Infraestructura y Soporte
- Requerimientos de Calidad, Seguridad y Acceso
- Estrategia de TI
- Políticas y Estándares TI Relacionados
- Entregas internas de Datos
- Datos Maestros y De Referencia
- Datos Externos y de Industria

Actividades:
1. Entender Requerimientos (P)
2. Definir y Mantener la Arquitectura DW e Inteligencia de Negocio (BI) (P)
3. Desarrollar el *Data Warehouse y Data Marts* (D)
4. Alimentar el contenido de DW(D)
5. Implementar el Portafolio de Inteligencia de Negocio (D)
6. Mantener los Productos de Datos (O)

Salidas:
- Arquitectura DW y BI
- Productos de Datos
- Proceso de alimentación de contenido
- Actividades de Gobierno
- Diccionario de Linaje
- Plan de Aprendizaje y Adopción
- Plan de Liberación
- Proceso de Soporte de Producción
- Actividades de Ajuste de Carga
- Monitoreo de Actividad BI

Proveedores:
- Ejecutivos de Negocio
- Órgano de Gobierno
- Arquitectura Empresarial
- Productores de Datos
- Consumidores de información
- Expertos en el Tema

Participantes:
- Promotor y Propietario del Producto
- Arquitectos y Analistas
- Especialistas DW/BI (Plataforma BI, Almacén de Datos, Gestión de Información)
- Gestión de Proyectos
- Gestión de Cambios

Consumidores:
- Consumidores de Información
- Clientes
- Gerentes y Ejecutivos

Motivadores Técnicos

Técnicas:
- Prototipos para Manejar los Requerimientos
- Autoservicio BI
- Datos de Auditoría consultable

Herramientas:
- Repositorios de Metadatos
- Herramientas de Integración de Datos
- Aplicaciones Analíticas

Métricas:
- Métricas de Uso
- Satisfacción Cliente/Usuario
- Cobertura de área temática %s
- Métricas Respuesta/Ejecución

(P) Planificación, (C) Control, (D) Desarrollo, (O) Operaciones

Figura 79 Diagrama de Contexto Datawarehousing e Inteligencia de Negocio

Los DWs comenzaron a construirse en serio en los años noventa. Desde entonces (y especialmente con la coevolución de BI (Business Intelligence – Inteligencia de Negocios) como principal impulsor de la toma de decisiones empresariales), los DWs se han convertido en un estándar. La mayoría de las empresas cuentan con DWs, y estos son reconocidos como el núcleo de la gestión de datos empresarial[62]. Aunque ya esté bien establecida esta práctica, el DW continúa evolucionando. A medida que se crean nuevas formas de datos con una velocidad cada vez mayor, surgen nuevos conceptos, como los Data Lakes, que influirán en el futuro del DW. Véanse los capítulos 8 y 15.

---

[62] http://bit.ly/2sVPIYr.

1.1 Motivadores de Negocio

El principal motivador para el DW es dar soporte a funciones operativas, requerimientos regulatorios y actividades de BI (aunque no todas las actividades de BI dependen de los datos del DW). Cada vez a más organizaciones se les solicita que proporcionen datos como evidencia de que han cumplido con los requerimientos regulatorios. Debido a que contienen datos históricos, los DW son a menudo los medios para responder ese tipo de solicitudes. Sin embargo, el soporte a BI continúa siendo la principal razón para un DW. BI ofrece información sobre la organización, sus clientes y sus productos. Una organización que actúa en base al conocimiento adquirido con BI puede mejorar la eficiencia operativa y su ventaja competitiva. A medida que más datos están disponibles a mayor velocidad, BI ha evolucionado desde la evaluación retrospectiva hasta el análisis predictivo.

1.2 Metas y Principios

Las organizaciones implementan DWs con el fin de:
- Dar soporte a la actividad de BI.
- Disponibilizar el análisis de negocios y la toma de decisiones de forma efectiva.
- Encontrar formas de innovar basadas información de sus datos.

La implementación de un DW debe seguir estos principios base:
- **Enfoque en los objetivos empresariales:** Asegúrese de que el DW responda a las prioridades de la organización y resuelva los problemas empresariales.
- **Comience con el objetivo final en mente:** Permita que las prioridades del negocio y el alcance del entregable final de datos del ámbito de BI direccionen la creación del contenido del DW.
- **Piense y diseñe globalmente; actúe y construya localmente:** Permita que la visión final guíe la arquitectura, pero construya y entregue de forma incremental, a través de proyectos focalizados o sprints que permitan un retorno de inversión inmediato.
- **Sumarize y optimice al final, no al principio:** Construya sobre datos atómicos. Agregue y sume para cumplir los requerimientos y asegurar rendimiento, no para reemplazar el detalle.
- **Promueva la transparencia y el autoservicio:** Cuanto más contexto (Metadatos de todo tipo) se proporcione, los consumidores de datos tendrán mayor capacidad para obtener valor de estos. Mantener a las partes interesadas informadas sobre los datos y sobre los procesos que conforman la integración.
- **Construya Metadatos con el DW:** Crítico para el éxito del DW es la capacidad de explicar los datos. Por ejemplo, ser capaz de responder a preguntas básicas como "¿Por qué esta suma es X?", "¿Cómo fue calculada?" y "¿De dónde provienen los datos?" Los Metadatos deben ser capturados como parte del ciclo de desarrollo y administrados como parte de las operaciones continuas.
- **Colabore:** Colaborar con otras iniciativas de datos, especialmente con las de Gobierno de Datos, Calidad de los Datos y Metadatos.
- **El mismo tamaño no se ajusta a todo:** Utilice las herramientas y los productos adecuados para cada grupo de consumidores de datos.

1.3 Conceptos Esenciales

1.3.1 BI (Business Intelligence – Inteligencia de Negocios)

El término BI tiene dos significados. En primer lugar, se refiere a un tipo de análisis de datos destinado a comprender las actividades y oportunidades de la organización. Los resultados de este análisis se utilizan para impulsar el éxito de la organización. Cuando las personas afirman que los datos son la clave para obtener una ventaja competitiva, están articulando la promesa inherente a la actividad de BI: que, si una organización hace las preguntas correctas de sus propios datos, puede obtener información sobre sus productos, servicios y clientes que le permitan tomar mejores decisiones sobre cómo cumplir con sus objetivos estratégicos. En segundo lugar, BI se refiere a un conjunto de tecnologías que soportan este tipo de análisis de datos. Existe una evolución de las herramientas de soporte para la toma de decisiones, ya que las herramientas de BI permiten consultar, hacer minería de datos, análisis estadístico, generación de informes, modelado de escenarios, visualización de datos y elaboración de tablero de mandos. Éstas se utilizan para todo, desde la elaboración de presupuestos hasta la analítica avanzada.

1.3.2 Data Warehouse

Un DW es una combinación de dos componentes principales: Una base de datos de soporte de toma de decisión integrada y el *software* relacionado que se utiliza para recopilar, limpiar, transformar y almacenar datos desde una variedad de fuentes operacionales y externas. Para soportar los requerimientos de datos históricos, analíticos y de BI, un DW también puede incluir *Data Marts* dependientes, que son copias de un subconjunto de datos del DW. En su contexto más amplio, un DW incluye todos los almacenes o extractos de datos utilizados para soportar la generación de datos para los fines de BI. Un EDW (Enterprise Data Warehouse – Data Warehouse Corporativo) es un DW centralizado diseñado para atender las necesidades de BI de toda la organización. Un EDW se adhiere a un modelo de datos empresarial para garantizar la coherencia de las actividades de apoyo a la toma de decisiones en toda la empresa.

1.3.3 Data Warehousing

Data Warehousing describe los procesos operativos de extracción, limpieza, transformación, control y carga de los datos en un DW. El proceso de *data warehousing* se centra en la habilitación de un contexto empresarial integrado e histórico basado en los datos operacionales mediante el cumplimiento de las reglas de negocio y el mantenimiento adecuado de las relaciones de datos empresariales. El *data warehousing* se enfoca en datos estructurados: elementos en campos definidos, ya sea en archivos o tablas, con documentación similar a la de los modelos de datos. Con los recientes avances en tecnología, el espacio de BI y DW ahora abarca datos semi-estructurados y no estructurados. Los datos semi-estructurados, definidos como elementos electrónicos organizados como entidades semánticas sin necesidad de afinidad en los atributos, son anteriores a XML, pero no a HTML; un EDI (Electronic Data Interchange – Intercambio Electrónico de Datos) podría servir de ejemplo. Los datos no estructurados se refieren a datos que no están predefinidos a través de un modelo de datos. Debido a que los datos no estructurados existen en un rango de formatos y engloban elementos tales como correos electrónicos, texto en formato libre, documentos comerciales, videos, fotos y páginas *web*, para nombrar unos pocos, definir una infraestructura de almacenamiento viable que sostenga las cargas de trabajo analíticas dentro del gobierno de data warehousing es un desafío aún por superar.

1.3.4 Enfoques para el Data Warehousing

Gran parte de la conversación acerca de lo que constituye un DW ha sido impulsada por dos influyentes líderes de pensamiento, Bill Inmon y Ralph Kimball - quienes tienen diferentes enfoques para modelar y desarrollar DWs. Inmon define un DW como "una colección de datos orientados a un tema, integrados, variante de tiempo y no volátil para apoyar el proceso de toma de decisiones de la gerencia"[63]. Un modelo relacional normalizado se usa para almacenar y gestionar datos. Kimball define un DW como "una copia de los datos de una transacción, específicamente estructurados para consultas y análisis". El enfoque de Kimball requiere un modelo dimensional. (Véase el capítulo 5.)

Mientras que Inmon y Kimball abogan por diferentes enfoques para construir DWs, sus definiciones reconocen ideas centrales similares:
- Los DWs almacenan datos de otros sistemas.
- El acto de almacenar datos incluye organizar los datos de manera que aumenten su valor.
- Los DWs hacen que los datos sean accesibles y utilizables para el análisis.
- Las organizaciones construyen DWs porque necesitan poner a disposición a las partes interesadas y autorizadas datos integrados y confiables.
- Los datos de un DW sirven para muchos propósitos, desde el soporte al flujo de trabajo de la gestión operacional hasta el análisis predictivo.

1.3.5 Fábrica de Información Corporativa (Inmon)

La CIF (Corporate Information Factory - Fábrica de Información Corporativa) de Bill Inmon es uno de los dos patrones principales para el *data warehousing*. Las partes que componen la definición de un DW de Inmon, "orientado a un tema, integrado, variante de tiempo, y no volátil, de datos históricos resumidos y detallados", describen los conceptos que soportan una CIF y señalan las diferencias entre DWs y sistemas operacionales.

- **Orientado a un tema:** El DW está organizado en base a las principales entidades empresariales, en lugar de centrarse en una funcionalidad o aplicación.
- **Integrado:** los datos en el DW están unificados y cohesionados. Las mismas estructuras clave, codificación y decodificación de estructuras, definiciones de datos y convenciones de nomenclatura son aplicadas de manera consistente en todo el DW. Debido a que los datos están integrados, los datos del DW no son simplemente una copia de los datos operativos. En su lugar, el DW se convierte en un sistema de registro de los datos.
- **Variante de tiempo:** El DW almacena los datos tal como existen en un punto del tiempo. Los registros en el DW son como fotografías instantáneas. Cada uno refleja el estado de los datos en un momento del tiempo. Esto significa que consultar datos basados en un período de tiempo específico siempre producirá el mismo resultado, independientemente de cuándo se envíe la consulta.
- **No volátil:** En el DW, los registros normalmente no se actualizan como sucede en los sistemas operacionales. En su lugar, se añaden nuevos datos a los datos existentes. Un conjunto de registros puede representar estados diferentes de la misma transacción.
- **Datos agregados y detallados:** Los datos en el DW incluyen detalles de transacciones a nivel atómico, así como datos resumidos. Los sistemas operacionales rara vez realizan

---

[63] http://bit.ly/2sVPIYr.

agregación de datos. Cuando los DWs se establecieron por primera vez, las consideraciones de costo y espacio llevaron a la necesidad de resumir los datos. Los datos resumidos pueden ser persistentes (almacenados en una tabla) o no persistentes (representados en una vista) en entornos DW contemporáneos. El factor decisivo en relación con persistir o no lo es generalmente el rendimiento.

- **Histórico:** El enfoque de los sistemas operacionales son los datos actuales. Los almacenes también contienen datos históricos. A menudo albergan grandes cantidades de ellos.

Inmon, Claudia Imhoff y Ryan Sousa describen el *data warehousing* en el contexto de la CIF. Vea la Figura 80. Los componentes CIF incluyen:

- **Aplicaciones:** Las aplicaciones realizan procesos operacionales. Los datos detallados de las aplicaciones se introducen en el DW y en los ODSs (Operational Data Store – Almacén de Datos Operacional) donde pueden ser analizados.
- **Área de datos para ensayos (staging area):** Es una base de datos que se encuentra entre las bases de datos operacionales fuente y las bases de datos de destino. El área de datos para ensayos es donde se realiza la extracción, la transformación y la carga. No es utilizada por los usuarios finales. La mayoría de los datos en el staging son transitorios, aunque normalmente hay una cantidad relativamente pequeña de datos persistentes.
- **Integración y transformación:** En la capa de integración, los datos procedentes de fuentes dispares se transforman para que puedan integrarse en la representación / modelo corporativo estándar en el DW y ODS.
- **ODS:** Un ODS es una base de datos integrada de datos operacionales. Puede obtenerse directamente de las aplicaciones o de otras bases de datos. Los ODSs generalmente contienen datos actuales o relativamente recientes (30-90 días), mientras que un DW también contiene datos históricos (a menudo varios años de datos). Los datos en el ODS son volátiles, mientras que los datos del DW son estables. No todas las organizaciones usan ODSs. Estos aparecieron para satisfacer la necesidad de datos de baja latencia. Un ODS puede servir como la fuente primaria para un DW; También puede utilizarse para auditar un DW.
- **Data marts:** Los Data marts proporcionan datos preparados para el análisis. Estos datos suelen ser un subconjunto de datos del DW, diseñados para soportar determinados tipos de análisis o para un grupo específico de consumidores de datos. Por ejemplo, los data marts puede agregar datos para soportar un análisis más rápido. El modelado dimensional (usando técnicas de desnormalización) se utiliza a menudo para diseñar data marts de datos orientados al usuario.
- **Data Mart Operacional (OpDM – Operational Data Mart):** Un data mart operacional es un data mart centrado en el apoyo de decisiones tácticas. Se obtiene directamente de un ODS, y no de un DW. Comparte características de un ODS: contiene datos actuales o de corto plazo. Su contenido es volátil.
- **Data Warehouse:** El DW proporciona un único punto de integración para los datos corporativos para apoyar la toma de decisiones de gestión y el análisis estratégico y la planificación. Los datos fluyen hacia un DW desde los sistemas de aplicación y ODS, y fluyen hacia los data marts, usualmente en una sola dirección. Los datos que necesitan corrección se rechazan, se corrigen en su fuente e idealmente se vuelven a alimentar a través del sistema.
- **Informes operacionales:** Son informes que se emiten desde los repositorios de datos.
- **Datos de referencia, maestros y externos:** Además de los datos transaccionales de las aplicaciones, la CIF también incluye los datos necesarios para entender transacciones, como los datos de referencia y los datos maestros. El acceso a datos comunes simplifica la

integración en el DW. Mientras que las aplicaciones consumen los datos maestros y de referencia actuales, el DW requiere también valores históricos y los períodos de tiempo durante los cuales fueron válidos (consulte el capítulo 10).

La figura 80 representa el movimiento dentro de la CIF, desde la recolección y creación de datos a través de aplicaciones (a la izquierda) hasta la creación de información a través de *data marts* y análisis (a la derecha). El movimiento de izquierda a derecha incluye otros cambios. Por ejemplo,

- El propósito cambia de la ejecución de las funciones operativas al análisis.
- Los usuarios finales de sistemas se mueven de los trabajadores de primera línea a los tomadores de decisiones.
- El uso del sistema se mueve de operaciones fijas a usos ad-hoc.
- Los requisitos de tiempo de respuesta son relajados (las decisiones estratégicas toman más tiempo que las operaciones diarias).
- Muchos más datos están involucrados en cada operación, consulta o proceso

Los datos en el DW *y data marts* difieren de los de las aplicaciones:

- Los datos están organizados por tema en lugar de por función.
- Los datos son datos integrados en lugar de datos en silos.
- Los datos son variantes en el tiempo en lugar de ser solamente valores actuales.
- Los datos tienen mayor latencia en el DW que en las aplicaciones.
- Se dispone significativamente de muchos más datos históricos en un DW que en las aplicaciones.

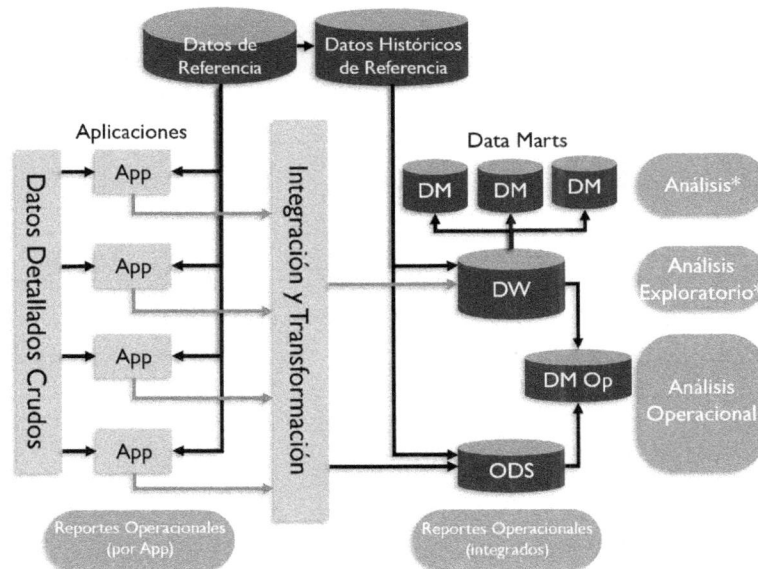

Figura 80 La Fábrica de Información Corporativa

1.3.6 DW Dimensional (Kimball)

El DW dimensional de Kimball es el otro patrón principal para el desarrollo de DWs. Kimball define un almacén de datos simplemente como "una copia de datos transaccionales específicamente estructurados para consulta y análisis" (Kimball, 2002). Sin embargo, la "copia" no es exacta. Los datos del DW se almacenan en un modelo de datos dimensional. El modelo dimensional está diseñado para permitir a los consumidores de datos comprender y utilizar los datos, al mismo tiempo que potencia el rendimiento de la consulta[64]. No está normalizado de la forma de un modelo de entidad-relación.

A menudo denominados *Esquemas Estrella*, los modelos dimensionales están compuestos por *hechos* que contienen datos cuantitativos que provienen de procesos de negocio (por ejemplo, números de ventas) y *dimensiones*, que almacenan atributos descriptivos relacionados con datos de hechos y permiten a los consumidores de datos responder preguntas sobre los hechos (por ejemplo, ¿Cuántas unidades del producto X se vendieron este trimestre?) Una tabla de hechos se une a muchas tablas de dimensiones, y cuando se ve como un diagrama, asemeja a la forma de una estrella. (Véase el capítulo 5). Múltiples tablas de hechos compartirán las dimensiones comunes o conformadas a través de un "*bus*", similar a un *bus* en una computadora[65]. Múltiples *data marts* pueden ser integrados a nivel empresarial conectándolos al *bus* de dimensiones conformadas.

La matriz del *bus* de DW muestra la intersección de procesos de negocio que generan datos de hechos y las áreas temáticas de datos que representan dimensiones. Existen oportunidades para dimensiones conformadas donde múltiples procesos usan los mismos datos. La Tabla 27 es un ejemplo de una matriz de *bus*. En este ejemplo, los procesos de negocio Ventas, Inventario y Pedidos requieren todos datos de fecha y producto. Ventas e Inventario requieren los datos de almacenes, mientras que Inventario y Órdenes requieren datos del proveedor. La fecha, el producto, el almacén y el vendedor son todos los candidatos para las dimensiones conformadas. En cambio, Bodega no se comparte; solamente es utilizada en Inventario.

Tabla 27 Ejemplo de Matriz de DW-Bus

Procesos de Negocio	Áreas Temáticas				
	Fecha	Producto	Almacén	Proveedor	Bodega
Ventas	X	X	X		
Inventario	X	X	X	X	X
Órdenes	X	X		X	
Candidato a Dimensión Conformada	*Si*	*Si*	*Si*	*Si*	*No*

La matriz de *bus* DW empresarial puede utilizarse para representar los requisitos de datos a largo plazo para el sistema DW / BI, independientemente de su tecnología. Esta herramienta permite que una organización estime el alcance manejable de esfuerzo de desarrollo. Cada implementación genera un incremento de la arquitectura general. En algún momento, existen esquemas dimensionales suficientes para cumplir con el objetivo de un entorno integrado de DW empresarial.

La Figura 81 representa la vista de Piezas a Ajedrez del DW de Kimball para la arquitectura de DW / BI. Tenga en cuenta que el DW de Kimball es más expansivo que el de Inmon. El DW abarca todos los componentes del área de ensayo de datos y del área de presentación de datos.

- **Sistemas fuente operacionales:** Son las aplicaciones operacionales / transaccionales de la Empresa. Éstas crean los datos que se integran en el ODS y DW. Este componente es equivalente a los sistemas de aplicación en el diagrama CIF.

---

[64] http://bit.ly/1udtNC8.

[65] El término *bus* viene de la formación de Kimball como ingeniero eléctrico, donde un bus era algo que proveía energía común a un número de componentes eléctricos.

- **Área de ensayo de datos:** El área de ensayo de datos de Kimball incluye el conjunto de procesos necesarios para integrar y transformar los datos para su presentación. Se puede comparar con una combinación de los componentes de integración, transformación y DW de la CIF. Kimball se centra en la entrega eficiente de los datos analíticos, un ámbito más pequeño que la gestión corporativa de datos de Inmon. El DW empresarial de Kimball puede encajar en la arquitectura del área de ensayo de datos.
- **Área de presentación de datos:** Similar a los Data Marts en la CIF. La diferencia arquitectónica clave es el paradigma integrador de un "Bus de DW ", como las dimensiones compartidas o conformadas que unifican los múltiples data marts.
- **Herramientas de acceso a datos:** El enfoque de Kimball se centra en los requerimientos de datos de los usuarios finales. Estas necesidades impulsan la adopción de herramientas de acceso a datos apropiadas.

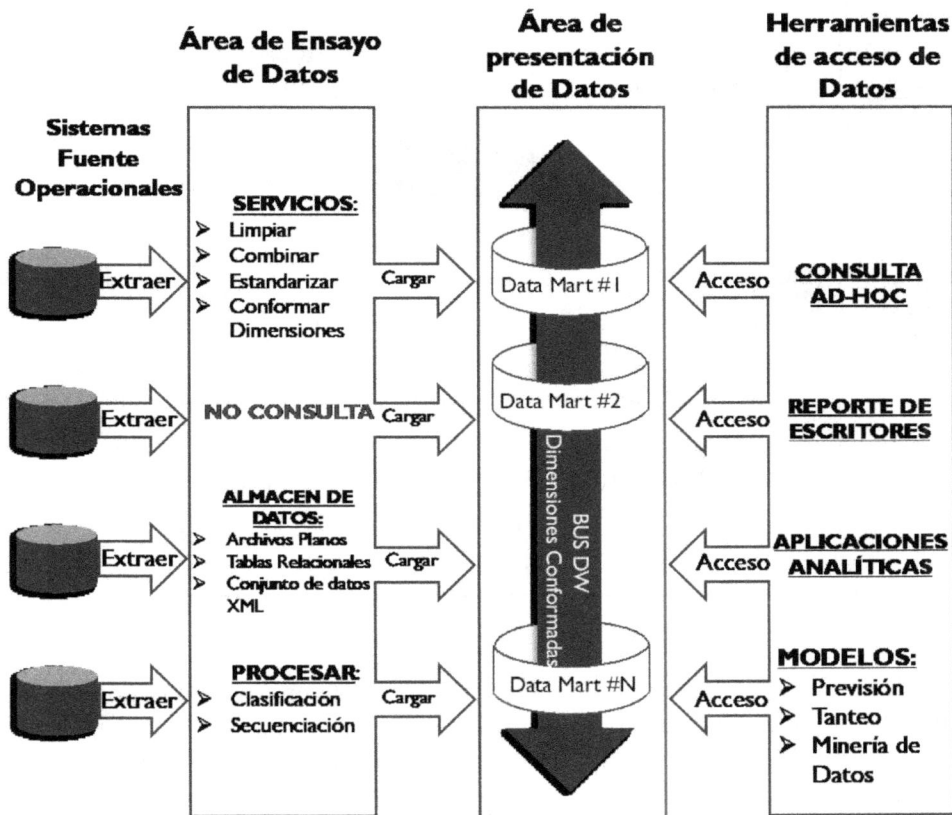

Figura 81 Piezas de ajedrez del DW de Kimball[66]

1.3.7 Componentes de la Arquitectura DW

El entorno del DW incluye una colección de componentes arquitectónicos que deben organizarse para satisfacer las necesidades de la empresa. La figura 82 representa los componentes arquitectónicos del ambiente de DW / BI y de *Big Data* discutidos en esta sección. La evolución de *Big Data* ha cambiado el panorama de DW / BI al añadir otro camino a través del cual los datos pueden ser introducidos en una empresa.

---

[66] Adaptado de Kimball y Ross (2002). Uso permitido.

La Figura 82 también describe aspectos del ciclo de vida de los datos. Los datos se mueven de los sistemas de origen a un área de ensayo donde pueden ser limpiados y enriquecidos a medida que se integran y se almacenan en el DW y/o en un ODS. Desde el DW se puede acceder a los datos a través de *data marts* o cubos y ser utilizados para diversos tipos de informes. Big Data pasa por un proceso similar, pero con una diferencia significativa: mientras que la mayoría de DWs integran datos antes de aterrizar en tablas, las soluciones de Big Data ingestan los datos antes de integrarlos. *Big Data* BI puede incluir análisis predictivo y minería de datos, así como formas más tradicionales de reportes. (Véase el capítulo 14.)

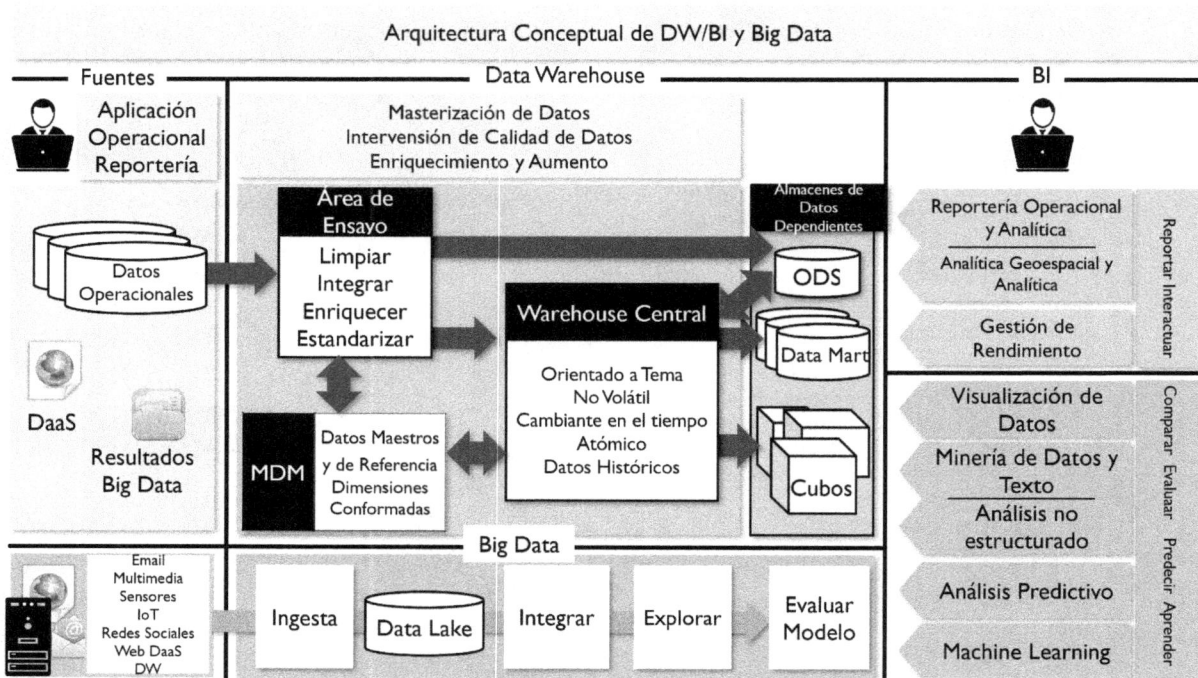

Figura 82 Arquitectura Conceptual DW / BI

1.3.7.1 Sistemas Fuente

Los sistemas fuente, en el lado izquierdo de la Figura 82, incluyen los sistemas operativos y los datos externos que deben introducirse en el entorno DW / BI. Éstos incluyen típicamente sistemas operativos tales como CRM (Customer Relationship Management – Gestión de Relación con el Cliente), contabilidad, y aplicaciones de recursos humanos, así como sistemas operacionales que se diferencian según la industria. También se pueden incluir datos de proveedores y fuentes externas, como DaaS (Data as a Service – Datos como un Servicio), contenido web y cualquier resultado de cálculo de Big Data.

1.3.7.2 Integración de Datos

La integración de datos abarca ETLs (Extract, Transform y Load - Extracción, Transformación y Carga), virtualización de datos y otras técnicas para obtener datos de una forma y ubicación comunes. En un entorno SOA (Service Oriented Architecture – Arquitectura Orientada a Servicios), las capas de servicios de datos son parte de este componente. En la Figura 82, todas las flechas representan procesos de integración de datos. (Véase el Capítulo 8.)

1.3.7.3 Áreas de Almacenamiento de Datos

El DW tiene un conjunto de áreas de almacenamiento:

- **Área de datos de ensayo:** Un área de datos de ensayo es un almacén de datos intermedio entre una fuente de datos original y el repositorio de datos centralizado. Los datos se organizan para que puedan transformarse, integrarse y prepararse para cargarse en el DW.
- **Dimensiones conformadas de datos de referencia y datos maestros:** Los datos de referencia y maestros se pueden almacenar en repositorios independientes. El DW alimenta nuevos datos maestros y es alimentado por el contenido de dimensiones conformadas de repositorios distintos.
- **DW Central:** Una vez transformados y preparados, los datos del DW suelen persistir en la capa central o atómica. Esta capa mantiene todos los datos históricos atómicos, así como la última instancia de la ejecución por lotes. La estructura de datos de esta área se desarrolla y es influenciada en función a las necesidades de rendimiento y los patrones de uso. Estos son algunos elementos de diseño puestos en consideración:
  - La relación entre el valor de la clave de negocio y claves subrogadas por temas de rendimiento.
  - Creación de índices y claves foráneas para soportar dimensiones.
  - Técnicas CDC (Change Data Capture – Captura de Cambios de Datos) que se utilizan para detectar, mantener y almacenar historia.
- **ODS (Operational Data Store):** El ODS es una versión de un almacén persistente central que admite latencias más bajas para usos operativos. Dado que el ODS contiene una ventana de tiempo de datos y no el historial completo, puede actualizarse mucho más rápidamente que un DW. A veces, las secuencias en tiempo real son capturadas de forma instantánea a intervalos predefinidos en el ODS para permitir reportes y análisis integrados. Con el tiempo, con la creciente frecuencia de actualizaciones impulsadas por las necesidades del negocio, la creciente tecnología y técnicas para integrar datos en tiempo real en el DW, muchas implementaciones han integrado sus ODS en la arquitectura existente de DW o *Data Marts*.
- **Data marts:** Un data mart es un tipo de almacenamiento de datos utilizado con frecuencia para soportar capas de presentación de datos en el ambiente DW. También se utiliza para presentar un subconjunto departamental o funcional del DW para la reportería integrada, consulta y análisis de información histórica. El data mart está orientado a un área temática específica, un solo departamento o un único proceso de negocio. También puede constituir la base de un DW virtualizado en el que la combinación de Data Marts conforman la entidad DW. Los procesos de integración de datos refrescarán, actualizarán o expandirán el contenido de los distintos Data marts de la capa de persistencia.
- **Cubos:** Tres enfoques clásicos de implementación soportan OLAP (On-Line Analytical Processing – Procesamiento Analítico en Línea). Sus nombres se refieren a tipos de bases de datos, como Relacional, Multidimensional e Híbrido.

1.3.8 Tipos de Procesamiento de Carga

Data Warehousing implica dos tipos principales de procesos de integración de datos: cargas históricas y actualizaciones continuas. Los datos históricos se cargan en general solamente una vez, o algunas veces mientras que resuelven problemas con los datos, y luego nunca más. Las actualizaciones continuas se programan y ejecutan constantemente para mantener actualizados los datos del DW.

1.3.8.1 Datos Históricos

Una ventaja de un DW es que puede capturar la historia detallada de los datos que almacena. Hay diferentes métodos para capturar este detalle. Una organización que quiere capturar historia debe diseñar en base a requerimientos. Ser capaz de reproducir fotos de los datos en un punto en el tiempo, requiere un enfoque diferente que simplemente presentar el estado actual.

El DW de Inmon sugiere que todos los datos se almacenan en una sola capa de DW. Esta capa almacenará datos de nivel atómico limpios, estandarizados y gobernados. Una capa de integración y transformación común facilita la reutilización a través de las implementaciones de entrega. Un modelo de datos empresarial es necesario para tener éxito. Una vez validado, este único almacén está disponible para diferentes consumidores de datos a través de un *data mart* en estructura estrella.

El DW de Kimball sugiere que el DW se compone de una combinación de *Data Marts* departamentales que contienen datos limpios, estandarizados y gobernados. Los *data marts* almacenarán la historia a nivel atómico. Dimensiones y hechos conformados proporcionarán información de nivel empresarial.

En otro enfoque, la *bóveda de datos* también limpia y estandariza los datos como parte del proceso de datos de ensayo. La historia se almacena en una estructura atómica normalizada, subrogada dimensionalmente, con definición de claves primarias y foráenas. Asegurar que las claves de negocio y las claves subrogadas permanezcan intactas se convierte en el rol secundario de la bóveda - esta es la historia del *data mart*. Los hechos son persistidos aquí como estructuras atómicas. La bóveda está entonces disponible para una variedad de consumidores de datos a través de los *data marts*. Al conservar la historia dentro de la bóveda, la recarga de los hechos es posible cuando incrementos posteriores introducen cambios de granularidad. Es posible *virtualizar* la capa de presentación, facilitando la entrega incremental ágil y el desarrollo colaborativo con la comunidad empresarial. Un proceso final de materialización puede implementar un *data mart* más tradicional, en esquema de estrella, para el consumo del usuario final de producción.

1.3.8.2 Captura de Cambios de Datos por Lotes

Los DWs son a menudo cargados diariamente y atendidos por una ventana de carga en lotes por la noche. El proceso de carga puede acomodar una variedad de detección de cambios, ya que cada sistema fuente puede requerir diferentes técnicas de captura de cambios.

Las técnicas de registro de base de datos son probables candidatas para aplicaciones desarrolladas internamente, ya que es poco probable que las aplicaciones compradas a un proveedor toleren la modificación con disparadores o sobrecarga adicional. Las cargas de tablas con marcas de tiempo o registro son las más comunes. Las cargas completas se producen cuando se trata de sistemas legados construidos sin capacidades nativas de marcado de tiempo (sí, existen aplicaciones sin bases de datos) o cuando se aplican ciertas condiciones de recuperación por lotes.

La Tabla 28 resume la diferencia entre las técnicas de captura de cambios de datos, incluyendo su complejidad y velocidad relativas. La columna Superposición identifica si puede haber duplicación de datos entre los cambios del sistema de origen y el entorno de destino. Cuando la superposición es 'Sí', es posible que estos datos cambiados ya estén presentes. Cuando el indicador de Eliminación está establecido en 'Sí', el Método de Cambio de Datos rastrea cualquier borrado que haya ocurrido en el sistema de origen - útil para las dimensiones por expirar y que ya no están en uso. Cuando las eliminaciones no son rastreadas por el sistema de origen, se requieren esfuerzos adicionales para determinar cuándo ocurren. (Véase el Capítulo 8.)

Tabla 28 Comparación de las Técnicas CDC

Método	Requerimientos de Sistema Fuente	Complejidad	Carga de Hechos	Carga de Dimensiones	Super-posición	Elimi-naciones
Carga de cambios en marcas de tiempo	Los cambios en el sistema fuente están marcados con la hora y fecha del sistema.	Baja	Rápida	Rápida	Si	No
Carga de cambios en tablas de registro	Los cambios en el sistema fuente están capturados en tablas de registro	Media	Nominal	Nominal	Si	Si
Registro de transacciones de la Base de Datos	La Base de Datos captura los cambios en el registro transaccional	Alta	Nominal	Nominal	No	Si
Cambios en mensajes	Los cambios en el sistema fuentes son publicados como mensajes en tiempo [casi] real	Extrema	Lenta	Lenta	No	Si
Carga Completa	No hay indicadores de cambios, las tablas son extraídas completamente y comparadas para identificar cambios	Simple	Lenta	Nominal	Si	Si

1.3.8.3 Tiempo Casi Real y Tiempo Real

Con el comienzo del BI Operacional (o Analítica Operacional) presionando por una menor latencia y una mayor integración de datos en tiempo real o casi en tiempo real en el DW, surgieron nuevos enfoques arquitectónicos para tratar la inclusión de datos volátiles. Por ejemplo, una aplicación común de BI operacional es el aprovisionamiento automatizado de datos de la maquinaria bancaria. Al realizar una transacción bancaria, los saldos históricos y los nuevos saldos resultantes de las acciones bancarias inmediatas deben presentarse al cliente bancario en tiempo real. Dos conceptos clave de diseño que se requieren para el aprovisionamiento de datos en tiempo casi real son el aislamiento del cambio y las alternativas al procesamiento por lotes.

El impacto de los cambios de los nuevos datos volátiles debe aislarse de la mayor parte de los datos históricos no volátiles del DW. Los enfoques arquitectónicos típicos para el aislamiento incluyen una combinación de particionamiento y el uso de consultas que unan las diferentes particiones. Las alternativas al procesamiento por lotes manejan los requerimientos de tiempos de latencia cada vez más cortos para la disponibilidad de datos en el DW. Existen tres tipos principales: la alimentación por goteo, la mensajería y la transmisión en flujo, que difieren en función de dónde se acumulan los datos mientras se espera su procesamiento. (Véase el Capítulo 8.)

- **Alimentación por goteo (acumulación en la fuente):** En lugar de ejecutar la carga en un horario nocturno, el goteo ejecuta cargas por lotes con mayor frecuencia (por ejemplo, cada hora, cada 5 minutos) o cuando se alcanza un umbral (por ejemplo, 300 transacciones, 1Gb de datos). Esto permite que algo de procesamiento ocurra durante el día, pero no tan intensamente como con un proceso dedicado por lotes durante la noche. Se necesita cuidado para asegurar que, si un lote de alimentación por goteo tarda más en completarse que el tiempo entre alimentaciones, el siguiente debe retrasarse para que los datos se carguen todavía en el orden correcto.

- **Mensajería (acumulación en el bus):** La interacción de mensajes en tiempo real o casi en tiempo real es útil cuando paquetes de datos extremadamente pequeños (mensajes, eventos o transacciones) son publicados en un bus cuando éstos ocurren. Los sistemas de destino se suscriben al bus y procesan los paquetes gradualmente en el DW según sea necesario. Los sistemas fuente y los sistemas de destino son independientes entre sí. DaaS utiliza con frecuencia este método.

- **Streaming (acumulación en el destino):** En lugar de esperar un horario o umbral basado en la fuente, un sistema de destino recopila los datos a medida que se reciben en un buffer o cola y son procesados en orden. La interacción resultante o algún agregado pueden aparecer posteriormente como una carga adicional al DW.

2. Actividades

2.1 Entender los requerimientos

Desarrollar un DW es diferente a desarrollar de un sistema operacional. Los sistemas operacionales dependen de requerimientos precisos y específicos. Los DWs reúnen datos que se utilizarán de diferentes maneras. Además, su uso evolucionará con el tiempo a medida que los usuarios analicen y exploren datos. Es necesario tomarse el tiempo en las fases iniciales para hacer preguntas relacionadas con las capacidades y fuentes de datos que apoyarán estas capacidades. En este caso, diseñar se traduce en reducción de *retrabajos* en el futuro cuando el procesamiento de datos sea probado usando fuentes de datos reales.

En el levantamiento de requerimientos para los proyectos de DW / BI, hay que comenzar con las metas y la estrategia del negocio. Identificar y alcanzar a las áreas de negocio, y después identificar y entrevistar a las personas de negocio adecuadas. Hay que preguntar qué hacen y porqué. Se necesita capturar las preguntas específicas que ellos se están haciendo ahora, y quiénes quieren pedir datos. Documentar cómo distinguir y categorizar aspectos importantes de la información. Donde sea posible, definir y capturar métricas clave de rendimiento y cálculos. Estos pueden revelar reglas de negocio que proporcionen la base para la automatización de las expectativas de calidad de datos.

Catalogue requerimientos y deles prioridad a aquellos que son necesarios para salir a producción y para la adopción del DW, y determine aquellos que pueden esperar. Busque puntos que sean simples y valiosos para incentivar la productividad de la versión inicial del proyecto. Un informe de requerimientos del proyecto de DW / BI debe enmarcar todo el contexto de las áreas de negocio y / o procesos que están en su alcance.

2.2 Definir y Mantener la Arquitectura DW / BI

La arquitectura DW / BI debe describir de dónde vienen los datos, a dónde van, cuándo van, por qué y cómo ingresan en un DW. El "cómo" incluye el detalle de *hardware* y *software* y el marco organizativo para juntar todas las actividades. Los requisitos técnicos deben incluir el rendimiento, la disponibilidad y las restricciones de tiempo. (Ver Capítulos 4 y 8.)

2.2.1 Definir Arquitectura Técnica DW / BI

Las mejores arquitecturas de DW / BI son aquellas que diseñan un mecanismo para conectarse de regreso hacia reportes de nivel transaccional y reportes de nivel operacional en un DW atómico. Este mecanismo protegerá al DW de tener que cargar con todo el detalle transaccional. Un ejemplo es proporcionar un mecanismo de visualización para informes operativos clave o formularios basados en una clave transaccional, como Número de Factura. Los clientes siempre desearán todo el detalle disponible, pero algunos de los datos operacionales, como los campos de descripción largos, sólo tienen valor en el contexto del reporte original y no proporcionan valor analítico.

Una arquitectura conceptual es un punto de partida. Muchas actividades son necesarias para alinear correctamente los requerimientos no funcionales con las necesidades del negocio. Los prototipos pueden demostrar o refutar rápidamente los puntos clave antes de compromisos costosos con las tecnologías o arquitecturas. Además, el empoderamiento de la comunidad empresarial con los programas de conocimiento y adopción defendidos a través de un equipo de gestión del cambio ayudará en la transición y el continuo éxito de la operación en curso.

Una extensión natural de este proceso de transformación es el mantenimiento, o al menos la validación, con el modelo de datos empresarial. Dado que el foco está en las estructuras de datos que están en uso por las áreas de la organización, hay que validar el despliegue físico contra el modelo lógico. Hay que generar actualizaciones si ocurren omisiones o errores.

2.2.2 Definir Procesos de Gestión DW / BI

Es necesario dirigir la gestión de ambientes productivos con un proceso de mantenimiento coordinado e integrado, entregando nuevas versiones periódicamente a la comunidad empresarial.

Es crucial establecer un plan estándar de liberación (ver Sección 2.6). Idealmente, el equipo del proyecto de DW debe gestionar cada actualización al producto de datos desplegado como una liberación de *software* que provee funcionalidad adicional. Establecer un calendario para los lanzamientos permite generar un plan anual de demanda, una planificación de recursos y una programación estandarizada de entregas. Se debe utilizar el lanzamiento interno para ajustar esta programación estandarizada, las expectativas de recursos y las hojas de estimación generadas para ello.

Establecer un proceso de liberación garantiza que la gerencia comprenda que se trata de un proceso proactivo centrado en productos de datos y no un producto instalado orientado mediante la resolución reactiva de problemas. Es fundamental trabajar de manera proactiva y colaborativa en un equipo multifuncional para agregar y mejorar continuamente las funcionalidades - los sistemas de soporte reactivos reducen la adopción.

2.3 Desarrollar el Data Warehouse y Data Marts

Normalmente, los proyectos DW / BI tienen tres caminos de desarrollo simultáneos:
- **Datos:** Los datos necesarios para soportar el análisis que el negocio desea hacer. Este camino implica la identificación de las mejores fuentes para los datos y el diseño de reglas con la mejor manera para remediarlos, transformarlos, integrarlos, almacenarlos y ponerlos a disposición de las aplicaciones. Este paso también incluye decidir como manejar datos que no cumplen con las expectativas.

- **Tecnología:** Son los sistemas back-end y los procesos que soportan el almacenamiento y el movimiento de datos. La integración con la empresa existente es fundamental, ya que el DW no es una isla en sí misma. Las arquitecturas empresariales, específicamente las especializadas en tecnología y aplicaciones, suelen gestionar este camino.
- **Herramientas de BI (Business Intelligence – Inteligencia de Negocios):** Es un conjunto de aplicaciones necesarias para que los consumidores de datos obtengan información significativa de los productos de datos desplegados.

2.3.1 Mapear Fuentes hacia Destinos

El mapeo de fuentes a destinos establece reglas de transformación para entidades y elementos de datos desde fuentes individuales a un sistema de destino. Dicho mapeo también documenta el linaje para cada elemento de datos disponible en el entorno de BI hasta a su (s) fuente (s) respectiva (s). La parte más difícil de cualquier esfuerzo de mapeo es determinar enlaces válidos o equivalencias entre elementos de datos en sistemas múltiples. Consideremos el esfuerzo de consolidar los datos en un DW de múltiples sistemas de facturación o de gestión de pedidos. Lo más probable es que las tablas y campos que contengan datos equivalentes no tengan los mismos nombres o estructuras. Una taxonomía sólida es necesaria para mapear elementos de datos en diferentes sistemas a una estructura consistente en el DW. La mayoría de las veces, esta taxonomía es el modelo lógico de datos. El proceso de mapeo también debe considerar si los datos en diferentes estructuras deben añadirse, modificarse o insertarse.

2.3.2 Remediar y Transformar Datos

Las actividades de remediación o limpieza de datos fomentan el cumplimiento de normas y corrigen y mejoran los valores de dominio de elementos de datos individuales. La remediación es particularmente necesaria para las cargas iniciales cuando se trata de un dato histórico significativo. Para reducir la complejidad del sistema de destino, los sistemas de origen deben hacerse responsables de la remediación y corrección de datos.

Desarrolle estrategias para los registros de datos que se carguen, pero se encuentre que sean incorrectos. Una política para eliminar registros antiguos puede causar algunos estragos con tablas relacionadas y claves foráneas, hacer expirar el registro y cargar los nuevos datos como un regisrto completamente nuevo, puede ser una mejor opción.

Una estrategia de carga optimista puede incluir la creación de entradas de dimensión para acomodar datos de hechos. Tal proceso debe tener en cuenta cómo actualizar y expirar dichas entradas. Las estrategias de carga pesimista deben incluir un área de reciclado para los datos de hechos que no se pueden asociar con las correspondientes claves de dimensión. Estas entradas requieren una notificación, alertas y reportes apropiados para asegurar que se rastreen y se vuelvan a cargar más tarde. Los procesos de hechos deben considerar primero cargar entradas recicladas, luego procesar el contenido recién llegado.

La transformación de datos se centra en actividades que implementan reglas de negocio dentro de un sistema técnico. La transformación de datos es esencial para la integración de datos. Definir las reglas correctas para integrar los datos a menudo requiere la participación directa de los *Data Stewards* y otros SMEs (Subject Matter Experts – Expertos en la Materia). Las reglas deben ser documentadas para que puedan ser gobernadas. Las herramientas de integración de datos realizan estas tareas. (Véase el Capítulo 8.)

2.4 Poblar el DW

La mayor parte del trabajo en cualquier esfuerzo DW / BI es la preparación y procesamiento de los datos. Las decisiones y principios de diseño que definen el nivel de detalle de los datos que contienen los DWs son una prioridad de diseño clave para la arquitectura DW / BI. La publicación de reglas claras sobre qué datos estarán disponibles únicamente a través de reportes operativos (no en DW) es fundamental para el éxito de los esfuerzos de DW / BI.

Los factores clave a considerar al definir un enfoque de llenado son la latencia requerida, la disponibilidad de fuentes, las ventanas de lotes o los intervalos de carga, las bases de datos de destino, los aspectos dimensionales y la consistencia de márgenes de tiempo del DW y *data mart*. El enfoque también debe abordar el procesamiento de la calidad de los datos, el tiempo para realizar transformaciones y las dimensiones que lleguen tarde y los datos rechazados.

Otro aspecto para definir un enfoque de llenado se centra en el proceso de captura de cambios de datos, detectando cambios en el sistema de origen, integrando esos cambios y alineando los cambios a lo largo del tiempo. Varias bases de datos proporcionan ahora la funcionalidad de captura de registro sobre las cuales las herramientas de integración de datos pueden operar directamente, de modo que la base de datos informa al usuario de lo que ha cambiado. Los procesos de *scripting* pueden ser escritos o generados cuando esta función no está disponible. Varias técnicas están disponibles para los equipos de diseño y construcción para la alineación de latencia a través de cargas heterogéneas.

El primer incremento abre el camino para el desarrollo de capacidades adicionales y la incorporación de nuevas unidades de negocio. Muchas nuevas tecnologías, procesos y habilidades son necesarias, así como una planificación cuidadosa y atención al detalle. Los incrementos de flujos de bajada de datos se basan en este elemento fundamental, por lo que se recomiendan más inversiones para sostener datos de alta calidad, arquitectura técnica y transición a los ambientes productivos. Se deben crear procesos para facilitar y automatizar la identificación oportuna de errores de datos con la integración del usuario final del flujo de trabajo.

2.5 Implementar el Portafolio de BI

La implementación del Portafolio de BI consiste en identificar las herramientas adecuadas para las comunidades de usuarios adecuadas dentro o entre unidades de negocio. Identificar similitudes a través de la alineación de procesos comunes de negocio, análisis de rendimiento, estilos de administración y requisitos.

2.5.1 Agrupar a Usuarios de acuerdo con las Necesidades

En la definición de los grupos de usuarios destino, existe un espectro de necesidades de BI. En primer lugar, conocer los grupos de usuarios y, a continuación, cotejar la herramienta con los grupos de usuarios en la empresa. En un extremo del espectro están los desarrolladores de TI que se preocupan por extraer datos, que se centran en funcionalidades avanzadas. En el otro extremo, los consumidores de información pueden desear acceso rápido a los reportes previamente desarrollados y ejecutados. Estos consumidores pueden desear un cierto grado de interactividad tal como desglosar, filtrar, clasificar, o pueden querer solamente ver un reporte estático.

Los usuarios pueden pasar de una clase a otra a medida que sus habilidades aumentan o cuando realizan diferentes funciones. Un administrador de la cadena de suministro, por ejemplo, puede querer ver un reporte estático sobre las finanzas, pero también un reporte altamente interactivo para analizar el inventario. Un analista financiero y un gerente de línea responsable de costos pueden ser usuarios empoderados al analizar los gastos totales, pero están satisfechos con un reporte estático de una factura telefónica. Los ejecutivos y los gerentes utilizan una combinación de reportes fijos, tableros de mando y BSCs (Balance Score Cards - Cuadros de Mando Integral). Los gerentes y los usuarios empoderados tienden a querer desagregar, dividir y seccionar los datos en estos reportes para identificar las posibles causas de los problemas. Los clientes externos pueden utilizar cualquiera de estas herramientas como parte de su experiencia.

2.5.2 Cotejar las Herramientas con los Requerimientos del Usuario

El mercado ofrece una impresionante gama de herramientas de *reportería* y análisis. Los principales proveedores de BI ofrecen las clásicas capacidades de reportes con "*píxeles* perfectos", que alguna vez fueron el dominio de las aplicaciones de *reportería*. Muchos proveedores de aplicaciones ofrecen capacidades analíticas integradas con contenido estándar extraído de cubos poblados previamente o tablas agregadas. La virtualización ha desdibujado las líneas entre las fuentes locales de datos y los datos externos comprados o abiertos, y en algunos casos proporciona integración bajo demanda controlada por el usuario centrada en reportes. En otras palabras, es prudente que las empresas utilicen mecanismos comunes de infraestructura y entrega. Estos incluyen la *web*, correo electrónico y aplicaciones para la entrega de todo tipo de información y reportes, de los cuales DW / BI es un subconjunto.

Muchos proveedores ahora combinan herramientas de BI relacionadas, mediante fusiones y adquisiciones o nuevos desarrollos, y ofrecen *Suites* de BI. Las *suites* son la opción principal en el nivel de Arquitectura Empresarial, pero dado que la mayoría de las organizaciones ya han adquirido herramientas individuales o han adoptado herramientas de código abierto, es probable que surjan preguntas acerca del reemplazo versus la coexistencia. Recuerde que cada herramienta de BI tiene un costo, requerimientos de recursos del sistema, soporte, capacitación e integración arquitectónica.

2.6 Mantenimiento de los Productos de Datos

Un DW implementado y sus herramientas de BI orientadas al cliente son productos de datos. Las mejoras (extensiones, ampliaciones o modificaciones) a una plataforma de DW existente deben implementarse de forma incremental.

Mantener el alcance hacia una ruta crítica incremental y en ejecución para elementos de trabajo clave puede ser un desafío en un entorno de trabajo dinámico. Se deben establecer prioridades con los socios del negocio y enfocar el trabajo en mejoras obligatorias.

2.6.1 Gestión de Liberaciones

La gestión de liberaciones es fundamental para los procesos de desarrollo incremental que crean nuevas capacidades, mejoran el despliegue en producción y garantizan el mantenimiento regular de los activos desplegados. Este proceso mantendrá el DW actualizado, limpio y funcionando en su mejor forma. Sin embargo, este proceso requiere la misma alineación entre TI y el negocio, así como entre el modelo de DW y las capacidades de BI. Es un esfuerzo continuo de mejora.

La Figura 83 ilustra un ejemplo de un proceso de liberación, basado en una programación trimestral. A lo largo del año, hay tres liberaciones impulsadas por el negocio y una liberación basada en tecnología (para atender los requisitos internos del DW). El proceso debe permitir el desarrollo incremental del DW y la gestión del encolamiento de requerimientos.

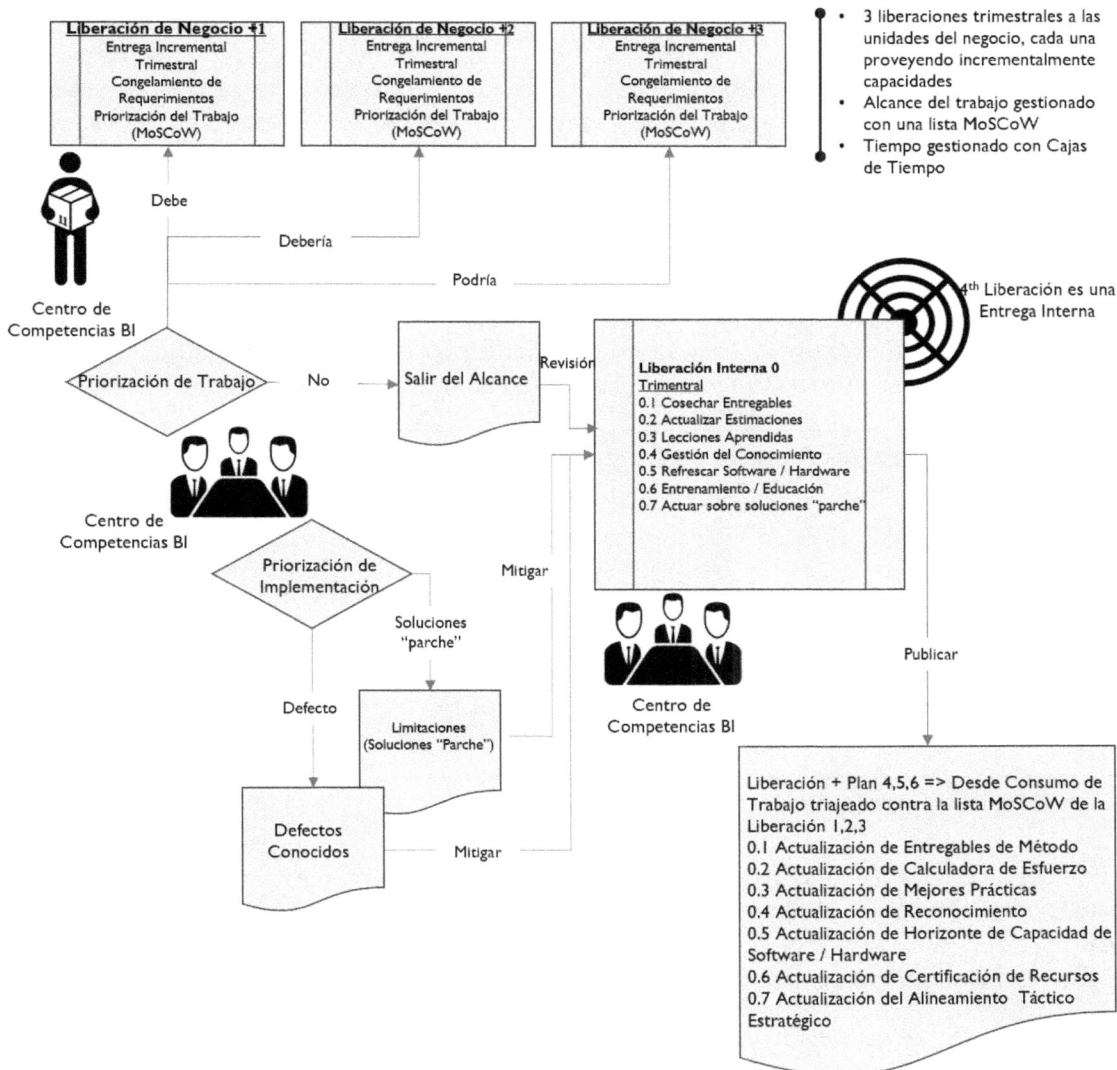

Figura 83 Ejemplo de Proceso de Liberación

2.6.2 Gestionar el Ciclo de Vida del Desarrollo de Productos de Datos

Mientras que los consumidores de datos están utilizando el DW existente, el equipo de DW se está preparando para la siguiente iteración, entendiendo que no todos los elementos llegarán a producción. Se deben alinear las iteraciones a las liberaciones con una lista de tareas pendientes priorizada por las unidades de negocio. Cada iteración extenderá un incremento existente o agregará nueva funcionalidad al integrar una unidad de negocio. Las liberaciones alinearán la funcionalidad a la unidad de negocio, mientras que la iteración alineará la funcionalidad a la propia configuración administrada por el gestor de producto.

Aquellos elementos que el negocio cree que están listos y son factibles de investigación más detallada pueden ser revisados, ajustados si es necesario, y luego promovidos a piloto o a entorno de pruebas, donde los usuarios del negocio investigan nuevos enfoques, experimentan con nuevas técnicas o desarrollan nuevos modelos o algoritmos de aprendizaje. En esta área se puede observar menos gobierno y supervisión que otras áreas de negocios, pero alguna forma de priorización controlada es necesaria. Al igual que el tradicional sistema de aseguramiento de la calidad o ambiente pruebas, se deben analizar los elementos en la zona piloto para garantizar que sean adecuados para ambientes productivos. Qué tan bien funcionan los pilotos determina los próximos pasos. Hay que tener cuidado de no promocionar productos ciegamente y sin tener en cuenta los problemas de la calidad de datos o de gobierno. La vida útil en ambientes productivos es sólo una medida existencial: los productos deben ser de la más alta calidad práctica para estar en producción. Los elementos que pasan el piloto y se consideran listos para producción por parte de representantes del negocio y de TI pueden ser promovidos a ambientes productivos como nuevos productos de datos. Esto completa una iteración.

Los elementos que no pasan el piloto pueden ser rechazados por completo o devueltos al área de desarrollo para pequeños ajustes. Tal vez el apoyo adicional del equipo DW sea necesario en este momento para que el elemento avance a ser promovido en la próxima iteración.

2.6.3 Supervisar y Ajustar los Procesos de Carga

Es necesario supervisar el procesamiento de cargas en todo el sistema para controlar cuellos de botella y dependencias. Emplee técnicas de afinamiento de base de datos cuando sea necesario, incluyendo particiones, respaldos afinados y estrategias de recuperación. Archivar es una tarea complicada en *data warehousing*. Los usuarios consideran a menudo al DW como un archivo activo debido al largo historial que se construye, y no están dispuestos, particularmente si las fuentes de procesamiento analítico en línea (OLAP) han eliminado registros, a aceptar que el DW realice archivado. (Véase el capítulo 6.)

2.6.4 Monitorear y Afinar la Actividad y el Rendimiento de BI

Una buena práctica para el monitoreo y afinamiento de BI es definir y mostrar un conjunto de métricas de satisfacción orientadas al cliente. El tiempo promedio de respuesta a consultas y el número de usuarios por día, semana o mes son ejemplos de métricas útiles. Además de las medidas estadísticas disponibles en los sistemas, es útil encuestar regularmente a los clientes de DW / BI.

La revisión regular de las estadísticas y patrones de uso es esencial. Los reportes que proporcionan la frecuencia y el uso de recursos de datos, consultas y reportes permiten mejoras prudentes. El afinamiento de la actividad de BI es análogo al principio de perfilar aplicaciones para saber dónde están los cuellos de botella y dónde aplicar esfuerzos de optimización. La creación de índices y agregaciones es más efectiva cuando se hace de acuerdo con patrones de uso y estadísticas. Las enormes ganancias de rendimiento pueden venir de soluciones sencillas como publicar los resultados diarios completados en un reporte que se ejecuta cientos o miles de veces al día. La transparencia y la visibilidad son principios fundamentales que deberían impulsar el monitoreo DW / BI. Cuanto más se puedan exponer los detalles de las actividades de DW / BI, más consumidores de datos podrán ver y entender lo que está pasando (y tener confianza en el BI), y se requerirá menos soporte directo al cliente final. Proporcionar un tablero de mando que exponga a alto nivel el estado de las actividades de entrega de datos, con capacidades de desglose, es una práctica recomendada que permite la obtención de información por parte del personal de soporte y de los clientes.

La adición de medidas de calidad de datos mejorará el valor de este tablero donde el rendimiento es más que solamente velocidad y tiempo. Se recomienda utilizar mapas de calor para visualizar la carga de trabajo en la infraestructura, el caudal de datos y el cumplimiento con los niveles de acuerdo operativo.

3. Herramientas

La elección del conjunto inicial de herramientas puede ser un proceso largo. Incluye el intento de satisfacer los requerimientos a corto plazo, las especificaciones no funcionales y los requerimientos de próxima generación que se van a crear. Los conjuntos de herramientas de criterios de decisión, herramientas de implementación de procesos y ofertas de servicios profesionales pueden facilitar y acelerar esta actividad. Es crítico evaluar no sólo las opciones convencionales de construcción o compra, sino también la opción de alquiler provista como SaaS (*Software as a Service – Software* como Servicio). El alquiler de herramientas SaaS y la experiencia asociada se compara con el costo de construir desde cero o desplegar productos adquiridos de proveedores. Consideremos también la actualización continua y los posibles costos de reemplazo. La alineación a un conjunto de OLA (Operational Level Agreement - Acuerdo de Niveles de Operación) puede soportar los costos previstos y proporcionar información para fijar tarifas y sanciones para las violaciones a término que sean atractivas.

3.1 Repositorio de Metadatos

Las grandes organizaciones suelen encontrarse con muchas herramientas de diferentes proveedores, cada una de ellas desplegada potencialmente en versiones diferentes. La clave de este esfuerzo es la capacidad de unificar Metadatos de una variedad de fuentes. La automatización e integración de la población de este repositorio se puede lograr con una variedad de técnicas. (Véase el capítulo 13.)

3.1.1 Diccionario de Datos / Glosario

Un diccionario de datos es necesario para apoyar el uso de un DW. El diccionario describe los datos en términos del negocio e incluye otra información necesaria para usar los datos (por ejemplo, tipos de datos, detalles de estructura, restricciones de seguridad). A menudo, el contenido del diccionario de datos proviene directamente del modelo lógico de datos. Es recomendable planificar con el objetivo de obtener Metadatos de alta calidad asegurando que los modeladores adopten un enfoque disciplinado para gestionar las definiciones como parte del proceso de modelado.

En algunas organizaciones, los usuarios de negocio participan activamente en el desarrollo del diccionario de datos suministrando, definiendo y luego corrigiendo las definiciones de los elementos de datos del área temática. Se debe aprovechar esta actividad a través de una herramienta de colaboración, monitorear las actividades a través de un Centro de Excelencia y asegurar que el contenido creado a través de esta actividad se mantenga en el modelo lógico. Garantizar un acuerdo entre el contenido orientado al negocio y el modelo de datos físico orientado a la técnica, reducirá el riesgo de errores replicantes y retrabajos. (Véase el capítulo 13.)

3.1.2 Linaje de Datos y del Modelo de Datos

Muchas herramientas de integración de datos ofrecen análisis de linaje que considera tanto el código de carga desarrollado como el modelo de datos físicos y la base de datos. Algunos ofrecen interfaces *web* para supervisar y actualizar las definiciones y otros Metadatos. La documentación de linaje sirve para muchos propósitos:

- Investigación de las causas de los problemas de datos.
- Análisis de impacto para cambios en el sistema o problemas de datos.
- Capacidad para determinar la fiabilidad de los datos, en función de su origen

Busque implementar una herramienta integrada de impacto y linaje que pueda comprender todas las partes móviles involucradas en el proceso de carga, así como reportes y analítica para el usuario final. Los reportes de análisis de impacto describirán que componentes se ven afectados por un cambio potencial, agilizando y racionalizando las tareas de estimación y mantenimiento. Muchos procesos, relaciones y terminologías clave del negocio se capturan y explican durante el desarrollo del modelo de datos. El modelo de datos lógico contiene gran parte de esta información, que a menudo se pierde o se ignora durante el desarrollo o el despliegue a producción. Es fundamental asegurarse de que esta información no se descarte y de que los modelos lógicos y físicos se actualicen después de la implementación y estén sincronizados.

3.2 Herramientas de Integración de Datos

Las herramientas de integración de datos se usan para poblar un DW. Además de realizar el trabajo de integración de datos, permiten la programación de tareas de manera que se cuente con entrega de datos complejos de múltiples fuentes. Al seleccionar una herramienta, también debe tener en cuenta estas características que permiten la administración del sistema:

- Auditoría de procesos, control, reinicio y programación.
- La capacidad de extraer selectivamente elementos de datos en tiempo de ejecución y pasar ese extracto a un sistema federado para propósitos de auditoría.
- Controlar que operaciones pueden o no pueden ejecutarse y reiniciar una ejecución fallida o anulada (consulte el Capítulo 8)

Una variedad de herramientas de integración de datos también ofrece capacidades de integración con el portafolio de BI, soportando la importación y exportación de mensajes de flujo de trabajo, correo electrónico o incluso capas semánticas. La integración de flujo de trabajo puede generar procesos de identificación, resolución y escalamiento de defectos de calidad de datos. La mensajería a través del correo electrónico o el procesamiento de alertas de correo electrónico es una práctica común, especialmente para dispositivos móviles. Además, la capacidad de proporcionar un destino de datos como una capa semántica puede ser un candidato de virtualización de datos para implementaciones ágiles.

3.3 Tipos de Herramientas de BI

La madurez del mercado de BI y una amplia gama de herramientas de BI disponibles hace que sea raro que las empresas construyan sus propias herramientas de BI[67]. El propósito de esta sección es introducir los tipos de herramientas disponibles en el mercado de BI y proporcionar una visión general de sus características principales con información que ayude a combinar las herramientas con las capacidades de nivel de cliente adecuadas. Las herramientas de BI están evolucionando rápidamente,

---

[67] El material en esta sección proviene principalmente de "The Business Intelligence Market" de Cindi Howson, BIScorecard®, http://bit.ly/2tNiru5; utilizado con permiso, con cambios y aportes menores.

lo que permite una transición de los reportes estandarizados guiados por TI al autoservicio de reportería y a la exploración de datos guiada por el negocio[68].

- **Reportería operacional** es la aplicación de herramientas de BI para analizar las tendencias de negocio, tanto a corto plazo (mes a mes) como a largo plazo (año a año). La reportería operacional también puede ayudar a descubrir tendencias y patrones. se debe utilizar el BI táctico para apoyar las decisiones empresariales a corto plazo.

- **BPM (Business Process Management - Gestión del Desempeño Empresarial)** incluye la evaluación formal de las métricas alineadas con las metas de la organización. Esta evaluación suele ocurrir a nivel ejecutivo. Se debe utilizar el BI estratégico para apoyar metas y objetivos corporativos a largo plazo.

- **La analítica descriptiva y autoservicio** proporciona BI a la línea de frente del negocio, donde las capacidades analíticas orientan las decisiones operativas. La analítica operativa acopla las aplicaciones de BI con funciones y procesos operativos, para guiar las decisiones en tiempo casi real. La necesidad de baja latencia (captura y entrega de datos en tiempo casi real) impulsará el enfoque arquitectónico de las soluciones analíticas operacionales. SOA (Service Oriented Architecture - Arquitectura Orientada a Servicios) y Big Data se hacen necesarios para soportar plenamente el análisis operacional (ver capítulos 8 y 15).

3.3.1 Reportería Operacional

La reportería operacional involucra a que los usuarios de negocio generen reportes directamente desde sistemas transaccionales, aplicaciones operacionales o de un DW. Esto es una funcionalidad típica de una aplicación. A menudo, las áreas de negocio empezarán a usar un DW para la generación de informes operativos, especialmente si el gobierno de DW / BI es deficiente o si el DW contiene datos adicionales que mejoran los datos operativos y transaccionales. A menudo, los reportes aparecen como consultas *ad-hoc*, cuando de hecho son reportes simples o se utilizan para iniciar el flujo de trabajo. Desde una perspectiva de gestión de datos, la clave es entender si los datos necesarios para este reporte existen dentro de la propia aplicación o si se requiere mejoras de datos desde el DW o desde el ODS.

Las herramientas de exploración de datos y reportería, a veces llamadas herramientas de consulta *ad-hoc*, permiten a los usuarios crear sus propios reportes o crear salidas para su uso por otros. Ellos están menos preocupados por el diseño preciso porque no están tratando de generar una factura o algo similar. Sin embargo, quieren incluir gráficos y tablas de forma rápida e intuitiva. A menudo, los reportes creados por usuarios del negocio se convierten en informes estándar, no utilizados exclusivamente para preguntas del negocio ad hoc.

Las necesidades dentro de reporte de operaciones del negocio son a menudo diferentes a las necesidades de consultas y reportes generenciales. Para los reportes gerenciales, el origen de datos suele ser un DW o *data mart* (aunque no siempre). Mientras TI desarrolla reportes de producción, los usuarios avanzados y los usuarios del negocio ad hoc desarrollan sus propios informes con herramientas de consulta gerencial. Se debe utilizar los reportes generados con las herramientas de consulta empresarial de forma individual, departamental o empresarial. Los reportes de producción cruzan los límites de DW / BI y, a menudo, consultan los sistemas transaccionales para producir

---

[68] Dataversity se refiere a esta tendencia como la "democratización de las tecnologías de datos." Ver Ghosh, Paramita. "A Comparative Study of Business Intelligence and Analytics Market Trends." Dataversity, Enero 17, 2017. http://bit.ly/2sTgXTJ (accesado el 2017-01-22).

elementos operativos tales como facturas o estados bancarios. Los desarrolladores de informes de producción tienden a ser personal de TI.

Las herramientas de BI tradicionales cubren bastante bien algunos métodos de visualización de datos como tablas, gráficos circulares, gráficos de líneas, gráficos de área, gráficos de barras, histogramas, candelabros como ejemplos. Las visualizaciones de datos se pueden entregar en un formato estático, tal como un reporte publicado, o un formato en línea más interactivo; y algunos apoyan la interacción del usuario final donde las capacidades de desglose o filtrado facilitan el análisis de datos dentro de la visualización. Otros permiten que la visualización sea cambiada por el usuario bajo demanda. (Véase el capítulo 14.)

3.3.2 Gestión del Rendimiento Empresarial

La gestión del rendimiento es un conjunto de procesos organizacionales integrados y de aplicaciones diseñadas para optimizar la ejecución de la estrategia empresarial; sus aplicaciones incluyen la generación de presupuestos, la planificación y la consolidación financiera. Ha habido varias adquisiciones importantes en este segmento, ya que los proveedores de ERP (Enterprise Resourse Planning – Planificación de Recursos Empresariales) y los proveedores de BI ven grandes oportunidades de crecimiento aquí y creen que BI y la gestión de rendimiento están convergiendo. La frecuencia con la que los clientes compran BI y la gestión del rendimiento del mismo proveedor depende de las capacidades del producto.

En términos generales, la tecnología de gestión de rendimiento permite que los procesos ayuden a cumplir las metas de la organización. La medición y un bucle de realimentación con refuerzo positivo son elementos clave. Dentro del espacio de BI, esto ha tomado la forma de muchas aplicaciones empresariales estratégicas, como presupuesto, previsión o planificación de recursos. Otra especialización se ha formado en esta área: crear tablas de puntuación impulsadas por tableros para la interacción del usuario. Los tableros de mando, como los que se encuentran en los automóviles, proporcionan al usuario final la información resumida o agregada necesaria con las actualizaciones más recientes (Eckerson, 2005).

3.3.3 Aplicaciones Analíticas Operacionales

Henry Morris de IDC acuñó el término Aplicaciones Analíticas en los años noventa, aclarando cómo son diferentes de las herramientas OLAP y BI generales (Morris, 1999). Las aplicaciones analíticas incluyen la lógica y los procesos para extraer datos de sistemas fuente conocidos, tales como sistemas ERP de proveedores, un modelo de datos para el *data mart* y reportes y cuadros de mando preconstruidos. Proporcionan a las empresas una solución *preconstruida* para optimizar un área funcional (gestión de personas, por ejemplo) o vertical de la industria (analítica de ventas, por ejemplo). Los diferentes tipos de aplicaciones analíticas incluyen aplicaciones de clientes, financieras, de cadena de suministro, de fabricación y de recursos humanos.

3.3.3.1 Análisis Multidimensional - OLAP

OLAP se refiere a un enfoque para proporcionar un rendimiento rápido para consultas analíticas multidimensionales. El término OLAP se originó, en parte, para hacer una clara distinción de OLTP (Online Transactional Processing – Procesamiento Transaccional en Línea). El resultado típico de consultas OLAP está en un formato de matriz. Las dimensiones forman las filas y las columnas de la matriz, y los factores, o medidas, son los valores dentro de la matriz. Conceptualmente, esto se ilustra como un cubo. El análisis multidimensional con cubos es particularmente útil donde hay analistas con buen conocimiento que deseen mirar los resúmenes de datos.

Una aplicación tradicional es el análisis financiero, donde los analistas quieren recorrer repetidamente las jerarquías conocidas para analizar datos; por ejemplo, la fecha (como Año, Trimestre, Mes, Semana, Día), organización (como Región, País, Unidad de Negocio, Departamento) y jerarquía de productos (como Categoría de Producto, Línea de Producto, Producto). Hoy en día, muchas herramientas incorporan cubos OLAP en su huella de *software* y algunos incluso automatizan e integran perfectamente el proceso de definición y población. Esto significa que cualquier usuario en cualquier proceso de negocio puede seccionar y dividir sus datos. Hay que alinear esta capacidad con los usuarios avanzados de las comunidades del área temática y distribuirla a lo largo de un canal de autoservicio para que estos usuarios seleccionados puedan analizar sus datos a su manera.

Normalmente, las herramientas OLAP tienen un componente de servidor y un componente final orientado al cliente instalado en el computador personal o disponible en la *Web*. Algunos componentes de escritorio se pueden acceder desde una hoja de cálculo apareciendo como un elemento de menú o una función incrustados. La arquitectura seleccionada (ROLAP, MOLAP, HOLAP) guiará los esfuerzos de desarrollo, pero la definición de la estructura de cubos, las necesidades agregadas, el aumento de Metadatos y el análisis de la dispersión de datos será común para todas.

Estructurar el cubo para proporcionar los requisitos funcionales deseados puede requerir dividir dimensiones mayores en cubos separados para acomodar requisitos de almacenamiento, población o cálculo. Se recomienda utilizar niveles de agregación para asegurar que el cálculo y la recuperación de las fórmulas deseadas ocurran dentro de los tiempos de respuesta acordados. El aumento de jerarquías por parte del usuario final permite cumplir con los requisitos de agregación, cálculo o población. Además, la escasez de datos de cubos puede requerir la adición o remoción de estructuras agregadas o refinar las necesidades de materialización en la capa de datos del DW que las proporciona.

Provisionar la seguridad basada en roles o texto multilingüe dentro del cubo puede requerir dimensiones adicionales, funciones adicionales, cálculos o, a veces, la creación de estructuras cúbicas separadas. Lograr un equilibrio entre la flexibilidad del usuario final, el rendimiento y las cargas de trabajo del servidor significa que existirá algún tipo de negociación. La negociación típicamente ocurre durante los procesos de carga y puede requerir cambios de jerarquía, cambios de estructura agregados u objetos de datos adicionales materializados en DW. Hay que obtener el equilibrio adecuado entre el recuento de cubos, la carga de trabajo del servidor y la flexibilidad entregada, de modo que la actualización se realice de manera oportuna y los cubos proporcionen consultas fiables y consistentes sin altos costes de almacenamiento o utilización del servidor.

El valor de las herramientas y cubos OLAP es la reducción de la posibilidad de confusión e interpretación errónea, alineando el contenido de los datos con el modelo mental del analista. El analista puede navegar a través de la base de datos y buscar un subconjunto particular de datos, cambiando la orientación de los datos y definiendo cálculos analíticos. Dividir y seccionar es el proceso de navegación iniciado por el usuario llamando a la visualización por páginas de forma interactiva, a través de la especificación de cortes a través de rotaciones y desgloses / consolidaciones. Las operaciones comunes de OLAP incluyen seccionado y división, desglose, consolidación, cálculo de subtotales y *pivotaje*.

- **Seccionado (Slice):** Una sección es un subconjunto de una matriz multidimensional que corresponde a un valor único para uno o más miembros de las dimensiones que no están en el subconjunto.

- **División (Dice):** La operación de división es un seccionado en más de dos dimensiones de un cubo de datos, o más de dos secciones consecutivas.
- **Desglose / Consolidación (Drill down / up):** El desglose y la consolidación son técnicas analíticas específicas mediante las cuales el usuario navega entre los niveles de datos, desde el más resumido (consolidado) hasta el más detallado (desglosado).
- **Subtotales (Roll-up):** Un subtotal implica el cálculo de todas las relaciones de datos para una o más dimensiones. Para ello, se debe definir una relación o fórmula computacional.
- **Pivote:** Un pivote cambia la orientación dimensional de un informe o visualización de página.

Tres métodos clásicos de implementación soportan OLAP.

- **Procesamiento Analítico Relacional En Línea (ROLAP):** ROLAP soporta OLAP mediante el uso de técnicas que implementan la *multidimensionalidad* en las tablas bidimensionales de los sistemas de gestión de bases de datos relacionales (RDBMS). La combinación de esquemas en estrella son una técnica común de diseño de bases de datos utilizada en entornos ROLAP.
- **Procesamiento analítico multidimensional en línea (MOLAP):** MOLAP apoya a OLAP utilizando tecnología de base de datos multidimensional propietaria y especializada.
- **Procesamiento analítico híbrido en línea (HOLAP):** Esto es simplemente una combinación de ROLAP y MOLAP. Las implementaciones HOLAP permiten que parte de los datos se almacenen en forma MOLAP y otra parte de los datos que se almacenarán en ROLAP. Las implementaciones varían en el control que el diseñador tiene para variar la mezcla de partición.

4. Técnicas

4.1 Prototipos Para Guiar Requerimientos

Se deben priorizar rápidamente los requerimientos antes de comenzar las actividades de implementación creando un conjunto de datos de muestra y aplicando los pasos de descubrimiento en un esfuerzo conjunto de prototipo. Los avances en tecnologías de virtualización de datos pueden aliviar algunos de los dolores de la implementación tradicionales a través de técnicas colaborativas de creación de prototipos.

La elaboración de perfiles de los datos contribuye a la creación de prototipos y ayuda a reducir el riesgo asociado con datos inesperados. El DW es a menudo el primer lugar donde el dolor de la mala calidad de datos en los sistemas fuente o las funciones de entrada de datos se hace evidente. El perfilamiento de datos también puede revelar diferencias entre fuentes que pueden presentar obstáculos a la integración de datos. Los datos pueden ser de alta calidad dentro de sus fuentes, pero debido a los sistemas fuente, el proceso de integración de datos se vuelve más complicado.

La evaluación del estado de los datos de origen conduce a estimaciones anticipadas más precisas sobre la viabilidad y el alcance del esfuerzo. La evaluación también es importante para establecer expectativas apropiadas. Se debe planificar el colaborar con el equipo de calidad de datos y gobierno de datos y aprovechar la experiencia de otras PYMEs para comprender las discrepancias y los riesgos de los datos. (Véanse los capítulos 11 y 13.)

4.2 Autoservicio de BI

El autoservicio es un canal de entrega fundamental dentro del portafolio de BI. Esto normalmente canaliza la actividad del usuario dentro de un portal gobernado donde, dependiendo de los privilegios del usuario, se ofrece una variedad de funcionalidades que van desde mensajería, alertas, visualización de informes de producción programados, interacción con reportes analíticos, desarrollo de reportes *ad- hoc* y, por supuesto, tableros de mando y cuadros de mando. Los informes pueden ser enviados al portal en horarios estandarizados, para ser recuperados por los usuarios a su antojo. Los usuarios también pueden extraer datos mediante la ejecución de reportes desde el portal. Estos portales comparten contenido a través de los límites de la organización.

La ampliación de la herramienta de colaboración hacia la comunidad de usuarios también puede proporcionar consejos y trucos de autoservicio, un comunicado integrado sobre el estado de la carga, el rendimiento general y el progreso de la liberación, así como foros de diálogo. Se debe mediar el contenido del foro a través del canal de soporte y luego facilitar con sesiones de grupos de usuarios a través del canal de mantenimiento.

Apoyarse en herramientas de visualización y análisis estadístico permite la rápida exploración y descubrimiento de datos. Algunas herramientas permiten la construcción orientada al negocio de objetos como tableros de mando que pueden ser rápidamente compartidos, revisados y revitalizados. En algún momento, solamente parte del dominio de TI y desarrolladores, muchas técnicas de modelado de datos, cálculo y visualización ahora pueden ser empleados por la comunidad empresarial. Esto ofrece un grado de distribución de la carga de trabajo y los esfuerzos de integración pueden ser *prototipados* de manera factible a través de los canales de negocio y luego materializados y optimizados por TI.

4.3 Auditar los Datos que Pueden ser Consultados

Con el fin de mantener el linaje, todas las estructuras y procesos deben tener la capacidad de crear y almacenar información de auditoría en un nivel de granularidad útil para el seguimiento y la presentación de reportes. Permitir a los usuarios consultar estos datos de auditoría permite a los usuarios verificar por sí mismos la condición y la llegada de los datos, lo que mejora la confianza del usuario. La información de auditoría también permite una resolución de problemas más detallada cuando surgen problemas de datos.

5. Guías de Implementación

Una arquitectura estable que puede adaptarse a las necesidades futuras es fundamental para el éxito de un DW. Un equipo de apoyo en producción capaz de hacer frente a la carga diaria, el análisis y la retroalimentación del usuario final es obligatorio. Además, para mantener el éxito, asegúrese de que el DW y los equipos de la unidad de negocio estén alineados.

5.1 Evaluación de la Preparación / Evaluación del Riesgo

Puede haber una brecha entre cuando una organización abraza una nueva empresa, y cuando tiene la capacidad de sostener esa empresa. Los proyectos exitosos comienzan con una lista de verificación de

requisitos previos. Todos los proyectos de TI deben contar con soporte del negocio, estar alineados con la estrategia y tener un enfoque arquitectónico definido. Además, un DW debería:
- Definir las restricciones de seguridad y sensibilidad de los datos.
- Realizar la selección de herramientas.
- Asegurar recursos
- Crear un proceso de ingesta para evaluar y recibir datos de origen.

Se deben identificar e inventariar elementos de datos sensibles o restringidos en el DW. Estos datos tendrán que ser enmascarados u ofuscados para impedir el acceso de personal no autorizado. Pueden aplicarse restricciones adicionales cuando se considera la subcontratación para actividades de implementación o mantenimiento.

Hay que tener en cuenta las limitaciones de seguridad antes de seleccionar herramientas y asignar recursos. Se debe asegurar que los procesos de gestión de datos para su revisión y aprobación han sido seguidos. DW / BI proyecta riesgo de reenfoque o la cancelación total debido a estos factores globales.

5.2 Hoja de Ruta de Liberación

Debido a que requieren un gran esfuerzo de desarrollo, los DW se construyen de forma incremental. Cualquier método elegido para implementar, ya sea cascada, iterativo o ágil, debe dar cuenta del estado final deseado. Es por eso por lo que una hoja de ruta es una valiosa herramienta de planificación. El método combinado con los procesos de mantenimiento puede ser flexible y adaptable para equilibrar las presiones de entrega individual del proyecto con metas generales de datos e infraestructura reutilizables.

Se sugiere un enfoque incremental que aproveche la matriz de *bus* DW como herramienta de comunicación y *marketing*. Se deben utilizar las prioridades determinadas por la empresa atadas por métricas de exposición para determinar cuanto rigor y gastos generales se aplicarán a cada incremento; una pequeña entrega de una sola fuente puede permitirse la relajación de la regla, especialmente cuando se siente una exposición limitada si esas cuestiones son de conocimiento de la organización.

Cada incremento modificará las capacidades existentes o agregará capacidades nuevas típicamente alineadas con una nueva unidad de negocio integrada. Se debe aplicar un proceso consistente de necesidades y habilidades para determinar la próxima unidad de negocio a bordo. También es necesario mantener una lista de artículos de trabajo o de órdenes pendientes para identificar capacidades excepcionales y las prioridades de negocios. Debemos determinar las dependencias técnicas que requieran entregas en un orden diferente. A continuación, se debe empaquetar este trabajo en una versión de *software*. Cada lanzamiento puede ser entregado a un ritmo acordado: trimestral, mensual, semanal o incluso más rápido cuando sea apropiado. Gestione las versiones con los socios de negocios mediante el montaje de una hoja de ruta: una lista de lanzamientos por fecha por capacidades.

5.3 Gestión de la Configuración

La gestión de la configuración se alinea con la hoja de ruta de la liberación y proporciona el refuerzo de las oficinas de soporte y las secuencias de comandos necesarias para automatizar el desarrollo, las pruebas y el transporte hasta producción. También marca el modelo por la liberación a nivel de base de datos y vincula el código base a esa marca de manera automatizada de modo que los programas manualmente codificados, generados y el contenido de la capa semántica estén armonizados a través del ambiente y estén controlados por versiones.

5.4 Organización y Cambio Cultural

Comenzar y mantener un enfoque empresarial consistente a lo largo del ciclo de vida de DW / BI es esencial para el éxito. Observar la cadena de valor de la empresa es una buena manera de entender el contexto empresarial. Los procesos de negocio específicos en la cadena de valor de una empresa proporcionan un contexto natural orientado al negocio en el cual enmarcar áreas de análisis.

Más importante aún es alinear los proyectos detrás de las necesidades reales del negocio y evaluar el soporte empresarial necesario, considerando estos factores críticos de éxito:

- **Patrocinio del negocio:** ¿Existe patrocinio ejecutivo apropiado, es decir, un comité directivo identificado y comprometido y financiamiento conmensurado? Los proyectos DW / BI requieren un fuerte patrocinio ejecutivo.
- **Objetivos y alcance del negocio:** ¿Hay una necesidad de negocio claramente identificada, propósito y alcance para el esfuerzo?
- **Recursos empresariales:** ¿Existe un compromiso por parte de la dirección de la empresa con la disponibilidad y compromiso de los expertos en materia de negocio apropiados? La falta de compromiso es un punto común de fracaso y una razón suficiente para detener un proyecto DW / BI hasta que el compromiso sea confirmado.
- **Preparación para el negocio:** ¿Está el socio comercial preparado para una entrega incremental a largo plazo? ¿Se han comprometido a establecer centros de excelencia para mantener el producto en futuros lanzamientos? ¿Qué tan amplio es el conocimiento promedio o la brecha de habilidades dentro de la comunidad objetivo y se puede cerrar esta brecha con un solo incremento?
- **Alineamiento de la visión:** ¿Qué tan bien soporta la Estrategia de TI la Visión del Negocio? Es vital asegurarse de que los requerimientos funcionales deseados correspondan a las capacidades empresariales que se pueden o pueden mantener en la hoja de ruta inmediata de TI. Cualquier desviación significativa o falta de material en la alineación de capacidad puede interrumpir o detener un programa DW / BI.

5.4.1 Equipo Dedicado

Muchas organizaciones tienen un equipo dedicado para gestionar las operaciones en curso del entorno de producción. (Véase el capítulo 6). Un conjunto separado de manos que operan el producto de datos suministrado es beneficioso para la optimización de la carga de trabajo ya que este grupo tiene tareas repetitivas en un ciclo calendario y puede utilizarse además para cualquier elemento de escalamiento, mientras que el canal de mantenimiento verá picos de carga de trabajo alineados con productos específicos.

Un grupo de apoyo de la oficina central interactúa con el equipo de mantenimiento para fomentar las relaciones interdepartamentales y asegurar que las actividades críticas se aborden en los próximos lanzamientos. Se notifica al equipo de cualquier deficiencia a ser abordada. Un equipo de soporte de back-office en operaciones garantizará que la configuración de producción se haya ejecutado de acuerdo con lo requerido. Ellos escalarán alertas e informarán respecto al estado del rendimiento.

6. Gobierno de DW / BI

Las industrias que están altamente reguladas y necesitan reportería enfocada en cumplimiento, se beneficiarán en gran medida de un DW bien gobernado. De fundamental importancia para el apoyo continuo y vital para la planificación de la liberación es garantizar que las actividades de gobierno se completen y se aborden durante la implementación. Cada vez más organizaciones están ampliando su SDLC (Software Development Life Cycle -- Ciclo de Vida del Desarrollo de Software) con entregables específicos dirigidos a satisfacer las necesidades de gobierno. Los procesos de gestión de DW deben alinearse con la gestión de riesgos. Deben ser impulsados por las empresas, ya que diferentes tipos de empresas tienen diferentes necesidades (por ejemplo, las empresas de marketing y publicidad utilizarán sus datos de forma diferente a las instituciones financieras). Los procesos de gobierno deben mitigar el riesgo, no restringir la ejecución.

Las funciones más críticas son aquellas que gobiernan el área de descubrimiento o refinamiento operado por el negocio, y las que garantizan una calidad prístina del propio DW. Dado que el área de refinamiento determina todos los límites de la iniciativa, acuerdos y procedimientos en ejecución bien definidos son necesario para instanciar, operar, transferir y descartar los datos en estas áreas. El archivado de datos y los horizontes enmarcados en el tiempo son elementos clave en los acuerdos que definen límites ya que ayudan a evitar la expansión descontrolada. La supervisión de estos entornos y horarios para determinar los términos de longevidad se incluye en las sesiones de grupos de usuarios, así como en las reuniones de administración. Cargar los datos en el almacén significa asignar tiempo, recursos y esfuerzos de programación para que los datos reparados, creíbles y de alta calidad lleguen a la comunidad de usuarios finales, por supuesto de manera oportuna.

Considere los eventos de un solo uso o de uso limitado como parte del ciclo de vida, y quizás restringirlos dentro de la zona piloto, o dentro de un área de 'caja de arena' controlada por el usuario. Los procesos de análisis en tiempo real pueden alimentar los resultados de agregación alineados con el tiempo en el DW a través de un proceso automatizado. La política se define para los procedimientos aplicados en el entorno en tiempo real, y el gobierno se aplica a la intermediación de resultados en el DW para el consumo de la organización.

Se debe aplicar discriminación de datos a los elementos conocidos o catalogados que son gestionados a través de una matriz de mitigación de la exposición al riesgo. Aquellos artículos considerados de alta exposición y baja mitigación o difícil detección temprana, garantizan funciones de gobierno para reducir el riesgo asociado. Dependiendo de la sensibilidad de los datos que se están examinando, también se puede requerir un espacio de trabajo aislado para el personal local seleccionado. Una revisión exhaustiva con el área de seguridad corporativa y el personal legal durante la formación de políticas crea una red de seguridad final.

6.1 Habilitando la Aceptación por Parte del Negocio

Un factor clave de éxito es la aceptación de los datos por parte del negocio, incluyendo que los datos sean entendibles, tengan calidad verificable y tengan un linaje demostrable. La aceptación de los datos por parte del negocio debe ser parte de las Pruebas de Aceptación del Usuario. Se deben realizar pruebas aleatorias estructuradas de los datos, usando una herramienta de BI, contra datos en los sistemas fuente relacionados a la carga inicial, y después de algunos ciclos de carga de actualización, para cumplir con los criterios acordados. Cumplir estos requisitos es primordial para cada implementación de DW / BI. Consideremos, por adelantado, algunos subcomponentes arquitectónicos de importancia crítica, junto con sus actividades de apoyo:

- **Modelo de Datos Conceptual:** ¿Qué información es fundamental para la organización? ¿Cuáles son los conceptos clave del negocio y cómo se relacionan entre sí?
- **Bucle de retroalimentación de calidad de datos:** ¿Cómo se identifican y remedian los problemas de datos? ¿Cómo están siendo informados los propietarios de los sistemas de los problemas que se originan en estos mismos y como se responsabilizan de su corrección? ¿Cuál es el proceso de remediación de los problemas causados por los procesos de integración de datos de DW?
- **Metadatos de principio a fin:** ¿Cómo soporta la arquitectura el flujo de Metadatos integrado de principio a fin? En particular, ¿Está el acceso al significado y al contexto diseñado en la arquitectura? ¿Cómo responden los consumidores de datos preguntas básicas como "¿Qué significa este reporte?" ó "¿Qué significa esta métrica?"
- **Linaje de datos verificable de principio a fin:** ¿Los elementos expuestos a los usuarios de negocio pueden rastrearse a los sistemas de origen de forma automatizada y mantenida? ¿Ha sido identificado un sistema de registro para todos los datos?

6.2 Satisfacción del Cliente / Usuario

La percepción de la calidad de los datos conducirá a la satisfacción del cliente, pero la satisfacción también depende de otros factores, como el entendimiento de los datos por parte de los clientes y la respuesta del equipo de operaciones a los problemas identificados. La recolección, comprensión y actuación sobre la retroalimentación de los clientes se puede facilitar a través de reuniones programadas regularmente con representantes de los usuarios. Dicha interacción también puede ayudar al equipo de DW a compartir información sobre la hoja de ruta del lanzamiento y entender como usan los consumidores de datos el DW.

6.3 Acuerdos de Nivel de Servicio

Las expectativas empresariales y técnicas para los ambientes deben especificarse en SLAs (Service Level Agreement – Acuerdo de Niveles de Servicio). A menudo, el tiempo de respuesta, la retención de datos y los requisitos de disponibilidad difieren mucho entre los tipos de necesidades de negocio y sus respectivos sistemas de soporte (por ejemplo, ODS versus DW versus *Data Mart)*.

6.4 Estrategia de Reportería

Hay que asegurarse de que exista una estrategia de reportería dentro del portafolio de BI. Una estrategia de presentación de reportes incluye normas, procesos, directrices, mejores prácticas y procedimientos. Garantizará que los usuarios tengan información clara, precisa y oportuna. La estrategia de presentación de informes debe considerar:

- Seguridad de acceso para garantizar que sólo los usuarios con derecho accedan a elementos de datos sensibles.
- Mecanismos de acceso para describir como los usuarios desean interactuar, reportar, examinar o ver sus datos.
- Tipos de comunidades de usuario y herramienta apropiada para consumirlas
- Resumen de la naturaleza del reporte, detalles, excepciones, así como la frecuencia, sincronización, distribución y formatos de almacenamiento

- Potencial uso de capacidades de visualización para proveer salidas gráficas
- Balanceo entre puntualidad y rendimiento.

Los reportes estándar deben ser evaluados periódicamente para asegurar que sigan proporcionando valor, ya que la simple ejecución de los reportes supone un costo de almacenamiento y procesamiento. Los procesos de implementación y mantenimiento y las actividades de gestión son fundamentales. Alinear las herramientas de reportería apropiadas con la comunidad empresarial es un factor crítico de éxito. Dependiendo del tamaño y la naturaleza de la organización, probablemente haya muchas herramientas de reportería diferentes utilizadas en una variedad de procesos. Hay que asegurar que la audiencia sea capaz de hacer el mejor uso de las herramientas de reportería; los usuarios que son más sofisticados tendrán demandas cada vez más complejas. Es recomendable mantener una matriz de decisión basada en estas demandas para determinar actualizaciones o la selección de herramientas en el futuro.

La supervisión y el control del gobierno de la fuente de datos son también vitales. Es necesario asegurarse de que los niveles adecuados de datos sean aprovisionados de forma segura para el personal autorizado, y que los datos suscritos sean accesibles de acuerdo con los niveles acordados previamente.

Un centro de excelencia puede proporcionar formación, conjuntos de inicio, mejores prácticas de diseño, consejos y trucos de la fuente de datos y otras soluciones puntuales o artefactos para empoderar a los usuarios del negocio para obtener un modelo de autoservicio. Además de la gestión del conocimiento, este centro puede proporcionar comunicaciones oportunas hacia del desarrollador, diseñador, analista y comunidades de usuarios suscritas.

6.5 Métricas

6.5.1 Métricas de Uso

Las métricas de uso del DW suelen incluir el número de usuarios registrados, así como usuarios conectados o conexiones concurrentes de usuarios. Estas métricas muestran cuántas personas dentro de la organización están utilizando el DW. Identificar cuántas cuentas de usuario tienen licencia para cada herramienta es un gran comienzo, especialmente para los auditores. Sin embargo, cuántos se conectan realmente con esa herramienta es una mejor métrica, y cuántas consultas (o equivalentes a una consulta) son enviadas por una comunidad de usuarios por período de tiempo es una métrica técnica aún mejor, especialmente para la planificación de la capacidad. Se deben permitir múltiples métricas de análisis, como usuarios de auditoría, capacidad de consulta de usuarios generada, y usuarios consumidores.

6.5.2 Porcentaje de Cobertura de Áreas Temáticas

Los porcentajes de cobertura del área temática miden cuánto del DW (desde la perspectiva de la topología de datos) es *accesado* por cada departamento. También resaltan los datos compartidos entre los departamentos, y aquellos que no se comparten, pero deberían.

El mapeo de la(s) fuente(s) operativa(s) a los destinos es otra extensión natural, que refuerza y valida el linaje y Metadatos ya recolectados, y puede proporcionar un análisis de penetración para aquellos sistemas fuente que están en uso analítico y qué departamentos lo usan. Esto puede ayudar a enfocar los esfuerzos de ajuste en esas consultas analíticas de alto impacto, al mitigar cualquier cambio en objetos de origen altamente utilizados.

6.5.3 Métricas de Respuesta y Rendimiento

La mayoría de las herramientas de consulta miden el tiempo de respuesta. Es necesario recuperar métricas de respuesta o de rendimiento de las herramientas. Estos datos proveerán métricas sobre el número y el tipo de usuarios.

Se deben obtener los tiempos de los procesos de carga para cada producto de datos en formato bruto. Éstos también deben expresarse como un porcentaje de soporte esperado: por lo que un *Data Mart*, que se espera sea actualizado diariamente y cargado en una ventana de cuatro horas, cuente con un 100% de soporte cuando se carga en cuatro horas. Hay que aplicar este proceso también a cualquier extracto generado para procesamiento.

La mayoría de las herramientas conservarán, en un registro o repositorio, registros de consulta, actualización de datos y tiempos de extracción de datos para los objetos proporcionados a los usuarios. Se necesita dividir estos datos en objetos programados y ejecutados, y expresarlos como conteos directos, tanto de intentos como de éxitos. Los objetos o las consultas más populares que ejecutan o procesan mal, son probablemente requeridas para tomar atención antes de que las métricas de satisfacción disminuyan. Esto puede guiar el análisis de defectos, la planificación de mantenimiento, así como la planificación de capacidad, en el caso que un grupo de objetos está fallando regularmente. La remediación puede variar dependiendo de la herramienta, pero a veces la creación o la eliminación de un índice puede dar lugar a grandes mejoras. (Véase el capítulo 6.)

Un seguimiento natural para ello es la validación y ajuste de los niveles de servicio. Se deben ajustar elementos que hayan fallado sistemáticamente en la próxima versión, o en ausencia del financiamiento necesario, el nivel de soporte debe ser reducido.

7. Trabajos Citados / Recomendados

Adamson, Christopher. Mastering Data Warehouse Aggregates: Solutions for Star Schema Performance. John Wiley and Sons, 2006. Print.

Adelman, Sid and Larissa T. Moss. Data Warehouse Project Management. Addison-Wesley Professional, 2000. Print.

Adelman, Sid, Larissa Moss and Majid Abai. Data Strategy. Addison-Wesley Professional, 2005. Print.

Adelman, Sid, et al. Impossible Data Warehouse Situations: Solutions from the Experts. Addison-Wesley, 2002. Print.

Aggarwal, Charu. Data Mining: The Textbook. Springer, 2015. Print.

Biere, Mike. Business Intelligence for the Enterprise. IBM Press, 2003. Print.

Biere, Mike. The New Era of Enterprise Business Intelligence: Using Analytics to Achieve a Global Competitive Advantage. IBM Press, 2010. Print. IBM Press.

Brown, Meta S. Data Mining for Dummies. For Dummies, 2014. Print. For Dummies.

Chorianopoulos, Antonios. Effective CRM using Predictive Analytics. Wiley, 2016. Print.

Delmater, Rhonda and Monte Hancock Jr. Data Mining Explained; A Manager's Guide to Customer-Centric Business Intelligence. Digital Press, 2001. Print.

Dyche, Jill. E-Data: Turning Data Into Information With Data Warehousing. Addison- Wesley, 2000. Print.

Eckerson, Wayne W. Performance Dashboards: Measuring, Monitoring, and Managing Your Business. Wiley, 2005. Print.

Han, Jiawei, Micheline Kamber and Jian Pei. Data Mining: Concepts and Techniques. 3rd ed. Morgan Kaufmann, 2011. Print. The Morgan Kaufmann Ser in Data Management Systems.

Hastie, Trevor, Robert Tibshirani, and Jerome Friedman. The Elements of Statistical Learning: Data Mining, Inference, and Prediction. 2nd ed. Springer, 2011. Print. Springer Series in Statistics.

Hill, Thomas, and Paul Lewicki. Statistics: Methods and Applications. Statsoft, Inc., 2005. Print.

Howson, Cindi. Successful Business Intelligence: Unlock the Value of BI and Big Data. 2nd ed. Mcgraw-Hill Osborne Media, 2013. Print.

Imhoff, Claudia, Lisa Loftis, and Jonathan G. Geiger. Building the Customer-Centric Enterprise: Data Warehousing Techniques for Supporting Customer Relationship Management. John Wiley and Sons, 2001. Print.

Imhoff, Claudia, Nicholas Galemmo, and Jonathan G. Geiger. Mastering Data Warehouse Design: Relational and Dimensional Techniques. John Wiley and Sons, 2003. Print.

Inmon, W. H., Claudia Imhoff, and Ryan Sousa. The Corporate Information Factory. 2nd ed. John Wiley and Sons, 2000. Print.

Inmon, W.H., and Krish Krishnan. Building the Unstructured Data Warehouse. Technics Publications, LLC., 2011. Print.

Josey, Andrew. TOGAF Version 9.1 Enterprise Edition: An Introduction. The Open Group, 2011. Kindle. Open Group White Paper.

Kaplan, Robert S and David P. Norton. The Balanced Scorecard: Translating Strategy into Action. Harvard Business Review Press, 1996. Kindle.

Kimball, Ralph, and Margy Ross. The Data Warehouse Toolkit: The Definitive Guide to Dimensional Modeling. 3d ed. Wiley, 2013. Print.

Kimball, Ralph, et al. The Data Warehouse Lifecycle Toolkit. 2nd ed. Wiley, 2008. Print.

Kimball, Ralph. The Data Warehouse ETL Toolkit: Practical Techniques for Extracting, Cleaning, Conforming, and Delivering Data. Amazon Digital Services, Inc., 2007. Kindle.

Linoff, Gordon S. and Michael J. A. Berry. Data Mining Techniques: For Marketing, Sales, and Customer Relationship Management. 3rd ed. Wiley, 2011. Print.

Linstedt, Dan. The Official Data Vault Standards Document (Version 1.0) (Data Warehouse Architecture). Amazon Digital Services, Inc., 2012. Kindle.

Loukides, Mike. What Is Data Science? O'Reilly Media, 2012. Kindle.

Lublinsky, Boris, Kevin T. Smith, and Alexey Yakubovich. Professional Hadoop Solutions. Wrox, 2013. Print.

Malik, Shadan. Enterprise Dashboards: Design and Best Practices for IT. Wiley, 2005. Print.

Morris, Henry. "Analytic Applications and Business Performance Management." DM Review Magazine, March, 1999. http://bit.ly/2rRrP4x.

Moss, Larissa T., and Shaku Atre. Business Intelligence Roadmap: The Complete Project Lifecycle for Decision-Support Applications. Addison-Wesley Professional, 2003. Print.

Ponniah, Paulraj. Data Warehousing Fundamentals: A Comprehensive Guide for IT Professionals. Wiley-Interscience, 2001. Print.

Provost, Foster and Tom Fawcett. Data Science for Business: What you need to know about data mining and data-analytic thinking. O'Reilly Media, 2013. Print.

Reeves, Laura L. A Manager's Guide to Data Warehousing. Wiley, 2009. Print.

Russell, Matthew A. Mining the Social Web: Data Mining Facebook, Twitter, LinkedIn, Google+, GitHub, and More. 2nd ed. O'Reilly Media, 2013. Print.

Silverston, Len, and Paul Agnew. The Data Model Resource Book Volume 3: Universal Patterns for Data Modeling. Wiley, 2008. Print.

Simon, Alan. Modern Enterprise Business Intelligence and Data Management: A Roadmap for IT Directors, Managers, and Architects. Morgan Kaufmann, 2014. Print.

Thomsen, Erik. OLAP Solutions: Building Multidimensional Information Systems. 2nd ed. Wiley, 2002. Print.

Vitt, Elizabeth, Michael Luckevich and Stacia Misner. Business Intelligence. Microsoft Press, 2008. Print. Developer Reference.

WAGmob. Big Data and Hadoop. WAGmob, 2013. Kindle.

Wremble, Robert and Christian Koncilia. Data Warehouses and Olap: Concepts, Architectures and Solutions. IGI Global, 2006. Print.

CAPÍTULO 12

Gestión de Metadatos

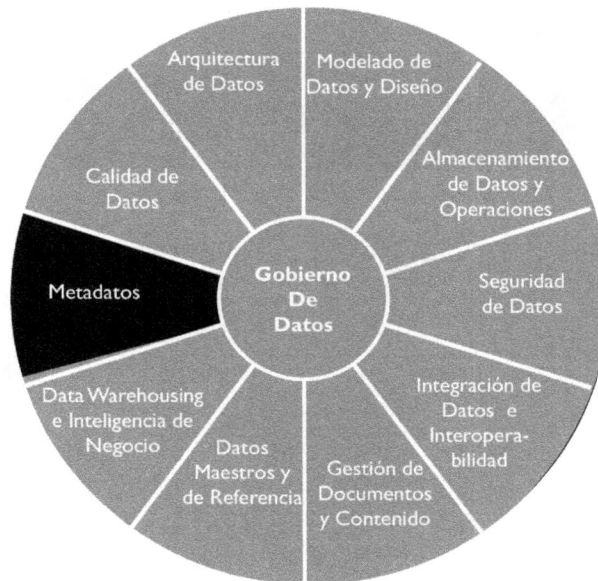

DAMA-DMBOK2 Marco de Referencia de Gestión de Datos

Copyright © 2017 by **DAMA** International

1. Introducción

La definición más común de Metadatos, "datos de los datos", es engañosamente simple. El tipo de información que se puede clasificar como Metadatos es de amplio rango. Los Metadatos incluyen información sobre procesos técnicos y de negocio, reglas y restricciones de datos y estructuras de datos lógicas y físicas. Describen los datos en sí (por ejemplo, bases de datos, elementos de datos, modelos de datos), los conceptos que los datos representan (por ejemplo, procesos de negocio, sistemas de aplicación, código de *software*, infraestructura tecnológica) y las conexiones (relaciones) entre los datos y conceptos. Los Metadatos ayudan a una organización a comprender sus datos, sus sistemas y sus flujos de trabajo. Permiten la evaluación de la calidad de los datos y son parte integral de la gestión de bases de datos y otras aplicaciones. Contribuyen a la capacidad de procesar, mantener, integrar, asegurar, auditar y gobernar otros datos.

Para entender el papel vital de los Metadatos en la gestión de datos, imagine una gran biblioteca, con cientos de miles de libros y revistas, pero sin catálogo de tarjetas. Sin un catálogo de tarjetas, los lectores no podrían ni siquiera saber cómo empezar a buscar un libro específico o incluso un tema específico. El catálogo de tarjetas no sólo proporciona la información necesaria (cuáles son los libros y materiales que la biblioteca posee y dónde están archivados), sino que también permite a los clientes encontrar materiales utilizando diferentes puntos de partida (área temática, autor o título). Sin el catálogo, encontrar un libro específico sería difícil, si no es que imposible. Una organización sin Metadatos es como una biblioteca sin un catálogo de tarjetas.

Gestión de Metadatos

Definición: Planificación, implementación y actividades de control para permitir el acceso a Metadatos integrados de alta calidad

Metas:
1. Proveer entendimiento organizacional de términos de negocios y su uso
2. Colectar e Integrar Metadatos de diversas fuentes.
3. Proveer una manera de acceso estándar a Metadatos.
4. Garantizar la calidad y seguridad de Metadatos.

Motivadores del Negocio

Entradas:
- Requerimientos de Negocio
- Problemas de Metadatos
- Arquitectura de Datos
- Metadatos de Negocio
- Metadatos Técnicos
- Metadatos de Procesos
- Metadatos Operacionales
- Metadatos de Gobierno de Datos

Actividades:
1. **Definir Estrategia de Metadatos (P)**
2. **Entender los Requerimientos de Metadatos (P)**
   1. Requerimientos de Usuarios de Negocio
   2. Requerimientos de Usuarios Técnicos
3. **Definir Arquitectura de Metadatos (P)**
   1. Crear Meta Modelos (D)
   2. Aplicar Estándares de Metadatos (C)
   3. Gestionar los almacenes de Metadatos (C)
4. **Crear y Mantener Metadatos (O)**
   1. Integrar Metadatos (O)
   2. Distribuir y Entregar Metadatos (O)
5. **Consultar, Reportar y Analizar Metadatos (O)**

Salidas:
- Estrategia de Metadatos
- Estándares de Metadatos
- Arquitectura de Metadatos
- Meta Modelo
- Metadatos Unificados
- Almacenes de Metadatos
- Linaje de Datos
- Análisis de Impacto
- Análisis de Dependencia
- Proceso de Control de Metadatos

Proveedores:
- *Data Stewards* de Negocio
- Gerentes de Datos
- Órganos de Gobierno de Datos
- Modeladores de Datos
- Administradores de **Base de Datos**

Participantes:
- *Data Stewards*
- Gerentes de Proyectos
- Arquitectos de Datos
- Analistas de Negocio
- Analistas de Sistemas

Consumidores:
- Analistas de Desarrollo de Aplicaciones
- Integradores de Datos
- Usuarios de Negocio
- Trabajadores de conocimiento
- Clientes y Colaboradores
- Científicos de Datos
- Periodistas de Datos

Motivadores Técnicos

Técnicas:
- Linaje de Datos y análisis de Impacto
- Metadatos para Ingesta de *Big Data*

Herramientas:
- Herramientas de Gestión de Repositorios de Metadatos
- Repositorios de Metadatos en otras herramientas

Métricas:
- Tablero de Control de Cobertura de Metadatos
- Contribución de Repositorios de Metadatos
- Reportes de Uso de Metadatos
- Tablero de Control de Calidad de Metadatos

(P) Planificación, (C) Control, (D) Desarrollo, (O) Operaciones

Figura 84 Diagrama de Contexto: Metadatos

Los Metadatos son esenciales para la gestión de los datos, así como para el uso de los datos (ver múltiples referencias a los Metadatos a través del DAMA-DMBOK). Todas las grandes organizaciones producen y utilizan una gran cantidad de datos. A través de una organización, diferentes personas tendrán diferentes niveles de conocimiento de los datos, pero nadie sabrá todo acerca de los datos.

Esta información debe documentarse o la organización corre el riesgo de perder valiosos conocimientos sobre sí misma. Los Metadatos son el medio principal para capturar y gestionar el conocimiento organizacional sobre los datos.

Sin embargo, la gestión de Metadatos no es sólo un desafío de gestión del conocimiento; también es una necesidad de gestión de riesgos. Los Metadatos son necesarios para asegurar que una organización pueda identificar datos privados o sensitivos y que pueda gestionar el ciclo de vida de los datos para su propio beneficio y para cumplir con los requisitos de cumplimiento y minimizar la exposición al riesgo.

Sin Metadatos confiables, una organización no sabe qué datos tiene, qué representan los datos, dónde se originan, cómo se mueven a través de sistemas, quién tiene acceso a ellos o qué significa que los datos sean de alta calidad. Sin Metadatos, una organización no puede gestionar sus datos como un activo. De hecho, sin Metadatos, una organización puede no ser capaz de gestionar sus datos en absoluto.

A medida que la tecnología ha evolucionado, la velocidad a la que se generan los datos también ha aumentado. Los Metadatos técnicos se han convertido en parte integral de la forma en que se mueven e integran los datos. El Estándar de Registro de Metadatos de ISO, ISO / IEC 11179, tiene como objetivo permitir el intercambio de datos basado en Metadatos en un entorno heterogéneo, basado en definiciones exactas de datos. Los Metadatos presentes en XML (Extensible Markup Language - Lenguaje de Marcado Extensible) y otros formatos permiten el uso de los datos. Otros tipos de etiquetado de Metadatos permiten el intercambio de datos a la vez que se mantienen los significantes de propiedad, los requisitos de seguridad, etc. (véase el capítulo 8.) Al igual que otros datos, los Metadatos requieren gestión. A medida que aumenta la capacidad de las organizaciones para recopilar y almacenar datos, el papel de los Metadatos en la gestión de datos crece en importancia. Para ser orientada a datos, una organización debe ser orientada a Metadatos.

1.1 Motivadores de Negocio

Los datos no se pueden gestionar sin Metadatos. Además, los Metadatos deben ser gestionados. Los Metadatos fiables y bien gestionados ayudan a:
- Aumentar la confianza en los datos proporcionando contexto y permitiendo la medición de la calidad de los datos.
- Aumentar el valor de la información estratégica (por ejemplo, Datos Maestros) al permitir múltiples usos.
- Mejorar la eficiencia operacional mediante la identificación de datos y procesos redundantes.
- Evitar el uso de datos desactualizados o incorrectos.
- Reducir el tiempo de investigación orientado a datos.
- Mejorar la comunicación entre los consumidores de datos y los profesionales de IT (Information Technology – TI – Tecnología de la Información).
- Crear un análisis preciso del impacto, reduciendo así el riesgo de fallo del proyecto.
- Mejorar el tiempo de lanzamiento al mercado al reducir el tiempo de ciclo de vida del desarrollo del sistema.
- Reducir los costos de capacitación y disminuir el impacto de la rotación del personal a través de una documentación completa del contexto de los datos, la historia y el origen.
- Apoyar el cumplimiento normativo.

Los Metadatos ayudan a representar la información de forma consistente, agilizando las capacidades del flujo de trabajo y protegiendo la información confidencial, especialmente cuando se requiere cumplimiento normativo.

Las organizaciones obtienen más valor de sus activos de datos si sus datos son de alta calidad. Los datos de calidad dependen de la gobernabilidad. Debido a que explica los datos y los procesos que permiten a las organizaciones funcionar. Los Metadatos son fundamentales para la gobernabilidad de datos. Si los Metadatos son una guía sobre los datos en una organización, deben ser, por tanto, bien gestionados. La pobre gestión de Metadatos conduce a:

- Redundancia en procesos de gestión de datos y en los datos.
- Replicación y redundancia en Diccionarios, repositorios y otros almacenamientos de Metadatos.
- Definiciones inconsistentes de elementos de datos y riesgos asociados con el uso indebido de datos.
- Competencia y conflicto en fuentes y versiones de Metadatos, lo que reduce la confianza de los consumidores de datos.
- Duda sobre la fiabilidad de los Metadatos y los datos.

La gestión de Metadatos bien ejecutada permite una comprensión coherente de los recursos de datos y un desarrollo *interorganizacional* más eficiente.

1.2 Metas y Principios

Las metas de la gestión de Metadatos son:

- Documentar y gestionar el conocimiento organizacional de la terminología de negocio relacionada con los datos para garantizar que las personas entiendan el contenido de los datos y puedan utilizar los datos de forma consistente.
- Recopilar e integrar Metadatos de diversas fuentes para asegurar que las personas comprendan las similitudes y diferencias entre los datos de diferentes partes de la organización.
- Asegurar la calidad, consistencia, actualidad y seguridad de los Metadatos.
- Proporcionar métodos estándar para que los Metadatos sean accesibles a los consumidores de Metadatos (personas, sistemas y procesos).
- Establecer o hacer cumplir el uso de estándares técnicos de Metadatos para permitir el intercambio de datos.

La implementación de una solución de Metadatos exitosa sigue estos principios rectores:

- **Compromiso organizacional:** Asegure el compromiso organizacional (apoyo y financiamiento de la alta dirección) a la gestión de Metadatos como parte de una estrategia general para gestionar los datos como un activo empresarial.
- **Estrategia:** Desarrolle una estrategia de Metadatos que explique cómo se crearán, mantendrán, integrarán y obtendrán los Metadatos. La estrategia debe impulsar los requerimientos, que deben definirse antes de evaluar, comprar e instalar productos de gestión de Metadatos. La estrategia de Metadatos debe alinearse con las prioridades de negocio.
- **Perspectiva empresarial:** Adopte una perspectiva empresarial para garantizar la extensibilidad futura, pero impleméntela a través de una entrega iterativa e incremental para aportar valor.

- **Socialización:** Comunique la necesidad de Metadatos y el propósito de cada tipo de Metadatos; la socialización del valor de los Metadatos fomentará el uso por parte del negocio y, lo que es más importante, contribuirá a la experiencia en el negocio.
- **Acceso:** Asegure que los miembros del personal sepan cómo acceder y utilizar los Metadatos.
- **Calidad:** Reconozca que los Metadatos a menudo se producen a través de los procesos existentes (modelado de datos, SDLC [*Software Development Life Cycle* – Ciclo de Desarrollo de *Software*], definición de procesos de negocio) y responsabilice a los dueños del proceso por la calidad de los Metadatos.
- **Auditoría:** Establezca, imponga y audite estándares para Metadatos para simplificar la integración y habilitar su uso.
- **Mejora:** Cree un mecanismo de retroalimentación para que los consumidores puedan informar al equipo de Gestión de Metadatos cuando se identifiquen Metadatos que son incorrectos o anticuados.

1.3 Conceptos Esenciales

1.3.1 Metadatos versus Datos

Como se indicó en la introducción del capítulo, los Metadatos son una clase de datos, y deben ser gestionados como tales. Una pregunta a la que se enfrentan algunas organizaciones es dónde dibujar la línea entre los datos que no son Metadatos y los datos que son Metadatos. Conceptualmente, esta línea está relacionada con el nivel de abstracción representado por los datos. Por ejemplo, al informar sobre el lanzamiento de la vigilancia de la Administración de Seguridad Nacional de Estados Unidos sobre el uso del teléfono por parte de personas en los Estados Unidos, los números de teléfono y los horarios de las llamadas se denominaban rutinariamente "Metadatos", lo que implicaba que los datos "reales" consistían sólo del contenido de las conversaciones telefónicas. El sentido común reconoce que los números de teléfono y la duración de las llamadas telefónicas también son sólo datos.[69]

Una regla general es que los Metadatos de una persona son los datos de otra persona. Incluso algo que parezca Metadatos (por ejemplo, una lista de nombres de columnas) puede ser simplemente datos sencillos - si, por ejemplo, estos datos son la entrada para un análisis dirigido a comprender el contenido de datos de diferentes organizaciones.

Para gestionar sus Metadatos, las organizaciones no deben preocuparse por las distinciones filosóficas. En su lugar deberían definir los requerimientos de Metadatos enfocados en para qué necesitan los Metadatos (para crear nuevos datos, entender los datos existentes, permitir el movimiento entre sistemas, para acceder a datos, compartir datos) y en las fuentes de datos para cumplir con estos requerimientos.

1.3.2 Tipos de Metadatos

Los Metadatos a menudo se clasifican en tres tipos: de negocio, técnicos y operativos. Estas categorías permiten a las personas comprender el rango de información que cae bajo el paraguas general de Metadatos, así como las funciones a través de las cuales se producen los Metadatos. Dicho esto, las

---

[69] Cole, David. "We kill people based on metadata." New York Review of Books. 10 May 2014. http://bit.ly/2sV1ulS.

categorías también podrían dar lugar a confusión, especialmente si las personas se quedan atrapadas en preguntas sobre a qué categoría pertenece un conjunto de Metadatos o quién se supone que debe usarlos. Lo mejor es pensar en estas categorías en relación con dónde se originan los Metadatos, en lugar de cómo se utilizan. En relación con el uso, las distinciones entre los tipos de Metadatos no son estrictas. El personal técnico y operativo utiliza los Metadatos "de negocio" y viceversa.

Fuera de la tecnología de la información, por ejemplo, en bibliotecas o ciencias de la información, los Metadatos se describen utilizando un conjunto diferente de categorías:

- Metadatos Descriptivos (por ejemplo, título, autor y tema) describen un recurso y permiten la identificación y recuperación.
- Metadatos estructurales describen las relaciones dentro y entre los recursos y sus componentes (por ejemplo, número de páginas, número de capítulos).
- Los Metadatos administrativos (por ejemplo, números de versión, fechas de archivo) se utilizan para gestionar recursos durante su ciclo de vida.

Estas categorías pueden ayudar a informar el proceso de definición de los requisitos de Metadatos.

1.3.2.1 Metadatos de Negocio

Los Metadatos de Negocio se enfocan principalmente en el contenido y la condición de los datos e incluyen detalles relacionados con la gobernabilidad de datos. Los Metadatos de Negocio incluyen los nombres no técnicos y las definiciones de conceptos, áreas temáticas, entidades y atributos; tipos de datos de atributos y otras propiedades de atributos; descripciones de rango; cálculos; algoritmos y reglas de negocio; valores de dominio válidos y sus definiciones. Ejemplos de Metadatos de negocios incluyen:

- Definiciones y descripciones de conjuntos de datos, tablas y columnas
- Reglas de negocio, reglas de transformación, cálculos y derivaciones
- Modelos de datos
- Reglas de calidad de datos y resultados de medición
- Horarios por los que se actualizan los datos
- Origen de datos y linaje de datos
- Estándares de datos
- Designaciones del sistema de registro de elementos de datos
- Limitaciones de valor válidas
- Información de contacto de las partes interesadas (por ejemplo, propietarios de datos, administradores de datos)
- Nivel de seguridad / privacidad de los datos
- Problemas conocidos con los datos
- Notas de uso de datos

1.3.2.2 Metadatos Técnicos

Los Metadatos Técnicos proporcionan información sobre los detalles técnicos de los datos, los sistemas que almacenan datos y los procesos que lo mueven dentro y entre los sistemas. Ejemplos de Metadatos Técnicos incluyen:

- Nombres de columnas y tablas de bases de datos físicas
- Propiedades de columna
- Propiedades del objeto de base de datos

- Permisos de acceso
- Reglas de CRUD (Create Read Update Delete – Crear Leer Actualizar Eliminar)
- Modelos de datos físicos, incluyendo nombres de tabla de datos, claves e índices
- Relaciones documentadas entre los modelos de datos y los activos físicos
- Detalles de la tarea ETL (Extract, Transform and Load - Extracción, Transformación y Carga)
- Definiciones de esquema de formato de archivo
- Documentación de asignación de origen a destino
- Documentación de linaje de datos, incluida la información de impacto de cambio en ambos sentidos del flujo de datos
- Nombres y descripciones de programas y aplicaciones
- Ciclo de actualización de contenido, horarios de trabajo y dependencias
- Reglas de recuperación y copia de seguridad
- Derechos de acceso a datos, grupos, roles

1.3.2.3 Metadatos Operacionales

Los Metadatos Operacionales describen detalles del procesamiento y acceso a los datos. Por ejemplo:
- Registros de ejecución de trabajos para programas por lotes
- Historia de extractos y resultados
- Anomalías de horarios
- Resultados de métricas de auditorías, balances y controles
- Registros de errores
- Informes y patrones de consulta de acceso, frecuencia y tiempo de ejecución
- Plan de mantenimiento y ejecución de Versiones y Parches, nivel de revisión actual
- Respaldo, retención, fecha de creación, provisiones para recuperación ante desastres
- Requisitos y provisiones de SLA (Service Level Agreements – Acuerdos de Nivel de Servicio)
- Patrones volumétricos y de uso
- Reglas de archivado y retención de datos, repositorios relacionados
- Criterios de purga
- Reglas y acuerdos para compartir datos
- Funciones y responsabilidades técnicas, contactos

1.3.3 Estándar del Registro de Metadatos ISO / IEC 11179

El Estándar de Registro de Metadatos de ISO, ISO / IEC 11179, proporciona un marco para definir un registro de Metadatos. Está diseñado para permitir el intercambio de datos basado en Metadatos, basado en definiciones exactas de datos, comenzando con elementos de datos. El estándar está estructurado en varias partes:
- Parte 1: Marco para la Generación y Normalización de Elementos de Datos
- Parte 2: Clasificación
- Parte 3: Atributos básicos de los elementos de datos
- Parte 4: Reglas y directrices para la formulación de definiciones de datos
- Parte 5: Principios de denominación e identificación de los elementos de datos
- Parte 6: Registro de elementos de datos

1.3.4 Metadatos para Datos No Estructurados

Por su naturaleza, todos los datos tienen cierta estructura, aunque no todo está formalmente estructurado en las filas, columnas y registros que nos son familiares en las bases de datos relacionales. Cualquier dato que no se encuentre en una base de datos o un archivo de datos, incluidos documentos u otros medios, se considera dato no estructurado. (Véanse los capítulos 9 y 14). Los Metadatos son tan esenciales para la gestión de datos no estructurados como para la gestión de datos estructurados, quizás incluso más. Piense otra vez en la analogía del catálogo de tarjetas del capítulo de Introducción. Libros y revistas en una biblioteca son buenos ejemplos de datos no estructurados. El uso principal de los Metadatos en un catálogo de tarjetas es encontrar los materiales que uno busca, cualquiera que sea su formato.

Los Metadatos para datos no estructurados incluyen Metadatos descriptivos, como información de catálogos y palabras clave de tesauros; Metadatos estructurales tales como etiquetas, estructuras de campo, formato; Metadatos administrativos, como fuentes, calendarios de actualización, derechos de acceso e información de navegación; Metadatos bibliográficos, tales como entradas en el catálogo de la biblioteca; Metadatos de mantenimiento de registros, tales como políticas de retención; y Metadatos de preservación, tales como almacenamiento, condición de archivo y reglas para la conservación. (Véase el capítulo 9).

Mientras que la mayoría de las afirmaciones sobre Metadatos para datos no estructurados están conectadas a preocupaciones tradicionales de administración de contenido, nuevas prácticas están surgiendo alrededor de la gestión de datos no estructurados en lagos de datos. Las organizaciones que quieren aprovechar los *Data Lakes*, utilizando plataformas *Big Data* como Hadoop, están descubriendo que deben catalogar los datos ingeridos para permitir un acceso posterior. La mayoría puso en marcha procesos para recopilar Metadatos como parte de la ingesta de datos. Se debe recopilar un conjunto mínimo de atributos de Metadatos sobre cada objeto ingerido en el lago de datos (por ejemplo, nombre, formato, fuente, versión, fecha de recepción, etc.). Esto produce un catálogo de datos del contenido del *Data Lake*.

1.3.5 Fuentes de Metadatos

Como debe quedar claro a partir de los tipos de Metadatos, los Metadatos se pueden recopilar de muchas fuentes diferentes. Además, si los Metadatos de las aplicaciones y las bases de datos han sido bien gestionados, simplemente pueden ser cosechados e integrados. Sin embargo, la mayoría de las organizaciones no gestionan bien los Metadatos en el nivel de la aplicación, ya que a menudo se crean Metadatos como subproducto del procesamiento de aplicaciones y no como producto final (es decir, no se crea con el consumo en mente). Al igual que con otras formas de datos, hay mucho trabajo en la preparación de los Metadatos antes de que puedan ser integrados.

La mayoría de los Metadatos operativos se genera a medida que se procesan los datos. La clave para usar estos Metadatos es recopilarlos en un formato utilizable y asegurar que los responsables de interpretarlos tengan las herramientas que necesitan para hacerlo. Tenga en cuenta que la interpretación de datos en lugares como registros de errores requiere de Metadatos que describen los registros. Del mismo modo, una gran parte de Metadatos técnicos se pueden recolectar de objetos de base de datos.

Es posible aplicar ingeniería inversa para obtener el conocimiento sobre los datos de los sistemas existentes y cosechar los Metadatos de los diccionarios de datos existentes, los modelos y la documentación del proceso (Loshin, 2001; Aiken, 1995), pero hay riesgos al hacerlo. El mayor riesgo es no saber cuánto cuidado se tomó para desarrollar y refinar las definiciones en primer lugar. Si las definiciones están subdesarrolladas o ambiguas, entonces no proporcionarán a los consumidores de datos la información que necesitan para entender los datos que están utilizando.

Es mejor ser intencional sobre el desarrollo de definiciones que simplemente aceptar las existentes. El desarrollo de definiciones toma tiempo y requiere de el conjunto de habilidades correctas (por ejemplo, habilidades de escritura y facilitación). Esta es la razón por la que el desarrollo de los Metadatos empresariales requiere de la administración. (Véase el Capítulo 3.)

Gran parte de los Metadatos técnicos necesarios para gestionar las bases de datos y los Metadatos de Negocio necesarios para utilizar los datos pueden recogerse y desarrollarse como parte del trabajo de un proyecto. Por ejemplo, el proceso de modelado de datos requiere discusiones sobre el significado de los elementos de datos y la relación entre ellos. El conocimiento compartido durante estas discusiones debe ser capturado y preparado para su uso en diccionarios de datos, glosarios de negocios y otros repositorios. Los propios modelos de datos incluyen detalles importantes sobre las características físicas de los datos. Debe asignarse tiempo para asegurar que los artefactos del proyecto contengan Metadatos de alta calidad que se alineen con los estándares de la empresa.

Los Metadatos de Negocios bien definidos se pueden reutilizar de proyecto a proyecto y pueden generar una comprensión coherente de cómo se representan los conceptos de negocio en diferentes conjuntos de datos. Como parte del desarrollo de Metadatos intencionalmente para que pueda ser reutilizado, una organización también puede planificar la integración de Metadatos. Por ejemplo, puede desarrollar un inventario de sistemas y todos los Metadatos relacionados con un sistema particular pueden ser etiquetados con el mismo identificador de sistema.

La creación de Metadatos sin un objetivo claro raramente funciona bien. La mayoría de las organizaciones no financiarán este tipo de esfuerzos y, aún cuando lo hagan, es improbable que establezcan procesos para su mantenimiento. Por este motivo, al igual que por otros, los Metadatos son como otros datos: Deben ser creados como producto de un proceso bien definido, utilizando herramientas que apoyen integralmente su calidad. Los *Stewards* y otros profesionales de la gestión de datos deben asegurarse de que existan procesos para mantener los Metadatos relacionados con estos procesos. Por ejemplo, si una organización recolecta Metadatos críticos de sus modelos de datos, debería asegurarse de que existe un proceso de gestión del cambio para mantener los modelos actualizados. Para dar una idea de la amplitud de los Metadatos en cualquier organización, aquí se describe una serie de fuentes, en orden alfabético (por su nombre en inglés) en lugar de prioridad.

1.3.5.1 Repositorios de Metadatos de Aplicaciones

Un repositorio de Metadatos se refiere a las tablas físicas en las que se almacenan los Metadatos. A menudo, estos se integran en herramientas de modelado, herramientas de BI (Business Intelligence – Inteligencia de Negocio) y otras aplicaciones. A medida que una organización madure, querrá integrar los Metadatos de los repositorios en estas aplicaciones para permitir que los consumidores de datos miren a través de la amplitud de la información.

1.3.5.2 Glosario de Negocios

El propósito de un glosario de negocios es documentar y almacenar los conceptos de negocio y la terminología de una organización, así como las definiciones y las relaciones entre esos términos.

En muchas organizaciones, el glosario de negocios es simplemente una hoja de cálculo. Sin embargo, a medida que las organizaciones maduran, a menudo compran o construyen glosarios que contienen información sólida y la capacidad de gestionarlos con el tiempo. Al igual que con todos los sistemas orientados a datos, los glosarios de negocios deben ser diseñados para tener en cuenta *hardware*, *software*, bases de datos, procesos y recursos humanos con funciones y responsabilidades diferentes. La aplicación del glosario de negocios está estructurada para satisfacer los requisitos funcionales de las tres audiencias principales:

- **Usuarios de Negocio:** Los analistas de datos, analistas de investigación, administración y personal ejecutivo utilizan el glosario de negocios para entender la terminología y los datos.
- *Data Stewards*: Los *Data Stewards* utilizan el glosario de negocios para gestionar el ciclo de vida de términos y definiciones y para mejorar el conocimiento de la empresa mediante la asociación de activos de datos con términos de glosario; Por ejemplo, vinculando términos a métricas empresariales, reportes, análisis de calidad de datos o componentes tecnológicos. Los administradores de datos plantean problemas de terminología y uso y ayudan a resolver las diferencias en toda la organización.
- **Usuarios Técnicos:** Los usuarios técnicos utilizan el glosario de negocios para diseñar arquitectura, diseño de sistemas y decisiones de desarrollo, y realizar análisis de impacto.

El glosario de negocios debe incluir términos de negocios como:
- Nombre del término, definición, acrónimo o abreviatura, y cualquier sinónimo.
- Unidad de negocio y/o aplicación responsable de la gestión de los datos asociados con la terminología
- Nombre de la persona que identifica el término y fecha de actualización
- Categorización o asociación taxonómica para el término (asociación funcional con el negocio)
- Definiciones complicadas que necesitan resolución, naturaleza del problema, plan de resolución
- Términos que sean comúnmente malentendidos
- Algoritmos que apoyen a las definiciones
- Linaje
- Fuente oficial o autorizada de los datos que respalde el término

Cada implementación del glosario de negocios debe tener un conjunto básico de informes para apoyar los procesos de gobierno. Se recomienda que las organizaciones no "impriman el glosario" porque el contenido del glosario no es estático. Los *Data Stewards* son generalmente responsables del desarrollo, uso, operaciones y reportes del glosario. Los informes incluyen el seguimiento de nuevos términos y definiciones que aún no se han revisado, los que están en estado pendiente y los que faltan de definiciones u otros atributos. (Véase la Sección 6.4.) La facilidad de uso y funcionalidad pueden variar ampliamente. Entre más simple y fácil sea la búsqueda en el glosario, más probable es que el contenido del glosario se utilizará. Sin embargo, la característica más importante de un glosario es que contiene contenido robusto.

1.3.5.3 Herramientas de BI

Las herramientas de BI producen varios tipos de Metadatos relevantes para el diseño del BI, incluyendo información general, clases, objetos, elementos derivados y calculados, filtros, reportes, así como campos, estructura, usuarios, frecuencia de distribución y canales de distribución de dichos reportes.

1.3.5.4 Herramientas de Gestión de Configuración

Las herramientas o bases de datos de gestión de configuración, CMDB (Configuration Management Data Base – Base de Datos de Gestión de Configuraciones), proporcionan la capacidad de gestionar y mantener los Metadatos relacionados específicamente con los activos de IT, las relaciones entre ellos y los detalles contractuales del activo. Cada activo de la base de datos CMDB se denomina elemento de configuración, CI (Configuration Item – Elemento de Configuración). Los Metadatos estándares se recopilan y administran para cada tipo de CI. Muchas organizaciones integran el CMDB con los procesos de gestión de cambios para identificar los activos o aplicaciones relacionados afectados por un cambio en un activo específico. Los repositorios proporcionan mecanismos para vincular los activos en el repositorio de Metadatos con los detalles físicos reales de la implementación en CMDB para dar una imagen completa de los datos y las plataformas.

1.3.5.5 Diccionarios de Datos

Un diccionario de datos define la estructura y el contenido de los conjuntos de datos, a menudo para una sola base de datos, aplicación o *Data Warehouse*. El diccionario puede utilizarse para gestionar los nombres, las descripciones, la estructura, las características, los requisitos de almacenamiento, los valores predeterminados, las relaciones, la unicidad y otros atributos de cada elemento de datos en un modelo. También debe contener definiciones de tabla o archivo. Los diccionarios de datos están incorporados en herramientas de base de datos para la creación, operación y manipulación de datos contenidos en ellos. Para poner estos Metadatos a disposición de los consumidores de datos, deben ser extraídos de la base de datos o herramientas de modelado. Los diccionarios de datos también pueden describir en términos de negocio qué elementos de datos están disponibles para la comunidad, bajo qué restricciones de seguridad se comparten y en qué procesos empresariales se aplican. Por otro lado, se puede ahorrar tiempo al definir, publicar y mantener reglas de semántica para la generación de reportes y análisis aprovechando el contenido directamente desde el modelo lógico. Sin embargo, como se señaló anteriormente, las definiciones existentes deben utilizarse con cautela, especialmente en una organización con un bajo nivel de madurez en torno a la gestión de Metadatos.

Muchos procesos, relaciones y terminologías clave del negocio se explican durante el desarrollo de un modelo de datos. Esta información, capturada en un modelo lógico de datos, se pierde a menudo cuando se instalan estructuras físicas en ambientes productivos. Un diccionario de datos puede ayudar a la organización a asegurar que esta información no se pierda completamente y que los modelos lógicos y físicos se mantengan íntegros después de la implementación en ambientes productivos.

1.3.5.6 Herramientas de Integración de Datos

Muchas herramientas de integración de datos se utilizan para que los ejecutables puedan mover datos de un sistema a otro o entre varios módulos dentro del mismo sistema. Muchas de estas herramientas generan archivos transitorios, que pueden contener copias o derivados de los datos. Estas herramientas son capaces de cargar datos de varias fuentes para entonces procesar esos datos, mediante operaciones como: agrupar, remediar, reformatear, unir, filtrar u otras, para luego generar datos de salida que se distribuyen sus correspondientes destinos finales. Estas herramientas documentan el linaje como datos mientras estos se mueven entre sistemas. Cualquier solución de Metadatos exitosa debe ser capaz de utilizar el linaje a medida que los datos se mueven a través de las herramientas de integración y exponerlos como un linaje holístico desde las fuentes originales a los destinos finales.

Las herramientas de integración de datos proporcionan APIs (Application Programming Interface - Interfaces de Programación de Aplicaciones) para permitir que los repositorios de Metadatos externos extraigan la información de linaje y los Metadatos de los archivos transitorios. Una vez que el repositorio de Metadatos recoge la información, algunas herramientas pueden generar un diagrama de linaje integral para cualquier elemento de datos. Las herramientas de integración de datos también proporcionan Metadatos sobre la ejecución de los diversos ejecutables durante un proceso de integración de datos, incluyendo la última corrida, duración y estado del proceso. Algunos repositorios de Metadatos pueden extraer las estadísticas de tiempo de ejecución de integración de datos y Metadatos y exponerlas junto con los elementos de datos. (Véanse los Capítulos 6 y 8).

1.3.5.7 Gestión de Bases de Datos y Catálogos de Sistemas

Los catálogos de bases de datos son una fuente importante de Metadatos, pues describen el contenido de las bases de datos, la volumetría, las versiones de *software*, el estatus de la implementación, el tiempo de actividad de la red, el tiempo de actividad de la infraestructura, disponibilidad, entre otros atributos de Metadatos operativos. La base de datos de tipo relacional es la más común. Las bases de datos relacionales gestionan los datos como un conjunto de tablas y columnas, donde una tabla contiene una o más columnas, índices, restricciones, vistas y procedimientos. Una solución de Metadatos debería poder conectarse a las distintas bases de datos y conjuntos de datos y leer todos los Metadatos expuestos por la base de datos. Algunas de las herramientas de repositorio de Metadatos pueden integrar los Metadatos expuestos de las herramientas de administración del sistema para proporcionar una imagen más integrada de los activos físicos capturados.

1.3.5.8 Herramientas de Gestión de Mapeo de Datos

Las herramientas de gestión de mapeo se utilizan durante la fase de análisis y diseño de un proyecto para transformar los requisitos en especificaciones de mapeo, que puedan ser consumidas directamente por una herramienta de integración de datos o utilizadas por los desarrolladores para generar código de integración de datos. La documentación de mapeo también se encuentra a menudo en documentos de Excel en toda la empresa. Los proveedores ahora están considerando los repositorios centralizados para las especificaciones de mapeo con capacidades para realizar el control de versiones y el análisis de cambios entre versiones. Muchas herramientas de mapeo se integran con herramientas de integración de datos para automatizar la generación de los programas de integración de datos y la mayoría puede intercambiar datos con otros repositorios de Metadatos y datos de referencia. (Véase el Capítulo 8.)

1.3.5.9 Herramientas de Calidad de Datos

Las herramientas de calidad de datos evalúan la calidad mediante reglas de validación. La mayoría de estas herramientas proporcionan la capacidad de intercambiar las métricas de calidad y los patrones de perfilamiento con otros repositorios de Metadatos, permitiendo al repositorio de Metadatos adjuntar las métricas de calidad a los activos físicos relevantes.

1.3.5.10 Directorios y Catálogos

Aunque los diccionarios de datos y los glosarios contienen información detallada sobre terminología, tablas y campos, un directorio o catálogo contiene información sobre sistemas, fuentes y ubicaciones de datos dentro de una organización. Un directorio de Metadatos es particularmente útil para los desarrolladores y súper usuarios de datos, como los equipos de custodia de datos y los analistas de datos, para comprender el alcance de los datos en la empresa, ya sea para investigar problemas o para encontrar información sobre el abastecimiento de nuevas aplicaciones.

1.3.5.11 Herramientas de Mensajería de Eventos

Las herramientas de mensajería de eventos mueven datos entre diversos sistemas. Para ello, requieren muchos Metadatos. También generan Metadatos que describen este movimiento. Estas herramientas incluyen interfaces gráficas a través de las cuales manejan la lógica del movimiento de datos. Pueden exportar los detalles de instalaciones de interfaces, la lógica de movimiento y estadísticas de procesamiento a otros repositorios de Metadatos.

1.3.5.12 Herramientas de Modelado y Repositorios

Las herramientas de modelado de datos se utilizan para construir varios tipos de modelos de datos: conceptuales, lógicos y físicos. Estas herramientas producen Metadatos relevantes para el diseño de una aplicación o el modelo de un sistema, por ejemplo, áreas temáticas, entidades lógicas, atributos lógicos, relaciones entre entidades y atributos, súper tipos y subtipos, tablas, columnas, índices, llaves primarias y foráneas, restricciones de integridad y otros tipos de atributos de los modelos. Los repositorios de Metadatos pueden *ingerir* los modelos creados por estas herramientas e integrar los Metadatos importados en el repositorio. Las herramientas de modelado son a menudo la fuente del contenido del diccionario de datos.

1.3.5.13 Repositorios de Datos de Referencia

Los datos de referencia documentan los valores de negocio y las descripciones de los distintos tipos de datos enumerados (dominios) así como su uso contextual en un sistema. Las herramientas utilizadas para gestionar los datos de referencia también son capaces de gestionar las relaciones entre los diversos valores codificados dentro de un dominio o entre varios. Estos conjuntos de herramientas normalmente proporcionan capacidades para enviar los datos de referencia recopilados a un repositorio de Metadatos, lo que a su vez proporcionará mecanismos para asociar los datos de referencia al glosario de negocios y a las ubicaciones donde se implementa físicamente como columnas o campos.

1.3.5.14 Registros de Servicio

Un registro de servicios gestiona y almacena la información técnica sobre servicios y puntos finales de servicio desde una perspectiva de arquitectura SOA (Service Oriented Architecture – Arquitectura Orientada a Servicios). Por ejemplo, definiciones, interfaces, operaciones, parámetros de entrada y salida, políticas, versiones y escenarios de uso de la muestra. Algunos de los Metadatos más importantes relacionados con los servicios incluyen la versión de servicio, la ubicación del servicio, el centro de datos, la disponibilidad, la fecha de implementación, el puerto de servicio, la dirección IP, el puerto de estadísticas, el tiempo de espera de conexión y el tiempo de espera de reintento de conexión. Los registros de servicio pueden ser interrogados para satisfacer diversas necesidades, como mostrar una lista de todos los servicios disponibles, servicios con una versión específica, servicios obsoletos o detalles sobre un servicio específico. También se pueden revisar los servicios para su posible reutilización. La información contenida en estos repositorios proporciona datos importantes sobre qué datos existen y cómo se mueven entre varios sistemas o aplicaciones. Los Metadatos de los repositorios de servicios se pueden extraer e incorporar con Metadatos recopilados de otras herramientas para proporcionar una imagen completa de cómo se mueven los datos entre los distintos sistemas.

1.3.5.15 Otros Almacenes de Metadatos

Otros almacenes de Metadatos incluyen listas especializadas como registros de eventos, listas de fuentes o interfaces, conjuntos de códigos, lenguajes, esquemas de coordenadas y temporales, referencias de coordenadas, distribución de conjuntos de datos geográficos digitales, repositorios de repositorios y reglas de negocio.

1.3.6 Tipos de Arquitectura de Metadatos

Al igual que otros tipos de datos, los Metadatos tienen un ciclo de vida. Conceptualmente, todas las soluciones de gestión de Metadatos incluyen capas arquitectónicas que corresponden a puntos del ciclo de vida de los Metadatos:

- Abastecimiento y creación de Metadatos
- Almacenamiento de Metadatos en uno o más repositorios
- Integración de Metadatos
- Distribución de Metadatos
- Uso de Metadatos
- Control y gestión de Metadatos

Diferentes enfoques arquitectónicos pueden utilizarse para obtener, almacenar, integrar, mantener y hacer accesibles los Metadatos a los consumidores.

1.3.6.1 Arquitectura Centralizada de Metadatos

Una arquitectura centralizada consiste en un único repositorio de Metadatos que contiene copias de Metadatos de las distintas fuentes. Las organizaciones con recursos limitados de TI, o aquellos que buscan automatizar tanto como sea posible, pueden optar por evitar esta opción de arquitectura. Las organizaciones que buscan un alto grado de consistencia dentro del repositorio común de Metadatos pueden beneficiarse de una arquitectura centralizada.

Las ventajas de un repositorio centralizado incluyen:

- Alta disponibilidad, ya que es independiente de los sistemas fuente.
- Recuperación rápida de Metadatos, ya que el repositorio y la consulta están en el mismo lugar.
- Estructuras de base de datos resueltas no afectadas por sistemas de terceros o comerciales cuya tecnología sea controlada por una sola compañía.
- Los Metadatos extraídos pueden ser transformados, personalizados o mejorados con Metadatos adicionales que no necesariamente residen en el sistema fuente, lo cual mejora la calidad.

Algunas limitaciones del enfoque centralizado incluyen:

- Procesos complejos son necesarios para asegurar que los cambios en los Metadatos de origen se repliquen rápidamente en el repositorio.
- El mantenimiento de un repositorio centralizado puede ser costoso.

- La extracción puede requerir módulos personalizados o *middleware*.
- La validación y el mantenimiento de un código personalizado pueden aumentar las necesidades tanto de personal interno de TI como de los proveedores de *software*.

La Figura 85 muestra cómo los Metadatos se colectan en un repositorio de Metadatos independiente con su propio almacén de Metadatos. El almacén interno se rellena mediante una importación programada (flechas) de los Metadatos desde las diversas herramientas. A su vez, el repositorio centralizado expone un portal para que los usuarios finales puedan hacer sus consultas. El portal de Metadatos pasa la solicitud al repositorio centralizado de Metadatos. El repositorio centralizado cumplirá con la solicitud de los Metadatos recopilados. En este tipo de implementación, la capacidad de pasar directamente la solicitud del usuario a varias herramientas no está soportada. La búsqueda global a través de los Metadatos recogidos de la herramienta es posible debido a la colección de varios Metadatos en el repositorio centralizado.

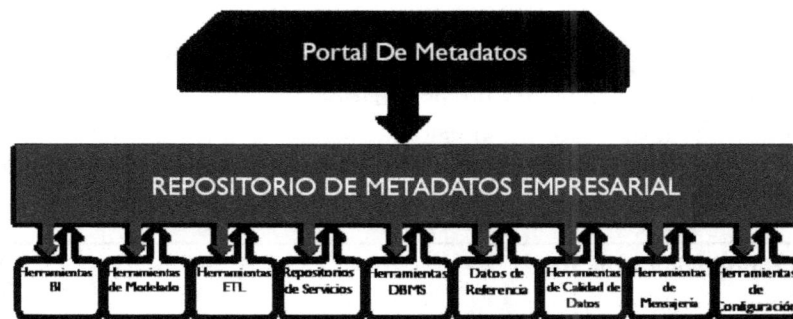

Figura 85 Arquitectura Centralizada de Metadatos

1.3.6.2 Arquitectura Distribuida de Metadatos

Una arquitectura completamente distribuida mantiene un único punto de acceso. El motor de recuperación de Metadatos responde a las consultas de los usuarios al recuperar datos de los sistemas fuente en tiempo real; no hay un repositorio persistente. En esta arquitectura, el entorno de gestión de Metadatos mantiene los catálogos de sistemas de origen necesarios y la información de búsqueda necesaria para procesar consultas y búsquedas de usuarios de forma eficaz. Los sistemas fuente son accesados a partir de un middleware que permite las llamadas entre computadoras a través de la red o por algún otro protocolo similar.

Las ventajas de la arquitectura de Metadatos distribuidos incluyen:
- Los Metadatos son siempre tan actuales y válidos como sea posible porque se recuperan desde la fuente.
- Las consultas se distribuyen, posiblemente mejorando la respuesta y el tiempo de procesamiento.
- Las consultas de Metadatos desde sistemas propietarios se limitan al procesamiento de consultas en lugar de requerir una comprensión detallada de las estructuras de datos propietarias, minimizando así la implementación y el esfuerzo de mantenimiento requerido.
- El desarrollo del procesamiento automatizado de consultas de Metadatos es más sencillo, requiriendo una intervención manual mínima.
- El procesamiento por lotes se reduce, sin procesos de replicación o sincronización de Metadatos.

Las arquitecturas distribuidas también tienen limitaciones:

- No hay capacidad para soportar entradas de Metadatos definidas por el usuario o insertadas manualmente ya que no hay repositorio en el que colocar estas adiciones.
- Estandarización de la presentación de Metadatos de diversos sistemas.
- Las capacidades de consulta están directamente afectadas por la disponibilidad de los sistemas fuente participantes.
- La calidad de los Metadatos depende únicamente de los sistemas fuente participantes.

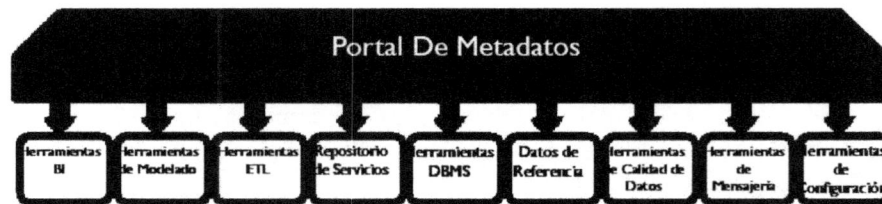

Figura 86 Arquitectura Distribuida de Metadatos

La Figura 86 ilustra una arquitectura distribuida de Metadatos. No hay un repositorio de Metadatos centralizado y el portal pasa las consultas de los usuarios directamente a la herramienta adecuada para ejecutar la consulta. Dado que no hay un repositorio centralizado para que los Metadatos se almacenen desde diversas herramientas, cada solicitud debe ser delegada a las fuentes; por lo tanto, no hay capacidad para una búsqueda global a través de las diversas fuentes de Metadatos.

1.3.6.3 Arquitectura Híbrida de Metadatos

Una arquitectura híbrida combina características de arquitecturas centralizadas y distribuidas. Los Metadatos siguen moviéndose directamente desde los sistemas fuente a un repositorio centralizado. Sin embargo, el diseño del repositorio sólo toma en cuenta los Metadatos ingresados por el usuario, los elementos estandarizados críticos y las entradas de fuentes manuales.

La arquitectura se beneficia de la recuperación casi en tiempo real de los Metadatos desde la fuente y de Metadatos mejorados para satisfacer las necesidades de los usuarios con mayor eficacia, cuando sea necesario. El enfoque híbrido reduce el esfuerzo de la intervención manual de TI, así como la necesidad de un desarrollo personalizado para obtener una funcionalidad de acceso a sistemas propietarios. Los Metadatos son tan actuales y válidos como sea posible en el momento del uso, de acuerdo con las prioridades y requisitos de los usuarios. La arquitectura híbrida no mejora la disponibilidad del sistema. La disponibilidad de los sistemas fuente es una limitación, porque la naturaleza distribuida de los sistemas *back-end* gestiona el procesamiento de las consultas. Se requiere una sobrecarga adicional para vincular los resultados iniciales con el aumento de Metadatos en el repositorio central antes de presentar los resultados al usuario final. Muchas organizaciones pueden beneficiarse de una arquitectura híbrida, incluidas aquellas que tienen Metadatos operativos que cambian rápidamente, las que necesitan Metadatos consistentes y uniformes y aquellas que experimentan un crecimiento significativo de Metadatos colectados, así como en el número de fuentes de Metadatos. Las organizaciones con Metadatos estáticos primordialmente y con perfiles pequeños de crecimiento de Metadatos, pueden no ver el potencial máximo de esta alternativa de arquitectura.

1.3.6.4 Arquitectura Bidireccional de Metadatos

Otro enfoque arquitectónico avanzado es la arquitectura bidireccional de Metadatos, que permite que los Metadatos cambien en cualquier parte de la arquitectura (fuente, integración de datos, interfaz de usuario) y luego la retroalimentación se coordina desde el repositorio (agente) hasta su fuente original.

Varios desafíos son evidentes en este enfoque. El diseño obliga al repositorio de Metadatos a contener la última versión de la fuente de Metadatos y obliga a gestionar los cambios en la fuente. Los cambios deben ser atrapados sistemáticamente, y luego procesados. Se deben construir y mantener conjuntos adicionales de interfaces de procesamiento para vincular al repositorio con la fuente de Metadatos.

Figura 87 Arquitectura Híbrida de Metadatos

La Figura 87 ilustra cómo se colectan Metadatos comunes de diferentes fuentes en un repositorio centralizado de Metadatos. Los usuarios envían sus consultas al portal de Metadatos, que pasa la solicitud a un repositorio centralizado. El repositorio centralizado intentará responder a la solicitud del usuario a partir de Metadatos comunes colectados, desde las diversas fuentes. A medida que la consulta se vuelve más específica o el usuario necesita Metadatos más detallados, el repositorio centralizado delegará a la fuente que corresponda la solicitud de proveer el nivel de detalle requerido. La búsqueda global a través de las diversas herramientas está disponible gracias a los Metadatos comunes almacenados en el repositorio centralizado.

---

2. Actividades

2.1 Definición de la Estrategia de Metadatos

Una estrategia de Metadatos describe cómo una organización tiene la intención de gestionar sus Metadatos y cómo pasará del estado actual al estado planteado como meta. Una estrategia de Metadatos debería proporcionar un marco para que los equipos de desarrollo mejoren la gestión de Metadatos. La clara definición de los requisitos de Metadatos ayudará a aclarar los motivos que respaldan a la estrategia y a identificar posibles obstáculos para su implementación.

La estrategia incluye la definición de una arquitectura de Metadatos de acuerdo con el estado final establecido como meta en la organización, así también las fases de implementación necesarias para alcanzar los objetivos estratégicos. Los pasos incluyen:

- **Iniciar la planificación de la estrategia de Metadatos:** El objetivo de la iniciación y la planificación es permitir que el equipo de estrategia de Metadatos defina sus metas a corto y largo plazo. La planificación incluye la redacción de los estatutos, el alcance y los objetivos alineados con los esfuerzos generales de gobernabilidad y establecer un plan de comunicación para reforzar la iniciativa. Los principales interesados deben participar en la planificación.

- **Realizar entrevistas a los principales interesados:** Las entrevistas con los interesados de negocio y técnicos proporcionan una base de conocimiento para la estrategia de Metadatos.
- **Evaluar las fuentes existentes de Metadatos y la arquitectura de información:** La evaluación determina el grado relativo de dificultad para resolver los problemas de Metadatos y sistemas identificados en las entrevistas y la revisión de la documentación. Durante esta etapa, realice entrevistas detalladas del personal clave de TI y revise la documentación de las arquitecturas de sistemas, modelos de datos, etc.
- **Desarrollar la arquitectura futura de Metadatos:** Refine y confirme la visión y desarrolle la arquitectura objetivo a largo plazo para el entorno administrado de Metadatos en esta etapa. Esta fase debe tomar en cuenta componentes estratégicos, como la estructura de la organización, la alineación con el gobierno y custodia de los datos, la arquitectura de Metadatos administrada, la arquitectura de distribución de Metadatos, la arquitectura técnica y la arquitectura de seguridad.
- **Desarrollar un plan de implementación gradual:** Valide, integre y priorice los resultados de las entrevistas y análisis de datos. Documente la estrategia de Metadatos y defina un enfoque de implementación gradual para pasar del entorno de Metadatos existente al entorno futuro de Metadatos gestionados.

La estrategia evolucionará con el tiempo, conforme a los requisitos de Metadatos, la arquitectura y el ciclo de vida de los Metadatos se entiendan mejor.

2.2 Comprender los requerimientos de Metadatos

Los requisitos de Metadatos comienzan con el contenido: ¿Qué Metadatos se necesitan y en qué nivel? Por ejemplo, los nombres físicos y lógicos deben ser capturados para columnas y tablas. El contenido de los Metadatos es amplio y los requisitos provendrán de los consumidores de datos tanto de negocio como técnicos. (Véase la sección 1.3.2.)

También hay muchos requerimientos enfocados a la funcionalidad asociados con una solución completa de Metadatos:

- **Volatilidad:** Con qué frecuencia se actualizarán los atributos y conjuntos de Metadatos
- **Sincronización:** Sincronización de las actualizaciones en relación con los cambios en la fuente
- **Historia:** Si las versiones históricas de Metadatos deben ser retenidas
- **Derechos de acceso:** Quién puede acceder a los Metadatos y cómo, junto con la funcionalidad específica de la interfaz de usuario para el acceso
- **Estructura:** Cómo se modelarán los Metadatos para su almacenamiento
- **Integración:** El grado de integración de Metadatos de diferentes fuentes; reglas para la integración
- **Mantenimiento:** Procesos y reglas para la actualización de Metadatos (registros y referencia para la aprobación)
- **Gestión:** Roles y responsabilidades para la gestión de Metadatos
- **Calidad:** Requisitos de calidad de los Metadatos
- **Seguridad:** Algunos Metadatos no pueden ser expuestos porque revelarán la existencia de datos altamente protegidos

2.3 Definir la Arquitectura de Metadatos

Un sistema de gestión de Metadatos debe ser capaz de extraer Metadatos de muchas fuentes. Se debe definir la arquitectura para poder escanear las diversas fuentes de Metadatos y actualizar periódicamente el repositorio. El sistema debe soportar las actualizaciones manuales de Metadatos, solicitudes, y búsquedas de Metadatos por parte de varios grupos de usuarios.

Un entorno de Metadatos administrado debe aislar al usuario final de las diversas y dispares fuentes de Metadatos. La arquitectura debe proporcionar un punto de acceso único para el repositorio de Metadatos. El punto de acceso debe proporcionar todos los recursos relacionados a Metadatos de forma transparente al usuario. Los usuarios deberían poder acceder a los Metadatos sin tener conocimiento de los diferentes entornos de las fuentes de datos. En las soluciones analíticas y de datos masivos (*Big Data*), la interfaz puede tener funciones definidas por el usuario (FDU) para hacer uso de varios conjuntos de datos, y la exposición de Metadatos al usuario final es inherente a esas personalizaciones. Con menos dependencia de funciones definidas por el usuario, los usuarios finales reunirán, inspeccionarán y utilizarán los conjuntos de datos de forma más directa y los Metadatos de soporte se mostrarán más expuestos.

El diseño de la arquitectura depende de los requisitos específicos de la organización. Los tres enfoques técnicos arquitectónicos para construir un repositorio común de Metadatos imitan los enfoques para diseñar *Data Warehouses*: centralizados, distribuidos e híbridos (ver Sección 1.3.6). Todos estos enfoques tienen en cuenta la implementación de un repositorio y el funcionamiento de los mecanismos de actualización.

2.3.1 Creación de un Metamodelo

Se debe crear un modelo de datos para el repositorio de Metadatos, o *metamodelo*, como uno de los primeros pasos de diseño después de que se complete la estrategia de Metadatos y se entiendan los requerimientos del negocio. Pueden desarrollarse diferentes niveles de *metamodelo* según sea necesario; Un modelo conceptual de alto nivel, que explique las relaciones entre sistemas, y un metamodelo de bajo nivel que detalle los atributos para describir los elementos y procesos del modelo. Además de ser una herramienta de planeación y un medio de articulación de requerimientos, el metamodelo es en sí mismo una valiosa fuente de Metadatos.

La Figura 88 representa un ejemplo de metamodelo de repositorio de Metadatos. Los cuadros representan las entidades principales de alto nivel, que contienen los datos.

2.3.2 Aplicación de Normas de Metadatos

La solución de Metadatos debe ajustarse a las normas internas y externas acordadas, tal como se definen en la estrategia de Metadatos. Los Metadatos deben ser monitoreados por las actividades de gobierno para asegurar el cumplimiento de las normas. Las normas de Metadatos internos de la organización incluyen convenciones de nomenclatura, atributos personalizados, seguridad, visibilidad y documentación de procesos. Las normas de Metadatos externos de la organización incluyen los formatos de intercambio de datos y el diseño de la programación de aplicaciones para interfaces.

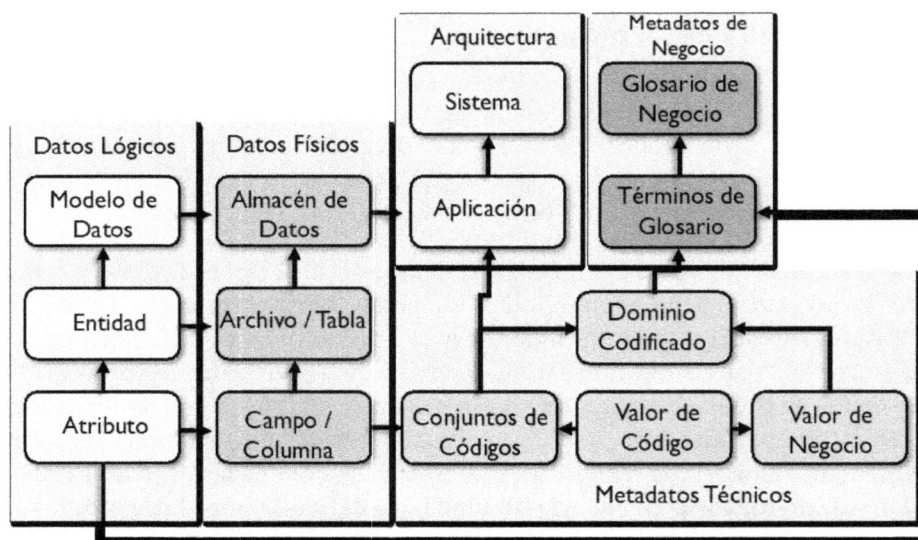

Figura 88 Ejemplo de Metamodelo de Repositorio Metadatos

2.3.3 Gestión de Almacenes de Metadatos

Se deben implementar actividades de control para gestionar el entorno de Metadatos. El control de los repositorios es el control del movimiento de Metadatos y las actualizaciones del repositorio realizadas por el especialista de Metadatos. Estas actividades son de carácter administrativo e incluyen el seguimiento y la respuesta a los informes, las advertencias, los registros de trabajos y la resolución de diversos problemas en el entorno del repositorio implementado. Muchas actividades de control son estándar para operaciones de datos y mantenimiento de interfaces. Las actividades de control deben tener supervisión del gobierno de datos.

Las actividades de control incluyen:
- Programación y supervisión de ejecutables
- Análisis estadístico de las ingestas de datos
- Copias de seguridad, recuperación, archivado, purga
- Modificaciones de configuración
- La optimización del rendimiento
- Análisis de estadísticas de consultas
- Generación de consultas y reportes
- Gestión de seguridad

Las actividades de control de calidad incluyen:
- Aseguramiento de la Calidad, Control de Calidad
- Frecuencia de actualización de datos – mapeo de conjuntos de datos a marcos de tiempo
- Reportes de Metadatos faltantes
- Informe de la vigencia de los Metadatos

Las actividades de gestión de Metadatos incluyen:
- Cargar, escanear, importar y etiquetar activos
- Mapeo y movimiento de fuentes
- Gestión de versiones

- Gestión de la interfaz de usuario
- Vinculación de los Metadatos de conjuntos de datos actualizados para el aprovisionamiento de NOSQL (Not Only SQL- No solamente SQL).
- Vinculación de datos con la adquisición interna de datos - enlaces personalizados y Metadatos de trabajo
- Licenciamiento para fuentes de datos y alimentaciones externas
- Metadatos de mejora de datos, por ejemplo, ligas a GIS (Geographic Information System – Sistema de Información Geográfica)

Entrenamiento, incluyendo:
- Educación y capacitación de usuarios y custodios de datos
- Generación y análisis de métricas de gestión
- Entrenamiento en las actividades de control, consulta y reportes

2.4 Creación y Mantenimiento de Metadatos

Como se describe en la Sección 1.3.5, los Metadatos se crean a través de una serie de procesos y se almacenan en muchos lugares dentro de una organización. Para ser de alta calidad, los Metadatos deben ser gestionados como un producto. Los buenos Metadatos no se crean por accidente. Se requiere planificación. (Véase el capítulo 13.)

Varios principios generales de la gestión de Metadatos describen los medios para gestionar Metadatos de calidad:
- **Responsabilidades:** Reconozca que los Metadatos a menudo se producen a través de los procesos existentes (modelado de datos, SDLC, definición de procesos de negocio) y se debe responsabilizar a los dueños de los procesos de la calidad de los Metadatos.
- **Estándares:** Establezca, haga cumplir y audite las normas de Metadatos para simplificar la integración y permitir su uso.
- **Mejora:** Cree un mecanismo de retroalimentación para que los consumidores puedan informar al equipo de gestión de Metadatos cuáles Metadatos son incorrectos o desactualizados.

Al igual que otros datos, los Metadatos pueden ser perfilados e inspeccionados para mantener su calidad. Su mantenimiento debe ser programado y completado como una parte auditable del trabajo del proyecto.

2.4.1 Integración de Metadatos

Los procesos de integración recopilan y consolidan los Metadatos de toda la empresa, incluyendo Metadatos de datos adquiridos fuera de la empresa. El repositorio de Metadatos debe integrar los Metadatos técnicos extraídos con los Metadatos relevantes de negocio, procesos y de los custodios de datos. Los Metadatos se pueden extraer mediante adaptadores, escáneres, aplicaciones puente o directamente accediendo a los Metadatos en un repositorio de datos fuente. Los adaptadores están disponibles en muchas herramientas de *software* de proveedores externos, así como en herramientas de integración de Metadatos. En algunos casos, los adaptadores se desarrollarán utilizando APIs.

Los desafíos surgen en la integración que requerirá gobierno. La integración de conjuntos de datos internos, datos externos como estadísticas gubernamentales y datos obtenidos de formularios no electrónicos, como hojas informativas, artículos en revistas o reportes, puede plantear numerosas preguntas sobre calidad y semántica. Realice el escaneo del repositorio en dos enfoques distintos.

- **Interfaz propietaria:** En un proceso de un solo paso de escaneo y carga, un escáner recopila los Metadatos de un sistema origen y luego llama directamente al componente de carga con formato específico para cargar los Metadatos en el repositorio. En este proceso, no hay archivo de salida con formato específico y la recopilación y carga de Metadatos ocurre en un solo paso.
- **Interfaz semi-propietaria:** En un proceso de dos pasos, un escáner recopila los Metadatos de un sistema de origen y los envía a un archivo de datos con formato específico. El escáner sólo produce un archivo de datos que el repositorio receptor necesita para poder leer y cargar apropiadamente. La interfaz es una arquitectura más abierta, ya que el archivo es legible por muchos métodos.

Un proceso de escaneo utiliza y produce varios tipos de archivos durante el proceso.

- **Archivo de control:** Contiene la estructura de origen del modelo de datos
- **Archivo de reutilización:** contiene las reglas para gestionar la reutilización de cargas de proceso
- **Archivos de registro:** Producidos durante cada fase del proceso, uno para cada escaneo o extracto y uno para cada ciclo de carga
- **Archivos temporales y de copia de seguridad:** se utilizan durante el proceso o para la trazabilidad

Utilice un área no persistente de transición de Metadatos para almacenar archivos temporales y de copias de seguridad. El área de transición soporta procesos de reversión y recuperación y proporciona un registro de auditoría provisional para ayudar a los administradores de repositorios a investigar problemas en la fuente o evaluar la calidad de los Metadatos. El área de transición puede adoptar la forma de un directorio de archivos o una base de datos.

Las herramientas de integración de datos utilizadas por aplicaciones de manejo de *Data Warehouse* y de BI, suelen utilizarse eficazmente en los procesos de integración de Metadatos. (Véase el Capítulo 8.)

2.4.2 Distribución y Entrega de Metadatos

Los Metadatos se entregan a los consumidores de datos y a las aplicaciones o herramientas que requieren los Metadatos. Los mecanismos de entrega incluyen:

- Sitios *web* de intranet de Metadatos para navegar, hacer búsquedas, consultas, reportes y análisis
- Reportes, glosarios y otros documentos
- Data Warehouses, data marts y herramientas BI
- Herramientas de modelado y desarrollo de software
- Mensajería y transacciones
- Servicios *Web* y APIs
- Soluciones de interfaz externas a la organización (por ejemplo, soluciones de cadena de suministro)

La solución de Metadatos suele vincularse a una solución de BI, de modo que tanto el alcance como la vigencia de los Metadatos se sincronizan con el contenido de BI. Un enlace proporciona un medio de integración en la entrega de BI al usuario final. De forma similar, algunas soluciones de CRM (Customer Relationship Management - Gestión de Relación con Clientes) u otras soluciones ERP

(Enterprise Resource Planning - Planeador de Recursos Empresarial) pueden requerir integración de Metadatos en la capa de servicio de aplicaciones. Los Metadatos se intercambian con organizaciones externas utilizando archivos planos, XML o JSON (JavaScript Object Notation - Notación de Objetos *JavaScript*) estructurados o a través de servicios *web*.

2.5 Consultar, Reportar y Analizar Metadatos

Los Metadatos guían el uso de los activos de datos. Utilice Metadatos en BI (reporteo y análisis), decisiones empresariales (operativas, tácticas, estratégicas) y en la semántica empresarial (lo que dicen, lo que significan, la jerga de negocios). Un repositorio de Metadatos debe tener una aplicación de *front-end* que admita la funcionalidad de búsqueda y recuperación necesaria para toda esta guía y administración de los activos de datos. La interfaz proporcionada a los usuarios de negocio puede tener un conjunto diferente de requisitos funcionales para los usuarios técnicos y desarrolladores. Algunos reportes facilitan el desarrollo futuro, como el análisis de impacto por cambios o la resolución de conflictos de definiciones diferentes para los proyectos de *Data Warehouse* y BI, por ejemplo, los reportes de linaje de datos.

3. Herramientas

La principal herramienta utilizada para gestionar Metadatos es el repositorio de Metadatos. Este incluirá una capa de integración y, a menudo, una interfaz para actualizaciones manuales. Las herramientas que producen y utilizan Metadatos se convierten en fuentes de Metadatos que se pueden integrar en un repositorio de Metadatos.

3.1 Herramientas de Gestión del Repositorios de Metadatos

Las herramientas de gestión de Metadatos proporcionan capacidades para gestionar Metadatos en una ubicación centralizada (repositorio). Los Metadatos pueden introducirse manualmente o extraerse de otras fuentes a través de conectores especializados. Los repositorios de Metadatos también ofrecen capacidades para intercambiar Metadatos con otros sistemas. Las herramientas de gestión de Metadatos y los repositorios propietarios son también una fuente de Metadatos, especialmente en un modelo híbrido de arquitectura de Metadatos o en implementaciones de grandes empresas. Las herramientas de gestión de Metadatos permiten el intercambio de Metadatos recopilados con otros repositorios de Metadatos, permitiendo la recopilación de Metadatos de diferentes fuentes en un repositorio centralizado o permitiendo el enriquecimiento y estandarización de los diversos Metadatos a medida que se desplazan entre los repositorios.

4. Técnicas

4.1 Linaje de Datos y Análisis de Impacto

Un beneficio clave de descubrir y documentar Metadatos sobre los activos físicos es proporcionar información sobre cómo se transforman los datos a medida que se mueven entre sistemas. Muchas herramientas de Metadatos contienen información sobre lo que está sucediendo a los datos dentro de sus entornos y proporcionan capacidades para ver el linaje a través de los sistemas o aplicaciones que interactúan. La versión actual del linaje basado en el código de programación se denomina 'Linaje implementado'. Por el contrario, el linaje descrito en los documentos de especificación cartográfica se denomina 'As Designed Lineage - Linaje como se diseñó'.

Las limitaciones de una construcción de linaje se basan en la cobertura del sistema de gestión de Metadatos. Los Repositorios de Metadatos de función específica o herramientas de visualización de datos tienen información sobre el linaje de datos dentro de los entornos con los que interactúan, pero no proporcionan visibilidad de lo que está sucediendo a los datos fuera de sus entornos.

Los sistemas de gestión de Metadatos importan el linaje 'As Implemented - Como se implementó' desde las diversas herramientas que pueden proporcionar este detalle de linaje y luego aumentan el linaje de datos con el 'As Designed – Como se diseñó' desde los lugares donde los detalles de implementación reales no son extraíbles. El proceso de conectar las piezas del linaje de datos se le conoce como *stitching*. Esto resulta en una visualización integrada de los datos a medida que se mueven desde sus ubicaciones originales (fuente oficial o sistema de registro) hasta que aterriza en su destino final.

La Figura 89 muestra un ejemplo del linaje de un elemento de datos. Al leer esto, el dato de negocio 'Total de Pedidos Pendientes ', que se implementa físicamente como columna zz_total, depende de otros 3 elementos de datos: 'Costo Unitario en centavos' implementado físicamente como 'yy_unit_cost', 'Impuesto de embarque al Estado' implementado en 'Yy_tax' y 'Cantidad de Pedidos Pendientes' implementados en 'yy_qty'.

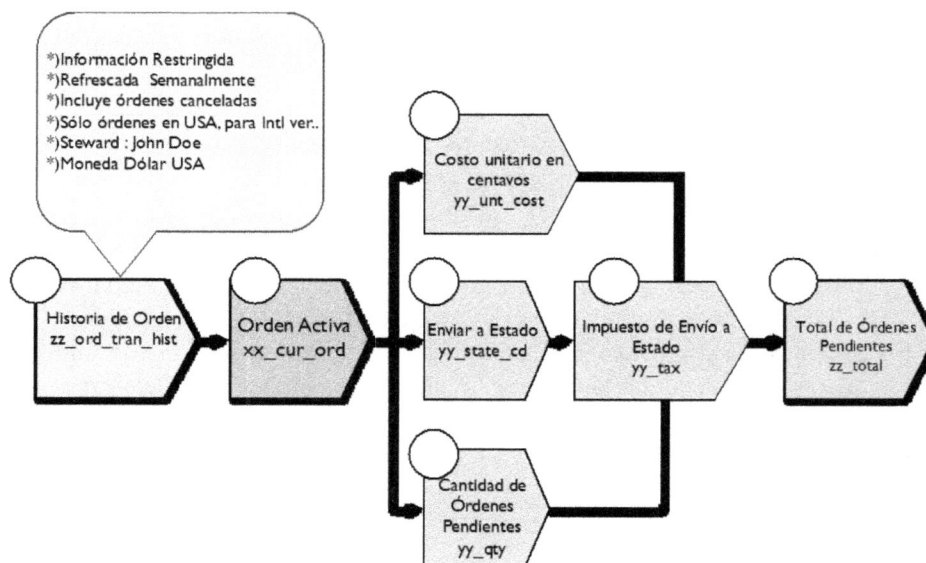

Figura 89 Ejemplo del Linaje de un Elemento de Datos

Aunque un gráfico de linaje, como en la Figura 89, describe lo que está ocurriendo con un elemento de datos en particular, no todos los usuarios de negocios lo entenderán. Los niveles más altos de linaje (por ejemplo, 'Linaje del Sistema'), resumen el movimiento a nivel del sistema o de la aplicación. Muchas herramientas de visualización proporcionan la capacidad de *zoom-in / zoom-out*, para mostrar el linaje de elementos de datos en el contexto del linaje del sistema. Por ejemplo, la Figura 90 muestra un linaje de sistema, donde de un vistazo, se entiende el movimiento general de datos y es visualizado a nivel de un sistema o aplicación.

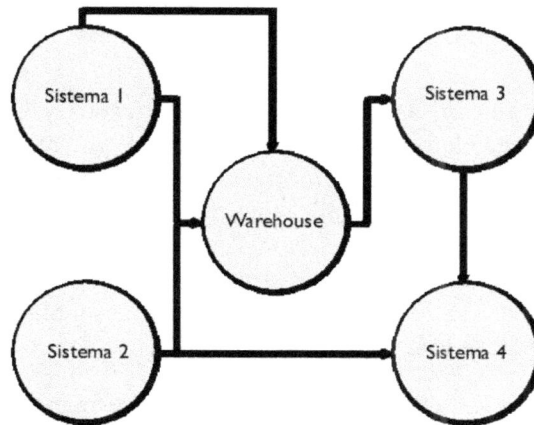

Figura 90 Ejemplo de un Linaje a Nivel Sistema

A medida que crece el número de elementos de datos en un sistema, el descubrimiento del linaje se vuelve complejo y difícil de manejar. Para lograr con éxito los objetivos de negocio, una estrategia para descubrir e importar activos en el repositorio de Metadatos requiere planificación y diseño. El descubrimiento exitoso del linaje debe tomar en cuenta tanto el enfoque técnico como el de negocio:

- **Enfoque de negocio:** Limite el descubrimiento del linaje a los elementos de datos priorizados por el negocio. Comience desde las ubicaciones de destino y rastree hacia los sistemas de origen donde se origina el dato específico. Al enfocar los activos escaneados a sólo aquellos que se mueven, transfieren o actualizan, se permitirá a los consumidores de datos de negocio comprender qué está sucediendo con el elemento de datos específico a medida que se mueve a través de los sistemas. Si se combina con las mediciones de la calidad de los datos, el linaje se puede utilizar para determinar dónde el diseño del sistema afecta adversamente la calidad de los datos.

- **Enfoque técnico:** Inicie en los sistemas de origen e identifique a todos los consumidores inmediatos, luego identifique a todos los consumidores subsiguientes del primer conjunto identificado y repita estos pasos hasta que todos los sistemas sean identificados. Los usuarios de tecnología se benefician más de la estrategia de descubrimiento de sistema para ayudar a responder a las diversas preguntas sobre los datos. Este enfoque permitirá tanto a usuarios de Negocio como de Tecnología contestar preguntas sobre cómo descubrir elementos de datos en toda la empresa, por ejemplo "¿Dónde está el número de seguridad social?" O generar reportes de impacto como "¿Cuáles son los sistemas afectados si se cambia el ancho de una columna específica? Sin embargo, la estrategia puede ser compleja de manejar.

Muchas herramientas de integración de datos ofrecen análisis de linaje que considera no sólo el código de población desarrollado, sino también el modelo de datos y la base de datos física. Algunos ofrecen a los usuarios de negocio interfaces *web* para supervisar y actualizar las definiciones. Estos comienzan a parecerse a los glosarios de negocio.

El linaje documentado ayuda tanto a las personas de negocio como a los técnicos a utilizar los datos. Sin él, se desperdicia mucho tiempo investigando anomalías, impactos por cambios potenciales, o resultados desconocidos. Busque implementar una herramienta integrada de impacto y linaje que pueda comprender todas las partes móviles involucradas en el proceso de ingesta, así como reportes y análisis de usuarios finales. Los informes de impacto describen qué componentes se ven afectados por un posible cambio agilizando y racionalizando las tareas de estimación y mantenimiento.

4.2 Metadatos para Ingesta de *Big Data*

Muchos profesionales de la gestión de datos están familiarizados y cómodos con los almacenes de datos estructurados, donde cada elemento puede ser claramente identificado y etiquetado. Hoy en día, sin embargo, muchos datos vienen en formatos menos estructurados. Algunas fuentes no estructuradas serán internas a la organización, y algunas serán externas. En cualquier caso, ya no es necesario mover físicamente los datos de ubicación. A través de las nuevas tecnologías, el programa irá a donde estén los datos en lugar de que los datos sean movidos al programa, reduciendo así la cantidad de movimiento de datos y acelerando la ejecución de un proceso. Sin embargo, el manejo exitoso de datos en un *Data Lake* depende de la gestión de Metadatos.

Las etiquetas de Metadatos deben aplicarse a los datos tras la ingestión de éstos. Los Metadatos se pueden utilizar para identificar el contenido de los datos disponible para el acceso al *Data Lake*. Muchos motores de ingesta perfilan los datos al mismo tiempo que éstos son ingresados. El perfilamiento de datos puede identificar los dominios, las relaciones e incluso problemas de calidad de datos; también puede habilitar el etiquetamiento de los datos. Durante la ingesta, se pueden agregar etiquetas de Metadatos para identificar datos confidenciales o privados (ej. información de identificación personal). Adicionalmente, los científicos de datos pueden agregar confianza, identificadores textuales y códigos que representan *clusters* de comportamiento. (Véase el capítulo 14.)

5. Guías de Implementación

Implementar un entorno de Metadatos gestionado en pasos incrementales para minimizar riesgos para la organización y facilitar la aceptación. Implementar repositorios de Metadatos utilizando una plataforma de base de datos relacional abierta. Esto permite el desarrollo y la implementación de varios controles e interfaces que no se pueden prever al inicio de un proyecto de desarrollo de repositorios.

El contenido del repositorio debe ser genérico en el diseño, y no sólo reflejar el diseño de base de datos del sistema fuente. Diseñar contenidos de acuerdo con los expertos de las áreas temáticas del negocio, basándose en un modelo de Metadatos exhaustivo. La planificación debe tomar en cuenta la integración de Metadatos para que los consumidores puedan ver a través de diferentes fuentes de datos. La capacidad de hacerlo será una de las más valiosas del repositorio. Debe albergar versiones actuales, planificadas e históricas de los Metadatos.

A menudo, la primera implementación es un piloto para probar conceptos y aprender sobre la gestión del entorno de Metadatos. La integración de los proyectos de Metadatos en la metodología de desarrollo de TI es necesaria. Habrá variaciones dependiendo de la arquitectura y los tipos de almacenamiento.

5.1 Valoración de Preparación / Valoración de Riesgo

Tener una estrategia de Metadatos sólida ayuda a todos a tomar decisiones más eficaces. En primer lugar, las personas deben ser conscientes de los riesgos de no gestionar los Metadatos. Evaluar el grado en el que la falta de Metadatos de alta calidad podría resultar en:

- Errores de juicio debido a suposiciones incorrectas, incompletas o inválidas o falta de conocimiento sobre el contexto de los datos
- La exposición de datos sensibles, que pueden poner en riesgo a los clientes o empleados, o afectar la credibilidad de la empresa y dar lugar a gastos legales
- Riesgo de que los pocos expertos que conocen los datos se vayan y lleven sus conocimientos con ellos

El riesgo se reduce cuando una organización adopta una estrategia de Metadatos sólida. La preparación organizacional se aborda mediante una evaluación formal de la madurez actual en las actividades de Metadatos. La evaluación debe incluir los elementos críticos de los datos de negocio, los glosarios de Metadatos disponibles, el linaje, los perfiles de datos, los procesos de calidad de datos, la madurez del MDM (Master Data Management – Gestión de Datos Maestros), entre otros aspectos. Los resultados de la evaluación, alineados con las prioridades del negocio, servirán de base para un enfoque estratégico y así mejorar las prácticas de gestión de Metadatos. Una evaluación formal también proporciona la base para un caso de negocio, patrocinio y financiación.

La estrategia de Metadatos puede ser parte de una estrategia general de gestión de datos o puede ser el primer paso para implementar un gobierno de datos efectivo. La evaluación de los Metadatos debe realizarse mediante una inspección objetiva de los Metadatos existentes, junto con entrevistas a los principales interesados. Los resultados de una evaluación de riesgo incluyen una estrategia y una hoja de ruta.

5.2 Cambio Organizacional y Cultural

Al igual que otros esfuerzos de gestión de datos, las iniciativas de Metadatos a menudo se encuentran con resistencia cultural. Pasar de un entorno no gestionado a un entorno de Metadatos gestionado requiere trabajo y disciplina. No es fácil de hacer, incluso si la mayoría de las personas reconocen el valor de tener Metadatos confiables. La organización debe estar preparada y por lo tanto es una preocupación importante, al igual que los métodos de gobierno y control.

La gestión de Metadatos no es prioritaria en muchas organizaciones. Un conjunto básico de Metadatos necesita coordinación y compromiso en una organización. Pueden ser estructuras de datos de identificación de empleados, números de pólizas de seguro, números de identificación de vehículos o especificaciones de productos, los cuales, si se cambian, requerirían grandes revisiones de muchos sistemas empresariales. Es relevante identificar ese buen ejemplo donde el control obtendrá beneficios de calidad inmediatos para los datos de la empresa. Después, se debe construir el caso a partir de ejemplos concretos relevantes para el negocio.

La implementación de una estrategia de gestión de datos empresariales requiere apoyo y compromiso de la alta dirección. Requiere que el personal de negocio y tecnología pueda trabajar en estrecha colaboración de manera transversal.

6. Gobierno de Metadatos

Las organizaciones deben determinar sus requisitos específicos para la gestión del ciclo de vida de los Metadatos y establecer procesos de gobierno para habilitar esos requisitos. Se recomienda asignar roles y responsabilidades formales a los recursos dedicados, especialmente en áreas grandes o críticas del negocio. Los procesos de gobierno de Metadatos en sí mismos dependen de Metadatos confiables, por lo que el equipo encargado de la gestión de Metadatos puede experimentar con principios sobre los Metadatos que crean y utilizan.

6.1 Controles de Proceso

El equipo de gestión de datos debe ser responsable de definir las normas y gestionar los cambios de estado de los Metadatos, a menudo con *software* de colaboración o de flujo de trabajo, y puede ser responsable de actividades de comunicación, definición de cursos de capacitación y de la ejecución de estos en toda la organización.

Un gobierno de Metadatos más maduro requerirá que los términos y las definiciones de negocio progresen a través de cambios de estatus o de la aplicación de prácticas de gobierno; por ejemplo, el ciclo de un término que empieza como candidato, luego aprobado, después publicado, y en un punto final en el ciclo de vida puede ser reemplazado o desechado. El equipo de gobierno también puede gestionar asociaciones comerciales de términos tales como términos relacionados, así como la categorización y agrupación de términos.

La integración de la estrategia de Metadatos en el SDLC es necesaria para asegurar que los Metadatos que se actualicen sean colectados al momento de cambiar. Esto ayuda a garantizar que los Metadatos permanezcan actualizados.

6.2 Documentación de Soluciones de Metadatos

Un catálogo maestro de Metadatos incluirá las ubicaciones de origen y destino dentro del alcance establecido en la organización. Este es un recurso para los usuarios de TI y de negocio y se puede publicar como guía para que la comunidad de usuarios sepa "qué hay y en dónde" y establecer expectativas sobre lo que encontrarán:
* Estado de implementación de Metadatos
* El origen y el destino donde se almacenarán los Metadatos
* Calendarización de actualizaciones
* Retención y versionado
* Contenidos
* Reportes de calidad o advertencias (por ejemplo, valores faltantes)
* Sistema de registro y otros estados de fuentes de datos (ejemplo historial del contenido de los datos, desecho o sustitución de banderas)
* Herramientas, arquitecturas y personas involucradas
* Información sensible y eliminación o estrategia de enmascaramiento de datos

En la gestión de documentos y contenidos, los mapas de datos muestran información similar. Las visualizaciones del panorama general de los sistemas de integración de Metadatos también se mantienen como parte de la documentación de Metadatos. (Véase el capítulo 9.)

6.3 Normas y Directrices de Metadatos

Los estándares de Metadatos son esenciales en el intercambio de datos con los socios comerciales operacionales. Las empresas se dan cuenta del valor del intercambio de información con los clientes, proveedores, socios y organismos reguladores. La necesidad de compartir Metadatos en común para respaldar el uso óptimo de la información compartida ha generado muchos estándares dentro de los sectores.

Las normas de Metadatos de la industria y los estándares sensitivos del sector se deben adoptar temprano en el ciclo de planeación. Las normas se deben utilizar para evaluar las tecnologías de gestión de Metadatos. Muchos proveedores líderes soportan múltiples estándares, y algunos pueden ayudar a personalizar los estándares con base en la industria y los sectores.

Los proveedores de herramientas proporcionan soporte XML y JSON o REST (Representational State Transfer - Transferencia Representacional de Estado) para intercambiar datos en beneficio de sus productos de gestión de datos. Utilizan la misma estrategia para integrar sus herramientas en soluciones de tipo *suite*. Las tecnologías, incluyendo integración de datos, bases de datos relacionales y multidimensionales, gestión de requerimientos, reportes de BI, modelado de datos y reglas de negocio, ofrecen capacidades de importación y exportación de datos y Metadatos utilizando XML. Los proveedores mantienen sus esquemas XML propietarios y definiciones de tipos de documento o más comúnmente las XSD (XML Schema Definition - Definición de Esquemas XML). Estos esquemas son accedidos a través de interfaces propietarias. El desarrollo personalizado es necesario para integrar estas herramientas en un entorno de gestión de Metadatos.

Las directrices incluyen plantillas y ejemplos claros además de capacitación sobre los insumos y actualizaciones que se pueden esperar, por ejemplo, reglas como 'no definir un término usando el término' y condiciones para que un dato sea considerado 'completo'. Se deben diseñar plantillas diferentes dependiendo del tipo de Metadatos, y éstas se promoverán, en parte, gracias a la solución de Metadatos seleccionada. El monitoreo continuo de las directrices de efectividad y de las actualizaciones que sean necesarias es una responsabilidad del gobierno de datos.

Las normas ISO (International Standards Organization - La Organización Internacional de Estándares) para Metadatos son una guía para los desarrolladores de herramientas, pero es poco probable que sean una preocupación para las organizaciones, ya que éstas implementan herramientas comerciales que ya deben cumplir con las normas ISO. Sin embargo, puede ser útil tener una buena comprensión de estas Normas y sus repercusiones.

6.4 Métricas

Es difícil medir el impacto de los Metadatos sin medir primero el impacto de la falta de ellos. Como parte de la evaluación de riesgo, se deben obtener métricas sobre la cantidad de tiempo que los consumidores invierten en la búsqueda de información, para así demostrar mejoras después de que la solución de Metadatos se haya implementado. La efectividad de la implementación de Metadatos también puede medirse en términos de qué tan completos están los Metadatos, del número de procesos de gestión asociados a ellos y de la frecuencia de uso. Las métricas sugeridas en los entornos de Metadatos incluyen:

- **Integridad del repositorio de Metadatos:** Se debe comparar la cobertura ideal de los Metadatos de negocio (todos los artefactos y todas las instancias dentro del alcance) con la cobertura real. Para definir el alcance, puede hacer referencia a la estrategia que se haya definido.
- **Madurez de la gestión de Metadatos:** Se han desarrollado métricas para evaluar la madurez de los Metadatos de la empresa, basándose en el enfoque del CMM (Capability Maturity Model – Modelo de Madurez de Capacidades)-DMM (Data Management Maturity – Madurez de Gestión de Datos). (Véase el capítulo 15.)

- **Representación de los *stewards*:** El compromiso de la organización con la estrategia de gestión de Metadatos, puede ser demostrado a través del nombramiento de los *Data Stewards* que cubran todos los dominios de datos de la empresa y a través de la documentación de estos roles en las descripciones de los puestos de trabajo.

- **Uso de Metadatos:** El incremento en el número de usuarios que utilizan el repositorio de Metadatos se puede medir mediante los conteos de inicio de sesión del repositorio. La frecuencia en que los usuarios hacen referencia a los Metadatos es una medida más difícil de obtener. Es posible que se requieran medidas anecdóticas sobre encuestas cualitativas para obtener esta métrica

- **Actividad de Glosario de Negocio:** Uso, actualización, obtención de definiciones, cobertura.

- **Cumplimiento de servicios de Datos Maestros:** Muestra la reutilización de datos en soluciones SOA. Los Metadatos ayudan a los desarrolladores a decidir cuándo un nuevo desarrollo podría utilizar un servicio existente.

- **Calidad de la documentación de Metadatos:** Se debe evaluar la calidad de la documentación de Metadatos mediante métodos automáticos y manuales. Los métodos automáticos incluyen la aplicación de lógica para comparar dos fuentes, midiendo cuánto coinciden y cómo cambian en el tiempo. Otra métrica mediría el porcentaje de atributos que tienen definiciones y cómo éstas cambian a lo largo del tiempo. Los métodos manuales incluyen encuestas aleatorias o completas, basadas en definiciones de calidad del negocio. Las métricas de calidad indican la integridad, confiabilidad, actualidad, etc., de los Metadatos en el repositorio.

- **Disponibilidad de repositorios de Metadatos:** Tiempo de actividad y de procesamiento (vía procesamiento en lote y consulta en línea).

7. Trabajos Citados / Recomendados

Aiken, Peter. Data Reverse Engineering: Slaying the Legacy Dragon. 1995.

Foreman, John W. Data Smart: Using Data Science to Transform Information into Insight. Wiley, 2013. Print.

Loshin, David. Enterprise Knowledge Management: The Data Quality Approach. Morgan Kaufmann, 2001.

Marco, David. Building and Managing the Meta Data Repository: A Full Lifecycle Guide. Wiley, 2000. Print.

Milton, Nicholas Ross. Knowledge Acquisition in Practice: A Step-by-step Guide. Springer, 2007. Print. Decision Engineering.

Park, Jung-ran, ed. Metadata Best Practices and Guidelines: Current Implementation and Future Trends. Routledge, 2014. Print.

Pomerantz, Jeffrey. Metadata. The MIT Press, 2015. Print. The MIT Press Essential Knowledge ser.

Schneier, Bruce. Data and Goliath: The Hidden Battles to Collect Your Data and Control Your World. W. W. Norton and Company, 2015. Print.

Tannenbaum, Adrienne. Implementing a Corporate Repository: The Models Meet Reality. Wiley, 1994. Print. Wiley Professional Computing.

Warden, Pete. Big Data Glossary. O'Reilly Media, 2011. Print.

Zeng, Marcia Lei and Jian Qin. Metadata. 2nd ed. ALA Neal-Schuman, 2015. Print

CAPÍTULO 13

Calidad de Datos

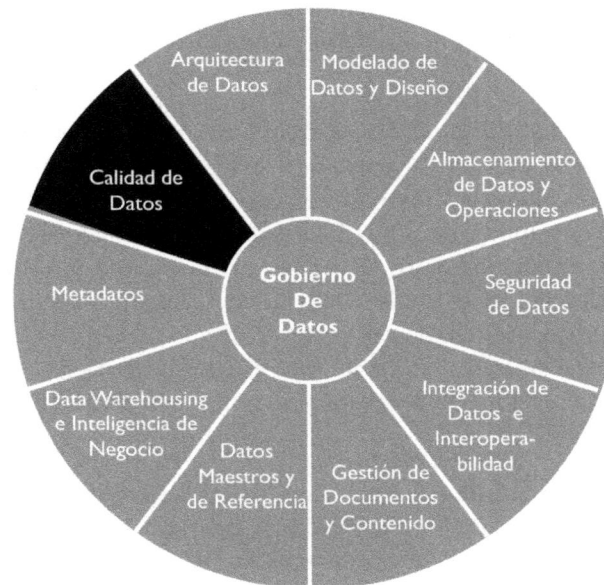

DAMA-DMBOK2 Marco de Referencia de Gestión de Datos

Copyright © 2017 by **DAMA** International

1. Introducción

La gestión efectiva de datos implica un conjunto de procesos complejos e interrelacionados que permiten a una organización utilizar sus datos para lograr objetivos estratégicos. La gestión de datos incluye la capacidad de diseñar datos para aplicaciones, almacenarlos y acceder a ellos de forma segura, compartirlos de manera adecuada, aprender de ellos y garantizar que satisfagan las necesidades del negocio. Un supuesto que subyace la certeza acerca del valor de los datos es que los datos en por sí solos son confiables y dignos de confianza. En otras palabras, que son de alta calidad.

Sin embargo, muchos factores pueden socavar esa suposición al contribuir a la poca calidad de los datos: falta de comprensión sobre los efectos de los datos de baja calidad en el éxito de la organización, mala planificación, diseño de sistemas 'en silos', procesos de desarrollo inconsistentes, documentación incompleta, falta de estándares, o falta de gobierno. Muchas organizaciones no logran definir qué hace que los datos sean adecuados para su propósito.

Todas las disciplinas de gestión de datos contribuyen a la calidad de los datos, y el objetivo de todas las disciplinas de gestión de datos debe ser la alta calidad de la información de manera que respalde a la organización. Debido a que las decisiones o acciones no informadas de cualquier persona que interactúa con los datos pueden dar como resultado datos de baja calidad, la producción de datos de alta calidad requiere compromiso y coordinación interfuncionales. Las organizaciones y los equipos deben ser conscientes de esto y deben planificar pensando en datos de alta calidad, ejecutando procesos y proyectos de manera que tengan en cuenta el riesgo relacionado con condiciones inesperadas o inaceptables en los datos. Debido a que ninguna organización tiene procesos comerciales perfectos, procesos técnicos perfectos o prácticas perfectas de gestión de datos, todas las organizaciones experimentan problemas relacionados con la calidad de sus datos. Las organizaciones que gestionan formalmente la calidad de los datos tienen menos problemas que las que dejan la calidad de los datos al azar.

La gestión formal de la calidad de los datos es similar a la gestión continua de la calidad para otros productos. Incluye la gestión de datos a través de su ciclo de vida mediante el establecimiento de estándares, la creación de calidad en los procesos que crean, transforman y almacenan datos, y la medición de datos contra estándares de calidad. La gestión de datos a este nivel generalmente requiere un equipo de programa de calidad de datos. El equipo del programa de calidad de datos es responsable de involucrar a los profesionales de la gestión de datos del negocio y técnicos, con el trabajo de aplicar técnicas de gestión de calidad a los datos para garantizar que los datos sean aptos para el consumo de una vasta variedad de propósitos. Es probable que el equipo participe en una serie de proyectos a través de los cuales pueden establecer procesos y mejores prácticas, mientras abordan problemas de datos de alta prioridad.

Debido a que gestionar la calidad de los datos implica el ciclo de vida de los datos, un programa de Calidad de los Datos también tendrá responsabilidades operativas relacionadas con el uso de los datos. Por ejemplo, informar sobre los niveles de calidad de los datos y participar en el análisis, cuantificación y priorización de los problemas de datos. El equipo también es responsable de trabajar con aquellos que necesitan datos para hacer su trabajo, garantizando que los datos satisfagan sus necesidades y trabajar con aquellos que crean, actualizan o eliminan datos en el curso de sus trabajos para asegurarse de que están manejando los datos adecuadamente. La calidad de los datos depende de todos los que interactúan con los datos, no solo de los profesionales de gestión de datos.

Como es el caso con Gobierno de Datos y con la gestión de datos en su conjunto, la Gestión de la Calidad de los Datos es un programa, no un proyecto. Incluirá tanto proyectos, como trabajos de mantenimiento, junto con un compromiso a generar comunicaciones y capacitación. Lo más importante, el éxito a largo plazo del programa de mejora de la calidad de los datos depende de lograr que una organización cambie su cultura y adopte una mentalidad orientada a la calidad. Como se indica en el Manifiesto del Líder de Datos: el cambio fundamental y duradero requiere un liderazgo comprometido y la participación de personas de todos los niveles en una organización. Las personas que usan datos para hacer su trabajo, que en la mayoría de las organizaciones es un porcentaje muy alto de empleados, necesitan ser los que impulsan el cambio. Uno de los cambios más críticos para enfocarse es cómo sus organizaciones gestionan y mejoran la calidad de sus datos[70].

---

[70] Para acceder al texto completo de *The Leader´s Manifesto*, ir a http://bit.ly/2sQhcy7.

Gestión de Calidad de Datos

Definición: La planificación, implementación, y actividades de control que aplican técnicas de gestión de calidad a los datos, en orden de asegurar que sean aptos para su consumo y satisfagan las necesidades de consumidores de datos.

Metas:
1. Desarrollar un enfoque goberrado para que los datos cumplan con su propósito basado en los requerimientos del consumidor de datos.
2. Definir estándares, requerimientos, y especificaciones para el control de calidad de datos como parte del ciclo de vida de los datos.
3. Definir e implementar procesos para medir, monitorear y reportar los niveles de calidad de datos.
4. Identificar y abogar por oportunidades para mejorar la calidad de datos, a través de mejoras de procesos y sistemas.

Motivadores de Negocio

Entradas:
- Políticas y Estándares de Datos
- Expectativas de Calidad de Datos
- Requerimientos del Negocio
- Reglas de Negocio
- Requerimientos de Datos
- Metadatos del Negocio
- Metadatos Técnicos
- Fuentes y Repositorios de Datos
- Linaje de Datos

Actividades:
1. **Definir Datos de Alta calidad (P)**
2. **Definir una Estrategia de Calidad de Datos (P)**
3. **Definir el Alcance de la Evaluación Inicial (P)**
   1. Identificar Datos Críticos
   2. Identificar Reglas y Patrones Existentes
4. **Ejecutar Evaluación de Calidad de Datos Inicial (P)**
   1. Identificar y Priorizar Problemas
   2. Ejecutar análisis de causa, raíz de los problemas
5. **Identificar y Priorizar Mejoras**
   1. Priorizar acciones basadas en el impacto al negocio
   2. Desarrollar acciones preventivas y correctivas
   3. Confirmar acciones planeadas
6. **Desarrollar y desplegar operaciones de calidad de datos (D)**
   1. Desarrollar Procedimientos Operacionales de Calidad de Datos
   2. Corregir Defectos de Calidad de Datos
   3. Medir y Monitorear la Calidad de Datos
   4. Reportar Niveles de Calidad de Datos y hallazgos

Salidas:
- Estrategia de Calidad de Datos y Marco de Referencia
- Organización del Programa de Calidad de Datos
- Análisis del Perfilamiento de Datos
- Recomendaciones basadas en análisis de causa, raíz de los problemas
- Procedimientos de DQM
- Reportes de Calidad de Datos
- Reportes de Gobierno de Calidad de Datos
- Acuerdos de Nivel de Servicio de Calidad de Datos
- Políticas y Directrices de DQ

Proveedores:
- Gerencia del Negocio
- Expertos en la Materia
- Arquitectos de Datos
- Modeladores de Datos
- Especialistas de Sistemas
- Data Stewards
- Analistas de Procesos de Negocio

Participantes:
- CDO
- Analistas de Calidad de Datos
- Data Stewards
- Propietarios de Datos
- Analistas de Datos
- Administradores de Base de Datos
- Profesionales de Datos
- Gerentes DQ
- Operaciones IT
- Arquitectos de Integración de Datos
- Equipo de Cumplimiento

Consumidores:
- Consumidores de Datos del Negocio
- Data Stewards
- Profesionales de Datos
- Profesionales TI
- Trabajadores del Conocimiento
- Órganos de Gobierno de Datos
- Organizaciones Socias
- Centros de Excelencia

Motivadores Técnicos

Técnicas:
- Comprobación de puntos usando múltiples subconjuntos
- Etiquetas y Notas para marcar los problemas de Datos
- Análisis de causa-raíz
- Control de procesos estadísticos

Herramientas:
- Motores de Perfilamiento, Herramientas de Consulta
- Plantillas de Reglas de Calidad de Datos
- Control de Calidad y Módulos de Auditoría de Código

Métricas:
- Métricas de Gobierno y Conformidad
- Resultados de Medidas de Calidad de Datos
- Tendencias de Mejora
- Métricas de Gestión de Problemas

(P) Planificación, (C) Control, (D) Desarrollo, (O) Operaciones

Figura 91 Diagrama de Contexto: Calidad de Datos

1.1 Motivadores de Negocio

Los motivadores de negocio para establecer un programa formal de gestión de calidad de datos incluyen:

- Aumentar el valor de los datos de la organización y las oportunidades para usarlos
- Reducción de riesgos y costos asociados con datos de baja calidad
- Mejora de la eficiencia y productividad de la organización
- Protección y mejora de la reputación de la organización.

Las organizaciones que desean obtener valor de sus datos reconocen que los datos de alta calidad son más valiosos que los de baja calidad. Los datos de baja calidad están cargados de riesgos (Ver Capítulo 1). Puede dañar la reputación de una organización, resultando en multas, pérdida de ingresos, pérdida de clientes y exposición negativa a los medios. Los requisitos reglamentarios a menudo exigen datos de alta calidad. Además, muchos costos directos están asociados con datos de baja calidad. Por ejemplo:

- Incapacidad de facturar correctamente
- Aumento de las llamadas de servicio al cliente y disminución de la capacidad para resolver sus problemas
- Pérdida de ingresos debido a oportunidades de negocio perdidas
- Retraso de la integración durante fusiones y adquisiciones.
- Mayor exposición al fraude
- Pérdida debido a malas decisiones comerciales impulsadas por datos incorrectos
- Pérdida de negocios debido a la falta de buena solvencia crediticia.

Aún así, los datos de alta calidad no son un fin en sí mismos. Es un medio para el éxito organizacional. Los datos confiables no solo mitigan el riesgo y reducen los costos, sino que también mejoran la eficiencia. Los empleados pueden responder preguntas de manera más rápida y coherente cuando trabajan con datos confiables. Pasan menos tiempo tratando de averiguar si los datos son correctos y más tiempo utilizando los datos para obtener información, tomar decisiones y atender a los clientes.

1.2 Metas y Principios

Los programas de calidad de datos se centran en estas metas generales:

- Desarrollar un enfoque de gobierno para hacer que los datos se ajusten a su propósito según los requerimientos de los consumidores de datos
- Definir estándares y especificaciones para controles de calidad de datos como parte del ciclo de vida de los datos
- Definir e implementar procesos para medir, monitorear e informar sobre los niveles de calidad de los datos
- Identificar y abogar por oportunidades para mejorar la calidad de los datos, a través de cambios en los procesos y sistemas, y participar en actividades que mejoren de manera considerable la calidad de los datos en función de los requerimientos de los consumidores de datos.

Los programas de calidad de datos deben guiarse por los siguientes principios:

- **Criticidad**: Un programa de calidad de datos debe centrarse en los datos más críticos para la empresa y sus clientes. Las prioridades de mejora deben basarse en la importancia crítica de los datos y en el nivel de riesgo si los datos no son correctos.
- **Gestión del ciclo de vida**: La calidad de los datos debe gestionarse en todo el ciclo de vida de los datos, desde la creación o adquisición hasta la eliminación. Esto incluye la gestión de datos a medida que se mueven dentro y entre sistemas (por ejemplo, cada enlace en la cadena de datos debe garantizar que la salida de datos sea de alta calidad).
- **Prevención**: El objetivo de un programa de calidad de datos debe ser prevenir los errores de datos y las condiciones que reducen la usabilidad de los datos; no debe enfocarse simplemente en corregir registros.
- **Remediación de la causa raíz**: Mejorar la calidad de los datos va más allá de corregir los errores. Los problemas con la calidad de los datos deben entenderse y abordarse en sus causas principales, en lugar de solo sus síntomas. Debido a que estas causas a menudo están relacionadas con el diseño de procesos o sistemas, mejorar la calidad de los datos a menudo requiere cambios en los procesos y los sistemas que los respaldan.

- **Gobierno**: Las actividades de gobierno de datos deben respaldar el desarrollo de datos de alta calidad y las actividades del programa de calidad de datos deben respaldar y mantener un entorno de datos gobernado.
- **Basado en estándares**: Todos los interesados en el ciclo de vida de los datos tienen requerimientos de calidad de datos. En la medida de lo posible, estos requerimientos deben definirse en forma de estándares y expectativas medibles contra los cuales se pueda medir la calidad de los datos.
- **Medición objetiva y transparencia**: Los niveles de calidad de los datos deben medirse de manera objetiva y coherente. Las mediciones y la metodología de medición deben compartirse con las partes interesadas, ya que son los árbitros de la calidad.
- **Integrado en procesos comerciales**: Los propietarios de procesos comerciales son responsables de la calidad de los datos producidos a través de sus procesos. Deben hacer cumplir los estándares de calidad de datos en sus procesos.
- **Aplicación sistemática**: Los propietarios de los sistemas deben hacer cumplir sistemáticamente los requerimientos de calidad de los datos.
- **Conectado a niveles de servicio**: Los informes de calidad de datos y la gestión de problemas deben incorporarse en los Acuerdos de Nivel de Servicio (SLA).

1.3 Conceptos Esenciales

1.3.1 Calidad de Datos

El término calidad de datos se refiere tanto a las características asociadas con datos de alta calidad como a los procesos utilizados para medir o mejorar la calidad de éstos. Estos usos duales pueden ser confusos, por lo que ayuda a separarlos si se aclara qué constituye datos de alta calidad.[71]

Los datos son de alta calidad en la medida en que satisfacen las expectativas y necesidades de los consumidores de datos. Es decir, si los datos son adecuados para los fines a los que desean aplicarlos. Son de baja calidad si no son aptos para esos fines. La calidad de los datos depende, por lo tanto, del contexto y de las necesidades del consumidor de datos.

Uno de los desafíos en la gestión de la calidad de los datos es que no siempre se conocen las expectativas relacionadas con la calidad de los datos. Los clientes no pueden articularlos. A menudo, las personas que administran los datos ni siquiera preguntan sobre estos requisitos. Sin embargo, para que los datos sean fiables y confiables, los profesionales de administración de datos deben comprender mejor los requisitos de calidad de sus clientes y cómo medirlos. Esto debe ser una discusión continua, ya que los requisitos cambian con el tiempo a medida que evolucionan las necesidades del negocio y las fuerzas externas.

1.3.2 Datos Críticos

La mayoría de las organizaciones tienen muchos datos, y no todos tienen la misma importancia. Un principio de la gestión de la Calidad de los Datos es centrar los esfuerzos de mejora en los datos que

---

[71] En el DAMA-DMBOK2, hemos tratado de evitar el uso de las palabras de calidad de datos sin aclarar su contexto. Por ejemplo, refiriéndose a datos de alta calidad o datos de baja calidad, y a esfuerzos de trabajo de calidad de datos o actividades de calidad de datos.

son más importantes para la organización y sus clientes. Hacerlo, le da al programa alcance y enfoque, y le permite tener un impacto directo y medible en las necesidades del negocio.

Si bien los motivadores específicos para la criticidad diferirán según la industria, existen características comunes en todas las organizaciones. Los datos se pueden evaluar en función de si son requeridos por:

- Reportes regulatorios
- Informes financieros
- Política de la empresa
- Operaciones en marcha
- Estrategia del negocio, especialmente esfuerzos de diferenciación competitiva

Los datos maestros son críticos por definición. Los conjuntos de datos o los elementos de datos individuales pueden evaluarse para determinar la importancia crítica en función de los procesos que los consumen, la naturaleza de los informes en los que aparecen o el riesgo financiero, regulatorio o de reputación para la organización, si algo saliera mal con los datos.[72]

1.3.3 Dimensiones de Calidad de Datos

Una *dimensión de calidad de datos* es una característica medible de los datos. El término dimensión se utiliza para hacer una analogía con la medición de objetos físicos (por ejemplo, longitud, ancho, altura). Las dimensiones de calidad de datos proporcionan un vocabulario para definir los requisitos de calidad de éstos. A partir de ahí, se pueden usar para definir los resultados de la evaluación inicial de la calidad de los datos, así como la medición continua. Para medir la calidad de los datos, una organización necesita establecer características que sean importantes para los procesos de negocio (que valen la pena medir) y medibles. Las dimensiones proporcionan una base para reglas medibles, que deberían estar directamente conectadas a riesgos potenciales en procesos críticos.

Por ejemplo, si los datos en el campo de dirección de correo electrónico del cliente están incompletos, entonces no podremos enviar información del producto a nuestros clientes por correo electrónico, y perderemos ventas potenciales. Por lo tanto, mediremos el porcentaje de clientes para los que tenemos direcciones de correo electrónico utilizables y mejoraremos nuestros procesos hasta que tengamos una dirección de correo electrónico utilizable para al menos el 98% de nuestros clientes.

Muchos pensadores líderes en calidad de datos han publicado conjuntos de dimensiones[73]. Los tres más influyentes se describen aquí porque proporcionan información sobre cómo pensar en lo que significa tener datos de alta calidad, así como sobre cómo se puede medir la calidad de los datos.

El marco Strong-Wang (1996) se centra en las percepciones de los consumidores de datos. Describe 15 dimensiones en cuatro categorías generales de calidad de datos:

- Calidad de Datos Intrínseca
  - Precisión
  - Objetividad
  - Credibilidad
  - Reputación

---

[72] Ver Jugulum (2014), Capítulos 6 y 7 para un enfoque para racionalizar datos críticos.

[73] Además de los ejemplos detallados aquí y numerosos trabajos académicos sobre este tema, consulte Loshin (2001), Olson (2003), McGilvray (2008) y Sebastian-Coleman (2013) para obtener discusiones detalladas sobre las dimensiones de la calidad de los datos. Ver Myers (2013) para una comparación de dimensiones.

- Calidad de Datos Contextual
  - Valor agregado
  - Relevancia
  - Oportunidad
  - Completitud
  - Cantidad apropiada de datos
- Calidad de Datos Representacional
  - Interoperabilidad
  - Facilidad de comprensión
  - Consistencia representacional
  - Representación concisa
- Calidad de Datos de Accesibilidad
  - Accesibilidad
  - Seguridad de acceso

En *Calidad de datos para la era de la información* (1996), Thomas Redman formuló un conjunto de dimensiones de calidad de datos arraigadas en la estructura de datos[74]. Redman define un elemento de datos como un "triple representable": un valor del dominio de un atributo dentro de una entidad. Las dimensiones se pueden asociar con cualquiera de los componentes de datos: el modelo (entidades y atributos), así como los valores. Redman incluye la dimensión de representación, que define como un conjunto de reglas para registrar elementos de datos. Dentro de estas tres categorías generales (modelo de datos, valores de datos, representación), describe más de dos docenas de dimensiones. Incluyen lo siguiente:

Modelo de datos:
- Contenido:
  - Relevancia de los datos
  - La capacidad de obtener los valores.
  - Claridad de definiciones
- Nivel de detalle:
  - Granularidad de atributo
  - Precisión de dominios de atributo
- Composición:
  - Naturalidad: la idea de que cada atributo debe tener una contraparte simple en el mundo real y que cada atributo debe tener un solo hecho sobre la entidad
  - Capacidad de identificación: Cada entidad debe ser distinguible de cualquier otra entidad
  - Homogeneidad
  - Redundancia mínima necesaria
- Consistencia:
  - Consistencia semántica de los componentes del modelo.
  - Consistencia de la estructura de los atributos en todos los tipos de entidad.
- Reacción al cambio:
  - Robustez
  - Flexibilidad

---

[74] Redman amplió y revisó su conjunto de dimensiones en Data Quality: The Field Guide (2001).

Valores de datos:
- Exactitud
- Completitud
- Vigencia
- Consistencia

Representación:
- Idoneidad
- Interpretabilidad
- Portabilidad
- Precisión de formato
- Flexibilidad de formato
- Capacidad para representar valores nulos
- Uso eficiente del almacenamiento
- Instancias físicas de datos que están de acuerdo con sus formatos

Redman reconoce que la consistencia de entidades, valores y representación se puede entender en términos de restricciones. Los diferentes tipos de consistencia están sujetos a diferentes tipos de restricciones.

En *Mejorando el almacenamiento de datos y la calidad de la información del negocio* (1999), Larry English presenta un conjunto integral de dimensiones divididas en dos amplias categorías: inherentes y pragmáticas[75]. Las características inherentes son independientes del uso de datos. Las características pragmáticas están asociadas con la presentación de datos y son dinámicas; su valor (calidad) puede cambiar según los usos de los datos.

- Características de calidad **inherentes**
  - Conformidad de definición
  - *Completitud* de los valores
  - Validez o conformidad con las reglas de negocio
  - Exactitud a una fuente sustituta
  - Exactitud a la realidad
  - Precisión
  - No duplicación
  - Equivalencia de datos redundantes o distribuidos
  - Concurrencia de datos redundantes o distribuidos
- Características de calidad pragmática
  - Accesibilidad
  - Puntualidad
  - Claridad contextual
  - Usabilidad
  - Integridad de derivación
  - Que sea correcto o que los hechos estén completos

En 2013, DAMA UK produjo un documento describiendo seis dimensiones centrales de la calidad de los datos:

---

[75] English amplió y revisó sus dimensiones en Information Quality Applied (2009).

- *Completitud*: La proporción de datos almacenados frente al potencial del 100%.
- **Singularidad:** Ninguna instancia de entidad (cosa) se registrará más de una vez en función de cómo se identifica esa entidad.
- **Oportunidad:** El grado en que los datos representan la realidad desde un momento en el tiempo requerido.
- **Validez:** Los datos son válidos si se ajustan a la sintaxis (formato, tipo, rango) de su definición.
- **Precisión:** El grado en que los datos describen correctamente el objeto o evento del "mundo real" que se describe.
- **Consistencia:** La ausencia de diferencia, cuando se comparan dos o más representaciones de una cosa con una definición.

El documento técnico de DAMA UK también describe otras características que tienen un impacto en la calidad. Si bien el documento técnico no les llama dimensiones, éstas funcionan de manera similar a la Calidad de los Datos Contextual y Representativo de Strong y Wang y a las características pragmáticas de English.

- **Usabilidad:** ¿Los datos son comprensibles, simples, relevantes, accesibles, se pueden mantener y tienen el nivel correcto de precisión?
- **Problemas de temporalidad** (más allá de la oportunidad misma): Se pregunta si es estable y si responde a las solicitudes de cambio legítimas.
- **Flexibilidad:** ¿Los datos son comparables y compatibles con otros datos? ¿Tienen agrupaciones y clasificaciones útiles? ¿Se pueden reutilizar? ¿Son fáciles de manipular?
- **Confianza:** ¿Están implementados los procesos de Gobierno de Datos, Protección de Datos y Seguridad de Datos? ¿Cuál es la reputación de los datos? ¿Son verificables o se verifican?
- **Valor:** ¿Existe un buen caso de costo/beneficio para los datos? ¿Se está utilizando de manera óptima? ¿Ponen en peligro la seguridad o privacidad de las personas o de las responsabilidades legales de la empresa? ¿Apoya o contradice la imagen o el mensaje corporativos?

Si bien no existe un conjunto único y acordado de dimensiones de calidad de datos, estas formulaciones contienen ideas comunes. Las dimensiones incluyen algunas características que pueden medirse objetivamente (completitud, validez, conformidad del formato) y otras que dependen de un contexto importante o de una interpretación subjetiva (usabilidad, fiabilidad, reputación). Independientemente de los nombres que se utilicen, las dimensiones se centran en si hay suficientes datos (completitud), si son correctos (precisión, validez), qué tan bien encajan (consistencia, integridad, unicidad), si están actualizados (puntualidad), accesibles, utilizables y seguros. La Tabla 29 contiene definiciones de un conjunto de dimensiones de calidad de datos, sobre las cuales existe un acuerdo general y describe los enfoques para medirlas.

Tabla 29 Dimensiones Comunes de la Calidad de los Datos

Dimensiones de Calidad	Descripción
Exactitud	Exactitud se refiere al grado en el que los datos representan correctamente entidades 'de la vida real'. La exactitud es difícil de medir, a menos que una organización pueda reproducir colecciones de datos o confirmar manualmente la exactitud de los registros. La mayoría de las medidas de exactitud dependen de la comparación con una fuente de datos que ha sido verificada como exacta, como un sistema de registros o datos de una fuente confiable (por ejemplo, datos de referencia de *Dun and Bradstreet*).

Dimensiones de Calidad	Descripción
Completitud	*Completitud* se refiere a si todos los datos están presentes. La completitud puede medirse al nivel de conjunto de datos, registro o columna. ¿Contienen los datos todos los registros esperados? ¿Están los registros poblados correctamente? (Registros con diferentes estados pueden tener diferentes expectativas de completitud.) ¿Están las columnas/atributos poblados al nivel esperado? (Algunas columnas son mandatorias. Columnas opcionales son pobladas solamente bajo condiciones específicas.) Asignar reglas de completitud a un conjunto de datos con distintos niveles de restricción: Atributos mandatorios que requieren un valor, elementos de datos con valores condicionales u opcionales, y valores de atributos inaplicables. Las mediciones a nivel de conjunto de datos pueden requerir la comparación a una fuente de registros o pueden estar basadas en niveles históricos de población.
Consistencia	La consistencia se puede referir a asegurar que los valores de datos sean representados consistentemente dentro de un conjunto de datos y entre conjuntos de datos, y consistentemente asociados entre conjuntos de datos. También se puede referir al tamaño y composición de los conjuntos de datos entre sistemas a lo largo del tiempo. La consistencia puede estar definida entre los valores de un conjunto de datos y otro conjunto de atributos en el mismo registro (consistencia a nivel de registro), entre un conjunto de valores de atributos y otro conjunto de atributos en registros diferentes (consistencia entre registros), o entre un conjunto de valores de atributos y el mismo conjunto de atributos dentro del mismo registro en distintos momentos (consistencia temporal). La consistencia puede también ser utilizada para referirse a la consistencia de formato. Tome en cuenta no confundir consistencia con precisión o correctitud. Características que se espera sean consistentes dentro y entre conjuntos de datos pueden ser utilizadas como base para la estandarización de datos. La estandarización de datos se refiere al acondicionamiento de la entrada de datos para asegurar que los datos cumplan las reglas de contenido y formato. Estandarizar datos permite realizar comparaciones efectivas y facilita la generación de salidas consistentes. Encapsular las restricciones de consistencia como un conjunto de reglas que especifican relaciones consistentes entre valores de atributos, ya sea entre registros o mensajes, o a lo largo de todos los valores de un solo atributo (como un rango o lista de valores válidos). Por ejemplo, uno puede esperar que el número de transacciones diarias no exceda el 105% del promedio de transacciones de los últimos 30 días.
Integridad	Integridad de datos (o coherencia) incluye ideas asociadas con la completitud, exactitud y consistencia. En datos, la integridad se refiere usualmente a la integridad referencial (consistencia entre objetos de datos vía una clave referencial contenida en ambos objetos) o consistencia interna dentro de un conjunto de datos, como que no existan vacíos o partes faltantes. Los conjuntos de datos sin integridad son vistos como corruptos, o con pérdida de datos. Los conjuntos de datos sin integridad referencial tienen 'huérfanos' – claves de referencia inválida, o 'duplicados' – registros idénticos que pueden afectar negativamente las funciones de agregación. El nivel de registros huérfanos puede ser medido como un conteo de registros o un porcentaje del conjunto de datos.
Razonabilidad	La razonabilidad pregunta si un patrón de datos cumple las expectativas. Por ejemplo, si una distribución de ventas a lo largo de un área geográfica tiene sentido basado en lo que es conocido acerca de los clientes de esa área. La medición de razonabilidad puede tomar diferentes formas. Por ejemplo, la razonabilidad puede estar basada en la comparación para generar data referencial, o instancias pasadas de conjuntos de datos similares (por ejemplo, ventas desde el trimestre anterior). Algunas ideas acerca de la razonabilidad pueden ser percibidas como subjetivas. Si éste es el caso, trabaje con los consumidores de datos para articular la base de sus expectativas de datos para formular comparaciones objetivas. Una vez que las medidas referenciales de razonabilidad están establecidas, éstas pueden utilizarse para comparar objetivamente nuevas instancias de los mismos datos en el mismo conjunto de datos con la finalidad de identificar cambios. (ver Sección 4.5.)

Dimensiones de Calidad	Descripción
Oportunidad	El concepto de oportunidad de datos se refiere a varias características de los datos. Las mediciones de oportunidad necesitan ser entendidas en términos de la volatilidad esperada – que tan frecuente los datos cambian y las razones. La vigencia de los datos es la medida en la cual los valores de datos son la versión más actualizada de la información. Datos relativamente estáticos, por ejemplo, algunos valores de datos referenciales como códigos de países, pueden mantenerse vigentes por largos períodos de tiempo. Datos volátiles se mantienen vigentes por cortos períodos de tiempo. Algunos datos, por ejemplo, valores de acciones en páginas *web* financieras, muestran generalmente mensajes que indican que los valores se tomaron en un momento del tiempo, de tal manera que los consumidores de datos entiendan que existe el riesgo de que los datos hayan cambiado desde que fueron registrados. Durante el día, mientras los mercados están abiertos, esos datos serán actualizados frecuentemente. Una vez que los mercados cierran, los datos no cambiarán, pero seguirán siendo vigentes, ya que el mercado está inactivo. La latencia mide el tiempo entre la creación del dato y cuando fue disponibilizado para su uso. Por ejemplo, cargas por lotes nocturnas pueden tener una latencia de 1 día a las 8am para los datos que ingresaron en el sistema el día anterior, pero solamente una hora para los datos generados durante la carga por lotes. (ver Capítulo 8.)
Unicidad / *Deduplicació*n	Unicidad establece que ninguna entidad existe más de una vez en el conjunto de datos. Confirmar la unicidad de las entidades dentro de un conjunto de datos implica que el valor de la clave se relaciona con cada entidad única, y solamente esta entidad específica, dentro del conjunto de datos. Mida la unicidad probando contra la estructura de claves. (ver Capítulo 5)
Validez	La validez se refiere a si los valores de datos son consistentes dentro de un dominio de valores definido. Un dominio de valores puede ser un conjunto de valores válidos (como en una tabla de referencia), un rango de valores, o un valor que puede ser determinado mediante reglas. El tipo de dato, formato y precisión de los valores esperados puede ser considerado en la definición del dominio. Los datos pueden también ser válidos solamente por un período específico de tiempo, por ejemplo, datos que son generados desde RFID (ID de radio frecuencia) o algunos conjuntos de datos científicos. Valide los datos comparándolos con las restricciones de dominio. No olvide que los datos pueden ser válidos (por ejemplo, pueden cumplir los requerimientos de dominio) y de todas formas no estar asociados con precisión o correctamente con registros particulares.

La Figura 92 alinea las dimensiones y los conceptos de calidad de datos asociados con esas dimensiones. Las flechas indican superposiciones significativas entre conceptos y también demuestran que no hay acuerdo sobre un conjunto específico. Por ejemplo, la dimensión de precisión está asociada con "está de acuerdo con el mundo real" y "coincide con la fuente acordada" y también con los conceptos asociados con la validez, como la "derivación correcta".

1.3.4 Calidad de Datos y Metadatos

Los Metadatos son críticos para gestionar la calidad de los datos. La calidad de los datos se basa en qué tan bien cumple con los requisitos de los consumidores de datos. Los Metadatos definen lo que representan los datos. Tener un proceso sólido mediante el cual se definen los datos, respalda la capacidad de una organización para formalizar y documentar los estándares y requisitos mediante los cuales se puede medir la calidad de los datos. La calidad de los datos se trata de cumplir con las expectativas. Los Metadatos son un medio principal para satisfacer las expectativas.

Los Metadatos, bien administrados, también pueden respaldar el esfuerzo por mejorar la calidad de los datos. Un repositorio de Metadatos puede albergar los resultados de las mediciones de calidad de datos para que éstos se compartan en toda la organización y el equipo de calidad de datos pueda trabajar hacia un consenso sobre las prioridades y los motivadores para la mejora. (Ver Capítulo 12.)

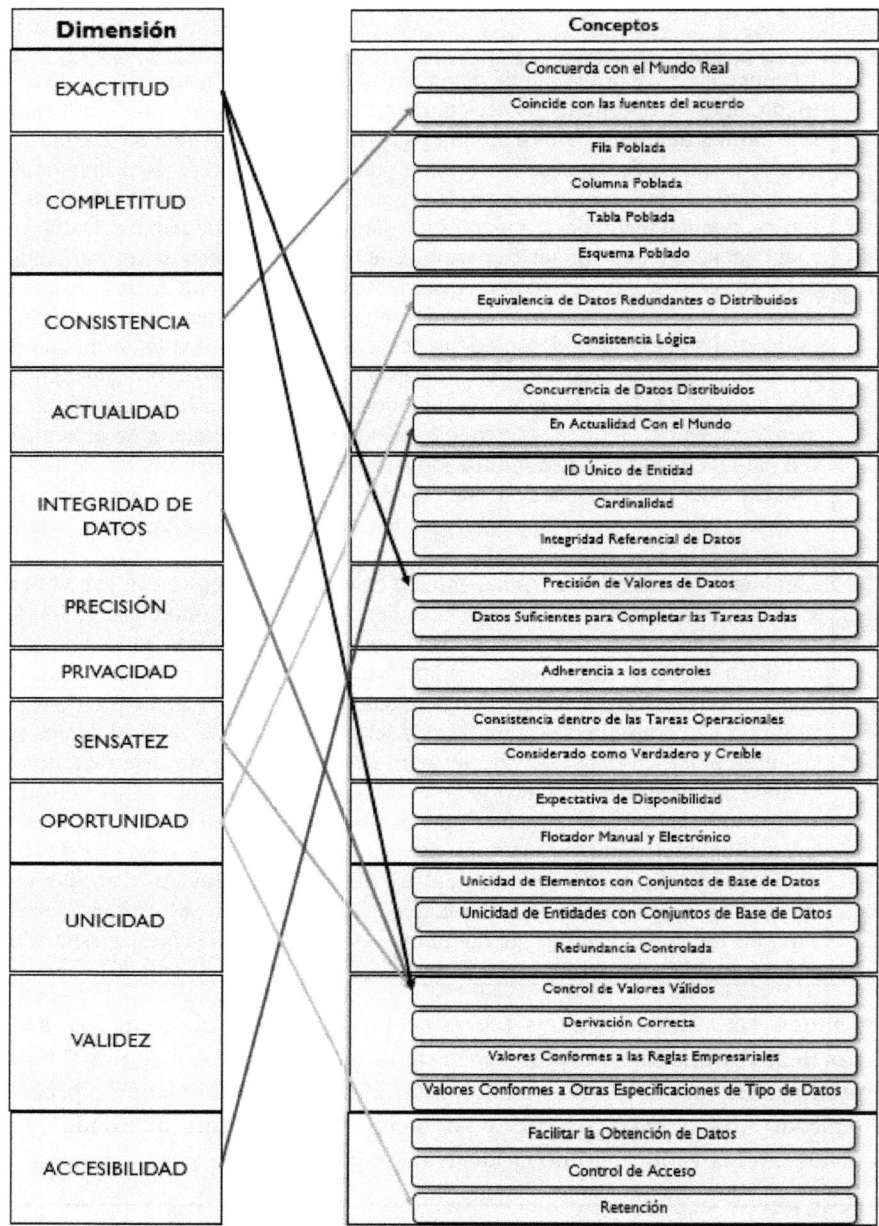

Figura 92 Relación entre dimensiones de calidad de datos[76]

1.3.5 Estándar ISO de Calidad de Datos

La norma ISO 8000, la norma internacional para la calidad de los datos se está desarrollando para permitir el intercambio de datos complejos en una forma neutral de aplicación. En la introducción de la norma ISO afirma: "La capacidad de crear, recopilar, almacenar, mantener, transferir, procesar y presentar datos para respaldar los procesos de negocio de manera oportuna y rentable requiere una

---

[76] Adaptado de Myers (2013), usado con permiso.

comprensión de las características de los datos que determinan su calidad y la capacidad de medir, gestionar e informar sobre la calidad de los datos".

ISO 8000 define características que pueden ser probadas por cualquier organización en la cadena de suministro de datos para determinar objetivamente la conformidad de los datos con ISO 8000.[77]

La primera parte publicada de ISO 8000 (parte 110, publicada en 2008) se centró en la sintaxis, la codificación semántica y la conformidad con la especificación de datos de los Datos Maestros. Otras partes proyectadas para el estándar incluyen la parte 100 - Introducción, la parte 120 - Procedencia, la parte 130 - Precisión y la parte 140 - Completitud.[78]

ISO define los datos de calidad como "datos portátiles que cumplen con los requisitos establecidos"[79]. El estándar de calidad de datos está relacionado al trabajo general de ISO sobre portabilidad y preservación de datos. Los datos se consideran "portátiles" si pueden separarse de una aplicación de *software*. Los datos que solo se pueden usar o leer con una aplicación de *software* con licencia específica están sujetos a los términos de la licencia de *software*. Es posible que una organización no pueda usar los datos que creó a menos que esos datos se puedan separar del *software* que se usó para crearlos. Para cumplir con los requisitos establecidos se requiere que estos requisitos se definan de manera clara y sin ambigüedades. ISO 8000 es compatible con ISO 22745, un estándar para definir e intercambiar datos maestros. ISO 22745 define cómo deben construirse las declaraciones de requisitos de datos, proporciona ejemplos en XML y define un formato para el intercambio de datos codificados.[80] ISO 22745 crea datos portátiles al etiquetar los datos utilizando un Diccionario técnico abierto compatible con ISO 22745 como el Diccionario técnico abierto ECCMA (eOTD).

La intención de ISO 8000 es ayudar a las organizaciones a definir qué son y qué no son datos de calidad, permitirles solicitar datos de calidad utilizando convenciones estándar, y verificar que hayan recibido datos de calidad utilizando esos mismos estándares. Cuando se siguen los estándares, los requisitos se pueden confirmar a través de un programa de computación. ISO 8000 - Parte 61 el modelo de referencia del proceso de gestión de la calidad de la información y los datos se está desarrollando[81]. Este estándar describirá la estructura y organización de la gestión de la calidad de los datos, incluyendo:
- Planificación de calidad de datos
- Control de calidad de datos
- Aseguramiento de la calidad de los datos
- Mejora de la calidad de los datos

1.3.6 Ciclo de Vida de Mejora de la Calidad de los Datos

La mayoría de los enfoques para mejorar la calidad de los datos se basan en las técnicas de mejora de la calidad en la fabricación de productos físicos.[82] En este paradigma, los datos se entienden como el

---

[77] http://bit.ly/2ttdiZJ.

[78] http://bit.ly/2sANGdi.

[79] http://bit.ly/2rV1oWC

[80] http://bit.ly/2rUZyoz.

[81] http://bit.ly/2sVik3Q

[82] Ver Wang (1998), English (1999), Redman (2001), Loshin (2001) y McGilvray (2008). Ver Pierce (2004)

producto de un conjunto de procesos. En su forma más simple, un proceso se define como una serie de pasos que convierten las entradas en salidas. Un proceso que crea datos puede consistir en un paso (recopilación de datos) o muchos pasos: recopilación de datos, integración en un *Data Warehouse*, agregación en un Data Mart, etc. En cualquier paso, los datos pueden verse afectados negativamente. Se puede recopilar incorrectamente, descartar o duplicar entre sistemas, alinear o agregar incorrectamente, etc. Mejorar la calidad de los datos requiere la capacidad de evaluar la relación entre entradas y salidas, para garantizar que las entradas cumplan con los requisitos del proceso y que las salidas se ajusten a las expectativas. Dado que las salidas de un proceso se convierten en entradas para otros procesos, los requisitos deben definirse a lo largo de toda la cadena de datos.

Un enfoque general para la mejora de la calidad de los datos, que se muestra en la Figura 93, es una versión del ciclo Shewhart / Deming.[83] Basado en el método científico, el ciclo Shewhart / Deming es un modelo de resolución de problemas conocido como "planear-hacer-revisar-actuar". La mejora viene a través de un conjunto definido de pasos. La condición de los datos debe medirse con respecto a los estándares y, si no cumple con los estándares, se deben identificar y corregir las causas raíz de la discrepancia con respecto a los estándares. Las causas fundamentales se pueden encontrar en cualquiera de los pasos del proceso, técnicos o no técnicos. Una vez remediados, los datos deben ser monitoreados para asegurar que continúen cumpliendo con los requisitos.

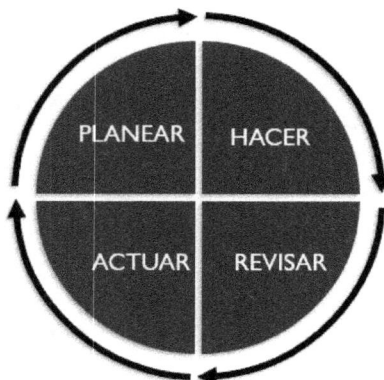

Figura 93 El Gráfico de Shewhart

Para un conjunto de datos dado, un ciclo de gestión de Calidad de los Datos comienza identificando los datos que no cumplen con los requisitos de los consumidores de datos y los problemas de datos que son obstáculos para el logro de los objetivos del negocio. Los datos deben evaluarse en función de las dimensiones clave de calidad y los requisitos del negocio conocidos. Será necesario identificar las causas fundamentales de los problemas para que las partes interesadas puedan comprender los costos de la remediación y los riesgos de no remediar los problemas. Este trabajo a menudo se realiza en conjunto con *data stewards* y otras partes interesadas.

En la etapa *Planear*, el equipo de Calidad de los Datos evalúa el alcance, el impacto y la prioridad de los problemas conocidos, y evalúa las alternativas para abordarlos. Este plan debe centrarse en una base sólida de análisis de las causas raíz de los problemas. A partir del conocimiento de las causas y el impacto de los problemas, se puede entender el costo/beneficio, se puede determinar la prioridad y se puede formular un plan básico para abordarlos.

---

para una visión general de la literatura relacionada con el concepto de datos como producto.

[83]Ver American Society for Quality: http://bit.ly/1lelyBK. Plan-Do-Check-Act fue originado por Walter Shewhart y popularizado por W. Edwards Deming. 6 Sigma's Measure, Analyze, Improve, Control (DMAIC) is a variation on this cycle.

En la etapa *Hacer*, el equipo de Calidad de datos lidera los esfuerzos para abordar las causas fundamentales de los problemas y planificar el monitoreo continuo de los datos. Para las causas raíz que se basan en procesos no técnicos, el equipo de Calidad de Datos puede trabajar con los propietarios de los procesos para implementar los cambios. Para las causas raíz que requieren cambios técnicos, el equipo de Calidad de Datos debe trabajar con los equipos técnicos para garantizar que los requerimientos se implementen correctamente y que los cambios técnicos no introduzcan errores.

La etapa *Revisar* implica monitorear activamente la calidad de los datos medidos en función de los requerimientos. Mientras los datos cumplan los umbrales definidos para la calidad, no se requieren acciones adicionales. Los procesos se considerarán bajo control y cumplirán con los requisitos del negocio. Sin embargo, si los datos caen por debajo de los umbrales de calidad aceptables, entonces se deben tomar medidas adicionales para llevarlos a niveles aceptables. La etapa *Actuar* es para actividades que aborden y resuelvan problemas derivados de calidad de datos. El ciclo se reinicia, a medida que se evalúan las causas de los problemas y se proponen soluciones. La mejora continua se logra al comenzar un nuevo ciclo. Los nuevos ciclos comienzan si:
- Las mediciones existentes caen por debajo de los umbrales.
- Nuevos conjuntos de datos están bajo investigación
- Surgen nuevos requisitos de calidad de datos para conjuntos de datos existentes
- Las reglas, estándares o expectativas comerciales cambian.

El costo de obtener los datos correctos al inicio es menor que los costos de obtener datos incorrectos y corregirlos más tarde. Construir calidad en los procesos de gestión de datos desde el principio cuesta menos que adaptarlo. Mantener datos de alta calidad durante todo el ciclo de vida de los datos es menos riesgoso que intentar mejorar la calidad en un proceso existente. También crea un impacto mucho menor en la organización. Establecer criterios para la calidad de los datos al comienzo de la construcción de un proceso o sistema es una señal de una Organización de Gestión de Datos madura. Hacerlo requiere gobierno y disciplina, así como colaboración *interfuncional*.

1.3.7 Tipos de Reglas de Negocio de Calidad de Datos

Las reglas de negocios describen cómo las empresas deben operar internamente, para ser exitosas y cumplir con las demandas del mundo exterior. Las reglas de negocio de calidad de datos describen cómo deben existir los datos para ser útiles y utilizables dentro de una organización. Estas reglas pueden alinearse con dimensiones de calidad y usarse para describir los requerimientos de calidad de datos. Por ejemplo, una regla comercial de que todos los campos de código de estado deben cumplir con las abreviaturas estatales de los EE. UU. puede aplicarse mediante listas de selección de entrada de datos y búsquedas de integración de datos. El nivel de registros válidos o inválidos se puede medir.

Las reglas de negocios se implementan comúnmente en *software* o mediante el uso de plantillas de documentos para la entrada de datos. Algunos tipos comunes de reglas de negocio simples son:
- **Conformidad de definición**: Confirma que la misma comprensión de las definiciones de datos se implementa y se utiliza correctamente en los procesos de toda la organización. La confirmación incluye un acuerdo algorítmico en los campos calculados, incluidas las restricciones de tiempo o locales y las reglas de acumulación y reglas de estado de interdependencia.
- **Presencia de valor y completitud del registro**: Reglas que definen las condiciones bajo las cuales los valores faltantes son aceptables o inaceptables.
- **Cumplimiento de formato**: Uno o más patrones especifican valores asignados a un elemento de datos, ejemplo: Estándares para formatear números de teléfono.

- **Membresía de dominio de valor**: Especifica que el valor asignado de un elemento de datos se incluye en los enumerados en un dominio de valor de datos definido, Ejemplo: Los códigos postales de Estados Unidos de 2 caracteres para un campo ESTADO.
- **Conformidad de rango**: El valor asignado a un elemento de datos debe estar dentro de un rango numérico, lexicográfico o de tiempo definido, como mayor que 0 y menor que 100 para un rango numérico.
- **Conformidad de mapeo:** Indica que el valor asignado a un elemento de datos debe corresponder a uno seleccionado a un dominio de valor que se mapea a otros dominios de valor equivalente. El dominio de dato ESTADO nuevamente proporciona un buen ejemplo, ya que los valores estatales pueden representarse utilizando diferentes dominios de valores (códigos postales de USPS, códigos FIPS de 2 dígitos, nombres completos), y este tipo de reglas validan que se utilice 'AL' y '01' para 'Alabama' y que ambos sean válidos.
- **Reglas de consistencia**: Aseveraciones condicionales que se refieren al mantenimiento de una relación entre dos (o más) atributos basados en los valores reales de esos atributos. Por ejemplo, validación de dirección donde los códigos postales corresponden a estados o provincias particulares.
- **Verificación de precisión:** Compara un valor de datos con un valor correspondiente en un sistema de registro u otra fuente verificada (por ejemplo, datos de mercadeo comprados a un proveedor) para verificar que los valores coincidan.
- **Verificación de unicidad**: Reglas que especifican qué entidades deben tener una representación única y si existe un solo registro para cada objeto del mundo real representado.
- **Validación de oportunidad:** Reglas que indican las características asociadas con las expectativas de accesibilidad y disponibilidad de datos.

Otros tipos de reglas pueden incluir funciones de agregación aplicadas a conjuntos de instancias de datos (consulte la Sección 4.5). Los ejemplos de comprobaciones de agregación incluyen:

- Validar la razonabilidad del número de registros en un archivo. Esto requiere mantener estadísticas a lo largo del tiempo para generar tendencias.
- Validar la razonabilidad de un monto promedio calculado a partir de un conjunto de transacciones. Esto requiere establecer umbrales para la comparación, y puede basarse en estadísticas a lo largo del tiempo.
- Validar la variación esperada en el recuento de transacciones durante un período de tiempo especificado. Esto requiere mantener estadísticas a lo largo del tiempo y usarlas para establecer umbrales.

1.3.8 Causas Comunes de Problemas de Calidad de Datos

Los problemas de calidad de los datos pueden surgir en cualquier punto del ciclo de vida de los datos, desde la creación hasta la eliminación. Al investigar las causas raíz, los analistas deben buscar las posibles fuentes del error, como problemas con la entrada de datos, el procesamiento de datos, el diseño del sistema y la intervención manual en procesos automatizados. Muchos problemas tendrán múltiples causas y factores contribuyentes (especialmente si las personas han creado formas de sobrepasarlos). Estas causas de problemas también implican formas de prevenir problemas: mediante la mejora del diseño de la interfaz, la prueba de las reglas de calidad de los datos como parte del procesamiento, un enfoque en la calidad de los datos dentro del diseño del sistema y controles estrictos sobre la intervención manual en procesos automatizados.

1.3.8.1 Problemas Causados por Falta de Liderazgo

Muchas personas suponen que la mayoría de los problemas de calidad de datos son causados por errores de entrada de datos. Una comprensión más sofisticada reconoce que las brechas o la ejecución deficiente de los procesos de negocio y técnicos causan muchos más problemas que los errores de teclado incorrecto. Sin embargo, el sentido común dice y la investigación indica que muchos problemas de calidad de datos son causados por la falta de compromiso de la organización con los datos de alta calidad, que en sí se deriva de una falta de liderazgo, tanto en el gobierno como en la gestión.

Cada organización tiene activos de información y datos que son valiosos para sus operaciones. De hecho, las operaciones de cada organización dependen de la capacidad de compartir información. A pesar de esto, pocas organizaciones gestionan estos activos con rigor. Dentro de la mayoría de las organizaciones, la disparidad de datos (diferencias en la estructura de datos, formato y uso de valores) es un problema mayor comparado a los simples errores; puede ser un obstáculo importante para la integración de datos. Una de las razones por las que los programas de administración de datos se centran en definir términos y consolidar el lenguaje en torno a los datos, es porque ése es el punto de partida para obtener datos más consistentes. Muchos programas de gobierno y activos de información se basan únicamente en el cumplimiento, más que en el valor potencial que se deriva de los datos como un activo. La falta de reconocimiento por parte del liderazgo significa una falta de compromiso dentro de una organización para gestionar los datos como un activo, incluida la gestión de su calidad (Evans y Price, 2012). (Ver Figura 94.)

Las barreras para la gestión efectiva de la calidad de los datos incluyen:[84]

- Falta de conciencia por parte del liderazgo y el personal
- Falta de gobierno empresarial
- Falta de liderazgo y gestión
- Dificultad para justificar las mejoras
- Instrumentos inapropiados o ineficaces para medir el valor

Estas barreras tienen efectos negativos en la experiencia del cliente, la productividad, la moral, la efectividad organizacional, los ingresos y la ventaja competitiva. Aumentan los costos de funcionamiento de la organización e introducen riesgos, además. (Ver Capítulo 11.)

1.3.8.2 Problemas Causados por los Procesos de Entrada de Datos

- **Problemas de la interfaz de entrada de datos**: Las interfaces de entrada de datos mal diseñadas pueden contribuir a problemas de calidad de datos. Si una interfaz de entrada de datos no tiene ediciones o controles para evitar que se ingresen datos incorrectos en el sistema, es probable que los procesadores de datos tomen atajos, como omitir campos no obligatorios y no actualizar los campos predeterminados.
- **Ubicación de la entrada de la lista**: Incluso las funciones simples de las interfaces de entrada de datos, como el orden de los valores dentro de una lista desplegable, pueden contribuir a los errores de entrada de datos.
- **Sobrecarga de campo**: Algunas organizaciones reutilizan los campos a lo largo del tiempo para diferentes propósitos del negocio en lugar de realizar cambios en el modelo de datos y

---

[84] Adaptado de "The Leader's Data Manifesto". https://dataleaders.org/.

la interfaz de usuario. Esta práctica da como resultado una población inconsistente y confusa de los campos.

- **Problemas de capacitación:** La falta de conocimiento del proceso puede conducir a la entrada incorrecta de datos, incluso si los controles y ediciones están en su lugar. Si los procesadores de datos no son conscientes del impacto de los datos incorrectos o si están incentivados por la velocidad, en lugar de la precisión, es probable que tomen decisiones basadas en incentivos que no sean la calidad de los datos.

- **Cambios en los procesos comerciales:** Los procesos comerciales cambian con el tiempo, y con estos cambios se introducen nuevas reglas comerciales y requisitos de calidad de datos. Sin embargo, los cambios en las reglas de negocio no siempre se incorporan a los sistemas de manera oportuna o integral. Se producirán errores de datos si una interfaz no se actualiza para acomodar requisitos nuevos o modificados. Además, es probable que los datos se vean afectados a menos que los cambios en las reglas comerciales se propaguen por todo el sistema.

- **Ejecución inconsistente del proceso de negocio:** Es muy probable que los datos creados a través de procesos, que se ejecutan de manera inconsistente, sean inconsistentes. La ejecución inconsistente puede deberse a problemas de capacitación o documentación, así como a requisitos cambiantes.

1.3.8.3 Problemas Causados por las Funciones de Procesamiento de Datos

- **Suposiciones incorrectas sobre las fuentes de datos:** Pueden producirse problemas de producción debido a errores o cambios, documentación inadecuada u obsoleta del sistema, o transferencia de conocimiento inadecuada (por ejemplo, cuando los especialistas se van sin documentar su conocimiento). Las actividades de consolidación de sistemas, como las asociadas con fusiones y adquisiciones, a menudo se basan en un conocimiento limitado sobre la relación entre sistemas. Cuando es necesario integrar múltiples sistemas fuentes y líneas de alimentación de datos, siempre existe el riesgo de que se pierdan detalles, especialmente con niveles variables de conocimiento de fuentes disponibles y plazos de entrega muy ajustados.

- **Reglas comerciales obsoletas:** Con el tiempo, las reglas comerciales cambian. Deben revisarse y actualizarse periódicamente. Si hay una medición automatizada de reglas, el proceso técnico para medir reglas también debe actualizarse. Si no se actualiza, es posible que no se identifiquen los problemas o que se produzcan falsos positivos (o ambos).

- **Estructuras de datos modificadas:** Los sistemas fuente pueden cambiar las estructuras sin informar a los consumidores intermedios (tanto humanos como sistemas) o sin proporcionar el tiempo suficiente para dar cuenta de los cambios. Esto puede generar valores no válidos u otras condiciones que impiden el movimiento y la carga de datos, o cambios más sutiles que pueden no detectarse de inmediato.

1.3.8.4 Problemas Causados por el Diseño del Sistema

- **Falla en hacer cumplir la integridad referencial:** La integridad referencial es necesaria para asegurar datos de alta calidad a nivel de aplicación o sistema. Si la integridad referencial no se aplica o si la validación está desactivada (por ejemplo, para mejorar los tiempos de respuesta), pueden surgir varios problemas de calidad de datos:
  - Datos duplicados que rompen las reglas de unicidad

- Filas huérfanas, que pueden incluirse en algunos informes y excluirse de otros, lo que genera múltiples valores para el mismo cálculo
- Incapacidad para actualizar debido a requisitos de integridad referencial restaurados o modificados
- Datos inexactos debido a la falta de datos a los que se les asignan valores predeterminados

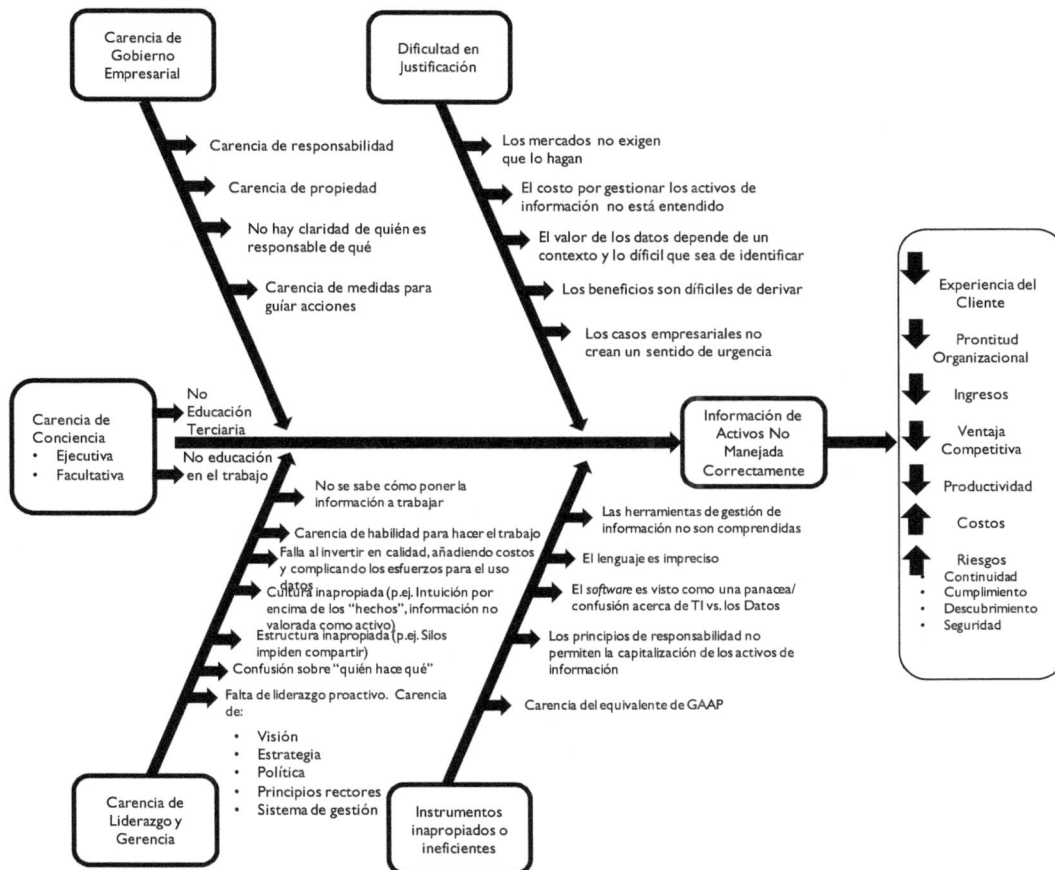

© 2017 dataleaders.org
Utilizado con permiso

**Barreras que ralentizan/impiden/previenen
a las compañias gestionar
su información como un
activo del negocio**
Causas raíz observadas más comunmente
Danette McGilvray / James Price / Tom Redman
Octubre 2016

Trabajo basado en la investigación de Dra. Nina Evans y James Price,
ver "Barriers to the Effective Deployment of Information Assets" en
www.dataleaders.org

Figura 94 Barreras para gestionar la información como un activo comercial[85]

---

[85] Diagrama desarrollado por Danette McGilvray, James Price y Tom Redman. Usado con permiso. https://dataleaders.org/.

- **Falla en imponer restricciones de unicidad**: Se espera que múltiples copias de instancias de datos dentro de una tabla o archivo contengan instancias únicas. Si no hay suficientes comprobaciones para la unicidad de las instancias, o si las restricciones únicas se desactivan en la base de datos para mejorar el rendimiento, los resultados de la agregación de datos pueden ser exagerados.
- **Imprecisiones y lagunas en la codificación**: si el mapeo o diseño de datos es incorrecto, o las reglas para procesar los datos no son precisas, los datos procesados tendrán problemas de calidad de datos, que van desde cálculos incorrectos hasta datos asignados o vinculados a campos incorrectos, claves o relaciones.
- **Imprecisiones del modelo de datos**: Si los supuestos dentro del modelo de datos no son compatibles con los datos reales, habrá problemas de calidad de los datos que van desde la pérdida de datos, debido a que los datos reales exceden las longitudes de los campos, hasta datos asignados a identificadores o claves incorrectos.
- **Sobrecarga de campo**: La reutilización de campos a lo largo del tiempo para diferentes propósitos, en lugar de cambiar el modelo o código de datos, puede generar conjuntos confusos de valores, significado poco claro y, potencialmente, problemas estructurales, como claves asignadas incorrectamente.
- **Desajustes temporales de datos**: En ausencia de un diccionario de datos consolidado, varios sistemas podrían implementar formatos de fecha o tiempos dispares, que a su vez conducen a desajustes y pérdida de datos cuando la sincronización de datos se lleva a cabo entre diferentes sistemas de origen.
- **Gestión de datos maestros débiles**: La gestión de datos maestros inmaduros puede llevar a elegir fuentes de datos poco confiables, lo que puede causar problemas de calidad de datos que son muy difíciles de encontrar hasta que se asuma que la fuente de datos es precisa.
- **Duplicación de datos**: La duplicación innecesaria de datos suele ser el resultado de una gestión deficiente de los datos. Hay dos tipos principales de problemas de duplicación indeseables:
- **Fuente única - varias instancias locales**: Por ejemplo, instancias del mismo cliente en varias tablas (similares o idénticas) en la misma base de datos. Saber qué instancia es la más precisa para su uso puede ser difícil sin un conocimiento específico del sistema.
- **Múltiples fuentes - instancia única**: Instancias de datos con múltiples fuentes autorizadas o sistemas de registro. Por ejemplo, instancias de clientes individuales que provienen de múltiples sistemas de punto de venta. Al procesar estos datos para su uso, puede haber áreas de almacenamiento temporales duplicadas. Las reglas de fusión determinan qué fuente tiene prioridad sobre otras cuando se procesan en áreas de datos de producción permanentes.

1.3.8.5 Problemas Causados por Solucionar Problemas

Los parches de datos manuales son cambios realizados directamente en la base de datos, no a través de las reglas de negocio en las interfaces o el procesamiento de la aplicación. Estos son scripts o comandos manuales que generalmente se crean con urgencia y se utilizan para "arreglar" los datos en una emergencia, como la inyección intencional de datos incorrectos, la falta de seguridad, el fraude interno o una fuente externa que intenta la interrupción del negocio. Al igual que cualquier código no probado, tienen un alto riesgo de causar más errores a través de consecuencias no deseadas, al cambiar más datos de los requeridos o al no propagar el parche a todos los datos históricos afectados por el problema original. La mayoría de esos parches también cambian los datos directamente, en lugar de preservar el estado anterior y agregar filas corregidas. Estos cambios generalmente NO se pueden deshacer sin una restauración completa de la copia de seguridad, ya que solo existe el registro de la base de datos para mostrar los cambios. Por lo tanto, estos accesos directos se desaconsejan encarecidamente: son oportunidades para infracciones de seguridad e interrupciones del negocio por más tiempo de lo que causaría una corrección adecuada. Todos los cambios deben pasar por un proceso de gestión de cambios gobernado.

1.3.9 Perfilamiento de Datos

El perfilamiento de datos es una forma de análisis de datos que se utiliza para inspeccionar datos y evaluar la calidad. La creación de perfiles de datos utiliza técnicas estadísticas para descubrir la verdadera estructura, contenido y calidad de una colección de datos (Olson, 2003). Un motor de perfilamiento produce estadísticas que los analistas pueden usar para identificar patrones en el contenido y la estructura de los datos. Por ejemplo:

- **Conteos de nulos**: Identifica los nulos existentes y permite la inspección de si son permitidos
- **Valor máx./mín.**: Identifica valores atípicos, como negativos
- **Longitud máx./mín.**: Identifica valores atípicos o inválidos para campos con longitudes específicas
- **Distribución de frecuencia de valores para columnas individuales**: Permite la evaluación de la razonabilidad (por ejemplo, distribución de códigos de país para transacciones, inspección de valores frecuentes o poco frecuentes, así como el porcentaje de los registros poblados con valores predeterminados)
- **Tipo y formato de datos**: Identifica el nivel de incumplimiento de los requisitos de formato, así como la identificación de formatos inesperados (por ejemplo, número de decimales, espacios incrustados, valores de muestra)

El perfilamiento también incluye análisis entre columnas, que pueden identificar columnas superpuestas o duplicadas y exponer dependencias de valor incrustadas. El análisis entre tablas explora conjuntos de valores superpuestos y ayuda a identificar relaciones de claves foráneas. La mayoría de las herramientas de perfilamiento de datos permiten profundizar en los datos analizados para una mayor investigación. Los resultados del motor de perfilamiento deben ser evaluados por un analista para determinar si los datos se ajustan a las reglas y otros requisitos. Un buen analista puede usar resultados de perfiles para confirmar relaciones conocidas y descubrir características y patrones ocultos dentro y entre conjuntos de datos, incluidas las reglas de negocios y las restricciones de validez. El perfilamiento generalmente se usa como parte del descubrimiento de datos para proyectos (especialmente proyectos de integración de datos; consulte el Capítulo 8) o para evaluar el estado actual de los datos cuya calidad se desea mejorar. Los resultados del perfilamiento de datos se pueden usar para identificar oportunidades para mejorar la calidad de los datos y los metadatos (Olson, 2003; Maydanchik, 2007). Si bien el perfilamiento es una forma efectiva de comprender los datos, es solo un primer paso para mejorar la calidad de los datos. Permite a las organizaciones identificar problemas potenciales. La resolución de problemas requiere otras formas de análisis, incluido el análisis de procesos de negocios, el análisis del linaje de datos y un análisis de datos más profundo que puede ayudar a aislar las causas de los problemas.

1.3.10 Calidad de Datos y Procesamiento de Datos

Si bien los esfuerzos de mejora de la calidad de los datos se centran a menudo en la prevención de errores, ésta también se puede mejorar a través de algunas formas de procesamiento de datos (Ver Capítulo 8).

1.3.10.1 Limpieza de Datos

La limpieza o depuración de datos transforma los datos para que se ajusten a los estándares de datos y las reglas de dominio. La limpieza incluye detectar y corregir errores de datos para llevar la calidad de los datos a un nivel aceptable. Cuesta dinero e introduce el riesgo de corregir continuamente los datos a través de la limpieza. Idealmente, la necesidad de limpieza de datos debería disminuir con el tiempo, a medida que se resuelven las causas raíz de los problemas de datos. La necesidad de limpieza de datos puede mitigarse mediante:

- Implementación de controles para evitar errores de entrada de datos.
- Corregir los datos en el sistema fuente.
- Mejora de los procesos de negocio que crean los datos
- En algunas situaciones, puede ser necesario corregir de forma continua, ya que volver a procesar los datos en un sistema intermedio es más barato que cualquier otra alternativa.

1.3.10.2 Mejoramiento de Datos

El mejoramiento o enriquecimiento de datos es el proceso de agregar atributos a un conjunto de datos para aumentar su calidad y usabilidad. Se obtienen algunas mejoras integrando conjuntos de datos internos de una organización. También se pueden comprar datos externos para mejorar los datos de la organización (consulte el Capítulo 10). Los ejemplos de mejora de datos incluyen:

- **Sellos de hora / fecha:** Una forma de mejorar los datos es documentar la hora y la fecha en que se crean, modifican o retiran los elementos de datos, lo que puede ayudar a rastrear eventos de datos históricos. Si se detectan problemas con los datos, las marcas de tiempo pueden ser muy valiosas en el análisis de la causa raíz, ya que permiten a los analistas aislar el marco temporal del problema.
- **Datos de auditoría:** La auditoría puede documentar el linaje de datos, lo cual es importante para el seguimiento histórico y la validación de los datos.
- **Vocabularios de referencia:** La terminología, las ontologías y los glosarios específicos del negocio mejoran la comprensión y el control del tiempo brinda un contexto comercial específico.
- **Información contextual:** Agregando contexto como ubicación, entorno, o métodos de acceso y datos de etiquetado para su revisión y análisis.
- **Información geográfica:** La información geográfica se puede mejorar a través de la estandarización de direcciones y la codificación geográfica, que incluye codificación regional, comunal, mapeo de vecindarios, pares ordenados de latitud/longitud u otros tipos de datos basados en la ubicación.
- **Información demográfica:** Los datos del cliente se pueden mejorar a través de la información demográfica, como la edad, el estado civil, el género, los ingresos o la codificación étnica. Los datos de la entidad comercial pueden asociarse con ingresos anuales, número de empleados, tamaño del espacio ocupado, etc.
- **Información *psicográfica*:** Datos utilizados para segmentar las poblaciones objetivo por comportamientos, hábitos o preferencias específicas, como preferencias de productos y marcas, membresías de organizaciones, actividades de ocio, estilo de transporte, preferencias de tiempo de compras, etc.
- **Información de valoración:** Utilice este tipo de mejora para la valoración de activos, inventario y ventas.

1.3.10.3 Análisis y Formateo de Datos

El análisis de datos es el proceso de revisar los datos utilizando reglas predeterminadas para definir su contenido o valor. El análisis de datos permite al analista de datos definir conjuntos de patrones que alimentan un motor de reglas utilizado para distinguir entre valores de datos válidos e inválidos. La coincidencia de patrones específicos desencadena acciones.

El análisis de datos asigna características a los valores de datos que aparecen en una instancia de datos, y esas características ayudan a determinar las posibles fuentes de beneficios adicionales. Por ejemplo, si se puede determinar que un atributo llamado "nombre" tiene valores que pertenecen al "nombre comercial" incrustado en él, entonces el valor de los datos se identifica como el nombre de una empresa en lugar del nombre de una persona. Utilice el mismo enfoque para cualquier situación en la que los valores de los datos se organicen en jerarquías semánticas como *subpartes*, partes y conjuntos de ellos.

Muchos problemas de calidad de datos involucran situaciones en las que la variación en los valores de datos que representan conceptos similares introduce ambigüedad. Extraer y reorganizar los componentes separados (comúnmente conocidos como "*tokens*") en una representación estándar para crear un patrón válido. Cuando se reconoce un patrón no válido, la aplicación puede intentar transformar el valor no válido en uno que cumpla con las reglas. Realice la estandarización mapeando datos con algún patrón fuente con la correspondiente representación objetivo.

Por ejemplo, considere las diferentes formas en que se formatean los números de teléfono que se espera que se ajusten a un plan de numeración. Mientras que algunos tienen dígitos, algunos tienen caracteres alfabéticos, y todos usan diferentes caracteres especiales para la separación. Las personas pueden reconocer cada uno como un número de teléfono. Sin embargo, para determinar si estos números son precisos (quizás comparándolos con un directorio maestro de clientes), o para investigar si existen números duplicados cuando debería haber solo uno por compañía, los valores deben analizarse en sus segmentos de componentes (código de área, extensión y número de línea) y luego se transforma en un formato estándar.

Otro buen ejemplo es el nombre de un cliente, ya que los nombres pueden estar representados en miles de formas diferentes. Una buena herramienta de estandarización podrá analizar los diferentes componentes del nombre de un cliente, como nombre de pila, segundo nombre, apellido, iniciales, títulos, designaciones y luego reorganizar esos componentes en una representación canónica que otros servicios de datos serán capaces de manipular.

La capacidad humana de reconocer patrones familiares contribuye a la capacidad de caracterizar valores de datos variantes que pertenecen a la misma clase abstracta de valores; las personas reconocen diferentes tipos de números de teléfono porque se ajustan a los patrones utilizados. Un analista describe los patrones de formato que representan un objeto de datos, como Nombre de persona, Descripción del producto, etc. Una herramienta de calidad de datos analiza los valores de datos que se ajustan a cualquiera de esos patrones, e incluso los transforma en una única forma estandarizada que simplificará los procesos de evaluación, análisis de similitud y remediación. El análisis basado en patrones puede automatizar el reconocimiento y la posterior estandarización de componentes de valor significativos.

1.3.10.4 Transformación y Estandarización de Datos

Durante el procesamiento normal, las reglas de datos activan y transforman los datos en un formato legible por la arquitectura de destino. Sin embargo, legible no siempre significa aceptable. Las reglas se crean directamente dentro de un flujo de integración de datos o se basan en tecnologías alternativas integradas o accesibles desde una herramienta.

La transformación de datos se basa en este tipo de técnicas de estandarización. Guíe las transformaciones basadas en reglas asignando valores de datos en sus formatos y patrones originales en una representación de destino. Los componentes analizados de un patrón están sujetos a reordenamiento, correcciones o cualquier cambio según lo indiquen las reglas en la base de conocimiento. De hecho, la estandarización es un caso especial de transformación, que emplea reglas que capturan el contexto, la lingüística y los modismos reconocidos como comunes a lo largo del tiempo, a través del análisis repetido por parte del analista de reglas o del proveedor de herramientas. (Ver Capítulo 3.)

2. Actividades

2.1 Definir Datos de Alta Calidad

Muchas personas reconocen datos de baja calidad cuando los ven. Pocas son capaces de definir lo que quieren decir con datos de alta calidad. Alternativamente, lo definen en términos muy generales: "Los datos deben ser correctos". "Necesitamos datos precisos". Los datos de alta calidad son adecuados para los propósitos de los consumidores de datos. Antes de lanzar un programa de calidad de datos, es beneficioso comprender las necesidades del negocio, definir términos, identificar puntos débiles de la organización y comenzar a generar consenso sobre los motivadores y las prioridades para la mejora de la calidad de los datos. Haga una serie de preguntas para comprender el estado actual y evaluar la preparación de la organización para mejorar la calidad de los datos:

- ¿Qué quieren decir las partes interesadas con "datos de alta calidad"?
- ¿Cuál es el impacto de los datos de baja calidad en las operaciones y estrategias del negocio?
- ¿Cómo habilitan los datos de mayor calidad la estrategia del negocio?
- ¿Qué prioridades impulsan la necesidad de mejorar la calidad de los datos?
- ¿Cuál es la tolerancia para los datos de baja calidad?
- ¿Qué gobierno existe para apoyar la mejora de la calidad de los datos?
- ¿Qué estructuras de gobierno adicional será necesaria?

Obtener una imagen completa del estado actual de la calidad de los datos en una organización requiere abordar la pregunta desde diferentes perspectivas:

- Una comprensión de la estrategia y los objetivos del negocio
- Entrevistas con las partes interesadas para identificar puntos de dolor, riesgos y motivadores del negocio
- Evaluación directa de datos, a través de perfilamiento y otras formas de análisis
- Documentación de dependencias de datos en procesos de negocio
- Documentación de arquitectura técnica y soporte de sistemas para procesos de negocio

Este tipo de evaluación puede revelar un número significativo de oportunidades. Éstas deben priorizarse en función del beneficio potencial para la organización. Con el aporte de las partes interesadas, incluidos los *Data Stewards* y los especialistas del negocio y técnicos, el equipo de calidad de datos debe definir el significado de la calidad de los datos y proponer prioridades del programa.

2.2 Definir una Estrategia de Calidad de Datos

Mejorar la calidad de los datos requiere una estrategia que tenga en cuenta el trabajo que debe realizarse y la forma en que las personas lo ejecutarán. Las prioridades de calidad de datos deben alinearse con la estrategia del negocio. Adoptar o desarrollar un marco y una metodología ayudará a guiar tanto la estrategia como las tácticas al tiempo que proporciona un medio para medir el progreso y los impactos. Un marco de referencia debe incluir métodos para:

- Comprender y priorizar las necesidades del negocio
- Identificar los datos críticos para satisfacer las necesidades del negocio
- Definir reglas del negocio y estándares de calidad de datos basados en los requisitos del negocio
- Evaluar los datos contra las expectativas
- Compartir los resultados y obtener retroalimentación de los interesados
- Priorizar y gestionar problemas
- Identificar y priorizar oportunidades de mejora
- Medir, monitorear e informar sobre la calidad de los datos
- Gestionar Metadatos producidos a través de procesos de calidad de datos
- Integrar los controles de calidad de datos en los procesos de negocio y técnicos

Un marco de trabajo debe también explicar cómo organizar la calidad de datos y cómo aprovechar las herramientas de calidad de datos. Como se señaló en la introducción del capítulo, la mejora de la calidad de los datos requiere un equipo del programa de Calidad de los Datos para involucrar al personal del negocio y técnico, y definir un programa de trabajo que aborde problemas críticos, defina las mejores prácticas y establezca procesos operativos que respalden la gestión continua de la calidad de los datos. A menudo, dicho equipo formará parte de la organización de gestión de datos. Los analistas de Calidad de Datos deberán trabajar estrechamente con los *Data Stewards* en todos los niveles. También deberían influir en la política, incluida la política sobre procesos empresariales y desarrollo de sistemas. Sin embargo, dicho equipo no podrá resolver todos los desafíos de calidad de datos de una organización. El trabajo de Calidad de Datos y el compromiso con los datos de alta calidad deben integrarse en las prácticas organizacionales. La estrategia de Calidad de Datos debe explicar cómo extender las mejores prácticas (Ver Capítulo 17).

2.2 Identificar Datos Críticos y Reglas de Negocio

No todos los datos son de igual importancia. Los esfuerzos de gestión de la calidad de los datos deben centrarse primero en los datos más importantes de la organización: Datos que, si fueran de mayor calidad, proporcionarían un mayor valor a la organización y a sus clientes. Los datos se pueden priorizar en función de factores como los requisitos reglamentarios, el valor financiero y el impacto directo en los clientes. A menudo, los esfuerzos de mejora de la calidad de los datos comienzan con los Datos Maestros (Master Data), que son, por definición, los datos más importantes en cualquier organización. El resultado del análisis de importancia es una lista clasificada de datos, que el equipo de Calidad de Datos puede usar para enfocar sus esfuerzos de trabajo.

Una vez identificados los datos críticos, los analistas de calidad de datos deben identificar las reglas de negocio que describen o implican expectativas sobre las características de calidad de los datos. A menudo, las reglas en sí mismas no están explícitamente documentadas. Es posible que necesiten ingeniería inversa mediante el análisis de procesos de negocio existentes, flujos de trabajo, regulaciones, políticas, estándares, ediciones de sistemas, código fuente, desencadenantes y procedimientos, asignación y uso de códigos de estado, y sentido común. Por ejemplo, si una empresa comercial desea enfocar los esfuerzos en personas de un grupo demográfico específico, los índices potenciales de calidad de los datos podrían ser el nivel y la razonabilidad de la población en campos demográficos como la fecha de nacimiento, la edad, el sexo y los ingresos del hogar.

La mayoría de las reglas de negocio están asociadas con la forma en que se recopilan o crean los datos, pero la medición de la calidad de los datos se centra en si los datos son aptos para su uso. Los dos (creación y uso de datos) están relacionados. Las personas quieren usar datos por lo que representan y por el por qué se crearon. Por ejemplo, comprender el rendimiento de ventas de una organización durante un trimestre específico o a través del tiempo depende de tener datos confiables sobre el proceso de ventas (número y tipo de unidades vendidas, volumen vendido a clientes existentes versus nuevos clientes, etc.).

No es posible conocer todas las formas en que se pueden usar los datos, pero es posible comprender el proceso y las reglas mediante las cuales se crearon o recopilaron los datos. Las mediciones que describen si los datos son aptos para el uso deben desarrollarse en relación con los usos conocidos y las reglas medibles basadas en las dimensiones de la calidad de los datos: completitud, conformidad, validez, integridad, etc. que proporcionan la base para métricas significativas. Las dimensiones de calidad permiten a los analistas caracterizar las reglas (el campo X es obligatorio y debe rellenarse) y los hallazgos (por ejemplo, el campo no se rellena en el 3% de los registros; los datos solo están completos en un 97%).

A nivel de campo o columna, las reglas pueden ser sencillas. Las reglas de completitud reflejan si un campo es obligatorio u opcional y, si es opcional, las condiciones bajo las cuales debe rellenarse. Las reglas de validez dependen de estipular el dominio de valores válidos y, en algunos casos, la relación entre los campos. Por ejemplo, un código postal de EE. UU. debe ser válido, en sí mismo y estar correctamente asociado con un código de estado de EE. UU. Las reglas también deben definirse en el nivel del conjunto de datos. Por ejemplo, cada cliente debe tener una dirección postal válida.

Definir reglas de calidad de datos es un desafío porque la mayoría de las personas no están acostumbradas a pensar en los datos en términos de reglas. Puede ser necesario llegar a las reglas indirectamente, preguntando a las partes interesadas sobre los requisitos de entrada y salida de un proceso de negocio. También es útil preguntar sobre los puntos de dolor, qué sucede cuando faltan datos o son incorrectos, cómo identifican problemas, cómo reconocen los datos incorrectos, etc. Tenga en cuenta que no es necesario conocer todas las reglas para evaluar los datos. El descubrimiento y el refinamiento de las reglas es un proceso continuo. Una de las mejores maneras de llegar a las reglas es compartir los resultados de las evaluaciones. Estos resultados a menudo brindan a las partes interesadas una nueva perspectiva sobre los datos a partir de la cual pueden articular reglas que les dicen lo que necesitan saber sobre los datos.

2.4 Realizar una Evaluación de Calidad de Datos Inicial

Una vez que se han identificado las necesidades comerciales más críticas y los datos que las respaldan, la parte más importante de la evaluación de la calidad de los datos es mirar esos datos, consultarlos para comprender el contenido y las relaciones de los datos, y comparar los datos reales con las reglas y expectativas. La primera vez que se hace esto, los analistas descubrirán muchas cosas: relaciones indocumentadas y dependencias dentro de los datos, reglas implícitas, datos redundantes, datos contradictorios, etc., así como datos que realmente se ajustan a las reglas. Con la ayuda de *Data Stewards*, otros especialistas y consumidores de datos, los analistas de Calidad de Datos deberán resolver y priorizar los resultados.

El objetivo de una evaluación inicial de la calidad de los datos es conocer los datos para definir un plan de mejora factible. Por lo general, es mejor comenzar con un esfuerzo pequeño y centrado, una prueba de concepto básica, para demostrar cómo funciona el proceso de mejora. Los pasos incluyen:

- Definir los objetivos de la evaluación; éstos impulsarán el trabajo
- Identificar los datos a evaluar; el foco debe estar en un pequeño conjunto de datos, incluso un solo elemento de datos, o un problema específico de calidad de datos
- Identificar los usos de los datos y los consumidores de los datos
- Identificar riesgos conocidos con los datos a evaluar, incluido el impacto potencial de los problemas de datos en los procesos organizacionales
- Inspeccionar los datos basados en reglas conocidas y propuestas
- Documentar los niveles de no conformidad y los tipos de problemas
- Realizar análisis adicionales en profundidad basados en los hallazgos iniciales para:
  - Cuantificar los hallazgos
  - Priorizar los problemas en función del impacto comercial
  - Desarrollar hipótesis sobre las causas fundamentales de los problemas de datos
- Reunirse con *Data Stewards*, especialistas y consumidores de datos para confirmar problemas y prioridades
- Utilice los resultados como base para la planificación:
  - Solución de problemas, idealmente en sus causas raíz
  - Controles y mejoras de procesos para evitar que los problemas se repitan
  - Controles e informes continuos

2.5 Identificar y Priorizar Mejoras Potenciales

Una vez comprobado que el proceso de mejora puede funcionar, el siguiente objetivo es aplicarlo estratégicamente. Hacerlo requiere identificación y priorización de posibles mejoras. La identificación se puede lograr mediante el perfilamiento de datos a gran escala de conjuntos de datos más grandes para comprender la amplitud de los problemas existentes. También se puede lograr por otros medios, como entrevistar a las partes interesadas sobre los problemas de datos que los afectan y hacer un seguimiento del análisis del impacto sobre el negocio de esos problemas. Finalmente, la priorización requiere una combinación de análisis de datos y discusión con las partes interesadas.

Los pasos para realizar un análisis y un perfilamiento de datos completos son esencialmente los mismos que para realizar una evaluación a pequeña escala: definir objetivos, comprender los usos y riesgos de los datos, medir contra las reglas, documentar y confirmar los hallazgos de los especialistas, usar esta información para priorizar la corrección y la mejora de esfuerzos. Sin embargo, a veces hay obstáculos técnicos para el perfilamiento a gran escala. Y el esfuerzo deberá coordinarse a través de un equipo de analistas y los resultados generales deberán resumirse y comprenderse si se quiere implementar un plan de acción efectivo. Los esfuerzos de perfilamiento a gran escala, como los de menor escala, aún deben centrarse en los datos más críticos. El perfilamiento de datos es solo el primer paso en el análisis de problemas de calidad de datos. Ayuda a identificar problemas, pero no identifica las causas raíz, ni determina el impacto de los problemas en los procesos comerciales. Determinar el impacto requiere la participación de los interesados a lo largo de la cadena de datos. Al planificar la creación de perfiles a gran escala, asegúrese de que se asigne tiempo para compartir resultados, priorizar problemas y determinar qué problemas requieren un análisis en profundidad.

2.6 Definir Objetivos para Mejorar la Calidad de los Datos

El conocimiento obtenido a través de las evaluaciones preliminares forma la base de los objetivos específicos del programa de Calidad de los Datos. La mejora puede tomar diferentes formas, desde la simple remediación (por ejemplo, corrección de errores en los registros) hasta la remediación de las causas raíz. Los planes de remediación y mejora deben tener en cuenta los resultados rápidos (problemas que pueden abordarse de inmediato a bajo costo) y los cambios estratégicos a largo plazo. El enfoque estratégico de tales planes debe ser, abordar las causas raíz de los problemas y primero establecer mecanismos para prevenirlos.

Tenga en cuenta que muchas cosas pueden obstaculizar los esfuerzos de mejora: limitaciones del sistema, antigüedad de los datos, trabajo en curso del proyecto que utiliza datos cuestionables, complejidad general del panorama de los datos, resistencia cultural al cambio. Para evitar que estas restricciones detengan el programa, establezca objetivos específicos y alcanzables basados en una cuantificación consistente del valor comercial de las mejoras en la calidad de los datos. Por ejemplo, un objetivo puede ser mejorar la integridad de los datos del cliente del 90% al 95% en función de las mejoras del proceso y las ediciones del sistema. Obviamente, mostrar mejoras implicará comparar mediciones iniciales y mejoras en los resultados. Pero el valor viene con los beneficios de la mejora: menos quejas de los clientes, menos tiempo dedicado a corregir errores, etc. Mida estas cosas para explicar el valor del trabajo de mejora. A nadie le importan los niveles de completitud de campo a menos que haya un impacto en el negocio. Debe haber un retorno positivo de la inversión para mejorar los datos. Cuando se encuentran problemas, determine el ROI de las correcciones en función de:

- La criticidad (clasificación de importancia) de los datos afectados
- Cantidad de datos afectados
- La antigüedad de los datos
- Número y tipo de procesos comerciales afectados por el problema
- Número de clientes, tipos de clientes, proveedores o empleados afectados por el problema
- Riesgos asociados con el problema
- Costos de remediar las causas raíz
- Costos de posibles "soluciones rápidas"

Al evaluar los problemas, especialmente aquellos en los que se identifican las causas fundamentales y se requieren cambios técnicos, busque siempre oportunidades para evitar que los problemas se repitan. La prevención de problemas generalmente cuesta menos que corregirlos, a veces es menor en órdenes de magnitud (Ver Capítulo 11).

2.7 Desarrollar e Implementar Operaciones de Calidad de Datos

Muchos programas de calidad de datos comienzan a través de un conjunto de proyectos de mejora identificados a través de los resultados de la evaluación de calidad de datos. Para mantener la calidad de los datos, un programa de Calidad de Datos debe implementar un plan que permita al equipo gestionar las normas y estándares de calidad de los datos, monitorear el cumplimiento continuo de las mismas con las reglas, identificar y gestionar problemas de calidad de los datos e informar sobre los niveles de calidad. Para respaldar estas actividades, los analistas de Calidad de Datos y *Data Stewards* también participarán en actividades tales como documentar estándares de datos y reglas de negocio y establecer requisitos de calidad de datos para los proveedores.

2.7.1 Gestionar Reglas de Calidad de Datos

El proceso de perfilamiento y análisis de datos ayudará a una organización a descubrir (o realizar ingeniería inversa) las reglas de negocio y de calidad de datos. A medida que la práctica de calidad de datos madura, la captura de tales reglas debe integrarse en el proceso de desarrollo y mejora del sistema. Definir reglas por adelantado permitirá:

- Establecer expectativas claras para las características de calidad de los datos
- Proporcionar requisitos para ediciones y controles del sistema que eviten la introducción de problemas de datos
- Proporcionar requisitos de calidad de datos a proveedores y otras partes externas
- Crear la base para la medición y la presentación de informes de calidad continua de datos

En resumen, las normas y estándares de calidad de datos son una forma crítica de Metadatos. Para ser efectivos, deben gestionarse como Metadatos. Las reglas deben ser:

- **Documentadas consistentemente**: Establezca estándares y plantillas para documentar reglas para que tengan un formato y significado consistentes.
- **Definido en términos de dimensiones de calidad de datos**: Las dimensiones de calidad ayudan a las personas a comprender lo que se está midiendo. La aplicación constante de dimensiones ayudará con los procesos de medición y gestión de problemas.
- **Vinculado al impacto comercial**: Si bien las dimensiones de calidad de los datos permiten comprender problemas comunes, no son un objetivo en sí mismos. Los estándares y las reglas deben estar conectados directamente a su impacto en el éxito organizacional. No deben tomarse medidas que no estén vinculadas a los procesos comerciales.
- **Respaldado por el análisis de datos**: Los analistas de calidad de datos no deben adivinar las reglas. Las reglas deben ser probadas contra datos reales. En muchos casos, las reglas mostrarán que hay problemas con los datos. Pero el análisis también puede mostrar que las reglas en sí mismas no están completas.
- **Confirmado por los especialistas**: El objetivo de las reglas es describir cómo deben verse los datos. A menudo, se requiere conocimiento de los procesos organizacionales para confirmar que las reglas describen correctamente los datos. Este conocimiento llega cuando los expertos en la materia confirman o explican los resultados del análisis de datos.
- **Accesible para todos los consumidores de datos**: Todos los consumidores de datos deben tener acceso a reglas documentadas. Dicho acceso les permite comprender mejor los datos. También ayuda a garantizar que las reglas sean correctas y completas. Asegúrese de que los consumidores tengan los medios para hacer preguntas y proporcionar comentarios sobre las reglas.

2.7.2 Medir y Monitorear la Calidad de los Datos

Los procedimientos operativos de gestión de la calidad de los datos dependen de la capacidad de medir y controlar la calidad de los datos. Hay dos razones igualmente importantes para implementar mediciones de calidad de datos operativos:

- Informar a los consumidores de datos sobre los niveles de calidad de éstos.

- Gestionar el riesgo de que el cambio pueda introducirse a través de cambios en los procesos de negocio o técnicos.

Algunas medidas sirven para ambos propósitos. Las mediciones deben desarrollarse en función de los resultados de la evaluación de datos y el análisis de la causa raíz. Las mediciones destinadas a informar a los consumidores de datos se centrarán en elementos de datos críticos y relaciones que, si no son sólidas, impactarán directamente en los procesos de negocio. Las mediciones relacionadas con la gestión del riesgo deben centrarse en las relaciones que han salido mal en el pasado y pueden salir mal en el futuro. Por ejemplo, si los datos se derivan de un conjunto de reglas ETL y esas reglas pueden verse afectadas por los cambios en los procesos de negocio, se deben implementar medidas para detectar cambios en los datos.

El conocimiento de los problemas pasados debe aplicarse para gestionar el riesgo. Por ejemplo, si numerosos problemas de datos están asociados con derivaciones complejas, entonces todas las derivaciones deben evaluarse, incluso aquellas que no se han asociado con problemas de datos. En la mayoría de los casos, vale la pena establecer mediciones que supervisen funciones similares a las que han tenido problemas. Los resultados de la medición se pueden describir en dos niveles: el detalle relacionado con la ejecución de reglas individuales y los resultados globales agregados de las reglas. Cada regla debe tener un índice estándar, objetivo o umbral para la comparación. Esta función refleja con mayor frecuencia el porcentaje de datos correctos o el porcentaje de excepciones según la fórmula utilizada. Por ejemplo:

$$DQI\ Válido\ (r) = \frac{(Ejecuciones\ de\ prueba\ (r) - Excepciones\ encontradas\ (r))}{Ejecuciones\ de\ prueba\ (r)}$$

$$DQI\ Inválido\ (r) = \frac{(Excepciones\ encontradas\ (r))}{Ejecuciones\ de\ prueba\ (r)}$$

R representa la regla que se está probando. Por ejemplo, 10,000 pruebas de una regla de negocio (r) encontraron 560 excepciones. En este ejemplo, el resultado DQI Válido sería 9440 / 10,000 = 94.4%, y el resultado DQI Inválido sería 560 / 10,000 = 5.6%.

Organizar las métricas y los resultados como se muestra en la Tabla 30 puede ayudar a estructurar medidas, métricas e indicadores en todo el informe, revelar posibles acumulaciones y mejorar las comunicaciones. El informe puede ser más formalizado y vinculado a proyectos que remedien los problemas. Los informes depurados son útiles para los *Data Stewards* que buscan tendencias y contribuciones. La Tabla 30 proporciona ejemplos de reglas construidas de esta manera. Cuando corresponda, los resultados de las reglas se expresan en porcentajes positivos (la parte de los datos que se ajusta a las reglas y expectativas) y porcentajes negativos (la parte de los datos que no se ajusta a la regla).

Las reglas de calidad de datos proporcionan la base para la gestión operativa de la calidad de datos. Las reglas se pueden integrar en servicios de aplicaciones o servicios de datos que complementan el ciclo de vida de los datos, ya sea a través de herramientas comerciales empaquetadas de calidad de datos (COTS), motores de reglas y herramientas de reportes para monitoreo e informes, o aplicaciones desarrolladas a medida. Se debe proveer monitoreo continuo mediante la incorporación y medición de los procesos en el flujo de proceso de datos. El monitoreo automatizado de la conformidad con las reglas de calidad de datos puede realizarse en flujo o mediante un proceso por lotes. Las mediciones se pueden tomar en tres niveles de granularidad: el valor del elemento de datos, instancia o registro de datos, o el conjunto de datos.

Tabla 30 Calidad de Datos Ejemplos de Métricas de Dimensión y Regla de Negocio

Dimensión y Regla de Negocio	Medida	Métricas	Indicador de Estado
Completitud Regla de Negocio 1: El llenado del campo es mandatorio	Cuente el número de registros donde los datos están llenos, compare con el número total de registros	Dividir el número obtenido de registros donde los datos están llenos para el total de registros en la tabla o base de datos, y multiplicar por 100 para obtener un porcentaje completo	Inaceptable: Debajo de 80% llenos Sobre 20% no llenos
Ejemplo 1: El Código postal debe estar lleno en la tabla de direcciones	Campos llenos: 700,000 Campos vacíos: 300,000 Total: 1,000,000	Medida positiva: 700,000/1,000,000*100 = 70% llenos Medida negativa: 300,000/1,000,000 *100 = 30% no llenos	Resultado del ejemplo: Inaceptable
Unicidad Regla de Negocio 2: Debe existir un solo registro por instancia de entidad en una tabla	Contar el número de registros duplicados identificados; reportar el porcentaje de registros que representan los duplicados	Dividir el número de registros duplicados para el número todal de registro en la tabla o base de datos y multiplicar por 100	Inaceptable: Sobre 0%
Ejemplo 2: Puede solamente haber uno y solo un registro vigente por código postal de la lista maestra de Códigos Postales	Cantidad de duplicados: 10,000 Total: 1,000,000	10,000/1,000,000*100 = 1.0% de los códigos postales están presentes en más de una fila vigente	Resultado del ejemplo: Inaceptable
Oportunidad Regla de Negocio 3: Los registros deben llegar dentro de la ventana de tiempo programada	Contrar el número de registros que no llegan a tiempo desde el servicio de datos para que las transacciones de negocio sean completadas	Dividir el número de transacciones incompletas para el número total de transacciones intentadas en un período de tiempo y multiplicar por 100	Inaceptable: Debajo de 99% completadas a tiempo Sobre 1% no completadas a tiempo
Ejemplo 3: El registro de equidad de mercado debe llegar dentro de los 5 minutos después de la transacción.	Número de transacciones incompletas: 2000 Número de intentos de transacción: 1,000,000	Positivo: (1,000,000 – 2000) / 1,000,000*100 = 99.8% de las transacciones llegaron dentro del plazo definido Negativo: 2000/1,000,000*100 = 0.20% de las transacciones no llegaron dentro del plazo definido	Resultado del Ejemplo: Aceptable
Validez Regla de Negocio 4: si el campo X = valor 1, entonces el campo Y debe = valor 1-prima	Contar el número de registros donde la regla se cumple	Dividir el número de registros que cumplen con la condición para el número total de registros	Inaceptable: Debajo de 100% de cumplimiento de la regla
Ejemplo 4: Solamente las órdenes enviadas pueden ser facturadas.	Número de registros donde el estado de envío es = Enviado y el estado de facturación es = facturado: 999,000 Número total de registros: 1,000,000	Positivo: 999,000/1,000,000*100 = 99.9% de los registros cumplen con la regla Negativo: (1,000,000-999,000) / 1,000,000 *100 = 0.10% no cumplen con la regla	Resultado del Ejemplo: Inaceptable

La Tabla 31 describe técnicas para recolectar mediciones de calidad de datos. Se pueden tomar mediciones *in-stream* mientras se crean datos o se entregan datos entre las etapas de procesamiento. Las consultas por lotes se pueden realizar en colecciones de instancias de datos agrupados en un conjunto de datos, generalmente en almacenamiento persistente. Las mediciones del conjunto de datos generalmente no se pueden tomar en el flujo, ya que la medición puede necesitar todo el conjunto. La incorporación de los resultados de los procesos de control y medición tanto en los procedimientos operativos como en los marcos de informes permite el monitoreo continuo de los niveles de calidad de los datos para la retroalimentación y la mejora de las actividades de generación / recopilación de datos.

Tabla 31 Técnicas de Monitoreo de Calidad de Datos Granularidad *In-stream* (Flujo en proceso)

Granularidad	En-flujo (Flujo en Proceso) Tratamiento	Tratamiento en lotes
Elemento de datos	Chequeo de modificaciones en la aplicación Servicios de validación de elementos de datos Aplicaciones especialmente programadas	*Queries* directos Herramienta de perfilamiento o análisis
Registro de datos	Chequeo de modificaciones en la aplicación Servicios de validación de registros de datos Aplicaciones especialmente programadas	*Queries* directos Herramienta de perfilamiento o análisis
Conjunto de datos	Inspecciones insertadas entre fases de procesamiento	Queries directos Herramienta de perfilamiento o análisis

2.7.3 Desarrollar Procedimientos Operativos para la Gestión de Problemas de Datos

Independientemente de las herramientas que se utilicen para controlar la calidad de los datos, cuando los miembros del equipo de Calidad de los Datos evalúen los resultados, deben responder a los hallazgos de manera oportuna y efectiva. El equipo debe diseñar e implementar procedimientos operativos detallados para:

- **Diagnóstico de problemas**: El objetivo es revisar los síntomas del incidente de calidad de datos, rastrear el linaje de los datos en cuestión, identificar el problema y dónde se originó, y determinar las posibles causas del problema. El procedimiento debe describir cómo el equipo de Operaciones de calidad de datos:
  - Revisará los problemas de datos en el contexto de los flujos de procesamiento de información apropiados y aislar la ubicación en el proceso donde se introduce la falla
  - Evaluar si ha habido cambios ambientales que causarían errores al sistema
  - Evaluar si hay otros problemas de proceso que contribuyan al incidente de la calidad de los datos
  - Determine si existen problemas con los datos externos que hayan afectado la calidad de los datos.

NOTA: El trabajo de análisis de causa raíz requiere el aporte de los especialistas técnicos y del negocio. Si bien el equipo de Calidad de Datos puede liderar y facilitar este tipo de esfuerzo de trabajo, el éxito requiere una colaboración interfuncional

- **Formulación de opciones para la remediación**: según el diagnóstico, evalúe alternativas para abordar el problema. Éstas pueden incluir:
  - Abordar causas raíz no técnicas, como falta de capacitación, falta de apoyo de liderazgo, propiedad y responsabilidad poco claras, etc

- Modificación de los sistemas para eliminar las causas raíz técnicas
- Desarrollar controles para evitar el problema
- Introducir inspección adicional y monitoreo
- Corrección directa de datos defectuosos
- No tomar medidas basadas en el costo y el impacto de la corrección versus el valor de la corrección de datos
- **Resolución de problemas**: una vez identificadas las opciones para resolver el problema, el equipo de calidad de datos debe consultar con los propietarios de datos comerciales para determinar la mejor manera de resolver el problema. Estos procedimientos deben detallar cómo los analistas:
  - Evalúan los costos relativos y los méritos de las alternativas
  - Recomiendan una de las alternativas planificadas
  - Proporcionan un plan para desarrollar e implementar la resolución
  - Implementan la resolución

Las decisiones tomadas durante el proceso de gestión de problemas deben rastrearse en un sistema de seguimiento de incidentes. Cuando los datos en dicho sistema se gestionan bien, pueden proporcionar información valiosa sobre las causas y los costos de los problemas de datos. Incluya una descripción del problema y las causas raíz, las opciones de reparación y la decisión sobre cómo resolver el problema. El sistema de seguimiento de incidentes recopilará datos de rendimiento relacionados con la resolución de problemas, asignaciones de trabajo, volumen de problemas, frecuencia de ocurrencia, así como el tiempo para responder, diagnosticar, planificar una solución y resolver problemas. Estas métricas pueden proporcionar información valiosa sobre la efectividad del flujo de trabajo actual, así como la utilización de sistemas y recursos, y son puntos de datos de gestión importantes que pueden impulsar la mejora operativa continua para el control de calidad de datos.

Los datos de seguimiento de incidentes también ayudan a los consumidores de datos. Las decisiones basadas en datos remediados deben tomarse sabiendo que se han modificado, por qué se han modificado y cómo se han modificado. Esa es una razón por la cual es importante registrar los métodos de modificación y la justificación de éstos. Ponga esta documentación a disposición de los consumidores de datos y desarrolladores que investigan cambios en el código. Si bien los cambios pueden ser obvios para las personas que los implementan, el historial de cambios se perderá para los futuros consumidores de datos a menos que esté documentado. El seguimiento de incidentes de calidad de datos requiere que el personal esté capacitado sobre cómo clasificar, registrar y rastrear los problemas. Para apoyar el seguimiento efectivo:

- **Estandarizar los problemas y las actividades de calidad de los datos:** Dado que los términos utilizados para describir los problemas de los datos pueden variar según las líneas de negocio, es valioso definir un vocabulario estándar para los conceptos utilizados. Hacerlo simplificará la clasificación y la presentación de informes. La estandarización también hace que sea más fácil medir el volumen de problemas y actividades, identificar patrones e interdependencias entre sistemas y participantes e informar sobre el impacto general de las actividades de calidad de datos. La clasificación de un problema puede cambiar a medida que se profundiza la investigación y se exponen las causas fundamentales.
- **Proporcionar un proceso de asignación para problemas de datos:** Los procedimientos operativos guían a los analistas a asignar incidentes de calidad de datos a individuos para diagnóstico y proporcionar alternativas para la resolución. Dirija el proceso de asignación dentro del sistema de seguimiento de incidentes sugiriendo a aquellas personas con áreas específicas de experiencia.

- **Administre los procedimientos de escalamiento de problemas**: El manejo de problemas de calidad de datos requiere un sistema bien definido de escalado basado en el impacto, la duración o la urgencia de un problema. Especifique la secuencia de escalamiento dentro de los acuerdos de nivel de servicio de calidad de datos. El sistema de seguimiento de incidentes implementará los procedimientos de escalado, lo que ayuda a acelerar el manejo eficiente y la resolución de problemas de datos.
- **Administre el flujo de trabajo de resolución de calidad de datos**: el SLA de calidad de datos especifica objetivos para monitoreo, control y resolución, todos los cuales definen una colección de flujos de trabajo operativos. El sistema de seguimiento de incidentes puede soportar la gestión del flujo de trabajo para rastrear el progreso con el diagnóstico y la resolución de problemas.

2.7.4 Establecer Acuerdos de Nivel de Servicio de Calidad de Datos

Los Acuerdo de Nivel de Servicios (SLA - Service Level Agreements) de calidad de datos especifican las expectativas de una organización para la respuesta y la solución de problemas de calidad de datos en cada sistema. Las inspecciones de calidad de datos, según lo programado en el SLA, ayudan a identificar problemas para solucionar y, con el tiempo, reducir la cantidad de problemas. Si bien permite el aislamiento y el análisis de la causa raíz de los defectos de datos, existe la expectativa de que los procedimientos operativos proporcionarán un esquema para remediar las causas raíz dentro de un plazo acordado. Tener una inspección y monitoreo de la calidad de los datos en su lugar aumenta la probabilidad de detectar y remediar un problema de calidad de los datos antes de que pueda ocurrir un impacto comercial significativo. El control de calidad de datos operativos definido en un SLA de calidad de datos incluye:

- Elementos de datos cubiertos por el acuerdo
- Impactos del negocio asociados con fallas de datos
- Dimensiones de calidad de datos asociadas con cada elemento de datos
- Expectativas de calidad para cada elemento de datos para cada una de las dimensiones identificadas en cada aplicación o sistema en la cadena de valor de datos
- Métodos para medir contra las expectativas
- Umbral de aceptabilidad para cada medición
- Custodio(s) a ser notificado en caso de que no se cumpla el umbral de aceptabilidad
- Línea de tiempo y plazos para la resolución esperada o la solución del problema
- Estrategia de escalamiento, posibles recompensas y penalizaciones

El SLA de calidad de datos también define las funciones y responsabilidades asociadas con el desempeño de los procedimientos de calidad de datos operativos. Los procedimientos de calidad de datos operativos proporcionan informes de conformidad con las reglas comerciales definidas, así como también supervisan el desempeño del personal al reaccionar ante incidentes de calidad de datos. Los *Data Stewards* y el personal de calidad de datos operativos, al tiempo que mantienen el nivel de servicio de calidad de datos, deben considerar sus limitaciones de SLA de calidad de datos y conectar la calidad de datos con los planes de desempeño individuales. Cuando los problemas no se abordan dentro de los tiempos de resolución especificados, debe existir un proceso de escalado para comunicar el no cumplimiento del nivel de servicio en la cadena de gestión y gobierno. El SLA de calidad de datos establece los límites de tiempo para la generación de notificaciones, los nombres de aquellos en esa cadena de gestión y cuándo debe ocurrir el escalamiento. Dado el conjunto de reglas de calidad de datos, los métodos para medir la conformidad, los umbrales de aceptabilidad definidos por los clientes comerciales y los acuerdos de nivel de servicio, el equipo de Calidad de Datos puede monitorear el cumplimiento de los datos con las expectativas comerciales, así como qué tan bien los equipos de Calidad de Datos realizan los procedimientos asociados a los errores de datos. Los informes de SLA pueden estar programados según los requerimientos del negocio y operativos. Se prestará especial atención al análisis de tendencias de informes en casos centrados en recompensas y sanciones periódicas si dichos conceptos se integran en el marco del SLA.

2.7.5 Desarrollar Informes de Calidad de Datos

El trabajo de evaluar la calidad de los datos y gestionar los problemas de datos no beneficiará a la organización a menos que la información se comparta a través de informes para que los consumidores de datos comprendan la condición de los datos. Los informes deben centrarse en:

- Cuadro de mandos de calidad de datos, que proporciona una vista de alto nivel de los puntajes asociados con varias métricas, reportadas a diferentes niveles de la organización dentro de los umbrales establecidos
- Tendencias de la calidad de los datos, que muestran con el tiempo cómo se mide la calidad de los datos y si las tendencias son altas o bajas
- Métricas de SLA, mostrando cómo el personal de calidad de datos operativos diagnostica y responde a los incidentes de calidad de datos de manera oportuna
- Gestión de problemas de calidad de datos, donde se supervisa el estado de los problemas y las resoluciones
- Conformidad del equipo de Calidad de Datos con las políticas de gobierno
- Conformidad de los equipos de TI y de negocios con las políticas de calidad de datos
- Efectos positivos de los proyectos de mejora

Los informes deben alinearse lo más posible con las métricas en el SLA de calidad de datos, de modo que los objetivos del equipo estén alineados con los de sus clientes. El programa de calidad de datos también debe informar sobre los efectos positivos de los proyectos de mejora. Es mejor hacer esto en términos comerciales para recordar continuamente a la organización el efecto directo que los datos tienen sobre los clientes.

3. Herramientas

Deben seleccionarse las herramientas y las arquitecturas de las herramientas deben establecerse en la fase de planificación del programa de Calidad de Datos de la empresa. Las herramientas proporcionan un *kit* de inicio de conjunto de reglas parcial, pero las organizaciones necesitan crear e ingresar sus propias reglas y acciones específicas de contexto en cualquier herramienta.

3.1 Herramientas de Perfilamiento de Datos

Las herramientas de perfilamiento de datos producen estadísticas de alto nivel que permiten a los analistas identificar patrones en los datos y realizar una evaluación inicial de las características de calidad. Algunas herramientas se pueden utilizar para realizar un monitoreo continuo de datos. Las herramientas de perfilamiento son particularmente importantes para los esfuerzos de descubrimiento de datos porque permiten la evaluación de grandes conjuntos de datos. Las herramientas de perfilamiento aumentadas con capacidades de visualización de datos ayudarán en el proceso de descubrimiento. (Ver Capítulos 5, 8 y sección 1.3.9)

3.2 Herramientas de Consulta de Datos

El perfilamiento de datos es solo el primer paso en el análisis de datos. Ayuda a identificar posibles problemas. Los miembros del equipo de Calidad de Datos también deben consultar los datos con mayor profundidad para responder a las preguntas planteadas por los resultados del perfilamiento y patrones que proporcionan información sobre las causas raíz de los problemas de datos. Por ejemplo, realizar consultas para descubrir y cuantificar otros aspectos de la calidad de los datos, como la unicidad y la integridad.

3.3 Herramientas de Modelado y ETL (Extract, Transform and Load)

Las herramientas utilizadas para modelar datos y crear procesos ETL tienen un impacto directo en la calidad de los datos. Si se usa con los datos en mente, estas herramientas pueden habilitar datos de mayor calidad. Si se usan sin conocimiento de los datos, pueden tener efectos perjudiciales. Los miembros del equipo de Calidad de los Datos deben trabajar con los equipos de desarrollo para garantizar que se aborden los riesgos de calidad de los datos y que la organización aproveche al máximo las formas en que el modelado y el procesamiento de datos efectivos pueden permitir datos de mayor calidad (Ver capítulos 5, 8 y 11).

3.4 Plantillas de Reglas de Calidad de Datos

Las plantillas de reglas permiten al analista capturar las expectativas de los datos. Las plantillas también ayudan a cerrar la brecha de comunicación entre los equipos de negocio y técnicos. La formulación consistente de reglas facilita la traducción de las necesidades del negocio en código, ya sea que ese código esté incrustado en un motor de reglas, el componente analizador de datos de una herramienta de perfilamiento de datos o una herramienta de integración de datos. Una plantilla puede tener varias secciones, una para cada tipo de regla de negocio para implementar.

3.5 Repositorios de Metadatos

Como se señaló en la Sección 1.3.4, la definición de la calidad de los datos requiere Metadatos y las definiciones de datos de alta calidad son un tipo valioso de Metadatos. Los equipos de Calidad de Datos deberían trabajar estrechamente con los equipos que gestionan Metadatos para garantizar que los requisitos de calidad de los datos, las reglas, los resultados de las mediciones y la documentación de los problemas estén disponibles para los consumidores de datos.

4. Técnicas

4.1 Acciones Preventivas

La mejor manera de crear datos de alta calidad es evitar que ingresen datos de baja calidad en una organización. Las acciones preventivas evitan que ocurran errores conocidos. Inspeccionar los datos después de que estén en producción no mejorará su calidad. Los enfoques incluyen:

- **Establecer controles de entrada de datos**: Cree reglas de entrada de datos que eviten que los datos no válidos o inexactos ingresen a un sistema.
- **Capacite a los productores de datos**: Asegúrese de que el personal de los sistemas ascendentes comprenda el impacto de sus datos en los usuarios intermedios. Ofrezca incentivos o base de evaluaciones en la precisión y completitud de los datos, en lugar de solo rapidez.
- **Defina y aplique reglas**: Cree una "muralla (*firewall*) de datos", que tenga una tabla con todas las reglas de calidad de datos comerciales que se utilizan para verificar si la calidad de los datos es buena, antes de utilizarlos en una aplicación como en un *Data Warehouse*. Un *firewall* de datos puede inspeccionar el nivel de calidad de los datos procesados por una aplicación, y si el nivel de calidad está por debajo de los niveles aceptables, los analistas pueden ser informados sobre el problema.
- **Exija datos de alta calidad a los proveedores de datos**: Examine los procesos de un proveedor de datos externo para verificar sus estructuras, definiciones, fuentes de datos y procedencia de datos. Hacerlo permite evaluar qué tan bien se integrarán sus datos y ayuda a evitar el uso de datos no autorizados o datos adquiridos sin el permiso del propietario.
- **Implemente el gobierno y la administración de datos**: Asegúrese de que se definan los roles y responsabilidades que describan y apliquen las reglas de compromiso, la toma de decisión y las responsabilidades para la gestión efectiva de los activos de datos e información (McGilvray, 2008). Trabaje con los *Data Stewards* para revisar el proceso y los mecanismos para generar, enviar y recibir datos.
- **Instituir el control de cambios formal**: Asegúrese de que todos los cambios en los datos almacenados estén definidos y probados antes de implementarse. Evite cambios directamente en los datos fuera del procesamiento normal mediante el establecimiento de procesos de compuerta.

4.2 Acciones Correctivas

Las acciones correctivas se implementan después de que se haya producido un problema y se haya detectado. Los problemas de calidad de los datos deben abordarse sistémicamente y en sus causas fundamentales para minimizar los costos y riesgos de las acciones correctivas. "Resolver el problema donde sucede" es la mejor práctica en la Gestión de la Calidad de los Datos. Esto suele significar que las acciones correctivas deben incluir la prevención de la recurrencia de las causas de los problemas de calidad.

Realice la corrección de datos de tres formas generales:
- **Corrección automatizada:** Las técnicas de corrección automatizada incluyen estandarización, normalización y corrección basadas en reglas. Los valores modificados se obtienen o generan y se comprometen sin intervención manual. Un ejemplo es la corrección automática de direcciones, que envía las direcciones de entrega a un *estandarizador* de direcciones que se ajusta y corrige las direcciones de entrega mediante reglas, análisis, estandarización y tablas de referencia. La corrección automatizada requiere un entorno con estándares bien definidos, reglas comúnmente aceptadas y patrones de error conocidos. La cantidad de corrección automatizada puede reducirse con el tiempo si este entorno está bien administrado y los datos corregidos se comparten con los sistemas fuente.
- **Corrección dirigida manualmente:** Use herramientas automatizadas para remediar y corregir datos, pero requiere una revisión manual antes de confirmar las correcciones en el almacenamiento persistente. Aplicar corrección de nombre y dirección, resolución de

identidad y correcciones basadas en patrones automáticamente relacionados, y use algún mecanismo de puntuación para proponer un nivel de confianza en la corrección. Las correcciones con puntajes por encima de un nivel particular de confianza se pueden aceptar sin revisión, pero las correcciones con puntajes por debajo del nivel de confianza se presentan al *Data Steward* para su revisión y aprobación. Confirme todas las correcciones aprobadas y revise las no aprobadas para comprender si se deben ajustar las reglas subyacentes aplicadas. Los entornos en los que los conjuntos de datos confidenciales requieren supervisión humana (por ejemplo, MDM Master Data Management – Gestión de Datos Maestros) son buenos ejemplos de dónde puede ser adecuada la corrección dirigida manualmente.

- **Corrección manual:** A veces, la corrección manual es la única opción en ausencia de herramientas o automatización o si se determina que el cambio se maneja mejor a través de la supervisión humana. Las correcciones manuales se realizan mejor a través de una interfaz con controles y ediciones, que proporcionan una pista de auditoría para los cambios. La alternativa de hacer correcciones y confirmar los registros actualizados directamente en entornos de producción es extremadamente arriesgada. Evita usar este método.

4.3 Control de Calidad y Módulos de Código de Auditoría

Cree módulos de código compartibles, enlazables y reutilizables que ejecuten controles de calidad de datos y procesos de auditoría repetidos que los desarrolladores pueden obtener de una biblioteca. Si el módulo necesita cambiar, se actualizará todo el código vinculado a ese módulo. Dichos módulos simplifican el proceso de mantenimiento. Los bloques de código bien diseñados pueden evitar muchos problemas de calidad de datos. Igual de importante, asegurarán que los procesos se ejecuten de manera consistente. Cuando las leyes o las políticas exigen la presentación de informes de resultados de calidad específicos, a menudo es necesario describir el linaje de resultados. Los módulos de control de calidad pueden proporcionar esto. Para los datos que tienen una dimensión de calidad cuestionable y que están altamente calificados, califique la información en los entornos compartidos con notas de calidad y clasificaciones de confianza.

4.4 Métricas Efectivas de Calidad de Datos

Un componente crítico de la gestión de la calidad de los datos es desarrollar métricas que informen a los consumidores de datos sobre las características de calidad que son importantes para sus usos de los datos. Se pueden medir muchas cosas, pero no todas valen la pena el tiempo y el esfuerzo. Al desarrollar métricas, los analistas de Calidad de Datos deben tener en cuenta estas características:

- *Medibilidad*: Una métrica de calidad de datos debe ser medible; debe ser algo que se pueda contar. Por ejemplo, la relevancia de los datos no se puede medir, a menos que se establezcan criterios claros para lo que hace que los datos sean relevantes. Incluso la completitud de los datos debe definirse objetivamente para poder medirse. Los resultados esperados deben ser cuantificables dentro de un rango discreto.

- **Relevancia para el negocio:** Si bien muchas cosas son medibles, no todas se traducen en métricas útiles. Las mediciones deben ser relevantes para los consumidores de datos. El valor de la métrica es limitado si no puede estar relacionado con algún aspecto de las operaciones del negocio o el rendimiento. Cada métrica de calidad de datos debe correlacionarse con la influencia de los datos en las expectativas clave del negocio.

- **Aceptabilidad:** Las dimensiones de calidad de datos enmarcan los requisitos del negocio para la calidad de datos. La cuantificación a lo largo de la dimensión identificada proporciona evidencia sólida de los niveles de calidad de los datos. Determine si los datos cumplen con las expectativas del negocio en función de los umbrales de aceptabilidad especificados. Si el puntaje es igual o superior al umbral, la calidad de los datos cumple con las expectativas del negocio. Si la puntuación está por debajo del umbral, no lo hace.

- **Responsabilidad/Custodia:** Las métricas deben ser entendidas y aprobadas por las partes interesadas clave (por ejemplo, dueños del negocio y *Data Stewards*). Se les notifica cuando la medición de la métrica muestra que la calidad no cumple con las expectativas. El propietario de los datos de negocio es el responsable a cargo, mientras que el *Data Steward* toma las medidas correctivas apropiadas.

- *Controlabilidad*: Una métrica debe reflejar un aspecto controlable del negocio. En otras palabras, si la métrica está fuera de rango, debería desencadenar una acción para mejorar los datos. Si no hay forma de responder, entonces la métrica probablemente no sea útil.

- **Tendencias:** Las métricas permiten a una organización medir la mejora de la calidad de los datos a lo largo del tiempo. El seguimiento ayuda a los miembros del equipo de Calidad de Datos a monitorear actividades dentro del alcance de un acuerdo de SLA y de intercambio de datos de calidad de datos, y demostrar la efectividad de las actividades de mejora. Una vez que un proceso de información es estable, se pueden aplicar técnicas estadísticas de control de procesos para detectar cambios en la previsibilidad de los resultados de medición y los procesos de negocio y técnicos sobre los que proporciona información.

4.5 Control Estadístico de Procesos

El Control Estadístico de Procesos (SPC – Stadistical Process Control) es un método para gestionar procesos mediante el análisis de mediciones de variación en las entradas, salidas o pasos del proceso. La técnica se desarrolló en el sector de fabricación en la década de 1920 y se ha aplicado en otras industrias, en metodologías de mejora como Six Sigma y en Gestión de Calidad de Datos[86]. Simplemente definido, un proceso es una serie de pasos ejecutados para convertir entradas en salidas. SPC se basa en la suposición de que cuando un proceso con entradas consistentes es ejecutado consistentemente, producirá resultados consistentes. Utiliza medidas de tendencia central (cómo los valores se agrupan alrededor de un valor central, como una media, mediana o moda) y de variabilidad alrededor de un valor central (por ejemplo, rango, varianza, desviación estándar), para establecer tolerancias para la variación dentro de un proceso.

La herramienta principal utilizada para SPC es el gráfico de control (Figura 95), que es un gráfico de serie temporal que incluye una línea central para el promedio (la medida de la tendencia central) y representa los límites de control superior e inferior calculados (variabilidad alrededor de un valor central). En un proceso estable, los resultados de medición fuera de los límites de control indican una causa especial.

SPC mide la previsibilidad de los resultados del proceso mediante la identificación de la variación dentro de un proceso. Los procesos tienen una variación de dos tipos: causas comunes que son inherentes al proceso y causas especiales que son impredecibles o intermitentes. Cuando las únicas fuentes de variación son causas comunes, se dice que un sistema está bajo control (estadístico) y se puede establecer un rango de variación normal. Esta es la línea de base contra la cual se puede detectar el cambio.

---

[86] Ver Redman (1996 y 2001), Loshin (2000), Sebastian-Coleman (2013), Jugulum (2014).

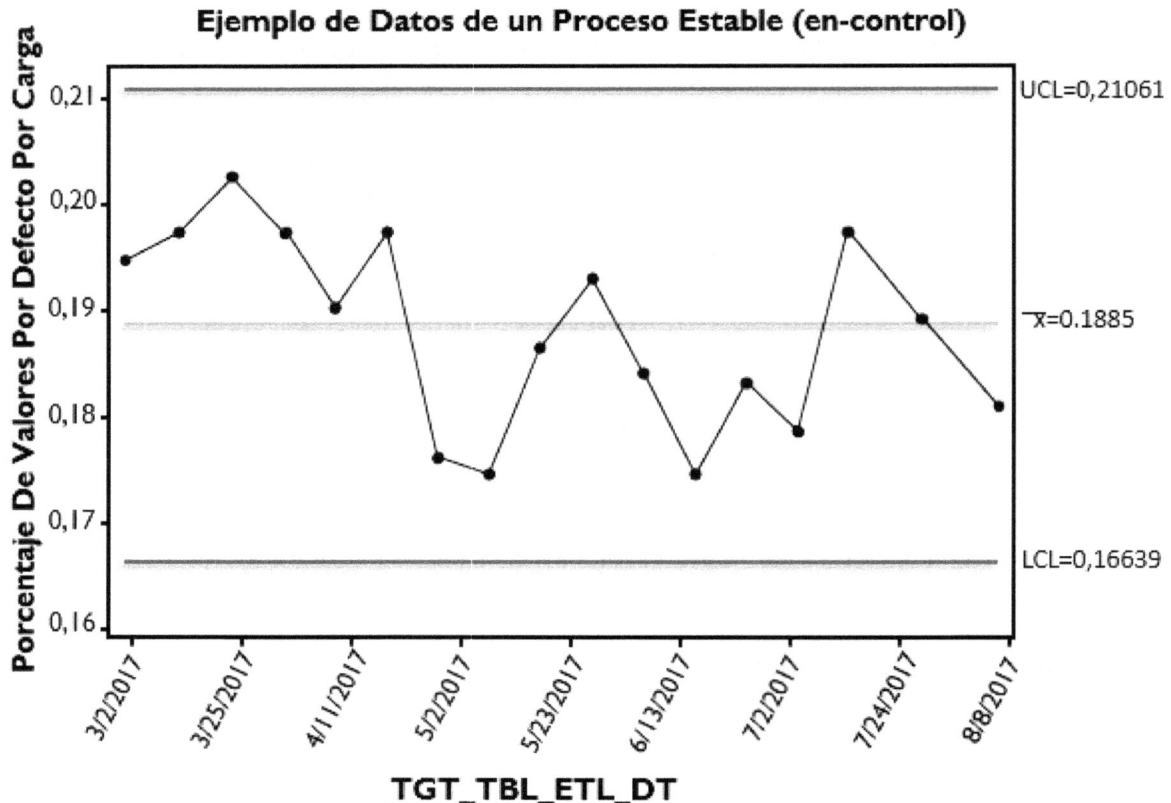

Figura 95 Gráfico de Control de un Proceso en Control Estadístico

La aplicación de SPC a la medición de la calidad de los datos se basa en el supuesto de que, como un producto fabricado, los datos son el producto de un proceso. A veces, el proceso que crea datos es muy simple (por ejemplo, una persona llena un formulario). Otras veces, los procesos son bastante complejos: un conjunto de algoritmos agrega datos de reclamos médicos para seguir las tendencias relacionadas con la efectividad de protocolos clínicos particulares. Si dicho proceso tiene entradas consistentes y se ejecuta consistentemente, producirá resultados consistentes cada vez que se ejecute. Sin embargo, si las entradas o la ejecución cambian, también lo harán las salidas. Cada uno de estos componentes se puede medir. Las mediciones se pueden usar para detectar causas especiales. El conocimiento de las causas especiales se puede utilizar para mitigar los riesgos asociados con la recopilación o el procesamiento de datos.

El SPC se usa para control, detección y mejora. El primer paso es medir el proceso para identificar y eliminar causas especiales. Esta actividad establece el estado de control del proceso. Lo siguiente es establecer medidas para detectar variaciones inesperadas tan pronto como sea detectable. La detección temprana de problemas simplifica la investigación de sus causas raíz. Las mediciones del proceso también se pueden usar para reducir los efectos no deseados de las causas comunes de variación, lo que permite una mayor eficiencia.

4.6 Análisis de Causa Raíz

La causa raíz de un problema es un factor que, si se elimina, eliminaría el problema en sí. El análisis de la causa raíz es un proceso de comprensión de los factores que contribuyen a los problemas y las formas en que contribuyen. Su propósito es identificar las condiciones subyacentes que, si se eliminan, significarían que los problemas desaparecerían.

Un ejemplo de gestión de datos puede aclarar la definición. Digamos que un proceso de datos que se ejecuta cada mes requiere como entrada un archivo de información del cliente. La medición de los datos muestra que, en abril, julio, octubre y enero, la calidad de los datos disminuye. La inspección del momento de la entrega muestra que, en marzo, junio, septiembre y diciembre, el archivo se entrega el 30 del mes, mientras que en otras ocasiones se entrega el 25. Un análisis más detallado muestra que el equipo responsable de entregar el archivo también es responsable de cerrar los procesos financieros trimestrales. Estos procesos tienen prioridad sobre otros trabajos y los archivos se entregan tarde durante esos meses, lo que afecta la calidad. La causa raíz del problema de calidad de datos resulta ser un retraso del proceso causado por una prioridad competitiva. Se puede abordar programando la entrega de archivos y asegurando que los recursos se puedan entregar dentro del cronograma.

Las técnicas comunes para el análisis de la causa raíz incluyen el análisis de Pareto (la regla 80/20), el análisis del diagrama de espina de pescado, el seguimiento y la localización, el análisis de procesos y los cinco porqués (McGilvray, 2008).

5. Guías de Implementación

Mejorar la calidad de los datos dentro de una organización no es una tarea fácil, incluso cuando los esfuerzos de mejora de la calidad de los datos se inician desde un programa de gobierno de datos y con el apoyo de la alta gerencia. Una discusión académica clásica es si es mejor implementar un programa de calidad de datos de arriba hacia abajo o de abajo hacia arriba. Por lo general, un enfoque híbrido funciona mejor: de arriba hacia abajo para el patrocinio, la coherencia y los recursos, pero de abajo hacia arriba para descubrir qué está realmente deteriorado y lograr éxitos incrementales.

Mejorar la calidad de los datos requiere cambios en la forma en que las personas piensan y se comportan con respecto a los datos. El cambio cultural es un desafío. Requiere planificación, capacitación y refuerzo. (ver Capítulo 17) Si bien las características específicas del cambio cultural diferirán de una organización a otra, la mayoría de las implementaciones del programa de Calidad de datos deben planificar:

- **Métricas sobre el valor de los datos y el costo de los datos de baja calidad**: Una forma de aumentar la conciencia organizativa de la necesidad de la Gestión de la Calidad de los Datos es a través de métricas que describen el valor de los datos y el retorno de la inversión de las mejoras. Estas métricas (que difieren de los puntajes de calidad de los datos) proporcionan la base para financiar mejoras y cambiar el comportamiento tanto del personal como de la administración. (ver capítulo 11.)
- **Modelo operativo para las interacciones TI/Negocios**: Los empresarios saben cuáles son los datos importantes y qué significan. Los *data stewards* de TI entienden dónde y cómo se almacenan los datos, por lo que están bien ubicados para traducir definiciones de calidad de datos en consultas o códigos que identifiquen registros específicos que no cumplen. (ver Capítulo 11.)
- **Cambios en la forma en que se ejecutan los proyectos**: La supervisión del proyecto debe garantizar que la financiación del proyecto incluya pasos relacionados con la calidad de los datos (por ejemplo, perfilamiento y evaluación, definición de expectativas de calidad, corrección de problemas de datos, prevención y corrección, controles y mediciones de

construcción). Es prudente asegurarse de que los problemas se identifiquen temprano y crear expectativas de calidad de datos por adelantado en los proyectos.

- **Cambios en los procesos de negocio:** Mejora de datos la calidad depende de mejorar los procesos por los cuales se producen los datos. El equipo de calidad de datos debe poder evaluar y recomendar cambios en los procesos no técnicos (así como técnicos) que afectan la calidad de los datos.

- **Financiación para proyectos de remediación y mejora:** Algunas organizaciones no planean remediar datos, incluso cuando son conscientes de los problemas de calidad de los datos. Los datos no se arreglarán solos. Los costos y beneficios de los proyectos de remediación y mejora deben documentarse para que se pueda priorizar el trabajo para mejorar los datos.

- **Financiación para operaciones de calidad de datos:** Mantener la calidad de los datos requiere operaciones continuas para monitorear la calidad de los datos, informar sobre los hallazgos y continuar manejando los problemas a medida que se descubren.

5.1 Evaluación de Preparación / Evaluación de Riesgos

La mayoría de las organizaciones que dependen de los datos tienen muchas oportunidades de mejora. La forma y el apoyo que tendrá un programa de calidad de datos dependerá de qué tan madura sea la organización desde la perspectiva de la gestión de datos. (ver el Capítulo 15.) La preparación de la organización para adoptar prácticas de calidad de datos puede evaluarse considerando las siguientes características:

- **Compromiso de la administración para gestionar a los datos como un activo estratégico:** Como parte de solicitar apoyo para un programa de Calidad de los Datos, es importante determinar qué tan bien la alta gerencia comprende el papel que juegan los datos en la organización. ¿En qué medida la alta gerencia reconoce el valor de los datos para los objetivos estratégicos? ¿Qué riesgos asocian con datos de baja calidad? ¿Qué nivel de conocimiento tienen sobre los beneficios del gobierno de datos? ¿Qué tan optimista es sobre la capacidad de cambiar la cultura para apoyar la mejora de la calidad?

- **La comprensión actual de la organización sobre la calidad de sus datos:** Antes de que la mayoría de las organizaciones comiencen su viaje de mejora de la calidad, generalmente comprenden los obstáculos y los puntos débiles que significan datos de baja calidad. Obtener conocimiento de estos es importante. A través de ellos, los datos de baja calidad pueden asociarse directamente con efectos negativos, incluidos los costos directos e indirectos, en la organización. La comprensión de los puntos de dolor también ayuda a identificar y priorizar proyectos de mejora.

- **El estado real de los datos:** Encontrar una forma objetiva de describir la condición de los datos que está causando puntos de dolor es el primer paso para mejorar los datos. Los datos se pueden medir y describir a través de perfilamiento y análisis, así como a través de la cuantificación de problemas conocidos y puntos críticos. Si el equipo de Calidad de Datos no conoce el estado real de los datos, será difícil priorizar y aprovechar las oportunidades de mejora.

- **Riesgos asociados con la creación, el procesamiento o el uso de datos:** La identificación de lo que puede salir mal con los datos y el daño potencial a una organización por los datos de baja calidad proporciona la base para mitigar los riesgos. Si la organización no reconoce estos riesgos, puede ser un desafío obtener soporte para el programa de calidad de datos.

- **Preparación cultural y técnica para el monitoreo escalable de la calidad de los datos:** la calidad de los datos puede verse afectada negativamente por los procesos comerciales y técnicos. Mejorar la calidad de los datos depende de la cooperación entre los equipos de negocio y de TI. Si la relación entre los negocios y los equipos de TI no es colaborativa, será difícil avanzar.

Los resultados de una evaluación de preparación ayudarán a determinar dónde comenzar y qué tan rápido proceder. Los resultados también pueden proporcionar la base para los objetivos del programa de mapeo de rutas. Si existe un fuerte apoyo para la mejora de la calidad de los datos y la organización conoce sus propios datos, entonces es posible lanzar un programa estratégico completo. Si la organización no conoce el estado real de sus datos, puede ser necesario concentrarse en desarrollar ese conocimiento antes de desarrollar una estrategia completa.

5.2 Cambio Cultural y Organizacional

La calidad de los datos no se mejorará a través de una colección de herramientas y conceptos, sino a través de una mentalidad que ayude a los empleados y a las partes interesadas a actuar, siempre pensando en la calidad de los datos y en lo que la empresa y sus clientes necesitan. Lograr que una organización sea consciente de la calidad de los datos a menudo requiere un cambio cultural significativo. Tal cambio requiere visión y liderazgo (ver Capítulo 17).

El primer paso es promover la conciencia sobre el papel y la importancia de los datos para la organización. Todos los empleados deben actuar de manera responsable y plantear problemas de calidad de los datos, solicitar datos de buena calidad como consumidores y proporcionar información de calidad a los demás. Cada persona que toca los datos puede afectar la calidad de esos datos. La calidad de los datos no es solo responsabilidad de un equipo de Calidad de Datos o grupo de TI.

Así como los empleados necesitan comprender el costo de adquirir un nuevo cliente o retener a un cliente existente, también necesitan conocer los costos que tiene la organización por los datos de baja calidad, así como las condiciones que hacen que los datos sean de baja calidad. Por ejemplo, si los datos del cliente están incompletos, un cliente puede recibir el producto incorrecto, creando costos directos e indirectos para una organización. No solo el cliente puede devolver el producto, pero él o ella pueden llamar y presentar una queja, utilizando el horario del centro de atención telefónica, con el potencial de dañar la reputación de la organización. Si los datos del cliente están incompletos porque la organización no ha establecido requisitos claros, entonces todos los que usan estos datos tienen interés en aclarar los requisitos y seguir los estándares.

En última instancia, los empleados deben pensar y actuar de manera diferente si desean producir datos de mejor calidad y gestionarlos de manera que garanticen la calidad. Esto requiere entrenamiento y refuerzo. La capacitación debe centrarse en:
* Causas comunes de problemas de datos
* Las relaciones dentro del ecosistema de datos de la organización y por qué mejorar la calidad de los datos requiere un enfoque empresarial
* Consecuencias de los datos de baja calidad
* Necesidad de mejora continua (por qué la mejora no es una cosa de una sola vez)
* Convertirse en "lingüista de datos", capaz de articular el impacto de los datos en la estrategia y el éxito de la organización, los informes reglamentarios y la satisfacción del cliente.

La capacitación también debe incluir una introducción a cualquier cambio en el proceso, con afirmaciones sobre cómo los cambios mejoran la calidad de los datos.

6. Calidad de Datos y Gobierno de Datos

Un programa de Calidad de Datos es más efectivo cuando forma parte de un programa de gobierno de datos. A menudo, los problemas de calidad de los datos son la razón para establecer el gobierno de datos en toda la empresa (ver Capítulo 3). La incorporación de los esfuerzos de calidad de datos en el esfuerzo general de gobierno permite que el equipo del programa de Calidad de Datos trabaje con una variedad de partes interesadas y facilitadores:

- Personal de riesgo y seguridad que puede ayudar a identificar vulnerabilidades organizacionales relacionadas con los datos
- Ingeniería de procesos de negocios y personal de capacitación que puede ayudar a los equipos a implementar mejoras de procesos
- *Data Stewards* del negocio y operativos, y propietarios de datos que pueden identificar datos críticos, definir estándares y expectativas de calidad, y priorizar la solución de problemas de datos.

Una Organización de Gobierno puede acelerar el trabajo de un programa de Calidad de Datos al:

- Establecer prioridades
- Identificar y coordinar el acceso a quienes deberían participar en diversas decisiones y actividades relacionadas con la calidad de los datos
- Desarrollar y mantener estándares para la calidad de los datos
- Informar mediciones relevantes de la calidad de los datos de toda la empresa
- Brindar orientación que facilite la participación del personal
- Establecer mecanismos de comunicación para compartir conocimientos
- Desarrollar y aplicar políticas de calidad y cumplimiento de datos
- Monitoreo e informes sobre el desempeño
- Compartir los resultados de la inspección de la calidad de los datos para crear conciencia, identificar oportunidades de mejoras y crear consenso para las mejoras
- Resolver variaciones y conflictos; proporcionando dirección

6.1 Política de Calidad de Datos

Los esfuerzos de Calidad de Datos deben estar respaldados y deben seguir las políticas de gobierno de datos. Por ejemplo, las políticas de gobierno pueden autorizar auditorías periódicas de calidad y exigir el cumplimiento de las normas y mejores prácticas. Todas las áreas de conocimiento de gestión de datos requieren cierto nivel de política, pero las políticas de calidad de datos son particularmente importantes ya que a menudo se refieren a requisitos reglamentarios. Cada política debe incluir:

- Propósito, alcance y aplicabilidad de la política
- Definición de términos
- Responsabilidades del programa de calidad de datos
- Responsabilidades de otras partes interesadas
- Informes
- Implementación de la política, incluyendo enlaces a riesgos, medidas preventivas, cumplimiento, protección de datos y seguridad de datos

6.2 Métricas

Gran parte del trabajo de un equipo de calidad de datos se centrará en medir e informar sobre la calidad. Las categorías de métricas de alto nivel de calidad de datos incluyen:

- **Retorno de la inversión:** Declaraciones sobre el costo de los esfuerzos de mejora frente a los beneficios de mejorar la calidad de los datos
- **Niveles de calidad:** Mediciones del número y porcentaje de errores o violaciones de requisitos, dentro de un conjunto de datos o entre conjuntos de datos
- **Tendencias de calidad de datos:** Mejora de la calidad a lo largo del tiempo (por ejemplo, una tendencia) contra umbrales y objetivos, o incidentes de calidad por período
- **Métricas de gestión de problemas de datos:**
  - Recuentos de problemas por dimensiones de calidad de datos
  - Problemas por función de negocio y sus estados (resueltos, pendientes, escalados)
  - Problema por prioridad y severidad
  - Tiempo para resolver problemas
- **Conformidad con los niveles de servicio:** Unidades organizativas involucradas y personal responsable, proyectos de intervenciones para evaluaciones de calidad de datos, conformidad general del proceso
- **Implementación del plan de calidad de datos:** As-is y hoja de ruta para la expansión.

7.Trabajos Citados / Recomendados

Batini, Carlo y Monica Scannapieco. *Data Quality: Concepts, Methodologies and Techniques*. Springer, 2006. Print.

Brackett, Michael H. *Data Resource Quality: Turning Bad Habits into Good Practices*. Addison-Wesley, 2000. Print.

Deming, W. Edwards. *Out of the Crisis*. The MIT Press, 2000. Print.

English, Larry. *Improving Data Warehouse and Business Information Quality: Methods For Reducing Costs And Increasing Profits*. John Wiley and Sons, 1999. Print.

English, Larry. *Information Quality Applied: Best Practices for Improving Business Information, Processes, and Systems*. Wiley Publishing, 2009. Print.

Evans, Nina y Price, James. "Barriers to the Effective Deployment of Information Assets: An Executive Management Perspective." *Interdisciplinary Journal of Information, Knowledge, and Management* Volume 7, 2012. Accessed from http://bit.ly/2sVwvG4.

Fisher, Craig, Eitel Lauría, Shobha Chengalur-Smith and Richard Wang. *Introduction to Information Quality*. M.I.T. Information Quality Program Publications, 2006. Print. Advances in Information Quality Book Ser.

Gottesdiener, Ellen. *Requirements by Collaboration: Workshops for Defining Needs*. Addison-Wesley Professional, 2002. Print.

Hass, Kathleen B. y Rosemary Hossenlopp. *Unearthing Business Requirements: Elicitation Tools and Techniques*. Management Concepts, Inc, 2007. Print. Business Analysis Essential Library.

Huang, Kuan-Tsae, Yang W. Lee y Richard Y. Wang. *Quality Information and Knowledge*. Prentice Hall, 1999. Print.

Jugulum, Rajesh. *Competing with High Quality Data*. Wiley, 2014. Print.

Lee, Yang W., Leo L. Pipino, James D. Funk y Richard Y. Wang. *Journey to Data Quality*. The MIT Press, 2006. Print.

Loshin, David. *Enterprise Knowledge Management: The Data Quality Approach*. Morgan Kaufmann, 2001. Print.

Loshin, David. *Master Data Management*. Morgan Kaufmann, 2009. Print.

Maydanchik, Arkady. *Data Quality Assessment*. Technics Publications, LLC, 2007 Print.

McCallum, Ethan. *Bad Data Handbook: Cleaning Up the Data So You Can Get Back to Work*. 1ra Edition. O'Reilly, 2012.

McGilvray, Danette. *Executing Data Quality Projects: Ten Steps to Quality Data and Trusted Information*. Morgan Kaufmann, 2008. Print.

Myers, Dan. "The Value of Using the Dimensions of Data Quality", *Information Management*, August 2013. http://bit.ly/2tsMYiA.

Olson, Jack E. *Data Quality: The Accuracy Dimension*. Morgan Kaufmann, 2003. Print.

Redman, Thomas. *Data Quality: The Field Guide*. Digital Press, 2001. Print.

Robertson, Suzanne y James Robertson. *Mastering the Requirements Process: Getting Requirements Right*. 3ra ed. Addison-Wesley Professional, 2012. Print.

Sebastian-Coleman, Laura. *Measuring Data Quality for Ongoing Improvement: A Data Quality Assessment Framework*. Morgan Kaufmann, 2013. Print. The Morgan Kaufmann Series on Business Intelligence.

Tavares, Rossano. Qualidade de Dados em Gerenciamento de Clientes (CRM) e Tecnologia da Informação [Data Quality in Management of Customers and Information Technology]. São Paulo: Catálise. 2006. Print.

Witt, Graham. *Writing Effective Business Rules: A Practical Method*. Morgan Kaufmann, 2012. Print

CAPÍTULO 14

Big Data y Ciencia de Datos

1. Introducción

Desde principios de los años 2000, los términos *Big Data* y *Ciencia de Datos* han sido infortunadamente, intercambiados como palabras de moda. Los conceptos y sus implicaciones son mal entendidos – o, al menos, hay un consenso limitado sobre su significado. Incluso el significado de '*Big*' es relativo. Dicho esto, *Big Data* y Ciencia de Datos están conectados a importantes cambios tecnológicos que han permitido a las personas generar, almacenar y analizar cantidades de datos más grandes. Y lo que es más importante, las personas pueden utilizar esos datos para predecir e influir en los comportamientos, así como para obtener información respecto a una amplia gama de temas importantes, tales como prácticas en el cuidado de la salud, gestión de recursos naturales y desarrollo económico.

Big Data se refiere no solamente al volumen de los datos, sino también a su variedad (datos estructurados y no estructurados, documentos, archivos, audio, video y *streaming* de datos, etc.), y a la rapidez con la cual son producidos (velocidad). Las personas que a partir de esos datos realizan minería y desarrollan analítica y modelos predictivos, de aprendizaje de máquina (*Machine Learning*), y prescriptivos y luego despliegan los resultados para el análisis de las partes interesadas se llaman Científicos de Datos.

La Ciencia de Datos ha existido durante mucho tiempo; solía ser llamada 'Estadística Aplicada'. Pero la capacidad para descubrir patrones de datos ha evolucionado rápidamente en el siglo XXI con la llegada de *Big Data* y las tecnologías que la sustentan. La Inteligencia de Negocios tradicional proporciona reportes y análisis de "espejo retrovisor" sobre datos estructurados para describir tendencias del pasado. En algunos casos, se utilizan patrones de BI (Business Intelligence – Inteligencia de Negocio) para predecir comportamiento futuro, pero no con alta grado de confianza. Hasta hace poco, un análisis a profundidad de enormes conjuntos de datos había estado limitado por la tecnología. Los análisis han dependido de muestreos u otros medios de abstracción para aproximar los patrones. A medida que se ha incrementado la capacidad para recopilar y analizar grandes conjuntos de datos, los Científicos de Datos han integrado métodos desde las matemáticas, estadísticas, ciencias de la computación, procesamiento de señales, modelos de probabilidad, reconocimiento de patrones, aprendizaje de máquina, modelado de la incertidumbre y la visualización de datos con el fin de comprender mejor y predecir comportamientos basados en conjuntos de *Big Data*. En resumen, la Ciencia de Datos ha encontrado nuevas formas de analizar y obtener valor de los datos.

A medida que *Big Data* se ha incorporado a la Inteligencia de Negocio y al *Data Warehouse*, las técnicas de Ciencia de Datos se utilizan para proporcionar una vista prospectiva de la organización. Las capacidades predictivas, de tiempo real y basadas en modelos, utilizando diferentes tipos de fuentes de datos, ofrecen a las organizaciones mejor visión de hacia dónde se dirigen. (Ver figura 96).

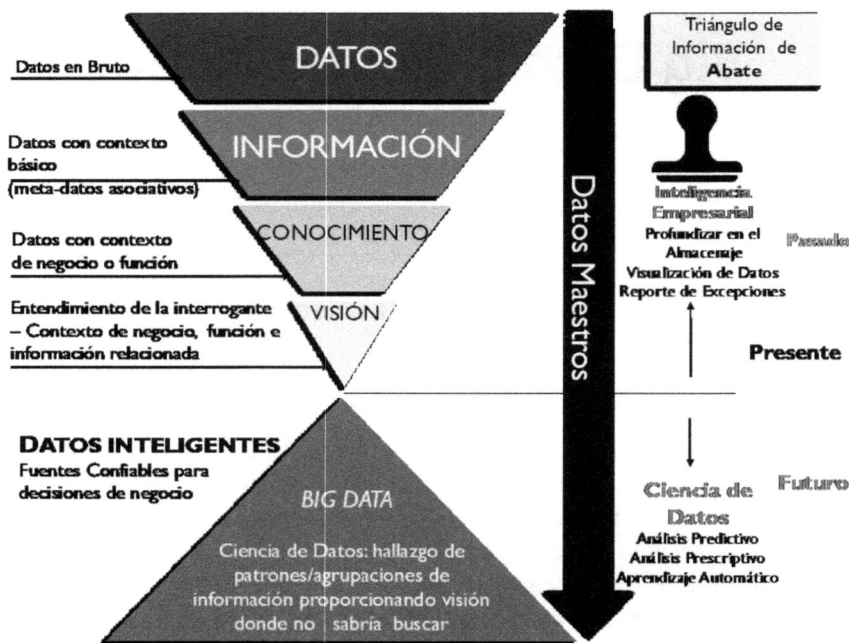

Figura 96 Triángulo de Información de Abate

Para aprovechar el *Big Data*, no obstante, se requiere de un cambio en la forma en que los datos son gestionados. La mayoría de los *Data Warehouses* se basan en modelos relacionales. *Big Data* generalmente no está organizado en un modelo relacional. La mayoría de los *Data Warehouses* dependen del concepto de ETL (Extract. Transform, Load - Extraer, Transformar y Cargar). Las soluciones de *Big Data*, como los *Data Lakes* dependen del concepto de ELT – (Extract, Load, Transform – Extraer, Cargar, Transformar). La velocidad y el volumen de los datos presentan desafíos tan importantes, que se requieren diferentes enfoques de aspectos críticos de gestión de datos, tales como la integración, gestión de Metadatos y evaluación de la calidad de los datos.

1.1 Motivadores de Negocio

El mayor motivador de negocio para el desarrollo de las capacidades organizacionales alrededor de *Big Data* y Ciencia de Datos es el deseo de encontrar y actuar sobre oportunidades de negocios que pueden ser descubiertas a través de conjuntos de datos generados por una gama diversificada de procesos. *Big Data* puede estimular la innovación, haciendo disponibles para la exploración a más y más grandes conjuntos de datos. Estos datos pueden usarse para definir modelos predictivos que anticipan las necesidades del cliente y habilitan la presentación personalizada de productos y servicios. La Ciencia de Datos puede mejorar las operaciones. Los algoritmos de Aprendizaje de Máquina pueden automatizar actividades complejas que toman mucho tiempo, mejorando así la eficiencia organizacional, reduciendo los costos y mitigando los riesgos.

Big Data y Ciencia de Datos

Definición: La colección (*Big Data*) y análisis (Ciencia de los Datos, Analítica y Visualización) de muchos tipos de datos diferentes para encontrar respuestas e ideas para preguntas que no son conocidas al comienzo del análisis.

Metas:
1. Descubrir relaciones entre los datos y el negocio.
2. Soportar la integración iterativa de fuente(s) de datos dentro de la empresa.
3. Descubrir y analizar nuevos factores que podrían afectar a la empresa.
4. Publicar datos usando técnicas de visualización en una manera apropiada, confiable, y ética.

Motivadores de Negocio

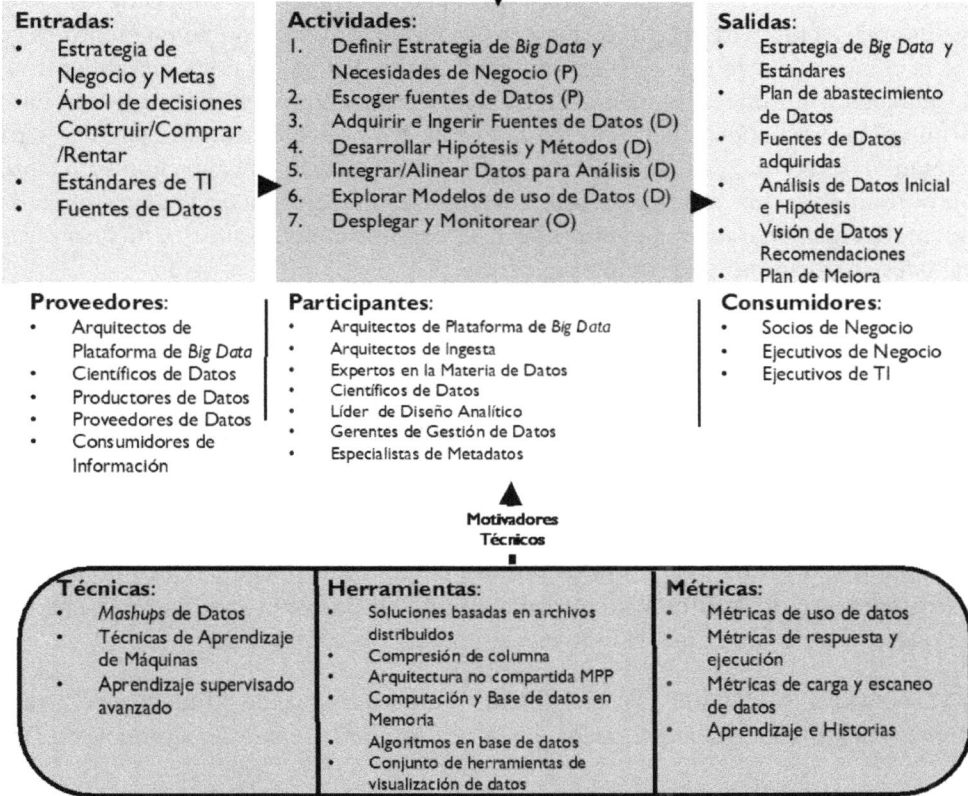

Entradas:
- Estrategia de Negocio y Metas
- Árbol de decisiones Construir/Comprar /Rentar
- Estándares de TI
- Fuentes de Datos

Actividades:
1. Definir Estrategia de *Big Data* y Necesidades de Negocio (P)
2. Escoger fuentes de Datos (P)
3. Adquirir e Ingerir Fuentes de Datos (D)
4. Desarrollar Hipótesis y Métodos (D)
5. Integrar/Alinear Datos para Análisis (D)
6. Explorar Modelos de uso de Datos (D)
7. Desplegar y Monitorear (O)

Salidas:
- Estrategia de *Big Data* y Estándares
- Plan de abastecimiento de Datos
- Fuentes de Datos adquiridas
- Análisis de Datos Inicial e Hipótesis
- Visión de Datos y Recomendaciones
- Plan de Mejora

Proveedores:
- Arquitectos de Plataforma de *Big Data*
- Científicos de Datos
- Productores de Datos
- Proveedores de Datos
- Consumidores de Información

Participantes:
- Arquitectos de Plataforma de *Big Data*
- Arquitectos de Ingesta
- Expertos en la Materia de Datos
- Científicos de Datos
- Líder de Diseño Analítico
- Gerentes de Gestión de Datos
- Especialistas de Metadatos

Consumidores:
- Socios de Negocio
- Ejecutivos de Negocio
- Ejecutivos de TI

Motivadores Técnicos

Técnicas:
- *Mashups* de Datos
- Técnicas de Aprendizaje de Máquinas
- Aprendizaje supervisado avanzado

Herramientas:
- Soluciones basadas en archivos distribuidos
- Compresión de columna
- Arquitectura no compartida MPP
- Computación y Base de datos en Memoria
- Algoritmos en base de datos
- Conjunto de herramientas de visualización de datos

Métricas:
- Métricas de uso de datos
- Métricas de respuesta y ejecución
- Métricas de carga y escaneo de datos
- Aprendizaje e Historias

(P) Planificación, (C) Control, (D) Desarrollo, (O) Operaciones

Figura 97 Diagrama de Contexto: Big Data y la Ciencia de Datos

1.2 Principios

La promesa de *Big Data* – que proporcionará un tipo diferente de conocimiento – depende de ser capaz de gestionar *Big Data*. En muchos sentidos, debido a la amplia variación en fuentes y formatos, la gestión de *Big Data* requerirá más disciplina que la gestión de datos relacionales. Los principios relacionados con la gestión de *Big Data* no se han formado completamente, pero una cosa está muy clara: las organizaciones deberían gestionar cuidadosamente los Metadatos relacionados con las fuentes de *Big Data* con el fin de tener un inventario exacto de los archivos de datos, sus orígenes y su valor.

1.3 Conceptos Esenciales

1.3.1 Ciencia de Datos

Tal como se señaló en el capítulo Introducción, la Ciencia de Datos fusiona minería de datos, análisis estadístico y aprendizaje de máquina junto con capacidades de modelamiento de datos e integración de datos, para construir modelos predictivos que exploran patrones de contenido de datos. El desarrollo de modelos predictivos es llamado algunas veces *Ciencia de Datos* porque el analista de datos, o científico de datos, utiliza el método científico para desarrollar y evaluar un modelo.

El científico de datos desarrolla una hipótesis sobre el comportamiento que puede ser observada en los datos antes de una acción particular. Por ejemplo, la compra de un tipo de elemento es generalmente seguida por la compra de otro tipo de elemento (la compra de una casa es generalmente seguida por la compra de muebles). Entonces, el científico de datos analiza grandes cantidades de datos históricos para determinar la frecuencia en la que la hipótesis ha sido cierta en el pasado y para verificar estadísticamente la exactitud probable del modelo. Si una hipótesis es válida con suficiente frecuencia, y si el comportamiento que predice es útil, entonces el modelo puede llegar a ser la base para un proceso de inteligencia operacional para predecir el comportamiento futuro, incluso posiblemente en tiempo real tales como anuncios de venta sugestivas.

El desarrollo de soluciones de Ciencia de Datos implica la inclusión iterativa de orígenes de datos en modelos que producen información. La Ciencia de Datos depende de:

- **Fuentes de datos enriquecidos:** Los datos con la posibilidad de mostrar de otra manera patrones invisibles en el comportamiento organizacional o del cliente.
- **Alineación y análisis de información:** Técnicas para comprender el contenido de los datos y combinar conjuntos de datos para probar y formular hipótesis de patrones significativos.
- **Entrega de información:** Ejecutar modelos y algoritmos matemáticos con los datos y producir visualizaciones y otra salida para obtener información del comportamiento.
- **Presentación de resultados e información de los datos:** El análisis y presentación de los resultados de manera que la información pueda ser compartida.

La Tabla 32 compara el rol del DW/BI (*Data Warehouse/Business Intelligence*) tradicional para analítica predictiva y prescriptiva que puede lograrse a través de técnicas de Ciencia de Datos.

Tabla 32 Progresión Analítica

DW / BI Tradicional	Ciencia de Datos	
Descriptivo	Predictivo	Prescriptivo
Retrospectiva	Visión	Previsión
Basado en la historia: ¿Qué sucedió? ¿Por qué sucedió?	Basado en modelos predictivos: ¿Qué es probable que suceda?	Basado en escenarios: ¿Qué deberíamos hacer para que las cosas sucedan?

1.3.2 El Proceso de Ciencia de Datos

La Figura 98 ilustra las fases iterativas del proceso de Ciencia de Datos. Las salidas de cada paso se convierten en las entradas del siguiente. (Ver sección 2).

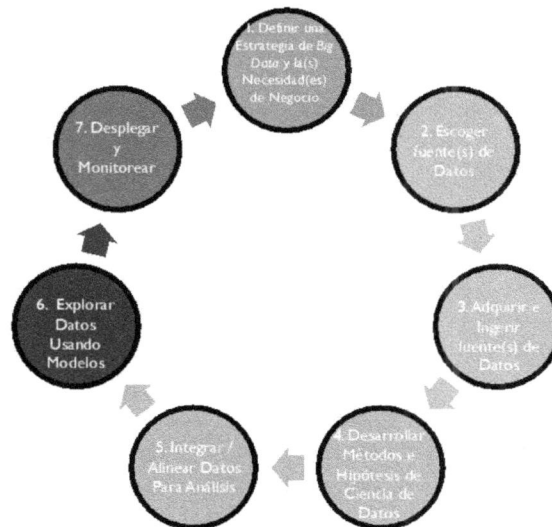

Figura 98 Proceso de Ciencia de Datos

El proceso de Ciencia de Datos sigue el método científico de refinar el conocimiento haciendo observaciones, formulando y comprobando hipótesis, observando resultados y formulando teorías generales que explican los resultados. Dentro de la Ciencia de Datos, este proceso toma la forma de observación de datos y la creación y evaluación de modelos de comportamiento:

- **Definir las necesidades de negocio y la estrategia de *Big Data***: Definir los requerimientos que identifican los resultados deseados con beneficios tangibles y medibles.
- **Elegir fuentes de datos**: Identificar brechas en la base actual de activos de datos y encontrar las fuentes de datos para cubrir dichas brechas.
- **Adquirir y realizar la ingesta de datos**: Obtener los conjuntos de datos e incorporarlos.
- **Desarrollar hipótesis y métodos de Ciencia de Datos**: Explorar fuentes de datos a través de perfilamiento, visualización, minería de datos, etc., refinar los requerimientos. Definir las entradas al algoritmo del modelo, tipos, o hipótesis del modelo y métodos de análisis (es decir, agrupaciones de datos encontradas por agrupamiento, etcétera.).
- **Integrar y alinear los datos para el análisis**: La factibilidad del modelo depende en parte de la calidad de los datos fuente. Aprovechar fuentes confiables y creíbles. Aplicar las técnicas apropiadas de integración y limpieza de datos para incrementar la calidad y utilidad de los conjuntos de datos asignados.
- **Explorar los datos mediante modelos**: Aplicar análisis estadístico y algoritmos de aprendizaje de máquina sobre los datos integrados. Validar, entrenar y con el tiempo, evolucionar el modelo. El entrenamiento consiste en correr de manera repetida el modelo con datos reales para verificar supuestos y hacer ajustes, tales como la identificación de valores atípicos. A través de este proceso, los requerimientos serán refinados. Las métricas de factibilidad inicial guían la evolución del modelo. Pueden introducirse nuevas hipótesis que requieran conjuntos de datos adicionales y los resultados de esta exploración darán forma al modelamiento y salidas futuras (incluso cambiando los requerimientos).
- **Desplegar y monitorear**: Aquellos modelos que producen información útil pueden ser liberados a producción para realizar un monitoreo continuo de su valor y eficacia. Por lo general, los proyectos de Ciencia de Datos se convierten en proyectos de *Data Warehouse* donde más procesos vigorosos de desarrollo se ponen en práctica (ETL, DQ, Datos Maestros, etc.).

1.3.3 Big Data

Los esfuerzos iniciales para definir el significado de *Big Data* lo caracterizan en términos de las tres V: volumen, velocidad, variedad (Laney, 2001). A medida que más organizaciones comienzan a aprovechar el potencial de *Big Data*, la lista de las Vs se ha expandido:

- **Volumen:** Se refiere a la cantidad de datos. *Big Data* a menudo tiene miles de entidades o elementos en miles de millones de registros.
- **Velocidad:** Se refiere a la velocidad a la cual los datos son capturados, generados o compartidos. Los datos con frecuencia se generan y también pueden ser distribuidos y analizados en tiempo real.
- **Variedad / variabilidad**: Se refiere a las formas en que los datos son capturados o entregados. *Big Data* requiere almacenamiento de múltiples formatos; los datos estructurados están por lo general inconsistentes dentro o a través de conjuntos de datos.
- **Viscosidad:** Se refiere a qué tan difícil es usar o integrar los datos.
- **Volatilidad:** Se refiere a con qué frecuencia se producen cambios en los datos y por lo tanto por cuánto tiempo son útiles esos datos.
- **Veracidad:** Se refiere a qué tan confiables son los datos.

Los volúmenes de *Big Data* son excepcionalmente grandes (más de 100 Terabytes y a menudo en el rango de Petabytes y Exabyte). En soluciones analíticas y de *Data Warehouse*, los volúmenes muy grandes de datos plantean desafíos para cargar, modelar, limpiar y realizar analítica a los datos. Estos desafíos se resuelven a menudo usando procesamiento paralelo masivo, o procesamiento en paralelo y soluciones de datos distribuidas. Sin embargo, tienen implicaciones mucho más amplias. El tamaño de los conjuntos de datos requiere cambios en la forma general en que los datos se almacenan y acceden, así como en la manera como se entienden los datos (por ejemplo, gran parte de nuestra manera actual de pensar acerca de los datos se basa en estructuras de base de datos relacionales), así como la manera como se gestionan los datos (Adams, 2009). La figura 99 presenta un resumen visual del rango de datos que se han vuelto disponibles a través de tecnologías de *Big Data* y las implicaciones sobre las opciones de almacenamiento de datos.

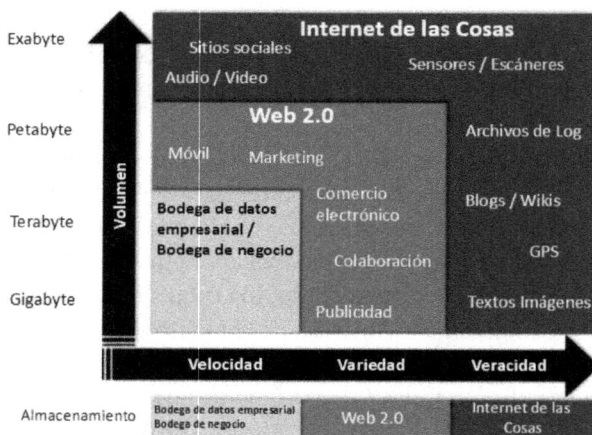

Figura 99 Desafíos de Almacenamiento de Datos [87]

---

[87] Utilizado con autorización de Robert Abate / EMC Corporation.

1.3.4 Componentes de la Arquitectura de Big Data

La selección, instalación y configuración de un entorno de *Big Data* y Ciencia de Datos requiere conocimientos especializados. Las arquitecturas de punta a punta deben ser desarrolladas y racionalizadas en base a herramientas exploratorias existentes y nuevas adquisiciones.

La Figura 100 describe la arquitectura del DW/BI y *Big Data*. (Los detalles acerca de los componentes de DW/BI están descritos en el capítulo 11). La mayor diferencia entre el procesamiento de un DW/BI y *Big Data* es que en un *Data Warehouse* tradicional, los datos son integrados a medida que se traen al *Data Warehouse* (extraer, TRANSFORMAR, cargar); mientras que, en un entorno de *Big Data*, los datos son ingeridos y cargados antes de ser integrados (extraer, CARGAR, transformar). En algunos casos, los datos pueden no integrarse del todo, en el sentido tradicional. En lugar de ser integrados en preparación para el uso, a menudo se integran a través de usos particulares (por ejemplo, el proceso de construcción de modelos predictivos conduce la integración de unos conjuntos de datos particulares).

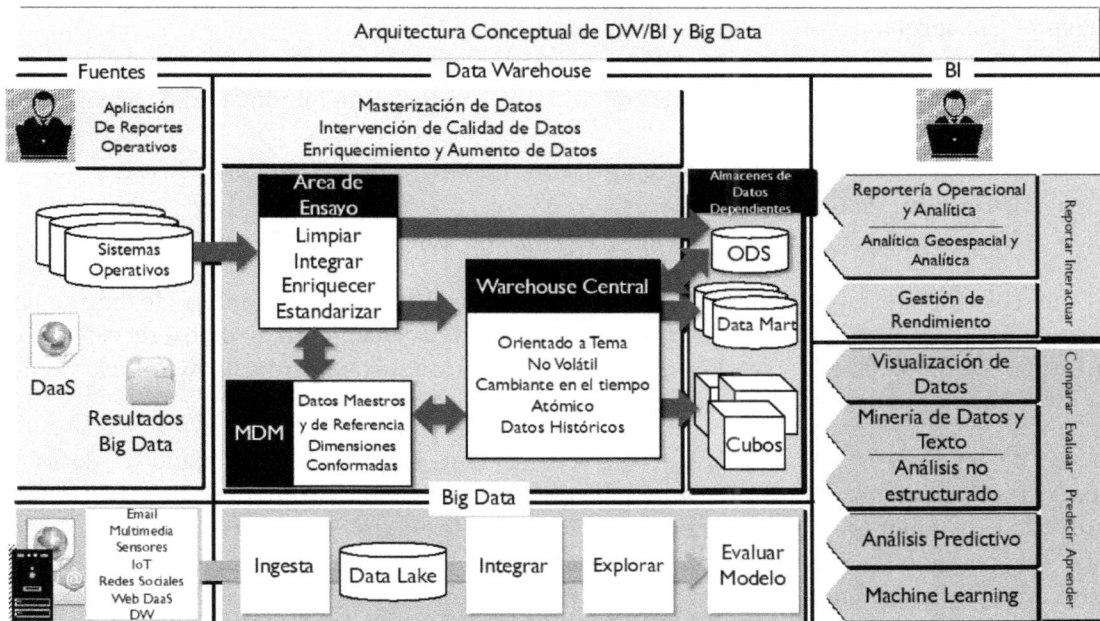

Figura 100 Arquitectura Conceptual de DW/BI y Big Data

La diferencia entre ETL y de ELT tiene implicaciones importantes respecto a cómo se administran los datos. Por ejemplo, el proceso de integración no necesariamente depende de o produce un modelo de datos empresarial. El riesgo es que mucho conocimiento acerca de los datos se puede perder si los procesos para ingestión y uso son ejecutados de una manera *ad hoc*. Hay una necesidad de recolectar y gestionar Metadatos relacionados con estos procesos, si van a ser entendidos y aprovechados a través del tiempo.

Las siguientes secciones describirán las fuentes de *Big Data* y la construcción del *Data Lake*. Las actividades (ingesta, integrar, explorar, evaluar modelo) se exploran en la sección Actividades.

1.3.5 Fuentes de Big Data

Debido a que gran parte de la actividad humana es ejecutada electrónicamente, enormes cantidades de datos se acumulan cada día a medida que nos movemos por el mundo, interactuamos con los demás y hacemos negocios. *Big Data* se produce a través del correo electrónico, redes sociales, pedidos en línea e incluso video juegos. Los datos se generan no sólo por teléfonos y dispositivos de punto de venta, sino también por sistemas de vigilancia, sensores en sistemas de transporte, sistemas de monitoreo médico, sistemas de monitoreo de servicios públicos e industriales, satélites y equipos militares. Por ejemplo, un vuelo de una aerolínea puede generar un terabyte de datos. Los dispositivos que interactúan directamente con Internet generan una porción grande de *Big Data*. Las conexiones entre dispositivos e Internet son algunas veces llamadas Internet de las Cosas (IoT).

1.3.6 Data Lake

Un *Data Lake* es un entorno donde una gran cantidad de datos de varios tipos y estructuras pueden ser ingeridos, almacenados, evaluados y analizados. Los *Data Lakes* pueden servir para varios propósitos. Por ejemplo, proporcionando:

- Un entorno para que los científicos de datos realicen minería y análisis de datos
- Un área de almacenamiento central de datos en bruto, con mínima transformación, si es el caso.
- Almacenamiento alternativo para los datos históricos de un *Data Warehouse*
- Un archivo en línea para registros
- Un entorno para ingerir datos en *streaming* con identificación de patrones automatizados

Un *Data Lake* puede implementarse a través de una configuración compleja de herramientas de manejo de datos incluyendo *Hadoop* u otros sistemas de almacenamiento de datos, servicios de *cluster*, transformación de datos e integración de datos. Estas herramientas han facilitado el uso de múltiples infraestructuras y el *software* de analítica en una sola configuración.

El riesgo de un *Data Lake* es que puede convertirse rápidamente en un pantano de datos – sucio, inmundo e inconsistente. Con el fin de establecer un inventario de lo que está en un *Data Lake*, es fundamental gestionar Metadatos a medida que ingresan los datos. Para entender la manera en la que los datos en el *Data Lake* están asociados o conectados, los arquitectos o ingenieros de datos por lo general utilizan claves únicas u otras técnicas (modelos semánticos, modelos de datos, etc.) para que los científicos de datos y otros desarrolladores de visualización sepan cómo utilizar la información almacenada dentro del *Data Lake*. (Ver capítulo 9).

1.3.7 Arquitectura Basada en Servicios

La Arquitectura Basada en Servicios (SBA) surge como una manera de proporcionar datos de manera inmediata (si no totalmente exactos o completos), así como un conjunto de datos históricos, exactos y completos, utilizando la misma fuente (Abate, Aiken, Burke, 1997). La arquitectura SBA es similar a las arquitecturas de los DW ya que envía datos directamente a un ODS para acceso inmediato, y al DW para acumulación de datos históricos. Las arquitecturas SBA tienen tres componentes principales, una capa de procesamiento en lote, una capa de velocidad y una capa de servicio. (Ver Figura 101.)

- **Capa de procesamiento en lote**: Un *Data Lake* sirve como la capa de procesamiento en lote, que contiene tanto datos recientes como datos históricos
- **Capa de velocidad**: Contiene únicamente datos en tiempo real

- **Capa de servicios**: Proporciona una interfaz para unir datos desde las capas de procesamiento en lote y velocidad

Los datos se cargan tanto en la capa de procesamiento en lote como en la capa de velocidad. Todos los cómputos analíticos son ejecutados sobre los datos tanto en la capa de procesamiento en lote como en la capa de velocidad, la mayoría de las cuales requieren su implementación de dos sistemas separados. Las organizaciones abordan cuestiones de sincronización a través de compensaciones entre integridad, latencia y complejidad de vistas combinadas definidas en la capa de servicio. La evaluación costo/beneficio es necesaria para determinar si la reducción de la latencia o la mejora de la integridad de los datos vale la pena en relación con el costo y complejidad asociados.

La capa de procesamiento en lote es conocida a menudo como el componente de la estructura a través del tiempo (aquí cada transacción es una inserción), mientras que en la capa de velocidad (a menudo referida como un almacenamiento de datos operativos u ODS), todas las transacciones son actualizaciones (o inserciones sólo si es necesario). De esta manera, la arquitectura evita problemas de sincronización al crear simultáneamente una capa de estado actual y una capa de la historia. Generalmente, esta arquitectura proporciona sus datos a través de una capa de servicios que abstrae los datos utilizando los Metadatos. Esta capa de servicios determina desde dónde van a ser 'servidos' los datos y proporciona adecuadamente los datos solicitados.

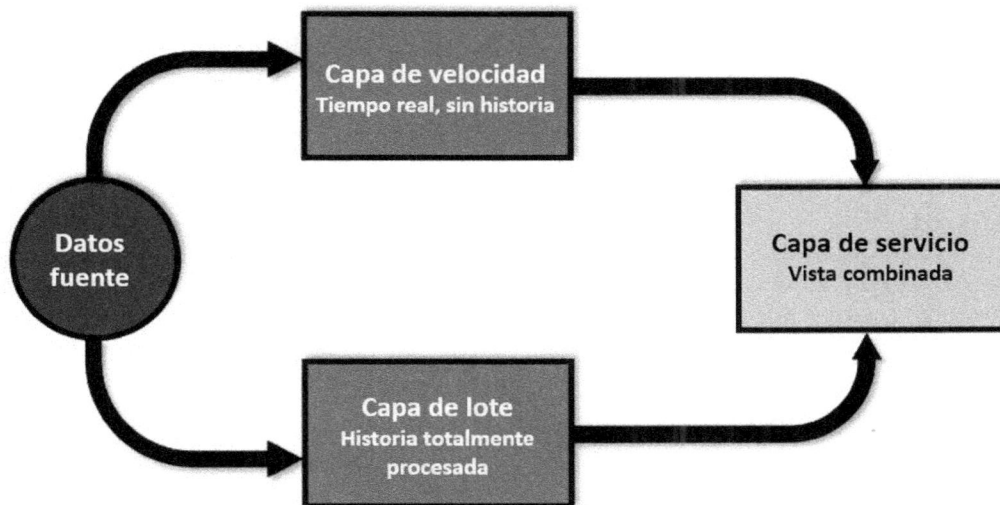

Figura 101 Arquitectura Basada en Servicios

1.3.8 Aprendizaje de Máquina

El Aprendizaje de Máquina explora la construcción y el estudio de algoritmos de aprendizaje. Puede ser visto como una unión de los métodos de aprendizaje no supervisado, más comúnmente conocido como minería de datos y métodos de aprendizaje supervisado profundamente arraigados en la teoría matemática, específicamente estadística, combinatorias y optimización. Ahora se está formando una tercera rama llamada aprendizaje de refuerzo, donde se obtiene el rendimiento objetivo, pero no se reconoce específicamente al maestro – por ejemplo, conducir un vehículo. La programación de máquinas para aprender rápidamente de las consultas y adaptarse a los cambios de conjuntos de datos llevan a un campo completamente nuevo dentro de *Big Data* conocido como el Aprendizaje de

Máquina.[88] Los procesos se ejecutan, y los resultados son almacenados para que luego sean utilizados en subsecuentes ejecuciones y así informar iterativamente a los procesos y refinar los resultados.

El Aprendizaje de Máquina explora la construcción y el estudio de algoritmos de aprendizaje. Estos algoritmos se dividen en tres tipos:

- **Aprendizaje supervisado**: Basado en reglas generalizadas; por ejemplo, separar correo electrónico SPAM de correo electrónico no-SPAM
- **Aprendizaje no supervisado**: Basado en la identificación de patrones ocultos (es decir, minería de datos)
- **Aprendizaje de reforzamiento**: Basado en el logro de una meta (por ejemplo, vencer a un oponente en el ajedrez)

El modelado estadístico y el Aprendizaje de Máquina han sido empleados para automatizar de otra manera los costosos proyectos de investigación y desarrollo, mediante la realización de varios pasos de prueba y error sobre un vasto conjunto de datos, repitiendo pruebas con los resultados recogidos, analizados, y errores resueltos. Este enfoque puede reducir el tiempo de respuesta dramáticamente y puede orientar las iniciativas organizacionales con ideas basadas en procesos repetibles con buena relación costo-efectividad. Por ejemplo, CIVDDD utiliza Aprendizaje de Máquina y técnicas complejas y científicas de visualización de datos para ayudar a agencias gubernamentales y fuerzas de paz a hacer frente al desafío de tratar con las grandes cantidades de información relacionadas con amenazas. [89]

Mientras se aprovechan los datos de nuevas maneras, el Aprendizaje de Máquina tiene implicaciones éticas, especialmente en relación con el principio de transparencia. La evidencia demuestra que las redes neuronales de aprendizaje profundo (DLNN – *Deep Learning Neural Networks*) funcionan. Ellas aprenden cosas. Sin embargo, no siempre es claro cómo aprenden. A medida que los algoritmos que conducen estos procesos se vuelven más complejos, también llegan a ser más opacos, funcionando como 'cajas negras'. A medida que esos algoritmos cuentan con un mayor número de variables y a medida que esas variables son más abstractas, los algoritmos prueban los límites de la capacidad humana para interpretar la máquina (Davenport, 2017). La necesidad de transparencia – la habilidad de ver cómo se toman las decisiones – probablemente aumentará a medida que esta funcionalidad evoluciona y se alista para utilizarse en una gama más amplia de situaciones. (Ver capítulo 2).

1.3.9 Análisis de Sentimientos

El monitoreo de medios y el análisis de texto son métodos automatizados para obtener información de grandes conjuntos de datos semiestructurados o no estructurados, tales como datos de transacciones, redes sociales, *blogs* y sitios *web* de noticias. Esto se utiliza para entender lo que dicen y sienten las personas acerca de marcas, productos o servicios u otros tipos de temas. Mediante el procesamiento de lenguaje natural (NLP – *Natural Language Processing*) o a través del análisis de frases u oraciones, los análisis semánticos pueden detectar sentimiento y también revelar cambios en ese sentimiento para predecir posibles escenarios.

---

[88] Consulte la tabla periódica de recursos de Machine Learning en http://bit.ly/1DpTrHC para obtener una guía interactiva de las diferentes plataformas disponibles para el desarrollador, científico y profesional de aprendizaje automático.

[89] CIVDDD, el Centro para la Innovación en la Información y el Diseño conducido por datos, es una subvención de investigación en analítica y visualización de Big Data para desarrollar la próxima generación de técnicas de descubrimiento de datos, diseño y visualización de datos para nuevas herramientas computacionales, estrategias de representación e interfaces.

Consideremos el caso de buscar palabras clave en una publicación. Si están presentes las palabras *bueno* o *grandioso*, podrían representar una respuesta positiva, pero si vemos las palabras *horrible* o *malo* podrían ser señales de una respuesta negativa. Categorizando los datos en los tipos de respuestas, se expone el 'sentimiento' de toda la comunidad o publicación (redes sociales como *Twitter*, *blogs*, etc.). Dicho esto, el sentimiento no se obtiene fácilmente, ya que las palabras por sí mismas no cuentan toda la historia (por ejemplo "Yo tenía un *gran* problema con su servicio al cliente"). El sentimiento debe interpretar palabras en contexto. Esto requiere una comprensión del significado del *post* - esta interpretación a menudo requiere trabajar usando funciones NLP encontradas en sistemas tales como Watson de IBM.

1.3.10 Minería de Datos y de Texto

La Minería de Datos es un tipo particular de análisis que revela patrones en los datos mediante varios algoritmos. Comenzó como una rama del Aprendizaje de Máquina, un subcampo de la Inteligencia Artificial. La teoría es un subconjunto de análisis estadístico conocido como aprendizaje no supervisado donde los algoritmos se aplican a un conjunto de datos sin el conocimiento o la intención del resultado deseado. Mientras que las herramientas de consultas y de creación de reportes estándar formulan preguntas específicas, las herramientas de minería de datos ayudan a descubrir relaciones desconocidas a través de la revelación de patrones. La minería de datos es una actividad clave durante la fase de exploración ya que facilita la identificación rápida de elementos de datos estudiados, identifica nuevas relaciones previamente desconocidas, confusas o sin clasificar y proporciona la estructura para la clasificación de los elementos de datos estudiados.

La minería de texto analiza documentos con técnicas de minería de datos y análisis de texto para clasificar el contenido automáticamente en ontologías guiadas por un flujo de trabajo y dirigidas por SME (*Subject Matter Experts* - Expertos en la materia). Así, los medios de texto electrónico pueden ser analizados sin reestructurar o reformatear. Las ontologías pueden vincularse a motores de búsqueda, habilitando las consultas vía web de estos documentos. (Consulte el capítulo 9.)

La Minería de Datos y de texto utiliza una gama de técnicas, incluyendo:
- **Perfilamiento**: El perfilamiento busca caracterizar el comportamiento típico de un individuo, grupo o población. El perfilamiento es utilizado para establecer normas de comportamiento para aplicaciones de detección de anomalías, tales como detección de fraudes y monitoreo de intrusiones en sistemas informáticos. Los resultados del perfil son las entradas para muchos componentes de aprendizaje no supervisado.
- **Reducción de datos:** La reducción de datos sustituye a un conjunto grande de datos con un conjunto más pequeño de datos que contiene mucha de la información importante del conjunto más grande. El conjunto más pequeño de datos puede ser más fácil de analizar o procesar.
- **Asociación:** La asociación es un proceso de aprendizaje no supervisado para encontrar relaciones entre los elementos estudiados basados en transacciones en las que participan. Ejemplos de asociación incluyen: minería de datos de un conjunto de artículos frecuentes, descubrimiento de reglas y el análisis basado en el mercado. Sistemas de recomendación en internet también utilizan este proceso.
- **Agrupamiento:** Es la agrupación de elementos en un estudio por sus características comunes. La segmentación de clientes es un ejemplo de agrupamiento.
- **Mapas *auto-organizados*:** Los mapas auto-organizados son un método de red neuronal de análisis de agrupamientos (*cluster*). A veces denominado Mapas *Kohonen* o mapas topológicamente ordenados; su objetivo es reducir la *dimensionalidad* en el espacio de

evaluación preservando las relaciones de distancia y proximidad tanto como sea posible, similar a la escala multi-dimensión. La reducción del factor dimensional es como quitar una variable de la ecuación sin violar el resultado. Esto la hace más fácil de resolver y visualizar.

1.3.11 Analítica Predictiva

La Analítica Predictiva es el *subcampo* del aprendizaje supervisado donde los usuarios intentan modelar los elementos de datos y predecir los resultados futuros a través de la evaluación de las estimaciones de probabilidad. Arraigado profundamente en las matemáticas, específicamente estadística, la analítica predictiva comparte muchos componentes con el aprendizaje no supervisado, con la diferencia prescrita para la medición de un resultado predictivo deseado.

La analítica predictiva es el desarrollo de modelos de probabilidad basados en variables, incluyendo datos históricos, relacionados con posibles eventos (compras, cambios en el precio, etcétera.). Cuando recibe otras piezas de información, el modelo desencadena una reacción en la organización. El factor desencadenante puede ser un evento, como cuando un cliente agrega un producto a una cesta de compras en línea, o pueden ser datos en una transmisión (*streaming*) de datos, tales como noticias o datos de sensores de empresas de servicios públicos o un volumen creciente de solicitudes de servicio. El factor desencadenante puede ser un evento externo. Las noticias reportadas acerca de una empresa son un gran predictor de un cambio en el precio de las acciones. Predecir el movimiento de acciones debería incluir el monitoreo de noticias y determinar si esas noticias acerca de una empresa son probablemente buenas o malas para el precio de las acciones.

Con frecuencia, el factor desencadenante es la acumulación de grandes volúmenes de datos en tiempo real, tales como un número extremadamente alto de comercios o pedidos de servicio o volatilidad del entorno. El seguimiento de un flujo de eventos de datos incluye la construcción incremental de los modelos hasta alcanzar un umbral definido en el modelo. La cantidad de tiempo que proporciona un modelo predictivo entre la predicción y el acontecimiento predicho es con frecuencia muy pequeña (menos de un segundo o segundos). La inversión en soluciones de tecnología de muy baja latencia, tales como bases de datos en memoria, redes de alta velocidad e incluso proximidad física a la fuente de los datos, optimiza la capacidad de una organización para reaccionar a la predicción.

La forma más simple de modelo predictivo es la previsión. Existen muchas técnicas para realizar tendencias o predicciones basadas en el análisis de regresión y beneficiarse del *smoothing* ("suavizar": técnica estadística que involucra la eliminación de *outliers* (o valores atípicos) de un conjunto de datos con el fin de hacer más visible un patrón). La forma más sencilla para suavizar datos es a través de una media móvil, o incluso una media móvil ponderada. Técnicas más avanzadas pueden ser útiles, como la media móvil exponencial, que introduce un factor de suavizado a ser aplicado. La minimización del error residual de los mínimos cuadrados puede ser un punto de partida, pero son necesarias varias ejecuciones para determinar y optimizar el factor de suavizado. Existen modelos de suavizado exponencial doble o triple para dirigir componentes de estacionalidad y tendencia.

1.3.12 Analítica Prescriptiva

La Analítica Prescriptiva da un paso más allá de la Analítica Predictiva para definir acciones que afectarán a los resultados, en lugar de simplemente predecir los resultados de las acciones que se han producido. La Analítica Prescriptiva anticipa lo que sucederá, cuándo va a pasar y explica por qué va a suceder. Ya que la Analítica Prescriptiva puede mostrar las consecuencias de diversas decisiones, puede sugerir cómo aprovechar una oportunidad o evitar un riesgo. La Analítica Prescriptiva puede tomar continuamente nuevos datos para volver a predecir y a prescribir. Este proceso puede mejorar la exactitud de la predicción y generar mejores prescripciones.

1.3.13 Analítica de Datos No Estructurados

La Analítica de Datos No Estructurados combina la minería de texto, asociación, agrupación y otras técnicas de aprendizaje no supervisado para codificar grandes conjuntos de datos. Las técnicas de aprendizaje supervisado pueden aplicarse también para proporcionar orientación, supervisión y guía en el proceso de codificación aprovechando la intervención humana para resolver ambigüedades cuando sea necesario. La Analítica de Datos No Estructurados es cada vez más importante a medida que se generan más datos no estructurados. Algunos análisis son imposibles sin la capacidad de incorporar datos no estructurados a modelos analíticos. Sin embargo, los datos no estructurados son difíciles de analizar sin alguna forma de aislar los elementos de interés de los elementos extraños.

El escaneo y etiquetado es una forma de añadir 'etiquetas' a datos no estructurados que permiten filtrarlos y vincularlos a datos estructurados relacionados. Sin embargo, es difícil conocer qué etiquetas generar con base en qué condiciones. Es un proceso iterativo, desde que se identifican las condiciones de etiquetas propuestas, las etiquetas son asignadas a medida que los datos se consumen, luego la analítica utiliza esas etiquetas para validar la condición de etiqueta, y analizar los datos etiquetados, los cuales luego conducen a condiciones potencialmente cambiantes de etiquetas o más etiquetas.

1.3.14 Analítica Operacional

El concepto de Analítica Operacional (también conocido como BI operacional o analítica de *streaming*) ha surgido de la integración de analítica en tiempo real a las operaciones. La Analítica Operacional incluye actividades como segmentación de usuario, análisis de sentimientos, geo-codificación y otras técnicas aplicadas a conjuntos de datos para análisis de campañas de mercadeo, penetración comercial, adopción de producto, optimización de activos y gestión de riesgos.

La Analítica Operacional implica el seguimiento e integración de flujos de información en tiempo real, generando conclusiones basadas en modelos predictivos de comportamiento, y generando alertas y respuestas automáticas. Diseñar el modelo, los disparadores y las respuestas requeridas para un análisis exitoso toma en sí más análisis de datos. Una solución analítica operacional incluye la preparación de los datos históricos para la pre-población de los modelos de comportamiento. Un ejemplo, en un modelo de producto al menudeo, puede ser el poblar un análisis de una canasta de compras que identifica los productos a menudo comprados juntos. En la predicción del comportamiento de los mercados financieros, la información de precios históricos y la tasa de cambio de precio histórico se utilizan regularmente. Los cálculos para pre-poblar se realizan generalmente con anticipación para permitir respuestas oportunas para desencadenar eventos.

Una vez que los modelos predictivos se han determinado como útiles y rentables, las soluciones que integran datos históricos y datos actuales (incluyendo datos en tiempo real y *streaming* de datos, estructurados y no estructurados) son implementadas para poblar los modelos predictivos y desencadenar acciones basadas en las predicciones. La solución debe garantizar flujos de datos en tiempo real utilizando las reglas del modelo que se procesan correctamente y respuestas automatizadas para que los eventos significativos en los datos sean correctamente generados.

1.3.15 Visualización de Datos[90]

La Visualización es el proceso de interpretar conceptos, ideas y hechos mediante imágenes o representaciones gráficas. La Visualización de Datos facilita la comprensión de los datos subyacentes mediante la presentación de un resumen visual, tal como una tabla o una gráfica. Las visualizaciones de datos condensan y encapsulan datos característicos, haciéndolos más fáciles de ver. De esta manera, pueden aparecer oportunidades, identificar riesgos o resaltar mensajes.

Las visualizaciones de Datos se pueden entregar en un formato estático, como un reporte publicado, o un formato en línea más interactivo; y puede existir cierta interacción con el usuario final donde las capacidades de búsqueda o filtrado facilitan el análisis de los datos en la visualización. Otras opciones permiten que la visualización sea cambiada por el usuario a demanda a través de presentaciones innovadores, tales como mapas de datos y paisajes móviles de datos a través del tiempo.

La visualización durante mucho tiempo ha sido fundamental para el análisis de datos. Las herramientas de BI tradicionales incluyen opciones de visualización tales como tablas, gráficos circulares, gráficos de líneas, gráficos de área, gráficos de barras, histogramas, etc. Para satisfacer la creciente necesidad de entender los datos, ha aumentado el número de herramientas de visualización y las técnicas han mejorado.

A medida que madura la analítica de datos, nuevas maneras de visualización de datos ofrecerán ventajas estratégicas. Ver nuevos patrones en los datos puede resultar en nuevas oportunidades de negocio. A medida que la visualización de los datos continúa evolucionando, las organizaciones tendrán que incrementar su equipo de inteligencia de negocios para competir en un mundo cada vez más orientadas a datos. Los departamentos de analítica de negocio buscarán a expertos en datos con habilidades de visualización, incluyendo científicos de datos, artistas de datos y expertos en visión de datos, además de arquitectos de información tradicionales y modeladores de datos, especialmente teniendo en cuenta los riesgos asociados con la engañosa visualización de datos. (Ver capítulo 2).

1.3.16 Mezcla de Fuentes de Datos

Las mezclas de fuentes de datos combinan datos y servicios para crear visualización de comprensión o análisis. Muchas herramientas de virtualización habilitan mezclas de fuentes de datos a través de la funcionalidad que relaciona fuentes de datos por medio de elementos de datos comunes, originalmente usadas para relacionar un nombre o un texto descriptivo con un código almacenado. Esta técnica de mezcla de fuentes de datos para presentación al cliente es ideal durante las fases de descubrimiento o exploración, ya que proporcionan beneficios inmediatos. Esta técnica se puede aplicar fácilmente a la *web* donde las mezclas de fuentes de datos (*data mashups*) garantizados permiten compartir información personal o confidencial a través de proveedores o prestadores. Estos pueden acoplarse con algoritmos de aprendizaje de inteligencia artificial para exponer servicios basados en internet con interfaces de lenguaje natural.

---

[90] La visualización de datos es un campo en evolución. Los principios aplicados en la visualización de datos se basan en principios de diseño. Ver Tufte, 2001 y McCandless 2012. Existen numerosos recursos basados en la web con ejemplos y contraejemplos. Consulte la tabla periódica de métodos de visualización en Visual Literacy.Org http://bit.ly/IX1bvI.

2. Actividades

2.1. Definir la Estrategia de *Big Data* y las Necesidades de Negocio

La estrategia *Big Data* de la organización debe estar alineada y debe respaldar la estrategia general de negocios, los requerimientos del negocio y ser parte de la estrategia de datos. Una estrategia de *Big Data* debe incluir criterios para evaluar:

- **Qué problemas de la organización se están tratando de resolver. Qué se necesita analizar:** mientras que una de las ventajas de la ciencia de los datos es que puede proporcionar una nueva perspectiva en una organización, la organización todavía debe tener un punto de partida. Una organización puede determinar que los datos deben ser utilizados para entender el negocio o el ambiente de negocios; para demostrar ideas acerca del valor de nuevos productos; para explorar algo que es desconocido; o para inventar una nueva forma de hacer negocios. Es importante establecer un proceso de compuertas (gating process) para evaluar estas iniciativas en varias fases durante la implementación. El valor y la factibilidad de las iniciativas deben evaluarse en diferentes puntos del tiempo.
- **Qué fuentes de datos se usan o adquieren:** Las fuentes internas pueden ser fácil de usar, pero también pueden ser limitadas en su alcance. Las fuentes externas pueden ser útiles, pero están fuera del control operacional (gestionados por otros, o no controlado por nadie, como en el caso de las redes sociales). Muchos proveedores están compitiendo en este espacio y a menudo existen múltiples fuentes para los elementos o conjuntos de datos deseados. La adquisición de datos que se integren con los elementos de ingestión existentes puede reducir el costo total de la inversión.
- **La oportunidad y el alcance del *provisionamiento* de datos:** Muchos elementos pueden ser proporcionados a través de cargas en tiempo real, copias instantáneas en un punto en el tiempo, o incluso integrados y resumidos. Los datos de baja latencia son ideales, pero estos vienen a menudo a expensas de las capacidades de aprendizaje de máquina; hay una enorme diferencia entre algoritmos computacionales para datos en reposo versus *streaming*. No se debe minimizar el nivel de integración requerido para el uso en aplicaciones posteriores.
- **El impacto y la relación con otras estructuras de datos:** Puede ser necesario que haya cambios en la estructura o en el contenido de otras estructuras de datos para adecuarlos a la integración con los conjuntos de *Big Data*.
- **Influencias a datos modelados existentes:** Incluyendo extender el conocimiento sobre clientes, productos y enfoques de mercadeo.

La estrategia direccionará el alcance y el tiempo de la hoja de ruta de capacidad de *Big Data* de una organización.

2.2. Seleccionar las Fuentes de Datos

Como con cualquier proyecto de desarrollo, la elección de fuentes para el trabajo de Ciencia de los Datos debe ser direccionada por los problemas que la organización está tratando de resolver. La diferencia con el desarrollo de *Big Data*/Ciencia de los Datos es que la gama de fuentes de datos es más amplia. No está limitada por el formato y puede incluir tanto datos externos como internos a una organización. La capacidad de incorporar estos datos en una solución también viene acompañada de riesgos. La calidad y fiabilidad de los datos necesita ser evaluada y se debe poner en práctica un plan para su uso a lo largo del tiempo. Los entornos de *Big Data* hacen posible la ingesta rápidamente de grandes cantidades de datos, pero para usar esos datos y manejarlos con el tiempo, todavía es necesario conocer algunos hechos básicos:

- Su origen
- Su formato
- Qué representan los elementos de datos
- Cómo se conecta con otros datos
- Con qué frecuencia se actualizará

Cuantos más datos disponibles (como lo son el Censo Poblacional de la Oficina Estadística, datos demográficos, datos de satélites meteorológicos, los conjuntos de datos investigación de compras), dichos datos necesitan ser evaluados por su valor y confiabilidad. Se debe revisar las fuentes de datos disponibles y los procesos que crean esas fuentes y gestionar el plan para nuevas fuentes.

- **Datos fundacionales:** Considerar los componentes de datos fundacionales como TPV (Terminal Punto de Venta) en un análisis de ventas.
- **Granularidad:** Lo ideal es obtener los datos en su forma más granular (no agregada). De esa manera se puede realizar agregación para un rango de propósitos.
- **Consistencia:** Si es posible, seleccionar los datos que aparecen apropiada y consistentemente a través de visualizaciones, o reconocer sus limitaciones.
- **Confiabilidad:** Elegir orígenes de datos que son significativos y creíbles a través del tiempo. Use fuentes de confianza, autorizada.
- **Inspeccionar/perfilar nuevas fuentes:** Probar los cambios antes de añadir nuevos conjuntos de datos. Material inesperado o cambios significativos en los resultados de la visualización pueden ocurrir con la inclusión de nuevas fuentes de datos.

Los riesgos asociados con fuentes de datos incluyen asuntos de privacidad. La capacidad de ingerir rápidamente e integrar los datos de una variedad de fuentes a escala ofrece a las comunidades la capacidad de combinar conjuntos de datos que de otro modo estarían asegurados. Del mismo modo, el análisis publicado puede describir, a través de resúmenes, agregaciones, o estado de modelado, un subconjunto del público que lo hace identificable repentinamente; éste es un efecto secundario de la capacidad de realizar cómputo masivo en poblaciones muy grandes, pero publicarlos en una localidad o región muy específica. Por ejemplo, cuando los datos demográficos calculados a nivel nacional o de país rápidamente se convierte en no identificable, pero no cuando se publica después de filtrarlo para un código postal o a nivel de hogares.[91]

Los criterios utilizados para seleccionar o filtrar datos también plantean un riesgo. Estos criterios deben ser gestionados objetivamente para evitar sesgos o prejuicios. El filtrado puede tener un impacto material en la visualización. La discreción es necesaria al eliminar valores atípicos, restringir conjuntos de datos a un dominio limitado o soltar elementos dispersos. Es una práctica común enfocar los datos aprovisionados para enfatizar los resultados de aislamiento, pero debe hacerse de manera objetiva y uniforme.[92] (Ver Capítulo 2.)

---

[91] Ver Martin Fowler, Datensparsamkeit. Blog, 12 de diciembre de 2013. Fowler cuestiona la suposición de que siempre debemos capturar la mayor cantidad de datos posible. Señala que el enfoque de "capturarlo todo" plantea riesgos de privacidad. En su lugar, plantea la idea de minimización de datos o escasez de datos (del término alemán Datensparsamkeit) http://bit.ly/1f9Nq8K.

[92] Para obtener más información sobre el impacto del sesgo, que puede afectar profundamente la interpretación de los resultados científicos, consulte los siguientes sitios web: INFORMS es la asociación internacional líder para profesionales

2.3. Adquirir e Ingerir Fuentes de Datos

Una vez que las fuentes de datos son identificadas, se requiere encontrarlas, algunas veces comprarlas, e ingerirlas (cargarlas) en el ambiente de *Big Data*. Durante este proceso, se deben capturar los Metadatos críticos de la fuente, tales como su origen, tamaño, vigencia y todo el conocimiento adicional acerca de su contenido. Muchos mecanismos de ingestión perfilan los datos a medida que se ingieren (cargan), proveyendo análisis al menos de manera parcial de los Metadatos. Una vez los datos se encuentran en un *data lake*, éstos pueden ser evaluados por su idoneidad para múltiples esfuerzos de análisis. Así como la construcción de modelos de Ciencia de Datos es un proceso iterativo, también lo es la ingestión de datos. Iterativamente se identifican brechas en la base de activos de datos actuales y se abordan esas fuentes. Se exploran esas fuentes de datos usando perfiles, visualización, minería, u otro método de Ciencia de Datos de entradas de algoritmos modelo, o hipótesis modelo.

Antes de integrar los datos, evalúe su calidad. Esta evaluación puede ser tan simple como una consulta para identificar cuántos campos contienen valores nulos, o tan compleja como ejecutar una herramienta de calidad de datos o una utilería de analítica de datos con los datos a perfilar, clasificar, e identificar relaciones entre los elementos de datos. Dicha evaluación provee una visión sobre si los datos representan una muestra válida para trabajar, y de ser así, cómo los datos pueden ser almacenados y accedidos (dispersos en las unidades de procesamiento lógico [MPP], federado, distribuido por llaves, etc.) Este trabajo involucra SMEs (usualmente los mismos científicos de datos) e ingenieros de plataforma.

El proceso de evaluación provee una visión valiosa de cómo los datos pueden ser integrados con otros conjuntos de datos, tales como Datos Maestros o datos históricos de un DW. También provee información que puede ser usada los entrenamientos de modelos y actividades de validación.

2.4. Desarrollar Hipótesis y Modelos de Datos

La Ciencia de Datos se trata de construir conjuntos de respuestas que tengan significado o ideas a través de los datos. El desarrollo de soluciones de Ciencia de Datos implica construir modelos estadísticos que encuentren correlaciones y tendencias con y entre los elementos/conjuntos de datos. Habrá múltiples respuestas a una pregunta basado en entradas al modelo. Por ejemplo, se debe escoger una tasa de retorno para calcular el valor futuro de un portafolio financiero. Los modelos, la mayoría de las veces tienen más de una variable por lo que la mejor práctica es encontrar resultados deterministas, en otras palabras, use las mejores suposiciones en cuanto a los valores esperados. Sin embargo, las mejores suposiciones deben ser educadas. Cada modelo operará dependiendo del método de análisis seleccionado. El cual debe ser probado para un rango de resultados, aún para los que parecen los menos probables.

Los modelos dependen de la calidad de los datos de entrada y de la robustez del modelo en sí. Los modelos de datos la mayoría de las veces pueden dar una idea de cómo se correlaciona la información encontrada. Un ejemplo de esto es el uso de *agrupamientos de* K-Medias para determinar el número de agrupaciones de datos para analizar después. (Ver Capítulo 13).

de Investigación y Análisis de Operaciones. http://bit.ly/2sANQRW, Sociedad Estadística de Canadá: http://bit.ly/2oz2o5H y American Statistical Association: http://bit.ly/1rjAmHX.

2.5. Integrar/Alinear Datos para Análisis

Preparar los datos para análisis involucra el entendimiento de qué hay en los datos, encontrando enlaces entre los datos desde varias fuentes y alinear los datos para un uso común.

En muchos casos, unir fuentes de datos es más un arte que una ciencia. Por ejemplo, considere un conjunto de datos basado en actualizaciones diarias y otro conjunto basado en actualizaciones mensuales. Los datos diarios, debido a que necesitan estar alineados, tendrían que ser agregados para que tuvieran un patrón de alineación que pueda ser usado en una investigación de Ciencia de Datos.

Un método es usar un modelo común que integre los datos usando una llave común. Otra forma es escanear y unir datos usando índices con motores de bases de datos por semejanza y algoritmos y métodos de enlace de registros. A menudo los datos son inspeccionados durante las fases iniciales para entender cómo los datos pueden ser analizados. El agrupamiento ayuda a determinar los grupos de los resultados de los datos. Otros métodos pueden encontrar correlaciones que pueden ser usadas para construir el modelo para presentar los resultados. Considere usar técnicas durante las fases iniciales que ayudarán en el entendimiento de cómo el modelo presentará los resultados una vez publicados.

La mayoría de las soluciones requieren integración de Datos Maestros y Datos de Referencia para interpretar los resultados de los procesos de analítica. (Ver Capitulo 10).

2.6. Explorar Datos Usando Modelos

2.6.1. Poblar el Modelo Predictivo.

Configurar modelos predictivos incluye poblar el modelo con datos históricos concerniente a cliente, mercado, productos, u otros factores que son incluidos en el modelo además de los factores desencadenantes. La carga previa de cálculos generalmente se realiza por adelantado para permitir una respuesta más rápida a los eventos desencadenantes. Por ejemplo, la historia de compra de un cliente sería necesaria para cargar previamente un modelo de recomendación de canasta de mercado para supermercados. En la predicción de comportamientos de supermercados, el precio histórico y la información de cambio de precio son combinadas con el cliente, demografía e información del clima.

2.6.2. Entrenar el Modelo.

Ejecute el modelo contra los datos para "entrenar" el modelo. Entrenar incluye ejecuciones repetidas contra los datos para verificar los supuestos. El entrenamiento generará cambios en el modelo. El entrenamiento requiere equilibrio. Se debe evitar la sobre ejecución para entrenamiento contra datos limitados.

La validación del modelo debe ser completa antes de su transición a producción. Aborde cualquier desequilibrio de población o sesgo de datos con compensaciones al modelo que está siendo entrenado y validado; ésto puede modificarse en producción, ya que la compensación inicial se ajusta gradualmente a través de las interacciones reales de la población. La optimización de mezcla de características puede estar acompañada de *co-selección Bayesiana*, inversión de clasificador, o regla de inducción. Los modelos pueden ser combinados para ensamblar aprendizaje donde el modelo predictor es construido combinando las fortalezas recolectadas de modelos más sencillos.

Identificar valores atípicos o anomalías (objetos de datos que no cumplen con el comportamiento generado exhibido por los elementos estudiados) es crítico a la hora de evaluar el modelo. Para conjuntos de datos más volátiles, se debe aplicar una prueba de varianza basado en el promedio y la desviación estándar. Ambas pruebas pueden ser aplicadas fácilmente a los resultados perfilados. Puede ser que los valores atípicos sean el objetivo del ejercicio, en oposición a encontrar y validar tendencias en la mayoría de los datos.

Para análisis predictivos, utilice flujos de datos en tiempo real para terminar la población del modelo predictivo y desencadenar una respuesta, la cual puede ser una alerta o un evento. El flujo de datos puede requerir un especial enfoque en el diseño y desarrollo de una capacidad de procesamiento de baja latencia extrema. En algunos modelos, la diferencia en el número de predicciones entre las fracciones de segundo es extrema y las soluciones pueden requerir tecnología innovadora con limitaciones de velocidad de la luz.

Los modelos pueden usar funciones estadísticas y técnicas que están disponibles en librerías de código abierto, uno de los cuales es 'R'. El Proyecto R para computación estadística es un ambiente de *software* libre para computación estadística, el cual contiene muchas funciones como llamados de servicios.[93] Se pueden desarrollar funciones personalizadas dejando el lenguaje *scripting* y se puede compartir a través de herramientas, plataformas y organizaciones.

Una vez que la solución diseñada ha sido creada y desarrollada y estimada su operación, la organización puede decidir si desarrolla la solución para predecir comportamientos. Las soluciones de análisis operacional en tiempo real requieren cantidades sustanciales de nuevas arquitecturas y desarrollo y podría posiblemente no tener una buena relación costo/beneficio.

2.6.3. Evaluar el Modelo.

Una vez que los datos están localizados en la plataforma y listos para el análisis, la Ciencia de Datos inicia. El modelo es construido, evaluado contra conjuntos de entrenamiento, y validado. Se esperan mejoras a los requerimientos de negocio en este punto y las métricas de viabilidad temprana pueden guiar los esfuerzos de gestión para su posterior procesamiento o descarte. Es totalmente posible que probar una nueva hipótesis requerirá nuevos conjuntos de datos. Los científicos de datos pueden ejecutar consultas y algoritmos contra los datos para ver si alguna información se vuelve aparente. A menudo un número de diferentes funciones matemáticas serán ejecutadas si alguna información es encontrada (agrupación de datos, patrones que comienzan a emerger entre períodos de elementos de datos, etc.). Durante este período, los científicos de datos se basan en información encontrada en procesamiento de lotes interactivos. Desde aquí, se pueden desarrollar modelos que muestren correlaciones entre los elementos de datos y la información.

Hay un componente ético para practicar la Ciencia de Datos y se necesita aplicar cuando se evalúan modelos. Los modelos pueden tener resultados inesperados o involuntariamente reflejar los supuestos y los sesgos de las personas que los crean. Un entrenamiento ético se debería requerir a todos los practicantes de la Inteligencia Artificial. Idealmente, el currículo para cada estudiante de Inteligencia Artificial, Ciencia de Computación, Ciencia de Datos, debe incluir temas de ética y seguridad. Sin embargo, la ética por sí sola no es suficiente. La ética puede ayudar a los practicantes a entender sus responsabilidades ante todos los interesados, pero el entrenamiento ético necesita estar argumentado

---

[93] Para obtener más información, visite el sitio web de R-Project: http://bit.ly/19WExR5.

con la capacidad técnica para poner las buenas intenciones en práctica tomando precauciones técnicas a medida que se construye y prueba un sistema.

2.6.4. Crear Visualizaciones de Datos.

Las visualizaciones de datos basadas en el modelo deben alcanzar las necesidades específicas relacionadas al propósito del modelo. Cada visualización debe responder una pregunta o proveer alguna información. Establezca el propósito y los parámetros para la visualización: un punto en el tiempo, tendencias vs excepciones, relaciones entre partes móviles, diferencias geográficas, o algún otro punto.

Seleccione la vista apropiada para cumplir el propósito. Hay que asegurar que la visualización se dirija a una audiencia, ajustar el diseño y complejidad para resaltar y simplificar en consecuencia. No toda la audiencia está lista para gráficos de interacciones complejas. Se admiten visualizaciones con texto explicativo.

Las visualizaciones deben contar una historia. Datos que cuentan una historia pueden enlazar nuevas preguntas al contexto de la exploración de datos. Las historias de datos deben ser compatibles con la visualización de datos relacionada para tener el mejor efecto.

2.7. Desplegar y Monitorear.

Un modelo que satisfaga las necesidades de negocio de una manera factible puede ser desplegado en producción para monitoreo continuo. Tales modelos requerirán refinamiento y mantenimiento. Varias técnicas de modelado están disponibles para implementación. Los modelos pueden servir para procesos en lotes como también para mensajes de integración en tiempo real. Éstos pueden estar embebidos en *software* analítico como entradas en sistemas de gestión de decisiones, análisis históricos, o tableros de gestión de rendimiento.

2.7.1. Exponer Ideas y Hallazgos.

La presentación de hallazgos y de información de datos, usualmente a través de la visualización de datos, es el paso final en la investigación de Ciencia de Datos. La información debe estar conectada a los elementos de acción para que la organización se beneficie del trabajo de la Ciencia de Datos.

Las nuevas relaciones pueden ser exploradas a través de las técnicas de visualización de datos. A medida que usa un modelo, pueden surgir cambios en los datos y la relación subyacente, contando una nueva historia sobre los datos.

2.7.2. Iterar con Fuentes de Datos Adicionales.

La presentación de hallazgos y de información de datos usualmente genera preguntas que inician un nuevo proceso de investigación. La Ciencia de Datos es iterativa, así que el desarrollo de *Big Data* es iterativo para soportarla. Este proceso de aprendizaje desde un conjunto de fuentes de datos especifico conlleva a la necesidad de fuentes de datos adicionales para soportar las conclusiones encontradas y adicionar información al modelo existente.

3. Herramientas

Los avances en la tecnología (Ley de Moore, la proliferación de dispositivos móviles, IOT, para nombrar algunos) ha creado la industria de *Big Data* y Ciencia de Datos. Para entender la industria, se debe entender sus conductores. Esta sección explicará las herramientas y la tecnología que ha permitido emerger la Ciencia de *Big Data*.

La llegada del Procesamiento Paralelo Masivo (MPP) fue uno de los primeros habilitadores de *Big Data* y la Ciencia de Datos ya que proporcionaba los medios para analizar grandes cantidades de información en cantidades relativas pequeñas de tiempo. Encontrar una aguja en un pajar de información, usando maquinaria para atravesar toneladas de tierra para encontrar pepitas de oro es lo que estamos haciendo ahora. Esta tendencia continuará.

Otros avances que han cambiado la forma en que vemos los datos y la información son:
- Análisis avanzado en bases de datos.
- Analítica en datos no estructurados (Hadoop, MapReduce).
- Integración de analítica de datos con sistemas operacionales.
- Visualización de datos a través de múltiples medios y dispositivos.
- Enlazado de información estructurada y no estructurada usando semántica.
- Nuevas fuentes de datos usando IOT.
- Capacidades avanzadas de visualización.
- Capacidades de enriquecimiento de datos.
- Herramientas y tecnologías de colaboración.

Los *data warehouse* existentes, *data marts* y los almacenes de datos operacionales (ODS) se están aumentando para transportar la carga de trabajo de *Big Data*. Las tecnologías NoSQL permiten el almacenamiento y la consulta de datos semiestructurados y no estructurados.

Acceder los datos no estructurados suele ocurrir ampliamente a través de una interfaz de consulta por lotes que resultó en ejecuciones calendarizadas lentas y pobres tiempos de respuesta. Varias bases de datos NoSQL están disponibles ahora con diseños que abordan específicas limitaciones en este proceso de adquisición. Las bases de datos escalables distribuidas proveen automáticamente capacidades de fragmentación (capacidad de escalar a través de servidores nativamente) para ejecutar consultas en paralelo. Claro, como cualquier otra base de datos, la definición estructural y el mapeo a conjuntos de datos no estructurados continúa siendo un proceso manual.

Las consultas inmediatas, reportería y las capacidades de análisis pueden ser satisfechas con *Big Data* con tecnología en memoria que permite a usuarios finales construir consultas tipo SQL para acceder a datos no estructurados. También hay adaptadores a SQL para algunas herramientas que transmiten un proceso NoSQL y retornan una consulta SQL – con limitaciones y advertencias. El adaptador de tecnologías puede permitir que herramientas existentes sean usadas para consulta de datos no estructurados.

Conjuntos de herramientas de criterios de selección, herramientas de implementación de procesos y ofertas de servicios profesionales pueden facilitar y acelerar el proceso de elección inicial del conjunto de herramientas. Como cuando se adquiere una herramienta de BI, es crítico evaluar todas las opciones: construir, comprar, rentar (provisionado como *software* como servicio). Como se mencionó en el capítulo 11, herramientas de abastecimiento en la nube y la pericia asociada debe ser comparada contra el costo de construir desde cero o desplegando productos de vendedores. Los costos de actualización contínua y potenciales repuestos deben ser considerados también. La alineación a un OLA (Operational Level Agreement- Acuerdo de Nivel Operacional) establecido puede ligar costos el costo pronosticados y proveer insumos para establecer tarifas atractivas y penalidades para violación de términos.

3.1 Tecnología y Arquitectura MPP

Las tecnologías de bases de datos de Procesamiento Masivo Paralelo (MPP) *Shared-Nothing* se han convertido en la plataforma estándar para el análisis orientado en Ciencia de Datos de conjuntos de *Big Data*. En las bases de datos MPP, los datos son particionados (lógicamente distribuidos) a través de múltiples servidores de procesamiento (nodos computacionales), cada servidor con su propia memoria dedicada para procesar localmente. La comunicación entre servidores de procesamiento es controlada usualmente por el servidor maestro y ocurre en una red interconectada. No se comparte espacio en disco ni contención de memoria, de ahí el nombre *Shared-Nothing*.

MPP ha evolucionado porque el paradigma informático tradicional (índices, conjuntos de datos distribuidos, etc.) no provee tiempos de respuesta aceptables sobre tablas masivas. Incluso a la plataforma de computación más poderosa (computador Cray) le tomaría horas o incluso días procesar un algoritmo complejo contra una tabla de un trillón de registros.

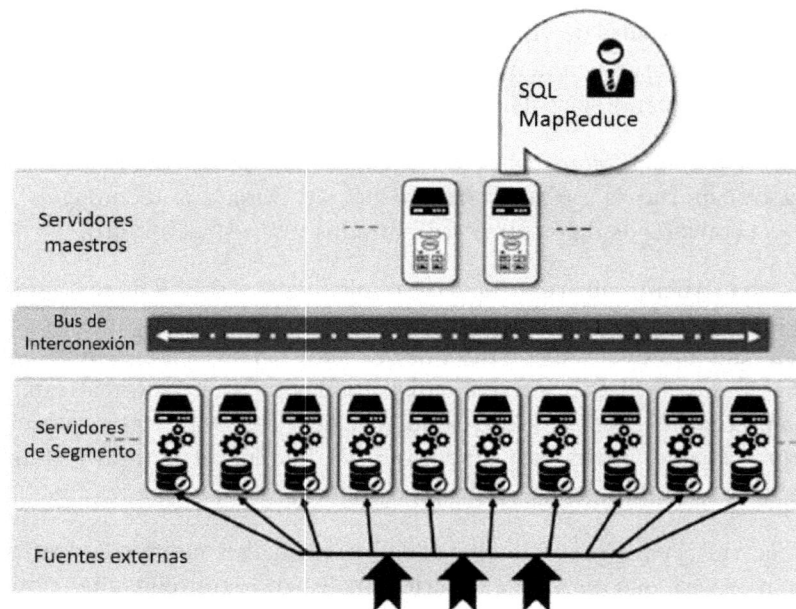

Figura 102 Arquitectura de Elementos Columnar[94]

Considere ahora un número de servidores de *hardware* básico, todos se alinean en una fila y se controlan a través de un *host*. A cada uno se le envía una parte de la consulta para ejecutar este segmento o la tabla distribuida de un trillón de registros. Si hay, por ejemplo, 1000 servidores de procesamiento, la consulta cambia de acceder una tabla de un trillón de registros a acceder 1000 tablas

---

[94] Fuente de la imagen: "Greenplum Database 4.0: Critical Mass Innovation", White Paper, agosto de 2010.

de 1 billón de registros. Este tipo de arquitectura computacional es linealmente escalable, lo que se suma al atractivo para el científico de datos y los usuarios de *Big Data* requiriendo una plataforma escalable para incorporar el crecimiento.

Esta tecnología también permite funciones de analítica en base de datos – la habilidad para ejecutar funciones analíticas (como *agrupamientos* de *K-Medias*, Regresiones, etc.) a nivel del procesador. La distribución de la carga de trabajo a nivel de procesador acelera grandiosamente las consultas analíticas – impulsando así la innovación de la Ciencia de Datos.

Un sistema que automáticamente distribuye los datos y paraleliza la carga de trabajo de las consultas a través de todo el *hardware* disponible es la solución óptima para la analítica de *Big Data*.

Los volúmenes de datos están creciendo rápidamente. Las compañías pueden crecer la capacidad y el rendimiento de sus sistemas en el tiempo adicionando nuevos nodos. MPP hace fácil expandir el paralelismo de cientos a miles de núcleos a través de una piscina de crecientes maquinas. MPP usa cada núcleo, con escalabilidad lineal e incrementa el rendimiento de procesamiento en un inmenso conjunto de datos.

3.2. Base de Datos Distribuidas Basadas en Archivos

Las tecnologías de soluciones distribuidas basadas en archivos, tales como el código abierto Hadoop, son una forma barata de almacenar grandes cantidades de datos en diferentes formatos. Hadoop almacena archivos de cualquier tipo – estructurado, semiestructurado y no estructurado. Usando una configuración similar a MPP, comparte archivos a través de servidores de procesamiento. Es ideal para almacenar datos de forma segura (tantas copias como hayan sido creadas), pero tiene retos cuando se intenta permitir acceso a los datos vía mecanismos estructurados o analíticos (como SQL).

Debido a su relativo bajo costo, Hadoop se ha convertido en la zona de aterrizaje para muchas organizaciones. Desde Hadoop, los datos pueden ser movidos a bases de datos MPP *Shared-Nothing* que tienen algoritmos que corren contra éstos. Algunas organizaciones ejecutan consultas de Ciencia de Datos complejas en Hadoop y no están preocupados por los tiempos de respuesta de horas o días (en lugar de minutos para la arquitectura anterior). El lenguaje usado en las soluciones basado en archivos es llamado MapReduce. Este lenguaje tiene tres pasos principales:

- **Mapear:** Identifica y obtiene los datos a ser analizados.
- **Barajar:** Combina los datos de acuerds a los patrones de analítica deseados.
- **Reducir:** Elimina la duplicación o ejecuta agregación para reducir el tamaño del conjunto de datos resultante a solo lo requerido.

Estos pasos pueden ser combinados en diferentes herramientas de diferentes formas, en secuencia o en paralelo, para hacer manipulaciones complejas.

3.3. Algoritmos en Bases de Datos

Un algoritmo en base de datos usa el principio de que cada uno de los procesadores en una plataforma MPP *Nothing-Shared* puede correr consultas independientes, así una nueva forma de procesamiento puede ser realizada para proveer funciones matemáticas y estadísticas en nivel de nodo de computación. Las librerías de código abierto de algoritmos en base de datos escalables para Aprendizaje de Máquina estadísticas y otras tareas analíticas fueron diseñadas para ejecución de entrada y salida de núcleo y para el paralelismo de compartir nada ofrecido en los motores modernos de bases de datos, asegurando que el cómputo es realizado cerca de los datos. Al mover la computación cerca a los datos, el tiempo de computación se reduce dramáticamente para algoritmos complejos (tales como *agrupamientos de K-Medias*, Regresión Lineal o Logística, Conjugar Gradiente, Análisis Cohorte, etc.).

3.4. Soluciones en la Nube de Big Data

Hay vendedores que proveen almacenamiento en la nube e integración para *Big Data*, incluyendo capacidades analíticas. Basado en estándares definidos, los clientes cargan sus datos en un ambiente en la nube. El vendedor mejora los datos, ya sea como conjunto de datos abiertos o proveídos por otras organizaciones. El cliente puede hacer analítica y Ciencia de Datos usando el conjunto de datos combinado. Una aplicación usa ofertas de supermercado como tema para los datos, los combina con datos geográficos y de ventas, y ofrece millas de aerolíneas para clientes que accedan a usar los datos de esta forma.

3.5. Computación Estadística y Lenguajes Gráficos

R es un lenguaje de *scripts* de código abierto y un ambiente para computación estadística y gráfica. Provee una gran variedad de técnicas estadísticas tales como modelado lineal y no lineal, pruebas estadísticas clásicas, análisis de series de tiempo, clasificación y agrupamiento. Debido a que es un lenguaje de scripts, los modelos desarrollados en R pueden ser implementados en una variedad de ambientes, diferentes plataformas y desarrollo colaborativo a través de múltiples límites geográficos y organizacionales. El ambiente R también puede producir publicaciones de calidad, incluyendo símbolos y fórmulas matemáticas, con el control del usuario final.

3.6. Herramientas de Visualización de Datos

Las herramientas tradicionales de visualización de datos tienen un componente de datos y otro componente gráfico. La visualización avanzada y las herramientas de descubrimiento usan arquitectura en memoria para permitir a los usuarios interactuar con los datos. En una gran cantidad de datos, los patrones pueden ser difíciles de reconocer en una pantalla con números. Un patrón visual puede ser seleccionado cuando cientos de puntos de datos son cargados en una pantalla sofisticada.

Gráficos de información o infografías son representaciones gráficas estilizadas para la comprensión e interacción efectiva. La mercadotecnia adoptó estos tipos de visualización para proveer un atractivo visual a las presentaciones. Periodistas, *bloggers* y profesores encontraron las infografías útiles para análisis de tendencias, presentaciones y distribuciones. Los métodos de visualización de información como gráficos de radar, diagrama de coordenadas paralelas, gráficos de etiquetas, mapas de calor y mapas de datos son soportados por muchas herramientas. Éstas permiten a los usuarios rápidamente identificar cambios en los datos en el tiempo, obtener información con elementos relacionados y entender potenciales relaciones de causa y efecto antes de que el impacto ocurra. Estas herramientas tienen varios beneficios sobre las herramientas de visualización tradicional:

- Análisis sofisticado y tipos de visualización, tales como múltiplos pequeños, líneas de chispa, mapas de calor, histogramas, gráficos de cascada y gráficos de viñetas.
- Adherencia incorporada a las mejores prácticas de visualización.
- Descubrimiento visual interactivo.

4. Técnicas

4.1 Modelo Analítico

Varias herramientas de código abierto están disponibles para el desarrollo, así como el procesamiento de datos en la nube para el desarrollo de modelos, para el proceso de desarrollo visual, para *web scraping* y de optimización de programación lineal. Para compartir y ejecutar modelos por otras aplicaciones, busque herramientas que soporten PMML (Predictive Model Markup Language - Lenguaje de Marcado para Modelos Predictivos), un formato de archivo basado en XML.

El acceso en tiempo real puede resolver muchos problemas de latencia del procesamiento por lotes. El Apache Mahout es un proyecto de código abierto destinado a crear una biblioteca de aprendizaje de máquina. Mahout está posicionado para automatizar la exploración de *Big Data* a través de minería de recomendaciones, clasificación de documentos y agrupación de elementos. Esta rama de los esfuerzos de desarrollo evita las técnicas tradicionales de acceso a datos MapReduce de consultas por lotes. Aprovechando una interfaz API directamente en la capa de almacenamiento HDFS, se puede proporcionar una variedad de técnicas de acceso a datos como SQL, transmisión de contenido, aprendizaje de máquina y bibliotecas de gráficos para la visualización de datos.

Los modelos analíticos están asociados con diferentes profundidades de análisis:

- **El Modelo descriptivo** resume o representa las estructuras de datos de manera compacta. Este enfoque no siempre valida una hipótesis causal ni predice resultados. Sin embargo, utiliza algoritmos para definir o refinar las relaciones entre las variables de una manera que pueda proporcionar información para dicho análisis.
- **El Modelo explicativo** es la aplicación de modelos estadísticos a los datos para probar hipótesis causales sobre construcciones teóricas. Si bien utiliza técnicas similares a la minería de datos y el análisis predictivo, su propósito es diferente. No predice los resultados, busca hacer coincidir los resultados del modelo solo con los datos existentes.

La clave para el análisis predictivo es aprender con el ejemplo mediante la capacitación del modelo. El rendimiento de un método de aprendizaje relaciona sus habilidades predictivas en datos de prueba independientes. La evaluación guía la elección del aprendizaje y mide la calidad del modelo elegido. La selección del modelo estima el rendimiento donde la evaluación evalúa el error de generalización en los nuevos datos.

Evite el ajuste excesivo - una situación que ocurre cuando el modelo se entrena contra conjuntos de datos no representativos, cuando es demasiado complejo en relación con sus datos o ha descrito ruido en lugar de las relaciones subyacentes. Use técnicas adicionales como la validación de *K-fold* para indicar cuándo el entrenamiento ya no está dando como resultado una mejor generalización.

El error de entrenamiento disminuye constantemente con la complejidad del modelo y puede caer a cero. Por lo tanto, no es una estimación útil del error de prueba. Divida aleatoriamente el conjunto de datos en tres partes para formar conjuntos de capacitación, pruebas y validación. El conjunto de capacitación se usa para ajustarse al modelo, el conjunto de validación se usa para predecir el error de selección y el conjunto de pruebas se usa para evaluar el error de generalización del modelo final.

Reutilizar el mismo conjunto de pruebas repetidamente puede subestimar el verdadero error de prueba. Idealmente, realice la validación cruzada dividiendo aleatoriamente el conjunto de datos en un conjunto de *K-folds* o grupos de validación cruzada. Realice el entrenamiento en todos menos un conjunto de datos basado en variables *predictoras* fuertemente correlacionadas. Pruebe el modelo en la pieza restante y determine el error de generalización basado en todos los *K-folds*. Se pueden aplicar y realizar varias pruebas estadísticas para evaluar numéricamente la validez del modelo contextual.

4.2 Modelado de Big Data

El modelado de *Big Data* es un desafío técnico pero crítico si una organización quiere describir y gobernar sus datos. Se aplican los principios tradicionales de la arquitectura de datos empresariales, los datos deben integrarse, especificarse y gestionarse.

El principal impulsor para modelar físicamente un almacén de datos es habilitar la población de datos para el rendimiento de la consulta. Este controlador no está en juego para *Big Data*. Esto no es una excusa para abandonar el proceso de modelado o entregarlo a un desarrollador. El valor de modelar los datos es que permite a las personas comprender el contenido de éstos. Aplique técnicas comprobadas de modelado de datos mientras cuenta la variedad de fuentes. Desarrolle el modelo de área temática, al menos de manera resumida, para que pueda relacionarse con entidades contextuales adecuadas y colocarse en la hoja de ruta general, como cualquier otro tipo de datos. El desafío es hacer una imagen comprensible y útil de estos grandes conjuntos de datos, y con un costo justificable.

Comprenda cómo se vinculan los datos entre conjuntos de datos. Para datos de granularidad diferente, evite combinaciones que cuentan elementos de datos o valores más de una vez; por ejemplo, no combine conjuntos atómicos y agregados.

5. Guías de Implementación

Muchos de los principios generales de la gestión de un almacén de datos se aplican a la gestión de *Big Data*: garantizar que las fuentes de datos sean confiables, tener Metadatos suficientes para permitir el uso de éstos, gestionar la calidad de los datos, descubrir cómo integrar datos para diferentes fuentes y garantizar que los mismos están seguros y protegidos (ver capítulos 6, 7 y 8.) Las diferencias en la implementación de un entorno de *Big Data* están conectadas a un conjunto de incógnitas: cómo se utilizarán los datos, qué datos serán valiosos, cuánto tiempo deben conservarse. La velocidad de los datos puede hacer que las personas piensen que no tienen tiempo para implementar controles. Esta es una suposición peligrosa. Con grandes conjuntos de datos, el manejo de la ingestión y el inventario de datos en un lago es fundamental para evitar que se convierta en un pantano.

La ingestión puede no requerir siempre la propiedad o el compromiso de la organización con el conjunto de datos que se estudia. Considere alquilar una plataforma de *Big Data* por períodos finitos para explorar datos de interés. La exploración puede determinar rápidamente qué áreas muestran un valor potencial. Haga esto antes de introducir datos en el *Data Lake* de la organización, el almacén de datos o el área de almacenamiento de datos; porque una vez aterrizado, puede ser incómodo quitarlo.

5.1 Alineación de la Estrategia

Cualquier programa de *Big Data*/Ciencia de Datos debe estar estratégicamente alineado con los objetivos de la organización. El establecimiento de una estrategia de *Big Data* impulsa actividades relacionadas con la comunidad de usuarios, la seguridad de los datos, la gestión de Metadatos, incluido el linaje y la gestión de la Calidad de los Datos.

La estrategia debe documentar los objetivos, el enfoque y los principios de gobierno. La capacidad de aprovechar *Big Data* requiere desarrollar habilidades y capacidades organizacionales. Utilice la gestión de capacidades para alinear iniciativas empresariales y de TI y proyecte una hoja de ruta. Los resultados de la estrategia deben tener en cuenta la gestión de:

- Ciclo de vida de la Información
- Metadatos
- Calidad de los datos
- Adquisición de datos
- Acceso a datos y seguridad
- Gobierno de datos
- Privacidad de datos
- Aprendizaje y adopción
- Operaciones

5.2 Evaluación de la Preparación / Evaluación de Riesgos

Al igual que con cualquier proyecto de desarrollo, la implementación de una iniciativa *Big Data* o Ciencia de Datos debe alinearse con las necesidades comerciales reales. Evalúe la preparación organizacional en relación con los factores críticos de éxito:

- **Relevancia comercial:** ¿Qué tan bien funcionan las iniciativas de *Big Data*/Ciencia de Datos y sus casos de uso correspondientes con el negocio de la empresa? Para tener éxito, deben hacer cumplir con fuerza una función o proceso comercial.
- **Disponibilidad comercial:** ¿Está el socio comercial preparado para una entrega incremental a largo plazo? ¿Se han comprometido a establecer un centro de excelencia para sostener el producto en futuras versiones? ¿Qué tan amplia es la brecha de conocimiento o habilidad promedio dentro de la comunidad objetivo? y ¿se puede cruzar en un solo incremento?
- **Viabilidad económica:** ¿Las soluciones propuestas han considerado conservadoramente los beneficios tangibles e intangibles? ¿La evaluación del costo de propiedad ha tenido en cuenta la opción de comprar o arrendar artículos versus construir desde cero?
- **Prototipo:** ¿Se puede crear un prototipo de la solución propuesta para un subconjunto de la comunidad de usuarios finales durante un período de tiempo finito para demostrar el valor propuesto? La implementación del *Big Bang* puede causar grandes impactos en dólares y un campo de pruebas puede mitigar estos riesgos de entrega.

Probablemente, las decisiones más desafiantes se centrarán en la adquisición de datos, el desarrollo de plataformas y los recursos.

- Existen muchas fuentes para los almacenes de datos digitales y no todas deben ser de propiedad y operación interna. Algunos pueden ser adquiridos mientras que otros pueden ser arrendados.
- Múltiples herramientas y técnicas están en el mercado; coincidir con las necesidades generales será un desafío.
- Asegurar al personal con habilidades específicas de manera oportuna y retener a los mejores talentos durante la implementación puede requerir la consideración de

alternativas que incluyen servicios profesionales, abastecimiento en la nube o colaboración.
* El tiempo para desarrollar talento interno puede exceder el plazo de entrega.

5.3 Organización y Cambio Cultural

Las personas de negocios deben estar completamente comprometidas para obtener los beneficios de la analítica avanzada. Se requiere un programa de comunicación y educación para lograr esto. Un Centro de Excelencia puede proporcionar capacitación, *sets* de inicio, diseñar mejores prácticas, consejos y trucos para el suministro de datos y otras soluciones puntuales o artefactos para ayudar a empoderar a los usuarios de negocios hacia un modelo de autoservicio. Además de la gestión del conocimiento, este centro puede proporcionar comunicaciones oportunas a través de las comunidades de desarrolladores, diseñadores, analistas y consumidores de datos.

Al igual que con DW (Data Warehouse – Almacén de Datos) /BI (Business Intelligence – Inteligencia de Negocios), una implementación de *Big Data* reunirá una serie de roles clave de funciones cruzadas, que incluyen:
* **Arquitecto de plataforma *Big Data***: *Hardware*, sistemas operativos, sistemas de archivos y servicios.
* **Arquitecto de Ingestión**: Análisis de datos, sistemas de registro, modelado de datos y mapeo de datos. Proporciona o admite la asignación de fuentes al clúster *Hadoop* para consultas y análisis.
* **Especialista de Metadatos**: Interfaces de Metadatos, arquitectura de Metadatos y contenidos.
* **Líder de Diseño Analítico**: Líder de diseño analítico: diseño analítico del usuario final, implementación de la guía de mejores prácticas en conjuntos de herramientas relacionadas y facilitador del conjunto de resultados del usuario final.**Científico de Datos**: Proporciona consultas de arquitectura y diseño de modelos basadas en conocimientos teóricos de estadísticas y computación, entrega de herramientas apropiadas y aplicaciones técnicas para requisitos funcionales.

6. Big Data y Gobierno de Ciencia de Datos

Big Data, como otros datos, requiere gobierno. Los procesos de fuentes de datos, análisis de las fuentes, ingestión, enriquecimiento y publicación, requieren tanto del negocio como de controles técnicos; abordando preguntas como:
* **Datos Fuente**: Identificación de fuentes, cuándo un sistema se comporta como fuente de datos, cuál es la mejor fuente de datos para un caso de estudio en particular.
* **Intercambio**: Qué acuerdos de intercambio de datos y contratos hay, términos y condiciones tanto dentro como fuera de la organización.
* **Metadatos**: Qué significan los datos desde el lado de la fuente, cómo interpretar los resultados en la salida de información (*output*).
* **Enriquecimiento**: En qué momento enriquecer los datos, cómo hacerlo y las ventajas de enriquecer los datos.
* **Acceso**: Qué publicar, a quién, cómo y cuándo

Una visión empresarial de datos debe conducir decisiones sobre tratamiento de datos.

6.1 Gestión de Mecanismos de Visualización

Un factor crítico de éxito en la implementación de una iniciativa de Ciencia de Datos es la definición del conjunto de herramientas de visualización apropiadas para el grupo de usuarios. Dependiendo del tamaño y la naturaleza de la organización, probablemente haya muchas herramientas de visualización diferentes utilizadas en diferentes procesos. Asegure que los usuarios comprendan la complejidad relativa de las herramientas de visualización. Los usuarios más sofisticados tendrán requerimientos de mayor complejidad. Coordinación entre Arquitectura Empresarial, administración de portafolios y el equipo de soporte será necesaria para controlar los mecanismos de visualización definidos en el portafolio. Tenga en cuenta que cambiar los proveedores de datos o los criterios de selección puede generar un impacto sobre los elementos disponibles para la visualización, que puede impactar la efectividad de las herramientas.

6.2 Ciencia de Datos y Estándares de Visualización

Es una buena práctica establecer una comunidad que defina y publique guías y estándares de visualización, y artefactos de revisión dentro de un método de entrega especificado; esto es particularmente vital para el contenido de cara al cliente y reglamentario. Los estándares pueden ser:
- Estandarización de herramientas por paradigma analítico, por comunidad de usuarios o por área temática
- Solicitud de nuevos datos
- Estándar de proceso Conjunto de Datos (Data Set)
- Procesos de presentación neutra o de expertos, para evitar resultados sesgados y para asegurar que todos los elementos incluidos se realicen de una manera justa y consistente, incluyendo:
  - Inclusión y exclusión de datos
  - Supuestos en los modelos
  - Validez estadística de los resultados
  - Validez de la interpretación de los resultados
  - Adecuada aplicación de métodos

6.3 Seguridad de los Datos

Tener un proceso confiable de aseguramiento de los datos es en sí mismo un activo organizacional. Políticas para el manejo y protección de *Big Data* deben ser establecidas y monitoreadas. Estas políticas deben ser responsables de prevenir el uso indebido de datos personales y de asegurarlos a través de todo su ciclo de vida. Aprovisione de manera segura los niveles de datos adecuados para personal autorizado y haga que los datos de suscripción estén disponibles en los niveles acordados. Alinee los servicios a las comunidades de usuarios para que pueden crearse servicios especiales que provisionen los datos privados para las comunidades que estén autorizadas y enmascare los datos para los otros. A menudo las organizaciones crean políticas de acceso a la información que no deben ser violadas (como restricción del acceso por nombre, dirección o número de teléfono). Con el fin de asegurar la información que es de mayor sensibilidad (número de seguro social, números de tarjeta de crédito, etc.), los datos deben ser almacenados utilizando técnicas de Cifrado que ofuscan la información. El Cifrado puede ser elegido, por ejemplo, que tenga el mismo 'contenido' cuando esté cifrado, para que los patrones pueden ser identificados sin saber los valores reales.

Recombinación mide la capacidad para reconstituir los datos sensibles o privados. Esta capacidad debe ser manejada como parte de la práctica de seguridad de *Big Data*. Los resultados del análisis pueden violar la privacidad, aunque los elementos de datos actuales solo puedan ser inferidos. Entender los resultados a nivel de la Gestión de Metadatos es fundamental para evitar esta y otras posibles violaciones de seguridad. Esto requiere conocimiento del consumo previsto o del análisis a ser realizado y por qué rol va a ser ejecutado. Algunas de las personas de confianza dentro de la Organización tendrán la posibilidad de leer estos datos cuando sea necesario, pero no todo el mundo y ciertamente no para un análisis profundo. (Ver capítulos 2 y 7.)

6.4 Metadatos

Como parte de una iniciativa de *Big Data*, una organización debe reunir Conjuntos de Datos (*Data Set*) creados por medio de diferentes enfoques y estándares. La integración de estos datos puede ser todo un reto. Metadatos relacionados con estos conjuntos de datos (*Data Set*) son críticos para un uso exitoso. Los Metadatos deben ser manejados cuidadosamente como parte de la ingesta de datos, o el *Data Lake* se convertirá rápidamente en un pantano de datos. La comunidad de usuarios debe tener herramientas que les permitan crear una lista maestra de Conjuntos de Datos (*Data Set*) con Metadatos que caracterizan su estructura, su contenido y su calidad de los datos, incluyendo la fuente y el linaje de los datos, y la definición y usos previstos de entidades y elementos de datos. Los Metadatos Técnicos pueden ser recolectados de una variedad de herramientas de *Big Data* incluyendo capas de almacenamiento de datos, integración de datos, MDM (Master Data Management – Gestión de los Datos Maestros), e incluso sistemas de archivos origen. Es necesaria una consideración sobre los flujos de datos en tiempo real versus los datos en reposo versus los elementos de datos computacionales para completar el linaje de la fuente de datos.

6.5 Calidad de los Datos

Calidad de los Datos es una medida de desviación del resultado esperado: menor es la diferencia, mejor el cumplimiento de la expectativa del dato y cuanto así mayor la calidad. En un entorno de ingeniería, debe ser fácil poder definir los estándares de calidad (aunque la práctica demuestra que no lo es o que muchas organizaciones no se toman el tiempo para definirlos). Algunas personas han cuestionado si la calidad de los datos tiene relevancia en *Big Data*. El sentido común dice que sí. Para que la Analítica sea confiable, los datos subyacentes deben ser confiables. En los proyectos de *Big Data*, puede ser difícil determinar la calidad de los datos, pero un esfuerzo es necesario para evaluar la calidad con el fin de tener confianza en el análisis. Esto puede hacerse a través de una valoración inicial, que es necesaria para comprender los datos, y, a través de esto, la identificación de medidas para las instancias subsecuentes del conjunto de datos. La valoración de la Calidad de los Datos producirá Metadatos valiosos que serán insumos necesarios para cualquier intento de integrar los datos. Considere que las organizaciones más maduras en *Big Data* analizan las fuentes de entrada de datos utilizando herramientas de calidad de datos para entender la información que contienen. Las herramientas más avanzadas de Calidad de los Datos ofrecen una funcionalidad le que permite a una organización probar hipótesis y construir conocimiento acerca de sus datos. Por ejemplo:

- **Descubrimiento:** Dónde residen la información dentro del Conjunto de Datos
- **Clasificación:** Qué tipos de información están presentes basado en patrones estandarizados
- **Perfilamiento:** Cómo los datos están poblados y estructurados
- **Mapeo:** Qué otros Conjuntos de Datos puede ser emparejados a esos valores

Al igual que en DW/BI, es tentador poner de último la Valoración de la Calidad de los Datos. Sin ella, sin embargo, puede ser difícil saber qué representa Big Data o cómo armar las conexiones entre Conjuntos de Datos. Integración será necesaria y la probabilidad de que los flujos de datos serán provisionados con estructuras de datos y elementos iguales, es casi cero. Esto significa, por ejemplo, que códigos y otros posibles identificadores probablemente variarán de proveedor a proveedor de datos. Sin una Valoración inicial, estas condiciones pasarán inadvertidas hasta que un requerimiento de analítica intenta combinar los diferentes proveedores.

6.6 Métricas

Las Métricas son vitales para cualquier proceso de gestión; éstas no sólo cuantifican actividad, sino que también definen la variación entre lo observado y lo esperado.

6.6.1 Métricas de Uso Técnico

Muchas de las herramientas de Big Data ofrecen capacidades de reporteo administrativo muy interesantes que acceden al contenido consultado por la comunidad de usuarios. El análisis de uso técnico busca focos de datos (datos accesibles con mayor frecuencia) para gestionar la distribución de los datos y preservar el rendimiento. Las tasas de crecimiento también alimentan la planificación de capacidad.

6.6.2 Métricas de Carga y Lectura

Las Métricas de carga y lectura definen la tasa de ingestión y interacción con la comunidad de usuarios. A medida que se adquiere una nueva fuente de datos, se espera que las métricas de carga aumenten y luego se nivelen a medida que se carga la fuente completamente. Los flujos de datos en tiempo real pueden ser atendidos a través de consulta de servicios, pero también pueden aparecer como cargas programadas; Para estos flujos, se espera un aumento constante en la carga de datos.

La capa de aplicación probablemente ofrece las mejores métricas de uso de los datos de registros de ejecución. Monitoree el consumo o el acceso a través de Metadatos disponibles, que pueden guiar el análisis de uso mostrando los planes de ejecución de las consultas que se han producido con mayor frecuencia. Las Métricas de lectura se deben combinar con cualquier procesamiento de consultas que puedan ocurrir fuera del procesamiento analítico mismo. Las herramientas administrativas deben ser capaces de proporcionar este nivel de reporteo, así como el estado general del servicio.

6.6.3 Aprendizajes e Historias

Con el fin de mostrar valor, el programa de Big Data / Ciencia de Datos debe medir resultados tangibles que justifiquen el costo de desarrollo de soluciones y la gestión de cambios en los procesos. Las Métricas pueden incluir la cuantificación de los beneficios, la prevención o reducción de costos, así como la cantidad de tiempo entre el comienzo y la obtención de beneficios. Algunas medidas comunes incluyen

- Conteos y precisión de los modelos y patrones desarrollados
- Generación de ingresos de oportunidades identificadas
- La reducción de costos de evitar amenazas identificadas

Algunas veces, los resultados de la Analítica cuentan historias que pueden conducir a un *redireccionamiento*, revitalización y una nueva oportunidad en una organización. Una medición puede ser la cuenta de nuevos proyectos e iniciativas generadas por el equipo de *marketing* y los ejecutivos *senior*.

---

7. Trabajos Citados / Recomendados

Abate, Robert, Peter Aiken and Joseph Burke. *Integrating Enterprise Applications Utilizing A Services Based Architecture*. John Wiley and Sons, 1997. Print.

Arthur, Lisa. Big Data Marketing: Engage Your Customers More Effectively and Drive Value. Wiley, 2013. Print.

Barlow, Mike. Real-Time Big Data Analytics: Emerging Architecture. O'Reilly Media, 2013. Kindle.

Davenport, Thomas H. "Beyond the Black Box in analytics and Cognitive." *DataInformed* (website), 27 February, 2017. http://bit.ly/2sq8uG0 Web.

Davenport, Thomas H. Big Data at Work: Dispelling the Myths, Uncovering the Opportunities. Harvard Business Review Press, 2014. Print.

EMC Education Services, ed. Data Science and Big Data Analytics: Discovering, Analyzing, Visualizing and Presenting Data. Wiley, 2015. Print.

Executive Office of the President, National Science and Technology Council Committee on Technology. *Preparing for the Future of Artificial Intelligence*. October 2016. http://bit.ly/2j3XA4k.

Inmon, W.H., and Dan Linstedt. Data Architecture: A Primer for the Data Scientist: Big Data, Data Warehouse and Data Vault. 1st Edition. Morgan Kaufmann, 2014.

Jacobs, Adam. "Pathologies of Big Data." *AMCQUEU*, Volume 7, Issue 6. July 6, 2009. http://bit.ly/1vOqd80. Web

Janssens, Jeroen. Data Science at the Command Line: Facing the Future with Time-Tested Tools. O'Reilly Media, 2014. Print.

Kitchin, Rob. The Data Revolution: Big Data, Open Data, Data Infrastructures and Their Consequences. SAGE Publications Ltd, 2014. Print.

Krishnan, Krish. *Data Warehousing in the Age of Big Data*. Morgan Kaufmann, 2013. Print. The Morgan Kaufmann Series on Business Intelligence.

Lake, Peter and Robert Drake. *Information Systems Management in the Big Data Era*. Springer, 2015. Print. Advanced Information and Knowledge Processing.

Lake, Peter. A Guide to Handling Data Using Hadoop: An exploration of Hadoop, Hive, Pig, Sqoop and Flume. Peter Lake, 2015. Kindle. Advanced Information and Knowledge Processing.

Laney, Doug. "3D Data Management: Controlling Data Volume, Velocity, and Variety." *The Meta Group* [Gartner]. 6 February 2001. http://gtnr.it/1bKflKH.

Loshin, David. Big Data Analytics: From Strategic Planning to Enterprise Integration with Tools, Techniques, NoSQL, and Graph. Morgan Kaufmann, 2013. Print.

Lublinsky, Boris, Kevin T. Smith, Alexey Yakubovich. *Professional Hadoop Solutions*. Wrox, 2013. Print.

Luisi, James. Pragmatic Enterprise Architecture: Strategies to Transform Information Systems in the Era of Big Data. Morgan Kaufmann, 2014. Print.

Marz, Nathan and James Warren. Big Data: Principles and best practices of scalable realtime data systems. Manning Publications, 2014. Print.

McCandless, David. *Information is Beautiful*. Collins, 2012.

Provost, Foster and Tom Fawcett. Data Science for Business: What you need to know about data mining and data-analytic thinking. O'Reilly Media, 2013. Print.

Salminen, Joni and Valtteri Kaartemo, eds. *Big Data: Definitions, Business Logics, and Best Practices to Apply in Your Business*. Amazon Digital Services, Inc., 2014. Kindle. Books for Managers Book 2.

Sathi, Arvind. Big Data Analytics: Disruptive Technologies for Changing the Game. Mc Press, 2013. Print.

Sawant, Nitin and Himanshu Shah. *Big Data Application Architecture Q&A: A Problem - Solution Approach.* Apress, 2013. Print. Expert's Voice in Big Data.

Slovic, Scott, Paul Slovic, eds. *Numbers and Nerves: Information, Emotion, and Meaning in a World of Data.* Oregon State University Press, 2015. Print.

Starbird, Michael. *Meaning from Data: Statistics Made Clear* (The Great Courses, Parts 1 and 2). The Teaching Company, 2006. Print.

Tufte, Edward R. *The Visual Display of Quantitative Information.* 2nd ed. Graphics Pr., 2001. Print.

van der Lans, Rick. Data Virtualization for Business Intelligence Systems: Revolutionizing Data Integration for Data Warehouses. Morgan Kaufmann, 2012. Print. The Morgan Kaufmann Series on Business Intelligence.

van Rijmenam, Mark. Think Bigger: Developing a Successful Big Data Strategy for Your Business. AMACOM, 2014. Print.

CAPÍTULO 15

Evaluación de la Madurez de la Gestión de Datos

1. Introducción

CMA (Capability Maturity Assessment - Evaluación de la Madurez de Capacidades) es un enfoque para la mejora de los procesos basado en un marco de referencia CMM (Capability Maturity Model - Modelo de Madurez de Capacidades) que describe cómo evolucionan las características de un proceso, desde el inicio hacia lo óptimo. El concepto de CMA surgió de los esfuerzos del Departamento de Defensa de los Estados Unidos para establecer criterios a través de los cuales evaluar a los contratistas de *software*. A mediados de la década de los 80s, el Instituto de Ingeniería de *Software* de la Universidad Carnegie-Mellon publicó el Modelo de Madurez de Capacidades para el *Software*. Si bien se aplicaron por primera vez al desarrollo de *software*, los CMMs ya se habían desarrollado para ser utilizados en otros campos, incluyendo la gestión de datos.

Los modelos de madurez se definen en términos de una progresión a través de niveles que describen las características del proceso. Cuando una organización obtiene una comprensión de las características del proceso, puede evaluar su nivel de madurez y poner en marcha un plan para mejorar sus capacidades. También puede medir la mejora y compararse con competidores o socios, guiados por los niveles del modelo. Con cada nuevo nivel, la ejecución de los procesos se vuelve más consistente, predecible y confiable. Los procesos mejoran a medida que estos toman las características de los niveles. La progresión ocurre en un orden establecido. No se puede omitir ningún nivel. Los niveles comúnmente incluyen:[95]

- **Nivel 0:** Ausencia de capacidad
- **Nivel 1:** Inicial o *Ad Hoc*: El éxito depende de la competencia de los individuos
- **Nivel 2:** Repetible: Tiene lugar una disciplina mínima en el proceso
- **Nivel 3:** Definido: Se establecen y se utilizan estándares
- **Nivel 4:** Administrado: Los procesos son cuantificados y controlados

---

[95] Adaptado de Select Business Solutions, "What the Capability Maturity Model?" http://bit.ly/IFMJI8 (Consultado el 2016-11-10).

- **Nivel 5:** Optimizado: Se cuantifican los objetivos de mejora del proceso

Dentro de cada nivel, los criterios se describen a través de las características del proceso. Por ejemplo, un modelo de madurez puede incluir criterios relacionados con la forma en cómo se ejecutan los procesos, incluyendo el nivel de automatización de esos procesos. Éste puede enfocarse en las políticas y controles, así como en los detalles del proceso. Esta evaluación ayuda a identificar lo que funciona bien, lo que no funciona bien y dónde tiene brechas una organización. Basándose en los hallazgos, la organización puede desarrollar una hoja de ruta para apuntar a:

- Oportunidades de mejora de alto valor relacionadas con procesos, métodos, recursos y automatización
- Capacidades que se alinean con la estrategia de negocio
- Procesos de gobierno para la evaluación periódica del progreso organizacional basado en las características del modelo

Una DMMA (Data Management Maturity Assessment - Evaluación de la Madurez de la Gestión de Datos) se puede utilizar para evaluar la gestión de datos en general, o se puede utilizar para enfocarse en una sola Área de Conocimiento o incluso en un solo proceso. Cualquiera que sea el enfoque, una DMMA puede ayudar a cerrar la brecha entre las perspectivas de negocio y las de TI sobre la salud y la eficacia de las prácticas de gestión de datos. Una DMMA proporciona un lenguaje común para describir cómo se ve el progreso a través de las Áreas de Conocimiento de la Gestión de Datos y ofrecer un camino de mejora basado en etapas, que puede ser adaptado a las prioridades estratégicas de una organización.[96] Por lo tanto, se puede usar tanto para establecer como para medir los objetivos de la organización, así como para comparar la propia organización con otras organizaciones o con puntos de referencia de la industria. Antes de comenzar cualquier DMMA, una organización tiene que establecer un entendimiento básico de su estado actual de capacidades, activos, metas y prioridades. Se requiere un cierto nivel de madurez organizacional para llevar a cabo la evaluación en primer lugar, así como para responder eficazmente a los resultados de la evaluación mediante el establecimiento de objetivos, el establecimiento de una hoja de ruta y monitoreando el progreso.

1.1 Motivadores de Negocio

Las organizaciones llevan a cabo evaluaciones de la madurez de capacidades por varias razones:

- **Regulación:** La supervisión regulatoria requiere niveles mínimos de madurez en la gestión de datos.
- **Gobierno de Datos:** La función de gobierno de datos requiere una evaluación de madurez para propósitos de planificación y cumplimiento.
- **Preparación organizacional para la mejora de procesos:** Una organización reconoce la necesidad de mejorar sus prácticas y comienza evaluando su estado actual. Por ejemplo, se compromete a gestionar los Datos Maestros y necesita evaluar su preparación para liberar los procesos y las herramientas de MDM.
- **Cambio organizacional:** Un cambio organizacional, como una fusión, presenta desafíos en la gestión de datos. Una DMMA proporciona información para planificar el cumplimiento de estos desafíos.
- **Nueva tecnología:** Los avances en tecnología ofrecen nuevas formas de gestionar y utilizar los datos. La organización quiere entender la probabilidad de una adopción exitosa.

---

[96] http://bit.ly/1Vev9xx 18 de Julio de 2015.

- **Problemas de gestión de datos:** Es necesario abordar los problemas de calidad de los datos u otros desafíos de gestión de datos y la organización desea establecer su estado actual con el fin de tomar mejores decisiones sobre cómo implementar el cambio.

Evaluación de la Madurez de la Gestión de Datos

Definición: Método para la clasificación de las prácticas de manejo de datos dentro de una organización para caracterizar el estado actual de la gestión de datos y su impacto en la organización

Metas:
1. Descubrir exhaustivamente y evaluar las actividades críticas de gestión de datos dentro de una organización.
2. Educar a las partes interesadas sobre conceptos, principios y prácticas de gestión de datos, así como identificar sus roles y responsabilidades en un contexto más amplio como los creadores y gerentes de datos.
3. Establecer o mejorar un programa de gestión de datos empresarial ampliamente sostenible en apoyo de objetivos operacionales y estratégicos.

Motivadores de Negocio

Entradas:
- Estrategia de Negocio y Metas
- Cultura y Tolerancia de Riesgos
- Marcos de Referencia de Madurez y DAMA-DMBOK
- Políticas, procesos, estándares, modelos operativos
- Puntos de referencia

Actividades:
1. **Planificar las Actividades de la Evaluación (P)**
   1. Establecer Alcance y Enfoque
   2. Plan de Comunicaciones
2. **Realizar la Evaluación de Madurez (C)**
   1. Reunir Información
   2. Realizar la Evaluación
   3. Interpretar los Resultados
3. **Desarrollar Recomendaciones (D)**
4. **Crear Programas Dirigidos a Mejorar (P)**
5. **Re-evaluar la Madurez (C)**

Salidas::
- Puntuaciones y Rangos
- Línea Base de Madurez
- Evaluación de la Preparación
- Evaluación de Riesgos
- Capacidad del Personal
- Inversión y Opciones de Resultados
- Recomendaciones
- Hoja de Ruta
- Informes Ejecutivos

Proveedores:
- Ejecutivos
- Data Stewards
- Ejecutivos Gestión de Datos
- Expertos en el Tema
- Empleados

Participantes:
- CDO/CIO
- Gerencia del Negocio
- Ejecutivos DM y Cuerpos de Gobierno de Datos
- Oficina de Gobierno de Datos
- Asesores de Madufez
- Empleados

Consumidores:
- Ejecutivos
- Auditoría / Cumplimiento
- Reguladores
- Data Stewards
- Cuerpos de Gobierno de Datos
- Grupo de Efectividad **Organizacional**

Motivadores Técnicos

Técnicas:
- Selección de Marcos de Referencia de Madurez de Gestión de Datos
- Compromiso de la Comunidad
- DAMA-DMBOK
- Puntos de Referencia Existentes

Herramientas:
- Marcos de Referencia de Madurez de Gestión de Datos
- Plan de Comunicaciones
- Herramientas de Colaboración
- Repositorios de Gestión del Conocimientos y Metadatos
- Herramientas de Perfilamiento de Datos

Métricas:
- Calificaciones Locales y Totales DMMA
- Utilización de Recursos
- Exposición de Riesgos
- Gestión de Gastos
- Entradas a DMMA
- Tasa de Cambio

(P) Planificación, (C) Control, (D) Desarrollo, (O) Operaciones

Figura 103 Diagrama de contexto: Evaluación de la Madurez de la Gestión de Datos

1.2 Metas y Principios

La meta principal de una evaluación de la capacidad de gestión de datos es evaluar el estado actual de las actividades críticas de la gestión de datos con el fin de planificar la mejora. La evaluación coloca a la organización en la escala de madurez al clarificar sus fortalezas y debilidades específicas. Esto ayuda a la organización a identificar, priorizar e implementar oportunidades de mejora. En el cumplimiento de su meta principal, una DMMA puede tener un impacto positivo en la cultura. Esto ayuda a:
- Educar a las partes interesadas sobre conceptos, principios y prácticas de gestión de datos
- Clarificar los roles y responsabilidades de las partes interesadas en relación con los datos de la organización

- Resaltar la necesidad de gestionar los datos como un activo crítico
- Ampliar el reconocimiento de las actividades de gestión de datos en toda la organización
- Contribuir a mejorar la colaboración necesaria para un gobierno de datos efectivo

Con base en los resultados de la evaluación, una organización puede mejorar su programa de Gestión de Datos para apoyar la dirección operativa y estratégica de la organización. Normalmente, los programas de Gestión de Datos se desarrollan en silos organizacionales. Rara vez comienzan con una vista empresarial de los datos. Una DMMA puede habilitar a la organización para desarrollar una visión coherente que apoye la estrategia general de la organización. Una DMMA permite a la organización clarificar prioridades, cristalizar objetivos y desarrollar un plan integrado de mejora.

1.3 Conceptos Esenciales

1.3.1 Niveles de Evaluación y Características

Los CMMs generalmente definen cinco o seis niveles de madurez, cada uno con sus propias características que van desde inexistentes o ad hoc hasta optimizadas o de alto rendimiento. Consulte la Figura 104 para ver un ejemplo.

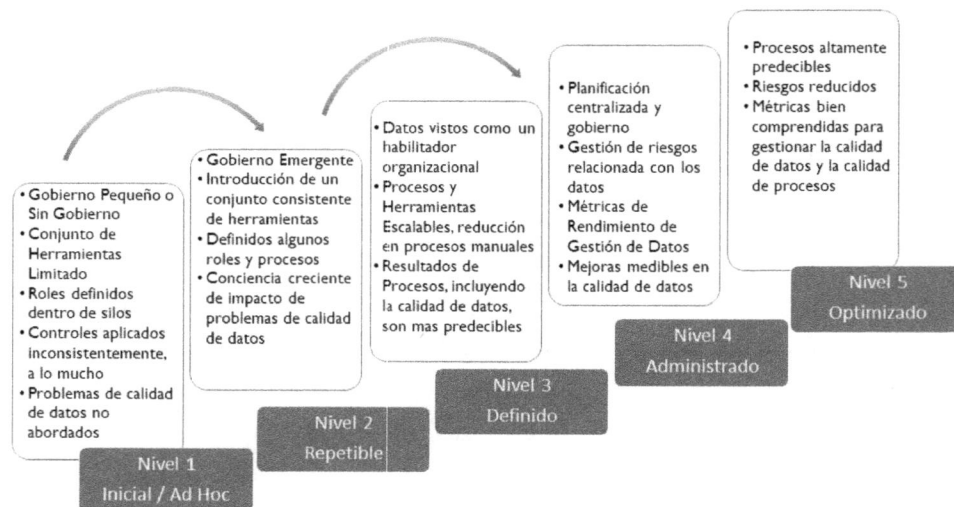

Figura 104 Ejemplo de Modelo de Madurez de Gestión de Datos.

El siguiente es un resumen genérico de los estados macro de madurez de la gestión de datos. Una evaluación detallada incluiría criterios para subcategorías como estrategia, política, estándares, definición de roles, etc., dentro de cada una de las Áreas de Conocimiento.

- **Nivel 0: Sin Capacidad:** No existen prácticas organizadas de gestión de datos o procesos empresariales formales para la gestión de datos. Muy pocas organizaciones se encuentran en el Nivel 0. Este nivel es reconocido en un modelo de madurez para propósitos de definición.
- **Nivel 1 Inicial / Ad Hoc:** Gestión de datos de propósito general utilizando un conjunto de herramientas limitado, con gobierno pequeño o sin gobierno. El manejo de los datos depende en gran medida de unos pocos expertos. Los roles y responsabilidades están definidos dentro de silos. Cada propietario de datos recibe, genera y envía datos de forma autónoma. Los controles, si existen, se aplican de forma inconsistente. Las soluciones para la gestión de datos son limitadas. Los problemas de calidad de los datos son dominantes, pero no se abordan. Los soportes de infraestructura se encuentran a nivel de unidad de negocio.

Los criterios de evaluación pueden incluir la presencia de controles de proceso, tales como el registro de los problemas de calidad de los datos.

- **Nivel 2 Repetible:** Surgimiento de herramientas consistentes y definición de roles para apoyar la ejecución de los procesos. En el Nivel 2, la organización comienza a utilizar herramientas centralizadas y a proporcionar más supervisión para la gestión de datos. Los roles están definidos y los procesos no dependen únicamente de expertos específicos. Existe una conciencia organizacional de los problemas y conceptos de calidad de datos. Se empiezan a reconocer los conceptos de Datos Maestros y de Referencia.

Los criterios de evaluación pueden incluir la definición formal de roles en artefactos como descripciones de puestos de trabajo, la existencia de documentación de procesos y la capacidad de aprovechar conjuntos de herramientas.

- **Nivel 3 Definido:** Surgen capacidades de gestión de datos. El Nivel 3 considera la introducción e institucionalización de procesos de gestión de datos escalables y una vista de DM como un habilitador organizacional. Las características incluyen la replicación de los datos en una organización con algunos controles implementados y un aumento general en toda la calidad de los datos, junto con la definición coordinada de políticas y gestión. Una definición más formal del proceso conduce a una reducción significativa de la intervención manual. Esto, junto con un proceso de diseño centralizado, hace que los resultados del proceso sean más predecibles.

Los criterios de evaluación pueden incluir la existencia de políticas de gestión de datos, el uso de procesos escalables y la coherencia de los modelos de datos y los controles del sistema.

- **Nivel 4 Administrado:** El conocimiento institucional adquirido a partir del crecimiento en los Niveles 1-3 permite a la organización predecir los resultados al abordar nuevos proyectos y tareas, y comenzar a gestionar los riesgos relacionados con los datos. La gestión de datos incluye métricas de rendimiento. Las características del Nivel 4 incluyen herramientas estandarizadas para la gestión de datos desde el escritorio hasta la infraestructura, junto con una planificación centralizada bien formada y una función de gobernanza. Las expresiones de este nivel son un incremento medible de la calidad de los datos y de las capacidades de toda la organización, tales como las auditorías de datos de punta a punta.

Los criterios de evaluación pueden incluir métricas relacionadas con el éxito del proyecto, las métricas operativas para los sistemas y las métricas de la calidad de los datos.

- **Nivel 5: Optimización:** Cuando las prácticas de gestión de datos están optimizadas, son altamente predecibles, debido a la automatización de procesos y a la gestión del cambio de tecnología. Las organizaciones en este nivel de madurez se enfocan en la mejora continua. En el Nivel 5, las herramientas permiten visualizar los datos de todos los procesos. La proliferación de datos se controla para evitar duplicaciones innecesarias. Las métricas bien entendidas son utilizadas para gestionar y medir la calidad de los datos y los procesos.

Los criterios de evaluación pueden incluir artefactos de gestión de cambios y métricas sobre la mejora de procesos.

1.3.2 Criterios de Evaluación

Cada nivel de capacidad tendrá criterios de evaluación específicos relacionados con los procesos que se evalúan. Por ejemplo, si se está evaluando la madurez de la función de modelado de datos, el nivel 1 puede preguntar si existe una práctica de modelado de datos y a cuántos sistemas se extiende; el nivel

2 puede preguntar si se ha definido un enfoque para el modelado de datos empresariales; el nivel 3 preguntará hasta qué grado se implementó el enfoque; el nivel 4 preguntará si los estándares de modelado se han aplicado efectivamente; y el nivel 5 preguntará acerca de los procesos implementados para mejorar las prácticas de modelado. (Véase el capítulo 5.)

A cualquier nivel, los criterios de evaluación se evaluarán a lo largo de una escala, tales como 1 - No iniciado, 2 - En proceso, 3 - Funcional, 4 - Eficaz, que muestra el progreso dentro de ese nivel y el movimiento hacia el siguiente nivel. Los puntajes pueden combinarse o desplegarlos visualmente para permitir el entendimiento de la varianza entre el estado actual y el deseado. Al evaluar el uso de un modelo que puede ser mapeado a una Área de Conocimiento de Gestión de Datos DAMA-DMBOK, los criterios se pueden formular en función de las categorías en el Diagrama de Contexto:

- **Actividad:** ¿Hasta qué grado está en marcha la actividad o el proceso? ¿Los criterios se definen para una ejecución efectiva y eficiente? ¿Qué tan bien definida y ejecutada es la actividad? ¿Se producen resultados de mejores prácticas?
- **Herramientas:** ¿Hasta qué grado la actividad está automatizada y apoyada por un conjunto común de herramientas? ¿Se imparte capacitación sobre las herramientas dentro de los roles y responsabilidades específicos? ¿Están disponibles las herramientas cuando y donde se necesitan? ¿Están configuradas de forma óptima para proporcionar los resultados más eficaces y eficientes? ¿Hasta qué punto está en marcha la planificación tecnológica a largo plazo para acomodar las capacidades de estado futuro?
- Estándares: ¿En qué medida la actividad está respaldada por un conjunto común de estándares? ¿Qué tan bien documentados están los estándares? ¿Los estándares son aplicados y soportados por el gobierno y la gestión del cambio?
- Personas y recursos: ¿En qué grado la organización cuenta con personal para llevar a cabo la actividad? ¿Qué habilidades, entrenamiento y conocimiento específicos son necesarios para ejecutar la actividad? ¿Qué tan bien se definen los roles y las responsabilidades?

La Figura 105 ilustra una forma de presentar un resumen visual de los hallazgos de una DMMA. Para cada una de las capacidades (Gobierno, Arquitectura, etc.) el anillo exterior de la pantalla muestra el nivel de capacidad que la organización ha determinado que necesita para competir con éxito. El anillo interior muestra el nivel de capacidad determinado a través de la evaluación. Las áreas donde la distancia entre los dos anillos es mayor, representan los mayores riesgos para la organización. Un informe de este tipo puede ayudar a establecer prioridades. También se puede utilizar para medir el progreso a lo largo del tiempo.

1.3.3 Marcos de Referencia DMMA existentes [97]

Un marco de referencia para la evaluación de madurez de la gestión de datos está segmentado en distintos temas de gestión de datos. El enfoque y el contenido del marco de referencia varían en función de si tienen un enfoque general o específico de la industria. Sin embargo, la mayoría aborda los temas que se pueden mapear hacia las áreas de conocimiento del DAMA-DMBOK. Los siguientes ejemplos tienen por objeto ilustrar la gama de Modelos de Madurez de Capacidades que se han desarrollado en el contexto de la gestión de datos. Muchos proveedores han desarrollado sus propios

---

[97] Para obtener información adicional y revisar los CMMs de Gestión de Datos existentes, consulte: Alan McSweeney, Review of Data Management Maturity Models, SlideShare.net, publicado en 23-10-2013. http://bit.ly/2spTCY9. Jeff Gorball, Introduction to Data Management Maturity Models, SlideShare.net, publicado el 01-08-2016. McSweeney incluye el DAMA-DMBOK como uno de sus modelos de madurez, a pesar de que el DMBOK no está estructurado como tal.

modelos. Las organizaciones deben evaluar varios modelos antes de elegir un proveedor o antes de desarrollar su propio marco de referencia.

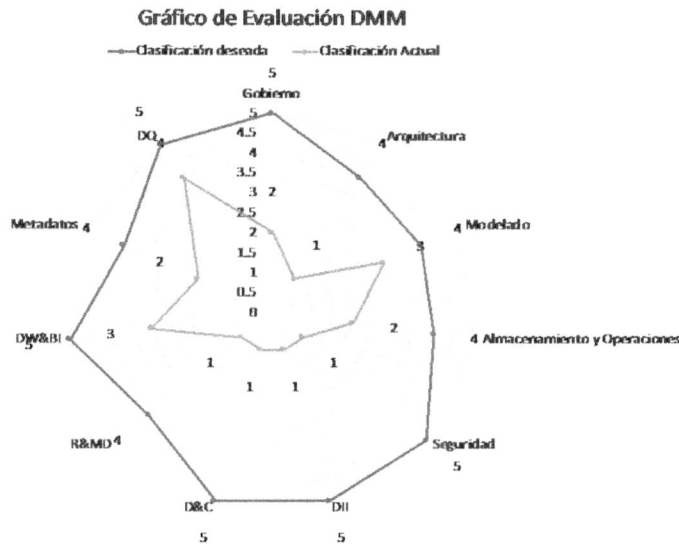

Figura 105 Ejemplo de una Visualización de la Evaluación de la Madurez de la Gestión de Datos

1.3.3.1 Modelo de Madurez de la Gestión de Datos (DMM) del CMMI

El CMMI (Capability Maturity Model Institute – Instituto del Modelo de Madurez de Capacidades) ha desarrollado el CMMI-DMM (Data Management Maturity Model – Modelo de Madurez de la Gestión de Datos), el cual proporciona criterios de evaluación para las siguientes áreas de gestión de datos:
- Estrategia de Gestión de Datos
- Gobierno de Datos
- Calidad de Datos
- Plataforma y Arquitectura
- Operaciones de Datos
- Procesos de Soporte

Dentro de cada uno de estos procesos, el modelo identifica subprocesos para la evaluación. Por ejemplo, la sección Calidad de Datos cuenta para la Estrategia de Calidad de Datos y la Evaluación de la Calidad de Datos, Perfilamiento y Limpieza de los datos. El modelo también explica la relación entre las áreas de gestión de datos. Por ejemplo, la necesidad de alinear a las partes interesadas y la relación entre los procesos de negocio y la Gestión de la Calidad de los Datos. [98]

1.3.3.2 DCAM del EDM Council[99]

El EDM Council (Enterprise Data Management Council – Consejo de Gestión de Datos Empresarial), una organización de defensa de la industria de servicios financieros con sede en los Estados Unidos ha desarrollado el DCAM (Data Management Capability Assessment Model – Modelo de Evaluación de

[98] http://bit.ly/1Vev9xx (Consultado el 18-07-2015)

[99] http://bit.ly/2sqaSga (Consultado el 1-07-2015)

Capacidades de Gestión de Datos). El resultado de un esfuerzo impulsado por la membresía para obtener un consenso sobre las mejores prácticas de gestión de datos, el DCAM describe 37 capacidades y 115 sub-capacidades asociadas con el desarrollo de un programa de Gestión de Datos sostenible. La puntuación se centra en el nivel de compromiso de las partes interesadas, la formalidad del proceso y la existencia de artefactos que demuestran el logro de las capacidades.

1.3.3.3 Modelo de Madurez del Consejo de Gobierno de Datos de IBM[100]

El Modelo de Madurez del Consejo de Gobierno de Datos de IBM se basó en las observaciones de un consejo de 55 organizaciones. Los miembros del consejo colaboraron para definir un conjunto común de comportamientos observables y deseados que las organizaciones pueden utilizar para evaluar y diseñar sus propios programas de gobierno de datos. El propósito del modelo es ayudar a las organizaciones a construir consistencia y control de calidad en el gobierno a través de tecnologías del negocio probadas, métodos de colaboración y mejores prácticas. El modelo está organizado en torno a cuatro categorías clave:

- **Resultados:** Gestión del riesgo de los datos y cumplimiento, creación de valor
- **Habilitadores:** Estructura organizacional y concientización, política, custodia
- **Disciplinas Centrales:** Gestión de Calidad de Datos, gestión del ciclo de vida de la información, seguridad de la información y privacidad
- **Disciplinas de Soporte:** Arquitectura de Datos, clasificación y Metadatos, información de auditoría, registro y elaboración de informes
- El modelo de IBM se presenta como un Marco de Referencia de Madurez y como un conjunto de preguntas de evaluación con respuestas construidas para indicar los niveles de madurez.

1.3.3.4 Modelo de Madurez de Gobierno de Datos de Stanford[101]

El Modelo de Madurez de Gobierno de Datos de Stanford fue desarrollado para ser utilizado por la Universidad; no pretendía ser un estándar de la industria. Aún así, sirve como un ejemplo sólido de un modelo que brinda orientación y un estándar de medición. El modelo se centra en el gobierno de datos, no en la gestión de datos, pero sin embargo, proporciona una base para evaluar la gestión de datos en general. El modelo distingue entre componentes fundamentales (concientización, formalización, Metadatos y de proyecto (custodia de datos, Calidad de Datos, Datos Maestros). Dentro de cada uno de ellos, articula los motivadores de las personas, las políticas y las capacidades. Luego articula las características de cada nivel de madurez. También proporciona mediciones cualitativas y cuantitativas para cada nivel.

1.3.3.5 Modelo de Madurez de Gestión de Información Empresarial de Gartner

Gartner ha publicado un modelo de madurez EIM, que establece criterios para evaluar visión, estrategia, métricas, gobierno, roles y responsabilidades, ciclo de vida e infraestructura.

---

[100] https://ibm.co/2sRfBIn (Consultado el 04-12-2016)

[101] http://stanford.io/2sBR5bZ (Consultado el 04-12-2016) y http://stanford.io/2rVPyM2 (Consultado el 04-12-2016)

2. Actividades

Las Evaluaciones de Madurez de Gestión de Datos requieren planificación. Para asegurar resultados prácticos y accionables, destine tiempo dentro del plan para la preparación de materiales y la evaluación de los resultados. Las evaluaciones deben realizarse en un plazo breve y definido. El propósito de la evaluación es exponer las fortalezas actuales y las oportunidades de mejora, no para resolver problemas. Las evaluaciones se llevan a cabo solicitando el conocimiento de los participantes del negocio, de la gestión de datos y de tecnología de la información. El objetivo es llegar a una visión consensuada de las capacidades del estado actual, soportada con evidencias. La evidencia puede provenir del examen de artefactos (por ejemplo, si existen copias de seguridad de la base de datos), a través de entrevistas (verificando que alguien está realizando un sistema de evaluación de registros para su reutilización), o de ambos. Las evaluaciones pueden y deben dimensionarse para ajustarse a las necesidades de la organización. Sin embargo, deben ser modificarse cuidadosamente. Los modelos pueden perder rigor o trazabilidad con respecto a la intención original si se acortan o editan. Mantenga intacta la integridad del modelo cuando lo personalice.

2.1 Planificar las Actividades de la Evaluación

La planificación de una evaluación incluye la definición del enfoque general y la comunicación con las partes interesadas antes y durante la evaluación para garantizar su compromiso. La evaluación, en sí, incluye la recolección y evaluación de insumos y la comunicación de resultados, recomendaciones y planes de acción.

2.1.1 Definir Objetivos

Cualquier organización que decida evaluar su nivel de madurez en la gestión de datos, ya está comprometida en el esfuerzo por mejorar sus prácticas. En la mayoría de los casos, una organización de este tipo habrá identificado qué los motiva para realizar la evaluación. Estos factores deben aclararse en forma de objetivos que describan el enfoque e influyan en el alcance de la evaluación. Los objetivos de la evaluación deben ser claramente entendidos por los ejecutivos y las líneas de negocio, quienes pueden ayudar a asegurar la alineación con la dirección estratégica de la organización.

Los objetivos de la evaluación también proporcionan criterios por los cuales evaluar qué modelo de evaluación adoptar, qué áreas de negocio priorizar para la evaluación y quién debe proporcionar el insumo directo al proceso.

2.1.2 Elegir un Marco de Referencia

Como se describió en la Sección 1.3.3, los marcos de referencia existentes se centran en diferentes aspectos de la gestión de datos. Revise estos marcos en el contexto de los supuestos sobre el estado actual y los objetivos de la evaluación a fin de elegir uno que informe a la organización de manera significativa. Las áreas de enfoque del modelo de evaluación se pueden personalizar según el enfoque o alcance de la organización.

La elección del marco de referencia influye en la forma en que se lleva a cabo la evaluación. El equipo que trabaja en esto debe tener experiencia en el modelo y en la metodología sobre la cual este depende.

2.1.3 Definir el Alcance Organizacional

La mayoría de los marcos de referencia DMM están diseñados para ser aplicados a toda una empresa. Sin embargo, un alcance a nivel de toda la empresa puede ser poco práctico. Para una primera evaluación, generalmente es mejor definir un alcance manejable, tal como una sola área de negocio o un programa. Las áreas elegidas representan un subconjunto significativo de la organización y los participantes deben ser capaces de influir en los procesos de negocio clave que afectan a los activos de datos dentro del alcance. Como parte de un enfoque por etapas, la evaluación puede repetirse para otras partes de la organización. Hay compensaciones entre las evaluaciones locales y empresariales:

- Las **evaluaciones locales** pueden profundizar mucho más en los detalles. También se pueden hacer más rápidamente porque el alcance está acotado. Para realizar una evaluación localizada, seleccione una función que esté altamente regulada, como los informes financieros dentro de una empresa pública. Las entradas, roles, herramientas y consumidores pueden estar fuera de las funciones que se evalúan, lo que puede complicar el alcance y la ejecución de la evaluación. Las evaluaciones localizadas bien planificadas, a menudo se pueden agregar y ponderar para formar una evaluación empresarial, ya que se comparten muchos activos de datos.

- Las **evaluaciones empresariales** se centran en las partes amplias y, a veces, desconectadas de una organización. Se puede crear una evaluación empresarial a partir de DMMAs locales o puede ser una empresa independiente. Por ejemplo, una organización puede evaluar diferentes funciones (investigación y desarrollo, fabricación y financiamiento) basándose en los mismos criterios. Las entradas, roles, herramientas y consumidores son típicamente pan-empresariales y multiniveles.

2.1.4 Definir el Enfoque de Interacción

Al realizar una DMMA, la organización debe seguir las recomendaciones para el modelo seleccionado. Las actividades de recopilación de información pueden incluir talleres, entrevistas, encuestas y revisiones de artefactos. Emplee métodos que funcionen bien dentro de la cultura organizacional, minimice el compromiso de tiempo de los participantes y permita que la evaluación se complete rápidamente para que las acciones de la evaluación puedan ser definidas mientras el proceso está fresco en las mentes de los participantes.

En todos los casos, las respuestas deberán formalizarse haciendo que los participantes califiquen los criterios de evaluación. En muchos casos, la evaluación también incluirá la inspección y evaluación real de los artefactos y otras evidencias.

Si hay retrasos en completar la evaluación, es probable que las partes interesadas pierdan el entusiasmo por el programa de gestión de datos y el ímpetu para contribuir a un cambio positivo. Es aconsejable evitar el análisis detallado y exhaustivo y enfatizar el buen juicio basado en la experiencia de los líderes de la evaluación. Los marcos de referencia DMM proporcionan los criterios de medición y una ruta de mejora integrada. Estos permiten la síntesis de una imagen completa del programa actual de gestión de datos y sus partes.

2.1.5 Plan de Comunicaciones

Las comunicaciones contribuyen al éxito general de la evaluación y los elementos de acción que surgen de ella. La comunicación se dirigirá a los participantes y a otras partes interesadas. Los hallazgos pueden impactar el trabajo de las personas, a través de cambios en la metodología y alineación organizacional, por lo que es importante comunicar claramente el propósito, el proceso y las expectativas específicas de los individuos y grupos. Asegúrese de que los participantes entiendan el modelo de evaluación, así como la forma en que se utilizarán los hallazgos.

Antes de que comience la evaluación, se debe informar a las partes interesadas sobre las expectativas de la evaluación. Las comunicaciones deben describir:

- El propósito de la DMMA
- Cómo se llevará a cabo
- Cuál puede ser su participación
- El cronograma de actividades de evaluación

Durante cualquier actividad de la evaluación (por ejemplo, una reunión del grupo focal), asegúrese de que haya una agenda clara, que incluya un plan para responder cualquier pregunta de seguimiento. Recordar continuamente a los participantes las metas y objetivos. Siempre agradezca a los participantes y describa los siguientes pasos. Determine si es probable que el enfoque planificado tenga éxito según el alcance del negocio objetivo, incluyendo factores tales como la resistencia/cooperación, las posibles preocupaciones legales internas sobre la exposición a la inspección externa si se encuentran brechas preocupantes, o las posibles preocupaciones de Recursos Humanos. El plan de comunicaciones debe incluir un cronograma para informar sobre los hallazgos y recomendaciones a todos los niveles, incluyendo reportes generales e informes ejecutivos.

2.2 Realizar la Evaluación de Madurez

2.2.1 Recopilar Información

El siguiente paso es recopilar las aportaciones apropiadas para la evaluación, basadas en el modelo de interacción. Como mínimo, la información recopilada incluirá puntuaciones formales de los criterios de evaluación. También puede incluir información de entrevistas y grupos focales, análisis de sistemas y documentación de diseño, investigación de datos, cadenas de correo electrónico, manuales de procedimientos, estándares, políticas, repositorios de archivos, flujos de trabajo de aprobación, diversos productos de trabajo, repositorios de Metadatos, arquitecturas de referencia de datos e integración, plantillas y formularios.

2.2.2 Realizar la Evaluación

Las asignaciones e interpretaciones generales de las puntuaciones son típicamente de múltiples fases. Los participantes tendrán diferentes opiniones, lo que generará diferentes puntuaciones en los temas de evaluación. Será necesario debatir y racionalizar para conciliar las calificaciones. La información es proporcionada por los participantes y luego refinada a través de revisiones de artefactos o exámenes por parte del equipo de evaluación. El objetivo es llegar a una visión consensuada de la situación actual. Este punto de vista debe estar respaldado por la evidencia (es decir, prueba de práctica demostrada por el comportamiento y los artefactos). Si las partes interesadas no tienen consenso sobre el estado actual, es difícil llegar a un consenso sobre cómo mejorar la organización. El refinamiento generalmente funciona de la siguiente manera:

- Revise los resultados contra el método de puntuación y asignar una puntuación preliminar a cada producto o actividad de trabajo.
- Documente la evidencia de apoyo.

- Revise con los participantes para llegar a un consenso sobre la calificación final de cada área. Si es apropiado, usar modificadores de peso basados en la importancia de cada criterio.
- Documente la interpretación de la puntuación utilizando las afirmaciones de criterios del modelo y los comentarios de los evaluadores.
- Desarrolle visualizaciones para ilustrar los resultados de la evaluación.

2.3 Interpretar los Resultados

La interpretación de los resultados consiste en identificar oportunidades de mejora alineadas con la estrategia de la organización y recomendar las acciones necesarias para aprovechar estas oportunidades. En otras palabras, la interpretación define los siguientes pasos hacia un estado objetivo. Una vez finalizada la evaluación, las organizaciones deben planificar para alcanzar el estado objetivo al que aspiran en relación con la gestión de datos. La cantidad de tiempo y esfuerzo necesarios para alcanzar la meta deseada variará, dependiendo del punto de partida, la cultura de la organización y los motivadores del cambio. Al presentar los resultados de la evaluación, comience con el significado de las puntuaciones de la organización. Las calificaciones pueden ser expresadas en función de los motivadores organizacionales y culturales, así como a los objetivos de negocio, tales como la satisfacción del cliente o el aumento de las ventas. Ilustrar la relación entre las capacidades actuales de la organización y los procesos y estrategias de negocio que apoyan, asó como los beneficios de mejorar estas capacidades moviéndose al estado objetivo.

2.3.1 Informe de los Resultados de la Evaluación

El informe de evaluación debe incluir:
- Motivadores del negocio para la evaluación
- Resultados generales de la evaluación
- Calificaciones por tema indicando brechas
- Enfoque recomendado para cerrar las brechas
- Fortalezas de la organización según lo observado
- Riesgos para el progreso
- Opciones de inversión y resultados
- Gobierno y métricas para medir el progreso
- Análisis de recursos y utilización potencial en el futuro
- Artefactos que pueden ser utilizados o reutilizados dentro de la organización

El informe de evaluación es un insumo para la mejora del programa de Gestión de Datos, ya sea como un todo o por Área de Conocimiento de Gestión de Datos. A partir de ello, la organización puede desarrollar o avanzar en su estrategia de gestión de datos. La estrategia debe incluir iniciativas que promuevan los objetivos del negocio mediante un mejor gobierno de los procesos y estándares.

2.3.2 Desarrollar Informes Ejecutivos

El equipo de evaluación debe preparar informes ejecutivos que resuman los hallazgos (fortalezas, brechas y recomendaciones) que los ejecutivos utilizarán como insumo para tomar decisiones sobre objetivos, iniciativas y cronogramas. El equipo debe adaptar los mensajes para aclarar los posibles impactos y beneficios para cada grupo ejecutivo.

A menudo los ejecutivos desean apuntar más alto que las recomendaciones de la evaluación. En otras palabras, quieren saltar niveles en el modelo de madurez. Teniendo como objetivo un mayor nivel de madurez, debe reflejarse en el análisis de impacto de las recomendaciones. Hay un costo para este tipo de aceleración, y los costos deben equilibrarse con los beneficios.

2.4 Crear un Programa Específico para Mejoras

La DMMA debe tener un impacto directo en la estrategia de datos y el gobierno de IT, así como en el programa y la estrategia de gestión de datos. Las recomendaciones de la DMMA deberían ser accionables. Estas deben describir las capacidades que la organización requiere. Al hacerlo, una evaluación puede ser una herramienta poderosa para TI y los líderes del negocio para establecer prioridades organizacionales y asignar recursos.

2.4.1 identificar Acciones y Crear una Hoja de Ruta

Las puntuaciones de la DMMA resaltan los elementos a los que la gerencia debe prestar atención. Inicialmente, es probable que una puntuación se utilice como una métrica independiente para determinar qué tan bien una organización está haciendo una actividad específica. Sin embargo, las puntuaciones pueden ser rápidamente puestas en práctica hacia mediciones continuas, especialmente para actividades en las que se desea un cambio (por ejemplo, "El objetivo es el nivel 'n' porque necesitamos o queremos ser capaces de hacer algo 'z'"). Si el modelo de evaluación se utiliza para la medición continua, sus criterios no solo guían a la organización hacia niveles más altos de madurez, sino que también mantienen la atención de la organización en los esfuerzos de mejora.

Los resultados de la evaluación del DMM deben ser lo suficientemente detallados y entendibles como para soportar un programa de mejora de la gestión de datos de varios años, incluyendo iniciativas que desarrollarán la capacidad de gestión de datos a medida que la organización adopte las mejores prácticas. Dado que el cambio se produce en gran medida en las organizaciones a través de proyectos, los nuevos proyectos deben ser influenciados para que adopten mejores prácticas. La hoja de ruta o plan de referencia debe contener:

- Actividades secuenciales para efectuar mejoras en funciones específicas de gestión de datos
- Una línea de tiempo para la implementación de actividades de mejora
- Mejoras previstas en las puntuaciones de la DMMA una vez que se hayan puesto en práctica las actividades
- Actividades de supervisión, incluida la maduración de esta supervisión a lo largo de la línea de tiempo

La hoja de ruta indicará los objetivos y el ritmo del cambio dentro de las líneas de trabajo priorizadas, y se acompañará de un enfoque para medir el progreso.

2.5 Reevaluar la Madurez

Las reevaluaciones deben realizarse a intervalos regulares. Las mismas forman parte del ciclo de mejora continua:

- Establecer una puntuación de referencia a través de la primera evaluación
- Definir parámetros de reevaluación, incluyendo el alcance de la organización
- Repetir la evaluación DMM según sea necesario a través de un cronograma publicado
- Seguir las tendencias relativas a la línea base inicial

- Desarrollar recomendaciones basadas en los hallazgos de la reevaluación

La reevaluación también puede revigorizar o reenfocar el esfuerzo. El progreso medible ayuda a mantener el compromiso y el entusiasmo en toda la organización. Los cambios en los marcos regulatorios, las políticas internas o externas, o las innovaciones que podrían cambiar el enfoque de gobierno y las estrategias son razones adicionales para reevaluar periódicamente.

---

3. Herramientas

- **Marco de Referencia de Madurez de Gestión de Datos:** La principal herramienta utilizada en una evaluación de madurez es el propio marco de referencia DMM.
- **Plan de Comunicación:** Un plan de comunicación incluye un modelo de compromiso para las partes interesadas, el tipo de información a ser compartida y el cronograma para compartir información.
- **Herramientas de colaboración:** Las herramientas de colaboración permiten compartir los hallazgos de la evaluación. Además, se puede encontrar evidencia de las prácticas de gestión de datos en correos electrónicos, plantillas completadas y documentos de revisión creados mediante procesos estándar para el diseño colaborativo, las operaciones, el seguimiento de incidentes, las revisiones y las aprobaciones.
- **Repositorios de Gestión del Conocimiento y Metadatos:** Los estándares de datos, políticas, métodos, agendas, minutas de reuniones o decisiones, y artefactos técnicos y de negocio que sirven como prueba de práctica pueden ser administrados en estos repositorios. En algunos CMMs, la falta de tales repositorios es un indicador de una baja madurez en la organización. Los repositorios de Metadatos pueden existir en varias construcciones, lo que puede no ser obvio para los participantes. Por ejemplo, algunas aplicaciones de Inteligencia de Negocio dependen completamente de los Metadatos para compilar sus vistas y reportes, sin referirse a ellos como un repositorio independiente y por separado.

---

4. Técnicas

- Muchas técnicas relacionadas con la ejecución de una DMMA están definidas por la metodología del marco de referencia DMM elegido. Aquí se describen las técnicas más generales.

4.1 Selección de un Marco de Referencia DMM

Se deben considerar los siguientes criterios cuando se seleccione un marco de referencia DMM.
- **Accesibilidad:** Las prácticas se expresan en términos no técnicos que transmiten la esencia funcional de la actividad.
- **Entendibles:** El marco de referencia aborda un amplio espectro de actividades de gestión de datos e incluye el compromiso del negocio, no solamente los procesos de TI.
- **Flexible y extensible:** El modelo está estructurado para permitir la mejora de disciplinas específicas de la industria o adicionales y puede ser utilizado en su totalidad o en parte, dependiendo de las necesidades de la organización.

- **Camino de progreso futuro incorporado:** Aunque las prioridades específicas difieren de una organización a otra, el marco de referencia DMM describe una forma lógica de avanzar dentro de cada una de las funciones que describe.
- **Agnóstico de la Industria vs Específico de la Industria:** Algunas organizaciones se beneficiarán de un enfoque específico para la industria, mientras que otras se beneficiarán de un marco de referencia más genérico. Cualquier marco de referencia DMM también debe adherirse a las mejores prácticas de gestión de datos transversales.
- **Nivel de abstracción o detalle:** Las prácticas y los criterios de evaluación se expresan con un nivel de detalle suficiente para garantizar que puedan relacionarse con la organización y el trabajo que realiza.
- **No prescriptivo:** El marco de referencia describe lo que se debe hacer, no cómo se debe hacer.
- **Organizado por tema:** El marco de referencia sitúa las actividades de gestión de datos en un contexto apropiado, permitiendo que cada una de ellas sea evaluada por separado, reconociendo las dependencias.
- **Repetible:** El marco de referencia puede ser interpretado de manera coherente, apoyando resultados repetibles para comparar una organización con otras en su industria y hacer un seguimiento del progreso a lo largo del tiempo.
- **Apoyado por una organización neutral e independiente:** El modelo debería ser neutral con respecto a los proveedores a fin de evitar conflictos de intereses, y estar ampliamente disponible para garantizar una amplia representación de las mejores prácticas.
- **Tecnología neutral:** El modelo debería enfocarse en las prácticas, más que en las herramientas.
- **Apoyo a la capacitación incluida:** El modelo es soportado por una capacitación integral que permite a los profesionales dominar el marco de referencia y optimizar su uso.

4.2 Uso del Marco de Referencia DAMA-DMBOK

DAMA-DMBOK puede utilizarse para preparar o establecer criterios para una DMMA. Los ejecutores verán un vínculo directo entre las funciones segmentadas (las Áreas de Conocimiento) y las tareas correspondientes (actividades). Las Áreas de Conocimiento, las actividades y los entregables (productos de trabajo) del DMBOK, pueden ser configurados para un marco de referencia DMM específico, en función de las áreas medidas, sus actividades de soporte, relevancia y tiempo disponible. Este rápido enfoque de lista de verificación puede utilizarse para determinar las áreas que necesitan un análisis más profundo, representar brechas o señalar puntos críticos para su remediación.

El DMBOK ofrece una ventaja adicional como herramienta de planificación de la evaluación: Existe una gran comunidad de profesionales del conocimiento que utilizan el DMBOK como guía en múltiples industrias, creando así una comunidad de práctica en torno a su uso.

5. Directrices para una DMMA

5.1 Evaluación de la Preparación/Evaluación de Riesgos

Antes de realizar una evaluación de la madurez, es útil identificar los riesgos potenciales y algunas estrategias de mitigación de riesgos. La Tabla 33 resumen los riesgos y los enfoques de mitigación.

Tabla 33 Riesgos Típicos y Mitigaciones para una DMMA

Riesgo	Mitigación
Falta de participación organizacional	Socializar los conceptos relacionados con la evaluación. Establecer las declaraciones de beneficios antes de llevar a cabo la evaluación. Compartir artículos e historias de éxito. Comprometer a un patrocinador del negocio para que promueva el esfuerzo y revise los resultados.
Falta de experiencia con la DMMA Falta de tiempo o de experiencia interna Falta de planificación de la comunicación o de estándares	Utilizar recursos o especialistas de terceros. Esto requiere transferencia de conocimientos y capacitación como parte del compromiso.
Falta de "Conversación sobre Datos" en la organización; las conversaciones sobre los datos se convierten rápidamente en discusiones sobre los sistemas	Relacionar la DMMA con problemas o escenarios de negocio específicos. Trabajar en el plan de comunicaciones. La DMMA educará a todos los participantes sin importar sus antecedentes y experiencia técnica. Orientar a los participantes sobre los conceptos clave antes de llevar adelante la DMMA.
Activos para análisis incompletos o antiguos	Marque "a partir de" o equilibre la clasificación adecuadamente. Por ejemplo, dé un -1 a todo lo que tenga más de 1 año de antigüedad.
Enfoque acotado	Reduzca la profundidad de la investigación a una DMMA simple y vaya a otras áreas para una evaluación rápida con el objetivo de establecer calificaciones para una línea de base comparativa posterior. Llevar a cabo la primer DMMA como proyecto piloto, y luego aplicar las lecciones aprendidas para abordar un alcance más amplio. Presentar el enfoque de la evaluación propuesta en el contexto de las Áreas de Conocimiento del DAMA-DMBOK. Ilustrar lo que se está dejando fuera de alcance y discutir la necesidad de incluirlo.
Personal o sistemas inaccesibles	Reducir el alcance horizontal de la DMMA centrándose sólo en las Áreas de Conocimiento y el personal disponibles.
Surgen sorpresas tales como cambios en la regulación	Agregue flexibilidad al flujo de trabajo y enfoque de la evaluación.

5.2 Cambio Organizacional y Cultural

Establecer o mejorar un programa de gestión de datos incluye cambios en los procesos, métodos y herramientas. Con estos cambios, la cultura también debe cambiar. La transformación organizacional y cultural comienza con el reconocimiento de que las cosas pueden ser mejores. Las funciones de medición suelen marcar el comienzo de un cambio significativo. La DMMA ubica a la organización en una escala de madurez y proporciona una hoja de ruta para la mejora. Al hacerlo, puede apuntalar a una organización a través del cambio. Los resultados de la DMMA deben ser parte de una discusión más amplia dentro de la organización. Cuando los resultados de la DMMA se apoyan adecuadamente en un gobierno de datos eficaz, pueden fusionar diferentes perspectivas, dar lugar a una visión compartida y acelerar el progreso de la organización. (Ver el Capítulo 17).

6. Gobierno de Gestión de Madurez

Generalmente, una DMMA es parte de un conjunto general de actividades de gobierno de datos, cada una de las cuales tienen un ciclo de vida. El ciclo de vida de una DMMA consiste en la planificación y la evaluación iniciales, seguidas de recomendaciones, un plan de acción y una reevaluación periódica. El ciclo de vida en sí mismo debe ser gobernado.

6.1 Supervisión del proceso DMMA

La supervisión del proceso DMMA pertenece al equipo de Gobierno de Datos. Si no se implementa un Gobierno de Datos formal, entonces la supervisión es realizada de forma predeterminada por el comité directivo o en la capa de gestión que inició la DMMA. El proceso debe tener un patrocinador ejecutivo, idealmente el CDO (Chief Data Officer – Oficial en Jefe de Datos), para asegurar que las mejoras en las actividades de manejo de datos se relacionen directamente con los objetivos del negocio.

La amplitud y la profundidad de la supervisión dependen del alcance del DMMA. Cada función involucrada en el proceso tiene voz en la ejecución, el método, los resultados y las hojas de ruta provenientes de la evaluación general. Cada una de las áreas de gestión de datos y funciones de organización involucradas tendrán una visión independiente, pero también tendrán un lenguaje común a través del marco de referencia DMM.

6.2 Métricas

Además de ser un componente central de cualquier estrategia de mejora, las métricas son una herramienta de comunicación clave. Las métricas iniciales de DMMA son las calificaciones que representan el estado actual de la gestión de datos. Estas pueden ser reevaluadas periódicamente para mostrar las tendencias de mejora. Cada organización debe desarrollar métricas adaptadas a la hoja de ruta de su estado objetivo. Las métricas de muestra podrían incluir:

- **Calificaciones DMMA:** Las puntuaciones DMMA presentan una foto instantánea del nivel de capacidad de la organización. Las calificaciones pueden ir acompañadas de una descripción, tal vez una ponderación personalizada para la calificación en una evaluación o área temática específica, y un estado objetivo recomendado.
- **Tasas de utilización de recursos:** Poderosos ejemplos de métricas que ayudan a expresar el costo de la gestión de datos en forma de recuento de personal. Un ejemplo de este tipo de métrica es: "Todos los recursos de la organización pasan el 10% de su tiempo agregando datos manualmente".
- **Exposición al riesgo** o la capacidad de responder a los escenarios de riesgo expresa las capacidades de una organización en relación con sus clasificaciones DMMA. Por ejemplo, si una organización quisiera iniciar un nuevo negocio que requiere un alto nivel de automatización, pero su modelo operativo actual se basa en la gestión manual de datos (Nivel 1), correría el riesgo de no cumplir con los objetivos perseguidos.
- **Gestión de gastos** expresa cómo se asigna el costo de la gestión de datos en una organización e identifica los impactos de este costo en la sostenibilidad y valor. Estas métricas se superponen con las métricas de gobierno de datos.
  - Sostenibilidad de la gestión de datos
  - Logro de metas y objetivos de la iniciativa
  - Eficacia de la comunicación
  - Eficacia de la educación y la capacitación
  - Velocidad de adopción del cambio
  - Valor de la gestión de datos
  - Contribuciones a los objetivos de negocio
  - Reducción de riesgos
  - Eficiencia mejorada en las operaciones

- Las **Entradas al DMMA** son importantes para gestionar, a medida que se habla de la integridad de la cobertura, el nivel de investigación y el detalle del alcance que sea relevante para la interpretación de los resultados de la puntuación. Las entradas principales podrían incluir lo siguiente: recuento, cobertura, disponibilidad, número de sistemas, volúmenes de datos, equipos involucrados, etc.
- **Tasa de cambio** a la cual una organización está mejorando su capacidad. Se establece una línea base a través de la DMMA. La reevaluación periódica se utiliza para mejorar la tendencia.

7. Trabajos Citados / Recomendados

Afflerbach, Peter. *Essential Readings on Assessment*. International Reading Association, 2010. Print.

Baskarada, Sasa. *IQM-CMM: Information Quality Management Capability Maturity Model*. Vieweg+Teubner Verlag, 2009. Print. Ausgezeichnete Arbeiten zur Informationsqualität.

Boutros, Tristan and Tim Purdie. *The Process Improvement Handbook: A Blueprint for Managing Change and Increasing Organizational Performance*. McGraw-Hill Education, 2013. Print.

CMMI Institute (website). http://bit.ly/1Vev9xx.

Crawford, J. Kent. *Project Management Maturity Model*. 3rd ed. Auerbach Publications, 2014. Print. PM Solutions Research.

Enterprise Data Management Council (website).

Freund, Jack and Jack Jones. *Measuring and Managing Information Risk: A FAIR Approach*. Butterworth-Heinemann, 2014. Print.

Ghavami, Peter PhD. *Big Data Governance: Modern Data Management Principles for Hadoop, NoSQL and Big Data Analytics*. CreateSpace Independent Publishing Platform, 2015. Print.

Honeysett, Sarah. *Limited Capability - The Assessment Phase*. Amazon Digital Services LLC., 2013. Social Insecurity Book 3.

IBM Data Governance Council. https://ibm.co/2sUKIng.

Jeff Gorball, *Introduction to Data Management Maturity Models*. SlideShare.net, 2016-08-01. http://bit.ly/2tsIOqR.

Marchewka, Jack T. *Information Technology Project Management: Providing Measurable Organizational Value*. 5th ed. Wiley, 2016. Print.

McSweeney, Alan. *Review of Data Management Maturity Models*. SlideShare.net, 2013-10-23. http://bit.ly/2spTCY9.

Persse, James R. *Implementing the Capability Maturity Model*. Wiley, 2001.Print.

Saaksvuori, Antti. *Product Management Maturity Assessment Framework*. Sirrus Publishing Ltd., 2015. Print.

Select Business Solutions. "What is the Capability Maturity Model?" http://bit.ly/IFMJI8 (Accessed 2016-11-10).

Stanford University. *Stanford Data Governance Maturity Model*. http://stanford.io/2ttOMrF.

Van Haren Publishing. *IT Capability Maturity Framework IT-CMF*. Van Haren Pub, 2015. Print.

CAPÍTULO 16

Organización de la Gestión de Datos y Expectativas de Roles

1. Introducción

El panorama de los datos está evolucionando rápidamente, y con él, las organizaciones necesitan evolucionar las formas en que gestionan y gobiernan los datos. La mayoría de las organizaciones de hoy día, se enfrentan con un volumen creciente de datos, capturados a través de una amplia gama de procesos en una variedad de formatos. El aumento en el volumen y la variedad agrega complejidad a la gestión de datos. Al mismo tiempo, los consumidores de datos ahora exigen un acceso rápido y fácil a los mismos. Quieren ser capaces de entender los datos y usarlos para abordar las preguntas críticas del negocio de manera oportuna. Las organizaciones de gestión de datos y de gobierno de datos deben ser lo suficientemente flexibles para trabajar de manera efectiva en este entorno en evolución. Para hacerlo, deben aclarar las preguntas básicas sobre propiedad, colaboración, responsabilidad y toma de decisiones.

Esta sección describirá un conjunto de principios que se deben considerar al armar una organización de gestión de datos o de gobierno de datos. Se refiere tanto al gobierno de datos como a la gestión de datos, debido a que el gobierno de datos proporciona la guía y el contexto del negocio para las actividades ejecutadas por la organización de Gestión de Datos. No hay una estructura organizacional perfecta para ninguno de los dos. Si bien deben aplicarse principios comunes para organizarse en torno al gobierno de datos y a la gestión de datos, gran parte de los detalles dependerán de los factores que impulsen la industria a la que pertenezca una empresa y de la cultura corporativa de la empresa misma.

2. Entender la Organización Existente y las Normas Culturales

La conciencia, la propiedad y la responsabilidad, son las claves para activar y comprometer a las personas en iniciativas, políticas y procesos de gestión de datos. Antes de definir cualquier nueva organización o intentar mejorar una organización ya existente, es importante entender el estado actual de las piezas componentes, relacionadas con la cultura, con el modelo operativo existente y con las personas. Ver la Figura 106. Por ejemplo:

- **El papel de los datos en la organización:** ¿Qué procesos clave son impulsados por datos? ¿Cómo se definen y entienden los requerimientos de datos? ¿Qué tan reconocido es el papel que juegan los datos en la estrategia organizacional?
- **Normas culturales acerca de los datos:** ¿Existen obstáculos culturales potenciales para implementar o mejorar las estructuras de gestión y gobierno?
- **Prácticas de gestión de datos y de gobierno de datos:** ¿Cómo y por quién se ejecuta el trabajo relacionado con los datos? ¿Cómo y por quién se toman decisiones acerca de los datos?
- **Cómo se organiza y ejecuta el trabajo:** Por ejemplo, ¿cuál es la relación entre la ejecución operacional y la centrada en el proyecto? ¿Qué estructuras de comité existen para apoyar el esfuerzo de gestión de datos?
- **Cómo se organizan las relaciones de información:** Por ejemplo, ¿la organización está centralizada o descentralizada, jerárquica o plana?
- **Niveles de habilidad:** ¿Cuál es el nivel de conocimiento de datos y conocimiento de gestión de datos de los SMEs (Subject Matter Expert – Expertos en la Materia) y otras partes interesadas, desde el personal de línea hasta los ejecutivos?

Figura 106 Evaluar el Estado Actual para Crear un Modelo Operativo

Después de formarse una idea del estado actual, evalúe el nivel de satisfacción con el estado actual, para obtener una idea de las necesidades de gestión de datos de la organización y prioridades. Por ejemplo:

- ¿La organización tiene la información que necesita para tomar decisiones de negocio sólidas y oportunas?
- ¿La organización tiene confianza en sus informes de ingresos?
- ¿Puede rastrear los indicadores de rendimiento clave de la organización?
- ¿La organización cumple con todas las leyes relacionadas con la gestión de datos?

La mayoría de las organizaciones que buscan mejorar sus prácticas de gestión o de gobierno de datos, se encuentran en la mitad de la escala de madurez de capacidades (es decir, no son 0 ni 5 en la escala CMM). (Consulte el Capítulo 15.) Para crear una Organización de Gestión de Datos relevante, es importante entender y acomodar la cultura existente de la empresa y las normas de la organización. Si la Organización de Gestión de Datos no está alineada con la construcción de toma de decisiones y comités existentes, será difícil mantenerla a lo largo del tiempo. Por lo tanto, tiene sentido desarrollar estas organizaciones, en lugar de imponer cambios radicales.

Una organización de Gestión de Datos debe alinearse con la jerarquía y los recursos de la organización. Encontrar a las personas adecuadas requiere un entendimiento tanto del papel funcional como del político de la gestión de datos dentro de una organización. El objetivo debe ser la participación multifuncional de los diversos grupos de interés empresariales. Para lograr esto:

- Identifique a los empleados que actualmente realizan funciones de gestión de datos; reconózcalos e involúcrelos primero. Contrate recursos adicionales solo a medida que crezcan las necesidades de gestión y gobierno de datos.
- Examine los métodos que la organización está utilizando para gestionar los datos y determine cómo se pueden mejorar los procesos. Determine cuánto cambio es probable que se requiera para mejorar las prácticas de gestión de datos.
- Genere una guía sobre los tipos de cambios que deben llevarse a cabo desde una perspectiva organizacional para cumplir mejor con los requerimientos.

3. Construcciones Organizacionales de Gestión de Datos

Un paso fundamental en el diseño de la Organización de Gestión de Datos es identificar el modelo operativo más adecuado para la organización. El modelo operativo es un marco de referencia que articula roles, responsabilidades y procesos de toma de decisiones. Éste describe cómo las personas y las funciones colaborarán. Un modelo operativo confiable ayuda a crear responsabilidad, garantizando que se representen las funciones correctas dentro de la organización. Facilita la comunicación y proporciona un proceso para resolver problemas. Si bien forma la base de la estructura organizacional, el modelo operativo no es un organigrama: no se trata de poner nombres en los cuadros, sino de describir la relación entre los componentes de la organización. Esta sección presentará una descripción general de alto nivel de los pros y los contras de los modelos operativos descentralizados, de red, híbridos, federados y centralizados.

3.1 Modelo Operativo Descentralizado

En un modelo descentralizado, las responsabilidades de gestión de datos se distribuyen a través de diferentes líneas de negocios y TI (ver Figura 107). La colaboración está basada en comités; no hay un solo dueño. Muchos programas de Gestión de Datos comienzan como esfuerzos básicos para unificar las prácticas de gestión de datos en una organización y, por lo tanto, tienen una estructura descentralizada.

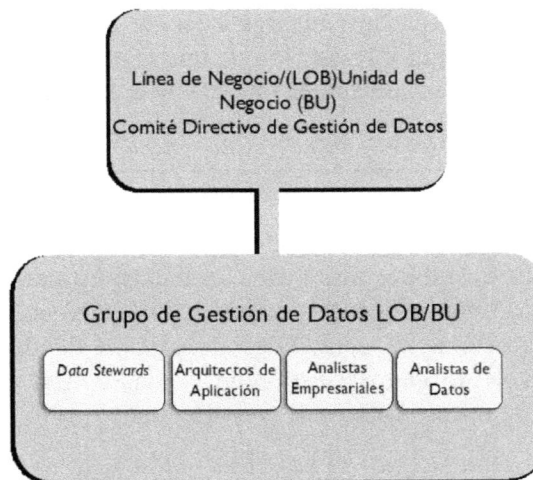

Figura 107 Modelo Operativo Descentralizado

Los beneficios de este modelo incluyen su estructura relativamente plana y su alineación de la gestión de datos con las líneas de Negocio o TI. Esta alineación generalmente significa que hay una comprensión clara de los requerimientos de datos. También es relativamente fácil de implementar o mejorar.

Los inconvenientes incluyen el desafío de tener muchos participantes involucrados en los cuerpos de gobierno y en la toma de decisiones. En general, es más difícil implementar decisiones colaborativas que los edictos centralizados. Los modelos descentralizados generalmente son menos formales y, debido a esto, pueden ser más difíciles de sostener con el tiempo. Para tener éxito, deben tener formas de imponer la consistencia de las prácticas. Esto puede ser difícil de coordinar. También, a menudo es difícil definir la propiedad de los datos con un modelo descentralizado.

3.2 Modelo Operativo de Red

La informalidad descentralizada puede hacerse más formal a través de una serie documentada de conexiones y responsabilidades a través de una matriz RACI (*Responsible, Accountable, Consulted, Informed - Responsable, A cargo, Consultado e Informado*). Esto se denomina modelo de red porque funciona como una serie de conexiones conocidas entre personas y roles, y se puede diagramar como una "red" (consulte la Figura 108).

Figura 108 Modelo Operativo de Red

Los beneficios de un modelo de red son similares a los de un modelo descentralizado (estructura plana, alineación, configuración rápida). La adición de una matriz RACI ayuda a crear responsabilidad sin afectar los organigramas organizacionales. El inconveniente adicional es la necesidad de mantener y hacer cumplir las expectativas relacionadas con la matriz RACI.

3.3 Modelo Operativo Centralizado

El modelo operativo de gestión de datos más formal y maduro es uno centralizado (ver Figura 109). Aquí todo es propiedad de la Organización de Gestión de Datos. Aquellos involucrados en gobernar y gestionar datos reportan directamente a un líder de gestión de datos, quien es responsable de Gobierno, Custodia, Gestión de Metadatos, Gestión de Calidad de Datos, Gestión de Datos Maestros y de Referencia, Arquitectura de Datos, Análisis de Negocio, etc.

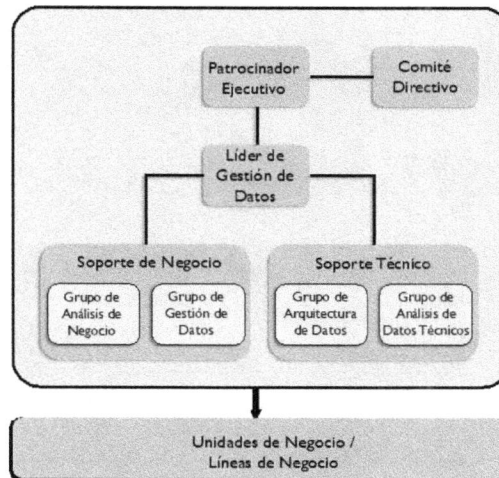

Figura 109 Modelo Operativo Centralizado

El beneficio de un modelo centralizado es que este establece un puesto ejecutivo formal para la gestión de datos o el gobierno de datos. Hay una persona en la cima. La toma de decisiones es más fácil porque la responsabilidad es clara. Dentro de la organización, los datos se pueden gestionar por tipo o por área temática. El inconveniente es que la implementación de un modelo centralizado generalmente requiere un cambio organizacional significativo. También existe el riesgo de que la separación formal del rol de gestión de datos lo aleje de los procesos centrales del negocio y pueda hacer que el conocimiento se pierda con el tiempo.

Un modelo centralizado generalmente requiere una nueva organización. Surge la pregunta: ¿Dónde encaja la Organización de Gestión de Datos dentro de la empresa en general? ¿Quién lo dirige y a quién le reporta el líder? Cada vez se está volviendo más común para una organización de gestión de datos que no se le reporte al CIO debido al deseo de mantener una perspectiva de datos en el negocio, más que en TI. Estas organizaciones también son comúnmente parte de un equipo de operaciones o de servicios compartidos o parte de la organización del Director de Datos. (Ver la Sección 6.1)

3.4 Modelo Operativo Híbrido

Como su nombre lo indica, el modelo operativo híbrido abarca los beneficios de los modelos descentralizados y de los centralizados (ver Figura 110). En un modelo híbrido, un Centro de Excelencia de gestión de datos centralizado trabaja con grupos de unidades de negocio descentralizadas, generalmente a través de un comité directivo ejecutivo que representa las líneas clave de negocios y un conjunto de grupos de trabajo tácticos que abordan problemas específicos. En este modelo, algunos roles permanecen descentralizados. Por ejemplo, los Arquitectos de Datos pueden permanecer dentro de un grupo de Arquitectura Empresarial; las líneas de negocio pueden tener sus propios equipos de Calidad de Datos. Cuáles roles están centralizados y cuáles se mantienen descentralizados puede variar ampliamente, dependiendo en gran medida de la cultura organizacional.

El principal beneficio de un modelo híbrido es que éste establece una dirección adecuada desde la parte superior de la organización. Hay un ejecutivo responsable de la gestión y/o gobierno de datos. Los equipos de las unidades de negocio tienen una amplia responsabilidad y pueden alinearse con las prioridades del negocio para proporcionar un mayor enfoque. Se benefician del apoyo de un Centro de Excelencia de gestión de datos dedicado, que puede ayudar a enfocarse hacia desafíos específicos.

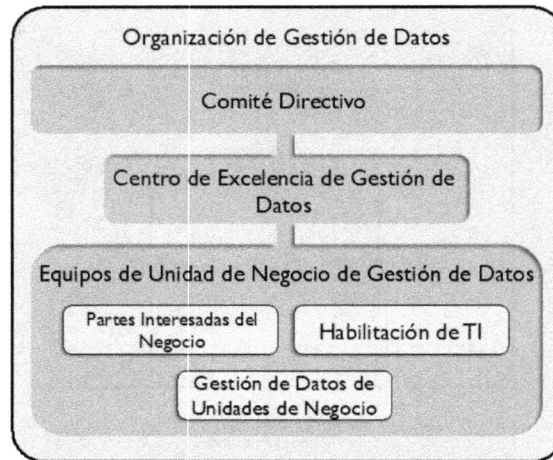

Figura 110 Modelo Operativo Híbrido

Los desafíos incluyen establecer la organización, ya que hacerlo generalmente requiere personal adicional para crear el *staff* de un Centro de Excelencia. Los equipos de las Unidades de Negocio pueden tener diferentes prioridades, y éstas deberán gestionarse desde una perspectiva empresarial. Además, a veces hay conflictos entre las prioridades de la organización central y aquellas prioridades de las organizaciones descentralizadas.

3.5 Modelo Operativo Federado

Una variante del modelo operativo híbrido, el modelo federado, proporciona capas adicionales de centralización/descentralización, que a menudo se requieren en grandes empresas globales. Imagine una Organización Empresarial de Gestión de Datos con múltiples modelos híbridos de gestión de datos delineados según la división o la región. (Ver la Figura 111)

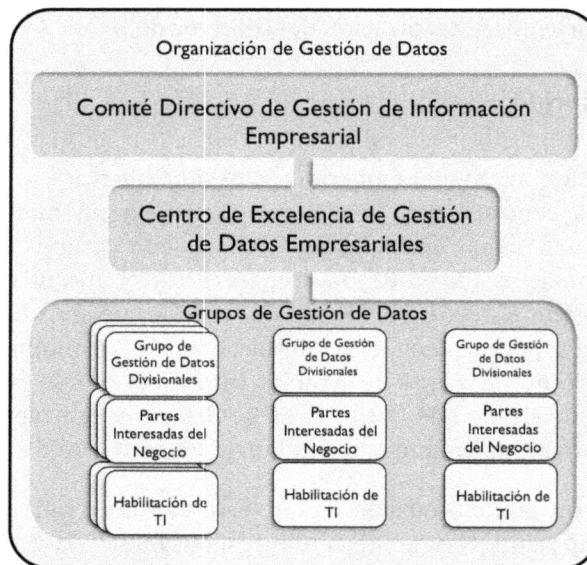

Figura 111 Modelo Operativo Federado

Un modelo federado proporciona una estrategia centralizada con ejecución descentralizada. Por lo tanto, para las grandes empresas, puede ser el único modelo que puede funcionar. Un ejecutivo de gestión de datos que rinde cuentas en toda la organización dirige el Centro de Excelencia empresarial. Por supuesto, diferentes líneas de negocios están facultadas para cumplir con los requerimientos en función de sus necesidades y prioridades. La federación permite a la organización priorizar en función de entidades de datos específicas, desafíos divisionales o prioridades regionales.

El principal inconveniente es la complejidad. Hay muchas capas y es necesario que exista un equilibrio entre la autonomía de las líneas de negocio y las necesidades de la empresa. Este equilibrio puede afectar las prioridades de la empresa.

3.6 Identificando el Mejor Modelo para una Organización

El modelo operativo es un punto de partida para mejorar las prácticas de la gestión de datos y del gobierno de datos. Introducirlo requiere un entendimiento de cómo éste puede afectar la organización actual y cómo es probable que éste deba evolucionar con el tiempo. Dado que el modelo operativo servirá como la estructura a través de la cual se definirán, aprobarán y ejecutarán las políticas y los procesos, es crítico identificar la mejor opción para una organización.

Evalúe si la estructura organizacional actual es centralizada, descentralizada o una combinación, jerárquica o relativamente plana. Caracterice cómo son las divisiones o regiones independientes. ¿Operan casi de manera autosuficiente? ¿Son sus requerimientos y objetivos muy diferentes el uno del otro? Lo que es más importante, trate de determinar cómo se toman las decisiones (por ejemplo, democráticamente o por decreto), y cómo se implementan.

Las respuestas deberían dar un punto de partida para entender la ubicación de la organización en el espectro entre descentralizado y centralizado.

3.7 Alternativas de DMO y Consideraciones de Diseño

La mayoría de las organizaciones comienzan con un modelo descentralizado antes de avanzar hacia una Organización de Gestión de Datos (DMO) formal. A medida que una organización ve el impacto de las mejoras en la calidad de los datos, puede comenzar a formalizar la responsabilidad a través de una matriz RACI de gestión de datos y evolucionar hacia un modelo de red. Con el tiempo, las sinergias entre los roles distribuidos se harán más obvias y se identificarán las economías de escala que llevarán algunos roles y personas hacia los grupos organizados. Eventualmente, esto puede transformarse en un modelo híbrido o federado.

Algunas organizaciones no tienen el lujo de pasar por este proceso de madurez. Se ven obligados a madurar rápidamente en función de un impacto en el mercado o de nuevas regulaciones gubernamentales. En tal caso, es importante abordar de manera proactiva la incomodidad asociada con el cambio organizacional para que sea exitoso y sostenible. (Ver el Capítulo 17.)

Cualquiera que sea el modelo elegido, recuerde que la simplicidad y la facilidad de uso son esenciales para la aceptación y la sostenibilidad. Si el modelo operativo se ajusta a la cultura de una empresa, entonces la gestión de datos y el gobierno adecuado pueden integrarse en las operaciones y alinearse con la estrategia. Tenga estos consejos en mente cuando construya un Modelo Operativo:
- Determine el punto de partida evaluando el estado actual
- Ate el modelo operativo a la estructura de la organización

- Tenga en cuenta:
  - Complejidad de la organización + Madurez
  - Complejidad del Dominio + Madurez
  - Escalabilidad
- Obtenga patrocinio ejecutivo - imprescindible para un modelo sustentable
- Asegúrese de que cualquier foro de liderazgo (comité directivo, consejo asesor, consejo) sea un cuerpo de toma de decisiones
- Considere programas piloto y etapas de implementación
- Céntrese en dominios de datos de gran valor y alto impacto
- Use lo que ya existe
- Nunca tome un enfoque de "Talla Única para Todos" (One-Size-Fits-All)

4. Factores Críticos de Éxito

Se ha mostrado consistentemente que diez factores juegan un papel clave en el éxito de las Organizaciones de Gestión de Datos efectivas, independientemente de su estructura:
1. Patrocinio ejecutivo
2. Visión clara
3. Gestión de cambio proactiva
4. Alineación de liderazgo
5. Comunicación
6. Compromiso de las partes interesadas
7. Orientación y entrenamiento
8. Medición de la adopción
9. Adherencia a los principios rectores
10. Evolución, no revolución

4.1 Patrocinio Ejecutivo

Contar con el patrocinador ejecutivo adecuado, garantiza que las partes interesadas afectadas por un programa de Gestión de Datos reciban la orientación necesaria para realizar la transición de manera eficiente y eficaz, a través de los cambios necesarios para unir a la nueva organización enfocada en los datos y sostenerla a largo plazo. El patrocinador ejecutivo debe entender y creer en la iniciativa. Él o ella debe ser capaz de involucrar efectivamente a otros líderes en apoyo de los cambios.

4.2 Visión Clara

Una visión clara para la Organización de Gestión de Datos, junto con un plan para impulsarla, son fundamentales para el éxito. Los líderes organizacionales deben asegurarse de que todas las partes interesadas que se ven afectadas por la gestión de datos - tanto internas como externas - entiendan e internalicen qué es la gestión de datos, por qué es importante y cómo su trabajo afectará y se verá afectado por ésta.

4.3 Gestión del Cambio Proactiva

Gestionar el cambio, asociado con la creación de una Organización de Gestión de Datos requiere planificación para gestionar y mantener el cambio. La aplicación de la gestión del cambio organizacional al establecimiento de una Organización de Gestión de Datos aborda los desafíos de las personas y aumenta la probabilidad de que la Organización de Gestión de Datos deseada sea sostenible en el tiempo. (Ver el Capítulo 17.)

4.4 Alineación del Liderazgo

La alineación del liderazgo asegura que hay un acuerdo sobre - y un apoyo unificado para - la necesidad de un programa de Gestión de Datos y que existe un acuerdo sobre cómo se definirá el éxito. La alineación de liderazgo incluye tanto la alineación entre los objetivos de los líderes y los resultados de gestión de datos, así como el valor *y* la alineación entre los líderes.

Si los líderes no están alineados entre sí, terminarán enviando mensajes mixtos que pueden conducir a la resistencia y eventualmente descarrilar el cambio. Por lo tanto, es fundamental evaluar - y volver a evaluar periódicamente - a los líderes en todos los niveles para identificar las desconexiones y tomar medidas para abordarlas rápidamente.

4.5 Comunicación

La comunicación debe comenzar desde antes y continuar de manera abierta y frecuente. La organización debe asegurarse de que las partes interesadas entiendan claramente qué es la gestión de datos y por qué es importante para la empresa, qué está cambiando y qué cambios de comportamiento son necesarios. Las personas no pueden mejorar la forma en que gestionan los datos si no saben lo que se supone que deben hacer de manera diferente. Crear una historia en torno a la iniciativa de gestión de datos y crear mensajes clave a su alrededor ayuda a estos procesos.

Los mensajes deben ser consistentes, subrayando la importancia de la gestión de datos. Además, deben personalizarse de acuerdo con el grupo de las partes interesadas. Por ejemplo, el nivel de educación o la cantidad de capacitación requerida por diferentes grupos con respecto a la gestión de datos variará. Los mensajes deben repetirse según sea necesario y deben someterse a pruebas continuas a lo largo del tiempo, para asegurarse de que efectivamente lleguen y que la conciencia y el entendimiento se están construyendo.

4.6 Compromiso de las Partes Interesadas

Las personas, así como los grupos afectados por una iniciativa de gestión de datos, reaccionarán de manera diferente al nuevo programa y su función dentro de él. La forma en que la organización comprometa a estas partes interesadas, cómo se comunique con ellas, cómo les respondan y las involucren, tendrá un impacto significativo en el éxito de la iniciativa.

Un análisis de las partes interesadas ayuda a la organización a entender mejor a las personas afectadas por los cambios en la gestión de datos. Al tomar esa información y mapear a las partes interesadas según el nivel de influencia dentro de la organización y el nivel de interés en la implementación de la gestión de datos, la organización puede determinar el mejor enfoque para comprometer a las diferentes partes interesadas en el proceso de cambio. (Ver la Sección 5.3)

4.7 Orientación y Entrenamiento

La educación es esencial para hacer que la gestión de datos suceda, aunque los diferentes grupos requerirán diferentes tipos y niveles de educación.

Los líderes necesitarán orientación sobre los aspectos más amplios de la gestión de datos y el valor para la empresa. Los *data stewards*, propietarios y custodios (es decir, aquellos que están en la primera línea de cambio) requerirán un entendimiento más profundo de la iniciativa de gestión de datos. El entrenamiento enfocado les permitirá realizar sus funciones de manera efectiva. Esto significa capacitación sobre nuevas políticas, procesos, técnicas, procedimientos e incluso herramientas.

4.8 Medida de Adopción

Es importante construir métricas en torno al progreso y la adopción de las directrices de gestión de datos y planificar para saber que el *roadmap* (mapa de ruta) de gestión de datos está funcionando y que continuará funcionando. Planifique medir:

- Adopción
- Cantidad de mejora, o el delta desde un estado previo
- Los aspectos habilitadores de la gestión de datos - ¿qué tan bien influye la gestión de datos en las soluciones con resultados medibles?
- Procesos y proyectos mejorados
- Mejor identificación y reacción al riesgo
- El aspecto innovador de la gestión de datos - ¿qué tanto cambia la gestión de datos la forma en que se conduce el negocio?
- Análisis de confianza

El aspecto habilitador de la gestión de datos podría centrarse en la mejora de los procesos centrados en datos, tales como el cierre de fin de mes, la identificación del riesgo y la eficacia de la ejecución de proyectos. El aspecto innovador de la gestión de datos podría centrarse en mejorar la toma de decisiones y la analítica a través de datos mejorados y confiables.

4.9 Adherencia a los Principios Rectores

Un principio rector es una declaración que articula los valores compartidos de la organización, subyace en la visión estratégica y la misión, y sirve como base para la toma de decisiones integrada. Los principios rectores constituyen las reglas, restricciones, criterios primordiales y comportamientos por los cuales una organización permanece en sus actividades diarias a largo plazo. Independientemente de si existe un modelo operativo descentralizado o centralizado, o algo intermedio, es fundamental establecer y acordar los principios rectores para que todos los participantes se comporten de forma sincronizada. Los principios rectores sirven como los puntos de referencia a partir de los cuales se tomarán todas las decisiones. Establecerlos es un primer paso importante para crear un programa de gestión de datos que impulse eficazmente los cambios en el comportamiento.

4.10 Evolución, No Revolución

En todos los aspectos de la gestión de datos, la filosofía de "evolución, no revolución" ayuda a minimizar los grandes cambios o los proyectos de gran escala y de alto riesgo. Es importante establecer una organización que evolucione y madure con el tiempo. Mejorando de forma incremental la manera en que el dato es gestionado y priorizado por los objetivos del negocio, garantizará que se adopten nuevas políticas y procesos y que se mantenga el cambio de comportamiento. El cambio incremental también es mucho más fácil de justificar, por lo que es más fácil obtener el apoyo de las partes interesadas y la aceptación, y conseguir que participen aquellos participantes críticos.

5. Construir la Organización de Gestión de Datos

5.1 Identificar a los Participantes Actuales en la Gestión de Datos

Al implementar el modelo operativo, comience con los equipos que ya participan en las actividades de gestión de datos. Esto minimizará el efecto en la organización y ayudará a asegurar que el enfoque del equipo sean los datos, no los recursos humanos o las políticas.

Comience revisando las actividades existentes de la gestión de datos, tales como quién crea y gestiona los datos, quién mide la calidad de los datos o incluso quién tiene 'datos' en el título de su trabajo. Encueste a la organización para descubrir quién puede ya estar cumpliendo los roles y responsabilidades necesarios. Tales individuos pueden tener diferentes títulos. Es probable que sean parte de una organización distribuida y no necesariamente reconocidos por la empresa. Después de compilar una lista de "personas de datos", identifique las lagunas. ¿Qué roles adicionales y conjuntos de habilidades se requieren para ejecutar la estrategia de datos? En muchos casos, las personas en otras partes de la organización tienen conjuntos de habilidades análogas y transferibles. Recuerde, las personas que ya forman parte de la organización aportan conocimiento de valor y experiencia para un esfuerzo de gestión de datos. Una vez que se completa un inventario y las personas son asignadas a las funciones, revise su compensación y alinéala con las expectativas de la gestión de datos. Probablemente, el departamento de Recursos Humanos se involucrará para validar los títulos, roles, compensación y objetivos de desempeño. Asegúrese de que los roles estén asignados a las personas correctas en el nivel correcto dentro de la organización, de modo que cuando participen en la toma de decisiones, tengan la credibilidad para tomar decisiones que se mantengan.

5.2 Identificar a los Participantes del Comité

Independientemente del modelo operativo que elija una organización, se deberá llevar a cabo un trabajo de gobierno por parte de un Comité Directivo de Gobierno de Datos y por grupos de trabajo. Es importante reunir a las personas adecuadas en el Comité Directivo y utilizar bien su tiempo. Manténgalos bien informados y enfocados en las formas en que la gestión de datos mejorada los ayudará a alcanzar los objetivos de negocio, incluidos los objetivos estratégicos.

Muchas organizaciones se muestran reacias a comenzar otro comité más, ya que hay muchos ya existentes. A menudo es más fácil aprovechar los comités existentes para avanzar en los temas de gestión de datos que iniciar uno nuevo. Pero tome esta ruta con cuidado. El principal riesgo al usar un comité existente es que la gestión de datos puede no obtener la atención que requiere, especialmente en las primeras etapas. El proceso para conformar ya sea un comité directivo superior o un grupo de trabajo más táctico, requiere de llevar a cabo un análisis de las partes interesadas y, a través de eso, la identificación de los patrocinadores ejecutivos.

5.3 Identificar y analizar a las Partes Interesadas

Una parte interesada es cualquier persona o grupo que puede influir o verse afectado por el programa de Gestión de Datos. Las partes interesadas pueden ser internas o externas a la organización. Éstas incluyen a Expertos en la Materia (SMEs) individuales, líderes directivos, equipos de empleados, comités, clientes, agencias gubernamentales o reguladoras, intermediarios, agentes, proveedores, etc. Las partes interesadas internas pueden provenir de las áreas de TI, operaciones, cumplimiento, legal, RH, finanzas u otras líneas de negocio. Las partes interesadas externas pueden ser influyentes, y es importante que sus necesidades sean justificadas por la Organización de Gestión de Datos. Un análisis de las partes interesadas puede ayudar a la organización a determinar el mejor enfoque para involucrar a los participantes en el proceso de gestión de datos y apalancar sus roles dentro del modelo operativo. La información obtenida del análisis también es útil para determinar la mejor forma de destinar el tiempo y otros recursos limitados. Cuanto antes se realice este análisis, mejor, ya que cuanto más pueda la organización anticipar las reacciones al cambio, más podrá planificar para ellas. Un análisis de las partes interesadas ayudará a responder preguntas como:

- ¿Quién se verá afectado por la gestión de datos?
- ¿Cómo cambiarán los roles y las responsabilidades?
- ¿Cómo podrían los afectados responder a los cambios?
- ¿Qué problemas e inquietudes tendrán las personas?

El análisis dará como resultado una lista de partes interesadas, sus objetivos y prioridades, y por qué esos objetivos son importantes para ellos. Averigüe qué acciones son necesarias para las partes interesadas en función del análisis. Preste especial atención a lo que se debe hacer para atraer a las partes interesadas críticas, aquellas que pueden hacer o romper el éxito de la gestión de datos de una organización, especialmente sus prioridades iniciales. Considerar:

- ¿Quién controla los recursos críticos?
- ¿Quién podría bloquear las iniciativas de gestión de datos, ya sea directa o indirectamente?
- ¿Quién podría influir en otros componentes críticos?
- ¿Cómo las partes interesadas apoyan los cambios venideros?

La Figura 112 proporciona un mapa simple para ayudar a priorizar a las partes interesadas con base en su influencia, su nivel de interés en el programa o el grado en que el programa los impactará.

5.4 Involucrar a las Partes Interesadas

Después de identificar a las partes interesadas y a un buen Patrocinador Ejecutivo, o una breve lista de la que elegir, es importante articular claramente por qué debería involucrarse a cada una de las partes interesadas. Tal vez no se logre que participen inmediatamente. La persona o el equipo que dirige el esfuerzo de gestión de datos deben articular las razones por las cuales cada parte interesada es necesaria para el éxito del programa. Esto significa entender sus objetivos personales y profesionales, y poder vincular el resultado de los procesos de gestión de datos con sus objetivos, de tal manera que puedan ver una conexión directa. Sin un entendimiento de esta conexión directa, es posible que estén dispuestos a ayudar en el corto plazo, pero no proporcionarán soporte ni asistencia a largo plazo.

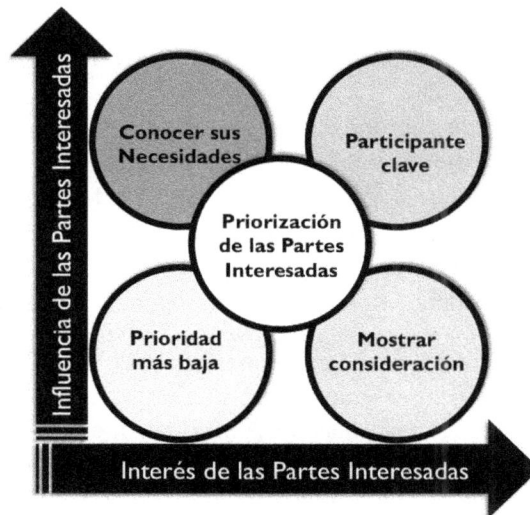

Figura 112 Mapa de Interés de las Partes Interesadas

6. Interacciones Entre la DMO y Otros Cuerpos Orientados a Datos

Una vez que se establece el modelo operativo y se identifican los participantes, es tiempo de mover a las personas a los roles recién autorizados. Hacer que la organización sea operativa significa establecer los comités y comprometerse con las partes interesadas. En un modelo centralizado, la mayor parte de la actividad de gestión de datos se controlará dentro de una organización. Sin embargo, con un modelo descentralizado o con un modelo de red, la Organización de Gestión de Datos deberá trabajar con otros grupos que tengan un impacto significativo en la forma en que se gestionan los datos. Esos grupos son típicamente:

- Director de Datos de la Organización
- Cuerpos de Gobierno de Datos
- Calidad de Datos
- Arquitectura Empresarial

6.1 El Director de Datos u Oficial en Jefe de Datos (CDO)

Si bien la mayoría de las empresas reconocen en algún nivel que los datos son un activo corporativo valioso, sólo unos pocos han nombrado un Oficial en Jefe de Datos (CDO- Chief Data Officer) para ayudar a cerrar la brecha entre la tecnología y el negocio, y evangelizar una estrategia de gestión de datos para toda la empresa a nivel directivo. Sin embargo, este papel va en aumento, y Gartner estima que la mitad de todas las empresas reguladas emplearán un CDO para 2017 (Gartner, 2015).

Si bien los requerimientos y funciones de un CDO son específicos para cada cultura, estructura organizacional y necesidades de negocio, muchos CDOs tienden a ser parte de los estrategas del negocio, asesor, administrador de la calidad de los datos y embajador de la gestión de datos. En 2014, Dataversity publicó una investigación que resumía los mandatos comunes para un CDO.[102] Estos incluían:

---

[102] http://bit.ly/2sTf3Cy.

- Establecer una estrategia organizacional de datos
- Alineación de requerimientos centrados en datos con recursos disponibles de TI y de negocio
- Establecer estándares de gobierno de datos, políticas y procedimientos
- Proporcionar asesoramiento (y tal vez servicios) al negocio para iniciativas dependientes de datos, así como analítica de negocios, *Big Data*, calidad de datos y tecnologías de datos
- Evangelizar la importancia de los buenos principios de gestión de la información para las partes interesadas del negocio, ya sean internas y externas
- Supervisión del uso de datos en analítica e inteligencia de negocio

Los hallazgos de Dataversity también destacaron enfoques cambiantes en diferentes industrias. Independientemente de la industria, es común que una Organización de gestión de datos informe a través del CDO. En un modelo operativo más descentralizado, el CDO es responsable de la estrategia de datos, pero los recursos que están en TI, operaciones u otras líneas de negocios *ejecutan* dicha estrategia. Algunas DMOs se establecen inicialmente con el CDO simplemente determinando la estrategia, y con el tiempo otros aspectos de gestión de datos, gobierno y análisis se pliegan bajo el paraguas del CDO a medida que se identifican las eficiencias y las economías de escala.

6.2 Gobierno de Datos

El Gobierno de Datos es el marco de referencia organizativo para establecer la estrategia, los objetivos y la política para gestionar de manera efectiva los datos corporativos. Consiste en los procesos, las políticas, la organización y las tecnologías necesarias para gestionar y garantizar la disponibilidad, la usabilidad, la integridad, la coherencia, la auditabilidad y la seguridad de los datos. Dado que un Programa de Gobierno de Datos consiste en las interrelaciones de estrategia, estándares, políticas y comunicación con respecto a los datos, éste tiene una relación sinérgica con la gestión de datos. El gobierno proporciona un marco de referencia para la gestión de datos para involucrarse y alinearse con las prioridades del negocio y las partes interesadas.

Dentro de un modelo centralizado, la Oficina de Gobierno de Datos puede reportar a la Organización de Gestión de Datos o viceversa. Cuando un programa de gestión de datos se centra en establecer políticas y directrices necesarias para gestionar los datos como un activo, la Oficina de Gobierno de Datos puede actuar como líder y la Organización de Gestión de Datos le reporta (directa o matricialmente) a la Oficina de Gobierno de Datos. Esto ocurre muchas veces en entornos altamente regulados donde se hace hincapié en las políticas y la responsabilidad.

Incluso en un modelo muy descentralizado, debe existir una estrecha asociación entre la Oficina de Gobierno de Datos, que crea las pautas y políticas sobre cómo se deben gestionar los datos y la Organización de Gestión de Datos que las implementa. John Ladley aclara sucintamente esta relación: el gobierno de datos trata de "Hacer las cosas correctas" y la gestión de datos trata de "Hacer las cosas correctamente" (Ladley, 2012). Son dos lados de la ecuación necesarios para producir datos valiosos. De esta forma, el gobierno de datos proporciona las órdenes de marcha para la gestión de datos.

Lo que es más importante, es necesario que haya una comprensión de esta sinergia y un acuerdo sobre los roles y las responsabilidades que respalden las pautas de gobierno de datos y las eficiencias de la gestión de datos. Los participantes en un Grupo de Trabajo de Gobierno de Datos pueden obtenerse de una Organización de Gestión de Datos, y una Organización de Gestión de Datos puede usar el mandato y la "cobertura aérea" provistos por la supervisión del gobierno.

6.3 Calidad de los Datos

La Gestión de Calidad de Datos es una capacidad clave de la práctica y Organización de Gestión de Datos. Muchas Organizaciones de Gestión de Datos comienzan centrándose en la calidad de los datos porque existe un deseo de medir y mejorar la calidad de los datos en toda la organización. Es posible abordar la calidad de los datos dentro de una línea de negocio, o incluso dentro de una aplicación, sin tener que involucrar a otros grupos o a gestionar complejidades interfuncionales. Sin embargo, a medida que madure una práctica de calidad de datos, la organización se beneficiará de un enfoque unificado de la calidad de los datos; por ejemplo, al establecer un Centro de Excelencia. El objetivo cambia a mejorar la calidad de los datos que se comparten entre líneas de negocios o aplicaciones, a menudo con un enfoque en la Gestión de Datos Maestros.

Es común que una organización de gestión de datos se desarrolle orgánicamente a partir de una iniciativa de calidad de datos, ya que la inversión en mejorar la calidad de los datos agrega valor en toda la compañía y los esfuerzos asociados con mejorar la calidad se expanden a otras disciplinas, tales como Gestión de Datos Maestros, de Referencia y de Metadatos. Un programa de Calidad de Datos puede evolucionar a modelos operativos similares como un programa de Gestión de Datos global, aunque es raro que las funciones de Calidad de Datos se centralicen completamente en cualquier empresa importante porque con frecuencia hay aspectos de calidad de datos que se ejecutan sobre un nivel de líneas de negocios o de aplicación. Debido a que un programa de calidad de datos puede ser descentralizado, de red o híbrido (utilizando un enfoque de centro de excelencia), alinee el modelo operativo de calidad de datos con el global de la organización de gestión de datos, con el fin de utilizar grupos de interés coherentes, relaciones, responsabilidades, estándares, procesos e incluso herramientas.

6.4 Arquitectura Empresarial

Un grupo de Arquitectura Empresarial diseña y documenta los planos maestros para que una organización articule y optimice la forma de cumplir sus objetivos estratégicos. Las disciplinas dentro de una práctica de Arquitectura Empresarial incluyen:

- Arquitectura de tecnología
- Arquitectura de aplicaciones
- Arquitectura de información (o de Datos)
- Arquitectura de negocios

La Arquitectura de Datos es una capacidad clave de una Organización de Gestión de Datos efectiva. Por lo tanto, los Arquitectos de Datos pueden sentarse en cualquier grupo, con una línea punteada al otro grupo. Cuando los Arquitectos de Datos se sientan dentro de una Organización de Gestión de Datos, típicamente interactúan con el resto de sus pares de arquitectura a través de Juntas de Revisión de Arquitectura (ARB), comités que revisan y brindan orientación sobre la forma en que los estándares de arquitectura se implementan o se afectan por proyectos y programas. Una ARB puede aprobar o desaprobar nuevos proyectos y sistemas, en función de su nivel de adherencia a los estándares arquitectónicos. Cuando una organización no tiene Arquitectos de Datos, la Gestión de Datos puede interactuar con la organización de Arquitectura de varias maneras:

- **A través del gobierno de datos:** Dado que tanto la Gestión de Datos como la Arquitectura Empresarial participan en un programa de Gobierno de Datos, el grupo de trabajo de gobierno y la estructura del comité pueden proporcionar una plataforma para alinear objetivos, expectativas, estándares y actividades.

- **A través de la ARB:** A medida que los proyectos de gestión de datos se llevan a la ARB, el grupo de Arquitectura proporcionará orientación, retroalimentación y aprobaciones.
- ***Ad-hoc:*** Si no hay comités formales, entonces el líder de la Gestión de Datos debe reunirse periódicamente con el líder de Arquitectura para garantizar que haya conocimiento compartido y entendimiento de los proyectos y procesos que impactan a la otra parte. Con el tiempo, la dificultad de gestionar este proceso *ad-hoc* probablemente lleve al desarrollo de un rol o comité formal para facilitar las discusiones y las decisiones.

Si hubiera Arquitectos de Datos, entonces representarían la arquitectura en las discusiones de gobierno y dirigirían las discusiones en la ARB.

6.5 Gestionando una Organización Global

Las empresas globales enfrentan desafíos complejos de gestión de datos basados en el volumen y variedad de leyes y regulaciones específicas de cada país, especialmente aquellas relacionadas con la privacidad y la seguridad de ciertos tipos de datos. Agregue estos problemas a los desafíos típicos de gestión de una organización global (fuerza de trabajo distribuida, sistemas, zonas horarias e idiomas), y la tarea de gestionar los datos de manera eficiente y efectiva puede parecer un ejercicio interminable de pastoreo de gatos. Las organizaciones globales necesitan prestar especial atención a:

- Adherirse a los estándares
- Sincronización de procesos
- Alineación de responsabilidad
- Entrenamiento y comunicación
- Monitoreo y medición efectivas
- Desarrollar economías de escala
- Reducir la duplicación de esfuerzo

A medida que los programas y las organizaciones de gestión de datos se vuelven más globales, los modelos en red o federados se vuelven más atractivos donde se pueden alinear las responsabilidades, se pueden seguir los estándares y aún se pueden seguir acomodando.

7. Roles de Gestión de Datos

Los roles de gestión de datos se pueden definir a nivel funcional o individual. Los nombres para los roles serán diferentes entre las organizaciones y algunas organizaciones tendrán mayor o menor necesidad de algunos de los roles.

Todos los roles de TI se pueden asignar hacia puntos en el ciclo de vida de los datos, por lo que todos impactan la gestión de los datos, ya sea directamente (como con un arquitecto de datos que diseña un *data warehouse*) o indirectamente (como con un desarrollador *web* que programa un sitio *web*). Del mismo modo, muchos roles del negocio crean, acceden o manipulan datos. Algunos roles, tales como el Analista de Calidad de Datos, requieren una combinación de habilidades técnicas y conocimiento del negocio. Las funciones y roles que se describen a continuación se enfocan hacia la gestión de datos.

7.1 Roles Organizacionales

Las organizaciones de gestión de datos de TI ofrecen una gama de servicios desde datos, aplicaciones y arquitectura técnica hasta la administración de bases de datos. Una organización de servicios de gestión de datos centralizada se centra únicamente en la gestión de datos. Este equipo puede incluir un Ejecutivo DM (Data Management – Gestión de Datos), otros Administradores DM, Arquitectos de Datos, Analistas de Datos, Analistas de Calidad de Datos, Administradores de Bases de Datos, Administradores de Seguridad de Datos, Especialistas en Metadatos, Modeladores de Datos, Administradores de Datos, Arquitectos de *Data Warehouse*, Arquitectos de Integración de Datos y Analistas de Inteligencia de Negocio.

Un enfoque federado de Servicios de Gestión de Datos incluirá un conjunto de unidades de TI, cada una enfocada en una faceta de gestión de datos. Especialmente en organizaciones grandes, las funciones de TI a menudo están descentralizadas. Por ejemplo, cada función del negocio puede tener su propio equipo de Desarrolladores de *Software*. Un enfoque híbrido también se utiliza. Por ejemplo, aunque cada función del negocio puede tener sus propios desarrolladores, la función DBA puede estar centralizada.

Las funciones del negocio enfocadas en la gestión de datos suelen estar asociadas a los equipos de Gobierno de Datos o Gestión de Información Empresarial. Por ejemplo, los *data stewards* a menudo son parte de una Organización de Gobierno de Datos. Dicha organización facilitará los cuerpos de Gobierno de Datos, tales como el Consejo de Gobierno de Datos.

7.2 Roles Individuales

Los roles individuales se pueden definir bajo el negocio o TI. Algunos son roles híbridos que requieren conocimiento de los sistemas y de los procesos del negocio.

7.2.1 Roles Ejecutivos

Los ejecutivos de Gestión de Datos pueden estar en el negocio o del lado tecnológico de la casa. El Director de Información (CIO- Chief Information Officer) y el Director de Tecnología (CTO-Chief Technology Officer) son roles bien establecidos en TI. El concepto de Director de Datos (CDO- Chief Data Officer) del lado del negocio ha ganado mucha credibilidad en la última década y muchas organizaciones han contratado CDOs.

7.2.2 Roles del Negocio

Los roles del negocio se enfocan principalmente en las funciones de gobierno de datos, especialmente en la administración. Los *data stewards* generalmente son expertos en la materia, a quienes se les asigna la responsabilidad de los Metadatos y de la calidad de los datos de las entidades del negocio, las áreas temáticas o bases de datos. Los *stewards* juegan diferentes roles, dependiendo de las prioridades de la organización. El enfoque inicial de la custodia es a menudo la definición de términos de negocio y de valores válidos para sus áreas temáticas. En muchas organizaciones, los *data stewards* también definen y mantienen los requerimientos de calidad de datos y reglas de negocio para los atributos de datos asignados, ayudan a identificar y resolver problemas de datos, y proporcionan información sobre estándares de datos, políticas y procedimientos. Los *stewards* pueden funcionar en la empresa, en la unidad de negocio o a nivel funcional. Su rol puede ser formal ('*data steward*' es parte del título) o informal (custodian datos, pero tienen otro puesto).

Además de los *data stewards,* los Analistas de Procesos de Negocio y los Arquitectos de Procesos contribuyen a garantizar que los modelos de procesos del negocio y los procesos reales que crean los datos sean sólidos y soporten los usos posteriores.

Otros trabajadores del conocimiento basados en el negocio, tales como los analistas del negocio, consumidores de datos e información, que agregan valor a los datos para la organización, contribuyen a toda la gestión de datos.

7.2.3 Roles de TI

Los roles de TI incluyen diferentes tipos de arquitectos, desarrolladores a diferentes niveles, administradores de bases de datos y una amplia gama de funciones de soporte.

- **Arquitecto de datos:** Un analista senior responsable de la arquitectura de datos y de la integración de datos. Los Arquitectos de Datos pueden trabajar a nivel empresarial o a nivel funcional. Los Arquitectos de Datos pueden especializarse en *data warehousing, data marts* y sus procesos de integración asociados.
- **Modelador de Datos:** Responsable de capturar y modelar los requerimientos de datos, definiciones de datos, reglas de negocio, requerimientos de calidad de datos y modelos de datos físicos y lógicos.
- **Administrador del Modelo de Datos:** Responsable del control de versiones y del control de cambios del modelo de datos.
- **Administrador de Bases de Datos:** Responsable del diseño, implementación y soporte de activos de datos estructurados y del rendimiento de la tecnología que hace que los datos sean accesibles.
- **Administrador de Seguridad de Datos:** Responsable de garantizar el acceso controlado a los datos que requieren diferentes niveles de protección.
- **Arquitecto de Integración de Datos:** Un desarrollador senior de integración de datos, responsable de diseñar tecnología para integrar y mejorar la calidad de los activos de datos empresariales.
- **Especialista en Integración de Datos:** Un diseñador de software o desarrollador responsable de implementar sistemas para integrar (replicar, extraer, transformar, cargar) activos de datos, en lotes o casi en tiempo real.
- **Desarrollador de Analítica/Reportes:** Un desarrollador de *software* responsable de crear soluciones y aplicaciones analíticas.
- **Arquitecto de Aplicaciones:** Desarrollador senior, responsable de integrar sistemas de aplicaciones.
- **Arquitecto Técnico:** Ingeniero técnico senior, responsable de coordinar e integrar la infraestructura de TI y el portafolio tecnológico de TI.
- **Ingeniero Técnico:** Analista técnico senior, responsable de investigar, implementar, gestionar y respaldar una parte de la infraestructura tecnológica de la información.
- **Administrador de la Mesa de Ayuda:** Responsable de manejar, rastrear y resolver problemas relacionados con el uso de la información, los sistemas de información o la infraestructura de TI.
- **Auditor de TI:** Auditor interno o externo de las responsabilidades de TI, incluida la calidad de los datos y la seguridad de los datos.

7.2.4 Roles Híbridos

Los roles híbridos requieren una mezcla de conocimiento del negocio y técnico. Dependiendo de la organización, las personas en estos roles pueden reportar a través de TI o del lado de negocio.

- **Analista de Calidad de Datos:** Responsable de determinar la idoneidad de los datos para su uso y supervisar el estado actual de los datos; contribuye al análisis de causa raíz de los problemas de datos y ayuda a la organización a identificar los procesos del negocio y las mejoras técnicas que contribuyen a obtener datos de mayor calidad.
- **Especialista en Metadatos:** Responsable de la integración, control y entrega de Metadatos, incluida la administración de repositorios de Metadatos.
- **Arquitecto de Inteligencia de Negocio:** Analista senior de Inteligencia de Negocio, responsable del diseño del ambiente de usuario de Inteligencia de Negocio.
- **Analista/Administrador de Inteligencia de Negocio:** Responsable de apoyar el uso efectivo de los datos de Inteligencia de Negocio por parte de los profesionales del negocio.
- **Gerentes de programa de Inteligencia de Negocio:** Coordina los requerimientos e iniciativas de BI en toda la corporación y los integra en un programa prioritario coherente y un mapa de ruta (*roadmap*).

8. Trabajos Citados/Recomendados

Aiken, Peter and Juanita Billings. Monetizing Data Management: Finding the Value in your Organization's Most Important Asset. Technics Publications, LLC, 2013. Print.

Aiken, Peter and Michael M. Gorman. The Case for the Chief Data Officer: Recasting the C-Suite to Leverage Your Most Valuable Asset. Morgan Kaufmann, 2013. Print.

Anderson, Carl. Creating a Data-Driven Organization. O'Reilly Media, 2015. Print.

Arthur, Lisa. Big Data Marketing: Engage Your Customers More Effectively and Drive Value. Wiley, 2013. Print.

Blokdijk, Gerard. Stakeholder Analysis - Simple Steps to Win, Insights and Opportunities for Maxing Out Success. Complete Publishing, 2015. Print.

Borek, Alexander et al. Total Information Risk Management: Maximizing the Value of Data and Information Assets. Morgan Kaufmann, 2013. Print.

Brestoff, Nelson E. and William H. Inmon. Preventing Litigation: An Early Warning System to Get Big Value Out of Big Data. Business Expert Press, 2015. Print.

Collier, Ken W. Agile Analytics: A Value-Driven Approach to Business Intelligence and Data Warehousing. Addison-Wesley Professional, 2011. Print. Agile Software Development Ser.

Dean, Jared. Big Data, Data Mining, and Machine Learning: Value Creation for Business Leaders and Practitioners. Wiley, 2014. Print. Wiley and SAS Business Ser.

Dietrich, Brenda L., Emily C. Plachy and Maureen F. Norton. Analytics Across the Enterprise: How IBM Realizes Business Value from Big Data and Analytics. IBM Press, 2014. Print.

Freeman, R. Edward. Strategic Management: A Stakeholder Approach. Cambridge University Press, 2010. Print.

Gartner, Tom McCall, contributor. "Understanding the Chief Data Officer Role." 18 February 2015. http://gtnr.it/1RIDKa6.

Gemignani, Zach, et al. Data Fluency: Empowering Your Organization with Effective Data Communication. Wiley, 2014. Print.

Gibbons, Paul. The Science of Successful Organizational Change: How Leaders Set Strategy, Change Behavior, and Create an Agile Culture. Pearson FT Press, 2015. Print.

Harrison, Michael I. Diagnosing Organizations: Methods, Models, and Processes. 3rd ed. SAGE Publications, Inc, 2004. Print. Applied Social Research Methods (Book 8).

Harvard Business Review, John P. Kotter et al. HBR's 10 Must Reads on Change Management. Harvard Business Review Press, 2011. Print. HBR's 10 Must Reads.

Hatch, Mary Jo and Ann L. Cunliffe. Organization Theory: Modern, Symbolic, and Postmodern Perspectives. 3rd ed. Oxford University Press, 2013. Print.

Hiatt, Jeffrey and Timothy Creasey. Change Management: The People Side of Change. Prosci Learning Center Publications, 2012. Print.

Hillard, Robert. Information-Driven Business: How to Manage Data and Information for Maximum Advantage. Wiley, 2010. Print.

Hoverstadt, Patrick. The Fractal Organization: Creating sustainable organizations with the Viable System Model. Wiley, 2009. Print.

Howson, Cindi. Successful Business Intelligence: Unlock the Value of BI and Big Data. 2nd ed. Mcgraw-Hill Osborne Media, 2013. Print.

Kates, Amy and Jay R. Galbraith. Designing Your Organization: Using the STAR Model to Solve 5 Critical Design Challenges. Jossey-Bass, 2007. Print.

Kesler, Gregory and Amy Kates. Bridging Organization Design and Performance: Five Ways to Activate a Global Operation Model. Jossey-Bass, 2015. Print.

Little, Jason. Lean Change Management: Innovative practices for managing organizational change. Happy Melly Express, 2014. Print.

National Renewable Energy Laboratory. Stakeholder Analysis Methodologies Resource Book. BiblioGov, 2012. Print.

Prokscha, Susanne. Practical Guide to Clinical Data Management. 2nd ed. CRC Press, 2006. Print.

Schmarzo, Bill. Big Data MBA: Driving Business Strategies with Data Science. Wiley, 2015. Print.

Soares, Sunil. The Chief Data Officer Handbook for Data Governance. Mc Press, 2015. Print.

Stubbs, Evan. The Value of Business Analytics: Identifying the Path to Profitability. Wiley, 2011. Print.

Tompkins, Jonathan R. Organization Theory and Public Management. Wadsworth Publishing, 2004. Print.

Tsoukas, Haridimos and Christian Knudsen, eds. The Oxford Handbook of Organization Theory: Meta-theoretical Perspectives. Oxford University Press, 2005. Print. Oxford Handbooks.

Verhoef, Peter C., Edwin Kooge and Natasha Walk. Creating Value with Big Data Analytics: Making Smarter Marketing Decisions. Routledge, 2016. Print.

Willows, David and Brian Bedrick, eds. Effective Data Management for Schools. John Catt Educational Ltd, 2012. Print. Effective International Schools Ser.

CAPÍTULO 17

Gestión de Datos y Gestión del Cambio Organizacional

1. Introducción

P

ara la mayoría de las organizaciones, mejorar las prácticas de gestión de datos requiere cambiar la forma en que las personas trabajan juntas y cómo entienden el papel de los datos en la organización, así como la forma en que utilizan los datos y la tecnología que despliegan para respaldar los procesos organizacionales. Las prácticas exitosas de gestión de datos requieren, entre otros factores:

- Aprender a gestionar en horizontal alineando las responsabilidades a lo largo de la Cadena de Valor de Información.
- Cambiar el enfoque de la responsabilidad vertical (silo) a la custodia compartida de la información.
- Evolucionar la calidad de la información comercial de un tema de nicho o el trabajo del departamento de TI a un valor central de la organización.
- Cambiar el pensamiento sobre la calidad de la información de "limpieza de datos y panel de control" a una capacidad organizativa más fundamental.
- Implementar procesos para medir el costo de una mala gestión de datos y el valor de una gestión disciplinada de datos.

Este nivel de cambio no se logra a través de la tecnología, aunque el uso apropiado de herramientas de *software* puede ayudar. Se logra a través de un enfoque cuidadoso y estructurado para la gestión del cambio en la organización. Se requerirá un cambio en todos los niveles. Es fundamental gestionar y coordinar el cambio para evitar iniciativas inútiles, pérdida de confianza y daños a la credibilidad de la función de gestión de la información y su liderazgo. Los profesionales de gestión de datos que entienden la gestión de cambios formales tendrán más éxito en lograr cambios que ayudarán a sus organizaciones a obtener más valor de sus datos. Para hacerlo, es importante entender:

- ¿Por qué falla el cambio?
- Los desencadenantes para un cambio efectivo
- Las barreras al cambio
- Cómo las personas experimentan el cambio

2. Leyes de Cambio

Los expertos en gestión del cambio organizacional reconocen un conjunto de "Leyes de Cambio" fundamentales que describen por qué el cambio no es fácil. Reconocer esto al comienzo del proceso de cambio permite el éxito.

- **Las organizaciones no cambian, las personas cambian**: el cambio no ocurre porque se anuncia una nueva organización o se implementa un nuevo sistema. Ocurre cuando las personas se comportan de manera diferente porque reconocen el valor de hacerlo. El proceso de mejora de las prácticas de gestión de datos y la implementación del gobierno formal de datos tendrá efectos de gran alcance en una organización. Se les pedirá a las personas que cambien la forma en que trabajan con los datos y cómo interactúan entre sí en actividades que involucran datos.
- **Las personas no se resisten al cambio. Se resisten a ser cambiados**: los individuos no adoptarán el cambio si lo ven como arbitrario o dictatorial. Es más probable que cambien si han participado en definir el cambio y si entienden la visión que impulsa el cambio, así como cuándo y cómo ocurrirá el cambio. Parte de la gestión del cambio para las iniciativas de datos implica trabajar con equipos para desarrollar la comprensión de la organización del valor de las prácticas mejoradas de gestión de datos.
- **Las cosas son como son porque se hicieron así**: puede haber buenas razones históricas para que las cosas sean como son. En algún momento en el pasado, alguien definió los requerimientos del negocio, definió el proceso, diseñó los sistemas, redactó la política o definió el modelo de negocio que ahora requiere cambios. Comprender los orígenes de las prácticas actuales de gestión de datos ayudará a la organización a evitar errores pasados. Si los miembros del personal tienen voz en el cambio, es más probable que comprendan las nuevas iniciativas como mejoras.
- **A menos que haya un impulso para cambiar, es probable que las cosas sigan igual**: si desea una mejora, algo debe hacerse de manera diferente. Como dijo Einstein: "No se puede resolver un problema con el nivel de pensamiento que lo creó originalmente".
- **El cambio sería fácil si no dependiera de las personas**: la "tecnología" del cambio suele ser fácil. El desafío viene al tratar con las diferencias naturales que surgen en las personas.

El cambio requiere agentes de cambio, personas que prestan atención a las personas y no solo a los sistemas. Los agentes de cambio escuchan activamente a los empleados, clientes y otras partes interesadas para detectar problemas antes de que surjan y ejecutar el cambio de manera más fluida. En última instancia, el cambio requiere una VISIÓN clara de los Objetivos de Cambio comunicados de manera vívida y regular a las partes interesadas para obtener participación, compromiso, respaldo y (de manera importante) un apoyo continuo cuando surgen desafíos.No Gestionar un Cambio: Gestionar una Transición

3. No Gestionar un Cambio: Gestionar una Transición

El experto en gestión del cambio William Bridges enfatiza la centralidad de la transición en el proceso de gestión del cambio. Define *transición* como el proceso psicológico que atraviesan las personas para aceptar la nueva situación. Si bien muchas personas piensan en el cambio únicamente en términos de un nuevo comienzo, Bridges afirma que el cambio implica moverse a través de tres fases distintas, comenzando con el final del estado existente. Los finales son difíciles porque las personas necesitan abandonar las condiciones existentes. Las personas luego ingresan a la Zona Neutral, en la cual el estado existente no ha terminado y el nuevo estado no ha comenzado del todo. El cambio se completa cuando se establece el nuevo estado (consulte la Tabla 34). De estos tres, la Zona Neutral es la menos predecible y la más confusa, porque es una mezcla de lo antiguo y lo nuevo. Si las personas en la organización no hacen la transición a través de la Zona Neutral, entonces la organización corre el riesgo de volver a caer en viejos hábitos y no mantener el cambio.

Bridges sostiene que la razón principal por la que fracasan los cambios organizacionales es que las personas que impulsan el cambio rara vez piensan en los finales y, por lo tanto, no gestionan el impacto de los finales en las personas. Afirma: "La mayoría de las organizaciones intentan comenzar con el principio, en lugar atender dónde deben llegar. No prestan atención a los finales. No reconocen la existencia de la zona neutral, y luego se preguntan por qué las personas tienen tantas dificultades con el cambio" (Bridges, 2009).

Al experimentar un cambio, todos los individuos pasan por las tres fases, pero a diferentes velocidades. La progresión depende de factores como la experiencia pasada, el estilo personal, el grado de participación en el reconocimiento del problema y el desarrollo de posibles soluciones, y la medida en que se sienten empujados hacia un cambio en lugar de avanzar voluntariamente hacia él.

Tabla 34 Fases de Transición de Bridges

Fase de transición	Descripción
El Final	• Cuando reconocemos que hay cosas que debemos dejar de lado. • Cuando reconocemos que hemos perdido algo. • Ejemplo: Cambio de trabajo- incluso cuando una persona elige cambiar de trabajo, todavía hay pérdidas, como perder amigos cercanos.
La Zona Neutral	• Cuando la antigua manera de hacer las cosas ha terminado pero la nueva aún no está aquí. • Cuando todo está cambiando y parece que nadie sabe lo que deberían estar haciendo. • Cuando las cosas son confusas y desordenadas. • Ejemplo: mudarse a una casa nueva. Los primeros días o incluso meses después de mudarse, la nueva casa aún no es un hogar y las cosas probablemente estén confusas.
El Nuevo Comienzo	• Cuando la nueva forma se siente cómoda, correcta y la única forma. • Ejemplo: tener un bebé. Después de unos meses en la zona neutral de la agitación, llegas a una etapa en la que no puedes imaginar la vida sin tu nuevo bebé.

Bridges hace hincapié en que, si bien la primera tarea de la Gestión del Cambio es comprender el destino (o VISIÓN) y cómo llegar allí, el objetivo final de la gestión de la transición es convencer a las personas de que deben comenzar el viaje. Al gestionar el cambio y la transición, la función del agente de cambio, y de cualquier gerente o líder en el proceso, es ayudar a las personas a reconocer que el proceso y las etapas de una transición son perfectamente naturales. La siguiente lista de verificación para gestionar la transición resume los puntos clave que los gerentes deben conocer, ya que ayudan a las personas a realizar la transición.

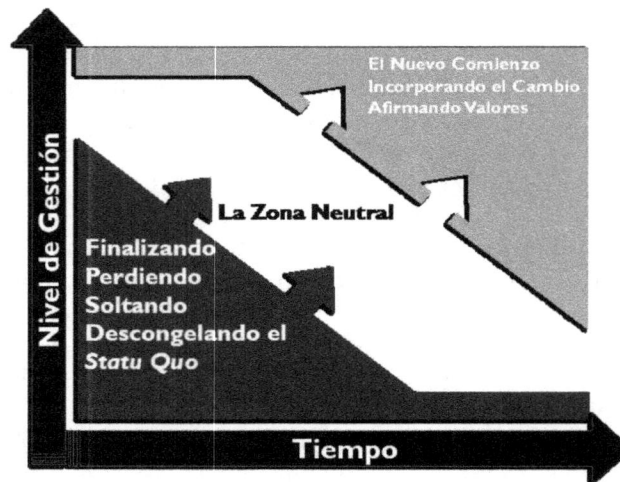

Figura 113 Fases de Transición de Bridges

- El final:

  - Ayude a todos a comprender los problemas actuales y por qué es necesario el cambio.
  - Identifique quién es probable que pierda y qué pierde. Recuerde que la pérdida de amigos y compañeros de trabajo cercanos es tan importante para algunos como la pérdida de estatus y poder para otros.
  - Las pérdidas son subjetivas. Las cosas por las que una persona se lamenta pueden no significar nada para otra persona. Se debe aceptar la importancia de las pérdidas subjetivas. No discuta con otros acerca sobre cómo perciben la pérdida, y no se sorprenda de las reacciones de otras personas a la pérdida.
  - Espere y acepte signos de aflicción y reconozca las pérdidas de manera abierta y comprensiva.
  - Definir lo que ha terminado y lo que no. Las personas deben hacer el cambio en algún momento e intentar aferrarse a las viejas costumbres prolonga las dificultades.
  - Trate el pasado con respeto. Las personas probablemente han trabajado muy duro en lo que pudieron haber sido condiciones muy difíciles. Reconozca eso y demuestre que el trabajo es valorado.
  - Muestre cómo finalizar algo asegura que las cosas que son importantes para las personas continúen y mejoren.
  - Dé información a las personas. Informe; haga esto una y otra vez y de distintas maneras: publique la información escrita, dé la oportunidad de hablar y hacer preguntas.
  - Utilice el análisis de las partes interesadas para determinar la mejor manera de acercarse a diferentes personas: entienda cómo es posible que se involucren sus perspectivas para iniciar el cambio y cuáles son los puntos probables de resistencia.

- La Zona Neutral:

  - Reconozca que esto ese una fase difícil (mezcla de lo antiguo y lo nuevo) pero por la que todos deben pasar.
  - Involucre a las personas y haga que trabajen juntos; deles tiempo y espacio para experimentar y probar nuevas ideas.
  - Ayude a las personas a sentir que aún son valoradas.
  - Elogie a las personas con buenas ideas, incluso si no todas las buenas ideas funcionan como se espera. El modelo Planear, Hacer, Estudiar, Actuar (PDSA) fomenta probar cosas y aprender de cada ciclo.

- Dé información a las personas; haga esto una y otra vez de distintas maneras.
  - Proporcione retroalimentación sobre los resultados de las ideas que se están probando y las decisiones tomadas.
- El Nuevo Comienzo:
  - No fuerce un comienzo antes de tiempo.
  - Asegúrese de que las personas sepan qué papel desempeñarán en el nuevo sistema.
  - Asegúrese de que las políticas, los procedimientos y las prioridades estén claros; no envíe mensajes confusos.
  - Planee celebrar el nuevo comienzo y dé crédito a los que han hecho el cambio.
  - Dé información a las personas; haga esto una y otra vez de distintas maneras.

---

4. Los Ocho Errores de la Gestión del Cambio de Kotter

En Leading Change, John P. Kotter, uno de los investigadores más respetados en el campo de la Gestión del Cambio, describe ocho razones por las que la organización no puede ejecutar el cambio. Éstas proporcionan una perspectiva sobre los problemas que comúnmente surgen en el contexto de la gestión de información y datos.

4.1 Error # 1: Permitir Demasiada Complacencia

Según Kotter, el mayor error que cometen las personas cuando intentan cambiar la organización es avanzar sin establecer primero un sentido de urgencia lo suficientemente alto entre sus pares y superiores. (Esto se relaciona con la necesidad de aumentar la insatisfacción con el *statu quo* identificado en la fórmula de Gleicher; consulte la Sección 6). El análisis de Kotter proporciona valiosos indicadores para los Gestores del Cambio que buscan evitar los errores de otros. Los agentes de cambio a menudo:

- Sobreestiman su capacidad para forzar grandes cambios en la organización.
- Subestiman lo difícil que puede ser sacar a las personas de sus zonas de confort.
- No ven que sus acciones y enfoque podrían reforzar el *statu quo* al aumentar la actitud defensiva.
- "Correr hacia donde los ángeles temen pisar", iniciar actividades de cambio sin una comunicación suficiente de qué cambio se requiere o por qué se requiere un cambio (la Visión)
- Confundir la urgencia con la ansiedad, que a su vez conduce al miedo y a la resistencia a medida que las partes interesadas se retraen (a menudo de manera bastante literal) en sus silos.

Si bien es tentador pensar que, ante la crisis organizacional, la complacencia no sería un problema, a menudo ocurre lo contrario. Las partes interesadas a menudo se aferran al *statu quo* ante demasiadas demandas de cambio (a menudo conflictivas y que se procesan como "si todo es importante, entonces nada es importante").

4.1.1 Ejemplos en el Contexto de la Gestión de la Información

La Tabla 35 describe ejemplos de cómo la complacencia se puede manifestar en un contexto de gestión de la información:

Tabla 35 Escenarios de Complacencia

Escenario de ejemplo	Cómo podría manifestarse
Respuesta a un cambio regulatorio	"Estamos bien. No hemos sido multados bajo las reglas actuales ".
Respuesta al cambio comercial	"Hemos estado apoyando el negocio con éxito durante años. Estaremos bien ".
Respuesta al cambio tecnológico	"Esa nueva tecnología no está probada. Nuestros sistemas actuales son estables y sabemos cómo solucionar los problemas".
Respuesta a problemas o errores	"Podemos asignarle un equipo de solución de problemas y resolverlo. Es probable que haya algunas personas disponibles en [Insertar el nombre del Departamento o Equipo aquí]".

4.2 Error # 2: no crear una Coalición Rectora suficientemente Poderosa

Kotter señala que un cambio importante es casi imposible sin el apoyo activo del jefe de la organización y sin la coalición de otros líderes que se unen para guiar el cambio. El compromiso de los líderes es especialmente importante en los esfuerzos de gobierno de datos, ya que requieren cambios de comportamiento significativos. Sin el compromiso de los principales líderes, el interés propio a corto plazo superará el argumento de los beneficios a largo plazo de una mejor gobernanza. Una Coalición Rectora es un equipo poderoso y entusiasta de voluntarios de toda la organización que ayuda a poner en práctica nuevas estrategias y a transformar la organización. Un desafío clave en el desarrollo de una Coalición Rectora es identificar quiénes deben participar. (ver sección 5.2.)

4.3 Error # 3: subestimar el Poder de la Visión

La urgencia y un equipo rector fuerte son inútiles sin una visión clara y sensata del cambio. La visión proporciona el contexto del esfuerzo de cambio. Ayuda a las personas a comprender el significado de cualquier componente individual. Una visión bien definida y comunicada puede ayudar a impulsar el nivel de energía requerido para implementar adecuadamente el cambio. Sin una declaración pública de visión para guiar la toma de decisiones, cada elección corre el riesgo de convertirse en un debate y cualquier acción podría descarrilar la iniciativa de cambio o socavarla. La visión no es lo mismo que la planificación o la gestión del programa. La visión no es el enunciado o el plan del proyecto, ni un desglose detallado de todos los componentes del cambio. Una visión es una declaración clara y convincente de hacia dónde se dirige el cambio.

Comunicar la visión significa conectar con las personas. Para las iniciativas de gestión de datos, la visión debe articular los desafíos con las prácticas de gestión de datos existentes, los beneficios de la mejora y el camino para llegar a un mejor estado futuro.

4.3.1 Ejemplo en el Contexto de Gestión de la Información

Con demasiada frecuencia en la gestión de la información, la visión de un proyecto en particular se presenta como la implementación de una nueva tecnología. La tecnología, si bien es importante, no es el cambio ni la visión. Lo que la organización puede hacer con la tecnología constituye la visión.

Por ejemplo, al afirmar que "para el final del primer trimestre, implementaremos un nuevo conjunto integrado de análisis e informes financieros en [insertar el nombre de la tecnología aquí]", es un objetivo loable y medible. Sin embargo, hace poco para comunicar una declaración clara y convincente de hacia dónde conducirá el cambio. Por otro lado, afirmando: "Mejoraremos la precisión y la puntualidad de los informes financieros y los pondremos a disposición de todos los interesados. Una mejor comprensión de cómo los datos entran y salen de nuestros procesos de informes apoyará la confianza en nuestros números, ahorrará tiempo y reducirá el estrés innecesario durante los procesos de final del período. Daremos nuestro primer paso para lograrlo al implementar [Sistema X] al final de la Q1", aclara qué se hará y por qué se está haciendo. Si puede señalar los beneficios del cambio a la organización, generará apoyo para el cambio.

4.4 Error # 4: Baja Comunicación de la Visión por un factor de 10, 100 o 1000

Incluso si todos están de acuerdo en que la situación actual es insatisfactoria, las personas no cambiarán a menos que perciban los beneficios del cambio como una mejora significativa sobre el *statu quo*. La comunicación consistente y efectiva de la visión, seguida de la acción, es fundamental para la gestión exitosa del cambio. Kotter indica que la comunicación viene en palabras y hechos. La congruencia entre los dos es fundamental para el éxito. Nada mata tan rápido un esfuerzo de cambio como una situación en la que las personas reciben el mensaje: "Haz lo que te digo, no lo que yo hago".

4.5 Error # 5: Permitir que los Obstáculos lleguen a bloquear la Visión

Las nuevas iniciativas fracasan cuando las personas se sienten desamparadas por los enormes obstáculos en su camino, incluso cuando aceptan plenamente la necesidad y la dirección del cambio propuesto. Como parte de su transformación, la organización debe identificar y responder a diferentes tipos de obstáculos:

- **Psicológico**: los obstáculos que existen en la cabeza de las personas deben abordarse en función de sus causas. ¿Se derivan del miedo, la falta de conocimiento o alguna otra causa?
- **Estructurales**: como parte del proceso de gestión del cambio se deben abordar los obstáculos debidos a estructuras organizacionales, como categorías de trabajo limitadas o sistemas de evaluación del desempeño que obligan a las personas a elegir entre la Visión y su propio interés. La gestión del cambio debe abordar los incentivos estructurales y los desincentivos para cambiar.
- **Resistencia activa**: ¿Qué obstáculos existen debido a las personas que se niegan a adaptarse a las nuevas circunstancias y que hacen demandas que son inconsistentes con la transformación? Si los miembros clave de la organización hacen los esfuerzos correctos sobre el cambio de visión, pero no alteran sus comportamientos o recompensan los comportamientos requeridos o continúan operando de manera incompatible, la ejecución de la visión fallará o podría fallar.

Kotter hace un llamado a las "personas inteligentes" en las organizaciones para enfrentar estos obstáculos. Si no lo hacen, los demás se sentirán sin poder y el cambio se verá afectado.

4.6 Error # 6: Fallar En crear Logros de Corto Plazo

El cambio real lleva tiempo. Cualquiera que haya emprendido un régimen de ejercicios o un plan para perder peso sabe que el secreto para seguir adelante es tener objetivos regulares que mantengan el impulso y la motivación al marcar el progreso. Cualquier cosa que implique un compromiso a largo plazo e inversión de esfuerzo y recursos requiere algún elemento de retroalimentación temprana y regular del éxito. Los esfuerzos de cambio complejo requieren metas a corto plazo en apoyo de los objetivos de largo plazo. Cumplir estos objetivos permite al equipo celebrar y mantener el impulso. La clave es **crear** los logros de corto plazo en lugar de simplemente esperarlos. En transformaciones exitosas, los gerentes establecen activamente metas tempranas, logran estas metas y recompensan al equipo. Sin esfuerzos sistemáticos para garantizar el éxito, es probable que el cambio fracase.

4.6.1 Ejemplo en el Contexto de la Gestión de la Información

En un contexto de gestión de la información, los logros y objetivos a corto plazo a menudo surgen de la resolución de un problema identificado. Por ejemplo, si el desarrollo de un Glosario empresarial es un elemento clave de una iniciativa de gobierno de datos, podría obtenerse una ganancia a corto plazo al resolver un problema relacionado con una comprensión inconsistente de los datos (Ej: dos áreas comerciales informan resultados diferentes de un mismo KPI porque usan diferentes reglas de cálculo). Identificar el problema, resolverlo y vincular la solución a la visión general a largo plazo del cambio permite al equipo celebrar ese logro y demostrar la visión en acción. También proporciona una valiosa excusa para la comunicación sobre la visión y ayuda a reforzar el mensaje de cambio.

4.7 Error # 7: Declarar la Victoria Demasiado Pronto

Con demasiada frecuencia en los proyectos de cambio, especialmente en los que se extienden durante varios años, existe la tentación de declarar el éxito en la primera mejora importante de rendimiento. Los logros rápidos y tempranos son herramientas poderosas para mantener el impulso y la moral. Sin embargo, cualquier sugerencia de que el trabajo está terminado suele ser un error. Hasta que los cambios se incorporen a la cultura de la organización, los nuevos enfoques son frágiles y los viejos hábitos y prácticas pueden reafirmarse. Kotter sugiere que cambiar una compañía completa puede llevar entre tres y diez años.

4.7.1 Ejemplo en Contexto de Gestión de Información

El ejemplo clásico de síndrome de "Misión cumplida" es el escenario en el que la implementación de una tecnología se considera una ruta para mejorar la gestión de la información o resolver un problema con la calidad o confiabilidad de los datos. Una vez que se ha implementado la tecnología, puede ser difícil mantener el proyecto en marcha hacia la meta, particularmente si la visión general se ha definido de manera deficiente. La Tabla 36 muestra varios ejemplos relacionados con las consecuencias de declarar la victoria demasiado pronto.

Tabla 36 Escenarios de Declaración de Victoria Demasiado Pronto

Escenarios de ejemplo	Cómo podría manifestarse
Abordar la calidad de los datos	"Hemos comprado una herramienta de calidad de datos. Eso está arreglado ahora ". • Nadie en la organización está revisando o actuando sobre la calidad de datos.
Capacidad de entrega confusa con la implementación y operación	"Hemos implementado un grupo de informes para el Reglamento X. Ahora cumplimos con la legislación". • Cambios en los requisitos regulatorios. • Nadie está revisando o actuando sobre los problemas identificados en los informes.
Migración de datos	"Todos los datos en el Sistema X están ahora en el Sistema Y". • Los recuentos de registros coinciden, pero los datos en el Sistema Y están incompletos o truncados debido a fallas en el proceso de migración. Se requerirá de intervenciones manuales.

4.8 Error # 8: Negarse a Anclar Firmemente los Cambios en la Cultura Corporativa

Las Organizaciones no cambian, las personas cambian. Hasta que los nuevos comportamientos se incorporen a las normas sociales y los valores compartidos de una organización, estarán sujetos a deterioro y degradación tan pronto como se elimine el foco del esfuerzo de cambio. Kotter es claro: ignorar la cultura es un gran riesgo cuando realiza cualquier actividad de cambio. Las dos claves para anclar el cambio en la cultura de la organización son:

- Mostrar conscientemente a las personas cómo las conductas y actitudes específicas han influido en el rendimiento.
- Tomar el tiempo suficiente para integrar el cambio de enfoque en la próxima generación de gerentes.

4.8.1 Ejemplo en el Contexto de Gestión de la Información

Este riesgo resalta la importancia de los factores humanos en el cambio general que podría implementarse para lograr mejoras en la ejecución del gobierno de los datos, la administración y el uso de los Metadatos o las prácticas de calidad de los datos (por nombrar solo tres).

Por ejemplo, una organización puede haber introducido un requerimiento de etiquetado de Metadatos en toda la documentación para admitir los procesos automatizados de clasificación y archivo en su sistema de administración de contenido. El personal comienza a cumplir en las primeras semanas, pero a medida que pasa el tiempo, vuelven a los viejos hábitos y no etiquetan correctamente los documentos, lo que lleva a una acumulación masiva de registros sin clasificar que deben ser revisados manualmente para alinearlos con los requisitos de la solución tecnológica.

Esto resalta el simple hecho de que las mejoras en la gestión de la información se realizan a través de una combinación de procesos, personas y tecnología. Muy a menudo se pasa por alto el componente "personas", lo que lleva a una entrega *subóptima* y se retrocede en el progreso realizado. Es importante, al introducir nuevas tecnologías o nuevos procesos, considerar cómo las personas llevarán adelante el cambio y sostendrán los beneficios.

5. Proceso de Ocho Etapas para la Gestión del Cambio de Kotter

Además de los ocho errores de la gestión del cambio, Kotter reconoce un conjunto de obstáculos comunes para el cambio:
- Culturas enfocadas hacia el interior
- Burocracias paralizantes
- Política parroquial
- Bajos niveles de confianza
- Falta de trabajo en equipo
- Arrogancia
- Falta o fracaso del liderazgo
- Miedo a lo desconocido

Para combatir esto, propone un modelo de ocho pasos para un cambio importante. El modelo de Kotter proporciona un marco dentro del cual cada uno de estos problemas se puede abordar de una manera que apoye el cambio sostenible a largo plazo. Cada paso está asociado con uno de los errores fundamentales que socavan los esfuerzos de transformación.

Los primeros cuatro pasos del modelo suavizan las posiciones de *statu quo* arraigadas. Como dice Kotter, este esfuerzo solo es necesario porque el cambio no es fácil.

Los siguientes tres pasos (5 a 7) introducen nuevas prácticas y formas de trabajar. El último paso fija los cambios en su lugar y proporciona la plataforma para futuras mejoras.

Kotter advierte que no hay un atajo para seguir estos pasos. Todos los esfuerzos de cambio exitosos deben pasar por los ocho pasos. Centrarse en los pasos 5, 6 y 7 es tentador. Sin embargo, eso no proporciona una base sólida para sostener el cambio (sin visión, sin Coalición Rectora, sin insatisfacción con el *statu quo*). Del mismo modo, es importante reforzar cada paso a medida que avanza en el proceso, utilizando los logros tempranos para reforzar la visión y la comunicación y resaltar los problemas con el *statu quo*.

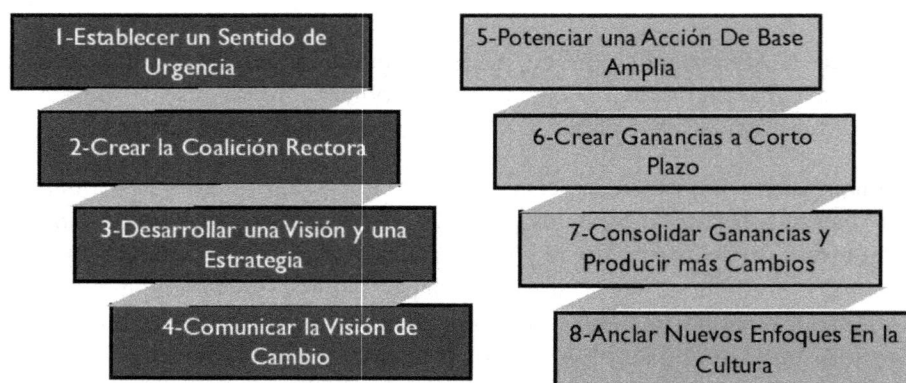

1-Establecer un Sentido de Urgencia	5-Potenciar una Acción De Base Amplia
2-Crear la Coalición Rectora	6-Crear Ganancias a Corto Plazo
3-Desarrollar una Visión y una Estrategia	7-Consolidar Ganancias y Producir más Cambios
4-Comunicar la Visión de Cambio	8-Anclar Nuevos Enfoques En la Cultura

Figura 114 Proceso de Ocho Etapas de Kotter para Cambios Importantes

5.1 Establecer un Sentido de Urgencia

Las personas encontrarán mil formas de negar la cooperación en algo que creen que es innecesario. Se requiere un sentido de urgencia claro y convincente para motivar a una masa crítica suficiente de personas para apoyar un esfuerzo de cambio. Ganar la cooperación y la colaboración requiere un llamado a unirse. Lo contrario de urgencia es la complacencia. Cuando la complacencia es alta, es difícil, si no imposible, formar un grupo suficientemente poderoso para crear la visión de cambio y guiar el esfuerzo de cambio. En raras ocasiones, los individuos pueden hacer algún cambio dentro de la complacencia, pero esto es casi inevitablemente insostenible.

En el contexto de la gestión de la información, varios factores pueden crear un sentido de urgencia:
- Cambios regulatorios
- Amenazas a la seguridad de la información
- Riesgos para la continuidad del negocio
- Cambios en la estrategia empresarial
- Fusiones y adquisiciones
- Auditorías regulatorias o amenazas de juicios
- Cambios en la tecnología

- Cambios en la capacidad de los competidores en el mercado
- Comentarios de los medios de comunicación acerca de los problemas de gestión de la información de una organización o de la industria

5.1.1 Fuentes de Complacencia

Kotter identifica nueve razones por las cuales las organizaciones y las personas pueden ser complacientes. (Ver Figura 115)

- En ausencia de una crisis visible, es difícil plantear un sentido de urgencia.
- Las trampas del éxito pueden ocultar la urgencia de algunas situaciones.
- Medir al personal con estándares de baja exigencia o estándares que no se comparan con puntos de referencia externos o tendencias internas a largo plazo.
- Los objetivos funcionales demasiado específicos, con diferentes métricas de rendimiento para diferentes unidades funcionales, pueden llevar a una situación en la que nadie es responsable cuando el desempeño general de la organización es deficiente o está afectado.
- Si los sistemas internos de planificación y control están (o pueden ser) manipulados o manejados para facilitar que todos puedan alcanzar sus objetivos, es fácil ser complaciente.
- Si la única fuente de retroalimentación de rendimiento es con los sistemas internos que están defectuosos, no hay una validación de que la complacencia sea correcta.
- Cuando se identifican problemas o se recopilan comentarios externos sobre el desempeño, a menudo se los ataca como dañinos para la moral del equipo, perjudiciales para otros o por ser probables causantes de una discusión. En lugar de tomar la información como parte de una evaluación del desempeño de la organización, la cultura es de "matar al mensajero".
- Por razones psicológicas muy simples, las personas no aceptan las cosas que no quieren escuchar. Cuando aparece evidencia de un gran problema, las personas a menudo ignoran la información o la reinterpretan de una manera menos dolorosa.
- Incluso en organizaciones donde los primeros ocho desafíos no son significativos, existe el riesgo de que la "autocomplacencia" de la alta gerencia o de las figuras principales de la organización pueda crear una sensación de seguridad y éxito injustificada. A menudo, esta "autocomplacencia" es el resultado de una historia de éxitos pasados. El éxito pasado puede dar a los individuos un ego y crear una cultura arrogante. Ambos factores pueden mantener bajo el sentido de urgencia y dificultar el cambio.

Una buena regla de oro en cualquier iniciativa de cambio es nunca subestimar el poder de las fuerzas que podrían reforzar la complacencia y promover el *statu quo*. El desafío de la complacencia debe ser bien abordado. Una organización no puede tomar decisiones importantes sin abordar los problemas reales.

5.1.2 Elevando el Nivel de Urgencia

Para aumentar el nivel de urgencia es necesario eliminar las fuentes de complacencia o reducir su impacto. Crear un fuerte sentido de urgencia requiere que los líderes tomen acciones audaces o incluso arriesgadas. Vale la pena recordar cómo Deming amonestó a la gerencia a instituir el liderazgo como parte de sus 14 Puntos de Transformación.[103]

---

[103] En *l* (1982), W. Edwards Deming publicó sus 14 puntos para la transformación de la gestión. http://bit.ly/1KJ3JIS.

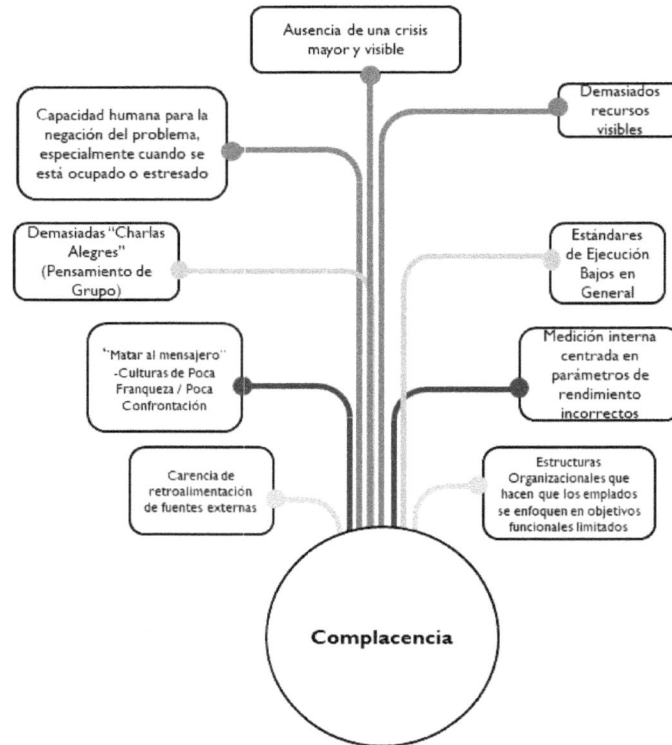

Figura 115 Fuentes de Complacencia

Ser audaz significa hacer algo que puede causar dolor a corto plazo, no solo algo que luzca bien en un correo electrónico de *marketing*. En otras palabras, requiere una *adopción de la nueva filosofía* (utilizando nuevamente a Deming). Los movimientos lo suficientemente audaces para reducir la complacencia tienden a causar conflictos y ansiedad a corto plazo. Sin embargo, si el conflicto y la ansiedad pueden ser canalizados hacia la visión de cambio, entonces el líder puede capitalizar la incomodidad a corto plazo para construir las metas a largo plazo. Los movimientos audaces son difíciles en ausencia de líderes que tengan y brinden apoyo. Los altos directivos cautelosos que no son capaces de aumentar la sensación de urgencia reducirán la capacidad de cambio de una organización.

5.1.3 Usando la Crisis con Cuidado

Una forma de aumentar los niveles de urgencia es aferrarse a una crisis visible. A veces se dice que un cambio importante no es posible hasta que la propia supervivencia económica de la organización esté en riesgo. Sin embargo, esta situación no necesariamente generará el cambio. Una crisis económica o financiera en una organización a menudo puede resultar en que recursos necesarios e importantes sean difíciles de conseguir para apoyar la visión de cambio.

Es posible crear una percepción de crisis bombardeando a la organización con información sobre problemas actuales, problemas potenciales, oportunidades potenciales, o estableciendo objetivos ambiciosos que rompan el *statu quo*. Kotter sugiere que es más fácil crear un problema que (casualmente) tenga un plan que lo puede abordar.

5.1.4 El Papel de los Gerentes de Nivel Medio y Bajo

Dependiendo de la escala del objetivo del cambio (por ejemplo, un departamento o unidad de negocios frente a una organización completa), los actores claves serán los gerentes a cargo de esa unidad. Éstos deberán ser capaces de reducir la complacencia en los equipos bajo su control directo. Si tienen suficiente autonomía, pueden hacerlo sin importar el ritmo de cambio en el resto de la organización.

Si no hay suficiente autonomía, entonces un esfuerzo de cambio en una unidad pequeña puede estar condenado desde el principio en la medida en que se vea afectado por la inercia de las fuerzas externas. A menudo los altos ejecutivos necesitan reducir esas fuerzas. Sin embargo, los gerentes de nivel medio o inferior pueden impulsar este tipo de cambio si actúan de una manera estratégica. Por ejemplo, si utilizan el análisis para mostrar claramente el impacto de no realizar el cambio requerido en un proyecto estratégico clave. Esto es particularmente efectivo cuando el debate lo puede dirigir un grupo externo, como una consultoría externa que puede haber ayudado con el análisis.

5.1.5 ¿Cuánta Urgencia es Suficiente?

El sentido de urgencia sobre un problema hace que las personas lleguen a la conclusión de que el *statu quo* es inaceptable. Para sostener la transformación a largo plazo, se requiere el apoyo de una masa crítica de gerentes. Kotter sugiere el 75%. Sin embargo, crear demasiada urgencia puede ser contraproducente. Demasiada urgencia puede dar lugar a diferentes visiones de cambio que compitan entre si o causar un enfoque de "extinción de incendios".

Un sentido de urgencia suficientemente convincente ayudará a iniciar el proceso de cambio y le dará impulso. La suficiente urgencia también ayudará a obtener el nivel adecuado de liderazgo en el Comité Guía. En última instancia, el sentido de urgencia debe ser lo suficientemente fuerte como para evitar que la complacencia se reafirme después de lograr los éxitos iniciales. Un enfoque clave es aprovechar la "voz del cliente" y hablar con clientes externos, proveedores, accionistas u otras partes interesadas sobre su perspectiva sobre el nivel de urgencia que se está creando.

5.2 La Coalición Rectora

Ninguna persona tiene todas las respuestas o todos los conocimientos necesarios para crear una visión, o tiene el rango y la variedad de conexiones para apoyar la comunicación efectiva de una visión. Para un cambio exitoso, se deben evitar dos escenarios específicos:
- El CEO Solitario o Campeón Solitario
- El Comité de baja Credibilidad

El escenario del CEO Solitario pone el éxito o el fracaso del esfuerzo de cambio en manos de una persona. El ritmo del cambio en la mayoría de las organizaciones en estos días es tal que una sola persona no puede manejarlo todo. El ritmo de la toma de decisiones y de comunicación disminuye, a menos que se tomen decisiones sin una evaluación completa de los problemas. Cualquiera de las opciones es una receta para el fracaso.

El Comité de baja credibilidad surge cuando un 'campeón solitario' recibe un equipo de trabajo con representantes de diversos departamentos funcionales (y quizás algunos consultores externos). De lo que carece el grupo de trabajo es la representación suficiente (si la hay) de personas de nivel superior en la jerarquía ejecutiva. Si se considera que es "importante pero no *tan* importante" (nuevamente, debido a la falta de compromiso de altos mandos), las personas no se sienten motivadas para involucrarse. Inevitablemente, el equipo de trabajo falla.

Es esencial crear una Coalición Rectora adecuada que tenga el compromiso de gestión necesario para apoyar la urgencia de la necesidad de cambio. Además, el equipo debe apoyar la toma de decisiones efectiva, lo que requiere altos niveles de confianza dentro del equipo. Una Coalición Rectora que trabaja en equipo puede procesar mucha información rápidamente. También acelera la implementación de ideas porque los tomadores de decisión con poder están verdaderamente informados y comprometidos con las decisiones clave.

Una Coalición Rectora efectiva tiene cuatro características clave:
- **Posición de poder**: ¿Hay suficientes jugadores clave a bordo, especialmente los gerentes de línea principal, para que aquellos que se quedan fuera no puedan bloquear fácilmente el progreso?
- **Experiencia**: ¿Se representan adecuadamente los puntos de vista relevantes para que se tomen decisiones informadas e inteligentes?
- **Credibilidad**: ¿Hay suficientes personas, con buena reputación en la organización, en el equipo para que se le tome en serio?
- **Liderazgo**: ¿Tiene el equipo suficientes líderes comprobados a bordo para impulsar el proceso de cambio?

El liderazgo es un tema clave. Debe haber un buen equilibrio entre la gestión y las habilidades de liderazgo en la Coalición Rectora. La gestión mantiene todo el proceso bajo control. El liderazgo impulsa el cambio. Uno sin el otro no logrará un resultado sostenible.

Los problemas clave que surgen en el contexto de la construcción de su Coalición Rectora incluyen: ¿Cuántas personas necesito para que me ayuden a definir y guiar este cambio?

La respuesta a esta pregunta es dolorosamente similar a la que daría un consultor: "Depende". Pero el tamaño de la Coalición Rectora está relacionado con el tamaño del grupo que está siendo influenciado. Se debe lograr un equilibrio, que el grupo no sea demasiado grande, ni que deje a partes interesadas clave sintiendo que los dejaron afuera.

¿Quién debería participar o ser invitado a unirse a la Coalición Rectora?

La Coalición Rectora difiere de un comité directivo formal de proyecto o programa en que necesita proporcionar una plataforma de influencia en toda la organización. Como tal, la Coalición debe incluir representantes de diferentes comunidades de partes interesadas. Sin embargo, tampoco es un foro general de recopilación de requerimientos de los interesados. Busque perspectivas de personas que puedan verse afectadas en la cadena de valor de la información de la organización.

Un atributo clave de los miembros de la Coalición Rectora es su capacidad para influir en sus compañeros, ya sea a través de la autoridad formal en la jerarquía o a través de su reconocimiento y experiencia en la organización.

El comportamiento es clave en la Coalición Rectora.

En la formulación de la Coalición Rectora, los líderes del cambio deben evitar comportamientos que debiliten la efectividad, la función y el alcance del equipo. Por ejemplo, evite:

- **Negativismo:** los *negativistas* pueden obstaculizar el diálogo positivo y abierto necesario para que la Coalición Rectora desarrolle ideas creativas, refine, implemente y evolucione la visión del cambio e identifique oportunidades de crecimiento.
- **Distracción:** los miembros de la Coalición Rectora deben centrarse en la actividad de cambio. Los individuos que no están enfocados pueden sacar al equipo del rumbo, lo que puede ocasionar retrasos o la incapacidad de capitalizar los logros iniciales.
- **Egoísmo:** los esfuerzos de la Coalición Rectora orientan a la organización como un todo y afectan a todos. No se debe permitir que las agendas particulares ocultas descarrilen los esfuerzos del equipo.

5.2.1 La Importancia de un Liderazgo Efectivo en la Coalición

Hay una diferencia entre dirección y liderazgo. Una Coalición Rectora con buenos gerentes, pero sin líderes no tendrá éxito. El liderazgo faltante se puede abordar mediante la contratación externa, la promoción de líderes internos y el estímulo del personal para que se enfrente al desafío de liderar.

Al formar la Coalición, debe tener cuidado con lo que Kotter denomina "Egos", "Serpientes" y "Jugadores Renuentes". Los "Egos" son individuos que llenan la sala y no permiten que otros contribuyan. Las "Serpientes" son personas que crean y diseminan dudas y desconfianza. Los "jugadores renuentes" son (generalmente) figuras de alto nivel que ven una necesidad moderada de cambio, pero no comprenden la urgencia por completo.

Cualquiera de estos tipos de personalidad puede socavar el esfuerzo de cambio. Se deben hacer esfuerzos para mantenerlos fuera del equipo o gestionarlos de cerca para mantenerlos alineados.

5.2.2 Ejemplo en el Contexto de Gestión de la Información

En el contexto de una iniciativa de cambio en la gestión de la información, la Coalición Rectora puede ayudar a la organización a identificar oportunidades para vincular iniciativas en diferentes áreas que están involucradas en diferentes aspectos del mismo cambio general.

Por ejemplo, en respuesta a un requerimiento regulatorio, el abogado interno de una empresa puede haber comenzado a desarrollar un mapa de flujos de datos y procesos en la organización. Al mismo tiempo, una iniciativa de *data warehousing* puede haber comenzado a mapear el linaje de los datos para verificar la precisión y la calidad de los informes.

Un líder de cambio de gobierno de datos podría reunir al jefe de asuntos legales y al jefe de reportes en su Coalición Rectora para mejorar la documentación y el control de los procesos de información en el contexto del gobierno de datos. Esto, a su vez, puede requerir la participación de los equipos de primera línea que utilizan y crean datos para comprender los impactos de los cambios propuestos.

En última instancia, una buena comprensión de la cadena de valor de la información ayudará a identificar posibles candidatos para incluir en la Coalición Rectora.

5.2.3 Construyendo un Equipo Efectivo

Un equipo eficaz se basa en dos fundamentos simples: la confianza y un objetivo común. La falta de confianza es a menudo causada por la falta de comunicaciones y otros factores como la rivalidad mal colocada. La división clásica entre "Negocios y TI" es un buen ejemplo de dónde se rompe la confianza.

Para generar confianza, participe en actividades de formación de equipos que creen y promuevan la comprensión mutua, el respeto y el cuidado. Sin embargo, al lograr ese entendimiento mutuo, se debe tener cuidado para evitar el "Pensamiento de grupo".

5.2.4 Combatiendo el Pensamiento de Grupo

El Pensamiento de Grupo ('Group Think') es un efecto psicológico que surge en grupos altamente coherentes y cohesivos, particularmente aquellos que están aislados de fuentes de información que podrían contradecir sus opiniones, o aquellos que están dominados por un líder que alienta a las personas a estar de acuerdo con sus opiniones en lugar de abrir la discusión.

En el Pensamiento de Grupo, todos aceptan una propuesta, incluso cuando tienen reservas al respecto. El pensamiento de grupo probablemente esté presente si:
* Nadie plantea objeciones
* No se ofrecen alternativas
* Diferentes perspectivas son rápidamente descartadas y mueren para siempre
* La información que podría desafiar el pensamiento no se busca activamente

Para evitar que el Pensamiento de Grupo, es importante:
* Alentar a todos los participantes a seguir el método científico de recopilación de datos para ayudar a comprender la naturaleza y las causas de un problema
* Desarrollar una lista de criterios para evaluar todas las decisiones.
* Aprender a trabajar juntos de manera eficiente para que el Pensamiento de Grupo no sea el atajo para hacer las cosas más rápido
* Fomentar la lluvia de ideas
* Que los líderes hablen al último
* Buscar activamente conocimiento externo y aportarlo en reuniones
* Una vez que se ha identificado una solución, hacer que el equipo desarrolle no solo un plan sino también un "Plan B" (que los obliga a repensar los supuestos en el plan original)

5.2.5 Ejemplo en el Contexto de Gestión de la Información

El Pensamiento de Grupo puede surgir en una variedad de contextos. Un área potencial es la tradicional 'división entre Negocios y TI', en la que diferentes partes de la organización se resisten a los cambios propuestos por la otra. Otro escenario potencial es donde el objetivo de la organización es volverse data-driven (basada en datos) con foco en el análisis y la recopilación de datos, lo que puede resultar en problemas de privacidad, seguridad o ética en relación con el manejo de la información que no se toman en cuenta o se les asigna baja prioridad en el plan de trabajo general.

Hay muchas razones para aplicar la disciplina de gobierno de datos en las organizaciones. Una función clave es garantizar la claridad sobre los modelos y los métodos que se aplicarán. Esta claridad permitirá que problemas como la división de Negocio / TI o el equilibrio de prioridades en competencia se aborden de manera adecuada y coherente.

5.2.6 Objetivos Comunes

Si todos los miembros de la Coalición Rectora van en una dirección diferente, la confianza se derrumbará.

Los objetivos típicos que unen a las personas son un compromiso con la excelencia o el deseo de ver el desempeño de la organización en el nivel más alto posible en un área determinada. Estos objetivos no deben confundirse con la visión del cambio, sino que deben ser complementarios.

5.3 Desarrollando una Visión y Estrategia

Un error común en los esfuerzos de gestión del cambio es confiar en el decreto autoritario o la *microgestión* para que el cambio se ponga en marcha. Ningún enfoque es efectivo si la situación de cambio es compleja.

Si el objetivo es el cambio de comportamiento, a menos que el jefe sea muy poderoso, los decretos autoritarios funcionan de manera deficiente incluso en situaciones simples. Sin "el poder de los reyes" detrás de él, es poco probable que un decreto autoritario rompa todas las fuerzas de la resistencia. Los agentes de cambio tienden a ser ignorados o socavados. Casi inevitablemente, algunos de los que resisten el cambio desafiarán al Agente de Cambio para probar la autoridad y la influencia detrás del proceso de cambio. La *microgestión* intenta superar esta debilidad definiendo en detalle qué deben hacer los empleados y luego monitoreando el cumplimiento. Esto puede superar algunas de las barreras para el cambio, pero, con el tiempo, tomará cada vez períodos más largos, ya que la gerencia tendrá que dedicar más tiempo a detallar las prácticas de trabajo y los métodos para los nuevos comportamientos modificados a medida que aumenta el nivel de complejidad asociado con el cambio.

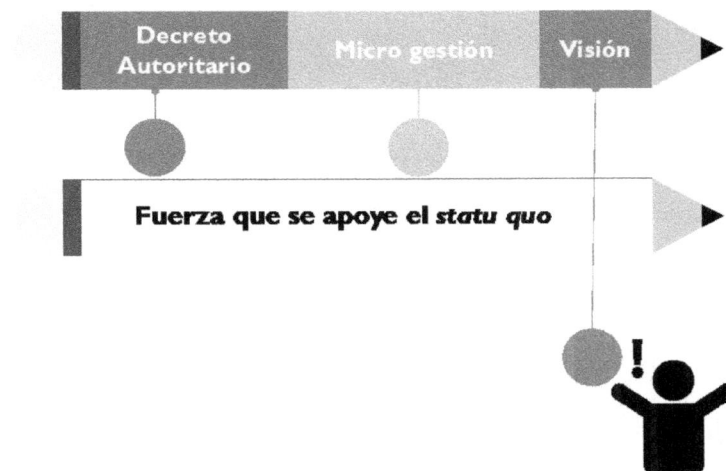

Figura 116 Se Rompe la Visión a Través del *statu quo*

El único enfoque que permite consistentemente a los Agentes de Cambio romper el *statu quo* es basar el cambio en una visión clara y convincente que brinde impulso.

5.3.1 Por qué la Visión es Esencial

Una visión es una imagen del futuro con algunos comentarios implícitos o explícitos sobre por qué las personas deberían esforzarse por crear ese futuro. Una buena visión comparte tres propósitos importantes: aclaración, motivación y alineación.

Aclaración: una buena visión aclara la dirección del cambio y simplifica un rango de decisiones más detalladas al establecer parámetros clave. Una visión efectiva (y las estrategias de respaldo) ayuda a resolver los problemas que surgen de los desacuerdos sobre la dirección, la motivación, o los impulsores del cambio. Los debates interminables se pueden evitar con una pregunta simple: ¿Está la acción planificada en línea con la visión? De manera similar, la visión puede ayudar a despejar el desorden, lo que permite al equipo enfocar los esfuerzos en proyectos prioritarios que contribuyen al esfuerzo de transformación.

Motivación: una visión clara motiva a las personas a tomar pasos en la dirección correcta, incluso si los pasos iniciales son personalmente dolorosos. Esto es particularmente cierto en organizaciones donde las personas se ven forzadas a abandonar sus zonas de confort de forma regular. Cuando el futuro es deprimente y desmoralizador, la visión correcta puede dar a las personas una causa atractiva por la que luchar.

Alineación: una visión convincente ayuda a alinear a las personas y coordinar las acciones de las personas motivadas de manera eficiente. La alternativa es tener una serie de directivas detalladas o reuniones interminables. La experiencia muestra que, sin un sentido de dirección compartido, las personas interdependientes pueden terminar en ciclos de conflicto constante y reuniones sin parar.

5.3.2 La Naturaleza de una Visión Efectiva

Una visión puede ser trivial y simple. No necesita ser grande o general. Es un elemento en el sistema de herramientas y procesos para el cambio; este sistema también incluye estrategias, planes, presupuestos y más. Sin embargo, una visión es un factor muy importante porque exige que los equipos se centren en mejoras tangibles.

Una visión efectiva tiene varias características clave:
- **Imaginable:** transmite una imagen de cómo será el futuro.
- **Deseable:** apela a los intereses a largo plazo de los empleados, clientes, accionistas y otras partes interesadas.
- **Factible:** Comprende objetivos realistas y alcanzables.
- **Enfocado:** Es lo suficientemente claro como para proporcionar orientación en la toma de decisiones.
- **Flexible:** Es lo suficientemente general como para permitir que las personas tomen la iniciativa y para permitir planes y respuestas alternativas cuando cambian las condiciones o las restricciones.
- **Comunicable:** es fácil de compartir y comunicar en cinco minutos o menos.

La prueba clave para la efectividad de una visión es lo fácil que es imaginarla y que sea deseable. Una buena visión puede exigir un sacrificio, pero debe mantener los intereses a largo plazo de las personas involucradas en el alcance. Las visiones que no se enfocan a largo plazo en los beneficios para las personas serán desafiadas en algún momento. Asimismo, la visión debe estar arraigada en la realidad del mercado de productos o servicios. En la mayoría de los mercados, la realidad es que el cliente final debe ser considerado constantemente.

Las preguntas clave para hacer son:
- Si esto se volviera realidad, ¿cómo afectaría a los clientes (internos y externos)?
- Si esto se volviera realidad, ¿cómo afectaría a los accionistas? ¿Los hará más felices? ¿Ofrecerá valor a largo plazo para ellos?
- Si esto se volviera realidad, ¿cómo afectaría a los empleados? ¿El lugar de trabajo sería mejor, más feliz, menos estresado, más satisfactorio? ¿Podremos convertirnos en un mejor lugar para trabajar?

Otra prueba clave es la viabilidad estratégica de la visión. Una visión factible es más que un deseo. Puede requerir más recursos y requerir más capacidades, pero las personas reconocen que se puede alcanzar. Sin embargo, factible no significa fácil. La visión debe ser lo suficientemente desafiante como para forzar un replanteamiento fundamental. Independientemente de cuáles objetivos se fijen, la organización debe basar esa visión en una comprensión racional de las tendencias del mercado y la capacidad de la organización.

La visión debe estar suficientemente enfocada para guiar a las personas, pero no tan rígida como para llevar al personal a modos de comportamiento cada vez más irracionales. A menudo, el mejor enfoque es apuntar a la simplicidad de la visión al mismo tiempo que se incorporan suficientes puntos específicos para que la visión siga siendo una referencia valiosa y un punto de referencia para la toma de decisiones:

Nuestro objetivo es convertirnos en el líder mundial en nuestra industria dentro de 5 años. En este contexto, el liderazgo significa gestionar la información de manera más efectiva para generar mayores ingresos, más ganancias y un lugar más gratificante para que nuestra gente trabaje. Lograr esta ambición requerirá una base sólida de confianza en nuestra capacidad para tomar decisiones, claridad en nuestras comunicaciones internas y externas, una mejor comprensión del panorama de información en el que operamos e inversiones racionales en herramientas y tecnologías apropiadas para respaldar una cultura basada en datos (data-driven) y ética. Los accionistas, clientes, empleados y comunidades podrán confiar en esta cultura y la admirarán.

Liderazgo

Visión
Una imagen sensata y atractiva del futuro

Estrategias
Una lógica de cómo puede ser alcanzada esa visión

Gestión

Planes
Pasos y cronogramas específicos para implementar las estrategias.

Presupuestos
Planes convertidos en proyecciones financieras y objetivos

Figura 117 Planes de Gestión / Contraste de Liderazgo

5.3.3 Creando la Visión Efectiva

Kotter indica que crear una visión efectiva es un proceso iterativo que debe tener varios elementos claros para tener éxito.
- **Primer borrador:** un solo individuo hace una declaración inicial que refleja sus sueños y las necesidades del mercado.
- **Papel de la Coalición Rectora:** la Coalición Rectora modifica el primer borrador para que se ajuste a la perspectiva estratégica más amplia.

- **Importancia del trabajo en equipo**: el proceso grupal nunca funciona bien sin el trabajo en equipo. Anime a las personas a participar y contribuir.
- **Papel de la cabeza y el corazón**: se requieren tanto pensamiento analítico como "soñar con el cielo azul" durante toda la actividad.
- **Desorden del proceso**: este no será un procedimiento sencillo. Habrá mucho debate, reelaboración y cambio. Si no lo hay, algo está mal con la visión o el equipo.
- **Marco de tiempo**: la actividad no es un acuerdo de una reunión. Puede llevar semanas, meses o incluso más. Idealmente, la visión debería estar en constante evolución.
- **Producto final**: una dirección para el futuro que es deseable, factible, enfocada, flexible y que se puede transmitir en cinco minutos o menos.

5.4 Comunicar la Visión del Cambio

Una visión solo tiene poder cuando las personas involucradas en la actividad de cambio tienen un entendimiento común de sus objetivos y dirección, una perspectiva común sobre el futuro deseado. Los problemas que comúnmente surgen con la comunicación de la visión incluyen:

- **Falta de comunicación**: no se comunica lo suficiente.
- **Mala comunicación**: una redacción engorrosa o difícil de manejar que oculta el sentido de urgencia; como resultado, las personas no escuchan con atención.
- **No se está comunicando lo suficiente**: los gerentes están capacitados para comunicarse hacia arriba y hacia abajo. Los líderes necesitan comunicar y llegar a grupos más amplios. Esta gama de comunicación requiere que los líderes tengan claro el problema y cómo se puede resolver.

Otro desafío es lidiar con las preguntas que se relacionan con la visión, de las partes interesada, la Coalición Rectora y el equipo que implementa el cambio en sí. A menudo, la Coalición Rectora pasa mucho tiempo resolviendo estas preguntas y preparando las respuestas solo para devolverlas a la organización en un comunicado rápido (una página de FAQ, notas de una reunión). La sobrecarga de información resultante nubla la visión, crea pánico y resistencia a corto plazo.

Dado que, en la organización promedio, el mensaje de cambio no representará mucho más de la mitad del uno por ciento de la comunicación total que se envía a un empleado, está claro que el simple hecho de volcar información no será efectivo. El mensaje debe comunicarse de manera que aumente su eficacia y amplifique la comunicación.

Kotter identifica siete elementos clave en la comunicación efectiva de la visión:

- **Manténgalo simple**: elimine la jerga, el vocabulario interno y las oraciones complejas.
- **Use metáfora, analogía y ejemplo**: una imagen verbal (o incluso una imagen) puede valer más que mil palabras.
- **Utilice múltiples foros**: el mensaje debe ser comunicable a través de una variedad de diferentes foros, desde la conversación del ascensor hasta un memorándum formal, desde una reunión pequeña hasta una reunión informativa masiva.
- **Repetir, repetir, repetir**: las ideas se deben escuchar muchas veces antes de que se internalicen y se comprendan.
- **Liderar con el ejemplo**: el comportamiento de personas importantes debe ser coherente con la visión. El comportamiento inconsistente destruye todas las otras formas de comunicación.

- **Explique las aparentes inconsistencias**: los cabos sueltos y las desconexiones no resueltas socavan la credibilidad de todas las comunicaciones.
- **Dar y recibir**: la comunicación bidireccional es siempre más poderosa que la comunicación unidireccional.

5.4.1 Ejemplo en el Contexto de la Gestión de la Información

En un contexto de gestión de la información, la falta de definición o comunicación de una visión clara y convincente de un cambio a menudo se puede ver en iniciativas en las que se está implementando una nueva tecnología o capacidad impulsada por un enfoque en el despliegue de la tecnología. En ausencia de un entendimiento o apreciación de los beneficios potenciales del manejo de la información de la nueva tecnología o métodos, puede haber resistencia por parte de las partes interesadas para adoptar nuevas formas de trabajar. Por ejemplo, si una organización está implementando procesos de administración de contenido y documentos impulsados por Metadatos, las áreas de negocios no pueden participar en el esfuerzo inicial de entender o aplicar el etiquetado de Metadatos o la clasificación de registros si no hay una visión claramente comunicada de que esto generará un beneficio para la organización *y para ellos*. A falta de eso, la iniciativa, de otro modo valiosa, puede atascarse con niveles de adopción y cumplimiento inferiores a los requeridos.

5.4.2. Manteniéndolo Simple

Es difícil conectarse emocionalmente con un lenguaje que no es natural, está escrito densamente o es difícil de entender. Estos ejemplos ilustran los problemas de comunicación que pueden surgir cuando la visión no se mantiene simple. El siguiente ejemplo ilustra este punto. Nuestro objetivo es reducir nuestro promedio de "tiempo de reparación" para que sea demostrablemente más bajo que todos los principales competidores en nuestros mercados geográficos y demográficos. De manera similar, hemos apuntado a los tiempos de ciclo de desarrollo de nuevos productos, tiempos de procesamiento de pedidos y otros vectores de procesos relacionados con el cambio a los clientes.

Traducción: "Vamos a ser más rápidos que nadie en nuestra industria para satisfacer las necesidades de los clientes".

Cuando la visión se articula de manera sencilla, es más fácil para los equipos, las partes interesadas y los clientes entender el cambio propuesto, cómo podría afectarlos, y su papel en el cambio. Esto, a su vez, les ayuda a comunicarse más fácilmente con sus compañeros.

5.4.3 Usar Muchos Foros Diferentes

La comunicación de la visión suele ser más efectiva cuando se utilizan diferentes canales. Hay varias razones para esto, que van desde el hecho de que algunos canales pueden estar sobrecargados con información o con la "carga" de iniciativas de cambio anteriores, hasta el hecho de que diferentes personas interpretan y procesan la información de manera diferente. Si las personas reciben el mismo mensaje a través de diferentes canales, aumenta la probabilidad de que el mensaje se escuche, se internalice y se actúe. Relacionado con este enfoque de "múltiples canales / múltiples formatos" está la necesidad de seguir repitiendo la visión y comunicando el progreso.

5.4.4. Repetición, Repetición, Repetición

En muchos aspectos, el cambio de visión y los mensajes de cambio son como el agua en un río que se encuentra con una roca que debe ser superada. El agua no irrumpe a través de la presa inmediatamente (a menos que tenga mucha fuerza detrás, en cuyo caso tiende a hacerlo de manera destructiva), pero con el tiempo, a través de la erosión iterativa, el agua desgasta la roca para que pueda fluir a su alrededor.

De la misma manera, las iniciativas de cambio tienen que aplicar narraciones iterativas de la visión del cambio en diferentes foros y formatos para generar un cambio que sea "contagioso". ¿Cuál de estos escenarios sería más efectivo?

- La alta gerencia publicó un mensaje de video para todo el personal y un mensaje de voz para informar a todos sobre el cambio. Los detalles sobre la ejecución los realizan los gerentes de línea. La intranet publica tres artículos durante los próximos seis meses sobre la Visión, y hay una sesión informativa en la conferencia de gestión trimestral (que se realiza al final del día). El plan incluye seis instancias de comunicación sin detalles.
- La alta gerencia se compromete a encontrar cuatro oportunidades cada día para tener una conversación de cambio y vincularla a la "Visión General". A su vez, asignan a sus dependientes directos la búsqueda de cuatro oportunidades y la tarea a sus equipos de encontrar cuatro oportunidades. Entonces, cuando Frank se encuentra con Desarrollo de Producto, les pide que revisen sus planes en el contexto de la Visión General. Cuando Mary presenta una actualización de estado, la relaciona con la contribución a la Visión. Cuando Garry presenta resultados negativos de auditoría interna, explica el impacto en términos de la Visión. En cada nivel de gestión, por gerente hay innumerables oportunidades de comunicación por año donde se puede hacer referencia a la visión. (Esto también se conoce como "Adoptar la Nueva Filosofía" e "Instituir Liderazgo", que son puntos clave en los 14 Puntos para la Transformación en la Gestión de Calidad de W. Edwards Deming).

5.4.5 Predicar con el Ejemplo

No hay sustituto para el liderazgo por el ejemplo. Esto hace que los valores y aspectos culturales del cambio deseado sean tangibles de una manera que ninguna palabra puede hacer. Al predicar con el ejemplo, los altos directivos engendran el desarrollo de historias sobre la visión y desencadenan una discusión sobre la visión, y hacen de esto una herramienta excepcionalmente poderosa. La acción de decirles a las personas una cosa y hacer lo contrario envía un mensaje claro de que la visión no es tan importante y que se puede ignorar cuando llega el momento. Nada socava la visión y los esfuerzos de cambio más que un miembro de alto rango de la Coalición Rectora actuando de manera incongruente con la visión.

5.4.6 Ejemplo en el Contexto de Gestión de la Información

En el contexto de gestión de la información, la falla en 'predicar con el ejemplo' puede ser tan simple como un administrador superior que envía archivos que contienen información personal sobre los clientes a través de un canal de correo electrónico no protegido o no encriptado en contravención de la política de seguridad de la información, pero que no recibe ninguna sanción.

También puede ser tan simple como que el equipo que lidera una iniciativa de gobierno de la información aplique los principios y el rigor que le pide al resto de la organización para sus propias actividades, manejo de información, informes y respuestas a problemas y errores.

Considere el impacto en la implementación de un proyecto de gestión de Metadatos si el equipo aplicara los estándares y prácticas de Metadatos a sus propios registros internos del proyecto. Su aplicación, les ayudaría a comprender los aspectos prácticos del cambio, pero también les proporcionaría una buena demostración para los otros de los beneficios de los registros e información debidamente etiquetados y clasificados.

5.4.7 Explicación de Inconsistencias

A veces la inconsistencia es inevitable. Puede ser que, por razones tácticas u operativas, o simplemente para hacer que las cosas se muevan dentro del sistema general de la organización, es posible que un Agente de Cambio deba tomar una acción que tenga diferencias con la visión establecida. Cuando esto sucede, debe manejarse y tratarse con cuidado para garantizar que la visión se mantenga, incluso si se toma una ruta alternativa. Los ejemplos de inconsistencias que pueden surgir y pueden incluir el uso de consultores externos cuando la organización está buscando reducir costos o personal. "¿Por qué la organización está trayendo estos trajes costosos cuando estamos racionando el papel de la impresora?", se pueden preguntar las personas. Hay dos formas de lidiar con la aparente inconsistencia. Una de ellas garantiza matar tu visión. La otra te da la oportunidad de luchar para poder mantener todo en orden.

La primera opción es ignorar la pregunta o reaccionar a la defensiva y disparar al mensajero. Invariablemente, esto termina en una escalada vergonzosa donde se elimina la inconsistencia, y no siempre de una manera que sea beneficiosa para los objetivos del cambio a largo plazo. La segunda opción es comprometerse con la pregunta y explicar el razonamiento de la inconsistencia. La explicación debe ser simple, clara y honesta. Por ejemplo, una organización que traiga consultores podría responder así:

Apreciamos que parezca extraño gastar dinero en consultores cuando estamos reduciendo los costos en cualquier otro lugar para lograr que nuestra visión sea magra, discreta y sustentablemente rentable. Sin embargo, para que los ahorros sean sostenibles, debemos romper con los viejos hábitos de pensamiento y aprender nuevas habilidades. Eso nos obliga a invertir en conocimiento. Y donde no tengamos ese conocimiento internamente, debemos comprarlo a corto plazo y aprovechar esa oportunidad para desarrollar el conocimiento internamente para el futuro. Cada consultor es asignado a un proyecto específico. Y a cada equipo de proyecto se le ha asignado la tarea de aprender lo más posible sobre su nueva función siguiendo a los consultores y utilizarlos para la capacitación formal. De esta manera, nos aseguraremos de que tendremos mejoras sostenibles en el futuro.

La clave es ser explícito acerca de la inconsistencia y explícito acerca de porqué la inconsistencia es válida y cuánto tiempo existirá si es solo una inconsistencia transitoria.

5.4.8 Ejemplo en el Contexto de Gestión de la Información

Explicar las inconsistencias es un muy buen ejemplo de la importancia de los modelos de gobierno de datos que crean protocolos acordados para la toma de decisiones y promueven el reconocimiento formal y el control de las excepciones a las reglas. Por ejemplo, si un estándar de gobierno requiere que no se realicen pruebas con datos de producción, pero un proyecto requiere esto para verificar los algoritmos de comparación de datos o para probar la efectividad de las rutinas de limpieza de datos, entonces debe haber una explicación clara y explícita de esta variación de la norma acordada. Se llega a esto a través de controles de gobierno apropiados. Cuando el proyecto ejecuta las pruebas utilizando datos de producción *sin* tener aprobadas las evaluaciones de riesgo, entonces debe haber una sanción (dar el ejemplo) o la razón para la no aplicación de la sanción debe explicarse de manera igualmente clara y explícita.

5.4.9 Escuchar y Ser Escuchado

Stephen Covey aconseja a las personas que desean ser altamente efectivas que "Busquen primero entender y luego serán entendidos". En otras palabras, escuche para que lo escuchen (Covey, 2013).

A menudo, el equipo de liderazgo no entiende bien la visión, o se encuentra con una barrera o un cuello de botella que podrían haberse evitado si hubieran estado mejor informados. Esta falta de información conduce a errores costosos y debilita la aceptación y el compromiso con la Visión. Las conversaciones bidireccionales son un método esencial para identificar y responder a inquietudes que las personas tienen sobre un cambio o sobre una visión para el cambio. La Voz del Cliente es tan importante para la definición y el desarrollo de la visión como lo es para cualquier métrica de calidad de los propios datos. Y si cada conversación se considera como una oportunidad para discutir la visión y para tener retroalimentación extraoficial; por tanto, sin tener que citar formalmente a las personas a las reuniones, es posible tener miles de horas de discusión y desarrollar la visión y cómo ejecutarla de manera efectiva.

5.4.10 Ejemplo en el Contexto de Gestión de la Información

En un contexto de gestión de la información, la comunicación bidireccional se ilustra mejor mediante un escenario en el que la opinión de la función de TI es que todos los datos que necesitan las partes interesadas clave del negocio están disponibles de manera oportuna y apropiada, pero las partes interesadas del negocio expresan constantemente la frustración por los retrasos para obtener la información que necesitan para hacer su trabajo y, por lo tanto, han desarrollado una producción informal de informes y hojas de datos basados en hojas de cálculo. Una visión para mejorar la gestión de la información y la capacidad de gobernabilidad que no identifica y aborda la brecha en la percepción entre la visión de la función de TI del entorno de la información y la percepción de las partes interesadas de la empresa sobre su entorno de información inevitablemente fallará y no logrará obtener el apoyo general esperado para garantizar un cambio efectivo y sostenible. Uno de los métodos más famosos para describir la "receta" requerida para un cambio efectivo es la Fórmula Gleicher que describe los factores que deben existir para superar la resistencia al cambio en la organización.

$$C = (D \times V \times F) > R$$

6. La Fórmula para el Cambio

De acuerdo con la Fórmula Gleicher, el cambio (C) se produce cuando el nivel de insatisfacción con el *statu quo* (D) se combina con la visión de una mejor alternativa (V) y algunos primeros pasos prácticos para llegar allí (F) y el producto de los tres son lo suficientemente atractivos como para vencer la resistencia (R) en la organización.

Influenciar cualquiera de las cuatro variables en la fórmula de Gleicher aumenta la efectividad y el éxito del esfuerzo de cambio. Sin embargo, al igual que con cualquier máquina compleja, es importante estar al tanto de los riesgos inherentes al presionar botones y tirar de las palancas:

- Incrementar la insatisfacción dentro de la organización con la forma en que funcionan las cosas es una herramienta poderosa y debe manejarse con cuidado para que no aumente la resistencia.
- Desarrollar una visión del futuro requerirá una visión concreta y vívida de lo que las personas harán de manera diferente, lo que las personas dejarán de hacer o lo que comenzarán a hacer que no están haciendo ahora. Asegúrese de que las personas puedan apreciar las nuevas habilidades, actitudes o métodos de trabajo que serán necesarios. Preséntelos de una manera que no ahuyente a las personas ni cree barreras políticas al cambio al hacer que defiendan el *statu quo*.
- Cuando describa los primeros pasos para cambiar, asegúrese de que sean alcanzables y vincúlelos explícitamente con la visión.
- Actúe para reducir la resistencia y evitar aumentar la resistencia al cambio. Para ser claro: evite alienar a las personas. Esto requiere una buena comprensión de los interesados.

7. Difusión de Innovaciones y Cambio Sostenible

En última instancia, la capacitación y la educación deben implementarse para brindar un cambio sostenible en la calidad de la información y la gestión de datos en una organización. Implementar el cambio requiere entender cómo se propagan las nuevas ideas en la organización. Este aspecto del cambio se conoce como Difusión de Innovaciones. La difusión de innovaciones es una teoría que busca explicar cómo, por qué y a qué velocidad se propagan las nuevas ideas y tecnologías a través de las culturas. Formulado en 1962 por Everett Rogers, está relacionado con el concepto de cultura pop de Idea Virus (http://bit.ly/2tNwUHD) popularizado por Seth Godin. La difusión de innovaciones se ha aplicado de manera consistente en una amplia gama de campos, desde la prescripción médica hasta los cambios en los métodos de cría de granjas y la adopción de productos electrónicos de consumo.

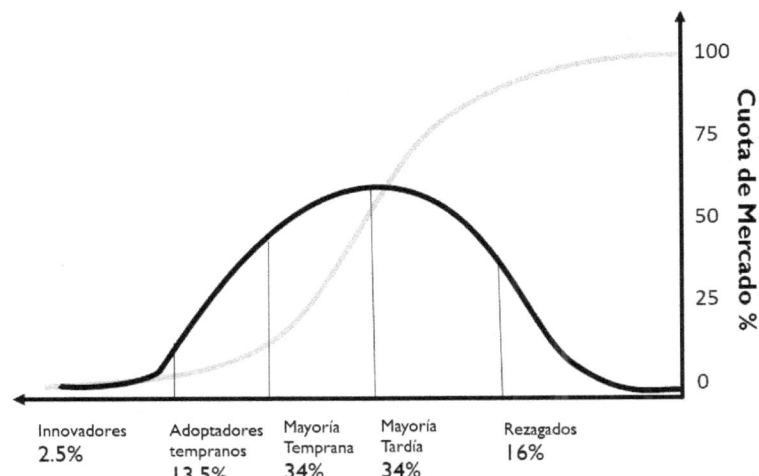

Figura 118 Difusión de Innovaciones de Everett Rogers[104]

---

[104] © 2014 Daragh O Brien. Usado con permiso.

La teoría de la Difusión de las Innovaciones afirma que los cambios son iniciados por un porcentaje muy pequeño (2.5%) de la población total, los Innovadores, que tienden a ser (en el contexto de la sociedad que se examina) jóvenes, de clase social alta y suficientemente seguros para absorber pérdidas en malas decisiones. Tienen contacto con innovadores tecnológicos y una alta tolerancia al riesgo. Luego, a éstos les sigue un 13.5% más de la población, los Adoptadores Tempranos, que comparten rasgos con los Innovadores, pero son menos tolerantes al riesgo. Los Adoptadores Tempranos entienden que tomar la decisión correcta puede ayudarlos a mantener un papel central en la sociedad como personas que deben ser respetadas. El cambio se adopta a continuación por los segmentos más grandes de la población, las Mayorías Tempranas y Tardías, que comprenden el 68% en total. Los Rezagados son los últimos en adoptar una innovación específica.

Tabla 37 Difusión de Categorías de Innovación Adaptadas a la Gestión de la Información

Categoría	Definición (Perspectiva de Gestión de la Información)
Innovadores	Los innovadores son las primeras personas en detectar una mejor manera de abordar los problemas con la calidad de la información. Toman riesgos al tratar de desarrollar perfilamiento de datos, construir cuadros de mando tentativos y comenzar a poner los síntomas experimentados por el negocio en el lenguaje de la Gestión de la Información. A menudo, estos innovadores utilizarán sus propios recursos para obtener información y desarrollar habilidades sobre las mejores prácticas.
Adoptadores tempranos	Los adoptadores tempranos son la segunda categoría más rápida de personas en adoptar una innovación. Estas personas tienen el más alto grado de liderazgo de opinión entre las otras categorías de adoptantes. Son percibidos como gerentes "visionarios" (o gerentes experimentados, o gerentes responsables de áreas emergentes de estrategia comercial) que se han dado cuenta de que los problemas de calidad de la información son una barrera para su éxito. A menudo aprovechan el trabajo inicial de los innovadores para desarrollar su caso de negocios y comenzar a formalizar las prácticas de información.
Mayoría temprana	A la mayoría temprana le toma mucho más tiempo que a los adoptadores tempranos, adoptar una innovación. La mayoría temprana tiende a ser más lenta en el proceso de adopción, tener un estatus social superior al promedio, contacto con los adoptadores tempranos y rara vez ocupan puestos de liderazgo de opinión en un sistema. Podrían estar en las áreas del "núcleo tradicional" de la organización, donde el impacto de los datos de baja calidad se enmascara como el "costo del negocio".
Mayoría tardía	Las personas de la mayoría tardía abordan una innovación con un alto grado de escepticismo y después de que la mayoría de la sociedad haya adoptado la innovación. La mayoría tardía generalmente tiene un estatus social por debajo del promedio, muy poca lucidez financiera, en contacto con otros en mayoría tardía y mayoría temprana, muy poco liderazgo de opinión. En términos de gestión de la información, estas pueden ser áreas de la organización donde los presupuestos ajustados pueden combinarse con el escepticismo sobre los cambios propuestos para generar resistencia.
Rezagados	Los rezagados son los últimos en adoptar una innovación. Las personas en esta categoría muestran poco o ningún liderazgo de opinión. Por lo general, son reacios a los agentes de cambio y tienden a tener una edad avanzada. Los rezagados tienden a centrarse en "tradiciones". En términos de Gestión de la Información, a menudo son las personas o áreas de la empresa que se resisten porque "lo nuevo" significa tener que hacer lo "viejo" de manera diferente o no hacer nada.

7.1 Los Desafíos que deben Superarse a Medida que se Difunden las Innovaciones

Existen dos áreas de desafío clave con la difusión de innovaciones a través de la organización. El primero es pasar la etapa de Adoptador Temprano. Esto requiere una administración cuidadosa del cambio para asegurar que los Adoptadores Tempranos puedan identificar un nivel suficiente de insatisfacción con el *statu quo* que los hará cambiar y persistir con el cambio. Este paso es necesario para alcanzar el "Punto de Inflexión" donde la innovación es adoptada por suficientes personas para que comience a generalizarse. El segundo punto clave del desafío es a medida que la innovación se mueve de la etapa de la mayoría tardía a la etapa rezagada. El equipo debe aceptar que no necesariamente puede convertir al 100% de la población a la nueva forma de hacer las cosas. Un cierto porcentaje del grupo puede continuar resistiéndose al cambio y la organización tendrá que decidir qué hacer con los elementos de este grupo.

7.2 Elementos Clave en la Difusión de la Innovación.

Se deben considerar cuatro elementos clave al observar cómo se propaga una innovación a través de una organización:
- **Innovación**: una idea, práctica u objeto que una persona u otra unidad de adopción percibe como nueva.
- **Canales de comunicación**: los medios por los cuales los mensajes pasan de una persona a otra.
- **Tiempo:** la velocidad a la que los miembros del sistema social adoptan la innovación.
- **Sistema social**: el conjunto de unidades interrelacionadas que participan en la resolución conjunta de problemas para lograr un objetivo común

En el contexto de la gestión de la información, una innovación podría ser algo tan simple como la idea del *Data Steward* y la necesidad de que los *Data Steward* trabajen de manera multifuncional en un problema de datos común en lugar del pensamiento tradicional de "silo". El proceso por el cual se comunica esa innovación y los canales a través de los cuales se comunica de manera más efectiva, son los canales de comunicación que deben considerarse y gestionarse. Finalmente, la idea del Sistema Social como un conjunto de unidades interrelacionadas que están comprometidas con una empresa conjunta. Esto recuerda al sistema como lo describe W. Edwards Deming, que debe optimizarse como un todo en lugar de hacerlo pieza por pieza de forma aislada. Una innovación que no se propague fuera de una sola unidad de negocios o equipo no es un cambio bien difundido.

7.3 Las Cinco Etapas de la Adopción

La adopción de cualquier cambio tiende a seguir un ciclo de cinco pasos. Comienza cuando los individuos se dan cuenta de la innovación (Conocimiento), se les convence sobre el valor de la innovación y su relevancia para ellos (Persuasión), y llegan al punto de tomar una decisión sobre su relación con la innovación. Si no rechazan la innovación, se mueven a Implementar y finalmente Confirman la adopción de la innovación. (Ver Tabla 38 y Figura 119.) Por supuesto, debido a que una idea siempre puede ser rechazada en lugar de adoptarse, el punto de inflexión de la masa crítica de los *adoptadores tempranos* y la mayoría temprana es importante.

Tabla 38 Las Etapas de la Adopción (Adaptado de Rogers, 1964)

Etapa	Definición
Conocimiento	En la etapa de conocimiento, el individuo se expone primero a una innovación, pero carece de información sobre la innovación. Durante esta etapa, el individuo aún no se ha inspirado para encontrar más información sobre la innovación.
Persuasión	En la etapa de persuasión, el individuo está interesado en la innovación y busca activamente información sobre la innovación.
Decisión	En la etapa de Decisión, el individuo sopesa las ventajas y desventajas de usar la innovación y decide si adoptarla o rechazarla. Rogers señala que la naturaleza individualista de esta etapa la convierte en la etapa más difícil sobre la cual adquirir evidencia empírica.
Implementación	En la etapa de Implementación, el individuo emplea la innovación y determina su utilidad o busca más información al respecto.
Confirmación	En la etapa de Confirmación, el individuo finaliza su decisión de continuar usando la innovación y puede terminar usándola a su máximo potencial.

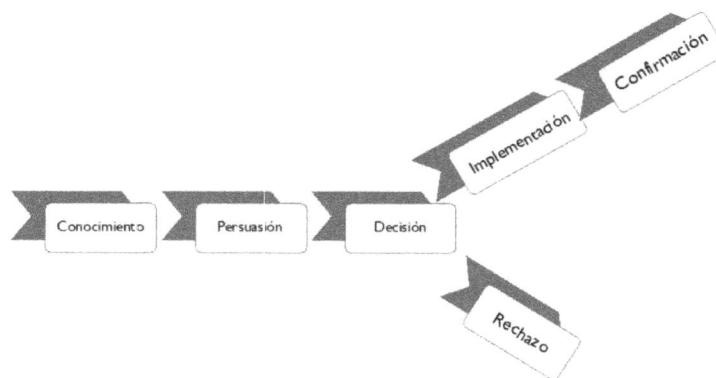

Figura 119 Las Etapas de la Adopción

7.4 Factores que Afectan la Aceptación o el Rechazo de una Innovación o Cambio

Las personas toman decisiones en gran medida racionales cuando aceptan o rechazan una innovación o cambio. La clave para esto es si la innovación ofrece alguna ventaja relativa sobre la forma anterior de hacer las cosas.

Considere el moderno teléfono inteligente. Presentaba una clara ventaja sobre los teléfonos inteligentes anteriores porque era fácil de usar, tenía un estilo elegante y tenía una tienda de aplicaciones donde las capacidades del producto podían extenderse rápida y fácilmente. Del mismo modo, la implementación de herramientas, tecnologías y técnicas de gestión de datos tiene ventajas relativas sobre el cambio manual de los datos, la codificación a medida o las actividades de búsqueda y descubrimiento de datos manuales que requieren un uso intensivo de recursos.

Por ejemplo, en muchas organizaciones puede haber resistencia a cambios simples en la gestión de documentos y contenido, como etiquetar archivos con Metadatos para proporcionar contexto. Sin embargo, el uso de esos Metadatos a su vez proporciona una ventaja relativa en términos de compatibilizar controles de seguridad, calendarios de retención y tareas simples como la búsqueda y recuperación de información. Vincular la molestia de etiquetar con el tiempo ahorrado ya sea buscando información o resolviendo problemas donde la información se comparte o divulga sin autorización puede ayudar a demostrar esta ventaja relativa.

Una vez que las personas vean que se propone una mejora, preguntarán si la mejora es compatible con su vida, su forma de trabajar, etc. Volviendo al ejemplo del teléfono inteligente, el hecho de que combinó un reproductor de mp3, correo electrónico, teléfono, etc. de alta calidad, significaba que era compatible con el estilo de vida y las formas de trabajo de sus usuarios objetivo.

Para comprender la compatibilidad, un consumidor considerará (consciente o inconscientemente) varios factores. Por ejemplo, la complejidad o simplicidad del cambio. Si la innovación es demasiado difícil de usar, es menos probable que se adopte. Una vez más, la evolución de las plataformas de teléfonos inteligentes y tabletas está plagada de intentos fallidos que no lograron el objetivo de una interfaz de usuario simple. Los que lo hicieron redefinieron la expectativa del mercado e inspiraron interfaces similares en otros dispositivos.

La Trialability se refiere a lo fácil que es para el consumidor experimentar con la nueva herramienta o tecnología. De ahí las ofertas *freemium* para herramientas. Cuanto más fácil sea validar las nuevas funciones, más probable es que el usuario adopte la nueva herramienta o innovación. La importancia de esto es que ayuda a establecer la comprensión de la ventaja relativa, la compatibilidad con el estilo de vida y la cultura de la organización, y la simplicidad del cambio. Como un conjunto de primeros pasos hacia una visión de cambio, la creación de un prototipo iterativo y su "prueba" con las partes interesadas es esencial y puede ayudar a consolidar la Coalición Rectora, así como a garantizar que los primeros adoptadores estén a bordo.

La observabilidad es la medida en que la innovación es visible. Hacer visible la innovación impulsará la comunicación al respecto a través de redes formales y personales. Esto puede desencadenar reacciones negativas, así como reacciones positivas. Planee cómo manejar la retroalimentación negativa. La experiencia de ver a las personas usar una nueva tecnología o trabajar con información de una manera particular (por ejemplo, la visualización de números tradicionalmente duros) puede influir en cómo comunicar mejor la experiencia.

8.- Sustentando el Cambio

Para comenzar el cambio se requiere de: una visión clara y convincente, actividades claras e inmediatas, un sentido de urgencia, insatisfacción con el *statu quo*, una Coalición Rectora y un plan para evitar las trampas en las que los Agentes de Cambio pueden caer al comenzar su viaje al cambio. Sin embargo, un problema común en el inicio del cambio en gestión de la información (por ejemplo, los programas de gobierno de datos) es que se inician en respuesta a un motivador específico o a un síntoma particular de capacidad subóptima en la organización. A medida que se aborda el síntoma, disminuye la sensación de insatisfacción y urgencia. Se vuelve más difícil mantener el apoyo político o financiero, especialmente cuando se compite con otros proyectos. Queda fuera del alcance de este trabajo proporcionar análisis detallados o herramientas para abordar estos problemas complejos. Sin embargo, en el contexto de un Cuerpo de Conocimiento, es apropiado referirse a los principios de gestión de cambios descritos en este capítulo para proporcionar una idea de cómo se pueden encontrar las soluciones.

8.1 Sentido de Urgencia / Insatisfacción

Es importante mantener el sentido de urgencia. El corolario de esto es estar alerta a las áreas emergentes de insatisfacción en la organización y cómo el cambio en la gestión de la información podría ayudar a apoyar la mejora. Por ejemplo, el alcance de una iniciativa de gobierno de datos que se ha implementado para satisfacer un requerimiento regulatorio de privacidad de datos puede ampliarse para abordar los problemas de calidad de la información en relación con los datos personales. Esto puede relacionarse con el alcance principal de la iniciativa, ya que la mayoría de las regulaciones de privacidad de datos tienen un componente de calidad de datos y proporcionan un derecho de acceso a los datos a las personas, por lo que existe el riesgo de que se expongan datos de baja calidad. Sin embargo, abre la visión del programa de gobierno de datos para incluir métodos y prácticas de calidad de la información que pueden implementarse como una "segunda ola" una vez que los controles de gobierno de privacidad de datos centrales estén satisfechos.

8.2 Enmarcando la Visión

Un error común es confundir el alcance del proyecto con la visión de cambio. Muchos proyectos pueden ser necesarios para lograr la visión. Es importante que la visión se establezca de una manera que permita una acción de base amplia y no crear un callejón sin salida para los líderes del cambio una vez que se entreguen los proyectos iniciales de fácil resolución. Hay una diferencia entre una visión que dice:

Implementaremos un marco de gobierno estructurado para los datos personales para garantizar el cumplimiento de las normas de privacidad de datos de la UE. a una que dice:

Dirigiremos a nuestra industria en enfoques y métodos repetibles y escalables para gestionar nuestros activos de información crítica para asegurar ganancias, reducir riesgos, mejorar la calidad del servicio y equilibrar nuestras obligaciones éticas como administradores de información personal.

El primero es, más o menos, un objetivo. El segundo proporciona dirección para la organización.

8.3 La Coalición Rectora

Restringir los miembros de la Coalición Rectora a las partes interesadas afectadas más inmediatas restringirá la efectividad del cambio. Al igual que con la visión, es importante no confundir a los grupos de jefes de proyectos que supervisan la entrega de compromisos específicos con la Coalición que guía y evoluciona la visión del cambio en la organización.

8.4 Ventaja Relativa y Observabilidad

Si bien la aplicación específica o el foco de una iniciativa de cambio pueden ser limitados, en la mayoría de los casos, los principios, prácticas y herramientas que se aplican pueden ser transferibles a otras iniciativas. El hecho de poder demostrar cómo el enfoque y los métodos pueden brindar una ventaja relativa a otras iniciativas en la organización puede ayudar a extender la Coalición Rectora e identificar nuevas áreas de urgencia o insatisfacción que la iniciativa de cambio puede respaldar.

Por ejemplo, en una empresa de servicios públicos, los métodos y herramientas de creación de perfiles de calidad de datos y panel de control que se utilizan para una visión única de la implementación del cliente pueden ser directamente transferibles a un programa de cumplimiento regulatorio de facturación. Vincular los dos se prestaría a generar un panel de indicadores de Calidad de Datos Empresarial e iniciativas asociadas de gestión y mejora de datos, en particular donde los enfoques *subóptimos* como la limpieza manual de datos podrían ser la opción predeterminada para los datos de facturación.

9. Comunicando el Valor de la Gestión de Datos

Ayudar a una organización a comprender la importancia de la gestión de datos a menudo requiere un plan formal de gestión de cambios organizativos, como se describe en este capítulo. Dicho plan ayuda a la organización a reconocer el valor de sus datos y la contribución de las prácticas de gestión de datos a ese valor. Sin embargo, una vez que se establece un programa de gestión de datos, también es necesario mantener el apoyo en forma continua. La comunicación continua promueve la comprensión y sostiene el apoyo. Si las comunicaciones están estructuradas como un canal de dos vías, un plan de comunicaciones puede ayudar a fortalecer las asociaciones al permitir que las partes interesadas compartan inquietudes e ideas. Este tipo de esfuerzo de comunicación requiere planificación.

9.1 Principios de la Comunicación

El propósito de cualquier comunicación es enviar un mensaje a un receptor. Al planificar las comunicaciones, es necesario tener en cuenta el mensaje, los medios utilizados para transmitirlo y las audiencias a las que está destinado. Para apoyar esta estructura básica, ciertos principios generales se aplican a cualquier plan de comunicaciones formal, independientemente del tema. Estos son muy importantes cuando se comunica sobre Gestión de Datos porque muchas personas no entienden la importancia de la gestión de datos para el éxito de la organización. Un plan general de comunicaciones y cada comunicación individual deben:

- Tener un objetivo claro y un resultado deseado.
- Consistir en mensajes clave para apoyar el resultado deseado.
- Ser adaptado a la audiencia / partes interesadas.
- Utilizar medios que sean apropiados para la audiencia/ partes interesadas.

Si bien las comunicaciones pueden ser sobre una variedad de temas, los objetivos generales de la comunicación se reducen a:

- Informar
- Educar
- Establecer metas o una visión
- Definir una solución a un problema
- Promover el cambio
- Influenciar o motivar una acción
- Obtener retroalimentación
- Generar apoyo

Lo más importante, para poder comunicar con claridad, es tener mensajes importantes para compartir con las personas. Las comunicaciones generales sobre la gestión de datos serán más exitosas si el equipo de gestión de datos entiende el estado actual de la práctica y tiene una visión y declaración de misión que conecta las mejores prácticas de gestión de datos directamente con los objetivos estratégicos de la organización. Las comunicaciones de gestión de datos deben esforzarse por:

- Transmitir el valor tangible e intangible de las iniciativas de gestión de datos.
- Describir cómo las capacidades de gestión de datos contribuyen a la estrategia comercial y los resultados.
- Compartir ejemplos concretos de cómo la administración de datos reduce los costos, apoya el crecimiento de los ingresos, reduce el riesgo o mejora la calidad de la decisión.
- Educar a las personas sobre conceptos fundamentales de gestión de datos para aumentar la base de conocimientos dentro de la organización.

9.2 Evaluación y Preparación de la Audiencia

La planificación de las comunicaciones debe incluir un análisis de las partes interesadas para ayudar a identificar las audiencias para las comunicaciones que se desarrollarán. Sobre la base de los resultados del análisis, el contenido se puede adaptar para que sea relevante, significativo y al nivel apropiado, según las necesidades de los interesados. Por ejemplo, si el objetivo del plan de comunicaciones es obtener el patrocinio de una iniciativa, diríjase a las personas más influyentes posibles, generalmente los ejecutivos que desean conocer el beneficio final de cualquier programa que financien. Las tácticas de comunicación para persuadir a las personas para que actúen incluyen varias formas de hacer que las personas vean cómo sus intereses se alinean con los objetivos del programa.

- **Solucionar problemas**: los mensajes deben describir cómo el esfuerzo de gestión de datos ayudará a resolver los problemas pertinentes a las necesidades de las partes interesadas que se están abordando. Por ejemplo, los contribuyentes individuales tienen necesidades diferentes de los ejecutivos. TI tiene necesidades que son diferentes a las de las personas de negocios.
- **Abordar los puntos de dolor**: diferentes partes interesadas tendrán diferentes puntos de dolor. Enumerar estos puntos negativos en los materiales de comunicación ayudará a la audiencia a comprender el valor de lo que se propone. Por ejemplo, una parte interesada en el cumplimiento estará interesada en cómo un programa de gestión de datos reducirá el riesgo. Una parte interesada en la comercialización estará interesada en cómo el programa los ayuda a generar nuevas oportunidades.
- **Presente los cambios como mejoras**: en la mayoría de los casos, la introducción de prácticas de gestión de datos requiere que las personas cambien su funcionamiento. Las comunicaciones deben motivar a las personas a desear los cambios propuestos. En otras palabras, necesitan reconocer los cambios como mejoras de las que se beneficiarán.
- **Tener una visión de éxito**: describir cómo será vivir en el futuro estado permite a los interesados comprender cómo los afecta el programa. Compartir cómo se ve y se siente el éxito puede ayudar al público a comprender los beneficios del programa de gestión de datos.
- **Evite la jerga**: la jerga de la gestión de datos y un énfasis en los aspectos técnicos apagarán a algunas personas y restarán valor al mensaje.
- **Comparta historias y ejemplos**: Las analogías e historias son formas efectivas de describir y ayudar a las personas a recordar los propósitos del programa de gestión de datos.
- **Reconocer el miedo como motivación**: algunas personas están motivadas por el miedo. Compartir las consecuencias de no gestionar datos (por ejemplo, multas, sanciones) es una forma de implícita de mostrar el valor de gestionar bien los datos. Los ejemplos de cómo la falta de prácticas de gestión de datos ha afectado negativamente a una unidad de negocios resonarán.

La comunicación efectiva implica monitorear las reacciones de los oyentes ante el mensaje. Si una táctica dada no funciona, adapte e intente un ángulo diferente.

9.3 El Elemento Humano

Los hechos, ejemplos e historias compartidas sobre un programa de gestión de datos no son las únicas cosas que influirán en las percepciones de los interesados sobre su valor. Las personas son influenciadas por sus colegas y líderes. Por esta razón, la comunicación debe usar el análisis de las partes interesadas para encontrar dónde los grupos tienen intereses y necesidades similares. A medida que el apoyo se amplía para el esfuerzo de gestión de datos, los partidarios pueden ayudar a compartir el liderazgo y sus mensajes con sus compañeros.

9.4 Plan de Comunicación

Un plan de comunicación reúne elementos de planificación. Un buen plan sirve como una hoja de ruta para guiar el trabajo hacia los objetivos. El plan de comunicación debe incluir los elementos enumerados en la tabla.

Tabla 39 Elementos del Plan de Comunicación

Elemento	Descripción
Mensaje	La información que necesita ser transmitida.
Meta/Objetivo	El resultado deseado de transmitir un mensaje o conjunto de mensajes (es decir, por qué es necesario transmitir el mensaje).
Audiencia	Grupo o individuo objetivo de la comunicación. El plan tendrá diferentes objetivos para diferentes audiencias.
Estilo	Tanto el nivel de formalidad como el nivel de detalle en los mensajes deben adaptarse a la audiencia. Los ejecutivos necesitan menos detalles que los equipos responsables de la implementación de proyectos. El estilo también está influenciado por la cultura organizacional.
Canal, Método, Medio	Los medios y el formato a través del cual se transmitirá el mensaje (p. Ej., Página *web*, *blog*, correo electrónico, reuniones individuales, presentaciones en grupos pequeños o grandes, sesiones de almuerzo y aprendizaje, talleres, etc.) Los diferentes medios tienen diferentes efectos.
Sincronización	La forma en que se recibe un mensaje puede verse influenciada por el momento en que se recibe. Es más probable que los empleados lean un correo electrónico que sale a primera hora el lunes por la mañana que uno que sale a última hora el viernes por la tarde. Si el propósito de una comunicación es obtener apoyo por adelantado para un ciclo presupuestario, entonces debe cronometrarse en relación con el ciclo presupuestario. La información sobre cambios inminentes en los procesos debe compartirse de manera oportuna y antes de que se produzca un cambio.
Frecuencia	La mayoría de los mensajes deben repetirse para garantizar que todos los interesados los escuchen. El plan de comunicaciones debe programar el intercambio de mensajes para que la repetición sea útil para transmitir el mensaje y no se convierta en una molestia. Además, las comunicaciones en curso (por ejemplo, un boletín informativo) deben publicarse según un cronograma acordado.
Materiales	El plan de comunicaciones debe identificar cualquier material que deba crearse para ejecutar el plan. Por ejemplo, versiones cortas y largas de presentaciones y otras comunicaciones escritas, discursos de ascensor, resúmenes ejecutivos y materiales de marketing como carteles, tazas y otros medios de marca visual.
Comunicadores	El plan de comunicaciones debe identificar a la persona o personas que entregarán las comunicaciones. A menudo, la persona que entrega el mensaje tiene una profunda influencia en el público objetivo. Si el patrocinador de gestión de datos u otro ejecutivo entrega un mensaje, las partes interesadas tendrán una respuesta diferente que si un gerente de nivel inferior lo entrega. Las decisiones sobre quién comunicará qué mensajes a qué partes interesadas deben basarse en los objetivos del mensaje.
Respuesta esperada	El plan de comunicaciones debe anticipar cómo los diferentes grupos de partes interesadas y, a veces, cómo las partes interesadas individuales responderán a las comunicaciones. Este trabajo se puede lograr anticipando preguntas u objeciones y formulando respuestas. Pensar en las posibles respuestas es una buena manera de aclarar los objetivos y crear mensajes sólidos para apoyarlos.
Métrica	El plan de comunicaciones debe incluir medidas de su propia efectividad. El objetivo es garantizar que las personas hayan entendido, estén dispuestas y puedan actuar sobre los mensajes del plan. Esto se puede lograr a través de encuestas, entrevistas, grupos focales y otros mecanismos de retroalimentación. Los cambios en el comportamiento son la prueba definitiva del éxito de un plan de comunicaciones.
Presupuesto y plan de recursos	El plan de comunicaciones debe tener en cuenta los recursos necesarios para llevar a cabo los objetivos dentro de un presupuesto determinado.

9.5 Siga Comunicando

El programa de gestión de datos es un esfuerzo continuo, no un proyecto de una sola vez. Los esfuerzos de comunicación que apoyan el programa deben medirse y mantenerse para el éxito continuo. Se contratan nuevos empleados y los empleados existentes cambian de rol. A medida que ocurren los cambios, los planes de comunicación deben actualizarse. Las necesidades de las partes interesadas cambian con el tiempo a medida que los programas de gestión de datos maduran. Se necesita tiempo para que las personas absorban los mensajes, y escucharlos varias veces ayuda a las partes interesadas a retener este conocimiento. Los métodos de comunicación y los mensajes también deberán adaptarse con el tiempo a medida que la comprensión crezca.

La competencia por la financiación nunca desaparece. Uno de los objetivos de un plan de comunicaciones es recordar a las partes interesadas el valor y los beneficios del programa de gestión de datos. Mostrar el progreso y celebrar los éxitos es vital para obtener apoyo continuo para el esfuerzo. La planificación efectiva y la comunicación continua demostrarán el impacto que las prácticas de gestión de datos han tenido en la organización a lo largo del tiempo. Con el tiempo, el conocimiento de la importancia de los datos cambia la forma de pensar de la organización sobre los datos. La comunicación exitosa proporciona una mejor comprensión de que la gestión de datos puede generar valor comercial a partir de los activos de información y tener un impacto duradero en la organización.

10. Trabajos Citados/Recomendados

Ackerman Anderson, Linda y Dean Anderson. The Change Leader's Roadmap and Beyond Change Management. Two Book Set. 2nd ed. Pfeiffer, 2010. Print.

Ackerman Anderson, Linda, Dean Anderson. Beyond Change Management: How to Achieve Breakthrough Results Through Conscious Change Leadership. 2nd ed. Pfeiffer, 2010. Print.

Ackerman Anderson, Linda, Dean Anderson. The Change Leader's Roadmap: How to Navigate Your Organization's Transformation. 2nd ed. Pfeiffer, 2010. Print.

Barksdale, Susan and Teri Lund. 10 Steps to Successful Strategic Planning. ASTD, 2006. Print. 10 Steps.

Becker, Ethan F. y Jon Wortmann. Mastering Communication at Work: How to Lead, Manage, and Influence. McGrawHill, 2009. Print.

Bevan, Richard. Changemaking: Tactics and resources for managing organizational change. CreateSpace Independent Publishing Platform, 2011. Print.

Bounds, Andy. The Snowball Effect: Communication Techniques to Make You Unstoppable. Capstone, 2013. Print.

Bridges, William. Managing Transitions: Making the Most of Change. Da Capo Lifelong Books, 2009. Print.

Center for Creative Leadership (CCL), Talula Cartwright, y David Baldwin. Communicating Your Vision. Pfeiffer, 2007. Print.

Contreras, Melissa. People Skills for Business: Winning Social Skills That Put You Ahead of The Competition. CreateSpace Independent Publishing Platform, 2013. Print.

Covey, Stephen R. Franklin Covey Style Guide: For Business and Technical Communication. 5th ed. FT Press, 2012.Print.

Covey, Stephen R. The 7 Habits of Highly Effective People: Powerful Lessons in Personal Change. Simon and Schuster, 2013. Print.

Franklin, Melanie. Agile Change Management: A Practical Framework for Successful Change Planning and Implementation. Kogan Page, 2014. Print.

Garcia, Helio Fred. Power of Communication: The: Skills to Build Trust, Inspire Loyalty, and Lead Effectively. FT Press, 2012. Print.

Godin, Seth y Malcolm Gladwell. Unleashing the Ideavirus. Hachette Books, 2001. Harvard Business School Press. Business Communication. Harvard Business Review Press, 2003. Print. Harvard Business Essentials. HBR's 10 Must Reads on Change Management. Harvard Business Review Press, 2011. Print.

Hiatt, Jeffrey, y Timothy Creasey. Change Management: The People Side of Change. Prosci Learning Center Publications, 2012. Print.

Holman, Peggy, Tom Devane, Steven Cady. The Change Handbook: The Definitive Resource on Today's Best Methods for Engaging Whole Systems. 2nd ed. Berrett-Koehler Publishers, 2007. Print.

Hood, J H. How to book of Interpersonal Communication: Improve Your Relationships. Vol. 3. WordCraft Global Pty Limited, 2013. Print. "How to" Books. Jones, Phil. Communicating Strategy. Ashgate, 2008. Print.

Kotter, John P. Leading Change. Harvard Business Review Press, 2012. Print.

Locker, Kitty, y Stephen Kaczmarek. Business Communication: Building Critical Skills. 5th ed. McGraw-Hill/Irwin, 2010. Print.

Luecke, Richard. Managing Change and Transition. Harvard Business Review Press, 2003. Print. Harvard Business Essentials.

Rogers, Everett M. Diffusion of Innovations. 5th Ed. Free Press, 2003. Print

Reconocimientos

Desarrollar la segunda edición de la Guía DAMA-DMBOK ha sido un trabajo de amor para muchas personas. El trabajo comenzó a finales de 2011 con la primera revisión del Documento del Marco de Referencia, publicado en 2012. El Comité Editorial de DAMA-DMBOK dedicó muchas horas para producir el borrador de la Guía DMBOK2. Sus miembros incluyen:

Patricia Cupoli (DAMA Philadelphia) fue la editora en jefe de la mayor parte de este trabajo, encontrando autores y ayudándoles a desarrollar sus capítulos. Lamentablemente, Pat falleció en el verano de 2015, mientras todavía se dedicaba al proyecto.

Deborah Henderson (IRMAC – Toronto DAMA afiliada), Directora del Programa de los productos DAMA-DMBOK desde su creación en 2005, fue una patrocinadora dedicada del proyecto, y trabajó para asegurar su finalización después del fallecimiento de Pat.

Susan Earley (DAMA Chicago), quien redactó el Marco de Referencia DAMA-DMBOK2, fue la editora principal para el borrador de DMBOK2. Editó y organizó contenidos e incorporó los extensos comentarios públicos de los miembros de DAMA.

Eva Smith (DAMA Seattle), Gerente de Herramientas de Colaboración, se encargó de la logística, incluyendo la habilitación de los miembros de DAMA para acceder y comentar los capítulos.

Elena Sykora (IRMAC – Toronto DAMA afiliada), Investigadora de Bibliografía, compiló la bibliografía integral del DMBOK2.

El Comité Editorial también agradeció el apoyo especial de Sanjay Shirude, Cathy Nolan, Emarie Pope y Steve Hoberman.

Laura Sebastian-Coleman (DAMA Nueva Inglaterra), Oficial de Publicaciones de DAMA y Editora de Producción, moldeó, pulió y finalizó el manuscrito para su publicación. En este esfuerzo, fue guiada por un comité asesor que incluía a Peter Aiken, Chris Bradley, Jan Henderyckx, Mike Jennings, Daragh O Brien y yo misma, con mucha ayuda de Lisa Olinda. Un agradecimiento especial también va para Danette McGilvray.

DMBOK2 no habría sido posible sin los principales autores contribuyentes que dieron contenido a la visión definida en el Marco de Referencia. Todos los colaboradores son voluntarios que compartieron no sólo sus conocimientos, sino también su tiempo. Se les acredita por sus contribuciones a continuación. También se enumeran los numerosos Miembros de DAMA que proporcionaron comentarios sobre los capítulos.

DAMA International, la Fundación DAMA International Foundation y el Consejo de Presidentes de Capítulo de DAMA patrocinaron el proyecto DMBOK. Su visión, perspicacia, paciencia y apoyo continuo permitieron que este proyecto tuviera éxito.

Por último, queremos reconocer a las familias de todos los voluntarios en este proyecto, que dieron de su tiempo personal para completar este trabajo.

Sue Geuens, Presidenta, DAMA International

Principales Contribuidores

#	Capítulo	Principales Contribuidores
1	Introducción: Gestión de Datos	Editorial Advisory Committee, DMBOK editors, Chris Bradley, Ken Kring
2	Manejo Ético de Datos	
3	Gobierno de Datos	John Ladley, Mark Cowan, Sanjay Shirude
4	Arquitectura de Datos	Håkan Edvinsson
5	Modelado de Datos y Diseño	Steve Hoberman
6	Almacenamiento de Datos y Operaciones	Sanjay Shirude
7	Seguridad de Datos	David Schlesinger, CISSP
8	Integración de Datos e Interoperabilidad	April Reeve
9	Gestión de Documentos y Contenido	Pat Cupoli
10	Datos Maestros y de Referencia	Gene Boomer, Mehmet Orun
11	Data Warehousing e Inteligencia e Negocio	Martin Sykora, Krish Krishnan, John Ladley, Lisa Nelson
12	Gestión de Metadatos	Saad Yacu
13	Calidad de Datos	Rossano Tavares
14	Big Data y Ciencia de Datos	Robert Abate, Martin Sykora
15	Evaluación de la Madurez de la Gestión de Datos	Mark Cowan, Deborah Henderson
16	Organización de la Gestión de Datos y Expectativa de Roles	Kelle O'Neal
17	Gestión de Datos y Gestión del Cambio Organizacional	Micheline Casey, Andrea Thomsen, Daragh O Brien
	Bibliografía	Elena Sykora

Revisores y comentaristas

Las siguientes personas proporcionaron valiosos comentarios en diversas etapas del DMBOK2:

Khalid Abu Shamleh
Gerard Adams
James Adman
Afsaneh Afkari
Zaher Alhaj
Shahid Ali
Suhail Ahmad AmanUllah
Nav Amar
Samuel Kofi Annan
Ivan Arroyo
Nicola Askham
Juan Azcurra

Mike Beauchamp
Chan Beauvais
Glen Bellomy
Stacie Benton
Leon Bernal
Luciana Bicalho
Pawel Bober
Christiana Boehmer
Stewart Bond
Gene Boomer
Taher Borsadwala
Antonio Braga

Susan Burk
William Burkett
Beat Burtscher
Ismael Caballero
Peter Campbell
Betty (Elizabeth) Carpenito
Hazbleydi Cervera
Indrajit Chatterjee
Bavani Chaudhary
Denise Cook
Nigel Corbin
James Dawson

Richard Back

Carlos Barbieri

Ian Batty

Steve Beaton

Cynthia Dionisio

Shaun Dookhoo

Janani Dumbleton

Lee Edwards

Jane Estrada

Adrianos Evangelidis

William Evans

Mario Faria

Gary Flye

Michael Fraser

Carolyn Frey

Alex Friedgan

Lowell Fryman

Shu Fulai

Ketan Gadre

Oscar Galindo

Alexandre Gameiro

Jay Gardner

Johnny Gay

Sue Geuens

Sumit Gupta

Gabrielle Harrison

Kazuo Hashimoto

Andy Hazelwood

Muizz Hassan

David Hay

Clifford Heath

Jan Henderyckx

Trevor Hodges

Mark Horseman

Joseph Howard

Monica Howat

Bill Huennekens

Mark Humphries

Zoey Husband

Toru Ichikura

Thomas Ihsle

Gordon Irish

Fusahide Ito

Seokhee Jeon

Ciaran Breen

LeRoy Broughton

Paul Brown

Donna Burbank

Nicholene Kieviets

Jon King

Richard King

Bruno Kinoshita

Yasushi Kiyama

Daniel Koger

Katarina Kolich

Onishi Koshi

Edwin Landale

Teresa Lau

Tom LaVerdure

Richard Leacton

Michael Lee

Martha Lemoine

Melody Lewin

Chen Liu

Manoel Francisco Dutra Lopes Jr

Daniel Lopez

Karen Lopez

Adam Lynton

Colin Macguire

Michael MacIntyre

Kenneth MacKinnon

Colin Maguire

Zeljko Marcan

Satoshi Matsumoto

George McGeachie

Danette McGilvray

R. Raymond McGirt

Scott McLeod

Melanie Mecca

Ben Meek

Steve Mepham

Klaus Meyer

Josep Antoni Mira Palacios

Toru Miyaji

Ademilson Monteiro

Danielle Monteiro

Subbaiah Muthu Krishnan

Mukundhan Muthukrishnan

Elisio Henrique de Souza

Patrick Derde

Tejas Desai

Swapnil Deshmukh

Susana Navarro

Gautham Nayak

Erkka Niemi

Andy O'Hara

Katherine O'Keefe

Hirofumi Onozawa

Mehmet Orun

Matt Osborn

Mark Ouska

Pamela Owens

Shailesh Paliwal

Mikhail Parfentev

Melanie Parker

John Partyka

Bill Penney

Andres Perez

Aparna Phal

Jocelyn Sedes

Mark Segall

Ichibori Seiji

Brian Phillippi

R. Taeza Pittman

Edward Pok

Emarie Pope

David Quan

K Rajeswar Rao

April Reeve

Todd Reyes

Raul Ruggia-Frick

Scott Sammons

Pushpak Sarkar

John Schmidt

Nadine Schramm

Toshiya Seki

Rajamanickam Senthil Kumar

Sarang Shah

Gaurav Sharma

Vijay Sharma

Stephen Sherry

Jenny Shi

Jarred Jimmerson
Christopher Johnson
Wayne Johnson
Sze-Kei Jordan
George Kalathoor
Alicia Slaughter
Eva Smith
Tenny Soman
José Antonio Soriano Guzmán
Donald Soulsby
Erich Stahl
Jerry Stembridge
James Stevens
Jan Stobbe
Santosh Subramaniam
Motofusa Sugaya
Venkat Sunkara
Alan Sweeney
Martin Sykora

Robert Myers
Dean Myshrall
Krisztian Nagy
Kazuhiro Narita
Mohamad Naser
Akira Takahashi
Steve Thomas
Noriko Watanabe
Joseph Weaver
Christina Weeden
Alexander Titov
Steven Tolkin
Toshimitsu Tone
Juan Pablo Torres
David Twaddell
Thijs van der Feltz
Elize van der Linde
Peter van Nederpelt
Peter Vennel

Satoshi Shimada
Sandeep Shinagare
Boris Shuster
Vitaly Shusterov
Abi Sivasubramanian
Roy Verharen
Karel Vetrovsky
Gregg Withers
Michael Wityk
Marcin Wizgird
Benjamin Wright-Jones
Teresa Wylie
Hitoshi Yachida
Saad Yacu
Hiroshi Yagishita
Harishbabu Yelisetty
Taisei Yoshimura

Índice

www.ingramcontent.com/pod-product-compliance
Lightning Source LLC
Chambersburg PA
CBHW051748200326

41597CB00025B/4480